VV

C. G. JUNG
GESAMMELTE WERKE
ACHTER BAND

Der Traum des Nebukadnezar
Speculum humanae salvationis
Codex Palatinus Latinus 413 (Vatikan, 15. Jh.)

C.G. JUNG

DIE DYNAMIK DES UNBEWUSSTEN

WALTER-VERLAG
SOLOTHURN UND DÜSSELDORF

HERAUSGEBER

MARIANNE NIEHUS-JUNG †

DR. LENA HURWITZ-EISNER †

DR. MED. FRANZ RIKLIN †

LILLY JUNG-MERKER †

DR. PHIL. ELISABETH RÜF

Die Deutsche Bibliothek – CIP-Einheitsaufnahme

Jung, Carl G.:
Gesammelte Werke / C. G. Jung. – [Sonderausg.]. – Düsseldorf: Walter
NE: Jung, Carl G.: [Sammlung]
[Sonderausg.]
8. Jung, Carl G.: Die Dynamik des Unbewußten.
– [Sonderausg.]. – 1995

Jung, Carl G.:
Die Dynamik des Unbewußten / C. G. Jung. – [Sonderausg.].–
Düsseldorf : Walter, 1995
(Gesammelte Werke / Carl G. Jung ; 8)
ISBN 3-530-40083-1

Sonderausgabe
1. Auflage 1995

Druck und Einband:
Clausen & Bosse, Leck
Printed in Germany
ISBN 3-530-40083-1

INHALT

VORWORT DER HERAUSGEBER

Der 8. Band der Gesammelten Werke umfaßt vorwiegend Arbeiten, die grundsätzliche Erkenntnisse und wesentliche Arbeitshypothesen C.G. JUNGS zur Darstellung bringen. Sechs Aufsätze entstammen dem erstmals 1948 erschienenen Buch *«Über psychische Energetik und das Wesen der Träume»*. Mit diesen Schriften nahm JUNG damals Stellung zu Einwänden gegen *«Wandlungen und Symbole der Libido»* (1912; Neuauflage: *Symbole der Wandlung* 1952; Gesammelte Werke V). Er hat damit seine Theorie der Libido, die er um 1912 auszuarbeiten begann, aber erst 1928 beendete, dokumentiert und ausgebaut. In der Zwischenzeit setzte sich JUNG in dem Aufsatz *«Versuch einer Darstellung der Analytischen Theorie»* (1913; Gesammelte Werke IV) mit den psychoanalytischen Konzepten FREUDS auseinander und umriß in eindeutiger Weise seine eigenen Erfahrungen und Gedanken. All diese Arbeiten bilden die eigentliche Voraussetzung für das Verständnis der Analytischen oder Komplexen Psychologie.

«Theoretische Überlegungen zum Wesen des Psychischen» vor allem läßt den erkenntnistheoretischen Standort des Autors erkennen. In diesem Aufsatz werden die Begriffe «Bewußtsein» und «Unbewußtes» in ihrer historischen Entwicklung und ihrem Zusammenhang mit dem Instinktbegriff untersucht. Die Frage hat JUNG schon 1919 beschäftigt, wie aus seiner Schrift «Instinkt und Unbewußtes» hervorgeht. Diese Ergebnisse gaben ihm die Grundlagen zu seiner Archetypenlehre.

«Synchronizität als ein Prinzip akausaler Zusammenhänge» ist in diesen Band mitaufgenommen, da es dabei um instinkthaft beziehungsweise archetypisch bedingte Sachverhalte geht, die durch das Kausalitätsprinzip nicht erfaßbar sind. Es handelt sich vielmehr um sinnbezogene Koinzidenzen, die dem wissenschaftlichen Verständnis eine neue Dimension hinzufügen. Daß JUNG lange zögerte, diese die Wissenschaft revolutionierende Schrift zu veröffentlichen, erscheint sehr verständlich. Er hat sie erst zusammen mit einem Aufsatz des berühmten Physikers und Nobelpreisträgers Prof. W. PAULI von der Eidgenössischen Technischen Hochschule in Zürich, in: *«Naturerklärung und Psyche»* (Rascher, Zürich 1952) veröffentlicht. Die Synchronizitätslehre weist Zusammenhänge zwischen den Erkenntnissen der modernen Physik und der Analytischen Psychologie in einem noch wenig erforschten und schwer zugänglichen Grenzbereich der Realität nach.

Um diese drei großen Hauptstücke gruppieren sich die thematisch dazugehörigen Beiträge dieses Bandes. Den größten Raum nehmen neben den erwähnten Arbeiten «Über psychische Energetik und das Wesen der Träume» einzelne Aufsätze aus den Büchern *«Von den Wurzeln des Bewußtseins»* (1954) und *«Wirklichkeit der Seele»* (1934) sowie *«Seelenprobleme der Gegenwart»* (1931) ein.

Auf zwei Aufsätze soll hier noch besonders hingewiesen werden: «Die Lebenswende» und «Die transzendente Funktion». «Die Lebenswende» befaßt sich mit dem Problem des Individuationsprozesses, einer hauptsächlich in der zweiten Lebenshälfte gestellten Aufgabe, während «Die transzendente Funktion» – 1916 geschrieben, aber erst vierzig Jahre später herausgegeben – den prospektiven Charakter unbewußter Prozesse untersucht. Hier nehmen JUNGS Abhandlungen über «aktive Imagination», diesen wesentlichen Bestandteil psychischer Erfahrung und Auseinandersetzung innerhalb der Analytischen Psychologie, ihren Ausgang.

Mit theoretischen Konzepten befassen sich vom empirischen Standpunkt aus kürzere Arbeiten über Weltanschauung, Wirklichkeit und Überwirklichkeit, Geist und Leben, sowie den Geisterglauben. Auch diese versucht der Autor phänomenologisch zu erfassen, um sie psychologisch zu erforschen.

Für die Herausgabe des vorliegenden Bandes sind von der Erbengemeinschaft Jung Frau Lilly Jung-Merker und Fräulein Dr. phil. Elisabeth Rüf neu zu Mitgliedern des Herausgebergremiums ernannt worden. Die Ausarbeitung der Personen- und Stichwortverzeichnisse wurde von Fräulein Marie-Luise Attenhofer, Frau Sophie Baumann-van Royen und später von Herrn Jost Hoerni besorgt. (Anmerkung der Herausgeber: Die revidierte Fassung von 1977 stammt von Frau Magda Kerényi.) Wir sprechen ihnen für ihre sorgfältige Arbeit unseren Dank aus. Bei der Übersetzung griechischer und lateinischer Textstellen stand uns Fräulein Dr. phil. Marie-Louise von Franz in verdankenswerter Weise bei.

Herbst 1966   Für die Herausgeber
                                                      F. N. Riklin

I

ÜBER DIE ENERGETIK DER SEELE

[Erstmals erschienen in: *Über die Energetik der Seele.* (Psychologische Abhandlungen II) Rascher, Zürich 1928. Leicht revidiert in: *Über psychische Energetik und das Wesen der Träume.* (Psychologische Abhandlungen II) Rascher, Zürich 1948; Paperback 1965. Studienausgabe bei Walter, Olten 1971.]

ÜBER DIE ENERGETIK DER SEELE

I
ALLGEMEINES
ÜBER DIE ENERGETISCHE BETRACHTUNGSWEISE
IN DER PSYCHOLOGIE

A. EINLEITUNG

Der Begriff der *Libido,* den ich vorgeschlagen habe [1], ist auf viele Mißverständ- 1
nisse, sogar auch auf strikte Ablehnung gestoßen. Es dürfte daher nicht überflüssig sein, wenn ich nochmals auf die Grundlagen dieses Begriffes eingehe.

Es ist eine allgemein bekannte Tatsache, daß man physische Geschehnisse 2
von zwei Standpunkten aus betrachten kann, nämlich vom *mechanistischen*
und vom *energetischen* Standpunkt [2]. Die mechanistische Anschauung ist rein
kausal und begreift das Geschehnis als Folge aus einem Grunde, in der Weise
nämlich, daß unveränderliche Substanzen nach festen Gesetzen ihre Beziehungen zueinander ändern.

Die energetische Anschauung dagegen ist im wesentlichen final [3] und be- 3
greift das Geschehnis aus der Folge zum Grunde in der Weise, daß eine Energie den Veränderungen der Erscheinungen zugrunde liege, in eben diesen

---

[1] Vgl. *Wandlungen und Symbole der Libido,* p. 120 ff. (Neuausgabe: *Symbole der Wandlung*
[Paragr. 190 ff.])

[2] Vgl. WUNDT, *Grundzüge der physiologischen Psychologie* III, p. 692 ff. Bezüglich des dyna-
mistischen Standpunktes vgl. v. HARTMANN, *Die Weltanschauung der modernen Physik,*
p. 202 ff.

[3] Ich vermeide den Ausdruck «teleologisch», um dem Mißverständnis, welches dem landläufigen Begriff der Teleologie anhaftet, auszuweichen, nämlich der Annahme, die Teleologie
enthalte den Begriff einer antizipierenden Zwecksetzung.

Veränderungen sich konstant erhalte und schließlich entropisch einen Zustand allgemeinen Gleichgewichtes herbeiführe. Der energetische Ablauf hat bestimmte Richtung (Ziel), indem er unabänderlich (irreversibel) dem Potentialgefälle folgt. Die Energie ist keine Anschauung einer im Raume bewegten Substanz, sondern ein aus den Bewegungsbeziehungen abstrahierter *Begriff.* Seine Grundlagen sind also nicht die Substanzen selber, sondern ihre Beziehungen, während die Grundlage des mechanistischen Begriffs die im Raume sich bewegende Substanz ist.

4 Beide Gesichtspunkte sind für das Begreifen des physischen Geschehens unerläßlich und erfreuen sich deshalb allgemeiner Anerkennung, indem durch das Nebeneinanderbestehen von mechanistischer und energetischer Betrachtungsweise eine dritte Anschauungsform sich allmählich herausgebildet hat, die sowohl mechanistisch als energetisch ist, obschon, rein logisch betrachtet, das Aufsteigen vom Grund zur Folge, die progressive Ursachwirkung, nicht zugleich auch die regressive Auswahl eines Mittels zum Zwecke sein kann[4]. Wir können unmöglich denken, daß ein und dieselbe Verknüpfung von Tatsachen zugleich kausal und final sei, denn die eine Determinierung schließt die andere aus. Es sind eben zwei verschiedene Betrachtungsweisen, von denen die eine die Umkehrung der andern ist, denn das Finalitätsprinzip ist die logische Umkehrung des Kausalitätsprinzips. Die Finalität ist nicht nur logisch möglich, sondern ist auch ein unerläßliches Prinzip der Erklärung, denn keine Naturerklärung kann nur mechanistisch sein. Ja, wenn unserer Anschauung nur bewegte Substanzen gegeben wären, so gäbe es nur Kausalerklärung. Aber ebenso sind unserer Anschauung auch die Bewegungsbeziehungen gegeben, welche zur energetischen Betrachtungsweise

---

[4] «Finalursachen und mechanische Ursachen schließen sich aus, weil eine eindeutige Function nicht zugleich eine vieldeutige sein kann.» (WUNDT, l. c. III, p. 728) Es erscheint mir als unzulässig, von «Zweckursachen» zu sprechen, indem dies ein hybrider Begriff ist, der aus einer Vermischung kausaler und finaler Betrachtungsweise hervorgeht. Bei WUNDT ist die Kausalreihe zweigliedrig und eindeutig, nämlich Ursache M und Wirkung E, die Zweckreihe aber dreigliedrig und mehrdeutig, nämlich Zwecksetzung A, Mittel M, Zweckerfüllung E. Diese Konstruktion halte ich ebenfalls für ein hybrides Gebilde, indem der Begriff der Zwecksetzung eine kausal gedachte Ergänzung der wirklichen finalen Reihe M–E ist, die ebenfalls zweigliedrig und eindeutig ist. Insofern nämlich die finale Betrachtungsweise nur die Umkehrung der kausalen ist (WUNDT), ist M–E einfach der umgekehrt betrachtete kausale Zusammenhang. Die Finalität kennt keine an den Anfang gesetzte Ursache, denn finale Betrachtungsweise ist keine kausale, hat also keinen Ursachebegriff, wie auch die kausale Betrachtungsweise keinen Zweck- bzw. Erfüllungsbegriff hat.

nötigen[5]. Wenn dem nicht so wäre, so hätte es überhaupt nie der Erfindung des Energiebegriffes bedurft.

Das Vorwiegen der einen oder anderen Betrachtungsweise hängt weniger von dem objektiven Verhalten der Dinge, als vielmehr von der psychologischen Einstellung des Forschers und Denkers ab. Einfühlung führt zur mechanistischen, Abstraktion zur energetischen Betrachtungsweise. Beide Richtungen sind geneigt, den Denkfehler zu begehen, ihre Prinzipien durch die sogenannten objektiven Gegenstände der Erfahrung zu hypostasieren und anzunehmen, daß die subjektive Anschauung identisch mit dem Verhalten der Dinge sei, daß also zum Beispiel die Kausalität, wie wir sie in uns vorfinden, auch objektiv im Verhalten der Dinge liege. Dieser Irrtum ist ganz gewöhnlich und führt darum zu unaufhörlichen Konflikten mit dem entgegengesetzten Prinzip, denn es kann, wie gesagt, unmöglich gedacht werden, daß die Determinierung zugleich kausal und final sei. Dieser unerträgliche Widerspruch kommt aber nur durch die unerlaubte und gedankenlose Projektion der bloßen Betrachtungsweise ins Objekt zustande. Die Betrachtungsweisen sind nur dann ohne Widerspruch, wenn sie in der Sphäre des Psychologischen gehalten und nur hypothetisch in das objektive Verhalten der Dinge projiziert werden. Das Kausalitätsprinzip erträgt ohne Widerspruch seine logische Umkehrung, die Tatsachen aber nicht; darum müssen sich Finalität und Kausalität im Objekt ausschließen. Nach der bekannten Manier der Verkleinerung pflegt man allerdings einen vom theoretischen Standpunkt aus unzulänglichen Kompromiß zustande zu bringen, dadurch daß man dieses Stückchen kausal, jenes Stückchen final betrachtet[6], wobei dann allerhand theoretische Mischprodukte zustande kommen, die aber, man kann es nicht ableugnen, ein relativ getreues Abbild der Wirklichkeit ergeben[7]. Wir müssen uns

---

[5] Der Streit zwischen Energetismus und Mechanismus ist ein Parallelfall des alten Universalienproblems. Gewiß ist der sinnlichen Anschauung nur das Einzelding gegeben, und insofern ist das Universale nur nomen, ein Wort. Zugleich aber sind auch die Ähnlichkeiten bzw. die Beziehungen der Dinge gegeben, und insofern ist das Universale eine Realität (ABÄLARDS «relativer Realismus»).

[6] Finalität und Kausalität sind zwei Möglichkeiten des Verstehens, die antinomisch sind. Sie sind progressive und regressive «Interpretanten» (WUNDT) und als solche kontradiktorisch. Dieser Satz ist natürlich nur dann richtig, wenn vorausgesetzt wird, daß der Energiebegriff eine Abstraktion ist, welche Beziehung ausdrückt. «Die Energie ist Beziehung.» (v. HARTMANN, *Weltanschauung*, p. 196) Nicht richtig aber ist dieser Satz, wenn ein hypostasierter Energiebegriff (wie z. B. bei OSTWALD, *Die Philosophie der Werte*) vorausgesetzt ist.

[7] «Der Unterschied zwischen teleologischer und causaler Betrachtung ist kein sachlicher,

stets vor Augen halten, daß auch trotz schönster Übereinstimmung der Tatsachen mit unserer Anschauung Erklärungsprinzipien eben nur Betrachtungsweisen, das heißt Phänomene der psychologischen Einstellung und der aprioristischen Bedingungen des Denkens überhaupt sind.

B. DIE MÖGLICHKEIT DER PSYCHOLOGISCHEN QUANTITÄTSBESTIMMUNG

6 Aus dem bisher Gesagten dürfte ohne weiteres erhellen, daß jegliches Geschehen sowohl die mechanistisch-kausale wie die energetisch-finale Betrachtungsweise herausfordert. Die *Opportunität,* das heißt die *Erfolgsmöglichkeit,* allein entscheidet, ob diese oder jene Betrachtungsweise den Vorzug erringt. Wenn zum Beispiel die qualitative Seite des Geschehens in Frage kommt, so wird die energetische Betrachtungsweise den kürzeren ziehen, indem sie nichts mit den Substanzen, sondern nur mit deren quantitativen Bewegungsbeziehungen zu tun hat.

7 Es ist schon viel darüber gestritten worden, ob das psychische Geschehen ebenfalls einer energetischen Betrachtungsweise unterworfen werden könne oder nicht. A priori ist kein Grund vorhanden, warum dies nicht möglich wäre, denn es liegen keine Gründe vor, das psychische Geschehen von den objektiven Gegenständen der Erfahrung auszunehmen, denn auch das Psychische selber kann ein Gegenstand der Erfahrung sein. Wie WUNDTS Beispiel zeigt [8], kann man in guten Treuen daran zweifeln, ob der energetische Gesichtspunkt in bezug auf psychische Phänomene überhaupt verwendbar sei, und wenn ja, ob die Psyche als ein relativ geschlossenes System betrachtet werden dürfe.

8 Was den ersten Punkt anbetrifft, so muß ich mich ganz VON GROT, einem der ersten, der die psychische Energetik forderte, anschließen, wenn er sagt: «Der Begriff der psychischen Energie ist in der Wissenschaft ebenso berech-

---

der die Inhalte der Erfahrung in zwei disparate Gebiete scheidet, sondern beide Betrachtungsweisen sind lediglich formal verschieden, derart, daß zu jeder Zweckbeziehung eine Causalverknüpfung als ihre Ergänzung gehört, umgekehrt aber auch jeder causalen Verbindung nöthigenfalls eine teleologische Form gegeben werden kann.» (WUNDT, l. c. III, p. 737).

[8] Vgl. Fußnote 4 oben.

tigt, wie derjenige der physischen Energie, und die psychische Energie hat ebensolche quantitativen Maße und verschiedenen Formen, wie die physische[9].»

Was den zweiten Punkt anbetrifft, so unterscheide ich mich von den bishe- [9] rigen Bearbeitern dieser Frage insofern, als ich mich mit der Frage der Einordnung der psychischen Energieprozesse ins physische System so gut wie nicht beschäftige. Ich tue das darum nicht, weil wir darüber höchstens vage Vermutungen, aber keine wirklichen Anhaltspunkte besitzen. Obschon es mir sicher ist, daß die psychische Energie irgendwie mit dem physischen Prozeß aufs innigste verknüpft ist, so bedürfen wir noch ganz anderer Erfahrungen und Einsichten, um auch nur mit einiger Kompetenz von dieser Verknüpfung zu sprechen. Was die philosophische Seite der Frage betrifft, so stehe ich ganz auf dem Boden der von BUSSE hierüber entwickelten Anschauungen[10]. Ich muß auch KÜLPE beipflichten, wenn er hiezu sagt: «Es bliebe sich demnach ganz gleich, ob ein Quantum geistiger Energie sich in den Ablauf der materiellen Prozesse einschöbe oder nicht: das Gesetz der Erhaltung der Energie in seiner bisherigen Auffassung würde nicht verletzt werden[11].»

Die psychophysische Relation ist meines Erachtens ein Problem für sich, [10] das vielleicht einmal gelöst werden wird. Derweilen aber hat sich die Psychologie bei dieser Schwierigkeit nicht aufzuhalten, sondern kann die Psyche als ein *relativ* geschlossenes System betrachten. Dabei muß allerdings mit dem mir unhaltbar erscheinenden «psychophysischen» Standpunkt gebrochen werden, denn seine epiphänomenologische Betrachtungsweise ist noch ein Erbstück des alten wissenschaftlichen Materialismus. Wie zum Beispiel LASSWITZ, VON GROT und andere meinen, hätten die Erscheinungen des Bewußtseins keine funktionellen Verknüpfungen untereinander, denn sie seien ja *nur* (!) «Erscheinungen, Äußerungen, Merkmale gewisser tieferer funktioneller Verhältnisse». Die Kausalbeziehungen psychischer Tatsachen unter sich, die wir jederzeit beobachten können, widersprechen der epiphänomenologischen Ansicht, die eine fatale Ähnlichkeit hat mit der materialistischen Meinung, daß die Psyche das Sekret des Gehirns sei, wie die Galle das der Leber. Eine Psychologie, die das Psychische als Epiphänomen betrachtet, tut besser, sich eine Gehirnphysiologie zu nennen und mit der überaus spärlichen

---

[9] V. GROT, *Die Begriffe der Seele und der psychischen Energie in der Psychologie,* p. 290.
[10] BUSSE, *Geist und Körper, Seele und Leib.*
[11] KÜLPE, *Einleitung in die Philosophie,* p. 150.

Ausbeute sich zu begnügen, welche eine solche Psychophysiologie liefert. Das Psychische verdient als ein Phänomen an sich genommen zu werden; denn es liegen gar keine Gründe vor, wonach es als bloßes Epiphänomen zu betrachten wäre, obschon es an die Gehirnfunktion gebunden ist, sowenig als man das Leben als ein Epiphänomen der Kohlenstoffchemie auffassen kann.

11   Die unmittelbare Erfahrung von psychischen Quantitäsbeziehungen einerseits und die tiefe Dunkelheit einer noch ganz unfaßbaren psychophysischen Verknüpfung andererseits berechtigen zu einer wenigstens provisorischen Betrachtung der Psyche als eines relativ geschlossenen, energetischen Systems. Ich befinde mich damit in direktem Gegensatz zu VON GROTS psychologischer Energetik. Meines Erachtens bewegt er sich damit auf einem ganz unsicheren Boden, weshalb auch seine weiteren Ausführungen wenig Beweiskraft besitzen. Immerhin möchte ich VON GROTS Formulierungen, als die Äußerungen eines Pioniers auf diesem schwierigen Gebiete, dem Leser zusammenfassend vorsetzen:

1. Die psychischen Energien sind ebensolche Quantitäten und Größen wie die physischen.

2. Sie sind gegenseitig in einander, als verschiedene Formen der psychischen Arbeit und psychischen Potentialität, umwandelbar.

3. Sie können ebenso in physische Energien und umgekehrt verwandelt werden (durch Vermittlung der physiologischen Prozesse) [12].

12   Ich brauche wohl kaum beizufügen, daß Satz 3 mit einem bedeutungsschweren Fragezeichen versehen werden muß. Es ist in letzter Linie nur die Opportunität, welche darüber entscheidet, nicht ob die energetische Betrachtungsweise an sich möglich sei, sondern ob sie im praktischen Fall Erfolg verspricht [13].

13   Die Möglichkeit der exakten Quantitätsbestimmung der physikalischen Energie hat die Erfolgsmöglichkeit der energetischen Betrachtungsweise für das physische Geschehen *bewiesen*. Es wäre aber auch möglich, das physische Geschehen energetisch zu betrachten, wenn keine exakte Quantitätsbestimmung, sondern bloß die Möglichkeit der *Schätzung der Quantitäten* vorhanden wäre [14]. Wenn aber selbst eine bloße Schätzung durchaus unmöglich wä-

[12] V. GROT, l. c., p. 323.

[13] V. GROT geht sogar so weit, zu sagen, «daß das onus probandi denjenigen zukommt, welche die Anwendbarkeit des Gesetzes der Erhaltung der Energie auf die Psychologie leugnen, aber nicht denen, welche dieselbe anerkennen» (l. c., p. 324).

[14] Dies war tatsächlich der Fall mit DESCARTES, der zuerst das Prinzip der Erhaltung der

re, dann müßte man allerdings auf eine energetische Betrachtungsweise verzichten, denn wenn nicht zum mindesten eine Schätzungsmöglichkeit der Quantitäten vorhanden ist, ist der energetische Standpunkt gänzlich überflüssig.

a. Das subjektive Wertsystem

Die Anwendungsmöglichkeit des energetischen Standpunktes in der Psychologie beruht ausschließlich auf der Frage, ob Quantitätsschätzungen der psychischen Energie möglich sind. Diese Frage ist unbedingt zu bejahen, denn unsere Psyche besitzt sogar ein außerordentlich fein ausgearbeitetes Schätzungssystem, nämlich das *System der psychologischen Werte.* Werte sind energetische Quantitätsschätzungen. Dabei ist zu bemerken, daß wir nicht einmal bloß über ein objektives Wertsystem, sondern auch über ein objektives Maßsystem verfügen, nämlich über die kollektiven moralischen und ästhetischen Werte. Dieses Maßsystem ist allerdings für unsere Zwecke direkt nicht verwendbar, denn es ist eine allgemein festgesetzte Wertskala, welche die subjektiven beziehungsweise individuellen psychologischen Bedingungen nur indirekt berücksichtigt.

Was für unsere Zwecke in erster Linie in Betracht kommt, ist das *subjektive Wertsystem,* das heißt die subjektiven Schätzungen des einzelnen Individuums. Wir können tatsächlich die subjektiven Werte unserer psychologischen Inhalte bis zu einem gewissen Grade einschätzen, wennschon es uns bisweilen außerordentlich schwerfällt, sie auch objektiv richtig, das heißt im Vergleich mit allgemein festgesetzten Werten richtig zu bemessen. Diese Vergleichung ist jedoch für unsere Zwecke überflüssig, wie schon gesagt. Wir können unsere subjektiven Bewertungen auch untereinander vergleichen und ihre *relative* Stärke bestimmen. Das Maß ist allerdings relativ zu den Werten der anderen Inhalte und darum kein absolutes und objektives, aber insofern für unsere Zwecke genügend, als ungleiche Wertintensitäten innerhalb gleicher Qualitäten mit Sicherheit erkannt werden können und gleiche Werte unter den gleichen Bedingungen sich nachweisbar die Waage halten.

Die Schwierigkeit beginnt erst, wo es sich um die Vergleichung von Wertintensitäten von verschiedenen Qualitäten handelt, zum Beispiel bei der Ver-

Quantität der Bewegung aufstellte, ohne aber über die physikalischen Maßmethoden, die erst die neuere Zeit entdeckt hat, zu verfügen.

gleichung des Wertes eines wissenschaftlichen Gedankens und eines Gefühlseindruckes. Hier wird die subjektive Schätzung unsicher und darum unzuverlässig. Ebenso beschränkt sich die subjektive Schätzung nur auf Bewußtseinsinhalte; sie ist deshalb in Ansehung des Wertes unbewußter Einflüsse untauglich, wo es sich um Schätzungen handelt, welche die Grenzen des Bewußtseins überschreiten sollten.

17   Bei dem bekannten kompensatorischen Verhältnis von Bewußtsein und Unbewußtem [15] ist es aber gerade von großem Belang, die Möglichkeit von Wertbestimmungen für das Unbewußte aufzufinden. Wenn wir eine energetische Betrachtungsweise des psychischen Geschehens durchführen wollen, so sind wir genötigt, die überaus wichtige Tatsache ins Auge zu fassen, daß bewußte Werte anscheinend verschwinden können, ohne sich in einer entsprechenden bewußten Leistung wieder zu zeigen. In diesem Fall müssen wir theoretisch ihr Erscheinen im Unbewußten erwarten. Da uns aber das Unbewußte weder bei uns selbst noch beim anderen direkt zugänglich ist, so kann die Bewertung nur indirekt sein, das heißt wir haben Hilfsmethoden nötig, um Schätzungen vorzunehmen. Bei der subjektiven Bewertung helfen Gefühl und Einsicht ohne weiteres, da es sich um eine Funktion handelt, die seit undenklicher Zeit sich entwickelt und aufs feinste differenziert hat. Schon das Kind übt sich frühzeitig in der Differenzierung seiner Wertskala, indem es abwägt, wen es lieber hat, den Vater oder die Mutter, wer an die zweite und die dritte Stelle kommt, und wen es am meisten haßt usw. Diese bewußte Schätzung versagt nicht nur gegenüber den Manifestationen des Unbewußten, sondern verkehrt sich sogar in offensichtliche Falschschätzungen, die man auch als «Verdrängungen» oder «Verschiebung des Affektes» bezeichnet. Die subjektive Bewertung ist also bei der Schätzung unbewußter Wertintensitäten gänzlich auszuschließen. Infolgedessen bedürfen wir objektiver Anhaltspunkte, welche eine indirekte, aber *objektive Schätzung* ermöglichen.

---

[15] Die Einseitigkeit des Bewußtseins wird durch eine eventuell gegensätzliche Position im Unbewußten kompensiert. Es sind in erster Linie die Tatsachen der Psychopathologie, welche die Kompensationseinstellung des Unbewußten deutlich zeigen. Viel Belegmaterial hiezu in den FREUDschen sowie ADLERschen Schriften, ebenso in meiner *Psychologie der Dementia praecox*. Theoretisches in: *Instinkt und Unbewußtes* [Abhandlung VI dieses Bandes]. Über die psychische Kompensation in ihren allgemeinen Zusammenhängen vgl. MAEDER, *Régulation psychique et guérison*.

b. Die objektive Quantitätsschätzung

Ich habe bei der Untersuchung der Assoziationsphänomene [16] gezeigt, daß es gewisse Gruppierungen von psychischen Elementen um gefühlsbetonte Inhalte gibt, die man als *Komplexe* bezeichnet. Der gefühlsbetonte Inhalt, der Komplex, besteht aus einem Kernelement und einer großen Anzahl sekundär konstellierter Assoziationen. Das Kernelement besteht aus zwei Komponenten, erstens aus einer Bedingung, die durch die Erfahrung gegeben ist, also einem Erlebnis, welches kausal mit der Umgebung verknüpft ist, zweitens aus einer dem individuellen Charakter immanenten Bedingung dispositioneller Natur.

Das Kernelement ist ausgezeichnet durch den sogenannten Gefühlston, die affektive Betonung. Diese Betonung ist, energetisch ausgedrückt, eine *Wertquantität*. Die Quantität kann, insofern das Kernelement bewußt ist, subjektiv relativ eingeschätzt werden. Ist das Kernelement aber, wie das häufig vorkommt, unbewußt [17] oder wenigstens in seiner psychologischen Be-

---

[16] Vgl. *Diagnostische Assoziationsstudien.*

[17] Daß ein Komplex oder sein wesentlicher Kern unbewußt sein kann, ist keine selbstverständliche Tatsache. Ein Komplex wäre gar kein Komplex, wenn er nicht eine gewisse, sogar beträchtliche, affektive Intensität besäße. Dieser energetische Wert sollte ihn – wie man eigentlich erwarten müßte – automatisch ins Bewußtsein heben, d. h. seine ihm innewohnende Attraktivität müßte eigentlich die bewußte Aufmerksamkeit anziehen. (Kraftfelder ziehen sich gegenseitig an!) Daß dies nun, wie die Erfahrung lehrt, häufig nicht der Fall ist, bedarf einer besonderen Erklärung. Die nächstliegende und einfachste Erklärung gibt die FREUDsche *Verdrängungstheorie.* Diese Theorie setzt eine im Bewußtsein vorhandene Gegenposition voraus, d. h. die bewußte Einstellung ist dem unbewußten Komplex sozusagen feind und erlaubt ihm keine Bewußtwerdung. Diese Theorie erklärt tatsächlich sehr viele Fälle. Es gibt aber nach meiner Erfahrung Fälle, die sich nach dieser Theorie nicht erklären lassen. Die Verdrängungstheorie hat eigentlich nur diejenigen Fälle im Auge, in denen ein an sich bewußtseinsfähiger Inhalt entweder aus dem vollen Bewußtsein verdrängt und unbewußt gemacht, oder a limine von der Bewußtwerdung weggehalten wird. Sie zieht aber jene anderen Fälle nicht in Betracht, wo aus den an sich nicht bewußtseinsfähigen Materialien des Unbewußten sich ein Inhalt von hoher energetischer Intensität formt, der aber zunächst nicht oder nur unter größten Schwierigkeiten bewußt werden kann. In einem solchen Fall ist die bewußte Einstellung dem unbewußten Inhalt nicht nur nicht feindlich, sondern stünde ihm ganz bereitwillig gegenüber: es handelt sich um schöpferische Neubildungen, die ja bekanntlich überaus häufig ihren allerersten Anfang im Unbewußten nehmen. Wie die Mutter ihr Kind zwar sehnlichst erwartet und es doch nur mit Mühe und Schmerzen zum Licht der Welt bringt, so kann auch ein neuer, schöpferischer Inhalt trotz der Bereitwilligkeit des Bewußtseins für lange Zeit im Unbewußten verharren, ohne daß er «verdrängt» wäre. Er hat zwar einen hohen energetischen Wert und

deutung unbewußt, dann versagt die subjektive Schätzung. Hier hat die indirekte Schätzungsmethode einzusetzen. Sie gründet sich im Prinzip auf folgende Tatsache: Das Kernelement schafft automatisch einen Komplex in dem Maße, als es affektbetont ist, das heißt energetischen Wert besitzt, wie ich im zweiten und dritten Kapitel meiner *«Psychologie der Dementia praecox»* ausführlich gezeigt habe. Das Kernelement hat, entsprechend seinem energetischen Wert, *konstellierende Kraft.* Von ihm aus erfolgt eine spezifische Konstellation der psychischen Inhalte. Daraus entsteht der Komplex, der also eine durch den energetischen Wert dynamisch bedingte Konstellation psychischer Inhalte ist. Die erfolgende Konstellation ist aber nicht bloß eine reine Irradiation der Erregung, sondern eine durch die *Qualität* des Kernelementes bedingte *Auswahl* der erregten psychischen Inhalte, welche natürlich energetisch nicht erklärt werden kann, indem die energetische Erklärung quantitativ ist, und nicht qualitativ. Zur qualitativen Erklärung bedürfen wir des kausalen Gesichtspunktes[18]. Der Satz also, auf den sich die objektive Schätzung psychologischer Wertintensitäten gründet, lautet folgendermaßen: *Die konstellierende Kraft des Kernelementes entspricht dessen Wertintensität beziehungsweise dessen Energie.*

20   Welche Mittel aber haben wir, um die konstellierende Kraft, welche die Anreicherung eines Komplexes an Assoziationen bewirkt, in ihrem energetischen Werte einzuschätzen? Wir können diesen energetischen Betrag einschätzen:

21   1. *Nach der relativen Zahl der durch das Kernelement bewirkten Konstellationen.* Die Feststellung geschieht durch direkte Beobachtung einerseits und durch analytische Erschließung andererseits, das heißt je häufiger wir Konstellationen begegnen, die durch einen und denselben Komplex bedingt sind, desto größer muß dessen psychologische Wertigkeit sein.

---

wird doch nicht bewußt. Es ist nicht allzu schwer, diesen Fall zu erklären: da der Inhalt neu und eben deshalb dem Bewußtsein fremd ist, existieren noch gar keine Assoziationen und Beziehungsbrücken zu den Bewußtseinsinhalten. Alle diese Verbindungen müssen erst mühsam gebahnt werden. Ohne sie kann gar keine Bewußtheit zustande kommen. Für die Unbewußtheit eines Komplexes müßte man daher in der Hauptsache zwei Erklärungsgründe in Betracht ziehen: 1. die Verdrängung eines bewußtseinsfähigen und 2. die Fremdheit eines noch bewußtseinsunfähigen Inhaltes.

[18] oder eines hypostasierten Energiebegriffes, wie ihn OSTWALD hat. Der für eine kausalmechanistische Erklärungsweise nötige Substanzbegriff dürfte sich aber wohl kaum auf diese Weise umgehen lassen, denn «Energie» ist im Grunde doch stets nur ein Quantitätsbegriff.

2. *Nach der relativen Häufigkeit und Intensität der sogenannten Störungs- oder* 22
Komplexmerkmale. Darunter sind nicht nur etwa die im Assoziationsexperiment auftretenden Merkmale zu verstehen, welche ja nichts anderes sind als Komplexwirkungen, deren Form durch die besondere Versuchssituation bedingt ist, sondern wir haben es hier mit denjenigen Phänomenen zu tun, die dem von Versuchsbedingungen freien psychologischen Prozeß eigentümlich sind. Einen großen Teil dieser Erscheinungen hat FREUD beschrieben, als da sind: Versprechen, Verschreiben, Vergessen, Mißverstehen und andere Symptomhandlungen. Dazu kommen noch die von mir beschriebenen Automatismen, «Gedankenentzüge», «Bannungen», «Danebenreden [19]» usw. Die Intensität dieser Phänomene läßt sich zum Teil direkt durch Zeitmessung bestimmen, wie ich beim Assoziationsexperiment gezeigt habe. Dasselbe ist auch möglich beim unbeschränkten psychologischen Prozeß, wo wir leicht mit der Uhr in der Hand Wertintensität durch Messung der Zeit bestimmen können, welche der Patient braucht, um über gewisse Dinge zu reden. Man könnte einwenden, daß die Patienten doch sehr oft den Hauptteil ihrer Zeit damit verschwenden, daß sie über Nebensachen reden, um die Hauptsache zu umgehen. Das zeigt aber eben, wieviel wichtiger ihnen die sogenannten Nebensachen sind. Der Beobachter muß sich davor hüten, durch arbiträres Urteil die tatsächlichen Hauptinteressen des Patienten als Nebensachen im Sinne einer subjektiven, theoretischen Voraussetzung zu erklären, sondern er hat sich zur Feststellung der Werte ganz an die objektiven Kriterien zu halten. Wenn also zum Beispiel eine Patientin Stunden verschwendet, um über ihre Mägde zu klagen, statt auf den vom Arzt vielleicht ganz richtig gesehenen Hauptkonflikt zu kommen, so bedeutet dies, daß der Mägdekomplex einen aktuell höheren Energiewert besitzt als der vielleicht noch unbewußte Konflikt, der sich erst im weiteren Verlaufe der Behandlung als das Kernelement entpuppen wird, oder daß die von der hochwertigen bewußten Position ausgehende Hemmung das Kernelement durch Überkompensation noch im Unbewußten hält.

3. *Nach der Intensität affektiver Begleiterscheinungen.* Für diese Phänomene 23
haben wir objektive Bestimmungsmöglichkeiten, die zwar keine Messung der Affektgröße, wohl aber Schätzung erlauben. Die experimentelle Psychologie hat uns dafür eine Reihe von Methoden gegeben. Abgesehen von den Zeit-

---

[19] Vgl. *Über die Psychologie der Dementia praecox* [Paragr. 175 ff.].

messungen, die mehr die Hemmung des Assoziationsprozesses als aktuelle
Affekte bestimmen, haben wir besonders folgende Mittel:

a) die Pulskurve [20]
b) die Atmungskurve [21]
c) das psychogalvanische Phänomen [22].

24   Die leicht erkennbaren Veränderungen dieser Kurven erlauben schätzungsweise Rückschlüsse auf die Intensität der Störungsursachen. Es ist auch,
wie die Erfahrung zur Genüge gezeigt hat, möglich, bei der Versuchsperson
absichtlich affektive Phänomene hervorzubringen durch psychologische Reize, die man für dieses Individuum in bezug auf den Versuchsleiter als besonders affektbetont kennt [23].

25   Abgesehen von diesen experimentellen Methoden haben wir aber auch ein
subjektiv hochdifferenziertes System für die Erkennung und Abschätzung
aktueller Affekterscheinungen an anderen: dafür ist nämlich ein direkter Er-
kennungsinstinkt vorhanden, den auch die Tiere in hohem Maße haben, nicht
nur ihrer eigenen Spezies, sondern auch den Menschen und den anderen Tieren gegenüber. Wir nehmen schon die leisesten Schwankungen emotionaler
Natur an anderen wahr und haben ein sehr feines Gefühl für Qualität und
Quantität der Affekte der Nebenmenschen.

[20] Vgl. BERGER, Über die körperlichen Äußerungen psychischer Zustände. A. LEHMANN, Die
körperlichen Äußerungen psychischer Zustände.
    [21] PETERSON AND JUNG, Psycho-physical Investigations with the Galvanometer and Pneumo-
graph in Normal and Insane Individuals. NUNBERG, Über körperliche Begleiterscheinungen assoziativer Vorgänge. RICKSHER AND JUNG, Further Investigations on the Galvanic Phenomenon.
    [22] VERAGUTH, Das psychogalvanische Reflexphänomen. BINSWANGER, Über das Verhalten des
psychogalvanischen Phänomens beim Assoziationsexperiment.
    [23] Ich verweise dafür auf meine Diagnostischen Assoziationsstudien, sowie Collected Papers on
Analytical Psychology, Kp. II.

II
DIE ANWENDUNG
DES ENERGETISCHEN STANDPUNKTES

A. DER PSYCHOLOGISCHE ENERGIEBEGRIFF

Der Ausdruck «psychische Energie» wird schon seit langem verwendet. Wir finden ihn zum Beispiel schon bei SCHILLER [24]. Den energetischen Gesichtspunkt haben auch VON GROT [25] und TH. LIPPS [26] verwendet. LIPPS unterscheidet die psychische Energie von der physikalischen Energie, ebenso läßt STERN [27] die Frage dieses Zusammenhanges offen. LIPPS verdanken wir eine Scheidung des Begriffes der *psychischen Energie* und der *psychischen Kraft*. Psychische Kraft ist für LIPPS die Möglichkeit, daß überhaupt in der Seele Vorgänge entstehen und zu einem bestimmten Grade der Wirksamkeit gelangen. Psychische Energie dagegen ist «die in den Vorgängen selbst liegende Möglichkeit, diese Kraft in sich zu aktualisieren [28]». Anderenorts spricht LIPPS auch von «psychischen Quantitäten». Die Unterscheidung von Kraft und Energie ist begrifflich unerläßlich, denn die Energie ist eigentlich ein Begriff, der objektiv in der Erscheinung an sich nicht vorhanden, sondern immer nur in der spezifischen Erfahrungsgrundlage gegeben ist, das heißt in der Erfahrung ist die Energie immer spezifisch als Bewegung und Kraft, wenn aktuell, als Lage oder Kondition, wenn potentiell. Die psychische Energie erscheint, wenn aktuell, in den spezifischen dynamischen Seelenphänomenen, wie Trieb, Wünschen, Wollen, Affekt, Aufmerksamkeit, Arbeitsleistung usw., welche eben *psychische* Kräfte sind. Wenn potentiell, erscheint die Energie in den spezifischen Errungenschaften, Möglichkeiten, Bereitschaften, Einstellungen usw., welche Konditionen sind.

[24] SCHILLER denkt sozusagen energetisch. Er operiert mit Vorstellungen wie «Verlegung der Intensität» u. a. m. (*Über die ästhetische Erziehung des Menschen*)
[25] v. GROT, l. c.
[26] LIPPS, *Leitfaden der Psychologie,* pp. 62 und 66 ff.
[27] STERN, *Über Psychologie der individuellen Differenzen*, p. 119 ff.
[28] *Leitfaden,* p. 62.

27   Die Unterscheidung von besonderen Energien, wie Lustenergie, Empfin-
dungsenergie, Kontrastenergie usw., wie sie LIPPS vornimmt, erscheint mir
begrifflich unzulässig, denn die Spezifikationen der Energie sind eben die
Kräfte und die Konditionen. Die Energie ist ein quantitativer Begriff, der die
Kräfte und Konditionen subsumiert. Nur letztere sind qualitativ bestimmt,
denn es sind Begriffe, die Qualitäten ausdrücken, welche durch Energie zur
Wirksamkeit gebracht werden. Der Quantitätsbegriff darf nie qualitativ zu
gleicher Zeit sein, sonst würde er niemals die Darstellung von Kräftebezie-
hungen ermöglichen, was doch seine eigentliche Bestimmung ist.

28   Da wir nun leider wissenschaftlich nicht nachweisen können, daß ein
Äquivalenzverhältnis zwischen physischer und psychischer Energie besteht[29],
so bleibt uns nichts anderes übrig, als entweder die energetische Betrachtungsweise fallenzulassen oder eine besondere psychische Energie zu postulieren,
was als eine hypothetische Operation durchaus möglich wäre. Die Psychologie darf sich, so gut wie die Physik, dieses Sonderrecht eigener Begriffsbildung
einräumen, wie schon LIPPS bemerkte, insofern sich eine energetische Betrachtungsweise überhaupt lohnt und nicht bloß eine Subsumption unter
einen vagen Allgemeinbegriff bedeutet, wie WUNDT mit Recht hervorhebt.
Wir sind aber der Ansicht, daß sich die energetische Betrachtungsweise psychischer Phänomene lohne, indem gerade die quantitativen Beziehungen,
deren Existenz im Psychischen unmöglich geleugnet werden kann, Erkennt-
nismöglichkeiten enthalten, welche eine nur qualitative Betrachtung übersieht.

29   Bestände nun die Psyche, wie die Bewußtseinspsychologen es wünschen,
nur aus den Bewußtseinsvorgängen (wenn auch zugestandenermaßen etwas
«dunkeln»), so könnten wir uns mit der Postulierung einer «psychischen
Energie» begnügen. Da wir aber überzeugt sind, daß die unbewußten Vorgänge auch zur Psychologie gehören, und nicht bloß zur Physiologie des Gehirns (als bloße Substratvorgänge), so sind wir genötigt, unseren Energiebegriff auf eine etwas breitere Basis zu stellen. Wir stimmen WUNDT völlig bei,
daß es dunkelbewußte Dinge gibt. Wir nehmen ebenfalls eine Helligkeitsska-
la der Bewußtseinsinhalte an; wo aber das Schwarze anfängt, da hört für uns
die Psyche nicht auf, sondern setzt sich fort ins Unbewußte. Auch lassen wir

---

[29] MAEDER ist sogar der Ansicht, daß die «schöpferische Tätigkeit» im Organismus und
ganz besonders in der Psyche «den Energieverbrauch überrage». Er vertritt auch die Meinung,
daß man für die Psyche neben dem Erhaltungs- und Entropieprinzip noch ein drittes Prinzip,
das der *Integration,* aufstellen müsse. (*Heilung und Entwicklung im Seelenleben,* pp. 50 und 69 f.)

der Gehirnphysiologie ihr Teil, indem wir annehmen, daß die unbewußten Funktionen schließlich in die Substratvorgänge übergehen, denen man keine psychische Qualität nachrühmen kann, es sei denn auf dem Wege der philosophischen Hypothese einer Allbeseelung.

Mit der Abgrenzung des Begriffes einer psychischen Energie hat es daher   30 für uns gewisse Schwierigkeiten, weil uns jegliche Möglichkeit fehlt, das Psychische vom *biologischen* Vorgang schlechthin zu trennen. Das Biologische erträgt ebensogut wie das Psychische eine energetische Betrachtungsweise, insofern der Biologe eine derartige Betrachtungsweise als nützlich und wertvoll empfindet. Wie das Psychische, so ist auch der Lebensvorgang überhaupt in keinem exakt nachweisbaren Äquivalenzverhältnis zur physischen Energie.

Wenn wir uns auf den Boden des wissenschaftlichen common sense stellen   31 und uns allzu weitreichender philosophischer Betrachtungen enthalten, so tun wir wohl am besten, wenn wir den psychischen Prozeß eben einfach als einen Lebensvorgang auffassen. Damit erweitern wir den engeren Begriff einer psychischen Energie zum weiteren Begriff einer *Lebens-Energie,* welche die sogenannte psychische Energie als eine Spezifikation subsumiert. Damit gewinnen wir den Vorteil, quantitative Beziehungen über den engeren Umfang des Psychischen hinaus in biologische Funktionen überhaupt verfolgen zu können, womit wir den unzweifelhaft vorhandenen und schon längst diskutierten Beziehungen von «Seele und Leib» vorkommenden Falles gerecht werden können.

Der Begriff einer Lebens-Energie hat nun nichts zu tun mit einer sogenannten   32 *Lebenskraft,* denn diese wäre als Kraft nichts anderes als eine Spezifikation einer universalen Energie, womit das Sonderrecht einer Bioenergetik gegenüber der physischen Energetik unter Übergehung der bis jetzt noch unausgefüllten Kluft zwischen dem physischen Prozeß und dem Lebensprozeß aufgehoben wäre. Ich habe vorgeschlagen, die hypothetisch angenommene Lebens-Energie mit Rücksicht auf den von uns beabsichtigten psychologischen Gebrauch als *Libido* zu bezeichnen und sie so von einem universalen Energiebegriff zu unterscheiden, in Wahrung des biologischen und psychologischen Sonderrechtes eigener Begriffsbildung. Ich will damit dem Bioenergetiker keineswegs zuvorkommen, sondern ihm freimütig zugeben, daß ich in Absicht auf *unseren* Gebrauch den Terminus Libido angewendet habe. Für seinen Gebrauch mag er eine «Bioenergie» oder «Vitalenergie» vorschlagen.

Ich muß an dieser Stelle einem möglichen Mißverständnis vorbeugen. Ich   33 habe nämlich keineswegs die Absicht, mich in vorliegender Abhandlung auf

eine Diskussion der Streitfrage des psychophysischen Parallelismus und der
Wechselwirkung einzulassen. Diese Theorien sind Spekulationen über die
Möglichkeiten des Nebeneinander- oder Zusammenwirkens von Leib und
Seele und betreffen eben jenen Punkt, den ich aus meiner Betrachtung fortlas-
se, nämlich die Frage, ob der psychische Energieprozeß neben dem oder im
physischen Prozeß eingeschlossen bestehe. Meines Erachtens wissen wir darüber so gut wie nichts. Ich halte mit BUSSE [30] die Wechselwirkung für denkbar
und finde keinen Anlaß, dieser Denkbarkeit die Hypothese eines psycho-phy-
sischen Parallelismus entgegenzustellen, denn es erscheint gerade dem Psychotherapeuten, dessen eigentliches Arbeitsgebiet eben in der kritischen
Sphäre der Wechselwirkung von Leib und Seele liegt, als höchst wahrscheinlich, daß das Psychische und das Körperliche nicht zwei nebeneinander her-
laufende Prozesse, sondern durch Wechselwirkung verknüpft sind, obschon
deren eigentliche Natur sich unserer Erfahrung sozusagen noch gänzlich entzieht. Tiefgreifende Erörterungen über diese Frage sind für den Philosophen
wohl unerläßlich, für eine empirische Psychologie dagegen ist die Beschränkung auf erfahrungsgemäß zugängliche Stoffe empfehlenswert. Obschon es
uns bis jetzt nicht gelungen ist, den psychischen Energieprozeß in den physischen Prozeß einzuschließen, ist es auch den Gegnern einer solchen Möglichkeit nicht gelungen, den psychischen Prozeß vom physischen mit Sicherheit
abzutrennen.

B. DIE ERHALTUNG DER ENERGIE

34 Wenn wir uns vornehmen, den psychischen Lebensvorgang energetisch zu
betrachten, so übernehmen wir damit auch die Verpflichtung, es nicht nur
beim Begriff bewenden zu lassen, sondern auch seine Verwendbarkeit dem
Erfahrungsmaterial gegenüber zu erproben. Eine energetische Betrachtungsweise ist überflüssig, wenn sich ihr Hauptsatz, nämlich der von der Erhaltung
der Energie, als unverwendbar erweist. Wir müssen hiebei nach dem Vorschlag von BUSSE das *Äquivalenzprinzip* und das *Konstanzprinzip* unterscheiden. Das Äquivalenzprinzip besagt, «daß für jede Energie, die irgendwo zur
Erzeugung eines Zustandes aufgewandt, verbraucht wird, anderswo ein

---

[30] *Geist und Körper, Seele und Leib.*

gleich großes Quantum der gleichen oder einer anderen Energieform auftritt»; das Konstanzprinzip dagegen, «daß die Gesamtenergie... sich stets
gleich bleibt, also keiner Vermehrung und keiner Verminderung fähig ist [31]».
Das Konstanzprinzip ist also eine zwar logisch notwendige, aber generalisie-
rende Folgerung aus dem Äquivalenzprinzip und hat darum praktisch keine
Bedeutung, da unserer Erfahrung immer nur Teilsysteme zugrunde liegen.

Für unsere Aufgabe kommt also zunächst nur das Äquivalenzprinzip in
Frage. Ich habe in meinem Buch über die «*Wandlungen und Symbole der Libido*» [32] die Möglichkeit aufgezeigt, gewisse Entwicklungsprozesse und ähnliche Veränderungen unter dem Äquivalenzprinzip zu begreifen. Ich will auf
das dort Gesagte hier nicht in extenso zurückkommen, sondern nur nochmals
hervorheben, daß FREUDS Erforschung der Sexualität reiche Beiträge zu unserer Frage liefert. Man sieht sozusagen nirgends besser als gerade beim Verhältnis der Sexualität zur Gesamtpsyche, wie das Verschwinden des einen Libido-
quantums vom Auftreten eines entsprechenden Wertes in anderer Form gefolgt ist. Leider hat die zwar begreifliche Überschätzung der Sexualität FREUD
dazu geführt, auch die Umformungen, welche anderen spezifischen, der Sexualität koordinierten Kräften der Seele entsprechen, auf die Sexualität zu
reduzieren, was ihm den nicht unberechtigten Vorwurf des Pansexualismus
eingetragen hat. Der Mangel der FREUDschen Anschauung besteht in der Einseitigkeit, zu der die mechanistisch-kausale Betrachtungsweise immer neigt,
nämlich in der simplifizierenden reductio ad causam, welche, je wahrer, je einfacher und je umfassender sie ist, um so weniger der Bedeutung des analysier-
ten und reduzierten Gebildes gerecht wird. Wer FREUDS Arbeiten aufmerksam liest, wird leicht sehen, welch bedeutsame Rolle das Äquivalenzprinzip in
seiner Auffassungsbildung spielt. Man sieht dies besonders deutlich in seinen
kasuistischen Untersuchungen, wo er Verdrängungen und ihre Ersatzbildungen beschreibt [33]. Wer selber praktisch auf diesem Gebiete tätig ist, der weiß,
daß das Äquivalenzprinzip auch in der Neurosenbehandlung von großem
heuristischem Wert ist; wenn man es auch nicht immer bewußt verwendet, so
verwendet man es doch gefühlsmäßig; wenn irgendein bewußter Wert, zum
Beispiel eine Übertragung, sich mindert oder gar verschwindet, so sucht man
sofort nach der Ersatzbildung, in der Erwartung, irgendwo einen äquivalen-

---

[31] BUSSE, l. c., p. 406 f.
[32] Neuausgabe: *Symbole der Wandlung.* Vgl. vor allem 2. Teil, Kp. III [Paragr. 204 ff.: «Die
Wandlung der Libido»].
[33] *Sammlung kleiner Schriften zur Neurosenlehre.*

ten Wert auftauchen zu sehen. Das Auffinden des Ersatzes ist nicht schwer, wenn die Ersatzbildung ein Inhalt des Bewußtseins ist. Der Fall, daß ein Libidobetrag verschwindet, anscheinend ohne Ersatzbildung, ereignet sich aber häufig. In diesem Fall ist der Ersatz unbewußt, oder es ist, wie dies gewöhnlich vorkommt, dem Patienten unbewußt, daß eine gewisse neue Tatsache die korrespondierende Ersatzbildung ist. Es kommt aber auch vor, daß ein beträchtlicher Libidobetrag dermaßen verschwindet, als ob er vom Unbewußten völlig aufgeschluckt wäre, ohne eine daraus entstehende, neue Wertposition. In einem solchen Fall tut man gut daran, das Äquivalenzprinzip strikte festzuhalten, denn eine sorgfältige Beobachtung des Patienten wird bald feststellen können, daß Anzeichen einer unbewußten Aktivität auftreten, sei es eine Steigerung gewisser Symptome, oder ein neues Symptom, oder besondere Träume, oder eigentümliche, vorbeihuschende Phantasiefragmente und dergleichen mehr. Wenn es nun der Analyse dieser Symptome gelingt, jene verborgenen Inhalte dem Bewußtsein zuzuführen, so kann man wohl in der Regel nachweisen, daß der aus dem Bewußtsein verschwundene Libidobetrag ein Gebilde im Unbewußten erzeugt hat, welches trotz aller Verschiedenheit nicht wenige Züge gemein hat mit jenen bewußten Inhalten, welche ihre Energie verloren hatten. Es ist, wie wenn die Libido gewisse Qualitäten mit sich ins Unbewußte geschleppt hätte, was oft dermaßen deutlich ist, daß man schon an diesen Charakteren erkennen kann, woher die das Unbewußte aktivierende Libido stammt.

36   Es gibt hiefür schlagende und allgemein bekannte Beispiele: wenn sich das Kind von den Eltern innerlich zu trennen anfängt, so entstehen Phantasien von Ersatzeltern. Solche Phantasien werden fast in der Regel auf wirkliche Personen übertragen. Übertragungen dieser Art erweisen sich aber auf die Dauer als unhaltbar, insofern der reifende Mensch den Elternkomplex, nämlich Autorität, Verantwortlichkeit und Selbständigkeit, assimilieren muß. Er muß ja selber zu Vater oder Mutter werden. Ein anderes Gebiet, reich an einschlägigen Beispielen, ist die christlich-religiöse Psychologie. Die Verdrängung der Triebe (das heißt eigentlich der primitiven *Triebhaftigkeit*) führt zu religiösen Ersatzbildungen, zur «Gottesminne», in der nur ein Blinder die Sexualcharaktere nicht sehen kann.

37   Diese Überlegung führt uns zu einer weiteren Analogie mit der physikalischen Energielehre. Bekanntlich kennt die Energielehre nicht bloß einen *Intensitätsfaktor,* sondern auch einen *Extensitätsfaktor.* Letzterer ist eine praktisch notwendige Zutat zum reinen Energiebegriff. Er vermittelt die Verbin-

dung des Begriffes einer reinen Intensität mit dem Begriff der «Menge» (zum Beispiel Lichtmenge im Gegensatz zu Lichtstärke). «...die Menge oder der Extensitätsfaktor der Energie, haftet an einem Gebilde (...) und ist nicht auf ein anderes übertragbar ohne Übertragung von Teilen des Gebildes; der Intensitätsfaktor dagegen kann von einem Gebilde zu einem anderen übergehen [34].» Der Extensitätsfaktor gibt also die in der Erscheinung jeweils vorhandene dynamische Bestimmtheit der Energie [35].

So gibt es auch einen psychologischen Extensitätsfaktor, der nicht in ein neues Gebilde ohne Übertragen von Teilen oder Charakteren des früheren Gebildes, an dem er haftete, eingehen kann. Auf diese Eigentümlichkeit der Energieumwandlung habe ich ausführlich aufmerksam gemacht in einer früheren Arbeit, wo ich zeigte, daß die Libido nicht als reine Intensität das eine Gebilde verläßt und restlos in ein anderes übergeht, sondern daß sie Charaktere der alten Funktion auf die neue überträgt [36]. Diese Eigentümlichkeit ist so hervorstechend, daß sie sogar zu falschen Schlüssen Anlaß gibt, nicht nur zu falschen Theorien, sondern auch zu folgenschweren Selbsttäuschungen: zum Beispiel der Libidobetrag einer gewissen Sexualform geht in ein anderes Gebilde über, dabei nimmt er gewisse Besonderheiten seiner früheren Anwendung mit. Es liegt in diesem Fall sehr nahe, zu denken, daß die Dynamis des neuen Gebildes ebenfalls sexuell sei [37]. Oder der Libidobetrag einer geistigen Aktivität geht über in ein wesentlich materielles Interesse, wobei das Individuum fälschlicherweise glaubt, das neue Gebilde sei ebenfalls geistiger Art. Dieser Schluß ist im Prinzip falsch, denn er berücksichtigt nur die relative Ähnlichkeit zweier Gebilde, vernachlässigt aber ihre ebenso wesentliche Differenz.

[34] v. HARTMANN, *Weltanschauung*, p. 5.
[35] Die Physik von heute setzt Energie identisch mit Masse. Diese Feststellung kommt aber für unsere Zwecke nicht in Betracht.
[36] Vgl. *Symbole der Wandlung* [Paragr. 226 f.].
[37] Die Reduktion eines komplexen Gebildes auf die Sexualität ist nur dann eine gültige Kausalerklärung, wenn man vorher übereingekommen ist, daß man nur die Funktion der Sexualkomponente in komplexen Gebilden erklären wolle. Nimmt man aber die Rückführung auf die Sexualität für eine gültige Kausalerklärung, so kann dies nur mittels der stillschweigenden Voraussetzung geschehen, daß es sich lediglich um ein Sexualgebilde handle. Damit wäre aber a priori festgestellt, daß ein komplexes psychisches Gebilde nur ein Sexualgebilde sei; eine offenkundige petitio principii! Es ist auch nicht zu behaupten, daß die Sexualität der einzige seelische Grundtrieb sei, daher jene Sexualerklärung nur eine Komponentenerklärung sein kann, aber niemals eine genügende psychologische Theorie.

39   Die praktische Erfahrung lehrt uns ganz allgemein, daß eine psychische Tätigkeit immer nur äquivalent ersetzt werden kann; so zum Beispiel kann ein pathologisches Interesse, ein intensives Haften an einem Symptom sich nur durch eine ebenso intensive Bindung an ein anderes Interesse ersetzen lassen, weshalb auch eine Ablösung der Libido vom Symptom ohne diesen Ersatz nie erfolgt. Ist der Ersatz von geringerem Energiewerte, so wissen wir sofort, daß ein Teilbetrag der Energie anderswo aufzufinden ist, wenn nicht im Bewußtsein, dann in unbewußter Phantasiebildung oder in einer Störung der «parties supérieures» der physiologischen Funktionen (um mich eines trefflichen Ausdruckes JANETS zu bedienen).

40   Abgesehen von diesen längst vorhandenen praktischen Erfahrungen ermöglicht uns aber die energetische Auffassung auch eine andere *Theoriebildung*. Nach der kausalen Auffassung FREUDS sind es immer dieselben unveränderlichen Substanzen, die Sexualkomponenten, auf deren Wirksamkeit die Deutung mit monotoner Gleichmäßigkeit hinweist, was FREUD selber einmal hervorhebt. Es ist selbstverständlich, daß der Geist der reductio ad causam oder in primam figuram der psychologisch so überaus wichtigen *Idee finaler Entwicklung* nie gerecht werden kann, indem jede Veränderung des Zustandes nichts ist als eine «Sublimierung» der Grundsubstanzen und damit soviel wie ein uneigentlicher Ausdruck für dieselbe alte Sache.

41   Die Idee einer Entwicklung ist nur möglich, wenn der Gedanke der unveränderlichen Substanz nicht hypostasiert wird durch die sogenannte objektive Wirklichkeit, das heißt, wenn die Kausalität nicht als mit dem Verhalten der Dinge identisch gesetzt wird; denn die Entwicklungsidee fordert die Veränderlichkeit der Substanzen, die, energetisch betrachtet, Energiesysteme sind von theoretisch unbegrenzter Ablösbarkeit und Auswechselbarkeit unter dem Äquivalenzprinzip und unter der selbstverständlichen Voraussetzung der Möglichkeit eines Gefälles. Auch hier geraten wir, wie bei der Betrachtung der kausalen und finalen Verknüpfung, in eine unauflösbare Antinomie durch die Projektion der energetischen Hypothese, indem die unveränderliche Substanz nicht zugleich ein Energiesystem sein kann [38]. Für den mechanistischen Gesichtspunkt hängt die Energie an der Substanz, weshalb WUNDT von einer «Energie des Psychischen» spricht, welche im Laufe der Zeit zugenommen habe und deshalb die Anwendung der Energiesätze nicht zulasse.

---

[38] Dieser Satz gilt natürlich nur für den makrophysischen Bereich, in welchem es «absolute» Gesetze gibt.

Für den energetischen Standpunkt dagegen ist die Substanz nichts anderes als Ausdruck oder Zeichen eines Energiesystems. Diese Antinomie ist nur solange unauflösbar, als wir nicht wissen, daß Betrachtungsweisen fundamentalen psychologischen Einstellungen entsprechen, die offenbar in gewissem Maße mit den Bedingungen des Objektes zusammenfallen, weshalb ihre Gesichtspunkte auch praktisch anwendbar sind. Es ist darum erklärlich, daß sowohl Kausalisten wie Finalisten sich verzweifelt für die objektive Gültigkeit ihres Prinzips wehren, indem es nämlich auch das Prinzip ihrer persönlichen Einstellung zu Leben und Welt ist, dessen bedingte Gültigkeit niemand ohne weiteres annehmen wird, denn niemand – er sei denn eine Art Selbstmörder – liebt es, den Ast, auf dem er sitzt, selber abzusägen. Aber die unvermeidlichen Antinomien, die sich aus der Projektion logisch berechtigter Prinzipien ergeben, zwingen zu einer grundlegenden Untersuchung der eigenen psychologischen Einstellung, wodurch einzig und allein die Vergewaltigung des logisch berechtigten anderen Prinzips vermieden wird. Die Antinomie muß sich in ein *antinomisches Postulat* auflösen, so unbefriedigend dies auch für den Konkretismus des Menschen sein mag und so sehr es dem naturwissenschaftlichen Geist widerstrebt, der sogenannten Wirklichkeit das Wesen einer geheimnisvollen Irrationalität zu lassen, die sich aber aus dem antinomischen Postulat notwendig ergibt [39].

Die Entwicklungslehre kann ohne den finalen Gesichtspunkt nicht auskommen, selbst DARWIN arbeitet mit finalen Begriffen, wie Anpassung usw., was WUNDT gebührend hervorhebt. Die anschauliche Tatsache der Differenzierung und Entwicklung ist mit Kausalität nie erschöpfend zu erklären, denn sie erfordert den finalen Gesichtspunkt, den der Mensch im Laufe seiner psychischen Entwicklung ebenso hervorgebracht hat wie den kausalen.

Die finale Auffassung versteht die Ursachen als Mittel zum Zweck. Ein einfaches Beispiel ist die Frage der *Regression*: kausal ist die Regression bedingt zum Beispiel durch die «Fixierung an die Mutter». Final aber regrediert die Libido zur *Imago* der Mutter, um dort die Erinnerungsassoziationen aufzufinden, über welche die Entwicklung beispielsweise aus einem sexuellen System in ein geistiges System erfolgen kann.

Die erstere Erklärung erschöpft sich in der Bedeutung der causa und übersieht die Zweckbedeutung des Vorganges der Regression vollständig. Auf diese Weise wird die Kulturbildung zum bloßen Surrogat, weil der Inzest

---

[39] Vgl. dazu *Psychologische Typen* [Paragr. 571 ff.].

eben unmöglich ist. Die letztere Erklärung aber läßt bereits alles voraussehen, was sich aus der Regression ergeben wird, und zugleich läßt sie uns verstehen, was die Erinnerungsbilder zu bedeuten haben, welche die regredierende Libido wieder belebt hat. Dem Kausalisten erscheint letztere Auffassung natürlicherweise unglaublich hypothetisch, dem Finalisten aber ist die «Fixierung an die Mutter» eine willkürliche Annahme, der er vorwirft, daß sie den Zweck vollkommen übersieht, der doch einzig für die Wiederbelebung der Mutterimago verantwortlich gemacht werden könne. ADLER zum Beispiel erhebt zahlreiche Vorwürfe dieser Art gegen FREUDS Theorie. Ich versuchte, beiden Standpunkten, allerdings nicht explicite, in meiner Arbeit «*Wandlungen und Symbole der Libido*» gerecht zu werden, was mir als unklare und zweifelhafte Stellungnahme beiderseits angekreidet wurde. Ich teile darin das Los der Neutralen während des Krieges, denen öfters sogar die bona fides abgesprochen wurde.

45   Was der kausalen Betrachtung *Tatsache* ist, ist der finalen *Symbol,* und umgekehrt. Alles was der einen Ansicht *eigentlich* ist, ist der anderen *uneigentlich.* Wir müssen es darum beim antinomischen Postulat bewenden lassen und die Welt *auch* als psychisches Phänomen betrachten. Gewiß ist für die Wissenschaft unerläßlich zu wissen, wie es «an sich» sei, aber auch die Wissenschaft kann die psychologischen Bedingungen des Erkennens nicht umgehen, und die Psychologie hat diese Bedingungen noch ganz besonders wahrzunehmen. Weil die Seele auch den finalen Gesichtspunkt besitzt, so ist es psychologisch unstatthaft und führt in die bekannte Deutungsmonotonie hinein, wenn wir rein kausal gegenüber dem psychischen Phänomen verfahren.

46   Die durch die energetische Betrachtungsweise vermittelte symbolistische Auffassung der causae ist eine Notwendigkeit für die Differenzierung der Seele. Denn ohne symbolistische Auffassung der Tatsachen sind sie unveränderliche Substanzen, welche stetig weiterwirken, wie dies zum Beispiel in der alten FREUDschen Traumatheorie der Fall ist. Die causa ermöglicht keine Entwicklung. Für die Seele ist reductio ad causam das Gegenteil von Entwicklung, sie hält die Libido an den elementaren Tatsachen fest. Vom Standpunkt des Rationalismus ist dies das einzig Gute, vom Standpunkt der Seele aber ist es das Unlebendige und trostlos Langweilige, womit natürlich nicht bestritten sein soll, daß die Anheftung der Libido an die Grundtatsachen für viele Menschen unbedingt nötig ist. Insofern diese Forderung aber erfüllt ist, kann die Seele nicht immer dabei stehenbleiben, sondern muß sich weiterentwickeln, indem die causae sich ihr in Mittel zum Zweck, in symbolische Ausdrücke für

einen zurückzulegenden Weg verwandeln. Die ausschließliche Bedeutung der causa, also ihr Energiewert, verschwindet damit und erscheint wieder im Symbol, dessen Attraktionskraft das entsprechende Libidoquantum darstellt. Der Wert einer causa ist nie aufzuheben durch Setzung eines willkürlichen und rationalen Zieles. Das ist immer ein Notbehelf.

Die seelische Entwicklung kann durch Absicht und Willen allein nicht 47 geschehen, sondern bedarf des attraktiven Symbols, dessen Wertquantum das der causa übersteigt. Die Bildung des Symbols kann auch nicht eher erfolgen, als die Seele nicht lange genug bei den elementaren Tatsachen verweilt hat, das heißt so lange, bis die innere oder äußere Notwendigkeit des Lebensprozesses eine Energieumsetzung herbeiführt. Wenn der Mensch rein instinktiv und automatisch lebte, so könnten die Umsetzungen nach rein biologischen Gesetzen erfolgen. Etwas davon sehen wir noch im Seelenleben der Primitiven, das zugleich ganz konkretistisch und ganz symbolistisch ist. Beim Kulturmenschen erweist sich der sonst so nützliche Rationalismus des Bewußtseins als schwerstes Hindernis für reibungslose Energieumsetzungen, indem die Ratio sich immer zur Vermeidung ihrer unerträglichen Antinomie auf die eine oder andere Seite exklusive stellt und ihre einmal gewählten Werte krampfhaft festzuhalten sucht, und zwar wiederum so lange, als die Tatsache der menschlichen Vernunft als «unveränderliche Substanz» gilt und damit ihre symbolistische Auffassung ausgeschlossen ist. Die Ratio ist aber nur relativ und hebt sich in ihren Antinomien selbst auf. Sie ist *auch* nur Mittel zum Zweck, ein symbolischer Ausdruck für den Durchgangspunkt eines Entwicklungsweges.

C. DIE ENTROPIE

Das Äquivalenzprinzip ist der eine praktisch wichtige Satz der Energetik, der 48 andere notwendig ergänzende Satz ist das Entropieprinzip. Die Energieumsetzungen sind nur möglich infolge vorhandener Intensitätsdifferenzen. Nach dem CARNOTschen Satz kann Wärme nur dann in Arbeit verwandelt werden, wenn sie vom wärmeren zum kälteren Körper übergeht. Es verwandelt sich mechanische Arbeit aber fortwährend in Wärme, die wegen ihrer niederen Intensität nicht mehr in Arbeit zurückverwandelt werden kann. So gleicht ein geschlossenes energetisches System seine Intensitätsdifferenzen allmählich zu gleichmäßiger Temperatur aus, wodurch jede weitere Veränderung ausgeschlossen ist. Dies ist der sogenannte *Wärmetod.*

49   Das Entropieprinzip ist uns in der Erfahrung nur als Prinzip von Teilvorgängen, die ein relativ geschlossenes System darstellen, bekannt. Als ein solch relativ geschlossenes System kann auch die Psyche betrachtet werden. Auch ihre Energieumsetzungen führen zur Ausgleichung von Differenzen, die nach der BOLTZMANNschen Formulierung[40] aus einem unwahrscheinlichen in einen wahrscheinlichen Zustand überführt, womit aber die Möglichkeit einer weiteren Veränderung immer mehr beschränkt wird. Wir sehen diesen Vorgang zum Beispiel bei der Ausbildung einer dauernden und relativ unveränderlichen Einstellung. Nach anfänglich heftigen Schwankungen gleichen sich die Gegensätze aus, und es entsteht allmählich eine neue Einstellung, deren spätere Stabilität um so größer ist, je größer die anfänglichen Differenzen waren. Je weiter die Spannung der Gegensätze, desto größer ist die daraus hervorgehende Energie; und je größer die Energie, desto stärker die konstellierende, attraktive Kraft. Dieser größeren Attraktion entspricht ein größerer Umfang des konstellierten psychischen Materials, und je mehr dieser Umfang wächst, desto geringer wird die Möglichkeit späterer Störungen, die sich aus Differenzen mit vorher nicht konstelliertem Material ergeben könnten. Daher ist eine aus umfangreichen Ausgleichungen sich ergebende Einstellung besonders dauerhaft.

50   Die tägliche psychologische Erfahrung liefert Beweise für die Richtigkeit dieses Satzes: schwerste Konflikte, wenn überwunden, hinterlassen eine Sicherheit und Ruhe oder Gebrochenheit, die kaum mehr zu stören, beziehungsweise kaum mehr zu heilen ist, und umgekehrt bedarf es gerade größter Gegensätze und deren Konflagration zur Hervorbringung wertvoller und dauerhafter Erfolge. Da unserer Erfahrung nur relativ geschlossene Systeme zugänglich sind, so sind wir auch nirgends in der Lage, eine absolute psychologische Entropie zu beobachten. Aber je stärker die Abschließung des psychologischen Systems ist, desto eher gelangt auch das Phänomen der Entropie zur Geltung[41]. Wir sehen das besonders bei denjenigen Geistesstörungen, die durch intensive Absperrung der Umwelt charakterisiert sind. Die sogenannte «affektive Verblödung» der Dementia praecox oder Schizophrenie ist wohl

---

[40] BOLTZMANN, *Populäre Schriften,* p. 34.
[41] Ein System ist absolut geschlossen, wenn keine äußere Energiezufuhr mehr möglich ist. Nur in diesem Fall kann Entropie eintreten.

als Entropiephänomen anzusprechen. Gleicherweise sind auch alle jene sogenannten Degenerationserscheinungen zu verstehen, die sich in psychologischen Einstellungen entwickeln, welche den Zusammenhang mit der Umwelt auf die Dauer ausschließen. Solche relativ abgeschlossene psychologische Systeme sind auch die *willkürlich gerichteten Vorgänge,* wie das gerichtete Denken und das gerichtete Fühlen. Diese Funktionen basieren auf dem Prinzip der Ausschließung des Nichtpassenden, das eine Ablenkung von der gewählten Richtung veranlassen könnte. Die «zugehörigen» Elemente werden der gegenseitigen Ausgleichung überlassen und unterdessen vor äußerer störender Einwirkung geschützt. So erreichen sie nach einiger Zeit ihren wahrscheinlichen Zustand, der seine Festigkeit erweist zum Beispiel in einem «feststehenden» Begriff oder einer «eingelebten» Anschauungsweise usw. Wie fest dergleichen Dinge sind, kann der ermessen, der es versucht, solche Gebilde aufzulösen, zum Beispiel ein Vorurteil zu beseitigen oder eine Denkweise zu ändern. In der Völkergeschichte kosten solche Veränderungen sogar Ströme von Blut. Insofern aber absolute Abschließung unmöglich ist (pathologische Fälle ausgenommen?), setzt sich auch der energetische Prozeß als Entwicklung fort, infolge des «Reibungsverlustes» mit abnehmender Intensität, mit geringerem Gefälle.

Diese Art, die Dinge zu betrachten, ist schon längst bekannt. Jedermann 51 spricht von den «Stürmen der Jugend», die der «Ruhe des Alters» weichen. Man spricht von «gefestigter Überzeugung» nach den «Kämpfen des Zweifels», vom «Ausgleich innerer Spannungen» usw. Das ist die unwillkürliche energetische Betrachtungsweise, die jedermann hat. Für den wissenschaftlichen Psychologen ist diese Betrachtungsweise allerdings solange wertlos, als er keine Nötigung verspürt, psychologische Werte einzuschätzen. Für die physiologische Psychologie kommt dieses Problem gar nicht in Frage, denn sie beschäftigt sich mit der physiologischen Seite der Psychologie, wie schon ihr Name sagt. Die Psychiatrie ist, wie bekannt, gegenüber der Psychologie rein deskriptiv und hat sich bis vor kurzem um die psychologische Kausalität gar nicht gekümmert, ja sie sogar geleugnet. Der Analytischen Psychologie aber war es vorbehalten, auch den energetischen Gesichtspunkt berücksichtigen zu müssen, denn der kausalmechanistische Standpunkt der FREUDschen Psychoanalyse genügt nicht, um der Tatsache der psychologischen *Werte* gerecht zu werden. Der Wert verlangt einen quantitativen Erklärungsbegriff, den ein qualitativer Begriff, wie zum Beispiel Sexualität, niemals ersetzen kann. Ein qualitativer Begriff ist immer die Bezeichnung einer Sache, einer

Substanz, ein quantitativer Begriff dagegen immer die Bezeichnung einer Intensitätsrelation und niemals einer Substanz oder Sache. Ein qualitativer Begriff, der keine Substanz oder Sache oder Tatsache bezeichnet, ist eine mehr oder weniger arbiträre Ausnahme; dazu muß ich auch einen qualitativen, hypostasierten Energiebegriff rechnen. Die wissenschaftliche Kausalerklärung bedarf bisweilen solcher Annahmen, jedoch dürfen sie nicht zu dem Zweck angenommen werden, um durch sie eine energetische Betrachtungsweise überflüssig zu machen. Umgekehrt gilt das Gleiche für die Energetik, welche bisweilen Tendenz zeigt, die Substanz zu leugnen und damit rein teleologisch oder final zu werden. Ein qualitativer Begriff für Energie gesetzt ist unzulässig, denn es wäre eine Spezifikation der Energie, welche aber eine Kraft ist. Das wäre in der Biologie Vitalismus, in der Psychologie Sexualismus (FREUD) oder ein anderer -ismus, insofern es nachzuweisen wäre, daß die Forscher die Energetik der Gesamtpsyche auf eine bestimmte Kraft oder einen Trieb reduzieren. Die Triebe aber sind, wie schon gesagt, Spezifikationen. Die Energie steht darüber als Beziehungsbegriff und will schlechterdings nichts anderes ausdrücken als die Relationen psychologischer Werte.

D. ENERGETISMUS UND DYNAMISMUS

52 Das bisher über die Energie Gesagte bezieht sich auf einen *reinen* Begriff der Energie. Die Energie ist, wie ihr Korrelat, der Zeitbegriff, eine unmittelbar, a priori gegebene Anschauungsform[42] einerseits, andererseits aber ein *konkreter,*

[42] Darum ist ihre Idee auch so alt wie die Menschheit. Wir treffen sie schon bei den Grundanschauungen der Primitiven. Vgl. F. R. LEHMANN, *Mana,* und meine Ausführungen in: *Über die Psychologie des Unbewußten.* HUBERT ET MAUSS (*Mélanges d'histoire des religions,* préface p. XXIX f.) nennen *mana* ebenfalls eine Kategorie des Verstandes. Ich setze ihre Ausführungen wörtlich hieher: «Constamment présentes dans le langage, sans qu'elles y soient de toute nécessité explicites, (les catégories) existent d'ordinaire plutôt sous la forme d'habitudes directices de la conscience, elles-mêmes inconscientes. La notion de *mana* est un de ces principes: elle est donnée dans le langage; elle est impliquée dans toute une série de jugements et de raisonnements, portant sur des attributs qui sont ceux du mana, nous avons dit que le mana est une catégorie. Mais le mana n'est pas seulement une catégorie spéciale à la pensée primitive, et aujourd'hui, en voie de réduction c'est encore la forme première qu'ont revêtue d'autres catégories qui fonctionnent toujours dans nos esprits: celles de substance et de cause.» [Ständig –

angewandter oder empirischer Begriff, der aus Erfahrung abstrahiert ist, wie alle wissenschaftlichen Erklärungsbegriffe[43]. Der angewandte Energiebegriff betrifft immer das Verhalten der Kräfte, das heißt der bewegten Substanzen, denn anders ist die Energie der *Erfahrung* nicht zugänglich, als eben durch die Anschauung des Verhaltens bewegter Substanzen. Daher reden wir praktisch von elektrischer Energie usw., nämlich so, als ob die Energie jeweils eine bestimmte Kraft wäre. Aus dieser Vermengung des empirischen oder angewandten Begriffs mit der Anschauungsform des Geschehnisses entstehen jene konstanten Verwechslungen von «Energie» und «Kraft». Gleicherweise ist der psychologische Energiebegriff kein reiner, sondern auch ein konkreter und angewandter Begriff, der unserer Anschauung als sexuelle, vitale, geistige, moralische usw. «Energie» entgegentritt, mit anderen Worten in Form des Triebes, dessen unverkennbare, dynamische Natur uns zur begrifflichen Parallelisierung mit den physikalischen Kräften berechtigt.

Durch die Anwendung des reinen Begriffes auf die Stoffe der Erfahrung tritt 53 *notwendigerweise eine Konkretisierung oder Veranschaulichung des Begriffes ein,* wodurch es dann den Anschein hat, als ob damit auch eine Substanz durch den Begriff gesetzt sei. Dies ist zum Beispiel der Fall beim Begriff des physikalischen Äthers, der, obschon er ein Begriff ist, doch ganz als eine Substanz gehandhabt wurde. Diese Täuschung ist unvermeidlich, da wir unfähig sind, uns ein Quantum anschaulich vorzustellen, es sei denn ein Quantum von etwas. Dieses Etwas ist die Substanz. Daher hypostasiert sich jeder angewandte Begriff unvermeidlich, auch wider unseren Willen, worüber wir allerdings nie vergessen dürfen, daß wir es doch mit einem Begriff zu tun haben.

Ich habe vorgeschlagen, den Energiebegriff, den wir in der Analytischen 54 Psychologie gebrauchen, mit dem Worte «Libido» zu bezeichnen. Die Wahl des Wortes mag in einigen Beziehungen nicht ideal sein, jedoch schien es mir, als ob dieser Begriff schon aus Gründen historischer Gerechtigkeit den Na-

wenn auch nicht unbedingt ausdrücklich – in der Sprache vorhanden, bestehen ⟨die Kategorien⟩ gewöhnlich in der Form bewußtseinslenkender Gewohnheiten, die ihrerseits unbewußt sind. Der Manabegriff ist eines dieser Prinzipien. Er ist in der Sprache gegeben; er ist in eine ganze Reihe von Urteilen und Überlegungen gekleidet, die sich auf Attribute beziehen, wie sie dem Mana zugehörig sind. Wir haben das Mana eine Kategorie genannt. Aber das Mana ist nicht nur eine besondere Kategorie des primitiven Denkens; heute, in Reduktion begriffen, ist es immer noch die Urform, welche andere Kategorien angenommen haben, die in unserem Geiste weiterwirken: jene der Substanz und der Ursache.]

[43] Ich muß für das Nähere auf *Psychologische Typen* [Paragr. 584 ff. und 811 ff.] verweisen.

men Libido verdiene. Denn FREUD hat zum ersten Male wirklich dynamische psychologische Zusammenhänge verfolgt und zusammenhängend dargestellt und sich dabei des bequemen Ausdruckes der Libido bedient, allerdings mit einer spezifisch sexuellen Definition, seinem allgemeinen Ausgangspunkt entsprechend, welcher eben die Sexualität ist. Neben «Libido» braucht FREUD auch die Ausdrücke «Trieb» (zum Beispiel «Ichtriebe») und «psychische Energie» (in der *Traumdeutung* zum Beispiel). Da FREUD sich sozusagen ausschließlich auf die Sexualität und ihre zahlreichen Verästelungen in der Psyche beschränkt, so ist für seine Absicht die sexuelle Definition der Energie als einer spezifischen Triebkraft genügend. Im Hinblick auf eine allgemeine psychologische Theorie hingegen ist es unmöglich, eine nur sexuelle Energie, das heißt einen spezifischen Trieb als Erklärungsbegriff zu benützen, da die psychische Energieumwandlung nicht bloß *sexuelle Dynamik* ist. Die sexuelle Dynamik ist im Totalbereiche der Psyche nur ein Spezialfall. Ihre Existenz ist damit nicht geleugnet, sondern sie ist nur an die richtige Stelle gerückt.

55   Da sich der angewandte Energiebegriff für die Anschauung sofort in den Seelenkräften (den Trieben, Affekten und sonstigen dynamischen Vorgängen) hypostasiert, so ist seine Anschaulichkeit durch das Wort «Libido» meines Erachtens trefflich gekennzeichnet, denn ähnliche Anschauungen haben sich ähnlicher Bezeichnungen schon seit alters bedient, zum Beispiel SCHO-PENHAUERS «Willen», die ὁρμή ARISTOTELES', PLATONS «Eros», EMPEDO-KLES' «Liebe und Haß der Elemente» oder BERGSONS «élan vital». Aus diesen Begriffen habe ich nur die Anschaulichkeit der Bezeichnung genommen, nicht aber die Begriffsdefinition. Die Unterlassung einer ausführlichen Aufklärung hierüber in meinem früheren Buche hat allerdings viele Mißverständnisse verschuldet, indem mir fast allgemein eine Art vitalistischer Begriffsbildung vorgeworfen wurde.

56   Mit dem Worte «Libido» verbinde ich, wie gesagt, keine sexuelle Definition[44], womit aber das Vorhandensein einer sexuellen Dynamik ebensowenig geleugnet ist wie irgendeiner anderen Dynamik, zum Beispiel der des Hungertriebes. Ich habe schon 1912 darauf aufmerksam gemacht, daß meine Anschauung eines allgemeinen Lebenstriebes, Libido genannt, anstelle des Begriffes «psychische Energie» steht, den ich in der *«Psychologie der Dementia*

---

[44] Das lateinische Wort «libido» hat keineswegs einen ausschließlich sexuellen Sinn, sondern die allgemeine Bedeutung von Begierde, Verlangen, Drang. Ausführliche Belege hiezu in: *Wandlungen und Symbole der Libido* (Neuausgabe: *Symbole der Wandlung* [Paragr. 185 ff.]).

praecox» gebrauchte. Ich beging dabei die Unterlassungssünde, daß ich den Begriff nur in seiner psychologischen Anschaulichkeit darstellte, wobei ich seine Metaphysik, deren Erörterung nunmehr im vorliegenden geschieht, außer acht ließ. Indem ich aber den Libidobegriff ganz in seiner Anschaulichkeit beließ, handhabte ich ihn auch, als ob er hypostasiert wäre. Insofern trage ich die Schuld an Mißverständnissen. Ich habe deshalb nachträglich in meiner «*Darstellung der psychoanalytischen Theorie*» 1913 ausdrücklich erklärt, «*daß die Libido, mit der wir operieren, nicht nur nicht konkret oder bekannt sei, sondern geradezu ein X ist, eine reine Hypothese, ein Bild oder Rechenpfennig, ebensowenig konkret faßbar wie die Energie der physikalischen Vorstellungswelt*[45]». Libido ist daher nichts anderes als ein abgekürzter Ausdruck für «energetische Betrachtungsweise». Wir werden es eben in der anschaulichen Darstellung nie fertigbringen, mit reinen Begriffen zu operieren, es sei denn, daß es uns gelänge, das Phänomen mathematisch auszudrücken. Solange dies aber nicht möglich ist, wird sich der angewandte Begriff in der Anschauung immer automatisch durch den Stoff der Erfahrung hypostasieren.

Es ist noch einer anderen Unklarheit zu gedenken, welche sich ergibt durch 57 den anschaulichen Gebrauch des Libidobegriffes und des Energiebegriffes überhaupt; das ist die in der Sphäre der Anschaulichkeit unvermeidliche Vermischung der Energie mit dem kausalen Wirkungsbegriff, welcher ein dynamischer und kein energetischer Begriff ist.

Die kausal-mechanistische Anschauung sieht die Tatsachenreihe a-b-c-d 58 folgendermaßen: a bewirkt b, b bewirkt c, usw. Hierin ist der Wirkungsbegriff eine Qualitätsbezeichnung, also eine virtus der Ursache, oder mit anderen Worten eine Dynamis. Die final-energetische Anschauung dagegen sieht folgendermaßen: a-b-c sind Mittel der Energieumsetzungen, die ursachelos von a, dem unwahrscheinlichen Zustand, über b-c entropisch zum wahrscheinlichen Zustande ablaufen. Hierin ist von einer Ursachewirkung gänzlich abgesehen, indem nur die Wirkungsintensitäten berücksichtigt werden. Insofern die Intensitäten dieselben sind, so können wir statt a-b-c-d auch w-x-y-z setzen.

Der Stoff der Erfahrung nun ist beide Male die Reihe a-b-c-d, jedoch mit 59 dem Unterschied, daß die mechanistische Anschauung einen Dynamismus aus der von ihr betrachteten Ursachewirkung ableitet, während die energetische Anschauung statt der Ursachewirkung die Äquivalenz der umgesetzten

---

[45] Vgl. *Versuch einer Darstellung der psychoanalytischen Theorie* [Paragr. 281].

Wirkung betrachtet. Das heißt, beide betrachten die Reihe a-b-c-d, die eine Anschauung jedoch qualitativ, die andere quantitativ. Die kausale Betrachtung abstrahiert aus dem Stoffe der Erfahrung den dynamischen Begriff, während die finale Betrachtung ihren reinen Energiebegriff in der Anschauungssphäre anwendet und *gleichsam* zu einer Dynamis werden läßt. Trotz ihrer erkenntnistheoretischen Verschiedenheit, die an Absolutheit nichts zu wünschen übrig läßt, vermischen sich die beiden Betrachtungsweisen doch unvermeidlich im Kraftbegriff, wenn nämlich die kausale Einstellung die reine Wahrnehmung der wirkenden qualitas zum Begriffe der Dynamis abstrahiert, und wenn die finale Einstellung ihren reinen Begriff durch die Anwendung anschaulich werden läßt. Darum spricht der Mechanist von der «Energie des Psychischen», der Energetiker dagegen von der «psychischen Energie». Aus dem Gesagten dürfte mit Evidenz hervorgehen, daß ein und derselbe Vorgang im Lichte der verschiedenen Betrachtungsweisen ein jeweils ganz anderes Aussehen gewinnt.

III
DIE GRUNDBEGRIFFE DER LIBIDOTHEORIE

A. PROGRESSION UND REGRESSION

Wohl eines der wichtigsten energetischen Phänomene des Seelenlebens ist die ₆₀ Progression und Regression der Libido. Unter Progression ist zunächst das tägliche Weiterschreiten des psychologischen Anpassungsprozesses zu verstehen. Die Anpassung ist, wie bekannt, nie ein für allemal geleistet, obschon man geneigt ist, dergleichen zu glauben, dank einer Verwechslung der erreichten Einstellung mit der wirklichen Anpassung. Wir vermögen der Anpassungsforderung nur mittels einer entsprechend gerichteten Einstellung zu genügen. Die Anpassungsleistung vollzieht sich demnach in zwei Etappen: 1. Erreichung der Einstellung. 2. Vollendung der Anpassung mittels der Einstellung. Die Einstellung zur Wirklichkeit ist etwas außerordentlich Dauerhaftes, aber so dauerhaft der Habitus ist, so wenig dauerhaft ist seine effektive Anpassungsleistung. Dies ist die notwendige Folge der beständigen Veränderung der Umgebung und der dadurch bedingten Neuanpassung.

Die *Progression* der Libido bestände somit in einer fortlaufenden Befriedi- ₆₁ gung der Anforderung der Umweltbedingungen. Da diese Leistung nur mittels einer Einstellung erreicht werden kann, die nämlich als Einstellung notwendigerweise ein Gerichtetsein und damit eine gewisse Einseitigkeit in sich schließt, so kann der Fall leicht eintreten, daß die Einstellung die Anpassungsforderung nicht mehr erfüllen kann, indem Veränderungen der äußeren Bedingungen stattgefunden haben, welche eine andere als die vorhandene Einstellung erfordern. Zum Beispiel die Fühleinstellung, welche mittels Einfühlung den Wirklichkeitsanforderungen nachzukommen sucht, kann leicht einer Kondition begegnen, die nur mittels einer Denkeinstellung, das heißt eines vorgängigen, denkenden Begreifens erfüllt werden kann. In diesem Fall versagt die Fühleinstellung. Damit hört auch die Progression der Libido auf. Das vorher vorhandene Lebensgefühl erlischt, dafür steigert sich der psychische Wert gewisser Bewußtseinsinhalte in unangenehmer Weise, subjektive

Inhalte und Reaktionen drängen sich vor, der Zustand wird affektiv und zu Explosionen geneigt. Diese Symptome bedeuten eine *Aufstauung der Libido*. Der Stauungszustand ist immer gekennzeichnet durch den *Zerfall der Gegensatzpaare*. Während der Progression der Libido sind die Gegensatzpaare geeint im koordinierten Ablauf der psychologischen Vorgänge. Ihr Zusammenwirken ermöglicht die äquilibrierte Gleichmäßigkeit des Prozesses, der ohne innere Gegenwirkung einseitig und unsinnig würde. Daher faßt man alle Extravaganz und Übertriebenheit mit Recht als Gleichgewichtsverlust auf, indem offenbar darin die koordinierende Wirkung des Gegenimpulses fehlt. Es gehört daher zum Wesen der Progression, welche die geglückte Anpassungsleistung ist, daß Impuls und Gegenimpuls, Ja und Nein, zu gleichmäßiger gegenseitiger Einwirkung gelangt sind. Diese Ausgleichung und Vereinigung der Gegensatzpaare sehen wir zum Beispiel im Überlegungsprozeß vor einem schwerwiegenden Entschluß. In der Libidostauung, wo die Progression unmöglich geworden ist, können sich Ja und Nein nicht mehr zu einem koordinierten Akt vereinigen, indem Ja und Nein gleiche Werte erlangen, die sich gegenseitig das Gleichgewicht halten. Je länger die Stauung dauert, desto höher steigt der Wert der gegensätzlichen Positionen, die sich dementsprechend an Assoziationen anreichern und immer neue Bezirke des psychischen Materials sich angliedern. Die Spannung führt zum Konflikt; der Konflikt führt zu gegenseitigen Verdrängungsversuchen, und wenn die Verdrängung der Gegenpartei gelingt, dann ist die *Dissoziation,* die «Spaltung der Persönlichkeit», das Uneinssein mit sich selber eingetreten und damit eine Möglichkeit der Neurose geschaffen. Die Akte, die aus diesem Zustand erfolgen, sind inkoordiniert respektive pathologisch und gewinnen das Ansehen von Symptomhandlungen; obschon sie zum Teil normal determiniert sind, so basieren sie doch andererseits auf dem verdrängten Gegensatz, der aber im Unterschied zum progressiven Geschehen nicht äquilibrierend, sondern gegensätzlich wirkt, wodurch der Effekt nicht gefördert, sondern gestört wird.

62   Der Kampf der Gegensätze ginge in nutzloser Weise immer weiter, wenn nicht mit dem Ausbruch des Konfliktes der Prozeß der *Regression,* die rückläufige Bewegung der Libido einsetzte. Durch das Aufeinanderprallen der Gegensätze tritt eine allmähliche Entwertung der Gegensatzpaare ein. Der Wertverlust nimmt stetig zu, und er ist das einzige, was das Bewußtsein wahrnimmt. Er ist gleichbedeutend mit der Regression. Nämlich in dem Maße, als der Wertverlust der bewußten Gegensätze weiterschreitet, erhöht sich der Wert aller derjenigen psychischen Prozesse, welche hinsichtlich der Anpas-

sung nicht in Betracht kommen und deshalb selten oder nie zu bewußter Verwendung gelangen. Es handelt sich bei diesen psychischen Elementen, welche hinsichtlich der Anpassung an die Umwelt nicht in Betracht kommen, um hauptsächlich unbewußte Elemente. Die Wertigkeit der Bewußtseinshintergründe und des Unbewußten nimmt daher zu, weshalb zu erwarten ist, daß es Einfluß auf das Bewußtsein gewinnen wird. Die unbewußten Werte kommen wegen der Hemmung, die das Bewußte auf das Unbewußte ausübt, zunächst nur indirekt zur Geltung. Die Hemmung, der sie unterliegen, ist eine Folge des exklusiven Gerichtetseins der bewußten Inhalte. (Die Hemmung ist identisch mit dem, was FREUD «Censur» nennt.) Die indirekte Manifestation des Unbewußten findet statt in Form von Störungen des bewußten Ablaufes, beim Assoziationsexperiment in Form der Komplexmerkmale, sonst in Form der von FREUD zuerst beschriebenen Symptomhandlungen, in neurotischen Zuständen in Form von Symptomen.

Indem die Regression die Wertigkeit derjenigen Inhalte erhöht, die zuvor 63 vom bewußten Anpassungsprozeß ausgeschlossen und daher meistens «dunkel bewußt» oder gänzlich unbewußt sind, werden psychische Elemente über die Bewußtseinsschwelle gedrängt, die hinsichtlich der Anpassung anerkanntermaßen unnützlich sind, weshalb sie auch stets von der gerichteten psychischen Funktion ferngehalten wurden. Welcher Art diese Inhalte sind, ist aus den FREUDschen Schriften reichlich zu ersehen; es sind nicht nur infantil-sexuelle, sondern überhaupt inkompatible Inhalte und Tendenzen, teils unmoralischer, teils unästhetischer, teils irrationaler respektive imaginärer Natur. Dieser hinsichtlich der Anpassung offenkundig minderwertige Charakter ist Anlaß geworden zu jenem in psychoanalytischen Schriften gewöhnlichen entwertenden Urteil über den Seelengrund[46]. Bei oberflächlicher Betrachtung ist es allerdings Grundschlamm, was die Regression zutage fördert. Wenn man sich aber bei der oberflächlichen Betrachtung und Bewertung der geförderten Materialien nicht aufhält und es auch aufgibt, auf Grund einer vorgefaßten Lehrmeinung nach dem Schein zu urteilen, so wird man entdecken, daß darin nicht bloß inkompatible und deshalb verworfene Reste des Tageslebens oder unbequeme und verwerfliche Urtendenzen des animalischen Menschen zu erblicken, sondern daß es auch Keime neuer Lebensmög-

---

[46] Etwa in der Art des alten Hudibras, dessen Meinung KANT (*Träume eines Geistersehers,* III. Hauptst.) erwähnt: «Wenn ein hypochondrischer Wind in den Eingeweiden tobt, so kommt es darauf an, welche Richtung er nimmt, geht er abwärts, so wird daraus ein F..., steigt er aber aufwärts, so ist es eine Erscheinung oder eine heilige Eingebung.»

lichkeiten sind[47]. Darin besteht einer der großen Werte der Psychoanalyse, daß sie ungescheut die inkompatibeln Inhalte ans Licht zieht, was ein gänzlich nutzloses, ja verwerfliches Beginnen wäre, wenn nicht eben in den verdrängten Inhalten die Möglichkeiten zu einer Erneuerung des Lebens lägen. Daß dem so ist und so sein muß, weiß man nicht nur aus reichlicher praktischer Erfahrung, sondern kann es auch aus folgender Überlegung schließen:

64   Der Prozeß der Anpassung verlangt eine gerichtete bewußte Funktion, die durch innere Konsequenz und logische Geschlossenheit charakterisiert ist. Wie wir schon sahen, muß das Gerichtetsein der Funktion alles Nichtpassende ausschließen, um eben die Richtung aufrecht zu erhalten. Das Nichtpassende verfällt der Hemmung und damit der Entziehung der Aufmerksamkeit. Die bewußt gerichtete Anpassungsfunktion ist erfahrungsgemäß nur *eine*, denn, wenn ich mich zum Beispiel *denkend* einstelle, so kann ich mich nicht zugleich auch *fühlend* einstellen, weil Denken und Fühlen zwei ganz verschiedene Funktionen sind. Ich muß sogar, um den logischen Gesetzen des Denkens genügen zu können, das Gefühl sorgfältig ausschließen, um den Denkprozeß nicht durch das Gefühl zu stören. In diesem Fall entziehe ich dem Fühlprozeß die Libido soviel wie möglich, weshalb diese Funktion einem relativen Unbewußtsein verfällt. Erfahrungsgemäß ist die Einstellung in der Hauptsache habituell, und daher sind die anderen, nicht passenden Funktionen, insofern sie inkompatibel mit der prävalierenden Einstellung sind, relativ unbewußt, daher unbenützt, ungeübt, undifferenziert und notwendigerweise durch Koexistenz assoziiert mit den übrigen sonstigen Inhalten des Unbewußten, deren Minderwertigkeit und Inkompatibilität ich bereits angedeutet habe. Dadurch erscheinen diese Funktionen, wenn sie durch Regression aktiviert werden und so das Bewußtsein erreichen, in einer sozusagen inkompatibeln Form, gewissermaßen entstellt und mit dem Schlamm der Tiefe bedeckt.

65   Wenn wir uns nun erinnern, daß der Grund zur Stauung der Libido das Versagen der bewußten Einstellung war, so verstehen wir jetzt, inwiefern die durch Regression aktivierten unbewußten Inhalte wertvolle Keime sind: sie enthalten nämlich die Elemente zu jener anderen Funktion, welche durch die bewußte Einstellung ausgeschlossen war und die befähigt wäre, die versagende bewußte Einstellung wirksam zu ergänzen oder zu ersetzen. Wenn das Denken als Anpassungsfunktion versagt, weil es sich um eine Situation han-

[47] Die professionelle Übersättigung mit neurotischen Uneigentlichkeiten macht den Arzt skeptisch. Ein verallgemeinerndes Urteil aus der pathologischen Ecke hat aber den Nachteil, immer schief zu sein.

delt, an die man sich nur durch Einfühlung anpassen kann, so enthält das durch Regression aktivierte unbewußte Material eben die fehlende Fühlfunktion, aber noch in embryonaler respektive archaischer und unentwickelter Form. Gleicherweise wird beim entgegengesetzten Typus die Regression eine die versagende bewußte Einfühlung wirksam kompensierende Denkfunktion im Unbewußten aktivieren.

Dadurch, daß die Regression einen unbewußten Tatbestand aktiviert, konfrontiert sie das Bewußtsein mit dem Problem der Seele gegenüber dem Problem äußerer Anpassung. Es ist natürlich, daß das Bewußtsein sich gegen die Annahme der regressiven Inhalte sträubt, jedoch wird es durch die Unmöglichkeit der Progression doch schließlich dazu gezwungen, sich den regressiven Werten zu unterwerfen; das heißt mit anderen Worten: die Regression führt zur Notwendigkeit der Anpassung an die Seele, die psychische Innenwelt. 66

Gleichermaßen nun, wie die Anpassung an die Umwelt versagen kann durch die Einseitigkeit der Anpassungsfunktion, so kann auch die Anpassung an die Innenwelt versagen durch die Einseitigkeit der Funktion, die sich mit ihr beschäftigt. Wenn zum Beispiel die Libidostauung erfolgte wegen des Versagens der Denkeinstellung gegenüber der äußeren Anpassungsforderung, und wenn dann die unbewußte Fühlfunktion durch Regression aktiviert wurde, so besteht zunächst nur ein Einfühlen in die Innenwelt, was für den Anfang genügen mag. Auf die Dauer wird aber die Einfühlung nicht genügen, sondern die Denkfunktion wird ebenfalls herangezogen werden müssen, genau so, wie das Gegenteil gegenüber der Außenwelt nötig wurde. Dadurch wird eine völlige Einstellung auf die Innenwelt zur Notwendigkeit, nämlich solange, bis die innere Anpassung erreicht ist. Ist die Anpassung erreicht, so kann wiederum Progression eintreten. 67

Das Prinzip der Progression und Regression bildet sich ab in dem von FROBENIUS bearbeiteten Walfischdrachenmythus[48], wie ich das in meinem Buch «*Wandlungen und Symbole der Libido*» ausführlich dargelegt habe. Der Held ist der symbolische Darsteller der Libidobewegung. Das Eingehen in den Drachen ist die regressive Richtung. Die Fahrt nach Osten (die Nachtmeerfahrt) und die dabei eintretenden Ereignisse symbolisieren die Anpassungsleistungen gegenüber den Bedingungen der psychischen Innenwelt. Das völlige Verschlungensein und Verschwinden des Helden im Bauche des Drachen stellt die völlige Abkehr der Einstellung von der Außenwelt dar. Die Bewältigung 68

---

[48] FROBENIUS, *Das Zeitalter des Sonnengottes.*

des Monstrums von innen ist die Anpassungsleistung an die Bedingungen der Innenwelt. Das Herauskommen aus dem Leibe (das Ausschlüpfen) mit Vogelhilfe, was zugleich ein Sonnenaufgang ist, ist der Wiederbeginn der Progression.

69   Es ist charakteristisch, daß während des Verschlungenseins des Helden das Monstrum die Nachtmeerfahrt *nach Osten* antritt, das heißt zum Sonnenaufgang, wodurch meines Erachtens die Tatsache gekennzeichnet wird, daß die Regression nicht notwendigerweise einen *Rückschritt* im Sinne einer *Rückentwicklung* oder *Degeneration* bedeutet, sondern vielmehr eine notwendige Phase in der Entwicklung darstellt, in der aber dem Menschen das Bewußtsein einer Entwicklung mangelt, da er sich in einer Zwangslage befindet, welche sich so darstellt, als ob er sich in einem frühinfantilen, ja sogar embryonalen Zustande im Mutterleibe selber befände. Wenn der Mensch in diesem Zustande verbleibt, dann erst kann man von Rückentwicklung, Involution oder Degeneration sprechen.

70   Ebenso ist *Progression* nicht etwa mit *Entwicklung* zu verwechseln, denn der beständige Fluß oder Ablauf des Lebens ist nicht notwendigerweise Entwicklung oder Differenzierung, indem ja seit Urzeiten gewisse Tier- und Pflanzenspezies sozusagen auf der gleichen Stufe der Differenzierung stehengeblieben sind und trotzdem weiterleben. So kann auch das menschliche Seelenleben progressiv sein ohne Evolution und regressiv ohne Involution. Evolution und Involution haben zunächst mit Progression und Regression nichts zu tun, indem diese letzteren eigentlich bloße Lebensbewegungen sind, die trotz ihrer Bewegung stationären Charakter haben. Sie entsprechen dem, was GOETHE sehr schön als Systole und Diastole bezeichnet hat [49].

71   Gegen diese Auffassung des Mythus, nämlich daß er psychologische Tatsachen darstelle, haben sich schon viele Einwände erhoben. Bekanntlich kann man sich schwer von der Idee trennen, daß der Mythus gewissermaßen eine

[49] Diastole ist die im All sich ausbreitende Extraversion der Libido. Die Systole ist ihre Zusammenziehung auf das Individuum, die Monade. «... die bewußt kraftvoll zusammenziehende, das Einzelne gebärende Systole und die sehnsüchtig erweiternde, das All umfassenwollende Diastole.» (CHAMBERLAIN, *Goethe,* p. 571) Beharrung in einer der beiden Einstellungen bedeutet *Tod* (l. c.), darum ist der Typus unzulänglich und bedarf der Ergänzung durch die entgegengesetzte Funktion. «Verhält sich jedoch ein Mensch lediglich empfangend, hält die Diastole dauernd an, dann tritt, sowie im körperlichen so auch im seelischen Leben, die Lähmung und schließlich der Tod ein. ‹Beleben› kann nur die Tat; ihre erste Bedingung ist Beschränkung, d. h. die Systole, welche festabgegrenztes Maß schafft. Je energischer die Tat, um so resoluter wird die Beschränkung durchgeführt werden müssen.» (l. c., p. 581)

erklärende Allegorie astronomischer, meteorologischer oder vegetativer Vorgänge sei. Die Koexistenz erklärender Tendenzen ist wohl kaum zu leugnen, denn es sind zu viele schlagende Beweise dafür vorhanden, daß der Mythus auch erklärende Bedeutung hat, aber damit ist die Frage nicht beantwortet, warum der Mythus gerade in dieser Weise, allegorisierend, erkläre. Es ist eigentlich zu verstehen, woher der Primitive diesen Erklärungsstoff nimmt. Und daneben ist die Tatsache auch nicht zu übersehen, daß das Kausalitätsbedürfnis des Primitiven keineswegs so groß ist wie das unsrige. Es liegt ihm noch gewissermaßen weit weniger an der Erklärung als am Fabulieren. Wir können bei unseren Patienten sozusagen tagtäglich sehen, wie mythische Phantasien entstehen: sie werden nicht ersonnen, sondern stellen sich dar als Bilder oder Vorstellungsreihen, die aus dem Unbewußten sich aufdrängen, und wenn sie erzählt werden, so haben sie nicht selten den Charakter zusammenhängender Episoden, die den Wert mythischer Darstellungen haben. Auf diese Weise entstehen die Mythen, darum haben auch die Phantasien, die aus dem Unbewußten stammen, so viel Verwandtes mit den primitiven Mythen. Insofern aber der Mythus nichts anderes ist als eine Projektion aus dem Unbewußten und keineswegs eine bewußte Erfindung, so ist nicht nur die Tatsache verständlich, daß wir überall auf dieselben Mythenmotive stoßen, sondern auch, daß der Mythus typische psychische Phänomene darstellt.

Es drängt sich nun die Frage auf, wie der Vorgang der Progression und der Regression energetisch zu verstehen sei: Es ist ohne weiteres deutlich, daß es sich bei Progression und Regression um *Kraftvorgänge* handelt. Die Progression wäre zu vergleichen mit einem Wasserlauf, der vom Berg zu Tal fließt. Die Aufstauung entspricht einem spezifischen Hindernis in der Richtung des Laufes, etwa einer Talsperre, welche die kinetische Energie des Laufes in die potentielle Energie der Lage umwandelt. Durch die Aufstauung wird das Wasser gezwungen, einen anderen Weg einzuschlagen, wenn es infolge der Aufstauung eine Höhe erreicht hat, die ihm erlaubt, irgendwo überzufließen. Es fließt vielleicht in einen Kanal, der die lebendige Energie des Gefälles durch eine Turbinenanlage zur Umwandlung in Elektrizität führt. Diese Umwandlung wäre ein Bild für die durch Stauung und Regression erzeugte neue Progression, deren, gegenüber früher, veränderter Charakter dadurch gekennzeichnet ist, daß die Energie sich nunmehr auf neue Weise manifestiert. In diesem Umwandlungsprozeß ist das Äquivalenzprinzip von besonders heuristischem Wert. *Die Intensität der Progression erscheint wiederum in der Intensität der Regression.*

73   Es geht aus dem Wesen der energetischen Betrachtungsweise keineswegs
hervor, daß es Progression und Regression der Libido geben muß, sondern
nur, daß es äquivalente Transformationen geben muß, denn die Energetik
sieht nur das quantum, erklärt aber niemals das quale. So sind Progression und
Regression spezifische Vorgänge, die man als dynamische Prozesse auffassen
muß und die als solche durch Qualitäten der Substanz bedingt sind. Progression und Regression lassen sich daher niemals aus dem Wesen des Energiebegriffes ableiten, sondern sie lassen sich nur in ihren gegenseitigen Relationen
energetisch verstehen. Warum es Progression und Regression gibt, läßt sich
nur aus den Qualitäten der Substanz verstehen, also mechanistisch-kausal.

74   Die Progression als ein fortlaufender Anpassungsprozeß an die Umweltbedingungen ist begründet in der vitalen Notwendigkeit der Anpassung. Die
Not erzwingt die absolute Orientierung auf die Umweltbedingungen und die
Verdrängung aller derjenigen Tendenzen und Möglichkeiten, welche der Individuation dienen.

75   Die Regression dagegen als eine Anpassung an die Bedingungen der eigenen Innenwelt ist begründet in der vitalen Notwendigkeit, den Anforderungen der Individuation zu genügen. Der Mensch ist keine Maschine in dem
Sinn, daß er anhaltend dieselbe Arbeitsleistung vollziehen könnte, sondern er
kann der Forderung der äußeren Not in idealer Weise nur dann völlig entsprechen, wenn er auch an seine eigene Innenwelt angepaßt, das heißt wenn er in
Übereinstimmung mit sich selber ist. Und umgekehrt kann er auch nur dann
sich an seine eigene Innenwelt anpassen und die Übereinstimmung mit sich
selber erreichen, wenn er auch den Umweltbedingungen angepaßt ist. Die
eine oder die andere Funktion kann nur zeitweilig vernachlässigt werden, wie
die Erfahrung zeigt: nämlich wenn zum Beispiel nur einseitige Anpassung
nach außen geleistet, während das Innere vernachlässigt wird, so tritt allmählich eine Erhöhung des Wertes der inneren Bedingungen auf, was sich in
einem Vordrängen persönlicher Elemente in der äußeren Anpassung bemerkbar macht. So sah ich einmal einen drastischen Fall: ein Fabrikant, der sich
emporgearbeitet hatte und zu Wohlhabenheit gelangt war, fing an, sich an
eine gewisse Phase seiner Jugend zu erinnern, wo er viel Freude an Kunst hatte. Er fühlte das Bedürfnis, diese Tendenzen wieder aufzunehmen und fing
nun an, eigene künstlerische Muster für seine Fabrikwaren zu erfinden. Der
Erfolg war, daß niemand mehr diese künstlerischen Produkte kaufen wollte
und daß der Mann selber nach Ablauf weniger Jahre bankrott war. Sein Fehler
war, daß er das, was nach innen gehörte, in das Außen übertrug, indem er die

Anforderung der Individuation mißverstand. Ein derartiges auffälliges Versagen einer bisher genügenden Anpassungsfunktion erklärt sich aus diesem typischen Mißverstehen der inneren Anforderung.

Obschon Progression und Regression kausal begründet sind in der Natur 76 der Lebensvorgänge einerseits und den Umweltbedingungen andererseits, so müssen wir doch, wenn wir sie energetisch betrachten, sie nur als Mittel oder Durchgangspunkte des energetischen Ablaufes auffassen. Unter diesem Gesichtswinkel erfolgt die Progression und die aus ihr resultierende Anpassungsleistung als ein Mittel zur Regression, nämlich zur Manifestation der Innenwelt in der Außenwelt, wodurch ein neues Mittel geschaffen ist zu einer Progression veränderter Art, die eine bessere Anpassung an die Umweltbedingungen darstellt.

B. EXTRAVERSION UND INTROVERSION

Progression und Regression können mit Extraversion und Introversion der 77 Libido in Beziehung gesetzt werden. Progression als Anpassung an die äußeren Bedingungen könnte als Extraversion, und Regression als Anpassung an die inneren Bedingungen als Introversion aufgefaßt werden. Aus dieser Parallelisierung entstünde aber eine beträchtliche Begriffsverwirrung. Progression und Regression sind höchstens vage Analogien zu Extraversion und Introversion. In Wirklichkeit betreffen diese letzteren Begriffe Dynamismen anderer Art als Progression und Regression. Letztere sind Dynamismen oder gesetzmäßige Formen der Energieumsetzungen, während Extraversion und Introversion, wie schon ihr Name andeutet, Dynamismen oder Formen der Progression wie der Regression sind. Progression ist eine im Sinne der Zeit vorwärtsschreitende Lebensbewegung. Diese Bewegung kann in zwei verschiedenen Formen stattfinden, entweder *extravertiert,* wenn die Objekte, das heißt die Umweltbedingungen, die Art und Weise der Progression vorwiegend beeinflussen, oder *introvertiert,* wenn die Progression sich den Bedingungen des Ich (genauer des «subjektiven Faktors») bequemen muß. Ebenso kann die Regression auf zwei Arten erfolgen, entweder als ein Rückzug von der Außenwelt (Introversion) oder als eine Flucht in extravagantes äußeres Erleben (Extraversion). Ein Mißerfolg versetzt den einen in einen Zustand dumpfen Brütens, den anderen treibt er in die Wirtshausbummelei. Diese beiden verschiedenen Reaktionsweisen, die ich als Extra- und Introversion bezeichnet habe [50], entsprechen zwei gegensätzlichen Einstellungstypen.

78   Die Libido bewegt sich nicht nur gleichsam vorwärts und rückwärts, sondern auch auswärts und einwärts. Die Psychologie letzterer Bewegung habe ich ausführlich in meinem Typenbuche dargestellt und kann deshalb hier auf weitere Ausführungen in dieser Beziehung verzichten.

C. DIE VERLAGERUNG DER LIBIDO

79   In «*Wandlungen und Symbole der Libido*», Zweiter Teil, Kapitel III, gebrauchte ich den Ausdruck «Verlagerung der Libido», um damit die energetische Verwandlung oder Umsetzung zu bezeichnen. Ich denke bei diesem Ausdruck an ein Verlegen psychischer Intensitäten oder Werte von einem Inhalt auf einen anderen, entsprechend der sogenannten Umwandlung der Energie, welche zum Beispiel als Wärme durch die Dampfmaschine in Dampfspannung und dann in Bewegungsenergie übersetzt wird. Gleichermaßen wird die Energie gewisser psychischer Phänomene durch geeignete Mittel zur Umwandlung in andere Dynamismen gebracht. Ich habe in meinem oben erwähnten Buche Beispiele für diese Umwandlungsprozesse gegeben, so daß ich mir hier weitere Beispiele ersparen kann.

80   In der sich selbst überlassenen Natur verwandelt sich die Energie ihrem natürlichen Gefälle entsprechend, wobei sie Naturphänomene, aber keine «Arbeitsleistung» erzeugt. So lebt auch der Mensch, sich selbst überlassen, sozusagen als Naturphänomen und erzeugt keine Arbeit im eigentlichen Sinne des Wortes. Die Kultur aber stellt die Maschine dar, durch welche das natürliche Gefälle zur Arbeitsleistung ausgenützt wird. Daß der Mensch überhaupt zur Erfindung dieser Maschine kam, muß tief in seiner Natur begründet liegen, ja sogar in der Natur der lebenden Wesen überhaupt, indem der lebende Stoff selber ein Energietransformator ist, wobei das Leben irgendwie, auf noch unbekannte Weise, am Umwandlungsprozeß teilnimmt. Das Leben findet statt dadurch, daß es die natürlichen physikalischen und chemischen Bedingungen sozusagen als Mittel zu seiner Existenz benützt. Der lebende

---

[50] Vgl. mein Buch *Psychologische Typen.*

Körper ist eine Maschine, die den aufgenommenen Energiebetrag äquivalent in andere dynamische Manifestationen verwandelt. Man kann nicht sagen, daß die physische Energie im Leben verwandelt werde, sondern bloß, daß die Umwandlung der Ausdruck des Lebens sei.

Gleichermaßen wie der lebende Körper eine Maschine ist, so haben auch 81 andere Adaptationen an die physikalischen und chemischen Bedingungen den Wert von Maschinen, welche andere Umwandlungsformen ermöglichen. So sind alle die Mittel, die zum Beispiel das Tier, abgesehen von der direkten Ernährung seines Körpers, zur Sicherung und Weiterführung seiner Existenz benötigt, Maschinen, welche das natürliche Gefälle zur Arbeitsleistung ausnützen. Wenn der Biber Bäume fällt und dadurch die Wasserläufe staut, so ist das eine Arbeitsleistung, die durch seine Differenzierung bedingt ist. Seine Differenzierung ist eine natürliche Kultur, welche als Umformer der Energie, als Maschine, funktioniert. So ist auch die menschliche Kultur, als ein natürliches Differenzierungsprodukt, eine Maschine, zunächst eine technische Maschine, welche natürliche Bedingungen zur Umformung physikalischer und chemischer Energie benützt, dann aber auch eine geistige Maschine, welche geistige Bedingungen zur Umformung der Libido benützt.

Ebenso wie es dem Menschen gelungen ist, eine Turbine zu erfinden, einen 82 Fluß darauf zu leiten und aus der daraus gewonnenen Bewegungsenergie Elektrizität zu erzeugen, die mannigfacher Verwertung fähig ist, so ist es ihm auch gelungen, den natürlichen Trieb, der seinem Gefälle nach verläuft, ohne Arbeit zu leisten, durch eine Maschine in eine andere dynamische Form überzuführen, welche Arbeitsleistung ermöglicht.

Die Umwandlung der Triebenergie geschieht durch Überleitung auf ein Analo- 83 *gon des Triebobjektes.* Wie das Kraftwerk den Wasserfall nachahmt und dadurch dessen Energie habhaft wird, so ahmt die psychische Maschine den Trieb nach und wird dadurch dessen Energie habhaft. Ein gutes Beispiel hiefür ist die Frühlingszeremonie der Watschandies [51]. Sie graben nämlich ein Loch in den Boden, von länglicher Form, und umstecken es mit Buschwerk, so daß es an ein weibliches Genitale erinnert. Um dieses Loch tanzen sie, wobei sie ihre Speere so vor sich halten, daß sie an den penis in erectione erinnern. Indem sie das Loch umtanzen, stoßen sie die Speere in die Grube und rufen

---

[51] Vgl. PREUSS, *Der Ursprung der Religion und Kunst,* passim, sowie SCHULTZE, *Psychologie der Naturvölker,* p. 161, und JUNG, *Wandlungen und Symbole der Libido* (Neuausgabe: *Symbole der Wandlung* [Paragr. 213 f.]).

dazu: «pullì nira, pullì nira ... wataka!» (non fossa, non fossa ... sed cunnus!) Keiner der Teilnehmer darf während der Zeremonie auf eine Frau blicken.

84 Mit dem Loch schaffen die Watschandies ein Analogon des weiblichen Genitale, des Objektes des natürlichen Triebes. Durch das vielfache Rufen und die Ekstase des Tanzes suggerieren sie sich, daß das Erdloch wirklich ein Genitale sei, und, damit sie in dieser Illusion nicht gestört werden durch das wirkliche Triebobjekt, darf keiner auf eine Frau blicken. Es handelt sich also um unzweifelhafte Kanalisierung der Energie und Überleitung derselben auf ein Analogon des ursprüngliches Objektes durch den Vorgang des Tanzes (der eigentlich ein Begattungsspiel ist, wie bei den Vögeln und anderen Tieren) und durch die Nachahmung des sexuellen Aktes[52].

85 Dieser Tanz hat einen ausgezeichneten Sinn als Erdbefruchtungszeremonie, weshalb er auch im Frühling stattfindet. Es ist eine *magische Handlung,* die den Zweck hat, die Libido auf die Erde überzuleiten, wodurch die Erde einen besonderen psychischen Wert erhält und dadurch ein Erwartungsobjekt wird. Der Geist beschäftigt sich dann mit ihr und ist durch sie determiniert, wodurch die Möglichkeit und Wahrscheinlichkeit gegeben ist, daß der Mensch ihr seine Aufmerksamkeit gibt, was die psychologische Vorbedingung des Ackerbaues wäre. Der Ackerbau erfolgt tatsächlich, wenn auch nicht ausschließlich, unter sexuellen Analogiebildungen. Das «Brautlager auf dem Acker» ist eine solche Überleitungszeremonie: der Bauer nimmt sein Weib in einer Frühlingsnacht auf den Acker und begattet sie dort, um das Feld zu befruchten. Dadurch wird eine nahe Beziehung und Analogie hergestellt, welche so wirkt wie ein Kanal, der aus dem Flußbett abzweigt und sein Wasser in ein Kraftwerk führt. Die Triebenergie wird eng mit dem Acker assoziiert, so daß die Ackerbebauung sozusagen den Wert einer Sexualhandlung erhält. Diese Assoziation gewährleistet eine dauernde Überleitung von Interesse auf den Acker. Der Acker wirkt infolgedessen *anziehend* auf den Bebauer, und letzterer wird sich daher mit dem Acker beschäftigen, was selbstverständlich der Fruchtbarkeit des Feldes zugute kommt.

86 Wie MERINGER in sehr schöner Weise zeigt, drückt sich die Assoziation von Libido (auch in sexuellem Sinne) und Ackerbau in der Sprache aus[53]. Die

[52] Vgl. dazu die Beobachtung bei PECHUËL-LOESCHE, *Volkskunde von Loango,* p. 38: die Tänzer scharren mit dem einen Fuß den Boden und führen dabei spezifische Beckenbewegungen aus.

[53] MERINGER, *Wörter und Sachen,* und JUNG, *Wandlungen und Symbole der Libido* (Neuausgabe: *Symbole der Wandlung* [Paragr. 214[21]]).

Überleitung der Libido auf den Acker findet natürlich nicht nur durch Sexualanalogie statt, sondern auch durch direkten Berührungszauber, zum Beispiel durch den Brauch des «Walens» auf dem Acker[54]. Der Primitive empfindet die Überleitung der Libido so konkret, daß er sogar seine Ermüdung bei der Arbeit als ein Ausgesogensein durch den Ackerdämon auffaßt[55]. Alle größeren Unternehmungen und Leistungen, wie Ackerbau, Jagd, Krieg usw., werden von den Primitiven mit magischen Analogiehandlungen eingeleitet, durch vorbereitenden Zauber, der ganz offenkundig den psychologischen Zweck hat, die Libido auf die notwendig gewordene Tätigkeit überzuleiten. In den Büffeltänzen der Taos-Pueblos stellen die Tänzer Jäger und Wild zugleich dar. Durch die Erregung und Lust des Tanzes wird die Libido in die Form der Jagdtätigkeit übergeführt. Die hiezu nötige Lust des Tanzes wird erzeugt durch rhythmisches Trommeln und den erregenden Gesang der alten Männer, welche auch die ganze Zeremonie dirigieren. Alte Leute leben bekanntlich in ihren Erinnerungen, und sie lieben es, von ihren früheren Taten zu reden, sie werden «warm» dabei. Wärme «zündet», und so gibt gewissermaßen der Alte den ersten Anstoß zum Tanz, zur mimischen Zeremonie, welche den Zweck hat, die Jungen und Jüngsten an die Jagd zu gewöhnen und sie darauf psychisch vorzubereiten. Ähnliche «rites d'entrée» werden von vielen primitiven Stämmen berichtet[56]. Ein klassisches Beispiel ist die Atninga-Zeremonie der Aruntas. Sie besteht darin, daß die zu einem Rachezug aufgeforderten Stammgenossen zuerst «ärgerlich» gemacht werden müssen. Dies geschieht dadurch, daß der Führer das Haar des zu rächenden Toten mit dem Munde und dem Penis des «ärgerlich» zu machenden Mannes verbindet. Dazu kniet der Führer so auf den Mann und umarmt ihn, wie wenn er einen Sexualakt an ihm vollzöge[57]. Es wird angenommen, auf diese Weise werde bewirkt, daß «die Eingeweide des Mannes zu brennen anfingen vor Begierde, den Mord zu rächen». Die Zeremonie bezweckt offenbar eine *intime* Bekanntschaft jedes einzelnen mit dem Ermordeten. Dadurch wird jeder geneigt gemacht, den Toten zu rächen.

Die oft enorme Umständlichkeit solcher Zeremonien zeigt, wessen es be-   87

[54] Vgl. MANNHARDT, *Wald- und Feldkulte* I, p. 480 ff.
[55] l. c., p. 483.
[56] Zusammenfassendes bei LÉVY-BRUHL, *Les Fonctions mentales dans les sociétés inférieures*, p. 262 ff.
[57] Sprechende Abbildungen in: SPENCER AND GILLEN, *The Northern Tribes of Central Australia*, p. 560.

darf, um die Libido aus ihrem natürlichen Strombett, nämlich der alltäglichen Gewohnheit, abzuleiten und einer ungewohnten Tätigkeit zuzuführen. Der moderne Verstand glaubt dies mit einem bloßen Willensentschluß erreichen und dabei aller magischen Zeremonien entraten zu können, weshalb er auch lange um ein passendes Verständnis primitiver Zeremonien verlegen war. Wenn man aber berücksichtigt, daß die Primitiven in viel höherem Maße unbewußt, das heißt bloßes Naturphänomen sind als wir und daher das, was wir «Willen» nennen, sozusagen überhaupt nicht kennen, so begreift man ohne weiteres, warum sie umständlicher Zeremonien bedürfen, wo bei uns ein einfacher Willensentschluß genügt. Wir sind bewußter, das heißt mehr domestiziert. Es ist uns im Laufe der Jahrtausende geglückt, nicht nur die uns umgebende wilde Natur zu bändigen, sondern auch unsere eigene Wildheit in Fesseln zu legen (wenigstens in gewisser Weise und temporär!). Immerhin haben wir «Willen», nämlich *disponible Energie* erworben, vielleicht nicht viel, aber doch mehr als der Primitive, und brauchen deshalb keine magischen Tänze mehr, um uns zu einer Unternehmung «stark» zu machen, wenigstens für alle gewöhnlichen Fälle nicht. Wenn es sich hingegen um etwas handelt, das unsere Kräfte übersteigen, etwas, das auch schief gehen könnte, dann legen wir mit dem Segen der Kirche einen feierlichen Grundstein, wir «taufen» das vom Stapel laufende Schiff, man versichert sich im Kriegsfall der Hilfe eines patriotischen Gottes; der Angstschweiß hat schon den stärksten Leuten ein Stoßgebet abgepreßt. So braucht es nur etwas unsichere Konditionen, um die «magischen Umständlichkeiten» wieder auf ganz natürliche Weise zu beleben. Durch die Zeremonie werden nämlich tiefere emotionale Kräfte ausgelöst, die Überzeugung wird zur blinden Autosuggestion, und das psychische Gesichtsfeld wird auf einen Fixpunkt eingeschränkt, auf den sich dann die ganze Wucht der unbewußten vis a tergo konzentriert. Und es ist eine objektive Tatsache, daß es dem Sicheren eher gelingt als dem Unsicheren.

D. DIE SYMBOLBILDUNG

88   Die psychologische Maschine, welche Energie verwandelt, ist das *Symbol*. Ich meine ein wirkliches Symbol, und nicht ein Zeichen. So ist das Erdloch der Watschandies nicht ein Zeichen für das Genitale des Weibes, sondern ein Symbol, welches die Idee des zu befruchtenden Erdweibes darstellt. Eine Ver-

wechslung mit einem menschlichen Weibe würde das Symbol semiotisch deuten und dadurch fatalerweise den Wert der Zeremonie stören. Darum dürfen die Tanzenden auch auf keine Frau blicken. Durch die semiotische Auffassung würde die Maschine zerstört, genau so, wie wenn man die Druckleitung zu einer Turbine zerstörte, weil das doch nur ein sehr unnatürlicher Wasserfall sei, der durch Verdrängung der natürlichen Bedingungen zustande kam. Es liegt mir natürlich ferne, behaupten zu wollen, die semiotische Deutung sei unsinnig; sie ist nicht nur möglich, sondern auch sehr wahr. Ihre Nützlichkeit sei unbestritten in allen jenen Fällen, wo die Natur bloß verkrüppelt wird, ohne daß effektive Arbeitsleistung dabei herauskommt. Die semiotische Deutung wird aber unsinnig, wenn sie ausschließlich und schematisch verwendet wird, wenn sie dadurch die wirkliche Natur des Symbols verkennt und es zum bloßen Zeichen erniedrigt.

Die erste Arbeitsleistung, die der Primitive, durch Analogiebildung, der Triebenergie abzwingt, ist die *Magie*. Eine Zeremonie ist magisch, wenn sie nicht zur effektiven Arbeitsleistung durchgeführt wird, sondern bei der Erwartung stehenbleibt. In diesem Fall wird die Energie auf ein neues Objekt übergeführt, wobei sie einen neuen Dynamismus erzeugt, der aber solange magisch bleibt, als er nicht effektive Arbeit leistet. Der Vorteil, der bei der magischen Zeremonie herauskommt, ist, daß das neubesetzte Objekt Wirkungsmöglichkeit in bezug auf die Psyche erhält. Durch seinen Wert wirkt es determinierend und vorstellungsbildend, so daß der Geist auf längere Zeit davon angezogen und damit beschäftigt ist. Dadurch entstehen Handlungen, die am magischen Objekt quasi spielerisch ausgeführt werden, meistens rhythmische Tätigkeiten. Ein gutes Beispiel dafür sind jene südamerikanischen Felszeichnungen, welche in Furchen bestehen, die in härtestem Stein tief eingegraben sind. Sie entstanden dadurch, daß Jahrhunderte lang die Indianer die Furchen spielerisch immer wieder mit Steinen nachzogen. Der Inhalt der Zeichnungen ist kaum zu deuten, die damit verbundene Tätigkeit aber ist ungleich bedeutender [58].

Die Determinierung des Geistes durch das magisch wirkende Objekt hat auch die Möglichkeit zur Folge, daß der Mensch durch die anhaltende spielerische Beschäftigung mit dem Objekt allerhand Entdeckungen daran macht, die ihm sonst entgangen wären. Bekanntlich sind gerade auf diese Weise schon viele Entdeckungen gemacht worden. Nicht vergebens heißt die *Magie*

---

[58] KOCH-GRÜNBERG, *Südamerikanische Felszeichnungen*.

die Mutter der Wissenschaft. Bis tief ins Mittelalter hinein war das, was wir heute Naturwissenschaft nennen, nichts anderes als Magie. Ein treffliches Beispiel hiefür ist die Alchemie, deren Symbolik den oben im Prinzip geschilderten Verwandlungsprozeß der Energie in unmißverständlicher Deutlichkeit zeigt, und die späteren Alchemisten waren sich dieser Weisheit sogar bewußt[59]. Aber erst durch die Entwicklung der Magie zur Wissenschaft, das heißt durch den Fortschritt von bloßem Erwartungsstadium zur wirklichen technischen Arbeit am Objekt, ist es zur Beherrschung der Naturkräfte gekommen, wie das magische Zeitalter sie träumte. Selbst der Traum der Alchemie von der Verwandlungsmöglichkeit der Elemente ist in Erfüllung gegangen. Die magische Fernbewirkung hat sich durch die Entdeckung der Elektrizität realisieren lassen. Wir haben also allen Grund, die Symbolbildung zu schätzen und dem Symbol unsere Achtung entgegenzubringen als dem unschätzbaren Mittel, das uns die Möglichkeit gibt, den bloß triebmäßigen Ablauf des energetischen Prozesses zu effektiver Arbeitsleistung zu benützen. Gewiß ist der Wasserfall schöner als ein Kraftwerk, aber die dira necessitas lehrt uns, die elektrische Beleuchtung und die elektrische Industrie höher zu schätzen als die schöne Unnützlichkeit des Wasserfalls, die uns während einer Viertelstunde auf einem Ferienspaziergang ergötzt.

91   In derselben Weise, wie wir in der physikalischen Natur nur einen ganz beschränkten Teil der natürlichen Energie in praktisch verwertbare Form überzuführen vermögen, während wir weitaus den größten Teil ungenützt in Naturphänomenen sich auswirken lassen müssen, so können wir auch in unserer psychischen Natur nur einen kleinen Teil der Energie dem natürlichen Ablauf entziehen. Ein ungleich größerer Teil kann von uns nicht gefaßt werden, sondern unterhält den gesetzmäßigen Ablauf des Lebens. Daher ist die Libido natürlicherweise auf die verschiedenen Funktionssysteme verteilt, denen sie nicht gänzlich entzogen werden kann. Die Libido ist in diesen Funktionen *investiert* als deren nicht zu verwandelnde, spezifische Kraft. Nur wo es der Fall ist, daß das Symbol ein größeres Gefälle darbietet als die Natur, ist es möglich, die Libido in andere Formen überzuführen. Die Kulturgeschichte hat hinlänglich bewiesen, daß der Mensch einen relativen Überschuß an Energie besitzt, der anderer Verwendung fähig ist als des bloß natürlichen Ablaufes. Die Tatsache, daß das Symbol diese Ablenkung ermöglicht, beweist, daß

[59] Vgl. SILBERER, *Probleme der Mystik und ihrer Symbolik,* sowie ROSENCREUTZ, *Chymische Hochzeit.*

nicht alle Libido in naturgesetzmäßiger Form, die ihren regelmäßigen Ablauf erzwingt, sich festgelegt hat, sondern ein gewisses Quantum an Energie übrig geblieben ist, das man als *Libidoüberschuß* bezeichnen könnte. Es wäre denkbar, daß dieser Überschuß dadurch zustande käme, daß die festorganisierten Funktionen die Intensitätsunterschiede nicht genügend auszugleichen vermögen. Sie wären einer Wasserleitung zu vergleichen, deren Querschnitt zu klein ist, um eine bestimmte Wassermenge, die sich beständig ergänzt, genügend abzuleiten. Das Wasser würde dann irgendwie überfließen. Aus dem Libidoüberschuß ergeben sich gewisse psychische Prozesse, die durch bloße Naturbedingungen nicht oder nur sehr ungenügend zu erklären sind. Es sind dies religiöse Prozesse, deren Natur wesentlich symbolisch ist. Vorstellungssymbole sind religiöse Ideen, Handlungssymbole sind Riten oder Zeremonien. Sie sind die Manifestation und der Ausdruck des Libidoüberschusses. Sie sind zugleich Übergänge zu neuen Tätigkeiten, die man spezifisch als Kulturtätigkeiten bezeichnen muß, im Gegensatz zu den gesetzmäßig ablaufenden instinktiven Funktionen.

Ich habe das Symbol, das Energie umsetzt, auch als Libidogleichnis[60] bezeichnet und darunter Vorstellungen verstanden, welche geeignet sind, die Libido äquivalent auszudrücken und dadurch eben in eine andere Form als die ursprüngliche überzuführen. Die Mythologie liefert unzählige Gleichnisse dieser Art, angefangen mit den heiligen Gegenständen, den Churingas, den Fetischen, bis zu den Götterfiguren. Die Riten, mit denen die heiligen Gegenstände umgeben werden, lassen oft sehr deutlich ihre Natur als Energietransformation erkennen; so zum Beispiel reibt der Primitive rhythmisch seinen Churinga, nimmt dadurch die magische Kraft des Fetischs in sich auf und erteilt zu gleicher Zeit auch dem Fetisch wieder «Ladung»[61]. Eine höhere Stufe auf derselben Linie ist die Totemidee, welche mit den Anfängen der Gemeinschaftsbildung aufs innigste verbunden ist und direkt hinüberführt zur Idee des Palladiums, der Schutz- und Stammesgottheit, und der Idee menschlicher Gemeinschaftsorganisation überhaupt. Der Prozeß der Umsetzung der Libido durch das Symbol hat seit den Anfängen der Menschheit stattgefunden und wirkt immer noch fort. Die Symbole wurden nie *bewußt ersonnen,* sondern wurden vom Unbewußten produziert auf dem Wege der sogenannten Offen-

92

---

[60] *Wandlungen und Symbole der Libido* (Neuausgabe: *Symbole der Wandlung* [Paragr. 146]).
[61] SPENCER AND GILLEN, l. c., p. 277.

barung oder Intuition [62]. Bei der nahen Beziehung mythologischer Symbole zu den Traumsymbolen und in Anbetracht der Tatsache, daß, wie P. LEJEUNE sich ausdrückt, der Traum «le dieu des sauvages» ist, ist es überaus wahrscheinlich, daß ein großer Teil der historischen Symbole direkt aus dem Traum stammt oder zum mindesten durch den Traum angeregt ist [63]. Für die Wahl des Totems wissen wir es sogar ganz sicher, ebenso liegen entsprechende Zeugnisse für die Wahl der Götter vor. Diese seit uralters bestehende Symbolfunktion ist auch heute noch vorhanden, obschon die Entwicklung des Geistes seit vielen Jahrhunderten danach strebte, die individuelle Symbolbildung zu unterdrücken. Ein erster Schritt dazu war die Bildung einer offiziellen Staatsreligion, ein weiterer Schritt die Ausrottung des Polytheismus, die ihren ersten Anfang wohl in dem reformatorischen Versuch von Amenophis IV. fand. Die christliche Epoche hat bekanntlich Außerordentliches geleistet in der Unterdrückung der individuellen Symbolbildung. In dem Maße, als die Intensität der christlichen Idee abzublassen beginnt, darf man auch ein Wiederaufflackern der individuellen Symbolbildung erwarten. Die geradezu ungeheure Sektenvermehrung seit dem 18. Jahrhundert, dem Jahrhundert der «Aufklärung», dürfte ein sprechendes Zeugnis dafür sein. Die gewaltige Ausdehnung der Christian Science, der Theosophie, der Anthroposophie und der Mazdaznanreligion sind weitere Schritte auf dem betretenen Wege.

93   In der praktischen Arbeit mit unseren Patienten stoßen wir auf Schritt und Tritt auf solche Symbolbildungen, welche die Umwandlung der Libido bezwecken. Im Anfang einer Behandlung finden wir Symbolbildungen am Werke, deren Unzweckmäßigkeit sich dadurch zeigt, daß sie ein zu geringes

---

[62] «Man, of course, has always been trying to understand and to control his environment, but in the early stages this *process was unconscious.* The matters which are problems for us existed latent in the primitive brain; there, undefined, lay both problem and answer; through many ages of savagery, first one and then another partial answer emerged into consciousness; at the end of the series, hardly completed to-day, there will be a new synthesis in which riddle and answer are one.» [Der Mensch hat natürlich immer versucht, seine Umgebung zu verstehen und zu beherrschen, aber in den frühen Stadien war dieser Prozeß unbewußt. Was für uns zu Problemen wurde, war latent im primitiven Gehirn vorhanden; dort lag, noch unbestimmt, beides: das Problem und die Lösung; ganze Zeitalter urtümlichen Daseins hindurch tauchte zuerst diese, dann jene Teillösung ins Bewußtsein empor. Am Ende der Reihe, heute noch kaum abgeschlossen, wird es eine neue Synthese geben, in der Rätsel und Antwort eines sind.] (CRAWLEY, *The Idea of the Soul,* p. 11)

[63] «Les rêves sont pour les sauvages ce que la Bible est pour nous, la source de la révélation divine.» [Die Träume sind für die Wilden, was für uns die Bibel: Quelle göttlicher Offenbarung.] (GATSCHET, *The Klamath Language,* zit. bei LÉVY-BRUHL, l. c., p. 53)

Gefälle darbieten, so daß die Libido sich nicht in effektive Leistung umsetzen läßt, sondern unbewußt auf altem Wege abströmt, in archaisch-sexuellen Phantasien und Phantasiebetätigungen; infolgedessen ist der Patient uneins mit sich selber, das heißt neurotisch. In diesem Falle ist natürlich die Analyse sensu strictiori angezeigt, das heißt die von FREUD inaugurierte reduktive psychoanalytische Methode, welche alle unzulänglichen Symbolbildungen abbaut und auf die natürlichen Elemente reduziert. Das zu hoch liegende und unzweckmäßig gebaute Kraftwerk wird abgerissen und in seine anfänglichen Bestandteile zerlegt, wobei der ursprüngliche natürliche Wasserlauf wiederhergestellt wird. Das Unbewußte fährt fort, Symbole zu bilden, die man natürlich ad infinitum auf ihre Elemente reduzieren könnte.

Der Mensch kann und wird sich aber nie mit dem natürlichen Ablauf der Dinge zufrieden geben, da er immer einen Überschuß an Energie besitzt, dem ein günstigeres Gefälle geboten werden kann als das bloß natürliche, weshalb er unvermeidlicherweise immer wieder danach sucht, so oft man ihn auch durch Reduktion wieder in das natürliche Gefälle zurückzwingt. Wir sind darum zur Überzeugung gelangt, daß, wenn das Unzweckmäßige reduziert, der natürliche Lauf der Dinge wiederhergestellt und dadurch die Möglichkeit eines natürlichen Lebens vorhanden ist, die Reduktion nicht weiter fortzusetzen, sondern dann vielmehr die Symbolbildung synthetisch zu unterstützen sei, so daß ein günstigeres Gefälle für den Überschuß herauskommt. Die Reduktion auf den natürlichen Zustand ist für den Menschen weder ein Idealzustand noch ein Allheilmittel. Wenn der natürliche Zustand das wirklich wäre, so müßte der Primitive ein beneidenswertes Dasein führen. Dem ist aber keineswegs so, denn der Primitive ist von Superstitionen und Ängsten und Zwängen dermaßen gequält, neben allen anderen Schmerzen und Mühseligkeiten des menschlichen Lebens, daß er, wenn er in unserer Zivilisation lebte, nicht anders denn als schwer neurotisch bezeichnet werden könnte, wenn nicht gar als verrückt. Was würde man von einem Europäer sagen, der sich folgendermaßen benähme: Ein Neger hatte einen Traum, in dem er von seinen Feinden verfolgt, gefangen und lebendig verbrannt wurde. Anderentags ließ er von seinen Verwandten ein Feuer machen und sich selber mit den Füßen ins Feuer legen, um durch diese apotropäische Zeremonie das geträumte Unheil fernzuhalten. Er wurde derart verbrannt, daß er auf viele Monate schwer krank darniederlag[64].

---

[64] LÉVY-BRUHL, l. c., p. 54.

95   Aus diesen Ängsten wurde der Mensch befreit durch die zur Kultur führende fortschreitende Symbolbildung. Das Zurückgehen zur Natur muß daher notwendigerweise von einem synthetischen Wiederaufbau des Symbols gefolgt sein. Die Reduktion führt hinunter zum primitiven Naturmenschen und seiner eigentümlichen Geistesverfassung. FREUD hat sein Augenmerk hauptsächlich auf die rücksichtslose Begierde nach Lust, ADLER auf die «Prestigepsychologie» gerichtet. Dies sind allerdings zwei ganz wesentliche Besonderheiten der primitiven Psyche, aber bei weitem nicht die einzigen. Man müßte, der Vollständigkeit halber, auch alle anderen Züge von Primitivität, wie das Spielerische, das Mystische, das «Heroische» usw. erwähnen, vor allem aber die überragende Tatsache der primitiven Seele: ihr Ausgeliefertsein an überpersönliche «Mächte», seien dies nun Triebe, Affekte, Superstitionen, Einbildungen, Zauberer, Hexen, Geister, Dämonen oder Götter. Die Reduktion führt in das Unterlegensein des Primitiven, welchem der zivilisierte Mensch entronnen zu sein hofft. Ebenso wie die Reduktion den Menschen mit seiner Unterlegenheit unter «Mächte» bekannt macht und ihm dadurch ein fast gefährliches Problem aufgibt, so führt ihn die synthetische Behandlung des Symbols vor die religiöse Frage, aber nicht etwa zum Problem gegenwärtiger religiöser Bekenntnisse, sondern zum religiösen Problem des Primitiven. Gegenüber den ihn sehr real beherrschenden Mächten kann ihm nur eine ebenso reale Tatsache Schutz und Hilfe gewähren; kein Denksystem, sondern unmittelbare Erfahrung nur vermag der blinden Macht der Triebe das Gegengewicht zu halten.

96   Dem Polymorphismus der primitiven Triebnatur steht regulierend das *Individuationsprinzip* gegenüber; der Vielheit und widerspruchsvollen Zerrissenheit tritt eine kontraktive Einheit entgegen, deren Macht ebenso groß ist wie die der Triebe. Ja, beide Seiten bilden sogar ein für die Selbstregulierung notwendiges Gegensatzpaar, das schon oft als Natur und Geist gekennzeichnet wurde. Die Grundlage dieser Begriffe bilden psychische Konditionen, zwischen denen das menschliche Bewußtsein schwankt wie das Zünglein an der Waage.

97   Der primitive Geist ist uns, in unmittelbarer Erfahrung, nur gegeben in der Form der noch erinnerbaren Infantilpsyche. Die Eigentümlichkeiten derselben faßt FREUD als infantile Sexualität auf, mit einem gewissen Rechte; denn aus dieser *Keimanlage* geht das spätere, reife Sexualwesen hervor. FREUD leitet aber aus der infantilen Keimanlage noch allerhand geistige Eigentümlichkeiten ab, so daß es auf solche Weise den Anschein hat, als ob auch der Geist aus

einer sexuellen Vorstufe hervorginge und mithin nichts anderes sei als ein Absenker der Sexualität. FREUD übersieht aber, daß die infantile polyvalente Keimanlage nicht bloß eine eigentümlich perverse Vorstufe einer normalen und reifen Sexualität ist, sondern daß sie eben darum eigentümlich pervers erscheint, weil sie nicht nur Vorstufe zur reifen Sexualität, sondern auch zur geistigen Eigenart des Individuums ist. Aus der infantilen Keimanlage geht der *ganze* spätere Mensch hervor, daher ist die Keimanlage ebensowenig bloße Sexualität wie die Psyche des erwachsenen Menschen. In dieser Keimanlage stecken auch nicht bloß die Anfänge eines erwachsenen Lebens, sondern noch die ganze Erbschaft der Ahnenreihe von unbestimmter Ausdehnung. In dieser Erbschaft sind nicht nur die schon von der Tierstufe herstammenden Instinkte inbegriffen, sondern auch alle jene Differenzierungen, welche vererbbare Spuren hinterlassen haben. So wird eigentlich jedes Kind mit einer ungeheuren *Inkongruenz* geboren; einerseits ein sozusagen tierähnliches, unbewußtes Wesen, anderseits die letzte Verkörperung einer uralten und unendlich komplizierten Erbsumme. Diese Inkongruenz macht die Spannung der Keimanlage aus und erklärt überdies noch viele Rätsel der an Rätseln wahrlich nicht armen kindlichen Psychologie.

Wenn wir nun mittels eines reduktiven Verfahrens die infantilen Vorstufen einer erwachsenen Psyche aufdecken, so finden wir als letzte Grundlage die infantilen Keime, welche einerseits das spätere natürliche Sexualwesen in statu nascendi, anderseits aber auch alle jene verwickelten Vorbedingungen des Kulturwesens enthalten. Dies spiegelt sich wohl am schönsten in den Träumen der Kinder. Viele sind sehr einfach «kindlich» und ohne weiteres verstehbar, andere aber enthalten fast schwindelerregende Bedeutungsmöglichkeiten und Dinge, die nur im Lichte primitiver Parallelen ihren tiefen Sinn enthüllen. Diese andere Seite ist der *Geist in nuce.* Die Kindheit ist nicht nur darum von Bedeutung, weil dort einige Instinktverkrüppelungen ihren Anfang genommen haben, sondern auch darum, weil dort jene weitausschauenden Träume und Bilder, welche ein ganzes Schicksal vorbereiten, erschreckend oder ermutigend vor die kindliche Seele treten, zugleich mit jenen rückblickenden *Ahnungen,* die weit über den Umfang der kindlichen Erfahrung in das Leben der *Ahnen* hinausgreifen. So steht in der Seele des Kindes der «natürlichen» Bedingung eine geistige gegenüber. Bekanntlich ist der im Naturzustande lebende Mensch keineswegs bloß «natürlich», etwa wie ein Tier, sondern er sieht, glaubt, fürchtet, verehrt Dinge, deren Sinn aus den natürlichen Umweltbedingungen allein gar nicht ersichtlich ist, deren untergelegter

98

Sinn sogar weit von aller Natürlichkeit, Sinnenfälligkeit und Verständlichkeit wegführt, ja sogar nicht selten mit den Instinkten aufs schärfste kontrastiert. Man denke nur an alle jene grausamen Riten und Gebräuche der Primitiven, gegen die sich jedes natürliche Gefühl empört, an alle jene Überzeugungen und Ideen, die zu der Evidenz der Dinge in unüberwindlichem Gegensatz stehen. Diese Tatsachen zwingen zu der Annahme, daß das geistige Prinzip (was dies nun immer sei) sich gegenüber dem bloß natürlichen mit unerhörter Kraft durchdrängt. Man kann ja sagen, daß dies auch «natürlich» sei und beides aus ein und derselben «Natur» herstamme. Ich bezweifle diese Herkunft keineswegs, muß aber hervorheben, daß dieses «natürliche» Ding aus einem Konflikt zweier Prinzipien besteht, denen man je nach Geschmack diesen oder jenen Namen geben mag, und daß *dieser Gegensatz Ausdruck und vielleicht auch Grundlage jener Spannung ist, die wir als psychische Energie bezeichnen.*

99   Es muß auch aus theoretischen Gründen eine solche Gegensatzspannung im Kinde existieren, denn ohne sie wäre auch gar keine Energie möglich, wie schon HERAKLIT gesagt hat: πόλεμος πατὴρ πάντων [65]. Wie ich bereits bemerkte, kann dieser Konflikt als ein Gegensatz zwischen dem noch tief primitiven Naturwesen des neugeborenen Menschen und seiner hochdifferenzierten Erbmasse verstanden werden. Das Naturwesen ist durch ungebrochene Triebhaftigkeit, das heißt durch ein völliges Ausgeliefertsein an die Triebe charakterisiert. Die diesem Zustand entgegenstehende Erbmasse besteht aus den mnemischen Niederschlägen aller Erfahrungen der Ahnenreihe. Man begegnet dieser Annahme vielfach mit Skepsis, indem man meint, es handle sich um «vererbte Vorstellungen». Davon ist natürlich keine Rede. Es handelt sich vielmehr um vererbte Vorstellungsmöglichkeiten, um «Bahnungen», die durch gehäufte Erfahrungen in der Ahnenreihe sich allmählich ausgebildet haben. Die Vererbung dieser Bahnungen zu leugnen, wäre gleichbedeutend mit der Leugnung der Vererbung des Gehirns. Solche Leute müßten konsequenterweise die Behauptung aufstellen, daß das Kind mit einem Affengehirn geboren werde. Da es aber mit einem menschlichen Gehirn geboren wird, so wird dieses Gehirn auch früher oder später in menschlicher Weise zu funktionieren anfangen, und zwar wird es notwendigerweise auf jener Stufe beginnen, auf der die jüngsten Ahnen standen. Dies ist dem Kind natürlich tief unbewußt. Zunächst werden ihm nur die Triebe bewußt und was diesen Trieben etwa entgegensteht. Das aber sind die sichtbaren Eltern. Deshalb hat

---

[65] [Der Krieg ist der Vater aller Dinge.]

das Kind auch noch gar keine Ahnung davon, daß das Hemmende etwa in ihm selber liegen könnte. Zu Recht oder zu Unrecht wird das Hemmende auf die Eltern projiziert. Dieses infantile Vorurteil haftet so stark, daß wir Ärzte oft noch die größte Mühe haben, unseren Patienten das Bewußtsein beizubringen, daß der böse Vater, der alles verbietet, weniger außen als vielmehr in ihnen selber steckt. Alles, was aus dem Unbewußten wirkt, erscheint projiziert am anderen. Nicht, daß die anderen ganz unschuldig daran wären, denn auch die schlimmste Projektion ist zum mindesten an ein, vielleicht sehr kleines, Häkchen gehängt, das aber doch der andere geliefert hat.

Obschon die Erbmasse aus physiologischen Bahnungen besteht, so waren 100 es doch geistige Prozesse in der Ahnenreihe, die solche Bahnungen geschaffen haben. Wenn diese Bahnungen dem Individuum zum Bewußtsein kommen, so können sie dies wiederum nur in Form von geistigen Prozessen tun; und wenn schon diese Prozesse nur bewußt werden können durch individuelle Erfahrung und somit als individuelle Erwerbungen erscheinen, so sind sie doch präexistierende Bahnungen, die durch individuelle Erfahrung bloß «ausgefüllt» wurden. Wohl jede «eindrückliche» Erfahrung ist ein solcher Einbruch in ein altes, aber bisher unbewußtes Strombett.

Die präexistenten Bahnungen sind harte Tatsachen, so unleugbar wie die 101 historische Tatsache, daß der Mensch aus seiner ursprünglichen Wohngrube eine Stadt gebaut hat. Diese Entwicklung war natürlich nur möglich durch Gemeinschaftsbildung, und diese letztere war nur möglich durch *Triebbeschränkung*. Die Triebbeschränkung durch geistige Prozesse setzt sich beim Einzelnen mit derselben Macht und demselben Erfolg durch wie in der Völkergeschichte. Die Triebbeschränkung ist ein normativer, oder genauer gesagt, ein *nomothetischer* [66] *Prozeß,* dessen Gewalt aus der unbewußten Tatsache der vererbten Bahnungen stammt. Der Geist, als das wirksame Prinzip der Erbmasse, besteht aus der Summe der Ahnengeister, der unsichtbaren *Väter* [67], deren Autorität mit dem Kinde geboren wird.

Der philosophische Begriff von *Geist* hat noch nicht einmal vermocht, sei- 102 nen eigenen sprachlichen Terminus von der überwältigenden Fessel der Identität mit dem anderen Begriff von Geist, nämlich «Gespenst», zu befreien. Es ist hingegen der religiösen Anschauung gelungen, über die sprachliche Verhaftung an die Geister dadurch hinauszugelangen, daß sie jene geistige Auto-

---

[66] [Gesetze schaffend.]
[67] SÖDERBLOM, *Das Werden des Gottesglaubens*, pp. 88 ff. und 175 ff.

rität als *Gott* bezeichnet. Im Laufe der Jahrtausende hat sich diese Anschauung als eine Formulierung jenes geistigen Prinzipes, das der bloßen Triebhaftigkeit hemmend entgegensteht, entwickelt. Das ungemein Bedeutsame an diesem Begriff ist der Umstand, daß Gott auch zugleich als Naturschöpfer gedacht ist. Er wird als der Macher jener unvollkommenen Geschöpfe, die irren und sündigen, angesehen, und zugleich ist er ihr Richter und Zuchtmeister. Eine einfache Logik würde wohl sagen: wenn ich ein Geschöpf herstelle, das in Irrtum und Sünde fällt und infolge seiner blinden Triebhaftigkeit so gut wie wertlos ist, so bin ich offenbar ein schlechter Schöpfer und habe nicht einmal die Gesellenprobe bestanden. (Dieses Argument spielte bekanntlich im Gnostizismus eine bedeutende Rolle.) Die religiöse Auffassung läßt sich aber durch diese Kritik nicht beirren, sondern behauptet, daß die Wege und Absichten der Gottheit unerforschlich seien. Tatsächlich hat auch das gnostische Argument in der Geschichte wenig Anklang gefunden, indem offenbar die Unantastbarkeit der Gottesvorstellung einem vitalen Bedürfnis entspricht, dem gegenüber jede Logik verblaßt. (Wir haben es hier, wohlverstanden, nicht mit Gott als einem Ding an sich zu tun, sondern bloß mit einer menschlichen Anschauung, welche als solche ein legitimes Objekt der Wissenschaft ist.)

103   Obschon also der Gottesbegriff ein geistiges Prinzip par excellence ist, so will es das kollektive Bedürfnis doch haben, daß er zugleich auch eine Anschauung der ersten schöpferischen Ursache sei, aus der alle jene dem Geistigen widerstrebende Triebhaftigkeit hervorgeht. Damit wäre Gott der Inbegriff nicht nur des geistigen Lichtes, das als späteste Blüte am Baum der Entwicklung erscheint, nicht nur das geistige Erlösungsziel, in welchem alle Schöpfung gipfelt, nicht nur das Ende und der Zweck, sondern auch dunkelste, unterste Ursache aller naturhaften Finsternisse. Dies ist ein ungeheures Paradoxon, das offenbar einer tiefen, psychologischen Wahrheit entspricht. Es stellt nämlich nichts anderes als die Gegensätzlichkeit eines und desselben Wesens dar, eines Wesens, dessen innerste Natur eine Gegensatzspannung ist. Dieses Wesen nennt die Wissenschaft *Energie,* denn sie ist jenes Etwas, das lebendiger Ausgleich zwischen Gegensätzen ist. Aus diesem Grunde dürfte die, an sich unmöglich paradoxe, Gottesanschauung für das menschliche Bedürfnis so befriedigend sein, daß keine noch so berechtigt erscheinende Logik dagegen standhalten kann. Tatsächlich könnte es auch der feinsten Ergrübelung wohl kaum gelingen, eine passendere Formel für diese Grundtatsache der inneren Anschauung zu finden.

Ich glaube nichts Überflüssiges gesagt zu haben, wenn ich etwas ausführli- 104
cher auf die Natur der der psychischen Energie zugrunde liegenden Gegensätze eingegangen bin [68]. Die FREUDsche Theorie besteht in einer kausalen Erklärung der Triebpsychologie. Von diesem Standpunkt aus muß das geistige
Prinzip nur als Anhängsel, als ein Nebenprodukt der Triebe erscheinen. Insofern dessen hemmende und unterdrückende Kraft nicht geleugnet werden
kann, wird diese den Erziehungseinflüssen, den sittlichen Autoritäten, den
Konventionen und Traditionen zugeschrieben. Diese Instanzen ihrerseits
beziehen (nach dieser Theorie) ihre Macht wiederum von Verdrängungen,
auf dem Wege eines circulus vitiosus. Aber als ein dem Triebe äquivalent entsprechendes Gegenstück wird das Geistige nicht anerkannt.

Der geistige Standpunkt dagegen hat sich in der religiösen Anschauung, 105
die ich als sattsam bekannt voraussetzen darf, verkörpert. Diesem Standpunkt
erscheint die FREUDsche Psychologie als bedrohlich. Sie ist aber nicht bedroh-
licher als der Materialismus überhaupt, sei er nun wissenschaftlicher oder
praktischer Natur. Die theoretische Einseitigkeit der FREUDschen Sexual-
theorie ist wenigstens symptomatisch bedeutsam. Sie hat, wenn auch keine
wissenschaftliche, so doch eine moralische Berechtigung. Es ist zweifellos
richtig, daß die Triebhaftigkeit auf dem Gebiete der Sexualität am allermeisten und eindrücklichsten mit den moralischen Ansichten kollidiert. Der Zusammenstoß von infantiler Triebhaftigkeit und Ethos kann nie vermieden
werden. Er ist sogar, wie mir scheint, die conditio sine qua non der psychischen Energie. Während wir alle darin übereinstimmen, daß es ganz selbstverständlich ist, daß Morden, Stehlen und andere Affektrücksichtslosigkeiten
jeder Art unzulässig seien, so gibt es doch eine sogenannte *sexuelle Frage*. Man
spricht von keiner Mordfrage oder Jähzornsfrage. Man ruft nicht nach sozialen Maßnahmen gegen diejenigen, die ihre schlechten Launen an den Mitmenschen auslassen. Und doch sind das alles Triebhaftigkeiten, aber ihre Unterdrückung erscheint uns als selbstverständlich. Einzig zur Sexualität setzt
man ein Fragezeichen. Dieses Zeichen deutet auf einen Zweifel, nämlich auf
den Zweifel, ob unsere bisherigen moralischen Begriffe und die darauf ge-
gründeten, gesetzlichen Institutionen genügen oder zweckentsprechend sei-
en. Kein Einsichtiger wird bestreiten, daß in bezug auf dieses Gebiet sehr ge-

---

[68] Ich habe dasselbe Problem unter anderen Aspekten und in anderer Weise behandelt in:
Wandlungen und Symbole der Libido (Neuausgabe: *Symbole der Wandlung* [Paragr. 653 und
680]) und in: *Psychologische Typen* [Paragr. 322 ff.].

teilte Meinungen herrschen. Es wäre ja gar kein Problem dieser Art vorhanden, wenn nicht eine Uneinigkeit der öffentlichen Meinung in dieser Hinsicht bestünde. Es ist offenkundig eine Reaktion gegen eine zu rigorose Sitt-
lichkeit am Werke. Es handelt sich dabei nicht etwa um einen bloßen Ausbruch einer primitiven Triebhaftigkeit. Dergleichen Ausbrüche haben sich
bekanntlich noch nie um Sittengesetze und moralische Problematik beküm-
mert. Sondern es handelt sich um das ernsthafte Bedenken, ob unsere bisherige sittliche Auffassung der Natur der Sexualität gerecht werde oder nicht. Aus
diesem Zweifel entsteht naturgemäß ein legitimes Interesse, die Natur der
Sexualität besser und tiefer zu verstehen. Diesem Interesse kommen nicht nur
die FREUDsche Psychologie, sondern noch viele andere Unternehmungen entgegen. Daß FREUD daher einen besonderen Nachdruck auf die Sexualität legt,
dürfte eine mehr oder weniger bewußte Antwort auf die zeitgemäße Frage
sein; und umgekehrt: die Aufnahme, die FREUD im Publikum gefunden hat,
dürfte beweisen, wie zeitgemäß seine Antwort war.

106   Einem aufmerksamen und kritischen Leser der FREUDschen Schriften wird
nicht entgehen, wie allgemein und dehnbar sein Sexualbegriff ist. Er ist in der
Tat so weit, daß man sich des öfteren fragt, warum der Autor an gewissen Stellen überhaupt eine Sexualterminologie verwende. Sein Sexualbegriff umfaßt
nicht nur die physiologischen Sexualvorgänge, sondern auch beinahe alle Stufen, Phasen und Arten des Gefühls und des Begehrens. Diese enorme Dehn-
barkeit macht seinen Sexualbegriff auch universal verwendbar, aber nicht
zum Vorteil der dadurch vermittelten Erklärung. Man kann mittels dieses
Begriffes ein Kunstwerk oder ein religiöses Erlebnis auf genau dieselbe Art
erklären wie ein hysterisches Symptom. Die absolute Verschiedenheit dieser
drei Dinge fällt dabei außer Betracht. Die Erklärung kann also nur eine
Scheinerklärung sein für mindestens zwei der erwähnten Dinge. Abgesehen von diesen Inkonvenienzen ist es aber psychologisch richtig, wenn das
Problem der Triebe zunächst von der Seite der Sexualität aufgefaßt wird,
denn dort liegt etwas, was gerade dem Unvoreingenommenen zu denken
gibt.

107   Der Konflikt zwischen Ethos und Sexualität ist heutzutage nicht eine bloße Kollision von Triebhaftigkeit und Moral, sondern ein Kampf um die Daseinsberechtigung eines Triebes oder um die Anerkennung einer in diesem
Triebe sich ausdrückenden Macht, die anscheinend nicht mit sich spaßen läßt
und darum sich unseren wohlmeinenden Sittengesetzen auch nicht fügen
will. Die Sexualität ist nicht bloß eine Triebhaftigkeit, sondern auch eine un-

zweifelhaft schöpferische Macht, die nicht nur Grundursache unseres individuellen Lebens, sondern auch ein sehr ernst zu nehmender Faktor in unserem
psychischen Leben ist. Wir wissen heutzutage zur Genüge, was für bedenkliche Folgen Störungen der Sexualität nach sich ziehen können. Man könnte
die Sexualität den Wortführer der Triebe nennen, weshalb der geistige Standpunkt in ihr seinen Hauptwidersacher erblickt; allerdings nicht etwa darum,
weil sexuelle Ausschweifung an und für sich unmoralischer wäre als Fressen
und Saufen, Geldgier, Tyrannei und Verschwendungssucht, sondern weil der
Geist in der Sexualität ein ihm ebenbürtiges, ja verwandtes Gegenstück wit-
tert. Denn so wie der Geist die Sexualität, wie alle anderen Triebe, seiner Form
unterordnen möchte, so hat auch die Sexualität einen alten Anspruch auf den
Geist, den sie einstmals – in der Zeugung, Schwangerschaft, Geburt und
Kindheit – in sich enthielt und deren Leidenschaft der Geist in seinen Schöp-
fungen nicht entraten kann. Was ist der Geist schließlich, wenn ihm kein
ebenbürtiger Trieb gegenüberstünde? Er wäre bloß leere Form. Die vernünftige Berücksichtigung anderer Triebe ist uns zur Selbstverständlichkeit geworden; mit der Sexualität ist es aber anders, sie ist uns noch problematisch, das
heißt in diesem Punkte sind wir noch nicht zu jener Bewußtheit gelangt, die
es uns ermöglichte, dem Trieb völlig gerecht zu werden, ohne eine empfindli-
che moralische Einbuße. FREUD ist nicht nur ein wissenschaftlicher Forscher,
sondern auch ein Anwalt der Sexualität, weshalb ich seinem Sexualbegriff
wenigstens eine moralische Berechtigung in Ansehung der großen Bedeutung des Sexualproblems zuerkenne, ohne dabei imstande zu sein, seinen Begriff auch wissenschaftlich annehmen zu können.

Es ist hier nicht der Ort, die möglichen Gründe der zeitgenössischen Ein- 108
stellung zur Sexualität zu erörtern. Es genüge, hervorzuheben, daß es uns vorkommt, als ob die Sexualität der stärkste und unmittelbarste Trieb sei [69], weshalb er als *der* Trieb überhaupt erscheint. Des ferneren muß ich nun aber auch
hervorheben, daß das geistige Prinzip, strenggenommen, nicht mit dem *Triebe* kollidiert, sondern mit der *Triebhaftigkeit,* als welche ein ungerechtfertigtes
Überwiegen der Triebnatur gegenüber dem Geistigen zu verstehen ist. *Das
Geistige erscheint in der Psyche auch als ein Trieb,* ja, als eine wahre Leidenschaft,
wie NIETZSCHE es einmal ausdrückt, «als ein verzehrendes Feuer». Es ist kein
Derivat eines anderen Triebes, wie es die Triebpsychologie haben möchte,

---

[69] Bei Primitiven, wo die Magenfrage eine viel größere Rolle spielt, ist dies nicht der
Fall.

sondern ein *Prinzip sui generis, nämlich die der Triebkraft unerläßliche Form.* Ich habe dieses Problem in einer speziellen Untersuchung, auf die ich hier verweisen muß, behandelt [70].

109   Diesen beiden, vom menschlichen Geiste dargebotenen Möglichkeiten folgend, geht der Weg der Symbolbildung. Die Reduktion bewirkt eine Zersetzung unzweckmäßiger und untauglicher Symbole und damit eine Rückführung auf den bloß natürlichen Ablauf, wodurch eine relative Stauung der Libido erfolgt. Notgedrungenerweise ergeben sich aus diesem Zustand meistens sogenannte «Sublimierungen», das heißt gewisse Betätigungen kultivierter Art, wodurch der unerträgliche Überschuß der Libido einigermaßen untergebracht wird. Doch werden die eigentlich primitiven Ansprüche damit nicht gedeckt. Wenn man aber die Psychologie dieses Zustandes sorgfältig und ohne Voreingenommenheit untersucht, so ist es leicht, die Ansätze zu primitiver Religionsbildung zu entdecken und zwar zu einer Religionsbildung individueller Art, die von der herrschenden dogmatischen Kollektivreligion sehr verschieden ist.

110   Da nun die Religionsbildung oder Symbolbildung ein ebenso wichtiges Interesse des primitiven Geistes ist wie die Befriedigung der Triebe, so ist der Weg der weiteren Entwicklung damit logisch gegeben. Der Weg, der aus dem reduzierten Zustand herausführt, ist die Religionsbildung individueller Natur. Damit tritt auch die Individualität überhaupt aus dem Schleier der Kollektivpersönlichkeit hervor, was unmöglich wäre im Reduktionszustand, denn die Triebnatur ist ihrer Art nach durchaus kollektiv. Die Entwicklung der Individualität ist auch unmöglich oder zum mindesten sehr gehindert, wenn aus dem Reduktionszustand Not-Sublimierungen in gewisse Kulturtätigkeiten erfolgen, die ihrer Art nach ebenfalls wieder kollektiv sind. Insofern die Menschen größtenteils kollektiv sind, so sind die Not-Sublimierungen nicht zu unterschätzende Erfolge einer Behandlung, denn sie ermöglichen vielen Menschen das Weiterexistieren in nutzbringender Tätigkeit. Zu diesen «Kulturtätigkeiten» gehört auch die Religionsübung innerhalb des Rahmens einer bestehenden Kollektivreligion. Die bewundernswerte Weite der katholischen Symbolik gewährt dem Gemüt eine Aufnahme, die für sehr viele Naturen schlechthin befriedigend ist. Die Unmittelbarkeit des Verhältnisses zu Gott, die den Protestantismus kennzeichnet, genügt dem mystischen Selbständigkeitsdrang, und die Theosophie mit ihren unendlichen Vorstellungs-

---

[70] Vgl. *Instinkt und Unbewußtes* [Abhandlung VI dieses Bandes].

möglichkeiten kommt dem gnostizistischen Anschauungsbedürfnis und der
Trägheit des Denkens entgegen.

Diese Organisationen oder Systeme sind *Symbole* (σύμβολον = Glaubens- 111
bekenntnis), welche es dem Menschen ermöglichen, eine geistige Gegenposition gegenüber der primitiven Triebnatur aufzurichten, eine Kultureinstellung gegenüber bloßer Triebhaftigkeit. Das war von jeher die Funktion aller
Religionen. Auf die längste Zeit hinaus und für weitaus die meisten Menschen genügt das Symbol einer Kollektivreligion. Nur temporär vielleicht
und für relativ wenige Menschen sind die bestehenden Kollektivreligionen
ungenügend. Wo immer, sei es in einzelnen Individuen, sei es in Gruppen
von solchen, der Kulturprozeß im Weiterschreiten begriffen ist, da finden
Loslösungen von Kollektivüberzeugungen statt. Jeder Kulturfortschritt ist
psychologisch eine Erweiterung des Bewußtseins, eine *Bewußtwerdung,* welche gar nicht anders als durch *Unterscheidung* zustande kommen kann. Ein
Fortschritt beginnt daher immer mit *Individuation,* das heißt damit, daß ein
Einzelner, seiner Vereinzelung bewußt, einen neuen Weg durchs bisher Un-
betretene bahnt. Dazu muß er sich zuerst auf seine Grundtatsache – ganz abgesehen von aller Autorität und Überlieferung – besinnen und seine Unter-
schiedenheit sich bewußtwerden lassen. Insofern es ihm gelingt, seine erweiterte Bewußtheit zu kollektiver Geltung zu bringen, gibt er durch Gegensatzspannung jene Anregung, welcher die Kultur zu ihren weiteren Fortschritten
bedarf.

Es ist damit nicht gesagt, daß die Entwicklung der Individualität unter al- 112
len Umständen notwendig oder auch nur opportun sei, obschon es einem
scheinen möchte, daß nach dem Satz, daß «höchstes Glück der Erdenkinder
nur die Persönlichkeit» sei, es relativ viele Menschen gäbe, denen die Entwicklung der Individualität vor allem nottäte, besonders in unserer kollektiv ver-
flachten Kulturepoche, wo eigentlich die Zeitung den Erdball beherrscht.
Nach meiner natürlich beschränkten Erfahrung gibt es unter den Menschen
reiferen Alters sehr viele, denen gerade die Entwicklung der Individualität
unerläßliches Erfordernis wäre, so daß ich mir die private und unverbindliche
Ansicht gebildet habe, daß es gerade der Mensch reiferen Alters in unserer
Zeit dringend nötig hätte, noch ein Stück weiter in individueller Kultur erzogen zu werden, nachdem er durch seine Jugenderziehung in der Schule und
eventuell auf der Universität ausschließlich kollektiv ausgebildet und mit
Kollektivmentalität förmlich durchtränkt wurde. Ich habe auch reichlich die
Erfahrung gemacht, daß Menschen reiferen Alters in dieser Hinsicht eigent-

lich noch über Erwarten bildungsfähig sind, wennschon gerade durch Lebenserfahrung gereifte und gefestigte Leute sich gegen einen ausschließlich reduktiven Standpunkt am meisten zur Wehr setzen.

113 Es ist natürlich, daß der Jugendabschnitt des Lebens durch die weitgehende Anerkennung der Triebnatur gewinnen kann, zum Beispiel durch die Anerkennung der Sexualität, deren neurotische Verdrängung den Menschen in ungebührlichem Maße vom Leben fernhält, oder auf unglückliche Weise gerade in ein höchst unpassendes Leben, mit dem er uneins werden *muß,* hineinzwingt. Die gerechte Anerkennung und Würdigung der normalen Triebe führt den jungen Menschen zum Leben und verflicht ihn mit Schicksalen, die ihn weiterführen zu Notwendigkeiten und dadurch bedingten Opfern und Leistungen, welche seinen Charakter festigen und seine Erfahrung reifen. Für den erwachsenen Menschen der zweiten Lebenshälfte dagegen ist die beständige Erweiterung des Lebens offenkundig nicht mehr das richtige Prinzip, denn der Abstieg am Nachmittag des Lebens verlangt Vereinfachung, Einschränkung und Verinnerlichung, das heißt also individuelle Kultur. Der Mensch der biologisch-orientierten ersten Lebenshälfte hat, dank der Jugendlichkeit seines ganzen Organismus, im allgemeinen die Möglichkeit, die Erweiterung des Lebens zu ertragen und etwas Taugliches daraus zu machen. Der Mensch der zweiten Lebenshälfte ist natürlicherweise auf Kultur orientiert, während ihm die abnehmenden Kräfte seines Organismus eine Unterordnung der Triebe unter die Gesichtspunkte der Kultur ermöglichen. Am Übergang aus der biologischen Sphäre in die Kultursphäre scheitern nicht wenige. Unsere Kollektiverziehung hat für diesen Übergang so gut wie gar nicht vorgesorgt. So sehr sie für die Jugenderziehung besorgt ist, so wenig denkt sie an die Erziehung des erwachsenen Menschen, von dem – man weiß nicht, mit welchem Recht – immer vorausgesetzt wird, er habe keine Erziehung mehr nötig. Für diesen außerordentlich wichtigen Übergang von der biologischen Einstellung in die Kultureinstellung, für die Umsetzung der Energie aus der biologischen Form in die Kulturform fehlt ihm sozusagen jede Anleitung. Dieser Umsetzungsprozeß ist ein individueller Vorgang und kann nicht durch allgemeine Regeln und Vorschriften erzwungen werden. Die Umsetzung der Libido erfolgt durch das Symbol. Die Symbolbildung ist ein fundamentales Problem, das nicht in den Rahmen dieser Arbeit gehört. Ich muß dafür auf das 5. Kapitel meiner *«Psychologischen Typen»* verweisen, wo ich diese Frage ausführlich behandelt habe.

IV

DER PRIMITIVE LIBIDOBEGRIFF

Wie sehr die Anfänge der religiösen Symbolbildung gerade mit einem energe- 114 tischen Begriff verbunden sind, zeigen die allerprimitivsten Vorstellungen von einer magischen Potenz, die ebensowohl als objektive Kraft betrachtet wird, als sie auch subjektiver Intensitätszustand ist.

Ich will zur Illustration einige Beispiele geben. Nach dem Bericht von 115 McGee haben die Dakota folgende Anschauung dieser «Kraft»: die Sonne ist *wakanda,* nicht *das* wakanda oder *ein* wakanda, sondern einfach *wakanda.* Der Mond ist wakanda, ebenso Donner, Blitz, Sterne, Wind usw. Auch Menschen, besonders der Schamane, sind wakanda, ebenso die Dämonen der Elemente, die Fetische und sonstige Ritualgegenstände, viele Tiere und auch Gegenden von besonders auffälligem Charakter. McGee sagt: «Der Ausdruck ⟨wakanda⟩ kann vielleicht eher mit 'Geheimnis' wiedergegeben werden als mit irgendeinem anderen Wort, aber auch dieser Begriff ist zu eng, da wakanda ebenfalls *Kraft, heilig, alt, Größe, belebt, unsterblich* bedeuten kann [71].»

Ähnlich wie wakanda von den Dakota, wird *oki* von den Irokesen, *manitu* 116 von den Algonkin gebraucht mit der abstrakten Bedeutung von «Kraft» oder «produktiver Energie». Wakanda ist die Anschauung einer «überall verbreiteten, unsichtbaren, aber behandelbaren und übertragbaren Lebensenergie oder Universalkraft» [72]. Das Leben des Primitiven dreht sich sozusagen in allen seinen Interessen darum, diese Kraft in genügender Menge zu besitzen.

Besonders wertvoll ist die Beobachtung, daß ein Begriff wie manitu auch 117 als Ausruf bei irgendeiner erstaunlichen Wahrnehmung vorkommt. Dasselbe berichtet Hetherwick [73] von den Yao, die «mulungu» rufen, wenn sie etwas Erstaunliches oder Unbegreifliches sehen. Dabei bedeutet mulungu:

---

[71] *The Siouan Indians – A Preliminary Sketch,* p. 182; bei Lovejoy, *The Fundamental Concept of the Primitive Philosophy,* p. 363.

[72] Lovejoy [l. c., p. 365].

[73] Zit. bei Lévy-Bruhl, l. c., p. 141 f.

1. die Seele des Menschen, die im Leben lisoka heißt und im Tode zu mulungu wird;

2. die gesamte Geisterwelt;

3. die einem Gegenstand irgendwelcher Art inhärente, magisch wirkende Eigenschaft oder Kraft, wie zum Beispiel Leben und Gesundheit des Körpers;

4. das aktive Prinzip in allem Magischen, Mysteriösen, Unbegreiflichen und Unerwarteten;

5. die große, geistige Kraft, welche die Welt und alles Leben darin hervorbringt.

118   Ähnlich ist der *wong*-Begriff von der Goldküste. Wong kann ein Fluß, ein Baum, ein Amulett sein, ebenso Seen, Quellen, Landbezirke, Termitenhügel, Bäume, Krokodile, Affen, Schlangen, Vögel usw. Fälschlicherweise deutet TYLOR[74] die wong-Kraft animistisch als «Geist» oder «Seele». Es ist aber, wie der Gebrauch von «wong» zeigt, eine dynamische Beziehung zwischen dem Menschen und seinen Objekten.

119   Der *churinga*-Begriff[75] bei den Australiern ist ebenfalls eine ähnliche energetische Anschauung. Er bedeutet:

1. den rituellen Gegenstand;

2. den Körper eines individuellen Ahnen (von dem die Lebenskraft stammt);

3. die mystische Eigenschaft irgendwelcher Gegenstände.

120   Ganz ähnlich ist der *zogo*-Begriff von der Torresstraße, der ebensowohl substantivisch wie adjektivisch gebraucht wird. Das australische *arunquiltha* ist ein Parallelbegriff ähnlicher Bedeutung, nur ist er die Bezeichnung für böse magische Wirksamkeit, und für den bösen Geist, der in einer Eklipse die

---

[74] TYLOR, *Die Anfänge der Cultur* II, pp. 177 und 206.

[75] Vom churinga als rituellem Gegenstand wird folgender Gebrauch angemerkt: «Der Eingeborene hat eine vage und unklare, aber nichtsdestoweniger starke Überzeugung, daß ein Churinga, wie jeder heilige Gegenstand, der von Generation zu Generation sich vererbte, nicht nur mit einer magischen Kraft begabt ist, die in ihn hineingelegt wurde, als man ihn machte, sondern auch eine Art von Kraft von jedem Individuum, dem er gehörte, angenommen hat. Der Besitzer des Churinga reibt ihn beständig mit der Hand, indem er dazu singt ... und allmählich fühlt er, daß ein besonderes Verhältnis zwischen ihm und dem geheiligten Gegenstand besteht, und daß eine Kraft vom Gegenstand auf ihn und von ihm auf den Gegenstand übergeht.» (SPENCER AND GILLEN, l. c., p. 277 f.) Fetische werden mit neuer Kraft geladen, wenn man sie wochen- bis monatelang bei einem anderen, starken Fetisch stehen läßt. Vgl. PECHUËL-LOESCHE, l. c., p. 366.

Sonne verschlingen möchte[76]. Von gleicher Art ist der malajische *badi*-Begriff, der auch die bösen magischen Beziehungen subsumiert.

Die Forschungen von LUMHOLTZ[77] haben gezeigt, daß die mexikanischen Huichol ebenfalls eine Grundanschauung besitzen von einer Kraft, welche durch den Menschen und die rituellen Tiere und Pflanzen (Hirsch, Hikuli, Getreide, Federn usw.) zirkuliert[78].   121

Aus den Forschungen von ALICE FLETCHER bei nordamerikanischen Indianern ergibt es sich, daß der *wakan*-Begriff eine ähnliche energetische Beziehungsanschauung ist wie die eben besprochenen Begriffe. Durch Fasten, Gebet, Vision kann der Mensch wakan werden. Die Waffen des jungen Mannes sind wakan, *sie dürfen von einer Frau nicht berührt werden* (weil sonst die Libido rückläufig wird). Man betet deshalb zu den Waffen vor dem Kampf (um sie durch Libidobesetzung stark zu machen). Durch wakan wird die Beziehung zwischen Sichtbarem und Unsichtbarem, zwischen Lebendigem und Totem, zwischen dem Teil und dem Ganzen eines Gegenstandes hergestellt.   122

CODRINGTON sagt vom melanesischen mana-Begriff: «Der melanesische Geist ist vollständig besessen vom Glauben an eine übernatürliche Kraft oder einen Einfluß, den man fast allgemein als mana bezeichnet. Diese Kraft bewirkt alles, was die gewöhnliche Kraft des Menschen übersteigt, was außerhalb der gewöhnlichen Naturvorgänge ist; es hängt sich an Personen und Dinge, und offenbart sich in Wirkungen, die nur ihm zugeschrieben werden können... Es ist eine Kraft oder ein Einfluß von nicht physikalischer, sozusagen übernatürlicher Art, aber es zeigt sich in physischer Kraft oder in irgendeiner Macht oder Qualität, die ein Mensch besitzt. Das mana ist nirgends fixiert und kann fast überallhin geleitet werden; nur die Geister, seien es entkörperte Seelen oder seien es übernatürliche Wesen, haben es und können es mitteilen; es wird eigentlich von persönlichen Wesen hervorgebracht, obschon es sich   123

---

[76] SPENCER AND GILLEN, l. c., p. 458.

[77] *Unknown Mexico.*

[78] LÉVY-BRUHL, l. c., p. 139: «Quand les Huichols affirment l'identité ... du blé, du cerf, du hikuli, et des plumes, c'est bien une sorte de classification qui s'est établie entre leurs représentations, classification dont le principe directeur est la présence commune chez ces êtres, ou plutôt la circulation entre ces êtres, d'un pouvoir mystique extrêmement important pour la tribu.» [Wenn die Huichol die Identität ... des Korns, des Hirsches, des Hikuli und der Federn annehmen, so ist das eine unter ihren Vorstellungen entstandene Einteilung, deren Leitprinzip das gemeinsame Vorhandensein bei – oder besser, der Kreislauf zwischen – diesen Wesenheiten einer Kraft ist, ein Kreislauf, der für den Stamm äußerst wichtig ist.]

durch das Medium des Wassers oder eines Steines oder eines Knochens aus-
wirkt[79].»

124   Diese Darstellung zeigt deutlich, daß es sich bei mana wie bei den anderen
Begriffen um eine Energievorstellung handelt, welche einzig den merkwürdigen Tatbestand dieser primitiven Anschauungen erklärt. Natürlich ist keine
Rede davon, daß dem Primitiven die abstrakte Idee einer Energie gegeben
wäre; aber zweifellos ist seine Anschauung die konkretistische Vorstufe der
abstrakten Idee.

125   Ähnliche Anschauungen begegnen uns im *tondi*-Begriff der Batak[80], im
atua der Maori, im *ani* oder *han* von Ponape, im *kasinge* oder *kalit* von Pelew,
im *anut* von Kusaie, im *yaris* von Tobi, im *ngai* von Masailand, im *andriama-
nitra* der Madagassen, im *njomm* der Ekoi usw. Eine sozusagen vollständige
Übersicht gibt SÖDERBLOM in seinem Buch «*Das Werden des Gottesglaubens*».

126   LOVEJOY ist der Ansicht – der ich ganz beipflichte –, daß diese Begriffe
«nicht Namen sind für das Übernormale oder Erstaunliche – und sicherlich
nicht für das, was ehrfürchtiges Staunen, Respekt oder Liebe hervorruft –,
sondern eher für das Wirksame, das Mächtige und das Schöpferische». Der in
Frage stehende Begriff betrifft recht eigentlich die Anschauung «einer diffu-
sen Substanz oder Energie, von deren Erwerbung alle außerordentliche Kraft
oder Fähigkeit oder Fruchtbarkeit abhängt. Diese Energie ist sicherlich
furchtbar (unter gewissen Umständen), und sie ist geheimnisvoll und unbegreiflich, aber sie ist es, weil sie so außerordentlich mächtig ist, und nicht, weil
die Dinge, die sie offenbaren, ungewöhnlich oder übernatürlich oder sonst so
beschaffen wären, daß sie die vernünftige Erwartung übertreffen». Das präani-
mistische Prinzip ist der «Glaube an eine Kraft, von der angenommen wird,
daß sie nach bestimmten Regeln und verstehbaren Gesetzen wirke, eine Kraft,
die erforscht und beherrscht werden kann[81]». LOVEJOY schlägt für diese Anschauungen den Ausdruck «primitive energetics» vor.

127   Sehr vieles, was von den Forschern animistisch als Geist oder Dämon oder
Numen aufgefaßt wurde, gehört zum primtiven Energiebegriff. Wie ich
schon erwähnte, ist es eigentlich unrichtig, von einem «Begriff» zu sprechen.
«A concept of primitive philosophy», wie sich LOVEJOY ausdrückt, ist natür-

---

[79] CODRINGTON, *The Melanesians,* p. 118. Das von CH. G. SELIGMAN in seinem an wertvol-
len Beobachtungen reichen Buche *The Melanesians of British New Guinea,* p. 446, erwähnte
bariaua dürfte ebenfalls zum Manabegriff gehören.
[80] WARNECK, *Die Religion der Batak.*
[81] LOVEJOY, l. c., p. 380 ff.

lich aus unserer Mentalität heraus gedacht, das heißt bei uns wäre es ein psychologischer Energiebegriff, beim Primitiven aber ist es ein psychisches Phänomen, das als mit dem Objekt verbunden wahrgenommen wird. Eine abstrakte Idee gibt es beim Primitiven nicht, in der Regel sogar nicht einmal einfache, konkrete Begriffe, sondern nur Vorstellungen. Jede primitive Sprache liefert dafür reichliche Belege. So ist auch mana kein Begriff, sondern eine Vorstellung, die sich auf die Wahrnehmung der phänomenalen Beziehung gründet. Sie ist die Essenz der von LÉVY-BRUHL beschriebenen «participation mystique». Durch die primitive Sprache wird nur die Tatsache der Beziehung und der durch sie hervorgerufenen Empfindung bezeichnet, wie einige der obigen Beispiele deutlich zeigen, nicht aber die Natur oder das Wesen der Beziehung respektive des beziehungsetzenden Prinzips. Die Auffindung einer passenden Bezeichnung der Art und des Wesens der verbindenden Kraft war einer späteren Kulturstufe vorbehalten, welche symbolische Bezeichnungen dafür einsetzte.

In seiner klassischen Arbeit über mana[82] definiert LEHMANN mana als das 128 «außerordentlich Wirkungsvolle». Die psychische Natur von mana wird besonders hervorgehoben von PREUSS[83] und RÖHR[84]. Man kann sich tatsächlich dem Eindruck nicht verschließen, daß die primitive mana-Anschauung eine Vorstufe unseres psychischen Energiebegriffes ist und höchst wahrscheinlich auch des Energiebegriffes überhaupt[85].

Die Grundanschauung des mana kehrt auf der animistischen Stufe in per- 129 sonifizierter Form wieder[86]. Hier sind es nun Seelen, Geister, Dämonen, Götter, welche die außerordentliche Wirkung hervorbringen. Wie LEHMANN mit Recht hervorhebt, haftet dem mana noch nichts «Göttliches» an, weshalb

---

[82] F. R. LEHMANN, *Mana, der Begriff des «außerordentlich Wirkungsvollen» bei Südseevölkern.*
[83] *Der Ursprung der Religion und Kunst.*
[84] *Das Wesen des Mana.*
[85] Vgl. meine Erörterung über die Art, wie ROBERT MAYER den Energiebegriff fand, in: *Über die Psychologie des Unbewußten* [Paragr. 106 ff.].
[86] SELIGMAN (l. c., p. 640 ff.) berichtet von Beobachtungen, welche, nach meiner Ansicht, Übergänge von mana in animistische Personifikationen sind. Es sind dies die *labuni* der Gelarialeute. «Labuni» ist «aussenden». Es handelt sich um dynamische (magische) Wirkungen, die von den Eierstöcken (?) von Weibern, die geboren haben, auf andere ausgehen oder ausgesandt werden können. Labuni sehen aus wie «Schatten», benützen Brücken, um über Flüsse zu gehen, verwandeln sich in Tiere, besitzen aber sonst keinerlei Persönlichkeit oder definierbare Gestalt. Ähnlich ist die *ajik*-Anschauung der Elgonyi in Nord-Kenya, wie ich selber beobachtete.

man auch in mana nicht etwa die ursprüngliche Form einer Gottesidee erblikken darf. Aber trotzdem ist wohl kaum zu leugnen, daß mana eine für das Zustandekommen der Gottesidee nötige oder wenigstens sehr wichtige Vorbedingung ist, wennschon vielleicht nicht die primitivste aller Vorbedingungen. Eine andere unerläßliche Vorbedingung ist der Faktor der Personifikation, zu dessen Erklärung wohl noch andere psychologische Momente herangezogen werden müssen.

130   Die fast universale Verbreitung der primitiven Energieanschauung ist ein deutlicher Ausdruck für die Tatsache, daß das menschliche Bewußtsein schon auf frühen Stufen das Bedürfnis fühlte, den wahrgenommenen Dynamismus des seelischen Geschehens anschaulich zu bezeichnen. Wenn wir daher in unserer Psychologie einen Nachdruck auf die energetische Betrachtungsweise legen, so geschieht dies in Übereinstimmung mit seelischen Tatsachen, die dem menschlichen Geiste seit Urzeiten eingegraben sind.

II
DIE TRANSZENDENTE FUNKTION

[Geschrieben 1916. Das Manuskript lag bis 1953 bei den Akten des Verfassers. 1957 erschien es in englischer Übersetzung als Privatdruck, herausgegeben von der Studentenschaft des C. G. Jung-Institutes, Zürich. Das deutsche Original, vom Autor bearbeitet, bildete dessen Beitrag zu: *Geist und Werk. Aus der Werkstatt unserer Autoren. Zum 75. Geburtstag von Dr. Daniel Brody*. Rhein-Verlag, Zürich 1958.]

Der vorliegende Aufsatz ist 1916 entstanden. Vor kurzem ist er von den Studenten des C. G. Jung-Institutes entdeckt worden und in seiner ersten provisorischen Fassung, jedoch in englischer Übersetzung, als Privatdruck erschienen. Ich habe das Manuskript unter Wahrung seines Gedankenganges und der unvermeidlichen Beschränktheit seines Horizontes stilistisch überarbeitet, um es in druckfertige Gestalt zu bringen. Nach zweiundvierzig Jahren hat das Problem nichts an seiner Aktualität eingebüßt, wennschon dessen Darstellung heute noch vieler Ergänzungen bedürfte, wie jeder Kenner der Materie ohne weiteres sehen kann. Leider erlaubt es mir mein hohes Alter nicht, mich dieser erheblichen Mühewaltung zu unterziehen. Der Aufsatz möge daher mit allen seinen Unvollständigkeiten der Ausarbeitung als ein historisches Dokument bestehenbleiben. Er möge Kunde geben von den Anstrengungen des Verständnisses, welche die ersten Versuche einer synthetischen Auffassung des psychischen Geschehens im Prozesse der Behandlung erforderten. Da seine grundsätzlichen Überlegungen wenigstens noch heute gelten, möge er den Leser zu einem weiteren und tieferen Verständnis dieses Problems anregen. Ist dieses letztere doch identisch mit der universalen Frage: *Wie setzt man sich praktisch mit dem Unbewußten auseinander?*

Das ist die Frage, die die Philosophie Indiens, insbesondere aber der Buddhismus und die Zen-Philosophie sich stellen. Indirekt ist sie aber die praktische Grundfrage aller Religionen und Philosophien überhaupt.

Das Unbewußte ist ja nicht nur dieses oder jenes, sondern das uns unmittelbar affizierende Unbekannte. Es erscheint uns als psychisch, aber über seine wirkliche Natur läßt sich ebensowenig ausmachen wie über die der Materie – oder ebensoviel, wenn man sich optimistisch ausdrücken will. Während aber die Physik sich der Modellnatur ihrer Aussagen bewußt ist, drücken sich die religiösen Philosophien metaphysisch aus und hypostasieren ihre Bilder. Wer noch auf letzterem Standpunkt steht, kann die psychologische Aussage nicht verstehen; er wird ihr vorwerfen, sie sei metaphysisch oder materialistisch – oder wenigstens agnostisch, wenn nicht gar gnostisch. Von diesen noch mittelalterlichen Kritikern werde ich daher das eine Mal als Mystiker und Gnostiker, das andere Mal als Atheist angeprangert. Ich muß dieses Mißverständnis als ein hauptsächliches Hindernis des Verstehens hervorheben: es handelt sich um einen gewissen Bildungsmangel, der noch von keiner Erkenntniskritik weiß und daher naiverweise annimmt, daß der Mythos entweder historisch wahr sein müsse oder, wenn nicht, dann überhaupt nichts sei. Für solche Leute ist die Verwendung von mythologischen und folkloristischen Aussagen in bezug auf psychologische Tatbestände durchaus «unwissenschaftlich».

Mit diesem Vorurteil verbaut man sich den Zugang zur Psychologie des Unbewußten und damit den Weg zur weiteren Entwicklung des inneren Menschen, dessen intellektuelles und moralisches Versagen eine der schmerzlichsten Entdeckungen unserer Epoche ist. Jeder, der etwas zu sagen hat, spricht von «man sollte» und «man müßte» und merkt nicht, welch klägliche Hilflosigkeit er damit eingesteht. Alle Mittel, die er empfiehlt, sind eben gerade diejenigen, die versagt haben. Psychologie ist in ihrem tieferen Verständnis *Selbsterkenntnis*. Da aber letztere nicht photographiert, gezählt, gewogen und gemessen werden kann, ist sie unwissenschaftlich. Ist aber jener noch sehr unbekannte psychische Mensch, der Wissenschaft betreibt, auch «unwissenschaftlich» und daher der weiteren Erforschung unwürdig? Wenn der Mythos nicht den psychischen Menschen charakterisiert, dann muß man auch dem Webervogel sein Nest absprechen und der Nachtigall ihren Gesang. Es besteht Grund genug zur Annahme, daß der Mensch im allgemeinen eine tiefwurzelnde Abneigung dagegen hat, etwas mehr über sich selber zu wissen, und daß hier die eigentliche Ursache dafür zu suchen ist, warum allem äußeren Fortschritt gegenüber keine entsprechende innere Entwicklung und Verbesserung stattgefunden hat.

Ergänzung für die englische Ausgabe der Gesammelten Werke:

Die Methode der «aktiven Imagination» ist das wichtigste Hilfsmittel in der Produktion jener Inhalte des Unbewußten, die sozusagen unter der Schwelle des Bewußtseins liegen und, wenn intensiviert, am ehesten spontan in das Bewußtsein einbrechen würden. Die Methode hat daher ihre Gefahren und sollte wenn möglich nicht ohne ärztliche Kontrolle angewendet werden. Eine kleinere Gefahr besteht darin, daß sie leicht ergebnislos bleibt, indem ihr Procedere in die sogenannte «freie Assoziation» FREUDS übergeht, womit der Patient in den sterilen Kreislauf seiner Komplexe hineingerät, aus dem er sich sowieso schon nicht befreien kann. Ein weiteres und an sich harmloses Risiko besteht darin, daß zwar authentische Inhalte produziert werden, denen der Patient aber nur ein ausschließlich ästhetisches Interesse entgegenbringt, womit er in deren Phantasmagorik steckenbleibt; damit ist natürlich nichts erreicht. Sinn und Wert dieser Phantasien offenbaren sich ja erst in deren Integration in die Gesamtpersönlichkeit, nämlich in dem Moment, wo man mit ihnen sinngemäß und auch moralisch konfrontiert ist.

Eine dritte Gefahr endlich – und dies ist unter Umständen eine sehr bedenkliche Angelegenheit – besteht darin, daß die unterschwelligen Inhalte allbereits eine derartig hohe energetische Ladung besitzen, daß sie, wenn ihnen durch die aktive Imagination ein Ausweg eröffnet wird, das Bewußtsein überwältigen und von der Persönlichkeit Besitz ergreifen. Dadurch entsteht ein Zustand, der sich – temporär wenigstens – von einer Schizophrenie nicht unterscheiden läßt, ja der sogar zu einem echten psychotischen Intervall werden kann. Diese Methode ist daher kein Spielzeug für Kinder. Die allgemein vorherrschende Unterschätzung des Unbewußten trägt zur Gefährlichkeit der Methode erheblich bei. Auf der anderen Seite dagegen stellt sie ein unschätzbares psychotherapeutisches Hilfsmittel dar.

Küsnacht, September 1959   C. G. JUNG

DIE TRANSZENDENTE FUNKTION

Unter dem Namen transzendente Funktion ist nichts Geheimnisvolles, sozu- sagen Übersinnliches oder Metaphysisches, zu verstehen, sondern eine psychologische Funktion, die sich ihrer Art nach mit einer mathematischen Funktion gleichen Namens vergleichen läßt und eine Funktion imaginärer und realer Zahlen ist. Die psychologische «transzendente Funktion» geht aus der Vereinigung *bewußter* und *unbewußter* Inhalte hervor.

Die Erfahrung hat jeden, der sich mit der analytischen Psychologie beschäf- tigt, reichlich gelehrt, daß das Bewußtsein und das Unbewußte in puncto Inhalt und Tendenz selten übereinstimmen. Dieser Mangel an Parallelität ist, wie die Erfahrung lehrt, nicht zufällig oder planlos, sondern beruht darauf, daß das Unbewußte sich kompensatorisch oder komplementär zum Bewußtsein verhält. Man kann auch umgekehrt formulieren und sagen, daß das Bewußtsein sich komplementär zum Unbewußten verhalte. Dieses Verhältnis kommt daher, daß 1. die Inhalte des letzteren einen Schwellenwert besitzen, so daß alle zu schwachen Elemente im Unbewußten bleiben, daß 2. das Bewußtsein vermöge seiner gerichteten Funktionen eine Hemmung auf alles nicht passende Material ausübt (die FREUD als Zensur bezeichnet hat), wodurch dieses nicht passende Material dem Unbewußten verfällt, daß 3. das Bewußtsein den momentanen Anpassungsprozeß bildet, während das Unbewußte alles vergessene Material der individuellen Vergangenheit sowie alle ererbten, strukturellen Funktionsspuren des menschlichen Geistes überhaupt enthält, und 4. daß das Unbewußte alle noch nicht überschwellig gewordenen Phantasiekombinationen enthält, die im Laufe der Zeit unter entsprechenden Umständen ins Licht des Bewußtseins treten werden.

Aus dieser Zusammenstellung ergibt sich die komplementäre Einstellung des Unbewußten zum Bewußtsein von selbst.

Die Bestimmtheit und Gerichtetheit der Bewußtseinsinhalte ist eine in der Stammesgeschichte erst sehr spät erworbene Eigenschaft, die zum Beispiel beim heutigen Primitiven in höherem Maße fehlt. Ebenso ist sie vielfach durchbrochen beim Neurotischen, der sich dadurch vom Normalen insofern unterscheidet, als bei ihm die Bewußtseinsschwelle verschiebbarer oder, mit anderen Worten, die Scheidewand zwischen Bewußtsein und Unbewußtem durchlässiger ist. Der Psychotische vollends steht ganz unter dem direkten Einfluß des Unbewußten.

135   Die Bestimmtheit und Gerichtetheit des Bewußtseins ist eine ungemein wichtige Errungenschaft, welche die Menschheit unter schwersten Opfern erkauft und welche ihrerseits der Menschheit die größten Dienste geleistet hat. Ohne sie wären Wissenschaft, Technik und die Zivilisation einfach unmöglich, denn sie setzen alle eine verläßliche Dauerhaftigkeit, Gleichmäßigkeit und Zielgerichtetheit des psychischen Prozesses voraus. Vom höchsten Staatsbeamten, vom Arzte, vom Ingenieur hinunter bis zum Taglöhner werden diese Eigenschaften als unerläßlich vorausgesetzt. Die soziale Wertlosigkeit steigt im allgemeinen in dem Maße, als diese Eigenschaften vom Unbewußten außer Kraft gesetzt werden. Allerdings gibt es davon auch Ausnahmen, nämlich schöpferische Begabungen. Solche Menschen finden eben gerade ihren Vorteil in der Durchlässigkeit ihrer Scheidewand zwischen Bewußtsein und Unbewußtem. Für soziale Organisationen, welche gerade Gleichmäßigkeit und Verläßlichkeit erfordern, taugen aber die Ausnahmemenschen in der Regel wenig.

136   Es ist darum nicht nur begreiflich, sondern auch notwendig, daß der psychische Prozeß im einzelnen Falle so fest und so bestimmt wie möglich sei, denn die Not des Lebens erfordert es. Mit dem Vorteil dieser Eigenschaften ist aber auch ein großer Nachteil verbunden: die Tatsache ihres Gerichtetseins schließt die Hemmung oder Aussperrung aller derjenigen psychischen Elemente in sich, die scheinbar oder wirklich nicht dazu passen, beziehungsweise geeignet sind, die vorgezeichnete Richtung in ihrem Sinne abzubiegen und den Prozeß zu einem ungewollten Ziele zu führen. Wodurch aber wird erkannt, daß das nebenherlaufende psychische Material nicht «passend» ist? Diese Erkenntnis beruht auf einem Urteilsakt, der die Richtung des eingeschlagenen und gewollten Weges festlegt. Dieses Urteil ist Partei und voreingenommen, denn es wählt ein Einzelnes aus auf Kosten aller anderen Möglichkeiten. Das Urteil geht seinerseits immer aus der Erfahrung hervor, das heißt aus dem, was bereits als bekannt vorliegt. Es basiert also in der Regel nie auf dem Neuen, das noch unbekannt ist und unter gewissen Umständen den gerichteten Prozeß wesentlich bereichern könnte. Es kann natürlicherweise nicht darauf basieren, insofern die unbewußten Inhalte das Bewußtsein nicht erreichen können.

Durch solche Urteilsakte wird der gerichtete Prozeß notwendigerweise 137
einseitig, auch wenn das rationale Urteil vielseitig und anscheinend unvorein-
genommen ist. Schließlich kann sogar die Rationalität des Urteils ein Präjudi-
zium sein; denn vernünftig ist, was uns als vernünftig erscheint. Was uns also
als unvernünftig vorkommt, verfällt der Ausschließung eben um seines irrationalen Charakters willen, der ja wirklich irrational sein, aber ebensowohl
auch bloß als irrational erscheinen kann, ohne es in höherem Sinne zu sein.

Die Einseitigkeit ist eine unvermeidliche, weil notwendige Eigenschaft des 138
gerichteten Prozesses, denn Richtung ist Einseitigkeit. Die Einseitigkeit ist
zugleich ein Vorteil und ein Nachteil. Auch wenn kein äußerlich erkennbarer
Nachteil vorhanden zu sein scheint, so ist doch immer eine ebenso ausgesprochene Gegenposition im Unbewußten vorhanden, wenn es sich nicht geradezu um den idealen Fall eines völligen Zusammentreffens aller psychischen
Komponenten in einer und derselben Richtung handelt, ein Fall, dessen
Möglichkeit theoretisch nicht zu bestreiten ist, der aber praktisch wohl sehr
selten sein dürfte. Die Gegenposition im Unbewußten ist so lange harmlos,
als sie keine höheren Energiewerte aufweist. Steigt aber die Gegensatzspannung infolge einer zu großen Einseitigkeit, dann bricht die Gegentendenz ins
Bewußtsein durch, und zwar in der Regel in dem Momente, wo die Durchführung des gerichteten Prozesses gerade am wichtigsten wäre. So passiert
dem Redner das Versprechen gerade dann, wenn es ihm am meisten darauf
ankommt, nichts Dummes zu sagen. Dieser Moment ist darum kritisch, weil
er die höchste energetische Spannung aufweist, die bei einer schon bestehenden Ladung des Unbewußten leicht überschlägt und den unbewußten Inhalt
auslöst.

Unser zivilisiertes Leben erfordert konzentrierte, gerichtete Bewußtseinstä- 139
tigkeit und konstelliert damit das Risiko einer ausgiebigen Abtrennung vom
Unbewußten. Je weiter man sich aber vom Unbewußten durch gerichtetes
Funktionieren zu entfernen vermag, desto eher kann sich eine entsprechend
intensive Gegenposition ausbilden, die, wenn sie durchbricht, unliebsame
Folgen haben kann.

Durch die analytische Therapie haben wir einen starken Eindruck von der 140
Wichtigkeit der unbewußten Einflüsse gewonnen und haben so viel für unser
praktisches Leben daraus gelernt, daß wir es für unklug halten, nach der sogenannten Vollendung der Behandlung eine Eliminierung oder Stillegung des
Unbewußten zu erwarten. Aus einer dunklen Erkenntnis dieser Sachlage können viele Patienten sich nicht oder nur schwer entschließen, die Analyse auf-

zugeben, obschon Patient und Arzt das Abhängigkeitsgefühl als lästig und ungehörig empfinden. Manche fürchten sich geradezu, den Versuch zu wagen und auf eigenen Füßen zu stehen, weil sie aus Erfahrung wissen, daß das Unbewußte in anscheinend unberechenbarer Weise immer wieder einmal störend in ihr Leben eingreifen kann.

141   Man hat früher angenommen, daß die Patienten bereit seien, das normale Leben aufzunehmen, wenn sie selber soviel von praktischer Selbsterkenntnis gelernt hätten, um zum Beispiel imstande zu sein, ihre eigenen Träume zu verstehen. Die Erfahrung hat aber gezeigt, daß selbst die ärztlichen Analytiker, von denen man die Beherrschung der Trauminterpretation erwarten sollte, ihren eigenen Träumen gegenüber öfters kapitulieren und die Hilfe eines Kollegen in Anspruch nehmen müssen. Wenn also sogar derjenige, der die Methode fachmännisch zu beherrschen vorgibt, sich als unfähig erweist, seine eigenen Träume befriedigend zu deuten, so kann dies vom Patienten um so weniger erwartet werden. FREUDS Hoffnung, das Unbewußte ausschöpfen zu können, hat sich nicht erfüllt. Das Traumleben und die Intrusionen des Unbewußten gehen – mutatis mutandis – unbekümmert weiter.

142   Es existiert ein allgemein verbreitetes Vorurteil, das die Analyse als etwas wie eine «Kur» auffaßt, die man eine Zeitlang über sich ergehen läßt, um dann daraus geheilt entlassen zu werden. Das ist ein laienhafter Irrtum, der noch aus den Anfangszeiten der Psychoanalyse stammt. Die analytische Behandlung kann zwar als eine mit Hilfe des Arztes vollzogene Neuadjustierung der psychologischen Einstellung betrachtet werden. Selbstverständlich kann diese neugewonnene und den inneren und äußeren Bedingungen besser entsprechende Einstellung auf geraume Zeit vorhalten, aber es gibt nur sehr wenige Fälle, wo eine einmalige «Kur» einen derartigen Dauererfolg hat. Der ärztliche Optimismus, der bekanntlich noch zu keiner Zeit mit Reklame gekargt hat, weiß zwar immer von definitiven Heilungen zu berichten. Man darf sich aber durch das Menschlich-Allzumenschliche des Praktikus nicht verblüffen lassen, sondern muß sich stets die Tatsache vor Augen halten, daß das Leben des Unbewußten weitergeht und immer wieder problematische Situationen erzeugt. Wir brauchen nicht pessimistisch zu sein; dazu haben wir doch zuviel von guten Erfolgen gesehen, die man mit Glück und gründlicher Arbeit erworben hat. Aber das wird uns nicht daran hindern, der Tatsache Rechnung zu tragen, daß die Analyse keine «Kur» ein für allemal ist, sondern zunächst bloß eine mehr oder weniger gründliche Neuadjustierung. Es gibt aber schlechterdings keine Veränderung, welche unbedingt und auf längste

Sicht hinaus gültig wäre. Das Leben will immer wieder aufs neue erworben werden. Es gibt zwar äußerst dauerhafte Kollektiveinstellungen, die typische Konfliktlösungen ermöglichen. Eine Kollektiveinstellung fügt zwar das Individuum reibungslos in die Sozietät ein, indem sie wie irgendeine andere Lebensbedingung auf es einwirkt. Die Schwierigkeit des Patienten besteht aber eben gerade darin, daß sich seine individuelle Gegebenheit nicht reibungslos in eine typische Norm einfügen läßt, sondern eine individuelle Konfliktlösung erfordert, soll die Ganzheit der Persönlichkeit als lebensfähig erhalten bleiben. Keine rationale Lösung kann dieser Aufgabe gerecht werden, und es gibt schlechterdings keine kollektive Norm, welche eine individuelle Lösung ohne Verlust ersetzen könnte.

Die in der Analyse gewonnene Neueinstellung pflegt nach längerer oder 143 kürzerer Zeit in irgendeiner Hinsicht ungenügend zu werden, und zwar notwendigerweise so infolge des beständigen Flusses des Lebens, das immer erneute Anpassung verlangt; denn keine Anpassung ist ein für allemal geleistet. Man könnte allerdings die Forderung erheben, die Behandlungsmethode müsse so beschaffen sein, daß Neuorientierungen ohne Schwierigkeiten auch im späteren Leben geleistet werden könnten. Wie die Erfahrung lehrt, ist dies auch bis zu einem gewissen Grade der Fall. Wir sehen es oft, daß solche Patienten, die durch eine gründliche Analyse gegangen sind, bei späteren Neuadjustierungen bedeutend geringere Schwierigkeiten haben. Aber immerhin sind diese Schwierigkeiten doch ziemlich häufig und zuweilen recht lästig. Daher kommt es, daß auch diejenigen Patienten, die eine gründliche Behandlung erfahren haben, später sich öfters wieder an ihren früheren Arzt wenden, um Hilfe zu erbitten. Im Vergleich zur allgemeinen ärztlichen Praxis ist dies ja weiter nicht sonderbar, aber es dementiert nicht nur einen gewissen übel angebrachten Therapeutenenthusiasmus, sondern auch die Auffassung, daß die Analyse eine einmalige «Kur» darstelle. Es ist ja schließlich auch höchst unwahrscheinlich, daß es je eine Therapie geben könnte, welche alle Schwierigkeiten wegräumt. Der Mensch bedarf der Schwierigkeiten, sie gehören zu seiner Gesundheit. Es ist bloß ihr ungebührliches Maß, das einem überflüssig erscheinen will.

Die therapeutische Grundfrage ist nicht bloß die, wie die momentane 144 Schwierigkeit wegzuräumen wäre, sondern wie zukünftigen Schwierigkeiten mit Erfolg begegnet werden könnte. Die Frage ist: Was für eine geistig-moralische Einstellung gegenüber den Störungseinflüssen des Unbewußten ist notwendig, und wie kann sie dem Patienten vermittelt werden?

145 Die Antwort besteht offenbar darin, die Trennung zwischen Bewußtsein und Unbewußtem aufzuheben. Das geschieht nicht dadurch, daß die Inhalte des Unbewußten einseitig durch bewußte Entscheidung verurteilt werden, sondern vielmehr dadurch, daß ihr Sinn für die Kompensation der Einseitigkeit des Bewußtseins erkannt und in Rechnung gestellt wird. Die Tendenz des Unbewußten und die des Bewußtseins sind nämlich jene zwei Faktoren, welche die transzendente Funktion zusammensetzen. *Sie heißt transzendent, weil sie den Übergang von einer Einstellung in eine andere organisch ermöglicht,* das heißt ohne Verlust des Unbewußten. Die konstruktive Methode setzt bewußte Erkenntnisse voraus, welche auch beim Patienten potentiell wenigstens vorhanden sind und deshalb bewußtgemacht werden können. Weiß der Arzt nichts von diesen Möglichkeiten, so kann er in dieser Hinsicht auch nichts aus dem Patienten entwickeln, es sei denn, daß Arzt und Patient gemeinschaftlich dieser Frage ein eigentliches Studium widmen, was in der Regel aber ausgeschlossen sein dürfte.

146 In praxi vermittelt daher der entsprechend vorgebildete Arzt dem Patienten die transzendente Funktion, das heißt, er hilft dem Patienten, Bewußtsein und Unbewußtes zusammenzusetzen und dadurch zu einer neuen Einstellung zu gelangen. In dieser Funktion des Arztes liegt eine der verschiedenen Bedeutungen der *Übertragung*: der Patient klammert sich mit der Übertragung an den Menschen, der ihm eine Erneuerung der Einstellung zu versprechen scheint; er sucht mit der Übertragung diese Veränderung, die für ihn unerläßlich ist, zu erlangen, auch wenn er sich dessen nicht bewußt ist. Der Arzt hat daher für den Patienten den Charakter einer unentbehrlichen und zum Leben absolut notwendigen Figur. So infantil eine derartige Abhängigkeit auch scheinen mag, so drückt sich darin doch eine ungemein wichtige Erwartung aus, deren Enttäuschung dem Arzt oft mit bitterem Haß gelohnt wird. Es ist darum von Belang, zu wissen, worum es sich bei dieser in der Übertragung verborgenen Erwartung handelt: man ist ja geneigt, diese Forderung nur reduktiv zu verstehen im Sinne einer erotischen Infantilphantasie. Das würde aber bedeuten, daß diese Phantasie, die sich in der Regel auf die Eltern bezieht, wörtlich genommen sei, wie wenn der Patient, beziehungsweise dessen Unbewußtes, tatsächlich jene Erwartung wieder oder noch hätte, wie sie einst beim Kinde gegenüber den Eltern bestand. Dem äußeren Anschein nach ist es noch die gleiche Erwartung, wie sie das Kind in bezug auf die Hilfe und den Schutz der Eltern hatte, aber in der Zwischenzeit ist aus dem Kind ein Erwachsener geworden, und was beim Kinde normal war, wird beim Erwachsenen unei-

gentlich. Es wird zu einem metaphorischen Ausdruck für die im Bewußtsein nicht realisierte Hilfebedürftigkeit in einer Notlage. Es ist zwar historisch richtig, wenn der erotische Charakter der Übertragung auf den infantilen Eros zurückerklärt wird. Aber damit ist Zweck und Sinn der Übertragung nicht verstanden, und die Deutung als infantil-sexuelle Phantasie führt vom eigentlichen Problem weg. Das Verständnis der Übertragung ist nicht in ihren historischen Voraussetzungen, sondern in ihrem Zweck zu suchen. Die einseitige reduktive Erklärung wird sinnwidrig, namentlich dann, wenn überhaupt nichts Neues mehr dabei herauskommt als die vermehrten Widerstände des Patienten. Die dann in der Behandlung eintretende Langeweile ist nichts als der Ausdruck für die Monotonie und Ideenarmut – nicht des Unbewußten, wie gelegentlich vermutet wurde, sondern des Analytikers, der nicht versteht, daß diese Phantasien nicht bloß konkretistisch-reduktiv, sondern vielmehr konstruktiv aufzufassen sind. Mit letzterer Einsicht ändert sich oft mit einem Schlage die stockende Situation.

Durch die konstruktive Behandlung des Unbewußten, das heißt durch die 147 Frage nach Sinn und Zweck, wird das Fundament gelegt für die Einsicht in jenen Prozeß, den ich als transzendente Funktion bezeichne.

Es dürfte nicht überflüssig sein, hier eine Bemerkung einzuflechten über 148 den oft gehörten Einwand, die konstruktive Methode sei Suggestion. Die Methode beruht nämlich darauf, daß das Symbol (nämlich das Traumbild oder die Phantasie) nicht mehr *semiotisch,* als Zeichen gewissermaßen, für elementare Triebvorgänge gewertet wird, sondern wirklich *symbolisch,* wobei unter «Symbol» ein Ausdruck verstanden ist, der bestmöglich einen komplexen und durch das Bewußtsein noch nicht klar erfaßten Tatbestand wiedergibt. Durch analytische Auflösung dieses Ausdruckes wird nichts gewonnen als die Verdeutlichung der elementaren Komponenten desselben, welche ihn ursprünglich zusammengesetzt haben. Damit soll nicht geleugnet werden, daß eine vermehrte Einsicht in die Elemente bis zu einem gewissen Grade auch ihre Vorteile hat. Aber sie führt an der Zweckfrage vorbei. Die Auflösung des Symbols in diesem Stadium der Analyse ist daher verwerflich. Die Methode zur Herausarbeitung des durch das Symbol angedeuteten Sinnes ist allerdings zunächst dieselbe wie bei der analytischen Auflösung: man sammelt die Einfälle des Patienten, die in der Regel sogar genügen, synthetisch verwendet zu werden. Ihre Verwendung geschieht wiederum nicht in semiotischer, sondern in symbolischer Hinsicht. Die Frage lautet, auf welchen Sinn weisen die Einfälle A, B, C usw., mit dem manifesten Trauminhalt zusammengeschaut, hin?

149   Eine unverheiratete Patientin träumte, *jemand überreiche ihr ein aus einem Tumulus ausgegrabenes prachtvolles, reichverziertes, uraltes Schwert.*

Einfälle der Patientin

Der Degen ihres *Vaters,* den er einmal vor ihr in der Sonne funkeln ließ, was ihr besonders eindrucksvoll war. Ihr Vater war ein in jeder Hinsicht tatkräftiger, willensstarker Mann, von stürmischem Temperament, abenteuerlich in Liebesbeziehungen. Ein *keltisches* Bronzeschwert. Die Patientin rühmt sich ihrer keltischen Abstammung. Die Kelten sind voll Temperament, stürmisch, leidenschaftlich. Die Verzierungen haben ein geheimnisvolles Aussehen, *alte Tradition,* Runen, Zeichen alter Weisheit, uralte Kulturen, Erbgut der Menschheit, aus dem Grabe wieder ans Tageslicht gebracht.

Analytische Deutung

Die Patientin hat einen ausgesprochenen Vaterkomplex und ein reiches erotisches Phantasiegewebe um den Vater, den sie früh verloren hat. Sie setzte sich stets an Stelle der Mutter, allerdings mit starken Widerständen gegen den Vater. Sie hat den vaterähnlichen Mann nie annehmen können und deshalb wider Willen schwächliche, neurotische Männer gewählt. Auch in der Analyse heftige Widerstände gegen den Arzt-Vater. Der Traum gräbt ihren Wunsch nach der «Waffe» des Vaters aus. Eine theoretische Vorwegnahme würde hier ohne weiteres auf eine phallische Phantasie hinweisen.

Konstruktive Deutung

Es ist, wie wenn die Patientin eine solche Waffe nötig hätte. Ihr Vater hatte die Waffe. Er war tatkräftig, lebte dementsprechend und nahm auch die Schwierigkeiten seines Temperamentes auf sich, weshalb er zwar ein leidenschaftlich bewegtes Leben lebte, aber nicht neurotisch war. Diese Waffe ist ein altes Erbgut der Menschheit, das in der Patientin begraben lag und durch die Ausgrabungsarbeit (Analyse) an den Tag gekommen ist. Die Waffe hat mit der Einsicht, der Weisheit zu tun. Sie ist ein Mittel des Angriffs und der Verteidigung. Die Waffe des Vaters war ein leidenschaftlicher, unbeugsamer Wille, mit dem er seinen Weg durchs Leben bahnte. Die Patientin war bis jetzt in jeder Hinsicht das Gegenteil. Sie ist eben auf dem Punkte, zu realisieren, daß der Mensch auch wollen kann und nicht bloß getrieben zu sein braucht, wie sie immer glaubte. Der auf Lebensweisheit

und Einsicht basierte Wille ist ein altes
Erbgut der Menschheit, das auch in ihr
liegt, aber bis jetzt begraben war, denn
sie ist auch in dieser Hinsicht die Tochter
ihres Vaters, was sie aber aus lauter Ver-
wöhntheit und kindisch-larmoyantem
Wesen bis jetzt nicht gewürdigt hat. Sie
war äußerst passiv und sexuellen Phantasien ergeben.

In diesem Fall bedurfte es weiter keiner ergänzenden Analogiebeiträge von 150
seiten des Arztes. Die Assoziationen der Patientin hatten alles Nötige ergeben. Man kann nun gegen diese Behandlung des Traumes den Einwand der
Suggestion erheben. Dabei vergißt man aber vollständig, daß eine Suggestion, für die keine innere Bereitschaft vorhanden ist, nie angenommen wird
oder, wenn auf besondere Insistenz doch angenommen, sofort wieder ver-
fliegt. Eine Suggestion, die auf die Dauer angenommen wird, entspricht immer einer starken psychologischen Bereitschaft, die durch die sogenannte
Suggestion bloß ausgelöst wurde. Dieser Einwand ist daher gedankenlos und
traut der Suggestion eine magische Kraft zu, die sie keineswegs besitzt, sonst
wäre die Suggestionstherapie von unerhörter Wirkung und würde analytische Prozeduren gänzlich überflüssig machen. Dem ist aber keineswegs so.
Überdies würde der Einwand der Suggestion die Tatsache außer acht lassen,
daß die Einfälle der Patientin selber auf die Kulturbedeutung des Schwertes
hinweisen.

Nach dieser Abschweifung kehren wir zur Frage der transzendenten Funk- 151
tion zurück. Wir sehen, daß die transzendente Funktion in der Behandlung
sozusagen als künstlich veranlaßt erscheint, weil sie durch die Hilfe des Arztes
wesentlich unterstützt wird. Soll aber der Patient auf die eigenen Füße zu stehen kommen, so sollte er auf die Dauer nicht auf äußere Hilfe angewiesen
sein. Die Interpretation der Träume wäre zwar ideal, ein ideales Mittel der
Synthese unbewußter und bewußter Daten, aber die praktische Schwierigkeit
der eigenen Traumanalyse ist zu groß.

Zur Herstellung der transzendenten Funktion bedürfen wir der Daten des 152
Unbewußten. Hier bietet sich zunächst der Traum an als der am bequemsten
zugängliche Ausdruck der unbewußten Prozesse. Er ist sozusagen ein Rein-
produkt des Unbewußten. Die Veränderungen, die er im Prozesse des Bewußtwerdens erleidet, sind nicht zu bezweifeln, fallen jedoch außer Betracht,

indem sie ebenfalls unbewußter Provenienz und nicht etwa absichtliche Entstellungen sind. Die möglichen Veränderungen des ursprünglichen Traumbildes entstammen einer mehr oberflächlichen Schicht des Unbewußten und bestehen somit aus ebenfalls verwertbarem unbewußtem Material. Es sind *Weiterdichtungen* im Sinne des Traumes. Dies gilt auch von den häufigen nachträglichen Vorstellungen, die im Halbschlummer oder unmittelbar beim Erwachen «freisteigend» auftreten. Da der Traum aus dem Schlafe stammt, so trägt er alle Merkmale des «abaissement du niveau mental» (JANET) an sich, nämlich der geringen energetischen Spannung: die logische Diskontinuität, das Fragmentarische, die Analogiebildungen, die oberflächlichen Assoziationen sprachlicher, klanglicher und bildlicher Natur, die Kontaminationen, die Irrationalität des Ausdrucks, das Verworrene usw. Mit verstärkter energetischer Spannung gewinnen die Träume geordneteren Charakter, sie werden dramatisch komponiert, zeigen deutlichen Sinnzusammenhang, und die Wertigkeit ihrer Assoziationen nimmt zu.

153   Da die energetische Spannung im Schlafe in der Regel sehr gering ist, so sind auch die Träume, verglichen mit den Bewußtseinsinhalten, minderwertige Ausdrücke der unbewußten Inhalte, die in konstruktiver Hinsicht sehr schwer verständlich sind, dagegen meistens leichter verständlich in reduktiver Hinsicht. Die Träume sind darum ein im allgemeinen ungeeignetes, beziehungsweise schwer verwertbares Material für die transzendente Funktion, weil sie an das Subjekt meistens zu hohe Anforderungen stellen.

154   Wir müssen uns daher nach anderen Quellen umsehen: Es gibt zum Beispiel die unbewußten Interferenzen im Wachzustande, die sogenannten «freisteigenden Einfälle», die unbewußten Störungen des Handelns, Erinnerungstäuschungen, Vergeßlichkeiten, Symptomhandlungen usw. Diese Materialien sind meistens in reduktiver Hinsicht wertvoller als in konstruktiver; sie sind zu fragmentarisch und leiden am Mangel längeren Zusammenhanges, der für das Sinnverständnis unerläßlich ist.

155   Ein anderes ist es mit den *spontanen Phantasien*. Sie treten meistens in relativ komponierter und zusammenhängender Form auf und enthalten oft sichtbar Bedeutungsvolles. Manche Patienten verfügen über die Fähigkeit, zu jeder Zeit Phantasien produzieren zu können, die sie einfach durch Ausschließung der kritischen Aufmerksamkeit frei «heraufsteigen» lassen. Diese Phantasien sind verwertbar, nur ist diese besondere Gabe nicht allzu häufig. Aber man kann durch besondere Übung diese Fähigkeit ausbilden, so daß die Zahl der Menschen mit solch freier Phantasiebildung nicht unwesentlich erhöht wird.

Das Training besteht zunächst in einer systematischen Übung in der Ausschließung der kritischen Aufmerksamkeit, wodurch eine Leere des Bewußtseins erzeugt wird, welche das Aufsteigen der bereitliegenden Phantasien begünstigt. Voraussetzung hiebei ist allerdings, daß tatsächlich libidobesetzte
Phantasien bereitliegen. Dies ist natürlich nicht immer und überall der Fall.
Wo dies nicht der Fall ist, bedarf es besonderer Maßnahmen.

Bevor ich auf die Besprechung dieser besonderen Methoden eintrete, muß 156
ich einem persönlichen Gefühl nachgeben, das mir sagt, daß der Leser sich
zweifelnd frage, wozu denn eigentlich eine derartige Veranstaltung gut sei
und warum man denn unter allen Umständen die unbewußten Inhalte herauf-
bringen müsse. Es genüge doch, wenn sie selber von Zeit zu Zeit aus eigenen
Mitteln sich meist unliebsam bemerkbar machen; man brauche das Unbewußte doch nicht mit Gewalt an die Oberfläche zu zerren; es wäre im Gegenteil ein Ziel der analytischen Behandlung, das Unbewußte von Phantasien zu
entleeren und es auf diese Weise unwirksam zu machen.

Es scheint mir nicht überflüssig zu sein, diese Bedenken hier etwas ausführ- 157
licher zu würdigen, indem die Methoden zur Bewußtmachung unbewußter
Inhalte neu und ungewohnt, vielleicht auch sonderbar erscheinen mögen.
Darum müssen wir uns vorerst mit diesen natürlichen Einwänden auseinan-
dersetzen, damit sie uns nicht hinderlich werden, wenn wir darangehen, die
erwähnten Methoden zu demonstrieren.

Wir bedürfen, wie gesagt, der unbewußten Inhalte zur Ergänzung der be- 158
wußten. Wäre die Bewußtseinseinstellung nur in geringerem Maße «gerichtet», so könnte das Unbewußte ganz von selbst einfließen, was auch der Fall
bei allen denjenigen Menschen ist, bei denen die Bewußtseinsspannung anscheinend keine höheren Grade erreicht, wie zum Beispiel bei den Primitiven.
Bei diesen bedarf es keiner besonderen Maßnahmen, dem Unbewußten Eingang zu verschaffen. Dazu bedarf es in einem gewissen Sinne überhaupt nirgends besonderer Maßnahmen; denn wer seine unbewußte Seite am wenigsten kennt, ist am meisten davon beeinflußt. Aber er ist sich dessen nicht bewußt. Die geheime Mitwirkung des Unbewußten am Leben ist immer und
überall da; sie ist nicht zu suchen. Das, was gesucht wird, ist die Bewußtmachung der unbewußten Inhalte, die in unser Handeln einzufließen im Begriffe stehen; dadurch werden eben die geheime Beimischung des Unbewußten
und deren unerwünschte Folgen vermieden.

Man wird gewiß fragen: Warum kann man das Unbewußte nicht sich selber 159
überlassen? Wer in dieser Hinsicht nicht schon einige schlechte Erfahrungen

gemacht hat, wird natürlich keinen Anlaß suchen, das Unbewußte zu kon-
trollieren. Wer aber über die nötigen Erfahrungen verfügt, der wird die bloße
Möglichkeit einer Kontrolle des Unbewußten begrüßen. Das Gerichtetsein
ist eine unbedingte Notwendigkeit für den bewußten Prozeß, bedingt aber,
wie wir sahen, unvermeidliche Einseitigkeit. Da die Psyche ein selbstregulierender Apparat wie der lebende Körper ist, so bereitet sich im Unbewußten
jeweils die regulierende Gegenwirkung vor. Wäre nun das Gerichtetsein der
bewußten Funktion nicht vorhanden, so könnten die gegensätzlichen Einflüsse des Unbewußten ohne weiteres eingreifen. Das Gerichtetsein aber
schließt sie eben gerade aus. Dadurch wird natürlich die Gegenwirkung nicht
unterdrückt, sondern sie findet trotzdem statt. Ihr regulierender Einfluß aber
wird durch die kritische Aufmerksamkeit und den zielbewußten Willen ausgeschaltet, weil die Gegenwirkung als solche zur bewußten Richtung nicht
zu passen scheint. Insofern ist die Psyche des zivilisierten Menschen kein
selbstregulierender Apparat mehr, sondern etwa einer Maschine vergleichbar,
deren automatische Geschwindigkeitsregulierung einerseits so unempfind-
lich ist, daß sie ihre Tätigkeit bis zur Selbstbeschädigung fortsetzen kann, andererseits aber dem Eingriff einer einseitig orientierten Willkür unterworfen
ist.

160   Wenn die unbewußte Gegenwirkung unterdrückt wird, so verliert sie ihren regulierenden Einfluß. Sie fängt dann an, beschleunigend und intensivie-
rend im Sinne der Richtung des bewußten Prozesses zu wirken. Es scheint, als
ob die Gegenwirkung ihren regulierenden Einfluß und überhaupt ihre Energie verlöre, denn es tritt ein Zustand ein, in welchem nicht nur keine hemmende Gegenwirkung stattzufinden, sondern wo sich ihre Energie zu derjenigen der bewußten Richtung zu addieren scheint. Dies erleichtert natürlich
zunächst die Durchführung der bewußten Absicht, die aber, weil unge-
hemmt, sich dann auf Kosten des Ganzen unverhältnismäßig durchsetzen
kann. Wenn zum Beispiel jemand eine etwas gewagte Behauptung aufstellt
und dabei die Gegenwirkung, nämlich den angebrachten Zweifel, unterdrückt, so wird er zu seinem eigenen Schaden um so mehr auf seiner Behauptung insistieren.

161   Die Leichtigkeit, mit der die Gegenwirkung ausgeschaltet wird, entspricht
dem Grade der Dissoziierbarkeit der Psyche und führt zu Instinktverlust, wie
er für den zivilisierten Menschen charakteristisch, aber auch nötig ist, indem
Triebe von ursprünglicher Kraft die soziale Anpassung erheblich erschweren.
Immerhin handelt es sich nicht um eine eigentliche Triebverkümmerung,

sondern in der Regel bloß um ein relativ dauerhaftes Erziehungsprodukt, das sich auch nie dermaßen festsetzen würde, wenn es nicht wichtigen Interessen des Individuums diente.

Um nicht von den alltäglichen Beispielen in der Praxis zu sprechen, erwäh- 162 ne ich den Fall NIETZSCHE, wie er sich in «*Also sprach Zarathustra*» offenbart. Die Entdeckung des «höheren» sowie des «häßlichsten» Menschen entspricht der unbewußten Regulierung, denn die «höheren» Menschen wollen Zarathustra in die Sphäre der Durchschnittsmenschheit, wie sie von jeher war, herunterziehen, und der «häßlichste» Mensch ist sogar die Personifikation der Gegenwirkung selber. Aber der «moralische Löwe» Zarathustras «brüllt» alle diese Einflüsse, vor allem aber das Mitleid, wieder in die Höhle des Unbewußten zurück. Damit ist der regulierende Einfluß unterdrückt, nicht aber die geheime Gegenwirkung des Unbewußten, welche sich in den Schriften NIETZSCHES deutlich bemerkbar macht. Zuerst sucht er den Widersacher in WAGNER, dem er den «*Parsifal*» nicht verzeihen kann, bald aber konzentriert sich sein ganzer Zorn auf das Christentum und besonders auf Paulus, dem es ja in gewissen Beziehungen ähnlich ergangen ist. Wie bekannt, brachte ihm die Psychose zuallererst die Identifikation mit dem «Gekreuzigten» und dem zerrissenen Zagreus. Die Gegenwirkung hatte mit dieser Katastrophe die Oberfläche erreicht.

Ein weiteres Beispiel ist jener klassische Fall von Cäsarenwahnsinn, den uns 163 das vierte Kapitel des *Buches Daniel* aufbewahrt hat. Als Nebukadnezar nämlich auf der Höhe seiner Macht stand, hatte er einen Traum, der ihm Unheil verkündete, wenn er sich nicht selbst demütige. Daniel interpretierte den Traum durchaus fachmännisch, allerdings ohne Gehör zu finden. Die nachmaligen Geschehnisse aber gaben seiner Deutung recht, denn Nebukadnezar verfiel, nachdem er den unbewußten regulierenden Einfluß unterdrückt hatte, der Psychose, welche eben jene Gegenwirkung enthielt, der der König sich hatte entziehen wollen: er, der Herr der Erde, wurde zum Tier.

Ein Bekannter erzählte mir einmal einen Traum, *in welchem er vom Gipfel* 164 *eines Berges ins Leere hinaustrat*. Ich erklärte ihm einiges vom Einfluß des Unbewußten und warnte ihn vor allzu gefährlichen bergsteigerischen Unternehmungen, die er ganz besonders liebte. Er lachte mich aber aus, mit dem Erfolg, daß er einige Monate später tatsächlich ins Leere trat und tödlich abstürzte.

Diese Dinge, die in allen möglichen Abstufungen immer wieder gesche- 165 hen, stimmen den, der sie erfährt, nachdenklich. Man wird sich bewußt, wie leicht man die regulierenden Einflüsse übersieht, und sollte sich daher bemühen, die unbewußte Regulierung, die unserer geistigen und körperlichen Gesundheit so nötig ist, nicht zu übersehen. Dementsprechend wird man sich mit Selbstbeobachtung und Selbstkritik zu behelfen suchen. Aber bloße Selbstbeobachtung und intellektuelle Selbstanalyse sind unzureichende Mittel, den Kontakt mit dem Unbewußten herzustellen. Obschon dem Menschen böse Erfahrungen niemals erspart bleiben, so scheut sich doch jeder, solche zu riskieren, besonders noch, wenn er irgendwo eine Möglichkeit zu sehen glaubt, eine solche Erfahrung zu umgehen. Die Tendenz, Unangenehmes tunlichst zu vermeiden, ist durchaus legitim. Die Kenntnis der regulierenden Einflüsse kann tatsächlich in vielen Fällen die Umgehung von unnützen schlechten Erfahrungen ermöglichen. Viele Umwege, die nicht durch einen besonderen Reiz, sondern durch ermüdende Konflikte ausgezeichnet sind, brauchen nicht gemacht zu werden. Es genügt, wenn wir Umwege und Irrtümer in unbekanntem und unerforschtem Land erleiden; aber im bewohnten Lande auf breiten Straßen in die Irre zu gehen, ist bloß ärgerlich. Das kann man sich durch die Kenntnis der regulierenden Faktoren ersparen. Die Frage ist nun: welches sind die Wege und Möglichkeiten, die uns zur Erkennung des Unbewußten zur Verfügung stehen?

166   Wenn keine freie Phantasieproduktion vorhanden ist, dann sind wir auf Kunsthilfe angewiesen. Der Anlaß, eine solche Hilfe in Anspruch zu nehmen, ergibt sich meistens aus einem deprimierten oder sonstwie gestörten Gemütszustande, für den kein genügender Grund nachzuweisen ist. Natürlich hat er rationale Gründe in Fülle. Schon das schlechte Wetter genügt als Grund. Aber keiner dieser Gründe ist befriedigend als Erklärung, denn eine kausale Erklärung dieser Zustände ist meist nur für den Außenstehenden befriedigend, und auch für diesen nur halbwegs. Der Außenstehende begnügt sich mit einer relativen Sättigung seines Kausalitätsbedürfnisses; es genügt ihm, zu wissen, woher die Sache kommt, denn er fühlt ja nicht die Forderung, die für den anderen in der Depression liegt. Der Betroffene möchte nämlich viel weniger die Frage des Woher als die des Wozu oder die Frage der Abhilfe beantwortet haben. In der Intensität der affektiven Störung liegt der Wert, das heißt die Energie, welche der Leidende disponibel haben sollte, um den Zustand der verminderten Anpassung zu beheben. Dadurch, daß man diesen Zustand verdrängt oder rational entwertet, ist nichts gewonnen.

167   Um der an falscher Stelle befindlichen Energie habhaft zu werden, nimmt man den affektiven Zustand als Basis oder Ausgangspunkt der Prozedur. Man

macht sich die Stimmungslage möglichst bewußt, indem man sich rückhalt-
los darein versenkt und alle auftauchenden Phantasien und sonstigen Assoziationen schriftlich fixiert. Der Phantasie muß freiester Spielraum gelassen werden, jedoch nicht so, daß sie den Umkreis ihres Objektes, nämlich des Affektes, verläßt, indem sie sozusagen vom Hundertsten ins Tausendste fortschrei-
tend weiter assoziiert. Diese sogenannte «freie Assoziation» führt vom Gegenstande weg zu irgendwelchen Komplexen, von denen man keineswegs
sicher ist, daß sie sich auf den Affekt beziehen und nicht Verschiebungen darstellen, die sich an seine Stelle setzen. Aus dieser Beschäftigung ergibt sich ein
mehr oder weniger vollständiger Stimmungsausdruck, der den Inhalt der Verstimmung irgendwie umfänglich konkret oder symbolisch wiedergibt. Da
die Verstimmung nicht vom Bewußtsein gemacht wurde, sondern eine unwillkommene Interferenz von seiten des Unbewußten darstellt, so ist der erar-
beitete Ausdruck sozusagen ein Bild der in der Verstimmung in globo enthal-
tenen Inhalte und Tendenzen des Unbewußten. Die Prozedur stellt eine Art
von Anreicherung und Verdeutlichung des Affektes dar, und dadurch nähert
sich dieser mit seinen Inhalten dem Bewußtsein an. Er wird eindrücklich und
dadurch auch verständlich. Diese Arbeitsleistung allein schon kann einen
günstigen und belebenden Einfluß ausüben. Jedenfalls aber ist damit eine
neue Situation geschaffen, indem der vorher beziehungslose Affekt zu einer
mehr oder weniger deutlichen und artikulierten Vorstellung geworden ist,
und zwar dank dem Entgegenkommen und der Kooperation von seiten des
Bewußtseins. Es ist somit ein Anfang der transzendenten Funktion gemacht,
nämlich der Zusammenwirkung unbewußter und bewußter Daten.

Die affektive Störung kann auch in anderer Weise zwar nicht intellektuell   168
erleuchtet, aber wenigstens anschaulich gestaltet werden. Patienten, die etwel-
che malerische oder zeichnerische Begabung haben, können dem Affekt
durch ein *Bild* Ausdruck verleihen. Auf eine technisch oder ästhetisch befriedigende Darstellung kommt es dabei nicht an, sondern bloß darauf, daß der
Phantasie Spielraum gewährt und im übrigen die Sache so gut wie möglich
gemacht werde. Im Prinzip stimmt diese Prozedur mit der vorhin beschriebenen überein. Auch in diesem Fall wird ein unbewußt und bewußt beeinfluß-
tes Produkt geschaffen, welches das Streben des Unbewußten nach dem Licht
und das des Bewußtseins nach Substanz in einem gemeinsamen Produkt verkörpert.

Es gibt nun aber oft Fälle, wo überhaupt keine bestimmt faßbare affektive   169
Verstimmung besteht, sondern nur ein allgemeines dumpfes, unfaßliches

Mißbehagen, ein Gefühl von Resistenz gegen alles, eine Art von Langeweile oder etwas wie ein Ekel unbestimmbarer Natur oder wie eine nicht näher zu definierende Leere. In diesen Fällen ist kein bestimmter Ausgangspunkt vorhanden, sondern er wäre erst zu schaffen. Hier ist eine besondere Introversion der Libido nötig, vielleicht sogar unterstützt von günstigen äußeren Bedingungen, wie völliger Ruhe, besonders nachts, wo die Libido sowieso eine Neigung zur Introversion hat. «Nacht ist es – nun reden lauter alle springenden Brunnen, und auch meine Seele ist ein springender Brunnen», wie NIETZSCHE sagt[1].

170   Die kritische Aufmerksamkeit muß ausgeschaltet werden. Visuell Begabte haben ihre *Erwartung* darauf zu richten, daß sich ein inneres Bild herstellen werde. In der Regel wird sich auch ein solches (vielleicht hypnagogisches) Phantasiebild anbieten, das sorgfältig zu beobachten und schriftlich zu fixieren ist. Akustisch-sprachlich Begabte pflegen innere Worte zu hören. Anfangs sind es vielleicht bloß Fragmente von anscheinend sinnlosen Sätzen, die aber ebenfalls sorgfältig zu fixieren sind. Andere vernehmen in diesen Momenten einfach ihre «andere» Stimme. Es gibt nämlich nicht wenige, die eine Art von innerem Kritiker oder Richter besitzen, der sie in ihrem Tun und Treiben beurteilt. Geisteskranke hören diese Stimme als laute Halluzinationen. Aber auch Normale mit einigermaßen entwickeltem Innenleben können diese unhörbare Stimme ohne weiteres reproduzieren. Allerdings wird sie wegen ihrer notorischen Lästigkeit und Aufsässigkeit fast regelmäßig verdrängt. Solchen Personen fällt es natürlich nicht schwer, die Beziehung zum unbewußten Material und damit die Vorbedingung zur transzendenten Funktion herzustellen.

171   Es gibt wiederum andere Menschen, die innerlich weder sehen noch hören, aber ihre *Hände* haben die Fähigkeit, Inhalte des Unbewußten auszudrücken. Solche Patienten bedienen sich mit Vorteil plastischer Materialien. Relativ selten sind solche, deren motorische Begabung einen Ausdruck des Unbewußten durch *Bewegung,* beziehungsweise Tanz, ermöglicht. Dem Nachteil, daß Bewegungen nicht fixiert werden können, muß dadurch begegnet werden, daß die Bewegungen nachher sorgfältig nachgezeichnet werden, damit sie dem Gedächtnis nicht verlorengehen. Noch seltener, aber ebenfalls verwendbar, ist *automatisches Schreiben,* direkt oder mit der Planchette. Diese Prozedur liefert ebenfalls sehr brauchbare Resultate.

---

[1] [*Also sprach Zarathustra,* «Das Nachtlied», p. 153.]

Wir gelangen nun zur weiteren Frage, was mit dem auf eine der beschriebe- 172
nen Weisen gewonnenen Material weiter zu geschehen habe. Für diese Frage
gibt es keine apriorische Anwort, indem erst aus der Konfrontation des Bewußtseins mit den Produkten des Unbewußten eine vorläufige, aber alles Folgende bestimmende Reaktion hervorgeht. Die praktische Erfahrung allein
kann darüber Aufschluß erteilen. Soweit meine bisherige Erfahrung reicht,
scheinen hauptsächlich zwei verschiedene Tendenzen aufzutreten: die eine
geht in der Richtung der *Gestaltung,* die andere in der des *Verstehens.*

Wo das *Prinzip der Gestaltung* überwiegt, werden die gewonnenen Materia- 173
lien variiert und vermehrt, wobei eine Art von Kondensation der Motive zu
mehr oder weniger stereotypen Symbolen stattfindet, welche die gestaltende
Phantasie anregen und dabei vorwiegend als ästhetische Motive wirken. Diese
Tendenz führt zu dem ästhetischen Problem *künstlerischer Gestaltung.*

Wo hingegen das *Prinzip des Verstehens* überwiegt, interessiert der ästheti- 174
sche Aspekt relativ wenig und wird sogar gelegentlich als Hindernis empfunden; dagegen findet eine intensive Auseinandersetzung mit dem *Sinngehalt*
des unbewußten Produktes statt.

Während die ästhetische Gestaltung des Ausdruckes die Tendenz hat, bei 175
dem formalen Aspekt des Motives zu verharren, versucht ein intuitives Verstehen oft den Sinn aus bloßen und ungenügenden Andeutungen im Material
zu erhaschen, ohne jene Elemente in Berücksichtigung zu ziehen, welche bei
sorgfältigerer Gestaltung ans Licht gekommen wären.

Diese beiden Richtungen treten nicht etwa durch einen Willkürakt in die 176
Erscheinung, sondern ergeben sich aus der individuellen Eigenart der Persönlichkeit. Beide Richtungen haben ihre Risiken, beziehungsweise ihre typischen Abwege und Irrtümer. Die Gefahr der ästhetischen Tendenz ist die
Überschätzung des Formalen, beziehungsweise des «künstlerischen» Wertes
der hervorgebrachten Gestaltungen, wodurch die Libido vom eigentlichen
Ziel der transzendenten Funktion auf den Abweg rein ästhetisch-künstleri-
scher Gestaltungsprobleme geführt wird. Die Gefahr des Verstehenwollens
ist die Überschätzung des inhaltlichen Aspektes, der einer intellektuellen
Analyse und Deutung unterzogen wird, wodurch der essentiell symbolische
Charakter des Objektes in Verlust gerät. Bis zu einem gewissen Punkte müssen diese Abwege aber auch beschritten werden, um die individuell jeweils
vorwiegenden ästhetischen oder intellektuellen Forderungen zu befriedigen.
Aber die Gefahr beider Abwege verdient hervorgehoben zu werden, denn die
Überschätzung der vom Unbewußten hervorgebrachten Gestaltungen pflegt

von einem gewissen Punkte der psychischen Entwicklung an sehr groß zu sein
wegen der vorausgehenden ebenso maßlosen Unterschätzung derartiger Produkte. Die Unterschätzung ist eines der größten Hindernisse in der Gestaltung der unbewußten Stoffe. Bei dieser Gelegenheit kommt die ganze kollektive Unterbewertung individueller Produkte zum Vorschein: nichts ist gut
oder schön, was nicht ins kollektive Schema paßt. Die zeitgenössische Kunst
fängt zwar an, in dieser Hinsicht kompensierende Versuche zu machen. Was
fehlt, ist nicht die kollektive Anerkennung des individuellen Produktes, sondern dessen subjektive Würdigung, nämlich das Verstehen von dessen Sinngehalt und dessen Wert *für das Subjekt.* Das Minderwertigkeitsgefühl für das
eigene Produkt findet sich natürlich nicht überall; nicht selten ist auch sein
Gegenteil, nämlich eine naive und kritiklose Überschätzung mit dem obliga-
ten Anspruch auf kollektive Anerkennung. Wenn das anfänglich hinderliche
Minderwertigkeitsgefühl überwunden wird, so kann es leicht in sein Gegenteil umschlagen, nämlich in eine ebenso große Überschätzung. Im umgekehrten Fall verwandelt sich die anfängliche Überschätzung oft in eine entwerten-
de Skepsis. Der Fehler dieser Urteile liegt in der Unselbständigkeit und Unbewußtheit des Individuums, das entweder nur an Kollektivwerten zu messen
versteht oder infolge Ich-Inflation das Urteil überhaupt verliert.

177   *Der eine Weg scheint das regulierende Prinzip des anderen zu sein*: beide Wege
stehen zueinander in kompensatorischer Beziehung. Die Erfahrung gibt dieser Formel recht. Soweit im gegenwärtigen Moment schon allgemeinere
Schlüsse möglich sind, bedarf die ästhetische Gestaltung des Sinnverständnis-
ses und das Verstehen der ästhetischen Gestaltung. Damit ergänzen sich die
beiden Tendenzen zur transzendenten Funktion.

178   Die ersten Schritte auf beiden Wegen folgen demselben Prinzip: das Bewußtsein leiht seine Ausdrucksmittel dem unbewußten Inhalt; mehr als das
darf das Bewußtsein nicht geben, um nicht die unbewußten Inhalte im Sinne
der Bewußtseinsrichtung abzubiegen. Die Führung in puncto Form und Inhalt ist soweit als möglich dem vom Unbewußten abhängigen Einfall zu überlassen. Diese Situation bedeutet eine als peinlich empfundene Zurückstellung
des bewußten Standpunktes. Das begreift man unschwer, wenn man sich ver-
gegenwärtigt, wie sich die Inhalte des Unbewußten zu präsentieren pflegen,
nämlich als Dinge, die entweder von Natur aus zu schwach sind, die Bewußtseinsschwelle zu überschreiten, oder als Inkompatibilitäten, die aus vielerlei
Gründen ausgeschlossen werden. Es sind meistens teils unwillkommene, teils
unerwartete, irrationale Inhalte, deren Nichtbeachtung oder Verdrängung

ohne weiteres verständlich zu sein scheint. Nur ein kleiner Teil der Inhalte ist
von ungewöhnlichem Werte, entweder vom kollektiven oder vom subjektiven Standpunkt aus gesehen. Inhalte, die kollektiv wertlos sind, können, vom
individuellen Standpunkt aus gesehen, von größtem Werte sein. Diese Tatsache drückt sich durch die affektive Betonung aus, gleichgültig ob diese
vom Subjekt als positiv oder negativ empfunden wird. Auch die Sozietät ist
zwiespältig in der Aufnahme neuer und unbekannter Ideen, die ihrer Emotionalität nahetreten. Der Zweck der Anfangsprozedur ist die Auffindung
gefühlsbetonter Inhalte, denn es handelt sich immer um solche Situationen,
wo die Einseitigkeit des Bewußtseins auf den Widerstand der Instinktsphäre
stößt.

Die beiden Wege spalten sich prinzipiell erst dann, wenn dem einen der   179
ästhetische Aspekt maßgebend wird, dem anderen aber der intellektuell-mo-
ralische. Der Idealfall wäre ein gleichmäßiges Nebeneinander oder ein rhythmisches Alternieren der beiden Möglichkeiten. Das eine ohne das andere
scheint kaum möglich zu sein, kommt aber trotzdem in der Erfahrung vor:
auf Kosten des Sinnes rafft das Gestaltenwollen seinen Gegenstand an sich,
oder das Verstehenwollen setzt sich vorzeitig über die Gestaltung hinweg.
Die unbewußten Inhalte wollen zuerst deutlich in die Erscheinung treten,
was ihnen nur durch Gestaltung möglich wird, und erst hernach beurteilt
werden, wenn all ihre Aussagen faßbar vorliegen. Aus diesem Grunde ließ
schon FREUD die Trauminhalte sozusagen ihre Aussagen in Form der «freien
Assoziationen» machen, bevor sie gedeutet wurden.

Es ist nicht in allen Fällen genügend, nur den gedanklichen Kontext eines   180
Trauminhaltes sich klarzumachen. Oft drängt sich die Notwendigkeit auf,
daß undeutliche Inhalte durch sichtbare Gestaltung verdeutlicht werden
müssen. Dies kann geschehen durch Zeichnen, Malen und Modellieren. Oft
wissen die Hände ein Geheimnis zu enträtseln, an dem der Verstand sich vergebens mühte. Durch die Gestaltung nämlich wird im Wachzustand der
Traum weiter und ausführlicher geträumt, und der anfänglich unfaßbare, isolierte Zufall wird in die Sphäre der Gesamtpersönlichkeit integriert, wennschon dies dem Subjekt zunächst unbewußt bleibt. Die ästhetische Gestaltung läßt es damit sein Bewenden haben und verzichtet darauf, einen Sinn
entdecken zu wollen. Daraus entsteht bei Patienten gelegentlich der Wahn,
Künstler – natürlich verkannte – zu sein. Das Verstehenwollen, das auf sorgfältige Gestaltung verzichtet, setzt beim rohen Einfall ein und entbehrt daher
einer genügenden Grundlage. Es kann aber mit einiger Aussicht auf Erfolg

erst bei einem gestalteten Produkt beginnen. Je weniger das Ausgangsmaterial ausgestaltet wird, desto größer ist die Gefahr, daß das Verständnis nicht durch die empirische Gegebenheit, sondern durch theoretische und moralische Vorurteile bestimmt wird. Das Verstehen, um das es sich auf dieser Stufe handelt, besteht in der Konstruktion des Sinnes, der dem Ureinfall hypothetisch einzuwohnen scheint.

181   Es ist klar, daß eine derartige Prozedur legitimerweise nur dann stattfinden kann, wenn ein zureichendes Motiv dafür vorhanden ist. Man kann dem Unbewußten auch nur dann die Führung überlassen, wenn in ihm ein Führungswille lebendig ist. Das ist aber nur der Fall, wenn das Bewußtsein sich irgendwie in einer Notlage befindet. Wenn es geglückt ist, den unbewußten Inhalt zu gestalten und den Sinn des Gestalteten zu verstehen, dann erhebt sich die Frage, wie das Ich sich zu dieser Sachlage verhalte. Damit hebt die *Auseinandersetzung zwischen dem Ich und dem Unbewußten* an. Dies ist der zweite und wichtigere Teil der Prozedur, die Annäherung der Gegensätze und die Entstehung und Herstellung eines Dritten: der transzendenten Funktion. Auf dieser Stufe hat nicht mehr das Unbewußte die Führung, sondern das Ich.

182   Das individuelle Ich soll hier nicht definiert, sondern in seiner banalen Wirklichkeit belassen werden als jenes kontinuierliche Zentrum des Bewußtseins, dessen Vorhandensein sich seit den Tagen der Kindheit erwiesen hat. Ihm gegenüber steht ein psychischer Tatbestand, ein Produkt, das seine Existenz einem hauptsächlich unbewußten Geschehen verdankt und sich daher in einem gewissen Gegensatz zum Ich und seiner Tendenz befindet.

183   Dieser Gesichtspunkt ist wesentlich für jede Auseinandersetzung mit dem Unbewußten. Das Ich ist dem Unbewußten gegenüber als gleichwertig festzuhalten, und vice versa. Das bedeutet soviel als eine notwendige Warnung; denn genauso wie das Bewußtsein des zivilisierten Menschen eine beschränkende Wirkung auf das Unbewußte ausübt, so hat ein wieder anerkanntes Unbewußtes oft eine geradezu gefährliche Wirkung auf das Ich. Wie dies zuvor das Unbewußte unterdrückte, so kann ein befreites Unbewußtes das Ich zur Seite schieben und überwältigen. Die Gefahr besteht darin, daß es seine «Fassung verliert», das heißt, daß es gegen den Andrang affektiver Faktoren seine Existenz nicht mehr verteidigen kann, eine Situation, die öfters am Anfang einer Schizophrenie angetroffen wird. Diese Gefahr bestünde allerdings nicht, oder doch wenigstens nur in geringem Maße, wenn die Auseinandersetzung mit dem Unbewußten die Dynamik der Affekte abstreifen könnte. Dies wird auch in der Regel durch Ästhetisierung oder Intellektualisierung der

Gegenposition versucht. Die Auseinandersetzung mit dem Unbewußten muß aber eine allseitige sein, denn es handelt sich bei der transzendenten Funktion nicht um einen Teilprozeß, der irgendwie bedingt ablaufen kann, sondern um ein ganzheitliches Geschehen, in welches alle Aspekte einbezogen oder – besser – einzubeziehen sind. Der Affekt muß daher in seinem vollen Werte eingesetzt werden. Ästhetisierung und Intellektualisierung sind zwar ausgezeichnete Waffen gegen bedrohliche Affekte, aber eben nur dort anzuwenden, wo es sich um vitale Bedrohung handelt, und nicht, um sich billigerweise einer Verpflichtung zu entziehen.

Wir verdanken es der grundsätzlichen Einsicht FREUDS, daß die Neurosen- [184] behandlung das Vorhandensein des emotionalen Faktors in vollem Umfang zu berücksichtigen hat, das heißt, die Persönlichkeit muß als Ganzes ernst genommen werden, was für beide Teile gilt, für den Patienten wie für den Arzt. Wie weit letzterer sich dabei durch den Schild der Theorie abschirmen darf, bleibt eine delikate Ermessensfrage. Auf alle Fälle ist die Neurosenbehandlung keine psychologische Badekur, sondern eine Erneuerung der Persönlichkeit, demnach allseitig und in jedes Gebiet des Lebens eingreifend. Die Auseinandersetzung mit der Gegenposition ist eine ernsthafte Sache, von der bisweilen sehr viel abhängt. Das Ernstnehmen der anderen Seite stellt ein unbedingtes Erfordernis der Auseinandersetzung dar. Allein dadurch können regulierende Faktoren einen Einfluß auf das Handeln gewinnen. Das Ernstnehmen bedeutet nicht Wörtlichnehmen, sondern soviel als eine Krediterteilung ans Unbewußte, dem sich damit die Möglichkeit der Kooperation an Stelle einer automatischen Störung des Bewußtseins eröffnet.

So ist bei der Auseinandersetzung nicht nur der Standpunkt des Ich berech- [185] tigt, sondern es wird auch dem Unbewußten eine entsprechende Autorität verliehen. Die Auseinandersetzung wird zwar vom Ich aus geführt, aber auch dem Unbewußten wird das Wort gelassen – «audiatur et altera pars».

Die Art und Weise, wie diese Auseinandersetzung geführt werden kann, [186] läßt sich am ehesten dartun an jenen Fällen, wo die «andere» Stimme mehr oder weniger deutlich vernommen wird. Es ist für solche Leute technisch sehr einfach, die «andere» Stimme schriftlich zu fixieren und auf deren Aussage vom Standpunkt des Ich aus zu antworten. Es ist so, wie wenn ein Dialog zwischen zwei gleichberechtigten Personen stattfände, in welchem jeder dem anderen ein gültiges Argument zutraut und es deshalb der Mühe wert hält, die gegensätzlichen Standpunkte durch gründliche Vergleichung und Diskussion einander anzugleichen oder sie klar zu unterscheiden. Da der Weg zur

Einigung aber selten unmittelbar offensteht, so wird in der Regel ein längerer Konflikt, der von beiden Seiten Opfer fordert, auszutragen sein. Eine derartige Auseinandersetzung könnte ebensogut zwischen Arzt und Patient stattfinden, wobei ersterem leicht die Rolle des advocatus diaboli zufiele.

187   Es ist erschreckend, zu sehen, wie wenig der Mensch imstande ist, das Argument des anderen gelten zu lassen, obschon diese Fähigkeit eine unerläßliche Grundbedingung jeder menschlichen Gemeinschaft darstellt. Mit dieser allgemeinen Schwierigkeit hat jeder zu rechnen, der eine Auseinandersetzung mit sich selber beabsichtigt. Im selben Maße, in dem er den anderen nicht gelten läßt, gesteht er auch dem «anderen» in sich selbst das Existenzrecht nicht zu – et vice versa. Die Fähigkeit zum inneren Dialog ist ein Maßstab für äußere Objektivität.

188   So einfach die Auseinandersetzung im Fall des inneren Dialoges sein dürfte, so unzweifelhaft komplizierter scheint sie in jenem anderen Falle zu sein, wo nur bildliche Produkte vorliegen, die für den Verstehenden zwar an sich eine beredte Sprache führen, welche dem Nichtverstehenden aber als Taubstummheit erscheint. Solchen Gestaltungen gegenüber muß das Ich die Initiative ergreifen und sich die Frage vorlegen: «Wie wirkt dies Zeichen auf mich ein?» Die Faustische Frage kann eine erleuchtende Antwort hervorlokken. Je unmittelbarer und natürlicher sie ausfällt, desto wertvoller ist sie, denn Unmittelbarkeit und Natürlichkeit garantieren eine annähernde Ganzheitlichkeit der Reaktion. Es ist dabei kein unbedingtes Erfordernis, daß die Auseinandersetzung selber in allen Stücken bewußt werde. Öfters nämlich findet eine ganzheitliche Reaktion nicht jene geistigen Voraussetzungen, Anschauungen und Begriffe vor, die eine klare Fassung ermöglichen würden. In diesem Falle muß man sich mit dem wortlosen, aber ahnungsreichen Gefühle begnügen, das an deren Stelle tritt und mehr wert ist als gescheites Geschwätz.

189   Das Hin und Her der Argumente und Affekte stellt die transzendente Funktion der Gegensätze dar. Die Gegenüberstellung der Position bedeutet eine energiegeladene Spannung, die Lebendiges erzeugt, ein Drittes, das keine logische Totgeburt ist, entsprechend dem Grundsatz «tertium non datur», sondern eine Fortbewegung aus der Suspension zwischen Gegensätzen, eine lebendige Geburt, die eine neue Stufe des Seins, eine neue Situation, herbeiführt. Die transzendente Funktion offenbart sich als eine Eigenschaft angenäherter Gegensätze. Solange diese einander ferngehalten werden – natürlich zum Zwecke der Konfliktvermeidung –, funktionieren sie nicht und bleiben toter Stillstand.

Als was immer die Gegensätze im individuellen Fall erscheinen mögen, im 190
Grunde genommen handelt es sich immer um ein in Einseitigkeit verirrtes
und verbohrtes Bewußtsein, konfrontiert mit dem Bilde instinktiver Ganzheit und Freiheit. Es ist der Anblick des Anthropoiden und des archaischen
Menschen mit seiner angeblich ungehemmten Triebwelt einerseits und seiner
vielfach verkannten geistigen Anschauungswelt andererseits, der, unsere Einseitigkeit kompensierend und korrigierend, aus dem Dunkel hervortritt und
uns zeigt, wie und wo wir uns von der Grundzeichnung entfernt und uns psychisch verkrüppelt haben.

Ich muß mich hier damit begnügen, die äußeren Formen und Möglich- 191
keiten der transzendenten Funktion darzustellen. Eine weitere Aufgabe von
größerem Belang wäre die Darstellung der *Inhalte* der transzendenten Funktion. Es liegen zwar bereits größere Materialien in dieser Richtung vor. Jedoch
sind noch nicht alle Schwierigkeiten ihrer Darstellung behoben. Es bedarf
nämlich noch einer Reihe von Vorarbeiten, bis die begriffliche Grundlage
geschaffen ist, auf der eine begreifbare und anschauliche Darstellung dieser
Inhalte möglich wird. Ich habe leider bis jetzt die Erfahrung gemacht, daß das
wissenschaftliche Publikum noch nicht allgemein imstande ist, solchen psychologischen Überlegungen und Darstellungen zu folgen, indem sich noch
immer entweder eine zu persönliche Einstellung oder das philosophisch-intel-
lektuelle Präjudiz einmischen, welche eine sinnentsprechende Würdigung
psychologischer Zusammenhänge verunmöglichen. Die persönliche Affi-
ziertheit urteilt immer subjektiv, indem sie alles für unmöglich erklärt, was
für sie vielleicht nicht gilt oder was sie nicht zu wissen vorzieht. Sie erweist
sich darum als unfähig, einzusehen, daß das, was für sie gilt, für einen anderen
Menschen mit einer anderen Psychologie unter Umständen ganz und gar
nicht gilt. Wir sind von einem allgemein gültigen Erklärungsschema auf alle
Fälle noch himmelweit entfernt.

Als ein großes Hindernis psychologischer Verständigung erweist sich der 192
Vorwitz, wissen zu wollen, ob der vorgebrachte psychologische Zusammen-
hang «wahr» oder «richtig» sei. Wenn die Darstellung nicht verdreht oder
gar erlogen ist, dann ist der Tatbestand, so wie er ist, gültig und erweist seine
Gültigkeit durch seine Existenz. Ist der Platypus eine «wahre» oder «richtige»
Erfindung des Schöpferwillens? Ebenso kindisch ist das Präjudiz gegen die
Rolle, welche mythologische Voraussetzungen im Leben der Psyche spielen.
Da sie nicht «wahr» seien, könnten sie doch nicht – so meint man – ihren
Platz in einer wissenschaftlichen Erklärung finden. Mythologeme *existieren,*

auch wenn sich ihre anscheinenden Aussagen mit unserem inkommensurabeln Begriff von «Wahrheit» nicht decken.

193   Da die Auseinandersetzung mit der Gegenposition ganzheitlichen Charakter hat, so ist nichts davon ausgeschlossen. Alles steht in Diskussion, auch wenn nur Bruchteile bewußt sind. Das Bewußtsein wird durch Gegenüberstellung von bisher unbewußten Inhalten beständig erweitert oder – besser gesagt – könnte erweitert werden, wenn es sich um deren Integration bemühen wollte. Das ist natürlich keineswegs immer der Fall. Auch wenn genügend Intelligenz vorhanden ist, um die Fragestellung zu verstehen, so fehlt es doch an Mut und Selbstvertrauen, oder man ist geistig und moralisch zu träge oder zu feige, eine Anstrengung zu machen. Wo aber die nötigen Voraussetzungen vorhanden sind, da bildet die transzendente Funktion nicht nur eine wertvolle Ergänzung der psychotherapeutischen Behandlung, sondern verschafft dem Patienten den nicht zu unterschätzenden Vorteil, aus eigenen Kräften einen gewichtigen Beitrag an die ärztliche Bemühung zu leisten und in diesem Maße nicht vom Arzte und seinem Können in einer oft demütigenden Weise abhängig zu sein. Es ist ein Weg, sich durch eigene Anstrengung zu befreien und den Mut zu sich selbst zu finden.

III
ALLGEMEINES ZUR KOMPLEXTHEORIE

[Antrittsvorlesung, gehalten an der Eidgenössischen Technischen Hochschule, Zürich, 5. Mai 1934. Erschienen unter demselben Titel in der Reihe «Kultur- und staatswissenschaftliche Schriften der ETH» XII. Sauerländer, Aarau 1934. Bearbeitete Neuausgabe in: *Über psychische Energetik und das Wesen der Träume*. (Psychologische Abhandlungen II) Rascher, Zürich 1948; Paperback 1965. Studienausgabe bei Walter, Olten 1971.]

ALLGEMEINES ZUR KOMPLEXTHEORIE

Die moderne Psychologie hat die Tatsache gemeinsam mit der modernen 194 Physik, daß ihrer Methode eine größere erkennerische Bedeutung zufällt als ihrem Gegenstand. Ihr Gegenstand nämlich, die Psyche, ist von so abgrundtiefer Mannigfaltigkeit, Unbestimmtheit und Unbegrenztheit, daß die von ihr gegebenen Bestimmungen notwendigerweise schwer- bis undeutbar sind, wohingegen die von der Betrachtungsweise und von der aus ihr abgeleiteten Methode gesetzten Bestimmungen bekannte Größen sind oder wenigstens sein sollten. Die psychologische Untersuchung geht von diesen, empirisch oder arbiträr bestimmten Faktoren aus und beobachtet die Psyche an der Veränderung eben dieser Größen. Das Psychische erscheint dadurch als *Störung* einer von der jeweiligen Methode vorausgesetzten, wahrscheinlichen Verhaltensweise. Das Prinzip dieses Procedere ist cum grano salis das naturwissenschaftliche Verfahren überhaupt.

Es ist ohne weiteres klar, daß unter diesen Umständen sozusagen alles 195 von der methodischen Voraussetzung abhängt und daß das Resultat in der Hauptsache von dieser erzwungen ist, wennschon der eigentliche *Gegenstand* der Erkenntnis in gewissem Maße mitspricht, aber dabei sich nicht so verhält, wie er sich als autonomes Wesen in natürlicher Ungestörtheit verhalten würde. Man hat daher gerade in der experimentellen Psychologie und vor allem in der Psychopathologie schon vor langem erkannt, daß eine gewisse Experimentanordnung den psychischen Vorgang nicht unmittelbar erfaßt, sondern daß sich zwischen diesen und das Experiment eine gewisse psychische Bedingung einschiebt, die man als *Experimentsituation* bezeichnen könnte. Diese psychische «Situation» kann gegebenenfalls das ganze Experiment in Frage stellen, indem sie die Versuchsanordnung sowohl wie sogar die dem Experiment zugrunde liegende Absicht *assimiliert*. Unter *Assimilation* versteht man eine Einstellung der Versuchsperson, welche das Experiment mißdeutet, indem eine zunächst unüberwindliche Tendenz besteht, anzunehmen, das Experiment sei beispielsweise eine Intelligenzprüfung oder ein Versuch, einen indiskreten Blick hinter die Kulissen zu tun. Eine solche Einstellung verhüllt den Vorgang, den das Experiment zu erfassen trachtete.

196   Man hat solche Erfahrungen hauptsächlich beim Assoziationsexperiment gemacht, und es wurde bei dieser Gelegenheit entdeckt, daß das, was die Methode bezweckte, nämlich die Feststellung der durchschnittlichen Reaktionsgeschwindigkeiten und der Reaktionsqualitäten, ein relativ nebensächliches Ergebnis gegenüber der Art und Weise ist, wie die Methode durch das autonome Verhalten der Psyche, nämlich durch Assimilation *gestört* wird. Dabei habe ich nämlich die *gefühlsbetonten Komplexe* entdeckt, welche vorher stets als *Reaktionsfehler* registriert wurden.

197   Die Entdeckung der Komplexe, sowie der durch diese bewirkten Assimilationsphänomene, zeigte deutlich, auf wie schwachen Füßen die alte, bis auf CONDILLAC[1] zurückgehende Auffassung stand, man könne *isolierte* psychische Vorgänge untersuchen. Es gibt keine isolierten psychischen Vorgänge, so wie es keine isolierten Lebensvorgänge gibt; auf alle Fälle hat man noch kein Mittel entdeckt, sie experimentell zu isolieren[2]. Es gelingt nur einer besonders trainierten Aufmerksamkeit und Konzentration, einen Vorgang anscheinend so zu isolieren, wie es der experimentellen Absicht entspricht. Dies ist aber wiederum eine *Experimentsituation,* die sich von der vorhin beschriebenen nur dadurch unterscheidet, daß diesmal das Bewußtsein die Rolle des assimilierenden Komplexes übernommen hat, während im früheren Fall es mehr oder weniger unbewußte Minderwertigkeitskomplexe waren.

198   Damit ist nun der *Wert* des Experimentes keineswegs prinzipiell in Frage gestellt, sondern nur kritisch beschränkt. Im Gebiete der psychophysiologischen Vorgänge, wie zum Beispiel der Sinneswahrnehmungen oder der motorischen Reaktionen, überwiegt infolge der offenkundigen Harmlosigkeit der Versuchsabsicht der reine Reflexmechanismus, und es kommt zu keinen oder nur geringfügigen Assimilationen, weshalb auch das Experiment nicht wesentlich gestört wird. Anders aber im Gebiet der komplizierten psychischen Vorgänge, wo auch die Versuchsanordnung keine Beschränkungen auf ganz bestimmte Möglichkeiten erkennen läßt! Hier, wo auch die Sicherungen

---

[1] [ETIENNE BONNOT DE CONDILLAC, französischer Philosoph und Nationalökonom, 1715–1780. Er verbreitete die Ansichten LOCKES in Frankreich und ist durch seine Schriften *Traité des systèmes* (1749) und *Traité des sensations* (1754) der eigentliche Begründer des Sensualismus geworden.]

[2] Eine Ausnahme von dieser Regel bilden die Wachstumsvorgänge in Gewebestücken, welche zur Erhaltung ihres Lebens in einer Nährflüssigkeit aufbewahrt sind.

durch spezifische Zielsetzungen wegfallen, treten dafür unbestimmte Möglichkeiten auf, welche gegebenenfalls schon gleich zu Beginn eine Experimentsituation auslösen, die man als *Konstellation* bezeichnet. Mit diesem Begriff wird die Tatsache ausgedrückt, daß durch die äußere Situation ein psychischer Vorgang ausgelöst wird, welcher in einer Sammlung und Bereitstellung gewisser Inhalte besteht. Der Ausdruck, «man ist konstelliert», besagt, daß man eine abwartende Bereitschaftsstellung bezogen hat, von welcher aus in ganz bestimmter Weise reagiert werden wird. Die Konstellation ist ein automatischer Vorgang, der unwillkürlich eintritt, was niemand bei sich selber verhindern kann. Die konstellierten Inhalte sind bestimmte *Komplexe,* die ihre eigene spezifische Energie besitzen. Wenn der in Frage stehende Versuch ein Assoziationsexperiment ist, so werden die Komplexe in der Regel den Verlauf in hohem Maße beeinflussen, indem sie gestörte Reaktionen veranlassen, oder indem sie, in selteneren Fällen, zu ihrem Schutze eine *bestimmte Reaktionsweise* bewirken, welche aber daran erkannt wird, daß sie dem Sinne des Reizwortes nicht mehr entspricht. Gebildete und willensstarke Versuchspersonen können durch sprachlich-motorische Gewandtheit den Sinn eines Reizwortes mit kurzen Reaktionszeiten dermaßen abblenden, daß sie von ihm nicht erreicht werden. Dies gelingt aber nur in solchen Fällen, wo wirklich schwerwiegende, persönliche Geheimnisse geschützt werden müssen. Die Kunst TALLEYRANDS, durch Worte Gedanken zu verheimlichen, ist aber nur wenigen gegeben. Unintelligente Leute, darunter besonders Frauen, schützen sich durch sogenannte *Wertprädikate,* was oft ein sehr komisches Bild ergibt. Wertprädikate sind nämlich Gefühlsattribute, wie schön, gut, teuer, süß, freundlich usw. Man kann in der Unterhaltung nicht selten beobachten, wie gewisse Leute alles interessant, reizend, gut und schön, auf englisch fine, marvellous, grand, splendid und namentlich fascinating finden, womit entweder eine innere Teilnahmslosigkeit zugedeckt oder der Gegenstand drei Schritte vom Leibe gehalten wird. Weitaus die meisten Versuchspersonen können es nicht hindern, daß ihre Komplexe gewisse Reizworte herausgreifen und sie mit einer Reihe von Störungssymptomen, vor allem mit verlängerter Reaktionszeit, versehen. Man kann diese Experimente auch mit den von VERAGUTH[3] erstmals in dieser Hinsicht verwendeten elektrischen Widerstandsmessungen verbinden, wobei das sogenannte *psychogalvanische Reflexphänomen* weitere Indizien der komplexgestörten Reaktionen liefert.

[3] *Das psychogalvanische Reflexphänomen.*

199   Das Assoziationsexperiment ist insofern allgemein interessant, als es, wie kein anderer, ähnlich einfacher psychologischer Versuch, die psychische Situation des *Zwiegespräches* mit annähernd exakten Maß- und Qualitätsbestimmungen darstellt. Statt der Frage in bestimmter Satzform steht das vage, vieldeutige und deshalb unbehagliche Reizwort, und statt der Antwort die Reaktion in *einem* Wort. Durch genaue Beobachtung der Reaktionsstörungen werden Tatbestände erfaßt und registriert, die in der gewöhnlichen Unterhaltung oft geflissentlich übersehen werden, und dadurch werden Feststellungen ermöglicht, welche auf unausgesprochene Hintergründe deuten, eben auf jene Bereitschaften oder Konstellationen, die ich vorhin andeutete. Was im Assoziationsexperiment geschieht, ereignet sich auch in jedem Gespräch zwischen zwei Menschen. Hier wie dort besteht eine Experimentsituation, welche gegebenenfalls Komplexe konstelliert, die den Gegenstand des Gespräches oder die Situation überhaupt, inklusive Gesprächspartner, assimilieren. Das Gespräch verliert dadurch seinen objektiven Charakter und seinen eigentlichen Zweck, indem durch die Konstellation von Komplexen die Absicht des Antwortenden durchkreuzt und ihm unter Umständen sogar andere Antworten in den Mund gelegt werden, an die er sich nachher nicht mehr erinnern kann. Diesen letzteren Umstand hat sich das kriminalistische *Kreuzverhör* praktisch zunutze gemacht. In der Psychologie ist es das sogenannte *Wiederholungsexperiment,* welches die Erinnerungslücken aufdeckt und lokalisiert. Es besteht darin, daß beispielsweise nach hundert stattgefundenen Reaktionen die Versuchsperson gefragt wird, was sie auf die einzelnen Reizworte geantwortet hat. Die Erinnerungslücken oder -fälschungen finden sich mit durchschnittlicher Regelmäßigkeit immer in den komplexgestörten Assoziationsgebieten.

200   Ich habe bisher absichtlich nicht von der Natur der Komplexe gesprochen, sondern ihr Bekanntsein stillschweigend vorausgesetzt. Ist doch das Wort «Komplex» im psychologischen Sinne in die deutsche sowohl wie in die englische Umgangssprache übergegangen. Jedermann weiß heutzutage, daß man «Komplexe hat». Daß aber die Komplexe *einen* haben, ist weniger bekannt, aber theoretisch um so wichtiger. Die naive Voraussetzung von der Einheit des Bewußtseins, das gleich «Psyche» gesetzt wird, und von der Suprematie des Willens wird nämlich durch die Existenz des Komplexes ernstlich in Zweifel gezogen. Durch jede Komplexkonstellation wird ein gestörter Bewußtseinszustand gesetzt. Die Einheit des Bewußtseins wird durchbrochen und die Willensintention mehr oder weniger erschwert oder gar verunmög-

licht. Auch das Gedächtnis wird oft wesentlich in Mitleidenschaft gezogen, wie wir gesehen haben. Der Komplex muß daher ein psychischer Faktor sein, der, energetisch gesprochen, eine Wertigkeit besitzt, welche zeitweise diejenige der bewußten Absicht übersteigt, sonst wären ja solche Durchbrechungen der Bewußtseinsordnung gar nicht möglich. In der Tat versetzt uns ein aktiver Komplex momentan in einen Zustand der *Unfreiheit,* des Zwangsdenkens und -handelns, wofür unter Umständen der juristische Begriff der «beschränkten Zurechnungsfähigkeit» in Frage käme.

Was ist nun, wissenschaftlich gesprochen, ein «gefühlsbetonter Komplex»? Er ist das *Bild* einer bestimmten psychischen Situation, die lebhaft emotional betont ist und sich zudem als inkompatibel mit der habituellen Bewußtseinslage oder -einstellung erweist. Dieses Bild ist von starker innerer Geschlossenheit, es hat seine eigene Ganzheit und verfügt zudem über einen relativ hohen Grad von *Autonomie,* das heißt es ist den Bewußtseinsdispositionen in nur geringem Maße unterworfen und benimmt sich daher wie ein belebtes corpus alienum im Bewußtseinsraume. Der Komplex läßt sich gewöhnlich mit einiger Willensanstrengung unterdrücken, aber nicht wegbeweisen, und bei passender Gelegenheit tritt er wieder mit ursprünglicher Kraft hervor. Gewisse experimentelle Untersuchungen scheinen darauf hinzuweisen, daß seine Intensitäts- oder Aktivitätskurve einen wellenförmigen Charakter hat, mit einer Wellenlänge von Stunden, Tagen oder Wochen. Diese sehr komplizierte Frage ist jedoch noch ganz ungeklärt.

Es ist den Arbeiten der französischen Psychopathologie, im besonderen den Verdiensten PIERRE JANETS zu danken, daß wir heute um die weitgehende Aufsplitterungsmöglichkeit des Bewußtseins wissen. JANET sowohl wie MORTON PRINCE ist es gelungen, vier- bis fünffache Persönlichkeitsspaltungen zu erzeugen, wobei es sich herausstellte, daß jeder Persönlichkeitsteil ein ihm eigentümliches Stück Charakter und sein besonderes Gedächtnis hat. Diese Teile existieren relativ unabhängig nebeneinander und können jederzeit einander ablösen, das heißt jeder Teil besitzt einen hohen Grad von Autonomie. Meine Feststellungen in bezug auf die Komplexe ergänzen dieses etwas beunruhigende Bild der psychischen Desintegrationsmöglichkeiten, denn im Grunde genommen gibt es keinen prinzipiellen Unterschied zwischen einer Teilpersönlichkeit und einem Komplex. Sie haben alle wesentlichen Charaktere gemein, bis auf die delikate Frage der Teilbewußtheit. Teilpersönlichkeiten haben unzweifelhaft eigenes Bewußtsein, aber ob so kleine psychische Fragmente wie Komplexe auch eigenen Bewußtseins fähig sind, ist eine noch unbeantwortete Frage. Ich muß gestehen, daß diese Frage mich des öfteren beschäftigt hat. Die Komplexe benehmen sich ja wie cartesianische Teufelchen und scheinen sich an koboldartigen Streichen zu ergötzen. Sie legen einem gerade das unrichtige Wort auf die Zunge, sie entziehen einem ausgerechnet den Namen der Person, die man vorstellen sollte, sie verursachen den Hustenreiz gerade beim schönsten Piano im Konzert, sie lassen den zuspätkommenden Unscheinbarseinwollenden mit Krach über einen Stuhl stolpern. Sie empfehlen, bei einem Begräbnis zu gratulieren anstatt zu kondolieren, sie sind die Verursacher jener Tücken, die FRIEDRICH THEODOR VISCHER den unschuldigen Objekten ankreiden wollte[4], sie sind die handelnden Personen unserer Träume, denen wir so machtlos gegenüberstehen; sie sind das elfische Wesen, das in der dänischen Folklore so treffend gekennzeichnet ist durch jene Geschichte vom Pastor, welcher zwei Elfen das Vaterunser lehren wollte. Sie gaben sich alle Mühe, ihm richtig nachzusprechen, aber schon beim ersten Satz konnten sie nicht umhin, zu sagen: «Unser Vater, der du *nicht* bist in dem Himmel.» Sie erwiesen sich, der theoretischen Erwartung entsprechend, als unbelehrbar.

203   Cum maximo salis grano wird man mir diese Metaphorisierung eines wissenschaftlichen Problems hoffentlich nicht verübeln. Auch eine durchaus nüchterne Formulierung der Komplexphänomene kommt um die eindrucksvolle Tatsache der Komplexautonomie nicht herum, und je tiefer sie in das Wesen – ich möchte fast sagen in die *Biologie* des Komplexes – eindringt, desto mehr und desto deutlicher tritt dessen Teilseelencharakter hervor. Die Traumpsychologie zeigt mit aller nur wünschenswerten Deutlichkeit, wie die Komplexe *personifiziert* auftreten, wenn kein hemmendes Bewußtsein sie unterdrückt, genau wie die Folklore die Heinzelmännchen schildert, die nachts im Haus rumoren. Das gleiche Phänomen beobachten wir in gewissen Psychosen, wo die Komplexe «laut» werden und als «Stimmen» erscheinen, die durchaus persönlichen Charakter haben.

204   Man darf heutzutage wohl die Hypothese als gesichert betrachten, daß Komplexe *abgesprengte Teilpsychen* sind. Die Ätiologie ihres Ursprungs ist ja häufig ein sogenanntes Trauma, ein emotionaler Schock und ähnliches, wodurch ein Stück Psyche abgespalten wurde. Eine der häufigsten Ursachen allerdings ist der moralische Konflikt, welcher seinen letzten Grund in der anscheinenden Unmöglichkeit hat, das Ganze des menschlichen Wesens zu be-

---

[4] Vgl. *Auch Einer.* [Dazu JUNG, *Psychologische Typen,* Paragr. 568 und 699.]

jahen. Diese Unmöglichkeit setzt unmittelbare Spaltung voraus, unabhängig davon, ob das Ichbewußtsein darum weiß oder nicht. In der Regel besteht sogar eine ausgesprochene Unbewußtheit über die Komplexe, was diesen natürlich um so größere Aktionsfreiheit gewährt. In solchen Fällen erweist sich ihre Assimilationskraft in ganz besonderem Maße, insofern nämlich die Unbewußtheit über den Komplex diesem dazu verhilft, sogar das Ich zu assimilieren, woraus eine momentane und unbewußte Persönlichkeitsveränderung entsteht, die als Komplexidentität bezeichnet wird. Dieser durchaus moderne Begriff hatte im Mittelalter einen anderen Namen: damals hieß er Besessenheit. Man stellt sich diesen Zustand wohl nicht so harmlos vor, aber es ist prinzipiell zwischen einem gewöhnlichen Komplexversprechen und den wilden Blasphemien eines Besessenen kein Unterschied. Es ist nur eine Gradverschiedenheit. Dafür gibt uns auch die Sprachgeschichte die reichlichsten Belege. Von einer Komplexemotion sagt man: «Was ist heute wieder in ihn gefahren?», «Er ist vom Teufel geritten» usw. Man denkt bei diesen etwas abgeschliffenen Metaphern natürlich nicht mehr an ihren ursprünglichen Sinn, welcher allerdings noch leicht erkennbar ist und zudem unzweifelhaft darauf hinweist, daß der primitivere und naivere Mensch störende Komplexe nicht «psychologisierte» wie wir, sondern als entia per se, das heißt als Dämonen auffaßte. Die spätere Bewußtseinsentwicklung hat nun eine solche Intensität des Ichkomplexes beziehungsweise der Ichbewußtheit geschaffen, daß die Komplexe ihrer ursprünglichen Autonomie wenigstens im Sprachgebrauch entkleidet wurden. In der Regel sagt man: «Ich habe einen Komplex.» Die mahnende Stimme des Arztes sagt zur hysterischen Patientin: «Ihre Schmerzen sind nicht wirklich; Sie bilden sich bloß ein, es tue Ihnen weh.» Die Infektionsangst ist scheinbar eine willkürliche Einbildung des Kranken, auf jeden Fall sucht man ihn zu überzeugen, daß er sich eine Wahnidee zusammenbraue.

Es ist wohl unschwer zu sehen, daß die moderne landläufige Auffassung [205] das Problem so handhabt, als ob es über jeden Zweifel sicher wäre, daß der Komplex vom Patienten erfunden und «eingebildet» worden sei, daß er mithin gar nicht existieren würde, wenn sich der Kranke nicht die Mühe genommen hätte, ihn gewissermaßen absichtlich ins Leben zu rufen. Demgegenüber steht nun einwandfrei fest, daß die Komplexe eine bemerkenswerte Autonomie besitzen, daß organisch unbegründete, das heißt sogenannte eingebildete Schmerzen genauso weh tun wie legitime, und daß eine Krankheitsphobie nicht die geringste Neigung hat, zu verschwinden, auch wenn der Kranke selber, sein Arzt und der allgemeine Sprachgebrauch obendrein versichern, daß sie nichts als eine Einbildung sei.

206   Wir stehen hier vor dem interessanten Fall einer sogenannten apotropäischen Auffassungsweise, welche auf *einer* Linie liegt mit den antiken euphemistischen Bezeichnungen, wofür der πόντος εὔξεινος (das gastfreundliche Meer) als das klassische Beispiel steht. Wie die Erinnyen vorsichtigerweise und propitiierend Eumeniden, die Wohlgesinnten, genannt wurden, so faßt das moderne Bewußtsein alle inneren Störungsfaktoren als seine eigene Tätigkeit auf, es assimiliert sie einfach. Dies geschieht natürlich nicht mit dem offenen Eingeständnis des apotropäischen Euphemismus, sondern mit einer ebenso unbewußten Tendenz, durch veränderte Namengebung die Autonomie des Komplexes zu irrealisieren. Das Bewußtsein verfährt dabei, wie einer der ein verdächtiges Geräusch im oberen Stockwerk hört und sich nun flugs in den Keller begibt, um dort festzustellen, daß kein Einbrecher zu finden und infolgedessen das Geräusch eine bloße Einbildung sei. In Wirklichkeit hat sich dieser vorsichtige Mann einfach nicht in den oberen Stock *getraut*.

207   Es will allerdings zunächst wenig einleuchten, daß Furcht das Motiv sein sollte, welches das Bewußtsein veranlaßt, Komplexe als eine eigene Tätigkeit zu erklären. Komplexe erscheinen als solche Kleinigkeiten, ja als so lächerliche Nichtigkeiten, daß man sich geradezu ihrer schämt und alles daransetzt, sie zu verbergen. Wären sie aber wirklich so nichtig, so könnten sie auch nicht so peinlich sein. Peinlich ist, was Pein verursacht, also etwas ausgesprochen Unangenehmes, das als solches eo ipso wichtig ist und deshalb als wichtig zu nehmen wäre. Was aber unbequem ist, irrealisiert man nur allzu gerne, solange es geht. Der Ausbruch der Neurose bezeichnet dann den Moment, wo es nicht mehr mit den primitiven magischen Mitteln der apotropäischen Geste und des Euphemismus zu schaffen ist. Von diesem Moment an hat sich der Komplex an der bewußten Oberfläche etabliert; er kann nicht mehr umgangen werden und assimiliert nun Schritt für Schritt das Ichbewußtsein, wie dieses es früher mit ihm versucht hat. Daraus entsteht schließlich die neurotische *Dissoziation der Persönlichkeit.*

208   Durch eine derartige Entwicklung erweist der Komplex seine ursprüngliche Stärke, welche gegebenenfalls sogar die des Ichkomplexes überwiegt. Erst in einem solchen Fall versteht man, daß das Ich allen Grund hatte, vorsichtige Namensmagie mit den Komplexen zu treiben, denn es ist unmittelbar einleuchtend, daß ich das fürchte, was mich unheimlich zu überwachsen droht. Es gibt unter jenen Menschen, die allgemein als normal gelten, eine große An-

zahl solcher, die ein «skeleton in the cupboard» bewahren, dessen Existenz man bei Todesstrafe vor ihnen nicht erwähnen darf: so groß ist ihre Furcht vor dem lauernden Gespenst. Alle diejenigen, die noch im Stadium der Komplex-irrealisierung stehen, benützen den Hinweis auf die Tatsachen der Neurosen als Beweis dafür, daß es sich eben um positiv krankhafte Naturen handle, zu denen man nicht gehöre. Als ob es nur das Vorrecht der Kranken wäre, krank zu werden!

Die Tendenz, Komplexe durch Assimilation zu irrealisieren, beweist nicht 209 etwa deren Nichtigkeit, sondern im Gegenteil deren Wichtigkeit. Sie ist ein negatives Eingeständnis der instinktiven Furcht des primitiven Menschen vor dunkeln, unsichtbaren und selbstbewegten Dingen. Diese Furcht setzt beim Primitiven in Wirklichkeit mit der Dunkelheit der Nacht ein, wie auch die Komplexe bekanntlich am Tage übertönt sind, nachts aber ihre Stimme um so lauter erheben und den Schlaf verscheuchen oder wenigstens mit bösen Träumen stören. Komplexe sind eben Gegenstände der inneren Erfahrung und können nicht im Tageslicht auf Straßen und offenen Plätzen angetroffen werden. Von Komplexen hängt das Wohl und Wehe des persönlichen Lebens ab; sie sind die Laren und Penaten, die uns am häuslichen Herde erwarten, dessen Frieden man so gefährlich laut preist, und sie sind das «gentle folk», das in unseren Nächten sich störend kundgibt. Allerdings, solange das böse Wesen nur den Nebenmenschen faßt, gilt es nichts, aber wenn es uns selber plagt – man muß allerdings Arzt sein, um zu wissen, was für grauenhafte Schädlinge Komplexe sein können. Man muß es schon gesehen haben, wie im Laufe von Jahrzehnten ganze Familien davon moralisch und physisch zerstört werden und wie beispiellose Tragik und hoffnungslose Misere ihren Spuren folgen, um einen vollen Eindruck von der Realität eines Komplexes zu bekommen. Man versteht dann, wie müßig und wie unwissenschaftlich der Gedanke ist, man könne sich einen Komplex «einbilden». Wenn man sich nach einem medizinischen Vergleich umsieht, so könnte man Komplexe am ehesten mit Infektionen oder mit malignen Geschwülsten vergleichen, die beide ohne das geringste Zutun des Bewußtseins entstehen. Dieser Vergleich ist allerdings nicht ganz befriedigend, denn Komplexe sind nicht durchaus krankhafter Natur, sondern eigentümliche Lebenserscheinungen der Psyche, sei sie nun differenziert oder primitiv. Deshalb finden wir auch ihre unverkennbaren Spuren bei allen Völkern und in allen Zeiten. Älteste Literaturdenkmäler enthalten sie; so schildert zum Beispiel das *Gilgamesh-Epos* die Psychologie des Machtkomplexes in unübertroffener Meisterschaft, und das *Buch*

Tobias im Alten Testament enthält die Geschichte eines erotischen Komplexes samt seiner Heilung.

210 Der allgemein verbreitete Geisterglaube ist ein direkter Ausdruck der Komplexstruktur des Unbewußten. Komplexe sind nämlich recht eigentlich die lebendigen Einheiten der unbewußten Psyche, deren Vorhanden- und Beschaffensein wir in der Hauptsache nur durch die ersteren erkennen können. Das Unbewußte wäre in der Tat, wie es in der WUNDTschen Psychologie der Fall ist, nichts als ein Restbestand von lichtschwachen, sogenannten «dunkeln» Vorstellungen, oder «a fringe of consciousness», wie WILLIAM JAMES es nennt, wenn es keine Komplexe gäbe. Deshalb ist auch FREUD zum eigentlichen Entdecker des psychologischen Unbewußten geworden, weil er jene dunkeln Stellen untersuchte und sie nicht einfach als euphemistisch verkleinerte Fehlleistungen zur Seite schob. Die via regia zum Unbewußten sind allerdings nicht die Träume, wie er meint, sondern die Komplexe, welche die Verursacher der Träume und Symptome sind. Auch ist die via insofern weniger königlicher Natur, als der vom Komplex gewiesene Weg mehr einem höckerigen und vielfach gewundenen Fußpfad gleicht, der des öfteren sich im Gestrüpp verliert und meistens nicht ins Herz des Unbewußten führt, sondern daran vorbei.

211 Die *Komplexfurcht* ist ein schlechter Wegweiser, weil sie immer vom Unbewußten weg und ins Bewußtsein zurückweist. Komplexe sind etwas derart Unangenehmes, daß sich niemand in seinen gesunden Sinnen einreden läßt, daß die den Komplex unterhaltenden Triebkräfte irgend etwas Gutes bedeuten könnten. Das Bewußtsein ist stets davon überzeugt, daß Komplexe etwas Ungehöriges und deshalb auf irgendeine Art zu eliminieren seien. Trotz einer überwältigenden Fülle von Zeugnissen jeglicher Art, daß Komplexe immer und überall vorhanden sind, kann man es nicht über sich bringen, sie als normale Lebenserscheinung zu betrachten. Die Komplexfurcht bedeutet ein stärkstes Vorurteil, denn die abergläubische Angst vor dem Ungünstigen ist von aller Aufklärung unberührt geblieben. Diese Furcht verursacht bei der Untersuchung der Komplexe einen wesentlichen Widerstand, der zu seiner Überwindung einiger Entschlossenheit bedarf.

212 Furcht und Widerstand sind die Wegweiser, die an der via regia zum Unbewußten stehen. Begreiflicherweise bedeuten sie in erster Linie eine vorgefaßte Meinung über das, worauf sie hinweisen. Es ist nichts als natürlich, daß man aus dem Gefühl der Angst auf etwas Gefährliches und aus der Empfindung des Widerstandes auf etwas Widerliches schließt. Der Patient tut es, das Pu-

blikum tut es, und schließlich tut es auch der Arzt, weshalb die erste medizinische Theorie des Unbewußten folgerichtigerweise die von FREUD aufgestellte Verdrängungslehre war. Rückschließend aus der Natur der Komplexe besteht nach dieser Ansicht das Unbewußte wesentlich aus inkompatibeln Tendenzen, die wegen ihrer Immoralität der Verdrängung verfallen. Nichts, wie diese Feststellung, könnte schlagender beweisen, daß der Autor dieser Auffassung rein empirisch vorgegangen ist, ohne im geringsten durch philosophische Prämissen beeinflußt zu sein. Vom Unbewußten war ja schon geraume Zeit vor FREUD die Rede. Philosophisch ist der Begriff schon bei LEIBNIZ eingeführt, KANT und SCHELLING haben sich dazu geäußert, und CARUS hat ihn erstmals zu einem System ausgebaut, welchem EDUARD VON HARTMANN, in unbestimmbarem Maße von diesem beeinflußt, mit seiner gewichtigen «*Philosophie des Unbewußten*» folgte. Die erste medizinisch-psychologische Theorie hat mit diesen Voraussetzungen nichts zu tun, sowenig wie mit NIETZSCHE.

FREUDS Theorie ist eine getreue Darstellung tatsächlich vorhandener Erfahrungen bei der Untersuchung von Komplexen. Da nun aber diese Untersuchung ein Zwiegespräch ist zwischen zwei Menschen, so kommen bei der Auffassungsbildung nicht nur die Komplexe des einen, sondern auch die des anderen in Betracht. Jeder Dialog, der in jene von Angst und Widerstand verteidigten Gebiete vorstößt, zielt aufs Wesentliche, und indem er den einen zu einer Integration seiner Ganzheit veranlaßt, nötigt er auch den anderen zu einer völligeren Stellungnahme, das heißt ebenfalls zu einer Ganzheit, ohne welche es letzterem auch gar nicht gelänge, das Gespräch in jene furchtverteidigten Hintergründe vorzutreiben. Kein noch so vorurteilsloser und objektiver Forscher ist imstande, von seinen eigenen Komplexen abzusehen, denn auch diese erfreuen sich derselben Autonomie wie jene anderer Menschen. Er kann nicht von ihnen absehen, weil sie nicht von ihm absehen. Denn Komplexe gehören nun einmal zur psychischen Konstitution, welche bei jedem Individuum das absolut Präjudizierte ist. Die Konstitution entscheidet daher unerbittlich, welche psychologische Auffassung aus einem bestimmten Beobachter hervorgehen wird. Dies ist die unvermeidliche Beschränkung der psychologischen Beobachtung, daß letztere nun Gültigkeit hat unter Voraussetzung der persönlichen Gleichung des Beobachters.

Die psychologische Theorie formuliert daher in allererster Linie eine psychische Situation, welche entstanden ist durch Dialoge zwischen einem bestimmten Beobachter und einer Mehrzahl von Beobachteten. Da sich der Dialog in der Hauptsache im Widerstandsgebiet der Komplexe bewegt, so haftet auch der Theorie notwendigerweise ein Komplexcharakter an, das heißt sie ist im allgemeinsten Sinne anstößig, weil sie wiederum auf die Komplexe des Publikums wirkt. Daher sind alle Auffassungen der modernen Psychologie nicht bloß in objektivem Sinne kontrovers, sondern aufreizend! Sie verursachen beim Publikum heftige Reaktionen in zustimmendem oder ablehnendem Sinn, im Gebiete der wissenschaftlichen Diskussion emotionale Debatten, dogmatische Anwandlungen, persönliche Kränkungen usw.

215   Aus diesen Tatsachen läßt sich unschwer ersehen, daß die moderne Psychologie mit ihrer Komplexforschung einen psychischen Tabubezirk aufgeschlossen hat, von dem nun allerhand Befürchtungen und Hoffnungen ausgehen. Das Komplexgebiet ist der eigentliche seelische Unruheherd, dessen Erschütterungen tatsächlich dermaßen beträchtlich sind, daß die weitere psychologische Forschung gar nicht hoffen kann, im Frieden stille Gelehrtenarbeit zu tun, welche nämlich einen gewissen wissenschaftlichen consensus voraussetzt. Die Komplexpsychologie ist aber vorderhand noch unendlich weit von einer Verständigung entfernt, viel weiter sogar, wie mir scheint, als die Pessimisten ahnen. Denn mit der Aufdeckung der inkompatibeln Tendenzen ist erst *ein* Sektor des Unbewußten gesehen, und nur *ein* Teil der Angstquelle ist nachgewiesen.

216   Man wird sich noch erinnern, was für ein Entrüstungssturm sich allerorten erhob, als Freuds Arbeiten allgemeiner bekannt wurden. Diese Komplexreaktionen haben den Forscher zu einer Isolierung genötigt, welche ihm und seiner Schule den Vorwurf des Dogmatismus eingetragen hat. Alle psychologischen Theoretiker auf diesem Gebiet laufen die gleiche Gefahr, denn sie handhaben einen Gegenstand, der auf das Unbeherrschte im Menschen trifft, auf das Numinose, um Ottos trefflichen Ausdruck zu gebrauchen. Wo das Komplexgebiet anfängt, hört die Freiheit des Ich auf, denn Komplexe sind seelische Mächte, deren tiefste Natur noch nicht ergründet ist. Jedesmal, wenn es der Forschung gelingt, noch weiter gegen das seelische Tremendum vorzudringen, werden, wie bisher, beim Publikum Reaktionen ausgelöst, genau wie bei Patienten, welche aus therapeutischen Gründen veranlaßt werden, gegen die Unberührbarkeit ihrer Komplexe vorzugehen.

217   Die Art, wie ich die Komplexlehre darstelle, klingt wohl dem unvorbereiteten Ohr wie eine Schilderung primitiver Dämonologie und Tabupsychologie. Diese Eigentümlichkeit rührt einfach daher, daß die Existenz der Komplexe, also abgespaltener psychischer Fragmente, noch ein ganz merkliches Überbleibsel des *primitiven Geisteszustandes* ist. Letzterer ist von hochgradiger

Dissoziierbarkeit, die sich zum Beispiel in der Tatsache ausdrückt, daß von Primitiven sehr häufig mehrere Seelen, in einem Fall sogar bis sechs, angenommen werden, und daneben gibt es erst noch eine Unzahl von Göttern und Geistern, von denen nicht bloß, wie bei uns, *geredet* wird, sondern es handelt sich öfters um sehr eindrucksvolle psychische Erfahrungen.

Bei dieser Gelegenheit möchte ich bemerken, daß ich den Begriff «primi- 218 tiv» im Sinne von «ursprünglich» gebrauche, und damit nicht etwa ein Werturteil meine. Und wenn ich von «Überbleibsel» eines primitiven Zustandes rede, so meine ich damit nicht notwendigerweise, daß dieser Zustand über kurz oder lang sein Ende erreiche. Ich wüßte keinen einzigen Grund dagegen geltend zu machen, daß er nicht bis zum Ende der Menschheit dauere. Bis jetzt hat er sich jedenfalls nicht sehr wesentlich geändert, und mit dem Weltkrieg und seitdem ist sogar eine namhafte Verstärkung desselben eingetreten. Ich bin deshalb eher zur Annahme geneigt, daß autonome Komplexe zu den normalen Lebenserscheinungen gehören und die Struktur der unbewußten Psyche ausmachen.

Wie man sieht, habe ich mich damit begnügt, die wesentlichen Grundtat- 219 sachen der Komplexlehre zu schildern. Ich muß es mir aber versagen, dieses unvollständige Bild durch die Darstellung der Problematik, welche sich aus der Existenz autonomer Komplexe ergibt, zu ergänzen. Drei gewichtige Probleme sind dadurch aufgeworfen: das *therapeutische,* das *philosophische* und das *moralische.* Sie stehen noch alle drei zur Diskussion.

IV
DIE BEDEUTUNG VON KONSTITUTION UND VERERBUNG FÜR DIE PSYCHOLOGIE

[Erschienen in: *Die medizinische Welt. Ärztliche Wochenschrift* III/47 (Berlin, November 1929) pp. 1677–1679.]

DIE BEDEUTUNG VON KONSTITUTION
UND VERERBUNG FÜR DIE PSYCHOLOGIE

Die heutige wissenschaftliche Meinung zweifelt nicht daran, daß die indivi- duelle Psyche in hohem Maße von der physiologischen Konstitution abhängt, ja es gibt nicht wenige, die diese Abhängigkeit als absolut ansehen. Ich möchte nicht so weit gehen, sondern halte es den Umständen nach für angemessener, wenn der Psyche eine relative Selbständigkeit gegenüber der physiologischen Konstitution zuerkannt wird. Für diese Meinung gibt es allerdings keine strikten Beweise, aber ebensowenig läßt es sich beweisen, daß die Psyche sich in totaler Abhängigkeit von der physiologischen Konstitution befinde. Man darf nie vergessen, daß die Psyche das X und die Konstitution das dazugehörige Y ist. Beide sind, im Grunde genommen, unbekannte Faktoren, welche erst neuerdings Form anzunehmen beginnen. Aber man ist noch weit davon entfernt, ihr Wesen auch nur annähernd zu verstehen.

Obschon es unmöglich ist, im individuellen Fall die *Beziehungen zwischen* *Konstitution und Psyche* festzustellen, sind solche Versuche doch schon vielfach gemacht worden, aber ihre Resultate sind nichts als unbeweisbare Meinungen. Die einzige Methode, die uns vorderhand zu einigermaßen zuverlässigen Resultaten führen kann, ist die *typologische Methode,* welche KRETSCHMER in Hinsicht auf die physiologische Konstitution und ich in bezug auf die psychologische Einstellung angewendet haben. In beiden Fällen fußt die Methode auf einem großen Erfahrungsmaterial, in welchem die individuellen Variationen sich gegenseitig weitgehend auslöschen, dafür aber gewisse typische Grundzüge um so deutlicher hervortreten und die Konstruktion idealer Typen ermöglichen. Diese idealen Typen kommen natürlich in Wirklichkeit nie rein vor, sondern stets nur als individuelle Variationen ihres Prinzips, genau wie Kristalle in der Regel individuelle Variationen desselben Systems sind. Die physiologische Typologie erstrebt in erster Linie die Feststellung äußerer physischer Merkmale, dank denen Individuen klassifiziert und in ihren übrigen Eigenschaften untersucht werden können. KRETSCHMERS Forschungen haben gezeigt, daß die physiologische Eigenart sich bis in psychische Bedingtheiten erstreckt.

222   Die psychologische Typologie verfährt im Prinzip genau gleich, jedoch liegt ihr Ausgangspunkt sozusagen nicht außen, sondern innen. Sie erstrebt nicht die Aufstellung äußerer Merkmale, sondern sie versucht die inneren Prinzipien der durchschnittlichen psychologischen Einstellungen aufzufinden. Während eine physiologische Typologie im wesentlichen naturwissenschaftliche Methodik anwenden muß, um zu ihren Resultaten zu gelangen, zwingt die Unsichtbarkeit und Unmeßbarkeit der psychischen Vorgänge zu einer geisteswissenschaftlichen Methodik, nämlich zu analysierender Kritik. Es handelt sich hierbei, wie schon betont, keineswegs um einen prinzipiellen Unterschied, sondern bloß um eine Nuance, bedingt durch die Verschiedenheit des Ausgangspunktes. Der derzeitige Stand der Forschung berechtigt wohl zu der Hoffnung, daß die Resultate, die auf der einen und der anderen Seite bereits gewonnen sind, in gewissen wesentlichen Grundtatsachen übereinstimmen werden. Ich persönlich habe den Eindruck, daß gewisse Haupttypen KRETSCHMERS in nicht allzu großer Ferne von gewissen psychologischen Haupttypen, die ich aufgestellt habe, stehen. Es ist nicht undenkbar, daß an diesen Stellen eine Brücke zwischen der physiologischen Konstitution und der psychologischen Einstellung geschlagen werden könnte. Daß dies nicht schon geschehen ist, dürfte auf der Tatsache beruhen, daß einerseits die Forschungsresultate noch sehr jung sind, und daß anderseits die Untersuchung von der psychischen Seite her wohl sehr viel schwieriger und darum unverständlicher ist.

223   Über physiologische Merkmale als sicht-, tast- und meßbare Größen kann man sich leicht einigen. Aber in der Psychologie stehen noch nicht einmal die Wortbedeutungen fest. Es gibt kaum zwei Psychologen, die sich zum Beispiel über den Begriff des «Gefühls» einigen können, und doch bezieht sich das Verbum «fühlen» und das Substantivum «Gefühl» auf psychische Tatsachen, sonst wäre ja überhaupt nie ein Wort dafür zustande gekommen. Wir haben es in der Psychologie mit an und für sich bestimmten, aber wissenschaftlich unumschriebenen Tatsachen zu tun, mit einem Zustand von Erkenntnis, der etwa dem der mittelalterlichen Naturwissenschaft entspricht; darum weiß es in der Psychologie jeder besser als der andere. Es bestehen eben nur Meinungen über unbekannte Tatsachen. Und darum verrät der Psychologe stets eine fast unüberwindliche Neigung, sich an physiologische Tatsachen anzuklammern, weil er sich dort in der Sicherheit des anscheinend Bekannten und Bestimmten weiß. Die Wissenschaft ist auf die Bestimmtheit der Wortbegriffe angewiesen, weshalb es dem Psychologen in erster Linie obliegt, Begriffsgren-

zen aufzustellen und gewisse psychische Tatsachengebiete mit bestimmten Namen zu belegen, unbekümmert darum, ob jemand eine andere Auffassung von der Bedeutung dieses Namens hatte oder nicht. Das einzige, worauf zu achten ist, ist die Frage, ob der verwendete Name in seinem allgemeinen Wortgebrauch sich mit dem von ihm bezeichneten psychischen Tatsachengebiet in der Hauptsache deckt oder nicht. Dabei muß sich der Forscher von der so gewöhnlichen Einbildung befreien, daß der Name die von ihm gedeckte psychische Tatsache zugleich erkläre. Der Name muß ihm soviel bedeuten wie eine bloße Nummer, und sein Begriffssystem darf ihm nicht mehr sein als ein über ein gewisses geographisches Gebiet ausgebreitetes trigonometrisches Netz, dessen Fixpunkte zwar praktisch unerläßlich, theoretisch aber irrelevant sind.

Die Psychologie muß erst noch ihre bestimmte Sprache erfinden. Als ich 224 daran ging, meine empirisch gewonnenen Typen der Einstellungen zu bezeichnen, empfand ich diesen Umstand der Sprache als das größte Hemmnis, und ich war nolens volens in die Zwangslage versetzt, bestimmte Begriffsgrenzen aufzustellen und für diese Gebiete Namen einzusetzen, welche womöglich dem allgemeinen Sprachgebrauch entstammen. Damit aber setzte ich mich unvermeidlich der vorhin erwähnten Gefahr aus, nämlich dem allgemeinen Vorurteil, daß der Name das Wesen präjudiziere. Obschon dies ein unzweifelhafter Rest alter Wortmagie ist, so hindert dies doch niemand am Mißverstehen, und es ist mir darum schon oft eingewendet worden: «Aber Fühlen ist doch etwas ganz anderes.»

Ich erwähne diesen anscheinend trivialen Umstand nur deshalb, weil er, 225 eben wegen seiner Trivialität, eines der größten Hindernisse der psychologischen Forschungsarbeit ist. Die Psychologie als die jüngste aller Wissenschaften leidet noch an einem mittelalterlichen Geisteszustand, in welchem zwischen Worten und Tatsachen keine Unterschiede gemacht werden. Ich glaube diese Schwierigkeiten hervorheben zu müssen, um einem weiteren wissenschaftlichen Publikum die Unbekanntheit und scheinbare Unzugänglichkeit sowie die besondere Eigenart psychologischer Forschung zu erklären.

Die typologische Methode schafft sogenannte «natürliche» Klassen (keine 226 Klasse ist natürlich!), welche insofern von größtem heuristischem Werte sind, als sie diejenigen Individuen, die gemeinsame äußere Merkmale oder gemeinsame psychische Einstellungen haben, sammeln und damit genauerer Beobachtung und Untersuchung zuführen. Die Konstitutionsforschung gibt dem Psychologen ein äußerst wertvolles Kriterium in die Hände, womit er den organischen Faktor bei der Untersuchung psychischer Zusammenhänge eliminieren oder in Rechnung setzen kann.

227   Dies ist eine der wichtigsten Stellen, wo die reine Psychologie an das X der organischen Disposition stößt. Es ist aber nicht die einzige Stelle. Es gibt noch einen anderen Faktor, der für die Konstitutionsforschung zunächst nicht in Betracht kommt. Das ist die Tatsache, daß der psychische Prozeß nicht mit dem individuellen Bewußtsein als ein absolut Neues anhebt, sondern vielmehr eine Wiederholung seit uralters angebahnter und in der Hirnstruktur vererbter Funktionen ist. Psychische Vorgänge sind vorhanden vor, neben und nach dem Bewußtsein. Das Bewußtsein ist ein Intervall in einem kontinuierlichen psychischen Vorgang, wahrscheinlich ein Höhepunkt, der eine besondere physiologische Inanspruchnahme erfordert und deshalb in Tagesperioden wieder verschwindet. Der dem Bewußtsein als Basis zugrunde liegende psychische Prozeß ist für uns automatischer Natur, und sein Woher und Wohin sind uns unbekannt. Wir wissen nur, daß das Nervensystem, besonders die Zentren, Bedingung und Ausdruck der psychischen Funktion sind und daß diese vererbten Strukturen unfehlbar in jedem neuen Individuum wieder so zu funktionieren anfangen, wie sie es von jeher taten. Die Spitzen dieser Tätigkeit nur erscheinen im periodisch auslöschenden Bewußtsein. So unendlich die Variationen individueller Bewußtseine sind, so gleichförmig ist der Grundstock der unbewußten Psyche. Soweit es gelingt, die Natur der unbewußten Vorgänge zu erfassen, erscheinen sie überall in erstaunlich identischen Formen, obschon ihre Ausdrücke, soweit sie durch das individuelle Bewußtsein vermittelt werden, von ebenso großer Mannigfaltigkeit sein können. Auf dieser fundamentalen Gleichartigkeit der unbewußten Psyche beruht die allgemeine menschliche Verständnismöglichkeit, welche jenseits aller Bewußtseinsverschiedenheit besteht.

228   Diese Feststellungen haben an sich nichts Befremdliches; verblüffend wird die Sache erst, wenn man entdeckt, wie weit auch das individuelle Bewußtsein von dieser Gleichartigkeit angesteckt ist. Man findet zwar häufig Fälle von erstaunlicher Gleichartigkeit in Familien. FÜRST publizierte einen Fall von Mutter und Tochter mit einer Assoziationskonkordanz von 30 Prozent (abgedruckt in meinen «*Diagnostischen Assoziationsstudien*»), aber man ist geneigt, die Möglichkeit weitgehender psychischer Übereinstimmung zwischen entfernten Völkern und Rassen für unglaubhaft zu halten. Aber in Tat und Wahrheit finden sich im Gebiete der sogenannten phantastischen Vorstellun-

gen geradezu erstaunliche Übereinstimmungen. Man hat sich zwar alle Mühe gegeben, in der Art GOBLET D'ALVIELLAS «*Migration des symboles*», diese Übereinstimmung der Mythenmotive und Symbole durch Wanderungen und Übermittlungen zu erklären. Dieser Erklärung, die natürlich einen gewissen Wert besitzt, steht aber die Tatsache entgegen, daß jederzeit irgendwo ein Mythologem entstehen kann, ohne daß auch nur die geringste Möglichkeit einer Überlieferung vorhanden wäre. So habe ich einen Geisteskranken beobachtet, der sozusagen wortgetreu einen längeren symbolischen Zusammenhang, der in einem von DIETERICH einige Jahre später publizierten Papyrus zu lesen ist, produzierte (der Fall ist publiziert in meinem «*Wandlungen und Symbole der Libido*» [1]). Nachdem ich eine genügende Anzahl solcher Fälle gesehen hatte, war meine ursprüngliche Idee, daß solches nur innerhalb der gleichen Rasse möglich wäre, erschüttert, und ich habe infolgedessen reinrassige Neger aus den Südstaaten in Nordamerika auf ihre Traummotive untersucht. Ich fand in diesen Träumen Motive aus der griechischen Mythologie, die mir jeden Zweifel nahmen, daß es sich um Rasseerbgut handeln könnte.

Man hat mich vielfach des Aberglaubens an vererbte Vorstellungen bezichtigt; zu Unrecht, denn ich habe ausdrücklich hervorgehoben, daß diese Übereinstimmungen eben gerade nicht aus «Vorstellungen» hervorgehen, sondern vielmehr aus vererbter Disposition, wieder so zu reagieren, wie immer reagiert wurde. Oder man hat die Übereinstimmung geleugnet, weil die «Erlöser»-Figur zum Beispiel in diesem Fall ein Hase, im anderen ein Vogel, im dritten ein Mensch sei, wobei man aber vergaß, was einem naiven Inder in den englischen Kirchen so sehr aufgefallen ist, daß er zu Hause erzählte, die Christen hätten einen Tierkult, weil er so viele Lämmer gesehen hatte. Es kommt wenig auf die Namen, sondern vielmehr auf die Zusammenhänge an. So will es nichts bedeuten, daß das «Kleinod» im einen Fall ein goldener Ring, im anderen eine Krone, im dritten eine Perle, im vierten ein ganzer Schatz ist. Das Wesentliche ist die Idee einer überaus kostbaren und schwer zu erlangenden Sache, gleichgültig, wie sie lokal bezeichnet wird. Und das psychologisch Wesentliche ist, daß in Träumen, Phantasien und geistigen Ausnahmezuständen auch die entferntesten mythologischen Motive und Symbole jederzeit autochthon wieder entstehen können, oft scheinbar als Resultat individueller Beeinflussungen, Überlieferungen und Anregungen, aber öfters auch ohne

---

[1] [*Symbole der Wandlung*, Paragr. 151 ff. und 223 f.; auch 317 ff. dieses Bandes sowie *Der Begriff des kollektiven Unbewußten*, Paragr. 105 ff.]

solche. Diese «urtümlichen Bilder», oder «Archetypen», wie ich sie nannte, gehören zum Grundstock der unbewußten Psyche und sind nicht aus persönlicher Erwerbung zu erklären. Ihre Gesamtheit macht jenes psychische Stratum aus, das ich als das *kollektive Unbewußte* bezeichnet habe.

230   Die Existenz des kollektiven Unbewußten bedeutet, daß das individuelle Bewußtsein nichts weniger als voraussetzungslos ist. Es ist im Gegenteil in höchstem Grade beeinflußbar durch vererbte Voraussetzung, ganz abgesehen von den unvermeidlichen Milieueinflüssen. Das kollektive Unbewußte ist das psychische Ahnenleben bis zurück in erste Anfänge. Es ist die Voraussetzung und der Mutterboden alles bewußten seelischen Geschehens und daher auch ein Einfluß, der die Freiheit des Bewußtseins in hohem Maße kompromittiert, indem es beständig bestrebt ist, alle Bewußtseinsvorgänge wieder in die alten Bahnen zu leiten. Aus dieser positiven Gefahr erklärt sich der außerordentliche Widerstand des Bewußtseins gegen das Unbewußte. Es handelt sich hier aber nicht etwa um den FREUDschen Sexualwiderstand, sondern um etwas weit Allgemeineres, nämlich um die instinktive Furcht, die Freiheit des Bewußtseins zu verlieren und dem Automatismus der unbewußten Psyche zu verfallen. Für gewisse Arten von Menschen liegt die Gefahr anscheinend in der Sexualität, indem sie dort ihre Freiheit zu verlieren fürchten, für andere liegt sie aber auf ganz anderen Gebieten, und zwar immer dort, wo eine gewisse Schwäche gefühlt wird, wo also dem Unbewußten keine hohe Schwelle entgegengesetzt werden kann.

231   Das kollektive Unbewußte bezeichnet eine andere Stelle, wo die reine Psychologie an organische Gegebenheit anstößt, wo sie mit aller Wahrscheinlichkeit einen nicht zu psychologisierenden Tatbestand, der auf physiologischer Grundlage ruht, anzuerkennen hat. Wie es auch dem eingefleischtesten Psychologen nicht gelingen wird, die physiologische Konstitution auf den Nenner der individuellen psychischen Ätiologie zu bringen, so wird es auch unmöglich sein, die physiologisch bedingte Voraussetzung des kollektiven Unbewußten als individuelle Erwerbung abzutun. Der konstitutionelle Typus sowohl wie das kollektive Unbewußte sind Faktoren, die der Willkür des Bewußtseins entzogen sind. So sind die konstitutionellen Bedingungen und die inhaltlosen Formen des kollektiven Unbewußten Realitäten, was im Falle des Unbewußten nichts weniger bedeutet, als daß seine Symbole oder Motive ebensolche realen Faktoren sind wie die Konstitution, die man weder ablegen noch leugnen kann. Nichtbeachtung der Konstitution führt zu krankhafter Störung, und Vernachlässigung des kollektiven Unbewußten tut dasselbe.

Ich richte deshalb in meiner therapeutischen Methode ein Hauptaugenmerk auf die Beziehung des Patienten zu den Gegebenheiten des kollektiven Unbewußten, denn reichliche Erfahrung hat mir gezeigt, daß es ebenso wichtig ist, mit dem Unbewußten auszukommen wie mit der individuellen Disposition.

V

PSYCHOLOGISCHE DETERMINANTEN
DES MENSCHLICHEN VERHALTENS

[Vorlesung, auf englisch gehalten an der Harvard (University) Tercentenary Conference of Arts and Sciences, 1936. Erschienen als «Psychological Factors Determining Human Behavior» in dem Symposium *Factors Determining Human Behavior* (Harvard Tercentenary Publications) Harvard University Press, Cambridge, Massachusetts, 1937. Die vorliegende Fassung entspricht dem deutschen Manuskript.]

PSYCHOLOGISCHE DETERMINANTEN
DES MENSCHLICHEN VERHALTENS

Da die menschliche Seele in untrennbarer Einheit mit dem Körper lebt, so 232
kann sich die Psychologie nur künstlich von biologischen Voraussetzungen
trennen, und da letztere durch die ganze belebte Welt und nicht nur für den
Menschen gültig sind, so gewähren sie der wissenschaftlichen Grundlage eine
Sicherheit, welche diejenige des psychologischen Urteils, das nur im Bereich
des Bewußtseins gilt, übertrifft. Es ist daher kein Wunder, wenn der Psychologe gerne und oft auf die Sicherheit der biologischen Betrachtungsweise zu-
rückgreift und Anleihen aufnimmt bei der Instinktlehre und der Physiologie.
Es ist auch nicht erstaunlich, daß es eine weitverbreitete Ansicht gibt, welche
die Psychologie als ein blosses Kapitel der Physiologie betrachtet. Die Psychologie muß eine weitgehende Koinzidenz ihrer Tatsachen mit biologischen
Gegebenheiten anerkennen, auch wenn sie Anspruch auf die *Autonomie* ihres
Forschungsgebietes erhebt.

Psychische Faktoren, welche menschliches Verhalten determinieren, sind 233
in erster Linie *Instinkte* als *motivierende Kräfte* des psychischen Geschehens.
Angesichts der widersprechenden Meinungen in bezug auf die Natur der Instinkte, möchte ich klar hervorheben, was ich unter der Beziehung zwischen
den Instinkten und der Seele verstehe, und warum ich die Instinkte psychische
Faktoren nenne. Wenn wir Psyche als schlechthin identisch mit Belebtsein
setzen, so müßten wir auch bei unizellulären Gebilden die Existenz psychischer Funktion annehmen. In diesem Fall wären dann Instinkte eine Art von
psychischen Organen, und die hormonproduzierende Drüsentätigkeit hätte
eine psychische Kausalität.

Nehmen wir dagegen an, daß die psychische Funktion eine Begleiterschei- 234
nung eines irgendwie zentralisierten Nervensystems sei, so wird die ursprünglich psychische Natur der Instinke zweifelhaft. Da nun der Zusammenhang
mit einem Gehirn wahrscheinlicher ist als die psychische Natur des Lebens
überhaupt, so betrachte ich die charakteristische *Zwangsläufigkeit* des Instinktes als einen außerpsychischen Faktor, der aber insofern psychologisch bedeutsam ist, als er Gebilde erzeugt, welche als Determinanten menschlichen Ver-

haltens angesehen werden dürfen. Genaugenommen ist unter diesen Umständen nicht der außerpsychische Instinkt der unmittelbar determinierende Faktor, sondern jenes Gebilde, das aus der Zusammenwirkung von Instinkt und der jeweiligen Lage entsteht. Der determinierende Faktor wäre demnach ein *modifizierter* Instinkt, was vielleicht ebensoviel bedeutet wie der Unterschied zwischen der Farbe, die wir sehen, und der objektiven Wellenlänge. Der außerpsychischen Tatsache des Instinktes käme die Rolle eines bloßen Reizes zu; das *psychische* Instinktphänomen dagegen wäre eine Assimilation des Reizes an eine *schon vorhandene psychische Komplexität,* was ich als *Psychifikation* bezeichne. Was wir also kurzerhand Instinkt nennen, wäre demnach eine bereits psychifizierte Gegebenheit außerpsychischen Ursprungs.

A. ALLGEMEINE PHÄNOMENOLOGIE

235   Die oben skizzierte Auffassung ermöglicht ein Verständnis der Variabilität des instinktiven Faktors innerhalb der *allgemeinen Phänomenologie.* Der psychifizierte Instinkt büßt seine Eindeutigkeit in gewissem Maße ein, ja er verliert sogar gelegentlich sein wesentlichstes Charakteristikum, die Zwangsläufigkeit, eben weil er nicht mehr die außerpsychische, eindeutige Tatsache, sondern eine durch den Zusammenstoß mit der psychischen Gegebenheit bedingte Modifikation ist. Als determinierender Faktor ist der Instinkt variabel und darum verschiedener Anwendung fähig. Was immer die Psyche ist, auf alle Fälle kommt ihrem Wesen eine außerordentliche Fähigkeit der *Variation* und *Transmutation* zu.

236   So eindeutig zum Beispiel der körperliche Reizzustand, den man als *Hunger* bezeichnet, auch sein mag, so vielfältig können die sich daraus ergebenden *psychischen* Konsequenzen sein. Nicht nur kann in der verschiedensten Weise auf die Tatsache des ordinären Hungers reagiert werden, sondern der Hunger selber kann als «denaturiert», ja sogar als metaphorisch erscheinen. Wir können das Wort Hunger nicht nur in den verschiedensten Anwendungen gebrauchen, sondern auch der Hunger selber kann die verschiedensten Gestalten annehmen, indem er sich mit anderen Gegebenheiten kombiniert. Die ursprünglich einfache und eindeutige Determinante kann als Gier überhaupt, als hemmungslose Begehrlichkeit und Unersättlichkeit

in verschiedenster Hinsicht, zum Beispiel als Erwerbsgier oder Ruhmsucht erscheinen.

Hunger, als der eigentliche Ausdruck des *Selbsterhaltungstriebes,* ist sicher- 237 lich einer der ursprünglichsten und mächtigsten Faktoren, welche menschliches Verhalten beeinflussen. Das Leben des Primitiven zum Beispiel ist davon sozusagen mehr und stärker beeinflußt als durch die Sexualität. Hunger auf dieser Stufe bedeutet das A und O und die Existenz überhaupt.

Die Bedeutung des Arterhaltungsinstinktes, der *Sexualität,* braucht nicht 238 hervorgehoben zu werden. Die mit zunehmender Kultur sich mehrenden Beschränkungen sittlicher und sozialer Natur haben aber der Sexualität, temporär wenigstens, zu einer Überwertigkeit verholfen, die man der Bedeutung des Wassers in wasserarmen Wüsten vergleichen kann. Die Prämie der *Wollust,* welche die Natur auf das Geschäft der Fortpflanzung gesetzt hat, macht sich beim Menschen, der keine Brunstzeiten mehr hat, fast als ein *gesonderter Trieb* bemerkbar. Dieser Trieb gesellt sich zu vielen Gefühlen und Affekten, zu geistigen und materiellen Interessen, und zwar in einem solchen Maße, daß, wie bekannt, schon Versuche gemacht worden sind, die ganze Kultur aus dessen Komplikationen abzuleiten.

Wie der Hunger so unterliegt auch die Sexualität weitgehend der Psychifi- 239 kation, welche ursprünglich rein triebhafte Energie der biologischen Verwendung entfremdet und anderen Zwecken dienstbar macht. Daß solche Abspaltungen überhaupt möglich sind, weist darauf hin, daß noch andere Triebkräfte vorhanden sein müssen, welche genügende Stärke besitzen, um den Sexualtrieb zu verändern und, zum Teil wenigstens, von seinem eindeutigen Ziel abzulenken. Äußere Ursachen hiefür ausschließlich verantwortlich zu machen, ist nicht angängig, da ohne innere Bereitschaft äußere Bedingungen nur als Schädigungen wirken. Nur andere instinktive Gegebenheiten können den Trieben wirksam entgegentreten.

Als eine dritte Triebgruppe möchte ich daher den *Aktivitätstrieb* unter- 240 scheiden: ein Trieb, der funktioniert, ja vielleicht gerade dann zum Leben erwacht, wenn die anderen Triebe befriedigt sind. Unter dem Begriff der Aktivität würden der *Wandertrieb,* die *Lust am Wechsel,* die *Unrast* und der *Spieltrieb* fallen.

Ein weiterer, von der Aktivität unterschiedener Trieb, der, soweit wir wis- 241 sen, spezifisch menschlicher Natur ist, könnte als *Reflexionstrieb* bezeichnet werden. Gewöhnlich denken wir nicht, Reflexion sei je instinktiv gewesen, sondern wir assoziieren dazu einen bewußten Geisteszustand. «Reflexio» heißt Zurückbeugung, und in psychologischer Verwendung würde damit die Tatsache bezeichnet, daß der Reflexvorgang, der den Reiz in den Instinktablauf überführt, durch die Psychifikation *unterbrochen* ist. Die psychischen Vorgänge üben auf den vom Reiz ausgehenden Tätigkeitsimpuls infolge des Dazwischentretens der Reflexion eine attrahierende Wirkung aus, so daß letzterer vor seiner Entladung nach außen in eine *endopsychische Tätigkeit* abgebogen wird. Die «reflexio» ist ein Umwenden nach innen mit dem Erfolg, daß anstatt einer instinktiven Reaktion eine *Abfolge von Inhalten oder Zuständen* entsteht, die man etwa als Nachdenken oder Überlegen bezeichnen könnte. Damit tritt an Stelle der Zwangsläufigkeit eine gewisse Freiheit und an Stelle der Voraussagbarkeit relative Unabsehbarkeit der Folgen.

242   Der Instinkt der Reflexion macht wohl das Wesen und den Reichtum der menschlichen Psyche aus. Die Reflexion bildet den Reizvorgang ab und führt dessen Impuls in eine *Bilderfolge* über, welche schließlich, wenn der Antrieb stark genug ist, reproduziert wird. Die Reproduktion betrifft teils den ganzen Vorgang, teils das sogenannte Resultat des inneren Ablaufes. Sie erfolgt in verschiedenen Formen: entweder als unmittelbarer sprachlicher Ausdruck oder als Ausdruck des abstrakten Gedankens, als darstellende Handlung oder als ethisches Verhalten, als wissenschaftliche Leistung oder als künstlerische Darstellung.

243   Durch den Reflexionstrieb wird der Reizvorgang mehr oder weniger vollständig in psychische Inhalte verwandelt, das heißt, er wird zum *Erlebnis: ein Naturvorgang, verwandelt in einen Bewußtseinsinhalt.* Die Reflexion ist der *Kulturtrieb par excellence,* und seine Stärke erweist sich in der Selbstbehauptung der Kultur gegenüber bloßer Natur.

244   Triebe sind an sich nicht schöpferisch, denn als stabile Organisation sind sie automatisiert. Davon macht auch der Reflexionsinstinkt keine Ausnahme, denn die Erzeugung von Bewußtsein ist an sich noch kein schöpferischer Akt, sondern unter Umständen ein automatischer Prozeß. Die für den zivilisierten Menschen furchterregende Zwangsläufigkeit erzeugt auch jene charakteristische *Angst* vor der Bewußtwerdung, die man am besten, aber nicht ausschließlich, beim neurotischen Menschen beobachten kann.

245   Obschon der Trieb im allgemeinen ein fest organisierter Ablauf ist und deshalb zu unbeschränkter Wiederholung neigt, so ist doch dem Menschen eine Kraft eigentümlich, Neues, im eigentlichen Sinne des Wortes, zu schaffen, wie es auch der Natur in langen Zeiträumen gelingt, neue Gestalten zu erzeugen. Ich weiß nicht, ob «Instinkt» hiefür das richtige Wort ist. Man spricht

zwar von «schöpferischem Trieb», weil sich dieser Faktor dynamisch wenigstens ähnlich verhält wie ein Trieb. Er ist zwangsläufig wie dieser, aber nicht allgemein verbreitet und keine feste und stets vererbte Organisation. Ich ziehe es daher vor, das Schöpferische als einen psychischen Faktor *triebähnlicher* Natur zu bezeichnen. Er hat zwar zu den anderen Trieben intensivste Beziehung, ohne aber mit einem derselben identisch zu sein. Seine Beziehungen zur Sexualität sind ein vieldiskutiertes Problem, und mit dem Aktivitätstrieb hat er vieles gemeinsam, ebenso mit dem Reflexionstrieb. Aber alle diese Triebe kann er auch unterdrücken oder in seinen Dienst nehmen, bis zur Selbstzerstörung des Individuums. Schöpfung ist ebensosehr Destruktion wie Konstruktion.

Rekapitulierend hebe ich hervor, daß vom psychologischen Standpunkt 246 fünf Hauptgruppen instinktiver Faktoren unterschieden werden können: der Hunger, die Sexualität, die Aktivität, die Reflexion und der schöpferische Faktor. Triebe sind im letzten Grunde wohl außerpsychische Determinanten.

Eine strittige Stellung nimmt der *Wille* ein. Zweifellos ist er, wie die Trie- 247 be, ein dynamischer Faktor. Das Problem des Willens ist mit philosophischen Bedenken verknüpft, die ihrerseits wieder mit weltanschaulichen Prämissen belastet sind. Wird der Wille als *frei* gesetzt, so ist er ursachelos, und dann ist weiter nichts darüber auszusagen. Wird er für determiniert gehalten und in kausale Beziehung zu den Instinkten gesetzt, so ist er ein epiphänomenaler Faktor von sekundärer Bedeutung. Aus eben diesem Grunde kann ich auch die *Affekte* bloß erwähnen.

Von den dynamischen Faktoren sind zu unterscheiden die *Modalitäten* der 248 psychischen Funktion, welche in anderer Hinsicht menschliches Verhalten beeinflussen. Vor allem erwähne ich *Geschlecht, hereditäre Disposition* und *Lebensalter.* Diese drei Faktoren werden zwar zunächst als physiologische Gegebenheiten verstanden, sind aber auch *psychologische* Faktoren, indem sie, wie die Instinkte, der Psychifizierung unterliegen. *Anatomische* Männlichkeit beweist zum Beispiel noch lange nicht *psychische* Männlichkeit des Individuums. Und so ist auch das psychologische *Alter* keineswegs immer koinzident mit dem physiologischen. Und was die hereditäre Disposition anbetrifft, so kann der determinierende Faktor der Rasse oder Familie durch eine psychologische Superstruktur verdrängt sein. Vieles, was als Heredität in engerem Sinne gedeutet wird, ist vielmehr eine Art von psychischer Kontagion, die in einer Anpassung der kindlichen Psyche an das Unbewußte der Eltern besteht.

249   Diesen drei semiphysiologischen Modi möchte ich drei psychologische folgen lassen. Als ersten Modus hebe ich hervor das *Bewußte* und das *Unbewußte*. Es macht für das Verhalten des Individuums einen großen Unterschied aus, ob seine Psyche vorwiegend bewußt oder unbewußt funktioniert. Es handelt sich natürlich nur um ein Mehr oder Weniger an Bewußtheit, denn totale Bewußtheit ist empirisch unmöglich. Eine extreme Unbewußtheitslage der Psyche ist charakterisiert durch ein Vorherrschen zwangsläufiger, instinktiver Prozesse, woraus eine unkontrollierte Hemmung oder Hemmungslosigkeit alles Geschehens resultiert. Der psychische Ablauf ist widerspruchsvoll und verläuft in alternierenden, alogischen Gegensätzen. Das Bewußtsein befindet sich dabei im wesentlichen auf der Traumstufe. Die extreme Bewußtseinslage dagegen ist charakterisiert durch ein gesteigertes Wachsein, ein Überwiegen des Willens, einen gewollten rationalen Ablauf des Geschehens und eine fast völlige Abwesenheit instinktiver Determinierungen. Das Unbewußte befindet sich dabei auf einer ausgesprochen tierischen Stufe. In ersterem Zustand fehlt die intellektuelle und ethische Leistung, in letzterem die Natürlichkeit.

250   Die zweite Modalität ist *Extraversion* und *Introversion*. Diese Modi weisen dem psychischen Geschehen die Richtung, das heißt, sie entscheiden über die Frage, ob Bewußtseinsinhalte auf äußere Objekte oder aufs Subjekt bezogen werden. Sie entscheiden also darüber, ob der Akzent auf dem Außen oder dem Innen liegt. Dieser Faktor wirkt so nachhaltig, daß daraus auch äußerlich erkennbare, habituelle *Einstellungen,* das heißt Typen entstehen.

251   Die dritte Modalität aber gibt – wenn man sich metaphorisch ausdrücken darf – Richtung nach oben und unten: es handelt sich nämlich um die Modalität des *Geistigen* und des *Materiellen.* Der Stoff ist zwar allgemein ein Gegenstand der Physik, aber er ist auch eine psychische Größe, wie die Geschichte der Religion und Philosophie deutlich zeigt. Und ebenso wie der Stoff in letzter Linie nur als eine Arbeitshypothese der Physik zu erfassen ist, so ist auch der Geist, das Objekt von Religion und Philosophie, eine jeweiliger Deutung bedürftige hypothetische Größe. Die sogenannte Realität des Stoffes ist uns in erster Linie durch unsere Sinnesperzeptionen beglaubigt, und die Existenz des Geistes stützt sich auf psychische Erfahrung. Psychologisch können wir in beiden Richtungen nichts anderes feststellen, als daß es Bewußtseinsinhalte gibt, die als materieller Herkunft, und solche, die als geistiger Herkunft etikettiert sind. Zwischen den beiden Qualitäten scheint zwar im zivilisierten Bewußtsein eine scharfe Trennung zu existieren, auf primitiver Stufe aber verwischen sich die Grenzen derart, daß der Stoff öfters als beseelt und der

Geist als stofflich erscheint. Aus der Existenz dieser Kategorien gehen aber ethische, ästhetische, intellektuelle, soziale und religiöse Wertsysteme hervor, welche über die endgültige Verwendung der dynamischen Faktoren bisweilen ausschlaggebend entscheiden.

B. SPEZIELLE PHÄNOMENOLOGIE

Wir wenden uns nun der speziellen Phänomenologie zu. Im ersten Teil haben 252 wir fünf hauptsächliche Triebgruppen und sechs Modalitäten unterschieden. Die geschilderten Begriffe haben aber nur akademischen Wert als allgemeine Ordnungskategorien. Die Psyche ist in Wirklichkeit ein kompliziertes Zusammenspiel aller dieser und noch vieler anderer Faktoren, und dabei, entsprechend ihrer eigentümlichen Struktur, einerseits von unendlicher *individueller Variation,* andererseits von ebenso großer *Wandelbarkeit.* Erstere ist bedingt durch den Umstand, daß die Psyche kein homogenes Gebilde ist, sondern wahrscheinlich aus nur locker gebundenen Erbeinheiten besteht und sich deshalb als weitgehend *spaltbar* erweist. Letztere ist bedingt durch eingreifende Einflüsse von außen und innen. Spaltbarkeit und Wandelbarkeit stehen funktionell in nächster Beziehung zueinander.

1. Wir wenden uns zunächst der *Spaltbarkeit* zu. Obschon diese Eigentüm- 253 lichkeit in der Psychopathologie am allerdeutlichsten in Erscheinung tritt, so ist sie doch ein im Grunde genommen normales Phänomen, was man am leichtesten an den *Projektionen* der primitiven Psyche erkennen kann. Spaltbarkeit heißt, daß Teile der Psyche sich vom Bewußtsein dermaßen ablösen, daß sie nicht nur als fremd erscheinen, sondern zugleich auch ein autonomes Eigenleben führen. Es braucht sich nicht um hysterische Doppelpersönlichkeiten zu handeln oder um schizophrene Persönlichkeitsalterationen, sondern um bloße sogenannte *Komplexe* in der Breite des Normalen. Komplexe sind psychische Fragmente, die ihre Abspaltung traumatischen Einflüssen oder gewissen inkompatibeln Tendenzen verdanken. Wie das Assoziationsexperiment beweist, interferieren die Komplexe mit der Willensintention und stören die Leistung des Bewußtseins; sie erzeugen Gedächtnisstörungen und Stockungen im Assoziationsablauf; sie treten auf und verschwinden, ihren eigenen Gesetzen folgend; sie obsedieren das Bewußtsein temporär oder be-

einflussen Rede und Handlung in unbewußter Weise. Sie verhalten sich also wie selbständige Lebewesen, was in abnormen Zuständen besonders deutlich wird. In den Stimmen der Geisteskranken nehmen sie sogar persönlichen Ich-Charakter an, ähnlich wie die Geister, die sich durch automatisches Schreiben und ähnliche Techniken kundgeben. Eine Verstärkung des Komplexphänomens führt zu krankhaften Zuständen, welche nichts anderes sind als mehr oder weniger ausgedehnte oder vielfache Spaltungen mit unüberwindlichem Eigenleben der einzelnen Bruchstücke.

254   Ähnlich wie Komplexe verhalten sich auch *neue,* noch nicht ans Bewußtsein assimilierte Inhalte, welche sich im Unbewußten konstelliert haben. Es können dies auf subliminalen Wahrnehmungen basierte oder schöpferische Inhalte sein. Wie die Komplexe, so führen auch diese ein Eigenleben, solange sie nicht bewußtgemacht und in das Leben der Persönlichkeit eingegliedert sind. Im Bereiche künstlerischer und religiöser Phänomene erscheinen solche Inhalte gelegentlich ebenfalls in personifizierter Gestalt, namentlich als sogenannte *archetypische* Figuren. Die Mythenforschung bezeichnet sie als «Motive», LÉVY-BRUHL als «représentations collectives» und HUBERT ET MAUSS als «catégories de la phantaisie». Ich habe die Archetypen zusammengefaßt unter dem Begriff des *kollektiven Unbewußten.* Sie sind a priori vorhandene, das heißt vererbte und universal verbreitete Gegebenheiten und lassen sich deshalb ungefähr überall, wo entsprechende literarische Denkmäler bestehen, nachweisen. Als Faktoren, die menschliches Verhalten beeinflußen, spielen die Archetypen keine unerhebliche Rolle. Namentlich wirken sie durch Identifikation alternierend auf die Gesamtpersönlichkeit ein. Diese Wirkung erklärt sich aus der Tatsache, daß die Archetypen wahrscheinlich typisierte Lebenssituationen darstellen. Die Belege hiefür entstammen der psychologischen und psychopathologischen Kasuistik. Ein gutes Beispiel ist die Psychologie Zarathustras bei NIETZSCHE. Der Unterschied dieser Gebilde von den Spaltungsprodukten der Schizophrenie besteht darin, daß erstere sinnvolle Persönlichkeitsgestaltungen sind, letztere dagegen Bruchstücke, denen nur *Sinnreste* zukommen. Letztere sind eigentliche Zerstörungsprodukte. Beide aber besitzen in hohem Maße die Fähigkeit, die Ichpersönlichkeit zu beeinflußen und zu beherrschen oder sogar zu verdrängen, so daß eine temporäre oder dauernde Persönlichkeitsverwandlung eintritt.

255   2. Spaltbarkeit bedeutet einerseits Auflösung in die Vielheit der strukturellen Einheiten, andererseits die der *Differenzierung* willkommene Möglichkeit, gewisse Strukturteile auszusondern, um sie durch Willenskonzentration zu

üben und dadurch zu größtmöglicher Entfaltung zu bringen. Auf diese Weise werden gewisse Fähigkeiten, namentlich solche, von denen man sich soziale Nützlichkeit verspricht, mit bewußter Einseitigkeit gezüchtet unter Vernachlässigung anderer. Damit wird ein ähnlicher, unbalancierter Zustand erzeugt wie jener, der durch einen vorherrschenden Komplex verursacht wird. Man spricht in *diesem* Zusammenhang dann allerdings nicht von Komplexbesessenheit, sondern von *Einseitigkeit*. Der faktische Zustand ist aber so ziemlich der gleiche, nur mit dem einen Unterschied, daß die Einseitigkeit der Absicht des Individuums entspricht und darum mit allen Mitteln gefördert, während der Komplex als Schädling und Störenfried empfunden wird. Man sieht häufig nicht, daß die bewußt gewollte Einseitigkeit eine der wichtigsten Ursachen für die so unerwünschten Komplexe ist, oder daß umgekehrt gewisse Komplexe einseitige Differenzierungen von zweifelhafter Nützlichkeit verursachen. Eine gewisse Einseitigkeit der Entwicklung ist unvermeidlich, und in demselben Maße sind auch Komplexe unvermeidlich. In diesem Lichte betrachtet, entsprechen Komplexe gewissen modifizierten Instinkten, welche durch Einseitigkeit der Entwicklung am meisten gekränkt sind. Das ist eine Hauptursache von Neurosen.

Der differenzierbaren Fähigkeiten des Menschen sind bekanntlich viele. 256 Ich möchte mich nicht in kasuistisches Detail verlieren und beschränke mich deshalb auf die normalen und stets vorhandenen Fähigkeiten des Bewußtseins. Das Bewußtsein ist in erster Linie ein Orientierungsorgan in einer Welt äußerer und innerer Gegebenheiten. Zuerst und vor allem stellt das Bewußtsein fest, daß *etwas vorhanden ist*. Ich bezeichne diese Fähigkeit als *Empfindung*. Damit ist nicht irgendeine spezifische Sinnestätigkeit gemeint, sondern die Wahrnehmung überhaupt. Eine weitere Fähigkeit gibt die *Deutung* des Wahrgenommenen. Ich nenne sie das *Denken*. Durch diese Funktion wird das Wahrgenommene assimiliert und damit das Objekt der Wahrnehmung in höherem Maße in Psychisches verwandelt als durch bloße Empfindung. Eine dritte Fähigkeit stellt den *Wert* des Objektes fest. Ich nenne die Wertfunktion das *Fühlen*. Die Lust- und Unlustreaktion des Gefühls entspricht dem höchsten Grade der Subjektivierung des Objektes. Es wird durch das Gefühl in so nahe Beziehung zum Subjekt gebracht, daß letzteres über Annehmen oder Verwerfen entscheiden muß.

Diese drei Funktionen wären zur Orientierung in irgendeiner Gegebenheit 257 völlig genügend, wenn es sich um ein gegen Raum und Zeit isoliertes Objekt handelte. Im Raum aber ist das Objekt in unendlichem Zusammenhang mit der Vielheit der Objekte, und in der Zeit stellt es immer nur einen Übergang dar aus dem, was es war, zu dem, was es sein wird. Der größte Teil der räumlichen Zusammenhänge und ebenso der zeitlichen Wandlung ist unvermeidlicherweise im Moment der Orientierung unbewußt, und doch gehören raumzeitliche Zusammenhänge unbedingt zur Feststellung einer Objektbedeutung. Die vierte Fähigkeit des Bewußtseins, nämlich diejenige, welche die Feststellung der raumzeitlichen Zusammenhänge wenigstens annähernd ermöglicht, ist die *Intuition*. Diese ist eine Wahrnehmungsfunktion, welche *das Subliminale erfaßt,* nämlich die mögliche Beziehung zu Objekten, die nicht im Blickfeld erscheinen, und die möglichen Wandlungen in Vergangenheit und Zukunft, über welche das Objekt keine Aussage macht. Intuition ist ein unmittelbares Innewerden von Zusammenhängen, welche von den drei anderen Funktionen im Moment der Orientierung nicht festgestellt werden können.

258   Ich erwähne die Orientierungsfunktionen des Bewußtseins deshalb, weil sie sich praktisch aussondern und einzeln differenzieren lassen. Schon von Natur aus bestehen erhebliche Verschiedenheiten in ihrer Wichtigkeit bei den einzelnen Individuen. In der Regel ist eine der vier Funktionen besonders entwickelt, wodurch die Gesamtmentalität ein eigentümliches Gepräge erhält. Aus dem Vorherrschen einer Funktion entstehen *typische Dispositionen,* die man als Denk-, Gefühls- usw. -Typen bezeichnen kann. Ein solcher Typus ist ein ähnliches Präjudiz wie ein *Beruf,* mit welchem sich der, welcher ihn ausübt, identifiziert. Ob es sich um Willens- und Tatmenschen handelt oder um solche, deren Lebenszweck in der beständigen Übung des Gedächtnisses besteht, immer entsteht aus dem, welches man aus Neigung oder aus Zweckmäßigkeit zum Prinzip oder zur Tugend gemacht hat, eine *Einseitigkeit* und ein Zwang zur Einseitigkeit, welche andere Möglichkeiten verdrängt. Was immer von der bewußten Übung und Anpassung ausgeschlossen wird, bleibt notwendigerweise in einem ungeübten, unentwickelten, infantilen respektive archaischen und minder- bis gänzlich unbewußten Zustand. Daher kommt es, daß normalerweise neben den Motiven des Bewußtseins und der Vernunft stets unbewußte Einflüsse primitiver Natur in reichlichem Maße vorhanden sind und die Intentionen des Bewußtseins stören. Denn es ist ja nicht anzunehmen, daß alle jene in der Psyche vorgebildeten Tätigkeitsformen, welche individuell verdrängt oder vernachlässigt werden, damit auch ihrer spezifischen Energie beraubt seien. Es ist vielmehr so, wie wenn sich einer ausschließlich auf die Daten des Gesichtssinnes stützte. Damit hörte er aber nicht auf, zu

hören. Und wenn man ihn in eine schall-lose Welt versetzen könnte, so würde er bald das Bedürfnis, etwas zu hören, realisieren, möglicherweise in Form von Gehörshalluzinationen.

Die eigentümlichen Gegensätze, die sich aus der Unmöglichkeit ergeben, 259 natürlichen Funktionen ihre spezifische Energie zu entreißen, lassen sich besonders gut beobachten im Gebiete der vorhin besprochenen Orientierungsfunktionen des Bewußtseins. Die beiden Hauptgegensätze sind die zwischen Denken und Fühlen einerseits und andererseits zwischen Empfinden und Intuieren. Ersterer Gegensatz ist altbekannt und bedarf keines Kommentars. Letzterer dagegen kann verdeutlicht werden, wenn er als Gegensatz zwischen objektiver Tatsache und anscheinender Möglichkeit ausgedrückt wird. Es ist evident, daß jemand, der nach Möglichkeiten ausschaut, nicht bei der momentanen Tatsächlichkeit stehenbleiben, sondern diese so rasch wie möglich hinter sich lassen wird. Diese Gegensätze haben die Eigentümlichkeit, irritierender Natur zu sein, und zwar sowohl in Gestalt ihres Konfliktes in einer individuellen Psyche wie auch als Konflikt zwischen gegensätzlich eingestellten Individuen.

Ich halte dafür, daß die hier bloß angetönte Gegensatzproblematik die 260 Grundlage einer in vielen Beziehungen nötigen, *kritischen Psychologie* seien. Eine Kritik dieser Art wäre nicht nur für das engere Gebiet der Psychologie, sondern für das weitere Gebiet der Geisteswissenschaften überhaupt von großer Wichtigkeit.

Ich habe im vorangegangenen alle jene Faktoren, welche, vom Standpunkt 261 einer rein empirischen Psychologie aus gesehen, eine hauptsächliche Rolle spielen, zusammengestellt. Die Vielfältigkeit und Verschiedenheit der Aspekte dürfte wohl einerseits dem in vielen Facetten sich spiegelnden Wesen der Psyche entsprechen, andererseits aber auch den Schwierigkeiten, die sich dem empirischen Verständnis entgegenstellen, Ausdruck verleihen. Die ungeheure Verwickeltheit der psychischen Phänomenologie fangen wir erst an zu ahnen, nachdem es uns klargeworden ist, daß alle Versuche zu einer umfassenden Theoriebildung zum Scheitern verurteilt sind, da sie von viel zu einfachen Voraussetzungen ausgingen. Von der Seele geht schlechthin alle menschliche Erfahrung aus, und zu ihr kehren in letzter Linie alle gewonnenen Erkenntnisse zurück. Die Seele ist Anfang und Ende jeglichen Erkennens. Ja, sie ist nicht nur das *Objekt* ihrer Wissenschaft, sondern auch ihr *Subjekt*. Diese Sonderstellung unter allen Wissenschaften bedeutet einerseits einen beständigen Zweifel an ihrer Möglichkeit überhaupt, andererseits sichert diese der Psychologie

ein Vorrecht und eine Problemstellung, welche zu den schwierigsten Aufgaben einer zukünftigen Philosophie gehört.

262   Ich habe in meiner vielleicht allzu gedrängten Übersicht viele illustre Namen nicht genannt, aber ich möchte *einen* verehrungswürdigen Namen nicht
unterlassen zu nennen: es ist derjenige WILLIAM JAMES', dessen psychologischer Vision und dessen pragmatischer Philosophie ich entscheidende Anregungen verdanke. Es war sein umfassender Geist, der mir die Horizonte
menschlicher Psychologie ins Ungemessene erweiterte.

VI
INSTINKT UND UNBEWUSSTES

[Beitrag zum gleichnamigen Symposium der Aristotelian Society, der Mind Association und der British Psychological Society im Bedford College, Universität London, Juli 1919. Erstmals erschienen in: *British Journal of Psychology* (General Section) X/1 (London 1919) pp. 15–26. Deutsch in: *Über die Energetik der Seele*. (Psychologische Abhandlungen II) Rascher, Zürich 1928. Bearbeitet und mit einem Nachwort versehen in: *Über psychische Energetik und das Wesen der Träume*. (Psychologische Abhandlungen II) Rascher, Zürich 1948; Paperback 1965. Studienausgabe bei Walter, Olten 1971.]

INSTINKT UND UNBEWUSSTES

Die Absicht dieses Symposiums über Instinkt und Unbewußtes betrifft eine sehr wichtige Frage, welche ebensosehr das Gebiet der Biologie wie das der Psychologie und Philosophie interessiert. Es ist, wenn man den Zusammenhang von Instinkt und Unbewußtem mit Erfolg diskutieren will, unerläßlich, daß man eine klare Definition der in Betracht kommenden Begriffe voranschickt.

Was die Definition des Instinktes anbelangt, so muß ich hervorheben, daß die von RIVERS formulierte Eigenschaft der «all-or-none-reaction» sehr bedeutsam ist [1]. Es scheint mir sogar, daß diese Eigentümlichkeit der instinktiven Handlung gerade für die psychologische Seite des Problems von besonderer Wichtigkeit sei. Ich muß mich naturgemäß hauptsächlich auf die psychologische Seite des Problems beschränken, da ich mich nicht kompetent fühle, das Instinktproblem unter seinem biologischen Aspekt zu behandeln. Wenn ich die instinktive Handlung psychologisch charakterisieren soll, so kann ich mich zunächst des von RIVERS aufgestellten Kriteriums der all-or-none-reaction nicht bedienen, und zwar aus folgender Überlegung: RIVERS erklärt diese Reaktion als einen Vorgang mit einer den Umständen nicht entsprechenden Gradierung der Intensität. Es ist eine Reaktion, die, wenn ausgelöst, unter allen Umständen mit der ihr eigentümlichen Intensität abläuft ohne Proportion zum auslösenden Reiz. Wenn wir nun die psychologischen Vorgänge des Bewußtseins untersuchen und nachforschen, ob es darunter welche gibt, die sich durch Mangel an Proportion ihrer Intensität mit dem auslösenden Reiz auszeichnen, so können wir bei jedermann und alltäglich eine Menge derartiger Vorgänge nachweisen, zum Beispiel unverhältnismäßige Affekte, Eindrücke, zu weitgehende Impulse und Absichten und dergleichen mehr. Wir können deshalb unmöglich diese Vorgänge zu den Instinktvorgängen zählen. Wir müssen uns daher zunächst nach einem anderen Kriterium umsehen.

---

[1] Vgl. RIVERS, *Instinct and the Unconscious.*

265 Wie bekannt, gebraucht die Umgangssprache das Wort «Instinkt» sehr häufig, und zwar wird immer dann von «instinktivem» Handeln gesprochen, wenn ein Verhalten vorliegt, bei dem weder Grund noch Zweck völlig bewußt sind und zu dem nur eine gewisse dunkle innere Nötigung Anlaß gegeben hat. Diese Eigentümlichkeit hat schon ein älterer englischer Schriftsteller, THOMAS REID, hervorgehoben. Er sagt: «By instinct, I mean a natural blind impulse to certain actions, without having any end in view, without deliberation, and very often without any conception of what we do [2].» Damit ist die instinktive Handlung durch eine gewisse Unbewußtheit ihrer psychologischen Motivierung gekennzeichnet im Gegensatz zu den bewußten Vorgängen, welche durch die bewußte Kontinuität ihrer Motivierungen charakterisiert sind. Das instinktive Handeln erscheint daher als ein mehr oder weniger abruptes psychisches Geschehnis, eine Art Einbruch in die Kontinuität des Bewußtseins. Darum wird es auch als innere Nötigung empfunden, wie KANT schon den Instinkt als «innere Nötigung» definiert hat [3]. Dieser Natur der instinktiven Handlung entsprechend, ist sie den eigentlich unbewußten Vorgängen, die dem Bewußtsein nur durch ihre Resultate zugänglich sind, zuzuzählen.

266 Wenn wir uns mit dieser Auffassung des Instinktes begnügten, so würden wir bald finden, daß sie ungenügend ist. Denn wir haben mit dieser Definition den Instinkt erst vom bewußten Prozeß abgegrenzt und ihn als unbewußt bezeichnet. Wenn wir nun die unbewußten Prozesse überblicken, so werden wir bald inne, daß wir sie unmöglich alle als instinktiv bezeichnen können, obschon die Umgangssprache hier keinen Unterschied mehr macht. Wenn jemand auf eine Schlange stößt und darüber heftig erschrickt, so ist dieser Impuls als instinktiv zu bezeichnen, denn er unterscheidet sich durch nichts von der instinktiven Schlangenfurcht der Affen. Gerade diese Gleichartigkeit und Regelmäßigkeit der Wiederkehr ist die am meisten charakteristische Eigenschaft des Instinktes, weshalb es, wie LLOYD MORGAN treffend bemerkt, ebenso uninteressant wäre, auf die Auslösung einer Instinkthandlung zu wetten wie auf den morgigen Sonnenaufgang. Dagegen kommt es aber auch vor, daß jemand vor einem Huhn ebensosehr erschrickt wie vor einer

---

[2] REID, *Essays on the Active Powers of Man,* p. 103. [Unter Instinkt verstehe ich einen natürlichen, blinden Antrieb zu bestimmten Handlungen, ohne irgendein Ziel im Blickfeld, ohne Überlegung und sehr oft ohne Vorstellung davon, was wir tun.]

[3] KANT, *Anthropologie,* 1, § 80 [p. 156].

Schlange. Obschon der Mechanismus des Erschreckens vor einem Huhn einen ebenso unbewußten Impuls bedeutet wie der Instinkt, so müssen wir doch zwischen den beiden Vorgängen unterscheiden. Ersterer Fall, die Schlangenfurcht, ist ein zweckmäßiger, allgemein verbreiteter Vorgang; letzterer Fall dagegen ist, wenn habituell, eine Phobie und kein Instinkt, indem sie nur vereinzelt vorkommt und keine allgemeine Eigentümlichkeit ist. Es gibt aber noch andere unbewußte Nötigungen, zum Beispiel obsedierende Gedanken, obsedierende Melodien, plötzliche Einfälle und Launen, impulsive Affekte, Depressionen, Angstgefühle usw. Diese Erscheinungen finden sich bekanntlich nicht nur bei abnormen, sondern auch bei normalen Individuen. Insofern alle diese Erscheinungen nur vereinzelt vorkommen und sich nicht regelmäßig wiederholen, so sind sie von instinktiven Vorgängen zu unterscheiden, obschon ihr psychologischer Mechanismus dem des Instinktes zu entsprechen scheint. Sie können sogar durch die Eigenschaft der all-or-none-reaction charakterisiert sein, was man besonders bei pathologischen Vorgängen leicht beobachten kann. Im Gebiet der Psychopathologie gibt es viele derartige Fälle, wo man auf einen bestimmten Reiz hin einen bestimmten und im Verhältnis zum Reiz unproportionierten Vorgang, der einer instinktiven Reaktion durchaus zu vergleichen wäre, ablaufen sehen kann.

Alle solchen Vorgänge müssen von instinktiven Prozessen unterschieden werden. Als Instinkte dürfen demnach nur solche Erscheinungen gelten, welche vererbte, überall gleichmäßig und regelmäßig wiederkehrende, unbewußte Vorgänge sind. Zugleich muß ihnen das Merkmal der zwingenden Nötigung, also einer Art reflektorischen Charakters anhaften, wie dies HERBERT SPENCER formuliert hat. Ein solcher Vorgang unterscheidet sich im Grunde genommen nur durch seine komplizierte Natur von einem bloßen sensomotorischen Reflex. WILLIAM JAMES nennt daher den Instinkt nicht ohne Berechtigung «a mere excito-motor impulse, due to the pre-existence of a certain ‹reflex-arc› in the nerve-centres[4].» Mit den bloßen Reflexen haben die Instinkte die Gleichmäßigkeit und Regelmäßigkeit sowie die Unbewußtheit ihrer Motivierung gemeinsam.

Die Frage, woher die Instinkte stammen und wie sie einmal erworben wurden, ist außerordentlich kompliziert. Die Tatsache, daß sie immer vererbt

267
268

---

[4] JAMES, *Principles of Psychology* II, p. 391 [einen bloßen ‹excito-motorischen› Impuls auf Grund des primären Vorhandenseins eines gewissen «Reflexbogens» in den Nervenzentren].

sind, trägt zur Erklärung der Frage ihrer Entstehung nichts bei. Die Vererbung schiebt die Frage nur auf die Voreltern zurück. Bekannt ist die Auffassung, wonach die Instinkte aus einer Art oft wiederholter individueller und
sodann auch genereller Willensakte hervorgegangen seien. Diese Erklärung
ist insofern plausibel, als wir leicht in der Lage sind, alltäglich zu beobachten,
wie mühsam angelernte Tätigkeiten durch häufige Übung allmählich automatisch werden. Dagegen muß aber hervorgehoben werden, daß die höchst
wunderbaren Instinkte, die wir in der Tierwelt beobachten, das Moment der
Anlernung durchaus vermissen lassen. In vielen Fällen ist es sogar unmöglich,
einzusehen, wie jemals ein Lernen und Üben hätte stattfinden können. Denken wir zum Beispiel an den höchst raffinierten Fortpflanzungsinstinkt der
Pronuba yuccasella, des Yuccafalters[5]. Die Blüten der Yucca öffnen sich jede
nur für eine einzige Nacht. Aus einer dieser Blüten holt sich der Falter den
Pollen, welchen er zu einem Ball zusammenknetet. Damit sucht er eine zweite
Blüte auf, dort schneidet er den Fruchtknoten der Blume auf, legt seine Eier
zwischen die Eizellen der Pflanze, geht dann zum Griffel und stopft den Pol-
lenball in dessen trichterförmige Öffnung. Diese komplizierte Handlung
führt der Falter nur einmal in seinem Leben aus.

269   Solche Fälle sind schwierig zu erklären durch die Hypothese des Anlernens
und Einübens. Angeregt durch die BERGSONsche Philosophie sind daher neuerdings auch andere Wege der Erklärung gesucht worden, welche das Moment der *Intuition* betonen. Die Intuition basiert insofern auf einem unbewußten Vorgang, als ihr Resultat ein Einfall, ein Einbruch eines unbewußten
Inhaltes ins Bewußtsein ist[6]. Die Intuition ist daher eine Art Wahrneh-
mungsvorgang, jedoch im Gegensatz zur bewußten Sinnestätigkeit und Introspektion eine unbewußte Perzeption. Die gewöhnliche Sprache spricht
daher auch bei Intuition von «instinktivem» Erfassen, weil die Intuition ein
dem Instinkt analoger Vorgang ist, nur mit dem Unterschied, daß der Instinkt ein zweckmäßiger Antrieb zu einer oft höchst komplizierten Tätigkeit,
die Intuition aber die zweckmäßige unbewußte Erfassung einer oft höchst
komplizierten Situation ist. Die Intuition wäre also eine Art von Umkehrung
des Instinktes, nicht weniger und nicht mehr wunderbar als er. Dabei dürfen
wir nie vergessen, daß, was wir kompliziert, ja wunderbar nennen, für die Natur keineswegs wunderbar, sondern ganz alltäglich ist. Wir haben aber leicht

---

[5] KERNER VON MARILAUN, *Pflanzenleben* II: *Geschichte der Pflanzen,* p. 153 ff.
[6] Vgl. Definition «Intuition» in: *Psychologische Typen* [Ges. Werke VI].

die Neigung, unsere Schwierigkeit des Verstehens in die Dinge zu projizieren und sie kompliziert zu nennen, während sie an sich einfach sind und unsere Denkschwierigkeiten nicht empfinden.

Eine Diskussion des Instinktproblems ohne Herbeiziehung des Begriffes 270 des Unbewußten wäre unvollständig. Die instinktiven Vorgänge erfordern geradezu den ergänzenden Begriff des Unbewußten. Nach meiner Meinung ist das Unbewußte als die Totalität aller derjenigen psychischen Phänomene aufzufassen, denen die Qualität der Bewußtheit mangelt. Man kann diese psychischen Inhalte zweckmäßig als *subliminale* bezeichnen unter der Annahme, daß jeder psychische Inhalt einen gewissen energetischen Wert besitzen müsse, um überhaupt bewußt zu sein. Je tiefer der Wert eines Bewußtseinsinhaltes sinkt, desto leichter verschwindet letzterer unter der Schwelle. Daher enthält das Unbewußte alle verlorenen Erinnerungen, außerdem auch alle diejenigen Inhalte, welche noch zu schwach sind, um bewußtwerden zu können. Diese Inhalte entstehen durch unbewußte Kombinationstätigkeit, aus welcher auch die Träume entstehen. Zu diesen Inhalten kommen auch alle mehr oder weniger absichtlichen Verdrängungen peinlicher Vorstellungen und Eindrücke. Die Summe aller dieser Inhalte bezeichne ich als das *persönliche Unbewußte*. Darüber hinaus aber finden wir im Unbewußten auch die nicht individuell erworbenen, sondern vererbten Eigenschaften, also die Instinkte als die Antriebe zu Tätigkeiten, die ohne bewußte Motivierung aus einer Nötigung erfolgen. Dazu kommen die a priori vorhandenen, das heißt mitgeborenen Formen der Anschauung, der Intuition, die *Archetypen*[7] von Wahrnehmung und Erfassung, welche eine unvermeidliche und a priori determinierende Bedingung aller psychischen Prozesse sind. Wie die Instinkte den Men-

---

[7] [Hier wendet JUNG zum erstenmal den Ausdruck «Archètypus» an. In früheren Publikationen bezeichnet er den gleichen Tatbestand mit dem Begriff «Urbild», den er von JACOB BURCKHARDT («urtümliches Bild») übernommen hatte. Siehe *Symbole der Wandlung*, Paragr. 45, Anm. 1, und *Über die Psychologie des Unbewußten* (Paragr. 101). Urbild und Archetypus werden hier und in anderen Schriften als Synonyma gebraucht. Dies führte zu der irrtümlichen Annahme, daß JUNG die Vererbung von Vorstellungen (Ideen oder Bildern) voraussetzte, was er wiederholt richtigstellte. Doch legt der Begriff «Urbild» bereits etwas inhaltlich Bestimmtes näher als der Begriff «Archetypus», der – wie JUNG anderenorts erklärt – einen dem Wesen nach unbewußten und darum unerkennbaren Inhalt, einen formativen Faktor oder ein Strukturelement darstellt. Nur als ein Strukturelement, als ein anordnender Faktor im Unbewußten, vererbt sich der Archetypus, während das von ihm «angeordnete» und vom Bewußtsein wahrgenommene Bild als subjektive Variante in jedem Leben immer wieder neu entsteht.]

schen zu einer spezifisch menschlichen Lebensführung veranlassen, so zwingen die Archetypen die Wahrnehmung und Anschauung zu spezifisch menschlichen Bildungen. Die Instinkte und die Archetypen der Anschauung bilden das *kollektive Unbewußte*. Ich nenne dieses Unbewußte kollektiv, weil es im Gegensatz zu dem oben definierten Unbewußten nicht individuelle, das heißt mehr oder weniger einmalige Inhalte hat, sondern allgemein und gleichmäßig verbreitete. Der Instinkt ist seiner Natur nach eine kollektive, das heißt allgemein und gleichmäßig verbreitete Erscheinung, welche mit der Individualität des Menschen nichts zu tun hat. Die Archetypen der Anschauung haben dieselbe Qualität wie die Instinkte, sie sind ebenfalls kollektive Phänomene.

271   Ich bin der Meinung, daß die Frage des Instinktes psychologisch nicht ohne die der Archetypen behandelt werden kann, denn das eine bedingt das andere. Nun ist aber die Behandlung dieses Problems erheblich erschwert durch den Umstand, daß die Meinungen über das, was beim Menschen noch als Instinkt zu bezeichnen sei, außerordentlich geteilt sind. WILLIAM JAMES ist der Ansicht, daß der Mensch von Instinkten wimmle, während andere die menschlichen Instinkte auf wenige, kaum von Reflexen zu unterscheidende Vorgänge einschränken wollen, nämlich auf gewisse Bewegungen des Säuglings, auf gewisse eigentümliche Reaktionen der Arme und Beine sowie des Kehlkopfes, den Gebrauch der rechten Hand und die Bildung von syllabierten Lauten. Meines Erachtens geht diese Beschränkung zu weit. Sie ist aber sehr charakteristisch für die menschliche Psychologie überhaupt. Vor allen Dingen müssen wir uns stets bewußthalten, daß wir, wenn wir von menschlichen Instinkten reden, von uns selber reden und darum ohne weiteres voreingenommen sind.

272   Wir sind weit eher in der Lage, bei Tieren oder auch bei Primitiven Instinkte zu sehen als bei uns. Das kommt daher, weil wir uns angewöhnt haben, über alle unsere Handlungen Rechenschaft abzulegen und sie rational zu begründen. Es ist aber keineswegs bewiesen, ja es ist sogar sehr unwahrscheinlich, daß unsere Begründungen stichhaltig sind. Es braucht oft nicht einmal einen Übermenschen, um die Hohlheit gewisser Begründungen zu durchschauen, und das eigentliche Motiv, nämlich den treibenden Instinkt dahinter zu erkennen. Infolge unserer künstlich ersonnenen Begründungen kann es uns scheinen, als ob wir nicht aus Instinkt, sondern aus bewußter Motivation gehandelt hätten. Damit soll nun allerdings nicht gesagt sein, daß es dem Menschen nicht auch tatsächlich gelungen wäre, durch eine sorgfältige Dressur

den Instinkt partiell zur Willenshandlung zu machen. Damit ist der Instinkt zwar domestiziert, aber das Kernmotiv bleibt doch Instinkt. So ist es zweifellos gelungen, eine große Anzahl von Instinkten dermaßen einzuhüllen in rationale Begründungen und Absichten, daß wir das ursprüngliche Motiv unter den vielen Hüllen nicht mehr erkennen können. Auf diese Weise scheint es uns, als ob wir fast keine Instinkte mehr besäßen. Wenn wir aber das von RIVERS empfohlene Kriterium der unproportionierten Reaktion, der all-or-none-reaction, auf das menschliche Handeln anwenden, so finden wir unzählige Fälle, wo übertriebene Reaktionen stattfinden. Die Übertreibung ist ja eine allgemein verbreitete menschliche Eigentümlichkeit. Wenn schon jeder mit großer Sorgfalt seine Reaktion rational begründet, wozu er immer und überall Vorwände findet, so bleibt die Tatsache des Übertreibens doch bestehen. Und warum tut, gibt oder sagt er nicht gerade soviel, als benötigt oder vernünftig oder richtig oder wahr ist, sondern noch darüber hinaus? Weil eben in ihm ein unbewußter Vorgang ausgelöst wurde, der ohne Zutun der Vernunft abläuft und darum das Maß der vernünftigen Motivation entweder nicht erfüllt oder überschreitet. Dieses Phänomen ist so gleichmäßig und so regelmäßig, daß wir es nur als Instinkt bezeichnen können, obschon keiner im entsprechenden Fall seine Handlungsweise als instinktiv anerkennen möchte. Ich glaube daher, daß das menschliche Handeln in weit höherem Maße von Instinkten beeinflußt ist, als man gewöhnlich annimmt, und daß wir in dieser Hinsicht vielfachen Urteilstäuschungen unterliegen, wiederum infolge der instinktiven Übertreibung des rationalistischen Standpunktes.

Instinkte sind typische Formen des Handelns, und überall, wo es sich um gleichmä- 273 *ßige und regelmäßig sich wiederholende Formen des Reagierens handelt, handelt es sich um Instinkt, gleichgültig, ob sich eine bewußte Motivierung dazu gesellt oder nicht.*

Gleicherweise wie es fraglich ist, ob der Mensch viele oder nur wenige In- 274 stinkte besitze, ist es auch eine bis dahin noch kaum ventilierte Frage, ob er viele Urformen oder Archetypen der psychischen Reaktion besitze oder nicht. Wir begegnen auch bei dieser Frage derselben großen Schwierigkeit, die ich vorhin erwähnte. Wir sind dermaßen gewohnt, mit althergebrachten und selbstverständlichen Begriffen zu operieren, daß es uns gar nicht mehr bewußt ist, inwiefern diese Begriffe auf Archetypen unserer Anschauung beruhen. Auch die Urbilder sind stark verhüllt durch die außerordentliche Differenzierung unseres Denkens. Ähnlich wie die Biologie dem Menschen meist nur wenige Instinkte zuerkennen möchte, so reduzierte auch die Erkenntnistheorie die Archetypen auf relativ wenige und logisch beschränkte Kategorien des Verstandes.

275   Bei PLATON sind die Archetypen der Anschauung noch außerordentlich hoch bewertet als metaphysische Ideen, als παραδείγματα, zu denen sich die wirklichen Dinge nur wie μιμήσεις, wie Nachahmungen, verhalten. Bekanntlich steht auch die mittelalterliche Philosophie von AUGUSTIN, von dem ich die Idee des Archetypus entlehne [8], bis MALEBRANCHE und BACON in dieser Hinsicht auf Platonischem Boden. Immerhin taucht auch schon in der Scholastik der Gedanke auf, daß die Archetypen dem menschlichen Geiste eingegrabene Naturbilder seien, nach denen er seine Urteile forme. So sagt HERBERT OF CHERBURY: «Instinctus naturales sunt actus facultatum illarum a quibus communes illae notitiae circa analogiam rerum internam, eiusmodi sunt, quae circa causam, medium et finem rerum bonarum, malum, pulchrum, gratum etc. per se etiam sine discursu conformantur [9].»

276   Von DESCARTES und MALEBRANCHE an sinkt der metaphysische Wert der Idee, des Archetypus. Er wird zum Gedanken, zur inneren Bedingung des Erkennens, wie SPINOZA klar formuliert: «Per ideam intelligo mentis conceptum, quem mens format [10].» KANT endlich reduziert die Archetypen auf die beschränkte Zahl der Kategorien des Verstandes. SCHOPENHAUER geht in der Vereinfachung noch weiter, um aber andererseits den Archetypen wieder zu einer fast Platonischen Bewertung zu verhelfen.

277   In diesem leider allzu summarischen Überblick sehen wir wiederum jene psychologische Entwicklung am Werke, welche die Instinkte unter rationalen Motivierungen verhüllt und die Archetypen in rationale Begriffe umwandelt. Unter dieser Hülle ist der Archetypus kaum mehr zu erkennen. Und doch ist die Art und Weise, wie sich der Mensch innerlich die Welt abbildet, trotz aller Verschiedenheit in der Einzelheit ebenso gleichmäßig und regelmäßig wie sein instinktives Handeln. Wie wir den Begriff eines unser bewußtes

---

[8] Der Ausdruck archetypus dagegen findet sich bei ·DIONYSIUS AREOPAGITA und im *Corpus Hermeticum.*

[9] *De veritate.* «Die natürlichen Instinkte sind die Aktivitäten jener Fähigkeiten, denen jene allgemeinen Erkenntnisse (nach einer inneren Analogie der Naturdinge) solcher Art entspringen, welche bezüglich Ursache, Mittel und Zweck des Guten wie des Bösen, Schönen, Angenehmen usw. rein durch sich selbst ohne diskursive Überlegung gebildet werden.»

[10] In: *Die Ethik,* 2. Teil: «Über die Natur und den Ursprung des Geistes», Definitionen. («Unter *Idee* verstehe ich einen Begriff des Geistes, welchen der Geist bildet.» Nach der Übersetzung von J. STERN.)

Handeln regulierenden oder determinierenden Instinktes aufstellen müssen, so müssen wir auch für die Gleichmäßigkeit und Regelmäßigkeit der Anschauung einen zum Instinkt korrelativen Begriff einer die Art der Auffassung determinierenden Größe haben. Diese Größe bezeichne ich eben als Archetypus oder Urbild. Man könnte das Urbild passend als *Anschauung des Instinktes von sich selbst* oder als *Selbstabbildung des Instinktes* bezeichnen, nach Analogie des Bewußtseins, welches auch nichts anderes ist als eine innere Anschauung des objektiven Lebensprozesses. In derselben Weise, wie die bewußte Auffassung dem Handeln Form und Bestimmung erteilt, so bedingt die unbewußte Auffassung durch den Archetypus die Form und Bestimmung des Instinktes. Gleicherweise wie wir den Instinkt als «raffiniert» betrachten, so ist auch die das Zustandekommen des Instinktes bewirkende Intuition, das heißt die Auffassung mittels des Archetypus von unglaublicher Präzision. So muß der vorerwähnte Yuccafalter sozusagen ein Bild jener Situation, in welcher sein Instinkt ausgelöst wird, in sich tragen. Dieses Bild ermöglicht es ihm, die Blüte und ihre Struktur zu «erkennen».

Wie es uns das von RIVERS aufgestellte Kriterium der all-or-none-reaction 278 ermöglicht hat, leicht überall die Tätigkeit des Instinktes zu entdecken, so hilft uns vielleicht auch der Begriff des Urbildes, die Tätigkeit der intuitiven Erfassung aufzufinden. Am leichtesten gelingt uns dies bei den Primitiven. Dort finden wir überall gewisse typische Bilder und Motive, welche die Grundlagen ihrer Mythologien bilden. Diese Bilder sind autochthon und von relativ großer Gleichmäßigkeit, so zum Beispiel die Vorstellung der magischen Kraft und Substanz, der Geister und ihres Verhaltens, der Helden und Götter und ihrer Legende. In den großen Religionen der Erde sehen wir ihre Vervollkommnung und zugleich ihre fortschreitende Einhüllung in rationale Formen. Selbst in der exakten Wissenschaft tauchen sie auf als die Wurzeln unerläßlicher Hilfsbegriffe, wie der Energie, des Äthers und des Atoms [11]. In der Philosophie gibt uns BERGSON das Beispiel der Wiederbelebung eines uralten Bildes in seinem Begriff der «durée créatrice», der sich schon bei PROCLUS findet und in ursprünglicher Form bei HERAKLIT.

Die analytische Psychologie hat sich alltäglich bei Gesunden und Kranken 279 mit den störenden Beimischungen der Urbilder zu der bewußten Auffassung

---

[11] Abgesehen von dem gegenwärtig obsolet gewordenen Begriff des Äthers, sind Energie und Atom primitive Anschauungen. Eine Urform ersterer ist das mana, die des letzteren sind das Atom DEMOKRITS und die «Seelenfunken» der australischen Ureinwohner (vgl. *Über die Psychologie des Unbewußten*, p. 124f. [105 ff.]).

zu beschäftigen. Denn die auf Einmischung des Instinktes beruhenden Über-
treibungen des Handelns sind veranlaßt durch intuitive, das heißt durch Archetypen bewirkte Auffassungen, welche allzustarke und oft eigentümlich
verzerrte Eindrücke erzeugen.

280   *Archetypen sind typische Formen des Auffassens, und überall, wo es sich um gleich-
mäßige und regelmäßig wiederkehrende Auffassungen handelt, handelt es sich um
einen Archetypus, gleichviel ob dessen mythologischer Charakter erkannt wird oder
nicht.*

281   Das kollektive Unbewußte besteht aus der Summe der Instinkte und ihrer
Korrelate, der Archetypen. So wie jeder Mensch Instinkt besitzt, so besitzt er
auch die Urbilder. Die Beweise hiefür erbringt in erster Linie die Psychopathologie jener geistigen Störungen, bei denen das kollektive Unbewußte her-
ausbricht. Dies ist bei der sogenannten Schizophrenie der Fall. Dort sehen wir
häufig das Auftreten archaischer Triebe, vergesellschaftet mit unverkennbar
mythologischen Bildern.

282   Es ist meines Erachtens unmöglich zu sagen, welches das Prius ist, die Auffassung oder der Trieb zum Handeln. Mir scheint, als ob beides eine und dieselbe Sache, eine und dieselbe Lebenstätigkeit sei, die wir nur zum eigenen
besseren Verständnis in Begriffe auseinandergelegt denken müssen.

NACHWORT

    Ich habe mich im Laufe meines Lebens vielfach mit dem Thema dieser kur-
zen Mitteilung befaßt und die Schlüsse, zu denen mein Nachdenken allmählich geführt hat, in einer Abhandlung, welche aus einer Vorlesung an der
Eranos-Tagung 1946 entstanden ist, niedergelegt. Sie ist im *Eranos-Jahrbuch*
XIV (1946) publiziert unter dem Titel «Der Geist der Psychologie» [leicht
verändert als Abhandlung VIII dieses Bandes]. Dort findet der Leser die ganze
weitere Entwicklung des Problems von Trieb und Archetypus. Von biologi-
scher Seite wurde die Frage von FRIEDRICH ALVERDES in: *«Die Wirksamkeit
von Archetypen in den Instinkthandlungen der Tiere»* behandelt.

VII
DIE STRUKTUR DER SEELE

[Erste Fassung unter dem Titel «Die Erdbedingtheit der Psyche» erschienen in: *Mensch und Erde,* herausgegeben von Graf HERMANN KEYSERLING. (Der Leuchter. Weltanschauung und Lebensgestaltung. Achtes Buch) Otto Reichl, Darmstadt 1927. «Die Struktur der Seele» bildet ungefähr die erste Hälfte dieser Publikation und ist unter diesem Titel erschienen in: *Europäische Revue* IV/1 und 2 (Berlin 1928). Bearbeitet und erweitert in: *Seelenprobleme der Gegenwart.* (Psychologische Abhandlungen III) Rascher, Zürich 1931. Neuauflagen 1933, 1939, 1946, 1950; Paperback 1969. Der andere Teil wurde unter dem Titel «Seele und Erde» in abgewandelter Form ebenfalls in: *Seelenprobleme der Gegenwart* aufgenommen (Ges. Werke X, 1974).]

DIE STRUKTUR DER SEELE

Die Seele, als eine Spiegelung von Welt und Mensch, ist von solcher Mannig- 283 faltigkeit, daß man sie von unendlich vielen Seiten betrachten und beurteilen kann. Es geht uns mit der Psyche genau so wie mit der Welt: eine Systematik der Welt liegt jenseits der menschlichen Reichweite, deshalb haben wir bloße Handwerksregeln und Interessenaspekte. Jeder macht sich seinen eigenen Ausschnitt aus der Welt und errichtet für seine Privatwelt sein Privatsystem, öfters mit luftdichten Wänden, so daß es ihm nach einiger Zeit vorkommt, als ob er den Sinn und die Struktur der Welt erkannt hätte. Endliches wird niemals Unendliches erfassen. Obschon die psychische Erscheinungswelt nur ein Teil der Welt überhaupt ist, so könnte es einem doch scheinen, als ob sie darum eben als Teil faßbarer wäre als die ganze Welt. Man macht sich dabei aber nicht klar, daß die Seele die einzige unmittelbare Welterscheinung und daher auch die unerlässliche Bedingung einer allgemeinen Welterfahrung ist.

Die einzigen unmittelbar erfahrbaren Dinge der Welt sind die Inhalte des 284 Bewußtseins. Nicht, daß ich die Welt auf eine Vorstellung von der Welt reduzieren möchte, aber ich will damit etwas ähnliches hervorheben, wie wenn ich sagte, daß das Leben eine Funktion des Kohlenstoffatoms sei. Diese Analogie zeigt die Beschränktheit der professionellen Brille, der ich unterliege, sobald ich überhaupt etwas Erklärendes über die Welt oder auch nur einen Teil derselben aussagen will.

Mein Gesichtspunkt ist natürlich der psychologische, und noch ganz spe- 285 ziell derjenige des praktischen Psychologen, dessen Aufgabe es ist, im chaotischen Wirrwarr kompliziertester seelischer Zustände sich rasch zurechtzufinden. Mein Gesichtspunkt muß notwendigerweise verschieden sein von dem desjenigen Psychologen, der einen isolierten psychischen Vorgang in der Stille des Laboratoriums in aller Ruhe experimentell untersuchen kann. Der Unterschied ist etwa der des Chirurgen vom Histologen. Auch bin ich kein Metaphysiker, der etwas über das An- und Für-sich-Sein der Dinge, ob sie absolut seien oder dergleichen, auszusagen hat. Meine Gegenstände liegen innerhalb der Grenzen der Erfahrbarkeit.

286   Meine Notwendigkeit ist vor allem, komplexe Bedingungen erfassen und
von ihnen sprechen zu können. Ich muß Kompliziertes in faßbarer Weise
bezeichnen und seelische Tatsachengruppen unterscheiden können. Diese
Unterscheidungen dürfen insofern nicht willkürlich sein, als ich eine Verständigung mit meinem Objekt, das heißt mit meinem Patienten, erreichen muß.
Ich bin daher angewiesen auf die Verwendung einfacher Schemata, welche
einerseits die empirischen Tatbestände befriedigend wiedergeben und andererseits an das allgemein Bekannte anschließen und damit Verständnis finden.

287   Wenn wir uns nun anschicken, die Bewußtseinsinhalte zu gruppieren, so
beginnen wir nach althergebrachter Regel mit dem Satz: «Nihil est in intellectu, quod non antea fuerit in sensu.»

288   Bewußtes scheint von außen als *Sinneswahrnehmung* in uns hineinzuströ-
men. Wir sehen, hören, tasten und riechen die Welt, und so sind wir der Welt
bewußt. Die Sinneswahrnehmung sagt uns, daß etwas *ist*. Sie sagt uns aber
nicht, was es ist. Dies sagt uns nicht der Perzeptionsvorgang, sondern der Ap-
perzeptionsvorgang. Dieser letztere Vorgang ist ein sehr komplexes Gebilde.
Nicht, daß die Sinneswahrnehmung etwas Einfaches wäre, aber ihre komplexe
Natur ist weniger psychisch als physiologisch. Die Kompliziertheit der Apperzeption dagegen ist psychisch. Wir können in ihr das Zusammenwirken
verschiedener psychischer Vorgänge entdecken. Nehmen wir an, wir hören
ein Geräusch, dessen Natur uns unbekannt erscheint. Nach einiger Zeit wird
es uns klar, daß das eigentümliche Geräusch von Luftblasen herrühren muß,
die in den Leitungsröhren der Zentralheizung aufsteigen. Wir haben damit
das Geräusch *erkannt*. Diese Erkenntnis entspringt einem Vorgang, den man
als *Denken* bezeichnet. Das Denken sagt uns, *was* etwas ist.

289   Ich nannte vorhin das Geräusch «eigentümlich». Wenn ich etwas als eigentümlich bezeichne, so meine ich damit einen besonderen *Gefühlston,* den die
Sache hat. Der Gefühlston bedeutet eine *Bewertung*.

290   Den *Erkenntnisvorgang* kann man im wesentlichen als eine Vergleichung
und Unterscheidung mit Hilfe der Erinnerung auffassen: wenn ich zum Beispiel ein Feuer sehe, so vermittelt mir der Lichtreiz die Vorstellung des Feuers.
Da nun in meinem Gedächtnis zahllose Erinnerungsbilder von Feuer bereitliegen, so treten diese in Verbindung mit dem eben erhaltenen Feuerbild, und
durch Vergleichung mit und Unterscheidung von diesen Gedächtnisbildern
entsteht die Erkenntnis, das heißt die endgültige Feststellung der Eigenart des
eben erworbenen Bildes. Diesen Vorgang bezeichnet man in der gewöhnlichen Sprache als *Denken*.

Anders der *Bewertungsvorgang:* das Feuer, das ich sehe, erregt emotionale   291
Reaktionen angenehmer oder unangenehmer Natur, ebenso bringen die angeregten Erinnerungsbilder emotionale Begleiterscheinungen mit sich, die
man als Gefühlstöne bezeichnet. Auf diese Weise erscheint uns ein Gegenstand als angenehm, begehrenswert, schön oder als häßlich, schlecht, verwerflich usw. Die gewöhnliche Sprache bezeichnet diesen Vorgang als *Fühlen.*

Der *Ahnungsvorgang* ist weder eine Sinnesempfindung, noch ein Denken,   292
noch Fühlen, obschon die Sprache hier ein bedenklich geringes Unterschei-
dungsvermögen aufweist. Man kann nämlich ausrufen: «Oh, ich sehe, wie
schon das ganze Haus brennt.» Oder: «Es ist so sicher, wie zweimal zwei vier
ist, daß es, wenn an dieser Stelle ein Feuer entsteht, ein Unglück gibt.» Oder:
«Ich habe das Gefühl, als ob dieses Feuer noch zu einer Katastrophe werden
könnte.» Entsprechend dem jeweiligen Temperament wird der eine seine Ahnung deutliches Sehen nennen, also eine Sinnesempfindung daraus machen.
Der andere wird sie als Denken bezeichnen: «Man muß nur nachdenken,
dann ist es ganz klar, was die Folgen sein werden», wird er sagen. Der dritte
endlich wird, unter dem Eindruck seines emotionalen Zustandes, die Ahnung
als einen Gefühlsvorgang bezeichnen. Die *Ahnung* oder *Intuition* ist aber nach
meiner unmaßgeblichen Auffassung eine der Grundfunktionen der Seele,
nämlich die *Wahrnehmung der in einer Situation liegenden Möglichkeiten.* Es
dürfte wesentlich an der noch ungenügenden Sprachentwicklung liegen, daß
im Deutschen die Begriffe von Gefühl, Empfindung und Intuition noch vermischt, während im Französischen und Englischen sentiment und sensation,
feeling und sensation schon absolut getrennt sind, dagegen sentiment und
feeling zum Teil noch Hilfswörter für Intuition sind. In neuerer Zeit fängt
aber «intuition» an, häufig gebrauchtes Wort der englischen Umgangssprache zu werden.

Als weitere Bewußtseinsinhalte lassen sich die *Willensvorgänge* und die   293
Triebvorgänge unterscheiden. Erstere sind gekennzeichnet als gerichtete, aus
Apperzeptionsvorgängen hervorgehende Impulse, deren Natur einem soge-
nannten freien Ermessen anheimgestellt ist. Letztere sind aus dem Unbewuß-
ten oder direkt aus dem Körper abstammende Impulse mit dem Charakter der
Unfreiheit und *Zwangsmäßigkeit.*

Die Apperzeptionsvorgänge können *gerichtet* oder *ungerichtet* sein. In erste-   294
rem Fall sprechen wir von Aufmerksamkeit, in letzterem von Phantasieren
oder «Träumen». Erstere sind rational. Zu den letzteren Vorgängen gehört
als siebente Kategorie der Bewußtseinsinhalte der *Traum.* Er gleicht in gewis-

ser Hinsicht den bewußten Phantasien, insofern er ungerichteten, irrationalen Charakter hat. Er unterscheidet sich aber von ihnen darin, daß er in Ursache, Weg und Absicht für unseren Verstand zunächst dunkel ist. Ich erkenne ihm aber die Würde der Kategorie eines Bewußtseinsinhaltes zu, weil er die wichtigste und deutlichste Resultante unbewußter seelischer Vorgänge ist, die noch eben ins Bewußtsein hineinragt. Mit diesen sieben Klassen dürften die Bewußtseinsinhalte zwar oberflächlich, aber für unsere Zwecke genügend gedeckt sein.

295   Es gibt, wie bekannt, Ansichten, welche das Seelische auf das *Bewußtsein,* als mit diesem identisch, beschränken wollen. Ich glaube nicht, daß wir damit auskämen. Insofern wir annehmen, daß es überhaupt irgendwelche Dinge gibt, die jenseits unserer Wahrnehmung liegen, so können wir auch von Seelischem reden, dessen Existenz uns nur mittelbar zugänglich ist. Jedem, dem die Psychologie des Hypnotismus und des Somnambulismus bekannt ist, ist es eine geläufige Tatsache, daß ein solch künstlich oder krankhaft beschränktes Bewußtsein gewisse Vorstellungen nicht enthält, sich aber genau so benimmt, wie wenn es sie enthielte. Eine hysterisch taube Person pflegte zu singen. Unbemerkt setzte sich der Arzt ans Klavier und begleitete den nächsten Vers in einer anderen Tonart, worauf die Kranke sofort in der neuen Tonart weitersang. Ein Patient hatte die Eigentümlichkeit, daß er beim Anblick von offenem Feuer in «hystero-epileptische» Krämpfe fiel. Er hatte nun ein stark eingeschränktes Gesichtsfeld, das heißt er war peripher blind (was man ein «röhrenförmiges» Gesichtsfeld nennt). Hielt man nun ein Licht in die blinde Zone, so erfolgte der Anfall, wie wenn er das Feuer gesehen hätte. In der Symptomatologie dieser Zustände gibt es unzählige Fälle dieser Art, wo man beim besten Willen nichts anderes sagen kann, als daß man *unbewußt* wahrnimmt, denkt, fühlt, erinnert, entschließt und handelt, das heißt das unbewußt tut, was andere bewußt tun. Diese Vorgänge finden statt, unbekümmert ob das Bewußtsein sie sieht oder nicht.

296   Zu diesen unbewußten seelischen Vorgängen gehört die nicht unbeträchtliche Kompositionsarbeit, die dem Traum zugrunde liegt. Der Schlaf ist ein Zustand von erheblich eingeschränktem Bewußtsein, wobei das Seelische aber keineswegs aufhört zu existieren und zu wirken. Das Bewußtsein hat sich bloß davon zurückgezogen und ist durch Gegenstandslosigkeit zur relativen Unbewußtheit geworden. Das seelische Leben aber geht offenbar weiter, ähnlich wie auch ein unbewußtes seelisches Leben stattfindet während des wachen Zustandes. Die Beweise dafür sind unschwer zu finden. Dieses besonde-

re Erfahrungsgebiet ist das, was FREUD die «Psychopathologie des Alltagslebens» nennt. Unsere bewußten Absichten und Handlungen werden nämlich öfters durchkreuzt durch unbewußte Vorgänge, von deren Existenz wir selber ziemlich überrascht sind. Man verspricht sich, verschreibt sich, tut unbewußt Dinge, die gerade das verraten, was man geheimhalten möchte oder was man selber nicht einmal weiß. «Lingua lapsa verum dicit», sagt ein altes Sprichwort. Auf das häufige Vorkommen dieser Erscheinungen gründet sich auch das diagnostische Assoziationsexperiment, das man stets mit Nutzen dort anwendet, wo etwas nicht gesagt werden will oder kann.

Die klassischen Beispiele für unbewußte seelische Tätigkeit liefern aber die 297 pathologischen Zustände. Sozusagen die ganze Symptomatologie der Hysterie, der Zwangsneurose, der Phobien und zum großen Teil auch der Dementia praecox oder Schizophrenie, der häufigsten Geisteskrankheit, beruht auf unbewußter seelischer Tätigkeit. Wir dürfen daher wohl von der Existenz einer unbewußten Seele reden. Sie ist unserer Beobachtung allerdings nicht unmittelbar zugänglich – sonst wäre sie ja gar nicht unbewußt –, sondern kann nur *erschlossen* werden. Und unser Schluß kann nicht mehr aussagen als: «Es ist so, als ob».

Zur Seele gehört auch das Unbewußte. Dürfen wir nun in Analogie mit 298 den verschiedenen Bewußtseinsinhalten auch von *Inhalten des Unbewußten* reden? Wir würden ja damit sozusagen eine andere Bewußtheit im Unbewußten postulieren. Ich will mich hier auf diese delikate Frage, die ich in einem anderen Zusammenhang behandelt habe, nicht einlassen, sondern mich auf die Frage beschränken, ob wir im Unbewußten irgend etwas unterscheiden können oder nicht. Diese Frage kann nur empirisch beantwortet werden, nämlich mit der Gegenfrage, ob es plausible Gründe gibt für eine solche Unterscheidung oder nicht.

Es unterliegt für mich keinem Zweifel, daß alle die Tätigkeiten, die ge- 299 wöhnlich im Bewußtsein stattfinden, auch im Unbewußten verlaufen können. So gibt es viele Beispiele, wo ein intellektuelles Problem, das im Wachen ungelöst blieb, im Traum gelöst wurde. Ich kenne zum Beispiel einen Bücherexperten, der viele Tage lang einen betrügerischen Bankrott vergeblich aufzuklären versuchte. Er hatte noch bis Mitternacht daran gearbeitet, ohne Lösung. Er begab sich dann zu Bett. Um drei Uhr morgens hörte ihn seine Frau aufstehen und in sein Arbeitszimmer gehen. Sie folgte ihm und sah ihn an seinem Arbeitstisch eifrig Notizen machen. Nach etwa einer Viertelstunde kehrte er wieder zurück. Am Morgen erinnerte er sich an nichts. Er begab sich wieder an die Arbeit und entdeckte, von seiner eigenen Hand geschrieben, eine Reihe von Notizen, die den verworrenen Fall völlig und endgültig klarstellten.

300 In meiner praktischen Arbeit habe ich seit mehr als zwanzig Jahren mit Träumen zu tun. Ich habe unzählige Male gesehen, wie Gedanken, die am Tage nicht gedacht, Gefühle, die nicht gefühlt wurden, nachher im Traume auftraten und auf diese Weise indirekt das Bewußtsein erreichten. Der Traum als solcher ist allerdings ein Bewußtseinsinhalt, er könnte ja sonst gar nicht ein Gegenstand unmittelbarer Erfahrung sein. Insofern er aber Materialien herausbringt, die zuvor unbewußt waren, sind wir wohl gezwungen anzunehmen, daß diese Inhalte auch vorher schon irgendwie psychisch in einem unbewußten Zustand existierten und erst im Traume dem eingeschränkten Bewußtsein, dem sogenannten «Bewußtseinsrest» erschienen. Der Traum gehört zu den normalen Inhalten und dürfte als eine ins Bewußtsein hineinragende Resultante unbewußter Vorgänge aufgefaßt werden.

301 Wenn wir nun auf Grund der Erfahrung veranlaßt sind anzunehmen, daß alle Kategorien von Bewußtseinsinhalten gegebenenfalls auch unbewußt sein und als unbewußte Vorgänge auf das Bewußtsein wirken können, so gelangen wir zu der vielleicht unerwarteten Frage, ob das Unbewußte auch Träume hat? Mit anderen Worten, ob auch in das dunkle Seelengebiet Resultanten von noch tieferen und – wenn möglich – noch unbewußteren Vorgängen hineinragen? Diese paradoxe Frage müßte ich wohl als zu abenteuerlich ablehnen, wenn nicht tatsächlich Gründe vorlägen, weshalb eine solche Hypothese doch in den Bereich der Möglichkeit kommt.

302 Wir müssen uns nun zunächst vergegenwärtigen, wie ein Beweis beschaffen sein müßte, der uns dartun könnte, daß auch das Unbewußte Träume hat. Wenn wir beweisen sollen, daß im Bewußtsein Träume als Inhalte vorkommen, so müssen wir einfach nachweisen, daß Inhalte vorhanden sind, welche nach Beschaffenheit und Sinn den übrigen, rational erklär- und verstehbaren Inhalten fremd und unvergleichbar gegenüberstehen. Wenn wir nun nachweisen wollen, daß auch das Unbewußte Träume hat, so haben wir mit seinen Inhalten dasselbe zu tun. Es ist wohl am einfachsten, wenn ich Ihnen ein praktisches Beispiel gebe:

303 Es handelt sich um einen siebenundzwanzigjährigen Mann, Offizier. Er leidet an heftigen Schmerzanfällen in der Herzgegend, an einer würgenden Empfindung im Hals, wie wenn eine Kugel drin stäke, und an stechenden Schmerzen in der linken Ferse. Organisch ist nichts nachzuweisen. Die Anfäl-

le hatten vor etwa zwei Monaten begonnen, und der Patient wurde, weil er
zeitweise nicht mehr gehen konnte, vom Militärdienst beurlaubt. Verschiedene Kuren halfen nichts. Eine genaue Befragung über die Vorgeschichte seiner
Krankheit ergab keine Anhaltspunkte, und er selber hatte keine Ahnung, was
die Ursache sein könnte. Er machte den Eindruck einer frischen, etwas leicht-
sinnigen Natur, etwas theatralisch «forsch», etwa wie «wir lassen uns nicht
unterkriegen». Da die Anamnese nichts ergab, so fragte ich nach den Träumen. Hier stellte es sich nun sofort heraus, was die Ursache war. Unmittelbar
vor dem Beginn der Neurose hatte das Mädchen, in das er verliebt war, ihm
einen Korb gegeben und sich mit einem anderen verlobt. Er hatte mir diese
ganze Geschichte unterschlagen als irrelevant – «ein dummes Weib – man
nimmt eine andere, wenn die nicht will – ein Kerl wie ich läßt sich dadurch
nicht anfechten». Das war die Art, in der er seine Enttäuschung und seinen
wirklichen Schmerz handhabte. Jetzt aber kamen seine Affekte an die Oberfläche. Damit verschwanden die Schmerzen im Herz, und nach einigen Tränen-
ergüssen verschwand auch der globus im Hals. Das «Weh im Herz» ist eine
poetische Wendung, hier zur Tatsache geworden, weil sein Stolz ihm nicht
zuließ, seine Schmerzen als ein seelisches Weh zu erleiden. Das Würgen im
Hals, der sogenannte globus hystericus, entsteht, was jedermann wissen kann,
aus verschluckten Tränen. Sein Bewußtsein hatte sich einfach von den ihm
peinlichen Inhalten zurückgezogen, so daß diese, sich selbst überlassen, nur
als Symptome indirekt das Bewußtsein erreichen konnten. Es sind rational
durchaus verstehbare und darum unmittelbar einleuchtende Vorgänge, die
ebensogut – wenn sein Männerstolz nicht gewesen wäre – im Bewußtsein hätten ablaufen können.

Aber nun zum dritten Symptom: die Schmerzen in der Ferse verschwanden 304
nicht. Man steht dem eben skizzierten Bild fremd gegenüber. Das Herz ist
nicht mit der Ferse verbunden, und ebensowenig drückt man mit der Ferse
seinen Schmerz aus. Man kann rational durchaus nicht einsehen, warum die
beiden anderen Symptomkomplexe nicht genügen. Man wäre gewiß völlig
befriedigt, auch theoretisch, wenn mit der Bewußtmachung des verdrängten
seelischen Schmerzes eine normale Trauer und damit die Heilung einsetzte.

Da mir das Bewußtsein des Patienten keinerlei Anhaltspunkte in bezug auf 305
das Fersensymptom geben konnte, so griff ich wieder zur früheren Methode,
zu den Träumen. Der Patient hatte nun einen Traum, in dem er *von einer
Schlange in die Ferse gebissen und dadurch auf der Stelle gelähmt wurde*. Dieser
Traum brachte offenbar die Deutung des Fersensymptoms. Die Ferse

schmerzt ihn, weil eine Schlange ihn darein gestochen hat. Das ist ein fremd-
artiger Inhalt, mit dem das rationale Bewußtsein nichts anzufangen weiß.
Wir konnten unmittelbar verstehen, warum ihn das Herz schmerzt, daß ihn
aber auch die Ferse schmerzen soll, übersteigt die rationale Erwartung. Der
Patient steht dieser Tatsache ratlos gegenüber.

306   Hier hätten wir also einen Inhalt, der in die unbewußte Zone fremdartig
hereinragt und wohl aus einer anderen, tieferen Schicht stammt, die rational
nicht mehr durchschaubar ist. Die nächste Analogie zu diesem Traum ist offenbar seine Neurose selbst. Das Mädchen gab ihm mit der Abweisung einen
Stich, der ihn lähmte und krank machte. Aus der ferneren Analyse des Traumes ergab sich noch ein neues Stück Vorgeschichte, die dem Patienten erst
jetzt klar wurde: Er war der Liebling einer etwas hysterischen Mutter gewesen.
Sie hatte ihn übermäßig bedauert, bewundert, verpäppelt, weshalb er dann in
der Schule nie recht mitkam, da er etwas zu mädchenhaft wurde. Später nahm
er dann plötzlich einen männlichen Anlauf und ging zur Armee, wo er mit
«Forschheit» die innere Weichheit verdecken konnte. Auch die Mutter hatte
ihn gewissermaßen gelähmt.

307   Es handelt sich offenbar um dieselbe alte Schlange, die von jeher die besondere Freundin der Eva war. «Er wird dir ⟨der Schlange⟩ nach dem Kopfe treten, und du wirst ihm nach der Ferse schnappen», heißt es vom Nachwuchs
der Eva in der *Genesis*[1] in Anlehnung an den viel älteren ägyptischen Hymnus,
den man den von einer Schlange Gebissenen zur Heilung vorzulesen oder zu
singen pflegte:

> Das Alter des Gottes bewegte ihm den Mund,
> es warf seinen Speichel ihm auf die Erde,
> und was er ausspie, fiel auf den Boden.
> Das knetete Isis mit ihrer Hand
> zusammen mit der Erde, die daran war;
> sie bildete einen ehrwürdigen Wurm daraus
> und machte ihn wie einen Speer.
> Sie wand ihn nicht lebend um ihr Gesicht,
> sondern warf ihn zusammengerollt(?) auf den Weg,
> auf dem der große Gott wandelte
> nach Herzenslust durch seine beiden Länder.

[1] [3,15.]

Der ehrwürdige Gott trat glänzend hervor,
die Götter, die dem Pharao dienten, begleiteten ihn,
und er erging sich, wie alle Tage.
Da stach ihn der ehrwürdige Wurm ...
. . . .

seine Kinnbacken klapperten,
all seine Glieder zitterten
und das Gift ergriff sein Fleisch,
wie der Nil sein Gebiet (?) ergreift. [2]

Die bewußte Bibelkenntnis des Patienten bestand in einem bedauerlichen 308
Minimum. Wahrscheinlich hat er einmal gedankenlos vom Fersenstich der
Schlange gehört und es dann vergessen. Aber etwas tief Unbewußtes in ihm
hat es gehört und nicht vergessen, sondern zur passenden Gelegenheit wieder
erinnert, ein Stück Unbewußtes, das es offenbar liebt, sich mythologisch auszudrücken, weil diese Ausdrucksweise seiner Art entspricht.

Welcher Geistesart aber entspricht die symbolische oder metaphorische 309
Ausdrucksweise? *Sie entspricht einem primitiven Geiste, dessen Sprache keine Ab-
strakta besitzt,* sondern bloße Natur- und «Unnatur»-Analogien. Dieser Geist
von ehrwürdigem Altertum steht jener Psyche, die Herzschmerzen und globus vermittelt, fremd gegenüber, wie ein Brontosaurus einem Reitpferd. Der
Traum von der Schlange enthüllt uns ein Fragment einer psychischen Tätigkeit, die mit der modernen Individualität des Träumers nichts mehr zu tun
hat. Sie findet statt gleichsam in einer tieferen Schicht, wenn man so sagen
darf, und nur ihre Resultante ragt in eine höhere Schicht, wo die verdrängten
Affekte liegen, herauf, ebenso fremd, wie ein Traum dem Bewußtsein gegenübersteht. Und wo wir eine gewisse analytische Technik anwenden müssen,
um einen Traum zu verstehen, so brauchen wir hier eine Kenntnis der Mythologie, um den Sinn eines tieferen Schichten entstammenden Stückes erfassen
zu können.

Das Schlangenmotiv ist gewiß keine individuelle Erwerbung des Träu- 310
mers, denn Schlangenträume sind sehr häufig, sogar bei Großstadtmenschen,
die vielleicht überhaupt nie eine wirkliche Schlange gesehen haben.

Man könnte aber einwenden: Die Schlange im Traum ist nichts als eine 311
anschaulich gemachte *Sprachfigur.* Man sagt doch von gewissen Frauen, sie

---

[2] [ERMAN, *Ägypten und ägyptisches Leben im Altertum*, p. 360. Von Juwa hervorgehoben.]

seien falsch wie Schlangen, man spricht von der Schlange der Versuchung usw.
Dieser Einwand erscheint mir im vorliegenden Fall kaum stichhaltig, aber
ein strenger Beweis wäre wohl schwer zu erbringen, denn die Schlange ist tatsächlich eine geläufige Sprachfigur. Ein sicherer Beweis kann nur erbracht
werden, wenn es gelingt, einen Fall aufzufinden, in welchem die mythologische Symbolik weder geläufige Sprachfigur noch Kryptomnesie ist, das heißt,
daß der Träumer das Motiv nicht irgendwo oder -wie gelesen, gesehen oder
gehört, dann vergessen und unbewußt wieder erinnert hat. Dieser Beweis
scheint mir insofern von großer Wichtigkeit zu sein, als er dartun würde, daß
das rational verstehbare Unbewußte, das aus sozusagen künstlich unbewußten Materialien besteht, nur eine Oberflächenschicht ist und daß erst darunter
ein absolut Unbewußtes liegt, das mit unserer persönlichen Erfahrung sozusagen nichts zu tun hat, das mithin eine psychische Tätigkeit wäre, die der bewußten Seele und sogar den unbewußten Oberschichten selbständig gegenübersteht, unberührt – vielleicht unberührbar – von persönlicher Erfahrung,
eine Art überindividueller seelischer Tätigkeit, ein *kollektives Unbewußtes,* wie
ich es genannt habe, im Gegensatz zu einem oberflächlichen, relativen oder
persönlichen Unbewußten.

312   Bevor wir aber nach diesem Beweis suchen, möchte ich der Vollständigkeit
halber noch einige ergänzende Bemerkungen zum Schlangentraum machen.
Es scheint, als ob jene hypothetischen tieferen Schichten des Unbewußten, des
kollektiven Unbewußten, die Erfahrungen an Frauen in den Schlangenbiß
übersetzt und damit recht eigentlich zu einem mythologischen Motiv erhoben hätten. Der Grund oder vielmehr der Zweck hievon ist zunächst dunkel.
Wenn wir aber den Grundsatz berücksichtigen, daß die Symptomatologie
einer Krankheit zugleich einen natürlichen Heilungsversuch darstellt – die
Herzschmerzen zum Beispiel sind ein Versuch zu einem emotionalen Ausbruch –, so müssen wir wohl das Fersensymptom auch als eine Art Heilungsversuch betrachten. Wie der Traum zeigt, werden durch dieses Symptom
nicht nur die neuerliche Enttäuschung in der Liebe, sondern überhaupt alle
anderen Enttäuschungen in der Schule usw. zugleich auf die Stufe eines mythischen Ereignisses gehoben, wie wenn damit dem Patienten irgendwie geholfen wäre.

313   Das erscheint uns wohl sehr unglaublich. Die alten ägyptischen Priesterärz-
te aber, welche den Schlangenbiß mit dem Hymnus von der Isisschlange be-
sangen, glaubten an diese Theorie, und nicht nur sie, sondern die ganze alte
und primitive Welt glaubte immer noch an den *Analogiezauber* – es handelt

sich hier nämlich um das psychologische Phänomen, welches dem Analogiezauber zugrunde liegt.

Wir dürfen ja nicht glauben, daß dies ein alter, weit hinter uns liegender   314
Aberglaube sei. Wenn Sie die Messetexte aufmerksam lesen, so werden Sie
beständig auf jenes berühmte «sicut» stoßen, welches jeweils eine Analogie
einleitet, mittels welcher eine Veränderung bewirkt werden soll. Um ein dra-
stisches Beispiel zu erwähnen, möchte ich die Feuererzeugung des Sabbatus
sanctus zitieren. Bekanntlich wurde früher das neue Feuer aus dem *Steine* geschlagen – noch früher aus dem Holz gebohrt, was eine Prärogative der Kirche war. Im Gebet des Priesters heißt es daher: «Deus, qui per Filium tuum,
angularem scilicet lapidem, claritatis tuae ignem fidelibus contulisti: produc-
tum e silice, nostris profuturum usibus, novum hunc ignem sanctifica»:
«Gott, der du durch deinen Sohn, der der Eckstein genannt wird, das Feuer
deiner Helle den Gläubigen gebracht hast: heilige dieses neue aus dem Feuerstein geschlagene Feuer zu unserm zukünftigen Nutzen.» Durch die Analogie
mit Christus als dem Eckstein wird der Feuerstein gewissermaßen zu Christus
selber erhöht, der wiederum ein neues Feuer entzündet.

Der Rationalist mag darüber lachen. Etwas Tiefes aber ist in uns berührt,   315
nicht nur in uns, sondern in Millionen christlicher Menschen, mögen wir es
auch nur Schönheit nennen. Was aber in uns berührt ist, das sind jene fernen
Hintergründe, jene ältesten Formen menschlichen Geistes, die wir nicht erworben haben, sondern die uns seit nebelhaften Urzeiten vererbt sind.

Sollte es diese überindividuelle Seele geben, so wäre wohl alles, was in ihre   316
Bildersprache übersetzt ist, dem Persönlichen entrückt, und wenn dies bewußt wird, so erschiene es uns wohl sub specie aeternitatis nicht mehr als *mein*
Leid, sondern als *das* Leid der Welt, nicht mehr als ein persönlich isolierender
Schmerz, sondern als ein Schmerz ohne Bitterkeit, der uns allen Menschen
verbindet. Daß dies heilen kann, dafür brauchen wir wohl keine Beweise zu
suchen.

Ob es aber diese überindividuelle seelische Tätigkeit gibt, dafür habe ich   317
bis jetzt noch keinen Beweis, der allen Anforderungen genügt, erbracht. Ich
möchte dies nun wiederum in Form eines Beispieles tun: Es handelt sich um
einen in den Dreißigern stehenden Geisteskranken, der an paranoider Form
der Dementia praecox leidet. Er ist schon früh, zu Anfang der Zwanziger, er-
krankt. Er war von jeher ein seltsames Gemisch von Intelligenz, Verbohrtheit
und Phantasterei gewesen. Er war ein gewöhnlicher Kommiß und als Schrei-
ber auf einem Konsulat angestellt. Offenbar zur Kompensation seiner höchst

bescheidenen Existenz erkrankte er an Größenwahn und glaubte, er sei der Heiland. Er litt an vielfachen Halluzinationen und war zeitweise sehr unruhig. In seinen ruhigen Zeiten konnte er frei im Korridor sich ergehen. Dort traf ich ihn einmal, wie er zum Fenster hinaus zur Sonne blinzelte und dabei den Kopf merkwürdig hin und her bewegte. Er nahm mich sofort beim Arm und sagte, er wolle mir etwas zeigen, ich solle blinzeln und in die Sonne schauen, dann könne ich den «Sonnenpenis» sehen. Wenn ich den Kopf hin und her bewege, so bewege sich auch der Sonnenpenis, und das sei der «Ursprung des Windes».

318   Diese Beobachtung machte ich etwa 1906. Im Laufe des Jahres 1910, wo ich mit mythologischen Studien beschäftigt war, fiel mir ein Buch DIETE-RICHS in die Hände, eine Bearbeitung eines Teiles des sogenannten *«Pariser Zauberpapyrus»*[3]. Das Stück, das er bearbeitet, hält DIETERICH für eine Liturgie des Mithraskultes. Es besteht aus einer Reihe von Vorschriften, Anrufungen und Visionen. Eine dieser Visionen wird folgendermaßen wörtlich beschrieben: «... ähnlicher Weise wird sichtbar sein auch die sogenannte Röhre, der Ursprung des diensttuenden Windes. Denn du wirst von der Sonnenscheibe wie eine herabhängende Röhre sehen: und zwar nach den Gegenden gen Westen unendlich als Ostwind; wenn die Bestimmung nach den Gegenden des Ostens der andere hat, so wirst du in ähnlicher Weise nach den Gegenden jenes die Umdrehung (Fortbewegung) des Gesichts sehen.»[4] Das für Röhre stehende griechische Wort αὐλός bedeutet ein Blasinstrument und in der Verbindung αὐλός παχύς bei Homer ein «dicker Blutstrom». Offenbar bläst ein *Windstrom* durch die Röhre aus der Sonne.

319   Die Vision meines Patienten vom Jahre 1906 und der erst 1910 edierte[5] griechische Text dürften wohl genügend getrennt sein, so daß sogar die Vermutung einer Kryptomnesie seinerseits und einer Gedankenübertragung meinerseits ausgeschlossen ist. Man kann den offenkundigen Parallelismus der beiden Visionen nicht leugnen, man könnte aber behaupten, es sei eine rein zufällige Ähnlichkeit. In diesem Fall dürften wir also weder Verbindungen mit analogen Vorstellungen noch einen inneren Sinn der Vision erwarten. Diese Erwartung erfüllt sich aber nicht, denn die mittelalterliche Kunst

---

[3] [Vgl. Paragr. 228, Anm. 1 dieses Bandes.]
[4] [*Eine Mithrasliturgie*, pp. 6/7.]
[5] [Wie JUNG später erfuhr, handelt es sich bei der Ausgabe von 1910 eigentlich um eine zweite Auflage. Das Buch ist 1903 erschienen. Der Patient war indessen einige Jahre vor 1903 hospitalisiert worden.]

hat diese Röhre in gewissen Gemälden sogar abgebildet als eine Art Schlauch, der bei der Empfängnis vom Himmel herunter unter die Röcke der Maria kommt. In ihm fliegt der Heilige Geist in Form einer Taube herunter zur Befruchtung der Jungfrau. Der Heilige Geist ist in der Urvorstellung, wie wir aus dem Pfingstwunder wissen, ein gewaltiger Wind, das πνεῦμα – «der Wind weht, wo er will – τὸ πνεῦμα ὅπου θέλει πνεῖ» [6]. «Animo descensus per orbem solis tribuitur» (vom Geiste gilt, daß er durch den Kreis der Sonne heruntersteigt) – diese Anschauung ist ein Gemeingut der gesamten spätklassischen und mittelalterlichen Philosophie.

Ich kann daher in diesen Visionen nichts Zufälliges entdecken, sondern bloß Wiederbelebung der seit alters vorhandenen Vorstellungsmöglichkeiten, die in den verschiedensten Köpfen und zu den verschiedensten Zeiten wieder entdeckt werden können, also keine vererbten Vorstellungen!

Ich bin absichtlich in die Einzelheiten dieses Falles eingetreten, um Ihnen eine konkrete Anschauung jener tieferen seelischen Tätigkeit, eben des kollektiven Unbewußten, zu vermitteln. Zusammenfassend möchte ich also bemerken, daß wir gewissermaßen drei seelische Stufen unterscheiden müssen, 1. das Bewußtsein, 2. das *persönliche Unbewußte,* das zunächst aus allen jenen Inhalten besteht, die unbewußt geworden sind, entweder weil sie ihre Intensität verloren haben und deshalb in Vergessenheit gerieten oder weil sich das Bewußtsein von ihnen zurückgezogen hat (sogenannte Verdrängung), und sodann aus jenen Inhalten, zum Teil Sinneswahrnehmungen, die wegen zu geringer Intensität das Bewußtsein nie erreicht haben und doch irgendwie in die Psyche eingedrungen sind; 3. das *kollektive Unbewußte,* welches als ein Erbgut an Vorstellungsmöglichkeiten nicht individuell, sondern allgemein menschlich, ja sogar allgemein tierisch ist und die eigentliche Grundlage des individuell Seelischen darstellt.

Dieser ganze seelische Organismus entspricht genau dem Körper, der zwar stets individuell variiert, daneben aber und in allen wesentlichen Grundzügen *der* allgemeine menschliche Körper ist, den alle haben, und der in seiner Entwicklung und Struktur jene Elemente noch lebendig besitzt, die ihn mit den wirbellosen Tieren und schließlich sogar mit den Protozoen verbinden. Es müßte theoretisch sogar möglich sein, nicht nur die Psychologie des Wurmes, sondern auch die der Einzelzelle aus dem kollektiven Unbewußten wieder herauszuschälen.

[6] [*Jo.* 3,8.]

323   Wir sind alle überzeugt, daß es ganz unmöglich wäre, den lebendigen Organismus ohne seine Bezogenheit auf Umweltbedingungen zu verstehen. Es gibt zahllose biologische Tatsachen, die man nur als Reaktionserscheinungen auf Umweltbedingungen erklären kann, so die Blindheit des Grottenolms, die Eigentümlichkeiten der Darmparasiten, die besondere Anatomie der ans Wasserleben rückangepaßten Wirbeltiere.

324   Dasselbe gilt nun von der Seele. Auch ihre eigentümliche Organisation muß mit Umweltbedingungen aufs innigste verknüpft sein. Vom Bewußtsein dürfen wir Reaktionen und Anpassungserscheinungen auf das Gegenwärtige erwarten, denn das Bewußtsein ist gewissermaßen jener Teil der Seele, der vorzugsweise auf die momentanen Geschehnisse eingeschränkt ist; vom kollektiven Unbewußten dagegen als einer zeitlosen und allgemeinen Seele dürfen wir Reaktionen erwarten auf die allgemeinsten und stets vorhandenen Bedingungen psychologischer, physiologischer und physikalischer Natur.

325   Das kollektive Unbewußte scheint – soweit wir uns überhaupt ein Urteil darüber gestatten dürfen – aus etwas wie mythologischen Motiven oder Bildern zu bestehen, weshalb die Mythen der Völker die eigentlichen Exponenten des kollektiven Unbewußten sind. Die gesamte Mythologie wäre eine Art Projektion des kollektiven Unbewußten. Am deutlichsten sehen wir dies am gestirnten Himmel, dessen chaotische Formen durch Bildprojektion geordnet wurden. Daraus erklären sich die von der Astrologie behaupteten Gestirneinflüsse: sie sind nichts als unbewußte introspektive Wahrnehmungen der Tätigkeit des kollektiven Unbewußten. So wie die Konstellationsbilder an den Himmel projiziert wurden, so wurden ähnliche und andere Figuren in Legenden und Märchen oder auf historische Personen projiziert. Wir können daher das kollektive Unbewußte auf zweierlei Arten erforschen, entweder in der Mythologie oder in der Analyse des Individuums. Da ich hier nun letzteres Material nicht zugänglich machen kann, so muß ich mich auf ersteres beschränken. Die Mythologie ist aber ein dermaßen weites Feld, daß wir daraus nur einige wenige Typen hervorheben können. Gleicherweise ist die Zahl der Umweltbedingungen unendlich, so daß wir auch hier nur auf einige Typen eintreten können.

326   Wie der lebende Körper mit seinen besonderen Eigenschaften ein System von Anpassungsfunktionen an Umweltbedingungen ist, so muß auch die Seele diejenigen Organe oder Funktionssysteme aufweisen, welche regelmäßigen physikalischen Vorkommnissen entsprechen. Ich meine damit nicht die organbedingten Sinnesfunktionen, sondern vielmehr eine Art psychischer Par-

allelerscheinungen zu den physischen Regelmäßigkeiten. So müßten sich zum Beispiel der tägliche Sonnenlauf und der Wechsel von Tag und Nacht psychisch abbilden in Form eines seit Urzeiten eingeprägten Bildes. Wir können nun ein solches Bild nicht nachweisen; was wir aber anstatt dessen auffinden, das sind mehr oder weniger phantastische Analogien des physischen Vorganges: An jedem Morgen wird ein Gott-Held aus dem Meere geboren, er besteigt den Sonnenwagen. Im Westen erwartet ihn eine Große Mutter, die ihn am Abend verschlingt. Er durchwandert in einem Drachenbauch den Grund des Mitternachtsmeeres. Nach furchtbarem Kampf mit der Nachtschlange wird er am Morgen wiederum geboren.

Dieses Mythenkonglomerat enthält unzweifelhaft das Abbild des physi- 327 schen Vorganges, und zwar so deutlich, daß, wie bekannt, viele Forscher annehmen, die Primitiven erfänden dergleichen Mythen, um die physischen Vorgänge überhaupt zu erklären. Es ist wenigstens unzweifelhaft, daß die Naturwissenschaft und Naturphilosophie aus diesem Mutterboden gewachsen sind. Aber daß der Primitive lediglich aus Erklärungsbedürfnis dergleichen Dinge als eine Art physikalischer oder astronomischer Theorie ersinnt, halte ich für eher unwahrscheinlich.

Was wir über das mythische Gebilde zunächst sagen können, ist, daß der 328 physische Vorgang offenbar in dieser phantastischen Verzerrung in die Psyche eingegangen ist und dort festgehalten wurde, so daß das Unbewußte auch heute noch ähnliche Bilder reproduziert. Natürlich erhebt sich nun die Frage: Warum registriert die Psyche nicht den tatsächlichen Vorgang, sondern bloß die Phantasie über den physischen Vorgang?

Wenn Sie sich in die Seele des Primitiven versetzen, so werden Sie sofort 329 verstehen, warum dies so ist. Er lebt nämlich in seiner Welt mit einer solchen «participation mystique», wie LÉVY-BRUHL diese psychologische Tatsache nennt, daß zwischen Subjekt und Objekt bei weitem nicht jener absolute Unterschied besteht wie in unserem rationalen Verstande. Was außen geschieht, geschieht auch in ihm, und was in ihm geschieht, geschieht auch außen. Ich habe ein sehr schönes Beispiel hiefür beobachtet, als ich mich bei den Elgonyi, einem primitiven Stamm auf Mount Elgon in Ostafrika, aufhielt. Sie pflegen bei Sonnenaufgang in die Hände zu spucken und halten dann die Handfläche gegen die Sonne, die eben über den Horizont kommt. Da das Wort «athîsta» Gott und Sonne zugleich bedeutet, so fragte ich: «Ist die Sonne Gott?» Sie verneinten mit Gelächter, wie wenn ich etwas ausgesucht Dummes gefragt hätte. Da die Sonne gerade hoch am Himmel stand, deutete ich auf sie und fragte: «Wenn die Sonne hier steht, so sagt ihr, sie sei nicht Gott, wenn sie aber dort im Osten ist, so sagt ihr, sie sei Gott.» Darauf trat ein verlegenes Schweigen ein, bis ein alter Häuptling das Wort ergriff und sagte: «So ist es. Es ist wahr, daß die Sonne dort oben nicht Gott ist, aber wenn sie aufgeht, das ist Gott (oder dann ist sie Gott).» Welche von beiden Versionen die richtige ist, ist für den primitiven Geist gleichgültig. Sonnenaufgang und sein Erlösungsgefühl sind für ihn dasselbe göttliche Ereignis, wie die Nacht und seine Angst ein und dasselbe sind. Sein Affekt liegt ihm natürlich näher als die Physik, darum registriert er seine Affektphantasien; so bedeutet ihm die Nacht Schlange und kalten Geisterhauch, der Morgen dagegen die Geburt eines schönen Gottes.

330   Wie es mythologische Theorien gibt, die alles von der Sonne ableiten wollen, so gibt es auch lunare Theorien, die dasselbe mit dem Mond tun wollen. Dies kommt einfach daher, daß es tatsächlich zahllose Mondmythen gibt, darunter eine Unzahl, in denen der Mond das Sonnenweib ist. Der Mond ist das wechselnde Erlebnis der Nacht. Er fällt daher zusammen mit dem sexuellen Erlebnis des Primitiven, mit dem Weib, das für ihn ebenfalls das Ereignis der Nacht ist. Der Mond kann aber auch der benachteiligte Bruder der Sonne sein, denn in der Nacht stören affektvolle und böse Gedanken von Macht und Rache den Schlaf. Der Mond ist ein Schlafstörer, auch ist er ein receptaculum der abgeschiedenen Seelen, denn im Traume der Nacht kehren die Toten wieder, und einer ängstlichen Schlaflosigkeit erscheinen die Schemen der Vergangenheit. So bedeutet der Mond auch Wahnsinn (lunacy). Erlebnisse solcher Art sind es, die an Stelle des wechselnden Mondbildes von der Seele festgehalten wurden.

331   Nicht Stürme, nicht Donner und Blitz und nicht Regen und Wolken bleiben als Bilder in der Seele haften, sondern die durch den Affekt verursachten Phantasien. Ich habe einmal ein sehr starkes Erdbeben erlebt, und mein erstes, unmittelbarstes Gefühl war, daß ich nicht auf der wohlbekannten festen Erde stünde, sondern auf der Haut eines riesenhaften Tieres, das sich schüttle. Dieses Bild prägt sich ein, nicht die physische Tatsache. Die Flüche des Menschen gegen verheerende Gewitterstürme, seine Angst vor den entfesselten Elementen vermenschlichen die Leidenschaft der Natur, und das rein physische Element wird zum zürnenden Gott.

332   In ähnlicher Weise wie die physischen Umweltbedingungen erregen auch die physiologischen Bedingungen, die glandulären Triebe, affektvolle Phantasien. Die Sexualität erscheint als ein Fruchtbarkeitsgott, als ein grausam-

wollüstiger weiblicher Dämon, als der Teufel selber mit dionysischen Bocks-
beinen und unanständiger Gebärde, oder als angsterregende, umschnürende
Schlange.

Der Hunger macht die Nahrungsmittel zu Göttern, denen gewisse mexi- 333
kanische Indianer sogar jährlich Ferien geben zur Erholung, indem die ge-
bräuchlichen Nahrungsmittel eine Zeitlang nicht gegessen werden. Die alten
Pharaonen wurden als Esser der Götter gepriesen. Osiris ist der Weizen, der
Sohn der Erde, weshalb die Hostie immer noch aus Weizenmehl bestehen
muß, ein Gott, der gegessen wird, ebenso Iacchos, der geheimnisvolle Gott
der eleusinischen Mysterien. Der Stier des Mithras ist die eßbare Fruchtbarkeit
der Erde.

Die psychologischen Umweltbedingungen hinterlassen natürlich die glei- 334
chen mythischen Spuren. Gefahrvolle Situationen, seien es nun leibliche Gefahren oder Gefährdungen der Seele, erregen Affektphantasien, und insofern
sich solche Situationen typisch wiederholen, so bilden sich daraus gleiche *Archetypen,* wie ich die mythischen Motive überhaupt genannt habe.

Drachen hausen an Wasserläufen, besonders gerne an Furten oder sonsti- 335
gen gefährlichen Übergängen, Djinns und sonstige Teufel in wasserleeren
Wüsten oder gefährlichen Felsklüften, die Totengeister bewohnen das unheimliche Dickicht des Bambuswaldes, verräterische Nixen und Wasser-
schlangen die Meerestiefen und Wasserstrudel. Mächtige Ahnengeister oder
Götter leben im bedeutenden Manne, verderbliche Fetischkraft sitzt im Fremden und Außergewöhnlichen. Krankheit und Tod sind nie natürlich, sondern
stets durch Geister oder Hexerei verursacht. Selbst die Waffe, die getötet hat,
ist mana, das heißt mit ungewöhnlicher Kraft begabt.

Und wie steht es nun, wird man fragen, mit den allergewöhnlichsten und 336
allernächsten und unmittelbarsten Vorkommnissen, mit Mann, Weib, Vater,
Mutter, Kind? Diese allergewöhnlichsten und ewig wiederholten Tatsachen
erzeugen die mächtigsten Archetypen, deren beständige Tätigkeit auch in
unserer rationalistischen Zeit noch überall unmittelbar erkennbar ist. Nehmen wir als Beispiel die christliche Dogmatik: die Trinität besteht aus Gott-
Vater, Sohn und Heiligem Geist, der durch den Astartevogel, die Taube, dargestellt ist, in der christlichen Urzeit auch Sophia hieß und weiblicher Natur
war. Die Marienverehrung in der neueren Kirche ist dafür ein offenkundiger
Ersatz. Hier haben wir den Familienarchetypus ἐν οὐρανίῳ τόπῳ «an himm-
lischem Orte», wie sich PLATON ausdrückte, inthronisiert als Formulierung
des letzten Geheimnisses. Christus der Bräutigam, die Kirche die Braut, die

Taufpiscina der uterus ecclesiae, wie sie immer noch im Text der benedictio
fontis genannt wird. Das Weihwasser mit Salz versetzt – eine Art Frucht- oder
Meerwasser. Ein Hierosgamos, eine heilige Hochzeit, wird in der eben ge-
nannten Benediktion am Sabbatus sanctus gefeiert, wo eine brennende Kerze
als phallisches Symbol dreimal in die Taufquelle getaucht wird, um das Tauf-
wasser zu befruchten und ihm die Eigenschaft zu verleihen, den Täufling wieder zu gebären (quasimodo genitus). Die Mana-Persönlichkeit, der Medizinmann, ist der pontifex maximus, der papa, die Kirche die mater ecclesia, die
magna mater von magischer Kraft, die Menschen sind die hilf- und gnadelo-
sen Kinder.

337   Der Niederschlag aller übermächtigen, affektvollen und bilderreichen Erfahrung aller Ahnen an Vater, Mutter, Kind, Mann und Weib, an der magischen Persönlichkeit, an Gefahren des Leibes und der Seele, hat diese Gruppe
von Archetypen in unbewußter Anerkennung ihrer gewaltigen psychischen
Kräfte zu obersten formulierenden und regulierenden Prinzipien des religiösen, sogar des politischen Lebens erhoben.

338   Ich habe gefunden, daß ein verstandesmäßiges Begreifen dieser Dinge
nichts von deren Wert abstreift, sondern im Gegenteil dazu hilft, ihre ungeheure Bedeutung nicht nur zu fühlen, sondern auch einzusehen. Diese gewaltige Projektion erlaubt dem Katholiken, ein beträchtliches Stück seines kollektiven Unbewußten in tastbarer Wirklichkeit zu erleben. Er muß nicht
nach einer Autorität, nach einer Überlegenheit, einer Offenbarung, einer Verbindung mit dem Ewigen und Zeitlosen suchen, sondern es ist gegenwärtig
und ihm erreichbar: im Allerheiligsten eines jeden Altars wohnt ihm der
Gott. Das Suchen ist dem Protestanten und dem Juden vorbehalten, denn der
eine hat gewissermaßen den irdischen Leib der Gottheit zerstört und der andere ihn nie erreicht. Für beide liegen die Archetypen, welche für die katholische
Christenheit zur sicht- und lebbaren Wirklichkeit geworden sind, im Unbewußten. Ich kann hier leider nicht tiefer auf die bemerkenswerte Verschiedenheit der Einstellung unseres Kulturbewußtseins zum Unbewußten eingehen.
Ich möchte nur zeigen, daß die Einstellungsfrage kontrovers ist und offenbar
zu den größten Menschheitsproblemen gehört.

339   Dies ist auch ohne weiteres begreiflich, wenn man sich klarmacht, daß das
Unbewußte, als die Gesamtheit aller Archetypen, der Niederschlag alles
menschlichen Erlebens ist, bis zurück zu seinen dunkelsten Anfängen, kein
toter Niederschlag – gewissermaßen ein verlassenes Trümmerfeld –, sondern
lebendige Reaktions- und Bereitschaftssysteme, welche auf unsichtbarem und

daher um so wirkungsvollerem Wege das individuelle Leben bestimmen. Es ist aber gewissermaßen nicht bloß ein gigantisches historisches Vorurteil, sondern zugleich auch die Instinktquelle, indem die Archetypen nichts sind als die Manifestationsformen der Instinkte. Aus der Lebensquelle des Instinktes aber fließt auch alles Schöpferische, so daß das Unbewußte nicht nur historische Bedingtheit ist, sondern zugleich den schöpferischen Impuls hervorbringt – ähnlich wie die Natur, die ungeheuer konservativ ist und in ihren Schöpfungsakten ihre eigene historische Bedingtheit wiederaufhebt. Kein Wunder daher, wenn es für die Menschen aller Zeiten und Regionen eine brennende Frage war, wie man sich zu dieser unsichtbaren Bedingung am besten zu verhalten hätte. Wenn sich das Bewußtsein nie vom Unbewußten abgespalten hätte – ein als Engelssturz und als Ungehorsam der ersten Eltern symbolisiertes und ewig wiederholtes Ereignis –, so wäre dieses Problem nicht entstanden, sowenig wie die Frage der Anpassung an Umweltbedingungen.

Infolge der Existenz eines individuellen Bewußtseins werden eben die 340 Schwierigkeiten nicht nur des äußeren, sondern auch des inneren Lebens bewußt. Wie dem primitiven Menschen die Umwelt freundlich oder feindlich gegenübertritt, so erscheinen ihm auch die Einflüsse des Unbewußten als eine ihm entgegenstehende Macht, mit der er sich ebensosehr auseinanderzusetzen hat wie mit seiner sichtbaren Welt. Seine zahllosen magischen Gebräuche dienen diesem Zwecke. Auf höherer Stufe der Zivilisation erfüllen die Religionen und die Philosophien denselben Zweck, und jeweils, wenn ein solches Anpassungssystem anfängt zu versagen, so entsteht allgemeine Beunruhigung, und es setzen Versuche ein, neue passende Formen für den Umgang mit dem Unbewußten zu finden.

Unserer modernen Aufklärung scheinen diese Dinge allerdings fernzuliegen. 341 Wenn ich von den Mächten des seelischen Hintergrundes, des Unbewußten, spreche und ihre Realität mit der sichtbaren Welt vergleiche, so begegne ich oft ungläubigem Lächeln. Ich muß aber dagegen fragen, wie viele Menschen gibt es in der gebildeten Welt, die noch der Mana- und Geistertheorie huldigen, mit anderen Worten, wie viele Millionen Christian Scientists und Spiritisten gibt es? Ich will diese Fragen nicht weiter häufen. Sie mögen bloß die Tatsache illustrieren, daß das Problem der unsichtbaren seelischen Bedingung noch genauso lebendig ist, wie es je war.

Das kollektive Unbewußte ist die gewaltige geistige Erbmasse der Menschheitsentwicklung, wiedergeboren in jeder individuellen Hirnstruktur. Das 342 Bewußtsein dagegen ist eine ephemere Erscheinung, welche alle momentanen

Anpassungen und Orientierungen leistet, weshalb man seine Leistung auch am ehesten mit der Orientierung im Raume vergleichen kann. Das Unbewußte dagegen enthält die Quelle der treibenden seelischen Kräfte und die diese regulierenden Formen oder Kategorien, eben die Archetypen. Alle stärksten Ideen und Vorstellungen der Menschheit gehen auf Archetypen zurück. Besonders deutlich ist dies bei religiösen Vorstellungen der Fall. Aber auch wissenschaftliche, philosophische und moralische Zentralbegriffe machen davon keine Ausnahme. Sie sind in ihrer gegenwärtigen Form durch bewußte Anwendung und Anpassung entstandene Varianten der Urvorstellungen, denn es ist die Funktion des Bewußtseins, nicht nur die Welt des Äußeren durch die Sinnespforten aufzunehmen und zu erkennen, sondern auch die Welt des Inneren schöpferisch in das Außen zu übersetzen.

VIII
THEORETISCHE ÜBERLEGUNGEN ZUM WESEN DES PSYCHISCHEN

[Ursprünglich als «Der Geist der Psychologie» erschienen im *Eranos-Jahrbuch* 1946. Rhein-Verlag, Zürich 1947. Der Titel rechtfertigte sich durch das Thema der damaligen Tagung: «Geist und Natur». Erweiterte Neuausgabe unter dem jetzigen Titel in: *Von den Wurzeln des Bewußtseins. Studien über den Archetypus.* (Psychologische Abhandlungen IX) Rascher, Zürich 1954.

THEORETISCHE ÜBERLEGUNGEN ZUM
WESEN DES PSYCHISCHEN

A. HISTORISCHES ZUR FRAGE DES UNBEWUSSTEN

Es gibt wohl kaum ein Gebiet der Wissenschaften, welches die geistige Wandlung von der Antike zur Neuzeit deutlicher demonstriert als die Psychologie. Ihre Geschichte[1] bis zum 17. Jahrhundert besteht hauptsächlich in der Aufzeichnung der Lehrmeinungen über die Seele, ohne daß letztere als Objekt der Erforschung zum Worte gekommen wäre. Als unmittelbar Gegebenes schien sie jedem Denker in dem Maße etwas Bekanntes zu sein, daß er überzeugt sein konnte, keiner zusätzlichen oder gar objektiven Erfahrung mehr zu bedürfen. Diese Einstellung ist dem modernen Standpunkt ungemein befremdlich, denn man ist heutzutage der Meinung, daß über alle subjektive Gewißheit hinaus es noch der objektiven Erfahrung bedürfe, um eine Meinung, die auf Wissenschaftlichkeit Anspruch erhebt, zu begründen. Trotz alledem hält es aber auch heute noch schwer, in der Psychologie den rein empirischen, respektive phänomenologischen Standpunkt konsequent durchzuführen, weil die ursprüngliche, naive Ansicht, daß die Seele als das unmittelbar Gegebene das Allerbekannteste sei, noch zutiefst in unserer Überzeugung verwurzelt ist. Nicht nur jeder Laie maßt sich gegebenenfalls ein Urteil an, sondern auch jeder Psychologe, und zwar nicht nur etwa in bezug auf das Subjekt, sondern auch, was schwerer wiegt, auf das Objekt. Man weiß oder glaubt vielmehr zu wissen, wie es sich beim anderen verhält und was ihm frommt. Dies hängt weniger mit einer souveränen Übergehung des Andersartigen als vielmehr mit der stillschweigenden Voraussetzung des Gleichseins zusammen. Infolge letzterer Voraussetzung neigt man unbewußterweise zum Glauben an die Allgemeingültigkeit subjektiver Meinungen. Ich erwähne diesen Umstand nur, um darzutun, daß trotz einem während dreier Jahrhunderte zunehmenden Empirismus die ursprüngliche Einstellung noch keines-

---

[1] SIEBECK, *Geschichte der Psychologie*.

wegs verschwunden ist. Ihr Nochvorhandensein zeigt nur, wie schwierig sich der Übergang von der alten, philosophischen zu der modernen, empirischen Auffassung gestaltet.

344   Es ist dem früheren Standpunkt natürlich nicht beigekommen, daß seine Lehrmeinungen nichts anderes als psychische Phänomene sind, insofern die naive Annahme bestand, daß mittels des Verstandes, beziehungsweise der Vernunft, der Mensch gewissermaßen aus seiner psychischen Bedingtheit herauszuklettern und sich in einen überpsychischen, rationalen Zustand zu versetzen vermöge. Man scheut sich noch, den Zweifel ernst zu nehmen, ob die Aussagen des Geistes nicht am Ende *Symptome* gewisser psychischer Bedingungen seien [2]. Diese Frage läge eigentlich auf der Hand, aber sie hat dermaßen weitreichende, revolutionierende Folgen, daß es nur zu begreiflich ist, wenn nicht nur die frühere Zeit, sondern auch die Neuzeit möglichst daran vorbeisieht. Wir sind heute noch weit davon entfernt, mit NIETZSCHE die Philosophie oder gar die Theologie als «ancilla psychologiae» zu betrachten, denn nicht einmal der Psychologe ist ohne weiteres gewillt, seine Aussagen wenigstens teilweise als subjektiv bedingtes Bekenntnis anzusehen. Man kann von einer Gleichartigkeit der Subjekte nur insoweit sprechen, als sie in höherem Maße unbewußt, das heißt ihrer tatsächlichen Verschiedenheit unbewußt sind. Je unbewußter nämlich ein Mensch ist, desto mehr wird er dem allgemeinen Kanon des psychischen Geschehens folgen. Je mehr er aber seiner Individualität bewußt wird, desto mehr tritt seine Verschiedenheit von anderen Subjekten in den Vordergrund und desto weniger wird er der allgemeinen Erwartung entsprechen. Auch können seine Reaktionen viel weniger vorausgesagt werden. Letzteres hängt damit zusammen, daß ein individuelles Bewußtsein immer höher differenziert und erweitert ist. Je weiter es aber wird, desto mehr wird es Verschiedenheiten erkennen und desto mehr wird es sich auch von der kollektiven Gesetzmäßigkeit emanzipieren, denn proportional seiner Erweiterung wächst der Grad der empirischen Willensfreiheit.

345   In dem Maße nun, in welchem die individuelle Differenzierung des Bewußtseins zunimmt, vermindert sich die objektive Gültigkeit und erhöht sich die Subjektivität der Anschauungen desselben, wenn nicht notwendigerweise de facto, so doch in den Augen der Umgebung. Denn wenn eine Ansicht gültig sein soll, so muß sie für die meisten den Beifall einer größtmöglichen Men-

---

[2] Diese Feststellung gilt wirklich nur von der alten Psychologie. In neuerer Zeit hat sich der Standpunkt beträchtlich verändert.

ge haben, unbekümmert der Argumente, die sie zu ihren Gunsten vorbringt. Wahr und gültig ist das, was die Vielen glauben, denn es bestätigt die Gleichheit aller. Für ein differenziertes Bewußtsein ist es aber nicht mehr selbstverständlich, daß die eigene Voraussetzung auch für den anderen und vice versa zutrifft. Diese logische Entwicklung brachte es mit sich, daß in dem für die Wissenschaftsentwicklung so bedeutsamen 17. Jahrhundert die Psychologie neben der Philosophie emporzukommen anfing, und es war CHRISTIAN AUGUST WOLFF (1679–1754), der zuerst von einer «empirischen» oder «experimentellen» Psychologie[3] sprach und damit die Notwendigkeit anerkannte, der Psychologie eine neue Grundlage zu geben. Sie mußte der rationalen Wahrheitsbestimmung der Philosophie entzogen werden, weil es allmählich klar wurde, daß keine Philosophie jene Allgemeingültigkeit besaß, welche der Verschiedenartigkeit der Individuen gleichmäßig gerecht wurde. Da auch in prinzipiellen Fragen eine unbestimmt große Anzahl subjektiv verschiedener Aussagen möglich war, deren Gültigkeit wiederum nur subjektiv bestritten werden konnte, so ergab sich natürlicherweise die Notwendigkeit, auf das philosophische Argument zu verzichten und an dessen Stelle die Erfahrung zu setzen. Damit aber wurde die Psychologie zu einer *Naturwissenschaft.*

Allerdings blieb zunächst der Philosophie das weite Gebiet der sogenannten rationalen oder spekulativen Psychologie und Theologie überlassen, und erst im Laufe der folgenden Jahrhunderte konnte sie sich allmählich zu einer Naturwissenschaft entwickeln. Dieser Wandlungsprozeß ist auch heute noch nicht vollendet. Noch ist die Psychologie als Lehrfach an vielen Universitäten der Philosophischen Fakultät I zugeteilt und in der Regel in der Hand von Fachphilosophen, und noch gibt es eine «medizinische» Psychologie, die bei der Medizinischen Fakultät einen Unterschlupf sucht. Offiziell ist also die Situation zum guten Teil noch mittelalterlich, indem sogar die Naturwissenschaften als «Phil. II» quasi unter dem Deckmantel der «Naturphilosophie» zugelassen sind[4]. Obschon es seit mindestens zwei Jahrhunderten klar ist, daß die Philosophie in allererster Linie von psychologischen Voraussetzungen abhängt, so wurde doch das mögliche getan, die Autonomie der Erfahrungswissenschaften wenigstens zu verschleiern, nachdem die Entdeckung der Erdrotation um die Sonne und die der Jupitermonde nicht mehr unterdrückt wer-

346

---

[3] *Psychologia empirica.*
[4] In angelsächsischen Ländern gibt es allerdings den Grad des «doctor scientiae», und ebenso genießt die Psychologie eine größere Selbständigkeit.

den konnte. Am wenigsten von allen Naturwissenschaften hat es bis jetzt die Psychologie vermocht, sich ihre Selbständigkeit zu erobern.

347   Diese Rückständigkeit scheint mir bedeutsam zu sein. Die Lage der Psychologie läßt sich mit der einer psychischen Funktion vergleichen, welche von seiten des Bewußtseins gehemmt wird. Von einer solchen werden bekanntlich nur diejenigen Anteile als existenzberechtigt zugelassen, welche mit der im Bewußtsein vorherrschenden Tendenz übereinstimmen. Was damit nicht übereinstimmt, dem wird sogar die Existenz abgesprochen, trotz und entgegen der Tatsache, daß zahlreiche Phänomene respektive Symptome vorhanden sind, welche das Gegenteil beweisen. Jeder Kenner solcher psychischer Vorgänge weiß, mit was für Ausflüchten und Selbsttäuschungsmanövern die Abspaltung des Nichtkonvenierenden zuwege gebracht wird. Genau so geht es in der empirischen Psychologie: als Disziplin einer allgemeinen philosophischen Psychologie ist die experimentelle Psychologie als Konzession an die naturwissenschaftliche Empirie unter reichlicher Durchsetzung mit philosophischer Fachsprache zugelassen. Die Psychopathologie verbleibt aber der medizinischen Fakultät als seltenes Anhängsel der Psychiatrie. Die «medizinische» Psychologie vollends findet keine oder geringe Berücksichtigung an den Universitäten [5].

348   Ich drücke mich absichtlich etwas drastisch aus, um der Lage der Psychologie zu Ende des 19. und zu Anfang des 20. Jahrhunderts Relief zu geben. Für die damalige Situation ist der Standpunkt WUNDTS vor allem repräsentativ, auch darum, weil aus seiner Schule eine Reihe namhafter Psychologen, welche im Anfang des 20. Jahrhunderts den Ton angaben, hervorgegangen sind. In seinem «*Grundriß der Psychologie*» sagt WUNDT: «Irgend ein aus dem Bewußtsein verschwundenes psychisches Element wird aber insofern von uns als ein *unbewußt* gewordenes bezeichnet, als wir dabei die Möglichkeit seiner Erneuerung, d. h. seines Wiedereintritts in den actuellen Zusammenhang der psychischen Vorgänge, voraussetzen. Auf mehr als auf diese Möglichkeit der Erneuerung bezieht sich unsere Kenntnis der unbewußt gewordenen Elemente nicht. Sie bilden daher ... lediglich *Anlagen* oder Dispositionen zur Entstehung künftiger Bestandteile des psychischen Geschehens ... Annahmen über den Zustand des ‹Unbewußten› oder über irgend welche ‹unbewußte Vorgänge› ... sind deshalb *für die Psychologie durchaus unfruchtbar* [6]; wohl aber

---

[5] Neuerdings ist eine gewisse Besserung dieser Zustände eingetreten.
[6] Von mir hervorgehoben.

gibt es *physische* Begleiterscheinungen jener psychischen Dispositionen, die sich theils direkt nachweisen, theils aus manchen Erfahrungen erschließen lassen [7].»

Ein Vertreter der WUNDTschen Schule meint, «daß ein psychischer Zu- [349] stand nicht psychisch genannt werden kann, wenn er nicht mindestens die Schwelle des Bewußtseins erreicht hat». Dieses Argument setzt voraus, respektive entscheidet, daß nur das Bewußte psychisch und mithin alles Psychische bewußt sei. Es ist dem Autor dabei passiert, zu sagen: ein «psychischer» Zustand; er hätte logischerweise sagen sollen «ein Zustand», denn er bestreitet ja eben, daß ein solcher Zustand psychisch sei. Ein anderes Argument lautet, daß die einfachste seelische Tatsache die *Empfindung* sei. Sie lasse sich nicht in einfachere Tatsachen zerlegen. Deshalb sei das, was einer Empfindung vorausgeht oder zugrunde liegt, niemals psychisch, sondern physiologisch, ergo: es gibt kein Unbewußtes.

HERBART sagt einmal: «Wenn eine Vorstellung unter die Schwelle des Be- [350] wußtseins fällt, so fährt sie fort, in latenter Weise zu leben, in stetem Bestreben, über die Schwelle zurückzukehren und die übrigen Vorstellungen zu verdrängen [8].» In dieser Form ist der Satz zweifellos unrichtig, denn leider hat das genuin Vergessene keinerlei Tendenz, wieder zurückzukehren. Hätte HERBART aber statt «Vorstellung» «Komplex» in modernem Sinne gesagt, so wäre sein Satz unerhört richtig. Wir gehen wohl kaum fehl, wenn wir annehmen, daß er auch wirklich etwas Derartiges gemeint hat. Zu diesem Satz nun macht ein philosophischer Gegner des Unbewußten die sehr erleuchtende Bemerkung: «Giebt man dies einmal zu, so ist man allen möglichen Hypothesen über dieses unbewußte Leben preisgegeben, Hypothesen, die von keiner Beobachtung kontrolliert werden können [9].» Man sieht, daß es bei diesem Autor nicht etwa darum geht, eine Tatsache anzuerkennen, sondern daß die Angst, in alle möglichen Schwierigkeiten zu geraten, entscheidend ist. Und woher weiß er, daß diese Hypothese von keiner Beobachtung kontrolliert werden kann? Das steht für ihn lediglich a priori fest. Auf die HERBARTsche Beobachtung aber läßt er sich keineswegs ein.

Ich erwähne diesen Zwischenfall nicht, weil ihm irgendeine sachliche Be- [351] deutung zukäme, sondern nur darum, weil er charakteristisch ist für die antiquierte philosophische Einstellung gegenüber der Erfahrungspsychologie.

---

[7] p. 248.
[8] In: VILLA, *Einleitung in die Psychologie der Gegenwart*, p. 339.
[9] VILLA, l. c.

WUNDT selber ist der Ansicht, daß es sich bei den sogenannten «unbewußten Vorgängen» «nicht um unbewußte, sondern überall nur um *dunkler bewußte* psychische Elemente handelt» und daß «den hypothetischen unbewußten Vorgängen thatsächlich nachweisbare oder jedenfalls minder hypothetische Bewußtseinsvorgänge substituirt werden können» [10]. Diese Haltung bedeutet eine klare Ablehnung des Unbewußten als psychologische Hypothese. Die Fälle von double conscience erklärt er aus «*Veränderungen* des individuellen Bewußtseins… die nicht selten sogar continuirlich, in stetigen Uebergängen erfolgen, und denen hier durch eine gewaltsame und den Thatsachen widerstreitende Umdeutung eine Mehrheit von Bewußtseinsindividuen substituirt wird». Die letzteren – so argumentiet WUNDT – «müßten doch… *gleichzeitig* in einem und demselben Individuum vorkommen können.» Dies sei, sagt er, «zugestandenermaßen nicht der Fall» [11]. Es ist ohne Zweifel nicht wohl möglich, daß in grob erkennbarer Weise zwei Bewußtseine zugleich in *einem* Individuum sich äußern. Darum alternieren diese Zustände in der Regel. JANET hat aber nachgewiesen, daß, während das eine Bewußtsein sozusagen den Kopf beherrschte, das andere Bewußtsein sich gleichzeitig mittels eines durch Fingerbewegungen ausgedrückten Code mit dem Beobachter in Beziehung setzte [12]. Das Doppelbewußtsein kann also sehr wohl gleichzeitig sein.

352　　WUNDT meint, daß der Gedanke eines Doppelbewußtseins, also eines «Ober-» und «Unterbewußtseins» im Sinne FECHNERS noch ein «Ueberlebniss aus dem psychologischen Mysticismus» der SCHELLINGschen Schule sei. Er stößt sich offenkundig an der Tatsache, daß eine unbewußte Vorstellung eine solche ist, die niemand «hat» [13]. In diesem Falle wird natürlich auch das Wort «Vorstellung» obsolet, indem es an sich schon ein Subjekt, dem etwas vorgestellt ist, suggeriert. Hier liegt wohl der wesentliche Grund, warum WUNDT das Unbewußte ablehnt. Man könnte aber diese Schwierigkeit leicht dadurch umgehen, daß man statt von «Vorstellungen» oder «Empfindungen» von *Inhalten* spräche, wie ich dies in der Regel tue. Ich muß hier allerdings vorwegnehmen, was ich weiter unten noch ausführlich behandeln wer-

---

[10] *Grundzüge der physiologischen Psychologie* III, p. 327.

[11] [l. c., p. 326⁴.]

[12] *L'Automatisme psychologique,* pp. 238 ff. und 243.

[13] *Elemente der Psychophysik* II, p. 438 f. FECHNER sagt, daß «der Begriff der psychophysischen Schwelle… für den Begriff des Unbewußtseins überhaupt ein festes Fundament giebt. Die Psychologie kann von unbewußten Empfindungen, Vorstellungen, ja von Wirkungen unbewußter Empfindungen, Vorstellungen nicht abstrahiren.»

de, nämlich die Tatsache, daß den unbewußten Inhalten etwas wie Vorgestelltsein respektive Bewußtsein anhaftet, weshalb die Möglichkeit eines unbewußten Subjektes ernsthaft in Frage kommt. Letzteres ist aber nicht identisch mit dem Ich. Daß es hauptsächlich die «Vorstellungen» sind, die es
WUNDT angetan haben, sieht man auch in seiner emphatischen Ablehnung
der Idee der «angeborenen Vorstellungen». Wie wörtlich er diesen Gedanken
nimmt, zeigt sich in seiner Ausdrucksweise: «Wenn das neugeborene Thier
wirklich von allen den Handlungen, die es vornimmt, im voraus eine Vorstellung hätte, welch' ein Reichthum anticipirter Lebenserfahrungen würde dann
in den thierischen und menschlichen Instincten liegen, und wie unbegreiflich
erschiene es, daß nicht bloß der Mensch, sondern auch die Thiere immerhin
das meiste erst durch Erfahrung und Übung sich aneignen [14]!» Es gibt aber
trotzdem ein angeborenes pattern of behaviour und einen ebensolchen Schatz
nicht antizipierter, sondern aufgehäufter Lebenserfahrung, nur handelt es sich
nicht um «Vorstellungen», sondern um Zeichnungen, Pläne oder Bilder, welche, wenn auch nicht dem Ich vorgestellt, doch so real sind wie die im Rock-
saum eingenähten hundert Taler KANTS, die der Eigentümer vergessen hat.
WUNDT hätte sich hier an WOLFF erinnern können, welchen er selber erwähnt und an dessen Unterscheidung von «unbewußten» Zuständen, auf die
man nur aus demjenigen schließen dürfe, was wir in unserem Bewußtsein finden [15].

Zu den «angeborenen Vorstellungen» gehören auch ADOLF BASTIANS   353
«Elementargedanken» [16], worunter die überall sich findenden analogen
Grundformen der Anschauung zu verstehen sind, also etwa dasselbe, was wir
heute als «Archetypen» formulieren. Selbstverständlich lehnt WUNDT diese
Anschauung ab, immer unter der Suggestion, daß es sich um «Vorstellungen»
und nicht um *Dispositionen* handle. Er sagt, der «Ursprung einer und derselben
Erscheinung an verschiedenen Orten» sei «zwar nicht absolut unmöglich,
aber nach empirisch psychologischen Gesichtspunkten im höchsten Grade
unwahrscheinlich» [17]. Er leugnet einen «seelischen Gesamtbesitz der Menschheit» in diesem Sinne und verwirft auch die Idee eines deutbaren Mythensym-

---

[14] *Grundzüge* III, p. 328.

[15] *Grundzüge* III, p. 326. WOLFF, *Vernünfftige Gedancken von Gott, der Welt und der Seele des
Menschen,* § 193.

[16] *Ethnische Elementargedanken in der Lehre vom Menschen* und *Der Mensch in der Geschichte* I,
pp. 166 ff., 203 ff. und II, 24 ff.

[17] *Völkerpsychologie* V, 2. Teil, p. 460.

bolismus mit der charakteristischen Begründung, daß die Annahme, es verberge sich hinter dem Mythus ein «Begriffssystem», unmöglich sei [18]. Die schulmeisterliche Annahme, daß das Unbewußte ausgerechnet ein Begriffssystem sei, bestand nicht einmal zu WUNDTS Zeiten, geschweige denn vorher oder nachher.

354   Es wäre unrichtig, anzunehmen, daß die Ablehnung der Idee des Unbewußten in der akademischen Psychologie um die Jahrhundertwende etwa durchgängig gewesen wäre. Das ist keineswegs der Fall, indem nicht nur schon etwa THEODOR FECHNER [19], sondern auch der spätere THEODOR LIPPS dem Unbewußten sogar eine entscheidende Bedeutung zumessen [20]. Obschon für ihn die Psychologie eine «Wissenschaft vom Bewußtsein» ist, so spricht er doch von «unbewußten» Empfindungen und Vorstellungen, die er aber als «Vorgänge» betrachtet. «Ein ‹psychischer Vorgang› ist», sagt er, «seiner Natur, oder richtiger seinem Begriffe nach, nicht ein Bewußtseinsinhalt oder Bewußtseinserlebnis, sondern er ist das dem Dasein eines solchen zugrunde liegende... notwendig mitgedachte psychisch Reale [21]... Die Betrachtung des Bewußtseinslebens führt aber zur Überzeugung, daß unbewußte Empfindungen und Vorstellungen... nicht nur gelegentlich in uns sich finden, sondern daß der psychische Lebenszusammenhang jederzeit der Hauptsache nach in solchen sich abspielt, und nur gelegentlich, an ausgezeichneten Punkten, das, was in uns wirkt, in zugehörigen Bildern sein Dasein unmittelbar kundgibt [22]... So geht das psychische Leben jederzeit weit hinaus über das Maß dessen, was in Gestalt von Bewußtseinsinhalten oder Bildern in uns gegenwärtig ist oder gegenwärtig sein kann.»

355   Die Ausführungen von LIPPS stehen in keinem Widerspruch zu den heutigen Auffassungen; im Gegenteil stellen sie die theoretische Grundlage für die Psychologie des Unbewußten im allgemeinen dar. Trotzdem dauerte der Wi-

---

[18] l. c. IV, 1. Teil, p. 41.

[19] FECHNER sagt: «Empfindungen, Vorstellungen haben freilich im Zustande des Unbewußtseins aufgehört, als wirkliche zu existiren, ... aber es geht etwas in uns fort, die psychophysische Thätigkeit» usw. (*Elemente der Psychophysik* II, p. 439 f.) Dieser Schluß ist insofern etwas unvorsichtig, als der psychische Vorgang mehr oder weniger derselbe bleibt, ob er unbewußt sei oder nicht. Eine «Vorstellung» besteht nicht nur in ihrem Vorgestelltsein, sondern auch – und dies hauptsächlich – in ihrer psychischen Existentialität.

[20] Vgl. *Der Begriff des Unbewußten in der Psychologie*, p. 146 ff., und *Grundtatsachen des Seelenlebens*, p. 125 ff.

[21] *Leitfaden*, p. 64.

[22] l. c., p. 65 f. Die Hervorhebung stammt von mir.

derstand gegen die Hypothese des Unbewußten noch recht lange. So ist es zum Beispiel charakteristisch, daß MAX DESSOIR in seiner «*Geschichte der Neueren Deutschen Psychologie*» CARL GUSTAV CARUS und EDUARD HART-MANN nicht einmal erwähnt.

B. DIE BEDEUTUNG DES UNBEWUSSTEN FÜR DIE PSYCHOLOGIE

Die Hypothese des Unbewußten bedeutet ein großes Fragezeichen, das hinter 356 den Begriff der Psyche gesetzt ist. Die bis dahin vom philosophischen Intellekt gesetzte und mit allen nötigen Vermögen ausgestattete Seele drohte sich als ein Ding mit unerwarteten und unerforschten Eigenschaften zu entpuppen. Sie stellte nicht mehr das unmittelbar Gewußte und Bekannte dar, an dem nichts weiter aufzufinden war als mehr oder weniger befriedigende Definitionen. Vielmehr erschien sie jetzt in seltsamer Doppelgestalt, als ein Allbekanntes und zugleich Unbekanntes. Damit war die alte Psychologie aus dem Sattel gehoben und ebenso revolutioniert[23] wie die klassische Physik durch

[23] Ich gebe hier wieder, was WILLIAM JAMES über die Bedeutung der Entdeckung einer unbewußten Seele sagt (*The Varieties of Religious Experience*, p. 233): «I cannot but think that the most important step forward that has occurred in psychology since I have been a student of that science is the discovery, first made in 1886, that... there is not only the consciousness of the ordinary field, with its usual centre and margin, but an addition thereto in the shape of a set of memories, thoughts, and feelings which are extra-marginal and outside of the primary consciousness altogether, but yet must be classed as conscious facts of some sort, able to reveal their presence by unmistakable signs. I call this the most important step forward because, unlike the other advances which psychology has made, this discovery has revealed to us an entirely unsuspected peculiarity in the constitution of human nature. No other step forward which psychology has made can proffer any such claim as this.» [Ich bin der Überzeugung, daß der wichtigste Schritt vorwärts, der in der Psychologie vollzogen wurde, seit ich Student dieser Wissenschaft war, die – 1886 gemachte – Entdeckung ist, daß... es nicht nur das Bewußtsein des gewöhnlichen Feldes gibt, mit seinem üblichen Zentrum und seinem Randbereich, sondern eine Ergänzung dazu in Form einer Ansammlung von Erinnerungen, Gedanken und Gefühlen, die jenseits des Randes und gänzlich außerhalb des primären Bewußtseins liegen, jedoch als eine Art bewußter Fakten angesehen werden müssen, fähig, ihre Anwesenheit durch unmißverständliche Zeichen anzuzeigen. Ich nenne dies den bedeutendsten Schritt vorwärts, weil diese Entdeckung uns weit hinaus über die anderen Fortschritte, welche die Psychologie erzielte, eine völlig unvermutete Eigentümlichkeit in der Beschaffenheit der menschlichen Natur offenbart hat. Kein anderer Fortschritt kann einen ähnlichen Anspruch erheben.] Die

die Entdeckung der Radioaktivität. Es ist diesen ersten Erfahrungspsychologen etwa so gegangen wie dem mythischen Entdecker der Zahlenreihe, der eine Erbse an die andere reihte und nichts anderes tat, als daß er jeweils eine weitere Einheit an die schon vorhandene anfügte. Als er aber das Resultat betrachtete, da war es wohl so, daß anscheinend nichts vorhanden war als hundert identische Einheiten; aber die Zahlen, die er nur als Namen gedacht hatte, stellten sich unerwarteter- und unvorhergesehenerweise als eigentümliche Wesenheiten mit unabdingbaren Eigenschaften heraus. Da gab es zum Beispiel gerade, ungerade, Primzahlen, positive, negative, irrationale, imaginäre Zahlen usw. [24]. So steht es auch mit der Psychologie: wenn die Seele wirklich nur ein Begriff ist, so hat dieser Begriff allein schon eine unsympathische Unabsehbarkeit; er ist ein Wesen mit Eigenschaften, die ihm niemand zugetraut hätte. Man kann lange feststellen, daß die Seele das Bewußtsein und dessen Inhalte sei; das hindert keineswegs, sondern fördert sogar die Entdeckung eines vordem nicht geahnten Hintergrundes, einer wahren Matrix aller Bewußtseinsphänomene, ein Vorher und Nachher, ein Ober- und Unterhalb des Bewußtseins. Im Augenblick, wo man sich einen Begriff von einer Sache macht, ist es gelungen, einen ihrer Aspekte einzufangen, wobei man regelmäßig der Täuschung unterliegt, das Ganze erwischt zu haben. Man pflegt dabei sich keinerlei Rechenschaft darüber zu geben, daß eine totale Erfassung vollkommen unmöglich ist. Nicht einmal ein als total gesetzter Begriff ist total, denn er ist ja noch jenes Eigenwesen mit den unabsehbaren Eigenschaften. Diese Selbsttäuschung fördert allerdings die Ruhe und den Seelenfrieden: das Unbekannte ist benannt, das Ferne in die Nähe gerückt, so daß man die Hand darauflegen kann. Man hat es in Besitz genommen, und es ist zum unverrückbaren Eigentum geworden, wie ein getötetes Wild, das nicht mehr davonlaufen wird. Es ist eine magische Prozedur, die der Primitive an den Dingen ausübt und der Psychologe an der Seele. Man ist nicht mehr preisgegeben, weil man ja nicht ahnt, daß gerade durch die begriffliche Erfassung des Objektes dieses nunmehr die beste Gelegenheit erhält, alle jene Eigenschaften zu entwickeln, die gar nie in Erscheinung getreten wären, wenn man es nicht durch Auffassung gebannt hätte.

357   Die Versuche zur Erfassung der Seele in den letzten drei Jahrhunderten ge-

Entdeckung von 1886, auf die sich JAMES bezieht, ist die Aufstellung des Begriffes einer «subliminal consciousness» durch FREDERIC W. H. MYERS. Weiteres siehe unten.

[24] Ein Mathematiker sagte einmal, daß alles in der Wissenschaft vom Menschen gemacht sei, die Zahlen aber seien von Gott selber geschaffen.

hören mit zu jener gewaltigen Ausdehnung der Naturerkenntnis, welche uns
den Kosmos in fast unvorstellbarem Maße nähergerückt hat. Die vieltausend-
fachen Vergrößerungen mittels des Elektronenmikroskopes wetteifern mit
den Distanzen von fünfhundert Millionen Lichtjahren, welche das Teleskop
durchdringt. Die Psychologie ist aber weit davon entfernt, eine ähnliche Entwicklung erfahren zu haben wie die übrigen Naturwissenschaften; auch hat
sie sich bisher weit weniger aus dem Banne der Philosophie zu befreien vermocht, wie wir gesehen haben. Alle Wissenschaft jedoch ist Funktion der Seele, und alle Erkenntnis wurzelt in ihr. Sie ist das größte aller kosmischen
Wunder und die conditio sine qua non der Welt als Objekt. Es ist im höchsten Grade merkwürdig, daß die abendländische Menschheit bis auf wenige
verschwindende Ausnahmen diese Tatsache anscheinend so wenig würdigt.
Vor lauter äußeren Erkenntnisobjekten trat das Subjekt aller Erkenntnis zeitweise bis zur scheinbaren Nichtexistenz in den Hintergrund.

Die Seele war stillschweigende Voraussetzung, die sich selber in allen Stük-   358
ken bekannt schien. Mit der Entdeckung der Möglichkeit eines unbewußten
seelischen Bereiches war die Gelegenheit zu einem großen Abenteuer des Geistes geschaffen, und man hätte erwarten können, daß ein leidenschaftliches
Interesse sich dieser Möglichkeit zuwenden würde. Bekanntlich war dies
nicht nur nicht der Fall, sondern es erhob sich im Gegenteil ein allgemeiner
Widerstand gegen diese Hypothese. Niemand zog den Schluß, daß, wenn
tatsächlich das Subjekt des Erkennens, nämlich die Seele, auch eine dunkle,
dem Bewußtsein nicht unmittelbar zugängliche Existenzform besitzt, alle
unsere Erkenntnis in einem unbestimmbaren Grade unvollständig sein muß.
Die Gültigkeit des bewußten Erkennens war in einem ganz anderen und be-
drohlicheren Maße in Frage gestellt als durch die kritischen Überlegungen der
Erkenntnistheorie. Letztere setzte zwar dem menschlichen Erkennen überhaupt gewisse Grenzen, von denen sich die deutsche idealistische Philosophie
nach KANT zu emanzipieren trachtete; aber die Naturwissenschaft und der
common sense fanden sich damit ohne Schwierigkeiten ab, wenn sie überhaupt Notiz davon nahmen. Die Philosophie wehrte sich dagegen zugunsten
eines antiquierten Anspruches des menschlichen Geistes, sich selber über den
Kopf steigen und Dinge erkennen zu können, die schlechterdings jenseits der
Reichweite menschlichen Verstandes liegen. Der Sieg HEGELS über KANT
bedeutete für die Vernunft und die weitere geistige Entwicklung, zunächst
des deutschen Menschen, eine schwerste Bedrohung, um so gefährlicher, als
HEGEL ein verkappter Psychologe war und große Wahrheiten aus dem Be-

reich des Subjektes in einen selbstgeschaffenen Kosmos hinausprojizierte. Wir wissen, wie weit heute HEGELsche Wirkung reicht. Die diese unheilvolle Entwicklung kompensierenden Kräfte personifizieren sich zum Teil im späteren SCHELLING, zum Teil in SCHOPENHAUER und CARUS, während dagegen bei NIETZSCHE jener hemmungslose «bacchantische Gott», den schon HEGEL in der Natur witterte, vollends durchbrach.

359   Die CARUSsche Hypothese des Unbewußten mußte die damals vorherrschende Richtung der deutschen Philosophie um so härter treffen, als diese soeben die KANTsche Kritik anscheinend überwunden und die nahezu göttliche Souveränität des menschlichen Geistes – des Geistes schlechthin – nicht wiederhergestellt, sondern *neu aufgestellt* hatte. Der Geist des mittelalterlichen Menschen war im Guten wie im Bösen noch der Geist Gottes, dem er diente. Die Erkenntniskritik war einerseits noch der Ausdruck der Bescheidenheit des mittelalterlichen Menschen, andererseits schon ein Verzicht auf oder eine Absage an den Geist Gottes, also eine moderne Erweiterung und Verstärkung des menschlichen Bewußtseins innerhalb der Grenzen der Vernunft. Wo immer der Geist Gottes aus der menschlichen Berechnung ausscheidet, tritt eine unbewußte Ersatzbildung auf. Bei SCHOPENHAUER finden wir den bewußtlosen Willen als neue Gottesdefinition, bei CARUS das Unbewußte und bei HEGEL die Identifikation und Inflation, die praktische Ineinssetzung des philosophischen Verstandes mit dem Geist schlechthin, wodurch jene Bannung des Objektes anscheinend möglich wurde, welche in seiner Staatsphilosophie die schönste Blüte trieb. HEGEL stellt eine Lösung des durch die Erkenntniskritik aufgeworfenen Problems dar, welche den Begriffen eine Chance gab, ihre unbekannte Eigenständigkeit zu erweisen. Sie verschafften dem Verstande jene Hybris, welche zum Übermenschen NIETZSCHES führte und damit zur Katastrophe, die den Namen Deutschland trägt. Nicht nur die Künstler, sondern auch die Philosophen sind gelegentlich Propheten.

360   Es ist ja klar ersichtlich, daß alle philosophischen Aussagen, welche den Bereich der Vernunft überschreiten, anthropomorph sind und keine andere Gültigkeit besitzen als diejenige, welche psychisch bedingten Aussagen zukommt. Eine Philosophie wie die HEGELsche ist eine Selbstoffenbarung psychischer Hintergründe und philosophisch eine Anmaßung. Sie bedeutet psychologisch soviel wie einen Einbruch des Unbewußten. Mit dieser Auffassung trifft die sonderbare, überspitzte HEGELsche Sprache zusammen. Sie erinnert bereits an die schizophrene «Machtsprache», welche sich kräftiger

Bannwörter bedient, um Transzendentes einer subjektiven Form gefügig zu machen oder dem Banalen den Charme der Neuheit zu verschaffen oder das Unbedeutende als grüblerische Weisheit erscheinen zu lassen. Eine derartig geschraubte Sprache ist ein Symptom der Schwäche, des Unvermögens und des Mangels an Substanz. Das hindert aber nicht, daß gerade die neueste deutsche Philosophie sich wieder derselben «Macht»- und «Kraft»wörter bedient, um sich den Anschein zu geben, als ob sie keine unwillkürliche Psychologie wäre. Ein FRIEDRICH THEODOR VISCHER kannte noch eine liebenswürdigere Verwendung der deutschen Kauzigkeit.

Neben diesem elementaren Einbruch des Unbewußten in den abendländi- 361 schen Bereich der Menschheitsvernunft hatten SCHOPENHAUER sowohl wie CARUS keinen Boden, auf dem sie weiterwachsen und ihre kompensatorische Wirkung entfalten konnten. Die heilsame Unterworfenheit unter einen guten Gott und die schützende Distanz vom finsteren Dämon – diese große Erbschaft der Vergangenheit – blieb bei SCHOPENHAUER im Prinzip gewahrt, bei CARUS insofern unangetastet, als er das Problem dadurch an der Wurzel zu fassen versuchte, daß er es von dem allzu anmaßlichen philosophischen Standpunkt auf den der Psychologie überleitete. Wir dürfen hier wohl von der philosophischen Allüre absehen, um seiner wesentlich psychologischen Hypothese das volle Gewicht zu verleihen. Er hatte sich jener vorhin angedeuteten Schlußfolgerung wenigstens angenähert, indem er anfing ein Weltbild, das den dunkeln Teil der Seele enthielt, aufzubauen. An diesem Gebäude fehlte allerdings etwas ebenso Wesentliches wie Unerhörtes, das ich nun dem Verständnis näherbringen möchte.

Zu diesem Zwecke müssen wir uns zunächst klarmachen, daß Erkenntnis 362 überhaupt dadurch zustande kommt, daß die dem Bewußtsein zuströmenden Reaktionen des psychischen Systems in eine Ordnung gebracht werden, welche dem Verhalten der metaphysischen, respektive der an sich realen Dinge entspricht. Ist das psychische System nun, wie es auch noch neuere Standpunkte haben wollen, koinzident und identisch mit dem Bewußtsein, so vermögen wir im Prinzip alles zu erkennen, was überhaupt erkenntnisfähig ist, das heißt, was innerhalb der erkenntnistheoretischen Schranken liegt. In diesem Fall besteht kein Grund zu einer Beunruhigung, die weiter ginge als jene, welche die Anatomie und Physiologie hinsichtlich der Funktion des Auges oder des Gehörorganes empfinden. Sollte es sich aber erwahrheiten, daß die Seele *nicht* mit dem Bewußtsein koinzidiert, sondern darüber hinaus unbewußt ähnlich oder *anders* als ihr bewußtseinsfähiger Anteil funktioniert, dann müßte unsere Beunruhigung wohl einen höheren Grad erreichen. In diesem Falle nämlich handelt es sich nicht mehr um allgemeine erkenntnistheoretische Grenzen, sondern um eine bloße *Bewußtseinsschwelle,* die uns von den unbewußten psychischen Inhalten trennt. Die Hypothese der Bewußtseinsschwelle und des Unbewußten bedeutet, daß jener unerläßliche Rohstoff aller Erkenntnis, nämlich psychische Reaktionen, ja sogar unbewußte «Gedanken» und «Erkenntnisse» unmittelbar neben, unter oder über dem Bewußtsein liegen, nur durch eine «Schwelle» von uns getrennt und doch anscheinend unerreichbar. Man weiß zunächst nicht, wie dieses Unbewußte funktioniert, aber da es als ein psychisches System vermutet wird, so hat es möglicherweise alles, was das Bewußtsein auch hat, nämlich Perzeption, Apperzeption, Gedächtnis, Phantasie, Willen, Affekt, Gefühl, Überlegung, Urteil usw., aber all dies in subliminaler Form [25].

363   Hier erhebt sich nun allerdings der schon von WUNDT gemachte Einwand, daß man von unbewußten «Empfindungen», «Vorstellungen», «Gefühlen» und gar «Willensakten» unmöglich sprechen könne, da diese Phänomene

---

[25] LEWES (*The Physical Basis of Mind*) setzt diese Annahme sozusagen voraus. Er sagt p. 358: «Sentience has various modes and degrees – such as Perception, Ideation, Emotion, Volition, which may be conscious, subconscious, or unconscious» [Das Empfindungsvermögen hat verschiedene Wirkungsweisen und Grade – wie Wahrnehmung, Vorstellung, Gemütsbewegung, Wollen, welche bewußt, unterbewußt oder unbewußt sein können]; p. 363: «Consciousness and Unconsciousness are correlatives, both belonging to the sphere of Sentience. Every one of the unconscious processes is operant, changes the general state of the organism, and is capable of at once issuing in a discriminated sensation when the force which balances it is disturbed» [Bewußtsein und Unbewußtes sind Korrelate, und beide gehören zum Bereich des Empfindungsvermögens. Jeglicher unbewußte Prozeß ist wirksam, ändert den allgemeinen Zustand des Organismus und ist in der Lage, in einer gesonderten Empfindung hervorzutreten, wenn die ausgleichende Kraft gestört ist]; p. 367 f.: «There are many involuntary actions of which we are distinctly conscious, and many voluntary actions of which we are at times subconscious and unconscious... Just as the thought which at one moment passes unconsciously, at another consciously, is in itself the same thought... so the action which at one moment is voluntary, and at another involuntary, is itself the same action.» [Es gibt viele unwillkürliche Handlungen, deren wir uns deutlich bewußt sind, und viele willkürliche Handlungen, deren wir zuzeiten unter- und unbewußt sind. Gerade weil der Gedanke, der uns in einem Augenblick unbewußt, in einem anderen bewußt streift, an sich derselbe Gedanke ist..., so ist die Handlung, die zu einem Zeitpunkt willkürlich und zu einem anderen unwillkürlich verläuft, an sich die gleiche Handlung.] LEWES geht allerdings etwas zu weit, wenn er sagt (p. 373): «There is no real and essential distinction between voluntary and involuntary actions.» [Es gibt keine wirkliche und wesentliche Unterscheidung zwischen willkürlichen und unwillkürlichen Handlungen.] Gelegentlich liegt eine Welt dazwischen.

doch gar nicht ohne ein erlebendes Subjekt vorgestellt werden könnten. Überdies setzt die Idee einer Bewußtseinsschwelle eine energetische Betrachtungsweise voraus, nach welcher die Bewußtheit von psychischen Inhalten wesentlich von deren Intensität, das heißt deren Energie abhängt. Wie nur ein Reiz von einer gewissen Stärke Überschwelligkeit besitzt, so müssen auch, wie man mit einiger Berechtigung annehmen kann, sonstige psychische Inhalte eine bestimmte höhere Energie besitzen, um die Schwelle überschreiten zu können. Besitzen sie diese Energie nur in minderem Maße, so bleiben sie, wie entsprechende Sinnesreize, subliminal.

Wie bereits LIPPS hervorgehoben hat, erledigt sich ersterer Einwand durch   364
den Hinweis auf die Tatsache, daß der psychische Vorgang an und für sich derselbe bleibt, ob er vorgestellt sei oder nicht. Wer nun auf dem Standpunkt steht, daß die Phänomene des Bewußtseins die ganze Psyche ausmachen, der muß allerdings darauf dringen, daß jene «Vorstellungen», die wir nicht haben[26], auch nicht als «Vorstellungen» bezeichnet werden dürfen. Er muß auch dem, was dann noch davon übrig bleibt, jede psychische Eigenschaft versagen. Für diesen rigorosen Standpunkt kann die Psyche nur die phantasmagorische Existenz vorüberhuschender Bewußtseinsphänomene haben. Diese Auffassung verträgt sich aber schlecht mit der allgemeinen Erfahrung, welche zugunsten einer auch ohne Bewußtsein möglichen psychischen Tätigkeit spricht. Die LIPPSsche Ansicht von der Existenz psychischer Vorgänge an sich wird den Tatsachen besser gerecht. Ich möchte hier keine Mühe darauf verwenden, Beweise anzuführen, sondern begnüge mich mit dem Hinweis auf die Tatsache, daß noch nie ein vernünftiger Mensch an dem Vorhandensein psychischer Vorgänge beim Hunde zweifelte, obschon noch nie ein Hund sich über die Bewußtheit seiner psychischen Inhalte ausgesprochen hat[27].

C. DIE DISSOZIABILITÄT DER PSYCHE

Es besteht a priori kein Grund zur Annahme, daß unbewußte Vorgänge unbe-   365
dingt ein Subjekt haben müssen, und ebensowenig haben wir Anlaß, an der Realität psychischer Vorgänge zu zweifeln. Zugegebenermaßen schwierig

---

[26] FECHNER, l. c. II, p. 483 f.
[27] Wir wollen hier von dem «Klugen Hans» und dem von der «Urseele» redenden Hund absehen.

wird das Problem aber bei den supponierten unbewußten Willensakten. Wenn es sich nicht um bloße «Triebe» und «Neigungen», sondern um anscheinend überlegte «Wahl» und «Entscheidung», die ja dem Willen eignen, handelt, kommt man um die Notwendigkeit eines disponierenden Subjektes, dem etwas «vorgestellt» ist, nicht wohl herum. Damit aber wäre – per definitionem – ein Bewußtsein im Unbewußten gesetzt, eine gedankliche Operation, die dem Psychopathologen allerdings nicht zu schwer fällt. Er kennt nämlich ein psychisches Phänomen, welches der «akademischen» Psychologie meist unbekannt zu sein pflegt: das ist die Dissoziation oder Dissoziabilität der Psyche. Diese Eigentümlichkeit besteht darin, daß der Zusammenhang der psychischen Vorgänge unter sich nur ein sehr bedingter ist. Nicht nur sind unbewußte Vorgänge oft von bemerkenswerter Unabhängigkeit von den Erlebnissen des Bewußtseins, sondern auch die bewußten Vorgänge lassen schon eine deutliche Lockerung, beziehungsweise Getrenntheit, erkennen. Ich erinnere nur an alle jene durch Komplexe verursachten Ungereimtheiten, welche beim Assoziationsexperiment mit aller wünschenswerten Genauigkeit beobachtet werden können. Wie die von WUNDT angezweifelten Fälle von double conscience doch wirklich vorkommen, so sind solche Fälle, wo nicht geradezu die ganze Persönlichkeit gespalten ist, sondern nur kleinere Teile abgesprengt sind, noch um vieles wahrscheinlicher und in der Tat auch viel häufiger. Es handelt sich sogar um uralte Erfahrungen der Menschheit, welche sich in der allgemein verbreiteten Annahme einer Mehrheit von Seelen in einem und demselben Individuum widerspiegeln. Wie die auf primitiver Stufe empfundene Vielheit der seelischen Komponenten zeigt, entspricht der ursprüngliche Zustand einem sehr lockeren Zusammenhang der psychischen Vorgänge unter sich und keineswegs einer geschlossenen Einheit derselben. Überdies beweist die psychiatrische Erfahrung, daß es oft nur wenig braucht, um die im Laufe der Entwicklung mühsam erreichte Einheit des Bewußtseins zu sprengen und sie wieder in ihre ursprünglichen Elemente aufzulösen.

366   Von der Tatsache der Dissoziabilität aus lassen sich nun auch die Schwierigkeiten, welche sich durch die an sich notwendige Annahme einer Bewußtseinsschwelle ergeben, unschwer beseitigen. Wenn es an und für sich wohl richtig ist, daß Bewußtseinsinhalte durch Energieverlust unterschwellig und damit unbewußt, und umgekehrt, durch Energiezuwachs unbewußte Vorgänge bewußt werden, so müßte, wenn zum Beispiel unbewußte Willensakte möglich sein sollten, doch erwartet werden, daß diese eine Energie besitzen, welche sie zur Bewußtheit befähigt; allerdings zu einer sekundären Bewußt-

heit, welche darin besteht, daß der unbewußte Vorgang einem wählenden und entscheidenden Subjekt «vorgestellt» ist. Dieser Vorgang müßte sogar notwendigerweise jenen Energiebetrag besitzen, welcher zur Bewußtheit unbedingt erforderlich ist. Er müßte seinen «bursting point» einmal erreichen [28]. Ist dem aber so, so muß man die Frage aufwerfen, warum dann der unbewußte Vorgang nicht überhaupt die Schwelle überschreitet und damit dem Ich wahrnehmbar wird? Da er dies offenkundig nicht tut, sondern, wie es scheint, in der Reichweite eines subliminalen sekundären Subjektes hängenbleibt, so muß nunmehr erklärt werden, warum dieses Subjekt, dem die Hypothese doch den zur Bewußtheit nötigen Energiebetrag zugedacht hat, nicht seinerseits sich über die Schwelle erhebt und sich dem primären Ichbewußtsein eingliedert. Zur Beantwortung dieser Frage hat die Psychopathologie das nötige Material bereit. Dieses sekundäre Bewußtsein nämlich stellt eine Persönlichkeitskomponente dar, welche nicht zufälligerweise vom Ichbewußtsein getrennt ist, sondern ihre Abtrennung bestimmten Gründen verdankt. Eine solche Dissoziation hat zwei verschiedene Aspekte: im einen Fall handelt es sich um einen ursprünglich bewußten Inhalt, der aber um seiner inkompatibeln Natur willen durch Verdrängung unterschwellig wurde; im anderen Fall besteht das sekundäre Subjekt in einem Vorgang, der noch keinen Eingang ins Bewußtsein gefunden hat, weil dort keine Möglichkeiten seiner Apperzeption bestehen, das heißt das Ichbewußtsein kann ihn infolge Mangels an Verständnis nicht rezipieren, weshalb er in der Hauptsache subliminal bleibt, obschon er, energetisch betrachtet, wohl bewußtseinsfähig wäre. Er verdankt seine Existenz nicht der Verdrängung, sondern stellt ein Resultat subliminaler Vorgänge dar, das als solches vordem nie bewußt war. Weil aber in beiden Fällen ein zur Bewußtheit befähigender Energiebetrag vorhanden ist, so wirkt das sckundäre Subjekt doch aufs Ichbewußtsein, aber indirekt, das heißt durch «Symbole» vermittelt, welcher Ausdruck allerdings nicht sehr glücklich ist. Die im Bewußtsein erscheinenden Inhalte sind nämlich zunächst *symptomatisch*. Insofern man weiß oder zu wissen glaubt, worauf sie hinweisen oder worauf sie beruhen, sind sie *semiotisch,* wofür die FREUDsche Literatur immer den Ausdruck «symbolisch» gebraucht, uneingedenk der Tatsache, daß stets das symbolisch ausgedrückt wird, was man in Wirklichkeit nicht weiß. Die symptomatischen Inhalte sind zum Teil nun wirklich symbolisch und stellen indirekte Repräsentanten unbewußter Zustände oder Vorgänge

---

[28] JAMES, *Varieties,* p. 232. [Punkt, Augenblick, des Ausbruchs, Platzens, Berstens]

dar, deren Natur aus den im Bewußtsein erscheinenden Inhalten nur unvollständig erschlossen und bewußtgemacht werden kann. Es ist also möglich, daß das Unbewußte Inhalte beherbergt, welche eine so große energetische Spannung besitzen, daß sie unter anderen Umständen dem Ich wahrnehmbar werden müßten. Meist handelt es sich dabei keineswegs um verdrängte, sondern um *noch nicht bewußte,* das heißt als subjektiv realisierte Inhalte, wie zum Beispiel die Dämonen und Götter der Primitiven oder die fanatisch geglaubten -ismen der Modernen. Dieser Zustand ist weder pathologisch noch sonstwie absonderlich, sondern der *ursprüngliche Normalzustand,* während die in der Einheit des Bewußtseins zusammengefaßte Ganzheit der Psyche ein ideales und nie erreichtes Ziel darstellt.

367   Wir setzen das Bewußtsein in nicht unberechtigter Weise gerne in Analogie mit den Sinnesfunktionen, von deren Physiologie der Begriff der «Schwelle» überhaupt hergenommen ist. Die durch das menschliche Ohr wahrnehmbaren Schwingungszahlen des Tones reichen etwa von 20 bis 20 000, und die Wellenlängen des sichtbaren Lichtes reichen von 7700 bis zu 3900 Angström. Aus dieser Analogie heraus erscheint es als denkbar, daß es für psychische Vorgänge nicht nur eine untere, sondern auch eine obere Schwelle gibt und daß mithin das Bewußtsein, welches ja das Wahrnehmungssystem par excellence ist, der wahrnehmbaren Ton- oder Lichtskala verglichen werden kann, wobei ihm, ähnlich wie bei Ton und Licht, nicht nur eine untere, sondern auch eine obere Grenze gesetzt wäre. Vielleicht ließe sich dieser Vergleich auf die Psyche überhaupt ausdehnen, was dann möglich wäre, wenn es *psychoide* Vorgänge an beiden Enden der psychischen Skala gäbe. Nach dem Grundsatz «natura non facit saltus» dürfte diese Hypothese nicht ganz abwegig sein.

368   Wenn ich den Ausdruck «psychoid» gebrauche, so bin ich mir bewußt, dadurch mit dem von DRIESCH aufgestellten Begriff des Psychoids zu kollidieren. Er versteht darunter das Lenkende, «Reaktionsbestimmende», die «prospektive Potenz» des Keimelementes. Es ist «das elementare in der Handlung entdeckte Agens» [29], die «Handlungsentelechie» [30]. Wie EUGEN BLEULER treffend hervorhebt, ist der DRIESCHsche Begriff mehr philosophisch als naturwissenschaftlich. Demgegenüber verwendet BLEULER den Ausdruck «Psychoide» [31], welcher einen Sammelbegriff für jene hauptsächlich subkorti-

---

[29] *Philosophie des Organischen,* p. 357.
[30] l. c., p. 487.
[31] *Die Psychoide als Prinzip der organischen Entwicklung,* p. 11. Ein fem. sing., offenbar in Analogie zu «Psyche» konstruiert (ψυχοειδής = seelenähnlich).

kalen Vorgänge, soweit sie biologisch «Anpassungsfunktionen» betreffen, darstellt. Darunter versteht er «Reflex und Artentwicklung». Er definiert folgendermaßen: «Die Psychoide ... ist die Summe aller zielgerichteten und gedächtnismäßigen und nach Lebenerhaltung strebenden körperlichen inkl. zentralnervösen Funktionen (mit Ausnahme derjenigen Rindenfunktionen, die wir von jeher gewohnt sind, als psychisch zu bezeichnen)[32].» An anderer Stelle sagt er: «Körperpsyche des einzelnen Individuums und Phylopsyche zusammen bilden wieder eine Einheit, die gerade in unserer jetzigen Betrachtung am meisten benutzt werden muß, und vielleicht am besten mit dem Namen der *Psychoide* bezeichnet wird. Gemeinsam ist der Psychoide und der Psyche ... die Zielstrebigkeit und die Benutzung früherer Erfahrungen zum ... Erreichen des Zieles, was Gedächtnis (Engraphie und Ekphorie) und Assoziation, also etwas dem Denken Analoges in sich schließt[33].» Obschon es klar ist, was mit «Psychoide» gemeint ist, so vermischt sich dieser Ausdruck im Gebrauche doch mit dem Begriff der «Psyche», wie diese Stelle zeigt. Damit wird es unersichtlich, warum diese subkortikalen Funktionen dann eigentlich als «seelenähnlich» bezeichnet werden sollen. Die Vermischung stammt offenbar von der bei BLEULER noch fühlbaren Auffassung her, die mit Begriffen wie «Rinden-» und «Hirnstammseele» operiert und damit die deutliche Neigung bekundet, die entsprechenden psychischen Funktionen aus diesen Hirnteilen hervorgehen zu lassen, obschon es stets die Funktion ist, welche sich ihr Organ erschafft, erhält und modifiziert. Die organologische Auffassung hat den Nachteil, daß schließlich alle zielgebundenen Tätigkeiten der Materie als «psychisch» gelten, so daß «Leben» und «Psyche» in eins fallen, wie zum Beispiel im BLEULERschen Sprachgebrauch Phylopsyche und Reflexe. Es ist gewiß nicht nur schwierig, sondern sogar unmöglich, sich das Wesen einer psychischen Funktion unabhängig von ihrem Organ zu denken, obwohl wir tatsächlich den psychischen Vorgang ohne dessen Beziehung zum organischen Substrat erleben. Für den Psychologen ist aber eben die Gesamtheit dieser Erlebnisse der Gegenstand seiner Wissenschaft, weshalb er auf eine der Anatomie entlehnte Terminologie verzichten muß. Wenn ich also den Terminus «psychoid» in Gebrauch nehme[34], so geschieht dies erstens nicht in substanti-

[32] l. c., p. 11.
[33] l. c., p. 33.
[34] Ich kann mich des Wortes «psychoid» um so eher bedienen, als mein Begriff zwar einer anderen Anschauungssphäre entstammt, aber ungefähr jene Gruppe von Phänomenen zu erfassen sucht, die auch E. BLEULER im Auge hatte. Dieses nicht differenzierte Psychische

vischer, sondern *adjektivischer* Form; zweitens ist damit keine eigentlich psychische respektive seelische Qualität gemeint, sondern eine *seelenähnliche,* wie sie die reflektorischen Vorgänge besitzen, und drittens soll damit eine Kategorie von Phänomenen einerseits von den bloßen Lebenserscheinungen und andererseits von den eigentlich *seelischen* Vorgängen unterschieden werden. Letztere Unterscheidung wird uns auch nötigen, Art und Umfang des Psychischen und ganz besonders des *unbewußt Psychischen* zu definieren.

369   Wenn das Unbewußte alles enthalten kann, was als Funktion des Bewußtseins bekannt ist, so drängt sich die Möglichkeit auf, daß es am Ende, wie das Bewußtsein, sogar ein *Subjekt,* das heißt eine Art von *Ich,* besitzt. Dieser Schluß drückt sich in dem häufig und immer wieder gebrauchten Begriff des «Unterbewußtseins» aus. Der Terminus ist allerdings etwas mißverständlich, indem er nämlich entweder das bezeichnet, was «unter dem Bewußtsein» ist, oder ein «unteres», das heißt sekundäres, Bewußtsein setzt. Zugleich deutet die Vermutung eines «Unterbewußtseins», dem sich sofort auch ein «Überbewußtsein» zugesellt[35], auf das hin, worauf es mir hier eigentlich ankommt, nämlich auf die Tatsache, daß ein neben dem Bewußtsein existierendes zweites psychisches System – gleichviel, welcher Eigenschaften wir es verdächtigen – insofern von absolut revolutionierender Bedeutung ist, als dadurch unser Weltbild von Grund auf verändert werden könnte. Vermöchten wir allein nur die Perzeptionen, die in einem zweiten psychischen System stattfinden, in das Ich-Bewußtsein überzuleiten, so wäre damit die Möglichkeit unerhörter Erweiterungen des Weltbildes gegeben.

370   Ziehen wir die Hypothese des Unbewußten ernstlich in Betracht, so müssen wir einsehen, daß unser Weltbild nur als vorläufig gelten darf; denn wenn man am Subjekt des Wahrnehmens und Erkennens eine so grundlegende Veränderung wie die einer ungleichen Verdoppelung vollzieht, so muß ein Weltbild, das von dem bisherigen verschieden ist, entstehen. Dies ist allerdings nur dann möglich, wenn die Hypothese des Unbewußten zu Recht besteht, und dies kann nur dann erwiesen werden, wenn unbewußte Inhalte sich in bewuß-

nennt BUSEMANN das «Mikropsychische» (*Die Einheit der Psychologie und das Problem des Mikropsychischen,* p. 31).

[35] Dieses «Überbewußtsein» wird mir namentlich entgegengehalten von Leuten, welche durch indische Philosophie beeinflußt sind. Sie bemerken in der Regel nicht, daß ihr Einwand nur der Hypothese eines «Unterbewußtseins» gilt, welchen mißverständlichen Terminus ich nicht verwende. Mein Begriff des Unbewußten hingegen läßt die Frage von «über» oder «unter» durchaus offen und umschließt beide Aspekte des Psychischen.

te verwandeln lassen, also wenn es gelingt, die vom Unbewußten ausgehenden Störungen, nämlich die Wirkungen der Spontanmanifestationen, von Träumen, Phantasien und Komplexen, dem Bewußtsein durch Deutung zu integrieren.

D. TRIEB UND WILLE

Während es sich im Laufe des 19. Jahrhunderts noch wesentlich um die philo-   371
sophische Begründung des Unbewußten handelte (besonders bei VON HARTMANN [36]), setzten gegen Ende des Jahrhunderts ungefähr gleichzeitig und unabhängig voneinander an verschiedenen Orten Europas Versuche ein, das Unbewußte experimentell oder empirisch zu erfassen. Die Pioniere auf diesem Gebiete waren in Frankreich PIERRE JANET [37] und im alten Österreich SIGMUND FREUD [38]. Ersterer hat sich hauptsächlich um die Erforschung des formalen Aspektes, letzterer um die Inhalte psychogener Symptome verdient gemacht.

Ich bin hier nicht in der Lage, die Umwandlung unbewußter Inhalte in   372
bewußte mit Ausführlichkeit zu schildern, sondern muß mich mit Andeutungen begnügen. Zuerst gelang es, die Struktur sogenannter *psychogener Symptome* durch die Hypothese unbewußter Prozesse zu erklären. Von der Neurosensymptomatologie aus hat FREUD auch die *Träume* als Übermittler unbewußter Inhalte wahrscheinlich gemacht. Was er dabei als Inhalte des Unbewußten auffand, schien aus an sich durchaus bewußtseinsfähigen und darum unter anderen Bedingungen auch bewußten Elementen persönlicher Natur zu bestehen. Sie waren, wie es ihm schien, infolge ihrer moralisch inkompatibeln Natur «in Verdrängung geraten». Sie waren also, ähnlich wie vergessene Inhalte, einmal bewußt gewesen und infolge einer Gegenwirkung seitens der Bewußtseinseinstellung unterschwellig und relativ unreproduzierbar gewor-

---

[36] *Philosophie des Unbewußten.*

[37] Eine Würdigung seiner Leistung findet sich bei JEAN PAULUS, *Le Problème de l'hallucination et l'évolution de la psychologie d'Esquirol à Pierre Janet.*

[38] In diesem Zusammenhang soll auch des bedeutenden schweizerischen Psychologen THÉODORE FLOURNOY und dessen Hauptwerks, *Des Indes à la planète Mars,* gedacht werden. Als Bahnbrecher sind auch die Engländer W. B. CARPENTER (*Principles of Mental Physiology*) und G. H. LEWES (*Problems of Life and Mind*) zu erwähnen.

den. Durch eine geeignete Konzentration der Aufmerksamkeit auf wegleitende Assoziationen, das heißt im Bewußtsein erhaltene Merkmale, gelang die assoziative Reproduktion der in Verlust geratenen Inhalte etwa ähnlich wie bei einer mnemotechnischen Übung. Während vergessene Inhalte wegen Absinkens ihres Schwellenwertes unreproduzierbar werden, verdanken die verdrängten Inhalte ihre relative Unreproduzierbarkeit einer vom Bewußtsein ausgehenden Hemmung.

373   Dieser erste Befund führte logischerweise zu der Deutung des Unbewußten als eines personalistisch zu verstehenden Verdrängungsphänomens. Seine Inhalte waren in Verlust geratene, ehemals bewußt gewesene Elemente. Später hat FREUD auch das Weiterbestehen archaischer Reste in Form primitiver Funktionsweisen anerkannt. Aber auch diese wurden personalistisch erklärt. Dieser Auffassung erscheint die unbewußte Psyche als ein subliminaler Appendix der bewußten Seele.

374   Die von FREUD bewußtgemachten Inhalte sind solche, die wegen ihrer Bewußtseinsfähigkeit und ihrer ursprünglichen Bewußtheit am leichtesten reproduzierbar sind. Sie beweisen für die unbewußte Psyche also nur soviel, daß es ein Psychisches jenseits des Bewußtseins gibt. Vergessene Inhalte, die noch reproduzierbar sind, beweisen das gleiche. Für die Natur der unbewußten Psyche ergäbe sich daraus so gut wie nichts, wenn nicht eine unzweifelhafte Bindung dieser Inhalte an die *Triebsphäre* bestünde. Man denkt sich letztere als physiologisch, nämlich hauptsächlich als *Drüsenfunktion*. Diese Ansicht wird durch die moderne Lehre von der inneren Sekretion, der Hormone, aufs kräftigste unterstützt. Die Lehre von den menschlichen Trieben befindet sich allerdings insofern in einer etwas mißlichen Situation, als es ungemein schwerhält, nicht nur die Triebe begrifflich zu bestimmen, sondern auch ihre Anzahl und ihre Begrenzung festzustellen [39]. In dieser Hinsicht gehen die Meinungen weit auseinander. Es läßt sich mit einiger Sicherheit nur feststellen, daß die Triebe einen physiologischen und einen psychologischen Aspekt haben [40].

[39] Es könnte eine Undeutlichkeit und Verwischung der Instinkte vorliegen, welche, wie MARAIS (*The Soul of the White Ant,* p. 42 f.) beim Affen gezeigt hat, auch beim Menschen mit der gegenüber dem Instinkt überwiegenden Lernfähigkeit zusammenhängt. Zur Frage der Triebe vgl. SZONDI, *Experimentelle Triebdiagnostik* und *Triebpathologie.*

[40] «Die Triebe sind physiologische und psychische Dispositionen, welche ... Bewegungen des Organismus zur Folge haben, die eine deutlich bestimmte Richtung zeigen.» (JERUSALEM, *Lehrbuch der Psychologie,* p. 192) Von einem anderen Gesichtspunkt aus beschreibt KÜLPE den Trieb als «eine Verschmelzung von Gefühlen und Organempfindungen» (*Grundriß der Psychologie,* p. 333).

Recht nützlich hinsichtlich der Beschreibung ist die Anschauung PIERRE JA-
NETS von der «partie supérieure» und «inférieure d'une fonction»[41].

Die Tatsache, daß alle der Beobachtung und Erfahrung zugänglichen psy-   375
chischen Vorgänge an ein organisches Substrat irgendwie gebunden sind, beweist, daß sie dem Gesamtleben des Organismus eingegliedert sind und daher
an dessen Dynamismus, nämlich an den Trieben, Anteil haben, respektive in
einer gewissen Hinsicht Resultate der Aktion derselben sind. Das will keineswegs bedeuten, daß damit die Psyche ausschließlich aus der Triebsphäre und
mithin aus ihrem organischen Substrat abzuleiten sei. Die Seele als solche
kann schon darum nicht durch den physiologischen Chemismus erklärt werden, weil sie mit dem «Leben» überhaupt der einzige Naturfaktor ist, welcher
naturgesetzliche, das heißt statistische Ordnungen in «höhere» respektive
«unnatürliche» Zustände verwandeln kann, im Gegensatz zu dem die anorga-
nische Natur beherrschenden Entropiegesetz. Wie das Leben aus dem anorga-
nischen Zustand die organischen Komplexitäten hervorbringt, wissen wir
nicht, wohl aber erfahren wir unmittelbar, wie die Psyche es tut. Das Leben
hat daher eine Eigengesetzlichkeit, die aus den bekannten physikalischen
Naturgesetzen nicht abgeleitet werden kann. Trotzdem befindet sich die
Psyche in einer gewissen Abhängigkeit von ihren organischen Substratvor-
gängen. Auf alle Fälle besteht eine hohe Wahrscheinlichkeit, daß dem
so ist. Die Triebgrundlage beherrscht die partie inférieure der Funktion.
Der partie supérieure dagegen entspricht der überwiegend «psychische» Anteil derselben. Als partie inférieure erweist sich der relativ unveränderliche,
automatische, als partie supérieure der willkürliche und veränderliche Teil
der Funktion[42].

---

[41] *Les Névroses,* p. 384 ff.

[42] JANET sagt (l. c., p. 384): «Il me semble nécessaire de distinguer dans toute fonction des
parties inférieures et des parties supérieures. Quand une fonction s'exerce depuis longtemps
elle contient des parties qui sont très anciennes, très faciles et qui sont représentées par des
organes très distincts et très spécialisés... ce sont là les parties inférieures de la fonction. Mais je
crois qu'il y a aussi dans toute fonction des parties supérieures consistant dans l'adaptation de
cette fonction à des circonstances plus récentes, beaucoup moins habituelles, qui sont représentées par des organes beaucoup moins différenciés.» [Es scheint mir notwendig, in jeder
Funktion untere und obere Teile zu unterscheiden. Wenn eine Funktion seit langem ausgeübt
wird, enthält sie Teile, die sehr alt sind, sehr leicht zu handhaben, und die vertreten werden
durch ganz bestimmte, hochspezialisierte Organe ... das sind die unteren Teile der Funktion.
Ich glaube jedoch, daß in jeder Funktion auch obere Teile vorhanden sind, welche in der Anpassung dieser Funktion an neuere, bedeutend ungewohntere Umstände bestehen, die durch

376   Hier drängt sich nun die Frage auf: wann dürfen wir von «psychisch» sprechen, und wie definieren wir überhaupt das «Psychische» im Gegensatz zum
«Physiologischen»? Beides sind Lebenserscheinungen, die sich aber darin unterscheiden, daß derjenige Funktionsanteil, welcher als partie inférieure bezeichnet wird, einen unverkennbar physiologischen Aspekt hat. Sein Sein
oder Nichtsein scheint an die Hormone gebunden zu sein. Sein Funktionieren
hat *Zwangscharakter*; daher stammt die Bezeichnung «Trieb». RIVERS schreibt
ihm die Natur der «all-or-none reaction» [43] zu, das heißt die Funktion agiert
entweder ganz oder gar nicht, was eine Spezifikation des Zwangscharakters
bedeutet. Die partie supérieure dagegen, die man am besten als psychisch beschreibt und auch als das empfindet, hat den Zwangscharakter verloren, kann
der Willkür [44] unterworfen und sogar zu einer Anwendung gebracht werden,
die im Gegensatz zum ursprünglichen Trieb steht.

377   Das Psychische erscheint nach dieser Überlegung als eine Emanzipation der
Funktion aus der Instinktform und deren Zwangsläufigkeit, welche, als allei-
nige Bestimmung der Funktion, diese zu einem Mechanismus erstarren läßt.
Die psychische Kondition oder Qualität beginnt dort, wo sich die Funktion
von ihrer äußeren und inneren Bedingtheit zu lösen beginnt und erweiter-
ter und freierer Anwendung fähig wird, das heißt, wo sie dem aus anderen
Quellen motivierten Willen als zugänglich zu erweisen sich anschickt. Auf
die Gefahr hin, meinem historischen Programm vorzugreifen, kann ich nicht
umhin, darauf hinzuweisen, daß, wenn wir das Psychische von der physiologischen Triebsphäre, also gewissermaßen nach unten abgrenzen, eine ebensolche Abgrenzung nach oben sich aufdrängt. Mit zunehmender Befreiung vom
bloß Triebhaften erreicht nämlich die partie supérieure schließlich ein Niveau, wo die der Funktion innewohnende Energie gegebenenfalls überhaupt
nicht nach dem ursprünglichen Sinne des Triebes orientiert ist, sondern eine
sogenannte *geistige* Form erlangt. Damit ist keine substantielle Veränderung
der Triebenergie, sondern bloß eine Änderung ihrer Anwendungsformen gemeint. Der Sinn oder Zweck des Triebes ist insofern keine eindeutige Sache,

viel weniger differenzierte Organe vertreten sind.] Der höchste Teil der Funktion aber besteht
«dans son adaptation à la circonstance particulière qui existe au moment présent, au moment
où nous devons l'employer...» [... in der Anpassung an den besonderen Umstand, der zum
gegenwärtigen Zeitpunkt gegeben ist, im Augenblick, da wir sie anwenden müssen].

    [43] *Instinct and the Unconscious.*

    [44] Diese Formulierung ist bloß psychologisch gemeint und hat mit dem philosophischen
Problem des Indeterminismus nichts zu tun.

als im Trieb ein vom Biologischen verschiedener Zwecksinn, der erst im Laufe der Entwicklung sichtbar wird, verborgen sein kann.

Innerhalb der psychischen Sphäre kann die Funktion durch die Einwirkung des Willens abgebogen und in mannigfachster Weise modifiziert werden. Dies ist darum möglich, weil das System der Triebe keine eigentlich harmonische Komposition darstellt, sondern vielen inneren Kollisionen ausgesetzt ist. Ein Trieb stört und verdrängt den anderen, und obschon die Triebe im ganzen genommen das Dasein des Individuums ermöglichen, so gibt doch ihr blinder Zwangscharakter häufig Anlaß zu gegenseitigen Beeinträchtigungen. Die Differenzierung der Funktion von der zwangsläufigen Triebhaftigkeit zur willkürlichen Verwendbarkeit ist von eminenter Bedeutung hinsichtlich der Daseinserhaltung. Sie vermehrt aber die Möglichkeit von Kollisionen und erzeugt Spaltungen, eben jene Dissoziationen, welche die Einheitlichkeit des Bewußtseins immer wieder in Frage stellen.

Innerhalb der psychischen Sphäre wirkt, wie wir gesehen haben, der *Wille* auf die Funktion ein. Er tut dies vermöge der Tatsache, daß er selber eine Energieform darstellt, welche eine andere überwältigen oder wenigstens beeinflussen kann. In dieser Sphäre, die ich als psychisch definiere, ist der Wille in letzter Linie *durch Instinkte motiviert,* allerdings nicht absolut, denn sonst wäre er kein Wille, welchem definitionsgemäß eine gewisse Wahlfreiheit anhaften muß. *Er bedeutet einen beschränkten Energiebetrag, welcher dem Bewußtsein zu freier Verfügung steht.* Es muß einen derartigen zur Disposition stehenden Libido-(= Energie-)betrag geben, sonst wären Veränderungen der Funktionen unmöglich, indem letztere an die an sich äußerst konservativen und entsprechend unveränderlichen Instinkte derart ausschließlich gebunden wären, daß keinerlei Variationen stattfinden könnten, es sei denn durch organische Veränderungen. Wie schon erwähnt, ist die Willensmotivierung zunächst als wesentlich biologisch zu bewerten. An der – wenn dieser Ausdruck gestattet ist – «oberen» Grenze des Psychischen, wo sich die Funktion sozusagen von ihrem ursprünglichen Ziel löst, verlieren die Instinkte als Willensmotive ihren Einfluß. Durch diese Veränderung ihrer Form tritt die Funktion in den Dienst anderer Bestimmungen oder Motivationen, welche anscheinend mit den Instinkten nichts mehr zu tun haben. Damit möchte ich nämlich die bemerkenswerte Tatsache beschreiben, daß der Wille die Grenzen der psychischen Sphäre nicht überschreiten kann: er vermag den Instinkt nicht zu erzwingen, noch hat er Macht über den Geist, insofern man unter letzterem nicht etwa nur den Intellekt versteht. *Geist und Instinkt sind in ihrer Art auto-*

nom, und beide beschränken gleicherweise das Anwendungsgebiet des Willens. Ich werde später zeigen, worin mir die Beziehung des Geistes zum Trieb zu bestehen scheint.

380   Wie die Seele sich nach unten in die organisch-stoffliche Basis verliert, so geht sie nach oben in eine sogenannte geistige Form über, die uns in ihrem Wesen genau so wenig bekannt ist wie die organische Grundlage des Triebes. Was ich als eigentliche Psyche bezeichnen möchte, reicht so weit, als *Funktionen durch einen Willen beeinflußt* werden. Reine Triebmäßigkeit läßt keine Bewußtheit vermuten und bedarf auch keiner solchen. Wohl aber bedarf der Wille, wegen seiner empirischen Wahlfreiheit, einer übergeordneten Instanz, etwas wie einer *Bewußtheit seiner selbst,* um die Funktion zu modifizieren. Er muß um ein Ziel «wissen», das von demjenigen der Funktion verschieden ist. Wäre dem nicht so, so würde er mit der Triebkraft derselben in eins fallen. Mit Recht hebt DRIESCH hervor: «Kein Wollen ohne Wissen[45].» Willkür setzt ein wählendes Subjekt, welches sich verschiedene Möglichkeiten vorstellt, voraus. Von dieser Seite betrachtet, ist Psyche wesentlich *Konflikt zwischen blindem Trieb und Willen, respektive Wahlfreiheit.* Wo der Trieb vorherrscht, beginnen die *psychoiden Vorgänge,* welche zur Sphäre des Unbewußten als *bewußtseinsunfähige* Elemente gehören. Der psychoide Vorgang dagegen ist nicht das Unbewußte schlechthin, denn letzteres dürfte eine bedeutend größere Ausdehnung haben. Im Unbewußten gibt es außer den psychoiden Vorgängen Vorstellungen und Willkürakte, also etwas wie Bewußtseinsvorgänge[46]; in der Triebsphäre dagegen treten diese Phänomene so weit in den Hintergrund, daß sich der Terminus «psychoid» wohl rechtfertigen läßt. Wenn wir aber die Psyche auf die Reichweite der Willensakte beschränken, so würden wir zunächst zum Schlusse gelangen, daß die Psyche mehr oder weniger mit dem Bewußtsein identisch sei, denn man kann sich einen Willen und eine Wahlfreiheit nicht wohl ohne ein Bewußtsein vorstellen. Damit lande ich anscheinend dort, wo man schon immer stand, nämlich bei dem Axiom: Psyche = Bewußtsein. Wo bleibt aber dann die postulierte psychische Natur des Unbewußten?

---

[45] *Die «Seele» als elementarer Naturfaktor,* pp. 80 und 82. «Individualisierte Reize teilen ... dem ‹Primär-Wissenden› den abnormen Zustand mit, und nun ‹will› eben dieses ‹Wissende› nicht nur Abhilfe, sondern ‹weiß› sie auch.»

[46] Ich möchte hier meinen Leser auf Abschnitt F dieser Abhandlung «Das Unbewußte als multiples Bewußtsein» verweisen.

E. BEWUSSTSEIN UND UNBEWUSSTES

Mit der Frage nach der Natur des Unbewußten beginnen die außergewöhnli- 381
chen Denkschwierigkeiten, welche die Psychologie der unbewußten Vorgänge uns bereitet. Solche Hemmnisse treten immer dann auf, wenn der Verstand
den kühnen Versuch unternimmt, in die Welt des Unbekannten und Unsichtbaren vorzudringen. Unser Philosoph hat wahrhaftig klüglich daran getan, daß er durch einfache Leugnung des Unbewußten allen Komplikationen
kurzerhand aus dem Wege gegangen ist. Ähnliches ist ja auch dem Physiker
der alten Schule passiert, der ausschließlich an die Wellennatur des Lichtes
glaubte und entdecken mußte, daß es Phänomene gibt, die gar nicht anders zu
erklären sind als durch Lichtkorpuskeln. Glücklicherweise hat die Physik dem
Psychologen gezeigt, daß sie auch mit einer scheinbaren contradictio in adiecto umgehen kann. Durch dieses Beispiel ermutigt, darf sich daher der Psychologe an die Lösung dieses widerspruchsvollen Problems heranwagen, ohne das
Gefühl zu haben, mit seinem Abenteuer aus der Welt des naturwissenschaftlichen Geistes herauszufallen. Es handelt sich ja nicht darum, eine *Behauptung*
aufzustellen, sondern vielmehr ein *Modell* zu entwerfen, welches eine mehr
oder weniger nützliche Fragestellung verspricht. Ein Modell sagt nicht, es sei
so, sondern es veranschaulicht nur einen bestimmten Betrachtungsmodus.

Bevor wir unser Dilemma näher ins Auge fassen, möchte ich den *Begriff des* 382
Unbewußten in einer gewissen Hinsicht klären. Das Unbewußte ist nicht das
schlechthin Unbekannte, sondern es ist vielmehr einerseits das *unbekannte Psy-*
chische, das heißt all das, von dem wir voraussetzen, daß es, wenn es zum Bewußtsein käme, sich in nichts von den uns bekannten psychischen Inhalten
unterscheiden würde. Andererseits müssen wir auch das psychoide System
dazurechnen, über dessen Beschaffenheit wir direkt nichts auszusagen wissen.
Dieses so definierte Unbewußte beschreibt einen ungemein schwankenden
Tatbestand: alles, was ich weiß, an das ich aber momentan nicht denke; alles,
was mir einmal bewußt war, jetzt aber vergessen ist; alles, was von meinen
Sinnen wahrgenommen, aber von meinem Bewußtsein nicht beachtet wird;
alles, was ich absichts- und aufmerksamkeitslos, das heißt unbewußt fühle,
denke, erinnere, will und tue; alles Zukünftige, das sich in mir vorbereitet und
später erst zum Bewußtsein kommen wird; all das ist Inhalt des Unbewußten.
Diese Inhalte sind sozusagen alle mehr oder weniger bewußtseinsfähig oder
waren wenigstens einmal bewußt und können im nächsten Moment wieder

bewußt werden. Insoweit ist das Unbewußte «a fringe of consciousness», wie es WILLIAM JAMES einmal bezeichnete[47]. Zu diesem Randphänomen, welches durch wechselnde Erhellung und Verdunkelung entsteht, gehört ebenfalls der FREUDsche Befund, wie wir gesehen haben. Zum Unbewußten müssen wir aber auch, wie schon erwähnt, die bewußtseinsunfähigen, psychoiden Funktionen, von deren Existenz wir nur indirekt Kunde haben, rechnen.

383   Wir kommen nun zu der Frage: in welchem Zustand befinden sich psychische Inhalte, wenn sie nicht auf das bewußte Ich bezogen sind? Dieser Bezug nämlich macht das aus, was als Bewußtsein bezeichnet werden kann. Nach dem Satz des WILHELM VON OCKHAM «Entia praeter necessitatem non sunt multiplicanda»[48], wäre der vorsichtigste Schluß der, daß sich außer dem Bezug auf das bewußte Ich überhaupt nichts ändere, wenn ein Inhalt unbewußt wird. Aus diesem Grunde lehne ich die Auffassung ab, daß momentan unbe-

---

[47] JAMES spricht auch von einem «transmarginal field» des Bewußtseins und identifiziert dasselbe mit der «subliminal consciousness» von FREDERIC W. H. MYERS, einem der Begründer der British Society for Psychical Research (vgl. hiezu *Proceedings S. P. R.,* VII, p. 305, und JAMES, *Frederic Myers' Service to Psychology,* ebenda, XLII, Mai 1901). Über das «field of consciousness» sagt JAMES (*Varieties,* p. 232): «The important fact which this ‹field› formula commemorates is the indetermination of the margin. Inattentively realized as is the matter which the margin contains, it is nevertheless there, and helps both to guide our behaviour and to determine the next movement of our attention. It lies around us like a ‹magnetic field›, inside of which our centre of energy turns like a compass-needle, as the present phase of consciousness alters into its successor. Our whole past store of memories floats beyond this margin, ready at a touch to come in; and the entire mass of residual powers, impulses, and knowledges that constitute our empirical self stretches continuously beyond it. So vaguely drawn are the outlines between what is actual and what is only potential at any moment of our conscious life, that it is always hard to say of certain mental elements whether we are conscious of them or not.» [Die wichtige Tatsache, an die diese «Feld»-Formel erinnert, ist die Unbewußtheit des Randgebietes. So unaufmerksam die Sache, die im Randgebiet enthalten ist, auch erfaßt wird, befindet sie sich doch dort und hilft uns, sowohl unser Verhalten zu steuern, als auch die nächste Bewegung unserer Aufmerksamkeit zu bestimmen. Es liegt um uns herum wie ein «magnetisches Feld», innerhalb dessen unser Energiezentrum sich wie eine Kompaßnadel dreht, sobald die jeweilige Bewußtseinslage sich in die ihr folgende verändert. Unser gesamter bisheriger Vorrat an Erinnerungen fließt über diesen Rand, bei jeder Berührung bereit, hereinzuströmen; und die gesamte Masse restlicher Kräfte, Impulse und Kenntnisse, die unser empirisches Selbst ausmachen, reicht unablässig über dieses hinaus. So unscharf sind die Umrisse zwischen dem, was zu irgendeinem Zeitpunkt unseres bewußten Lebens aktuell und dem, was nur potentiell ist, daß es immer schwerfällt, von gewissen geistigen Inhalten zu sagen, ob wir ihrer bewußt sind oder nicht.]

[48] [Die Kategorien sollen nicht über das Notwendige hinaus vermehrt werden.]

wußte Inhalte nur physiologisch seien. Dafür fehlen die Beweise. Die Neurosenpsychologie aber liefert schlagende Gegenargumente. Man denke nur zum Beispiel an die Fälle von double personnalité, automatisme ambulatoire usw. Die JANETschen wie die FREUDschen Befunde zeigen, daß im unbewußten Zustand anscheinend alles so weiterfunktioniert, wie wenn es bewußt wäre. Es wird wahrgenommen, gedacht, gefühlt, gewollt, beabsichtigt, wie wenn ein Subjekt vorhanden wäre. Ja, es gibt sogar nicht wenige Fälle, wie zum Beispiel die eben erwähnte double personnalité, wo ein zweites Ich auch tatsächlich erscheint und dem ersten Ich Konkurrenz macht. Solche Befunde scheinen zu beweisen, daß das Unbewußte in der Tat ein «Unterbewußtsein» ist. Gewisse Erfahrungen, die zum Teil schon FREUD gemacht hat, zeigen aber, daß der Zustand der unbewußten Inhalte doch nicht ganz der gleiche ist wie der bewußte. So verändern sich zum Beispiel gefühlsbetonte Komplexe im Unbewußten nicht in demselben Sinne wie im Bewußtsein. Sie können sich zwar mit Assoziationen anreichern, werden aber nicht korrigiert, sondern in ursprünglicher Form konserviert, was sich leicht an ihrer beständigen und gleichmäßigen Wirkung auf das Bewußtsein feststellen läßt. Ebenso nehmen sie den unbeeinflußbaren Zwangscharakter eines Automatismus an, den man ihnen erst abstreifen kann, wenn man sie bewußtmacht. Letztere Prozedur gehört daher mit Recht zu den wichtigsten therapeutischen Faktoren. Schließlich nehmen solche Komplexe, vermutlich proportional ihrer Distanz vom Bewußtsein durch Selbstamplifikation, einen archaisch-mythologischen Charakter und damit *Numinosität* an, was man unschwer bei schizophrenen Abspaltungen feststellen kann. Numinosität aber ist bewußter Willkür gänzlich entzogen, denn sie versetzt das Subjekt in den Zustand der Ergriffenheit, das heißt der willenlosen Ergebenheit.

Diese Eigentümlichkeiten des unbewußten Zustandes stehen im Gegensatz zum Verhalten der Komplexe im Bewußtsein. Hier werden sie korrigierbar, sie verlieren ihren automatischen Charakter und können wesentlich umgestaltet werden. Sie streifen ihre mythologische Hülle ab, spitzen sich personalistisch zu und, indem sie in den im Bewußtsein stattfindenden Anpassungsprozeß hineingeraten, rationalisieren sie sich, so daß eine dialektische Auseinandersetzung möglich wird[49]. Der unbewußte Zustand ist daher of- 384

---

[49] Bei schizophrener Dissoziation fehlt diese Veränderung im bewußten Zustande, weil die Komplexe nicht in einem vollständigen, sondern in einem fragmentarischen Bewußtsein rezipiert werden. Letztere erscheinen darum so häufig in ihrem ursprünglichen d. h. archaischen Zustand.

fensichtlich doch ein anderer als der bewußte. Obschon im Unbewußten der Vorgang zunächst weitergeht, wie wenn er bewußt wäre, so scheint er doch mit zunehmender Dissoziation gewissermaßen auf eine primtivere (das heißt archaisch-mythologische) Stufe abzusinken, sich in seinem Charakter der zugrunde liegenden Instinktform anzunähern und die den Trieb kennzeichnenden Eigenschaften anzunehmen, nämlich Automatismus, Unbeeinflußbarkeit, all-or-none reaction usw. Benützen wir hier die Analogie des Spektrums, so können wir das Absinken der unbewußten Inhalte mit einer Verschiebung nach dem roten Ende vergleichen, welcher Vergleich insofern besonders suggestiv ist, als Rot von jeher als Blutfarbe die Emotions- und Triebsphäre charakterisiert[50].

385   Das Unbewußte bedeutet demnach ein anderes Medium als das Bewußtsein. In den bewußtseinsnahen Bezirken ändert sich allerdings nicht viel, denn hier wechseln Hell und Dunkel zu häufig. Es ist aber gerade diese Grenzschicht, welche für die Beantwortung unseres großen Problems von Psyche = Bewußtsein von größtem Werte ist. Sie zeigt uns nämlich, wie relativ der unbewußte Zustand ist, und zwar ist er dermaßen relativ, daß man sich sogar verlockt fühlt, einen Begriff wie «Unter-Bewußtsein» zu verwenden, um den dunkeln Seelenteil richtig zu charakterisieren. Ebenso relativ ist aber auch das Bewußtsein, denn es gibt innerhalb seiner Grenzen nicht ein Bewußtsein schlechthin, sondern eine ganze Intensitätsskala von Bewußtsein. Zwischen dem «ich tue» und dem «ich bin mir bewußt, was ich tue» besteht nicht nur ein himmelweiter Unterschied, sondern bisweilen sogar ein ausgesprochener Gegensatz. Es gibt daher ein Bewußtsein, in welchem das Unbewußtsein überwiegt, wie ein Bewußtsein, in welchem die Bewußtheit dominiert. Diese Paradoxie ist sofort verständlich, wenn man sich klarmacht, daß es keinen bewußten Inhalt gibt, von dem man mit Sicherheit behaupten könnte, daß er einem total bewußt sei[51], denn dazu wäre eine unvorstellbare Totalität des Bewußtseins erforderlich, und eine solche würde eine ebenso undenkbare

---

[50] Bei GOETHE hat Rot allerdings geistige Bedeutung, aber im Sinne des GOETHEschen Bekenntnisses zum *Gefühl*. Man darf hier alchemistisch-rosenkreuzerische Hintergründe vermuten, nämlich die rote Tinktur und den Carbunculus. [Vgl. *Psychologie und Alchemie,* Paragr. 552.]

[51] Darauf hat schon E. BLEULER hingewiesen (*Naturgeschichte der Seele und ihres Bewußtwerdens,* p. 300 f.).

[52] Davon ist das psychoide Unbewußte ausdrücklich ausgenommen, weil es das Nichtbewußtseinsfähige und nur Seelenähnliche in sich begreift.

Ganzheit oder Vollständigkeit des menschlichen Geistes voraussetzen. So gelangen wir zu dem paradoxen Schluß, daß es *keinen Bewußtseinsinhalt gibt, der nicht in einer anderen Hinsicht unbewußt wäre.* Vielleicht gibt es auch kein unbewußtes Psychisches, das nicht zugleich bewußt ist[52]. Letzteren Satz zu beweisen, ist aber schwieriger, als ersteren, denn unser Ich, welches allein eine solche Feststellung machen könnte, ist ja der Bezugspunkt des Bewußtseins und befindet sich gerade nicht in solcher Assoziation mit den unbewußten Inhalten, daß es über deren Natur aussagen könnte. Letztere sind ihm *praktisch* unbewußt, was aber nicht heißen will, daß sie ihm nicht in einer anderen Hinsicht bewußt seien, das heißt es kennt gegebenenfalls diese Inhalte unter einem gewissen Aspekt, weiß aber nicht, daß diese es sind, die unter einem anderen Aspekt Störungen im Bewußtsein verursachen. Außerdem gibt es Vorgänge, bei denen irgendeine Beziehung zum bewußten Ich nicht nachzuweisen ist und die trotzdem «vorgestellt» respektive bewußtseinsähnlich erscheinen. Schließlich gibt es Fälle, wo auch ein unbewußtes Ich und damit eine zweite Bewußtheit vorhanden ist, wie wir gesehen haben. Aber letztere sind Ausnahmen[53].

Im psychischen Gebiete tritt das pattern of behaviour mit seiner Zwangs- 386
läufigkeit zurück zugunsten von Verhaltensvarianten, welche durch Erfahrung und durch Willkürakte, das heißt durch Bewußtseinsvorgänge bedingt sind. Hinsichtlich des psychoiden, reflektorisch-instinkthaften Zustandes bedeutet die Psyche daher eine Auflockerung der Gebundenheit und eine zunehmende Zurückdrängung der unfreien Vorgänge zugunsten von «gewählten» Modifikationen. Die wählende Tätigkeit findet einerseits innerhalb des Bewußtseins statt, andererseits außerhalb desselben, das heißt ohne Bezug auf das bewußte Ich, also unbewußt. Letzterer Vorgang ist nur bewußtseinsähnlich, wie wenn er «vorgestellt», respektive bewußt wäre.

Da nun keinerlei hinreichende Gründe zu der Annahme vorliegen, daß ein 387
zweites Ich in jedem Individuum bestehe, beziehungsweise daß jedermann

---

[53] In diesem Zusammenhang ist zu erwähnen, daß C. A. Meier solche Beobachtungen mit ähnlichen physikalischen Anschauungen in Beziehung bringt. Er sagt: «Das Komplementaritätsverhältnis zwischen Bewußtsein und Unbewußtem legt noch eine weitere physikalische Parallele nahe, die Forderung nach einer strengen Durchführung des ‹Korrespondenzprinzips›. Sie könnte den Schlüssel dafür geben, was wir in der Analytischen Psychologie so oft als ‹strenge Logik› (Wahrscheinlichkeitslogik) des Unbewußten erleben und was geradezu an einen ‹erweiterten Bewußtseinszustand› erinnert.» (*Moderne Physik – moderne Psychologie,* p. 360)

eine Dissoziation der Persönlichkeit besitze, so müßten wir von der Idee eines zweiten Ichbewußtseins, von dem Willensentscheidungen ausgehen könnten, absehen. Da nun aber die Existenz höchst komplexer, bewußtseinsähnlicher Vorgänge im Unbewußten durch die Erfahrung der Psychopathologie sowohl wie der Traumpsychologie zum mindesten ungemein wahrscheinlichgemacht ist, so sind wir wohl oder übel zum Schlusse genötigt, daß der Zustand unbewußter Inhalte demjenigen bewußter zwar nicht gleich, aber doch irgendwie ähnlich sei. Es bleibt unter diesen Umständen wohl nichts anderes übrig, als zwischen dem Begriff eines unbewußten und eines bewußten Zustandes ein Mittelding anzunehmen, nämlich ein *approximatives Bewußtsein.* Da unserer unmittelbaren Erfahrung nur ein reflektierter, das heißt als solcher bewußter und erkannter Zustand, nämlich die Beziehung von Vorstellungen oder Inhalten auf einen Ichkomplex, der die empirische Persönlichkeit darstellt, gegeben ist, so erscheint ein andersartiges Bewußtsein – entweder ein solches ohne Ich oder ein solches ohne Inhalt – kaum denkbar. Man braucht aber die Frage nicht so absolut zu fassen. Schon auf einer etwas primitiveren menschlichen Stufe verliert der Ichkomplex erheblich an Bedeutung, und das Bewußtsein verändert sich dadurch in charakteristischer Weise. Vor allem hört es auf, reflektiert zu sein. Beobachten wir vollends die psychischen Prozesse bei den höheren Vertebraten und insbesondere bei domestizierten Tieren, so begegnen wir bewußtseinsähnlichen Erscheinungen, welche die Existenz eines Ich kaum vermuten lassen. Das Licht des Bewußtseins hat, wie wir aus unmittelbarer Erfahrung wissen, viele Helligkeitsgrade, und der Ichkomplex viele Abstufungen seiner Betonung. Auf animalischer und primitiver Stufe herrscht eine bloße «luminositas», welche sich kaum noch von der Helligkeit dissoziierter Ichfragmente unterscheidet, wie auf infantiler und primitiver Stufe das Bewußtsein noch keine Einheit ist, indem es von keinem festgefügten Ichkomplex zentriert wird, sondern da und dort aufflackert, wo es äußere oder innere Ereignisse, Instinkte und Affekte gerade wachrufen. Auf dieser Stufe hat es noch einen insulären beziehungsweise archipelagischen Charakter. Auch auf höherer und höchster Stufe ist das Bewußtsein noch keine völlig integrierte Ganzheit, sondern vielmehr unbestimmter Erweiterung fähig. Noch immer können aufdämmernde Inseln, wenn nicht ganze Kontinente, auch dem modernen Bewußtsein hinzugefügt werden; eine Erscheinung, die dem Psychotherapeuten zur täglichen Erfahrung geworden ist. Man tut daher wohl daran, sich das Ichbewußtsein als von vielen kleinen Luminositäten umgeben zu denken.

F. DAS UNBEWUSSTE ALS MULTIPLES BEWUSSTSEIN

Die Hypothese multipler Luminositäten beruht einerseits, wie wir gesehen   388
haben, auf dem bewußtseinsähnlichen Zustand unbewußter Inhalte, andererseits auf dem Vorkommen gewisser als symbolisch aufzufassender Bilder, die
in Träumen und visuellen Phantasien moderner Individuen oder in historischen Dokumenten festgestellt werden können. Wie bekannt, ist eine der
Hauptquellen symbolischer Vorstellungen in der Vergangenheit die Alchemie. Dieser entnehme ich vor allem die Vorstellung der scintillae, der Funken,
welche als visuelle Illusionen in der «Wandlungssubstanz»[54] auftauchen. So
sagt die *«Aurora consurgens»*: «Scito quod terra foetida cito recipit scintillulas
albas[55]». Diese Funken erklärt KHUNRATH als «radii atque scintillae» der
«Anima Catholica», der Allseele, die mit dem Geiste Gottes identisch sei[56].
Aus dieser Deutung geht klar hervor, daß schon gewisse Alchemisten die psychische Natur dieser Luminositäten geahnt haben. Es seien Lichtsamen im
Chaos, das KHUNRATH «mundi futuri seminarium» nennt, ausgestreut[57].
Eine solche scintilla ist auch der menschliche Verstand[58]. Vom «Fewerfunck
der Seele der Weld» ist die Arkansubstanz (des «Catholischen Entis Wesseri-
ge Erde/oder Irdisches Wasser (limus, Schlam)») «Universalisch geseeliget»

[54] *Psychologie und Alchemie* [Paragr. 172] und a. a. O.

[55] [Wisse, daß die faulige Erde rasch weiße Fünklein erhält] *Artis auriferae* I, p. 208, ein
angebliches MORIENUS-Zitat [Paragr. 394 dieses Bandes]. Dasselbe wiederholt MYLIUS,
Philosophia reformata, p. 146. Auf p. 149 fügt er noch «scintillas aureas» [goldene Funken]
hinzu.

[56] «... variae eius radii atque Scintillae, per totius ingentem, materiei primae massae, mo-
lem, hinc inde dispersae ac dissipatae: inque mundi partibus, disiunctis etiam, et loco et corporis mole, necnon circumscriptione, postea separatis ... unius Animae unversalis scintillae nunc
etiam inhabitantes.» [Ihre verschiedenen Strahlen und Funken sind über den ganzen gewaltigen Klumpen der Urmaterie verteilt und zerstreut: die Funken der einen Allseele, die nun diesen abgesprengten Teilen der Welt, welche dann von Ort und Masse des Körpers und sogar
von ihrem Umfang getrennt worden sind, innewohnen.] (*Amphitheatrum,* pp. 195 f. und 198)

[57] l. c., p. 197. Vgl. damit die gnostische Lehre von den Lichtsamen, welche die Lichtjung-
frau einsammelt, ebenso die manichäische Lehre der Lichtteilchen, die man sich durch die ri-
tuelle Nahrung, eine Art von Eucharistie, bei den Melonen genossen wurden, einverleiben
mußte. Die früheste Erwähnung dieser Idee scheint der καρπιστής (Sammler?) bei IRENAEUS,
Contra haereses, I, 2, 4, zu sein. Zu «Melone» vgl. v. FRANZ, *Der Traum des Descartes.*

[58] «Mens humani animi scintilla altior et lucidor ...» [Der Verstand des menschlichen Geistes ist ein erhabenerer und leuchtenderer Funke] (KHUNRATH, *Amphitheatrum,* p. 63).

entsprechend *Sapientia* 1, 7: «quoniam spiritus Domini replevit orbem terrarum[59].» Im «Wasser der Kunst», in «unserm Wasser», welches auch das Chaos ist[60], finden sich die «Fewerfuncken der Seele der Weld als reine Formae Rerum essentiales»[61]. Diese formae[62] entsprechen den Platonischen Ideen, woraus sich also eine *Gleichsetzung der scintillae mit den Archetypen ergäbe,* wenn man annimmt, daß die ewigen, «an überhimmlischem Orte aufbewahrten» Bilder PLATONS eine philosophische Ausprägung der psychologischen Archetypen seien. Aus dieser alchemistischen Schau müßte man den Schluß ziehen, daß die Archetypen an sich eine gewisse Helligkeit oder Bewußtseinsähnlichkeit besäßen und daß mithin der *numinositas* eine *luminositas* entspräche. Etwas Derartiges scheint auch PARACELSUS geahnt zu haben. In seiner *«Philosophia sagax»* findet sich folgende Stelle: «Und als wenig im menschen etwas sein mag on das götlich numen, als wenig mag auch im menschen sein on das natürlich lumen. dan numen und lumen müssen den menschen volkomen machen, die zwei stück alein. von den zweien kompt alles und die zwei seind in dem menschen, der mensch aber ist on sie nichts und sie aber seind on den menschen[63].» In Bestätigung dieses Gedankens schreibt KHUNRATH: «Es seind … Scintillae Animae Mundi igneae, Luminis nimirum Naturae, Fewrige Funcken der Seele der Weld … dispergiret oder ausgesprenget in und durch das Gebew der großen Weld in alle früchte der Elementen allenthalben[64].» Die Funken stammen aus der «Ruach Elohim», dem Gottesgeiste[65]. Unter den scintillae unterscheidet er eine «scintilla perfecta Unici Potentis ac Fortis», welche das Elixier, also die Arkansubstanz selber ist[66]. Wenn wir

---

[59] KHUNRATH, *Von hylealischen Chaos,* p. 63. [*Weisheit Salomos*: «… denn der Weltkreis ist voll Geistes des Herrn». LUTHER-Bibel]

[60] Als Synonyme erwähnt KHUNRATH «forma Aquina, pontica … Limus Terrae Adamae … Azoth … Mercurius» [wässerige Form, meerartige Form, Schlamm der Erde Adams, Azoth, Quecksilber] usw. (*Chaos,* p. 216).

[61] *Chaos,* p. 216.

[62] Die «Formae Scintillaeve Animae Mundi» werden von KHUNRATH (*Chaos,* p. 189) auch als «Rationes Seminariae Naturae specificae» [Formen oder Funken der Weltseele – Samenmodelle der arterzeugenden Natur] bezeichnet, womit er einen antiken Gedanken wiederholt. Ebenso nennt er die scintilla «Entelechia» (p. 65).

[63] ed. HUSER X, p. 206; ed. SUDHOFF XII, p. 231.

[64] *Chaos,* p. 94.

[65] *Chaos,* p. 249.

[66] *Chaos,* p. 54 [vollkommener Funke des Einen Mächtigen und Starken]. Dies in Übereinstimmung mit PARACELSUS, der das lumen naturae als Quintessenz bezeichnet, von Gott selber aus den vier Elementen ausgezogen (SUDHOFF XII, pp. 36 und 304).

die Archetypen mit den Funken in Vergleich setzen dürfen, so hebt hier KHÚNRATH *einen* ganz besonders hervor. Dieser eine wird dann auch als Monas und Sonne bezeichnet, welche beide auf die Gottheit deuten. Ein ähnliches Bild findet sich im Briefe des IGNATIUS VON ANTIOCHIA an die Epheser, wo er vom Kommen Christi schreibt: «Wie nun ward das den Äonen offenbar? Ein Stern leuchtete auf am Himmel, heller als alle Sterne, und sein Licht war unaussprechlich, und solche Erscheinung erregte Befremden. Alle übrigen Sterne mit Sonne und Mond umstanden den Stern im Chore...[67]» Psychologisch ist die *eine* scintilla oder Monas als Symbol des *Selbst* aufzufassen – ein Aspekt, den ich hier nur andeuten möchte.

Für DORN haben die Funken eine klare psychologische Bedeutung. So sagt er: «Sic paulatim scintillas aliquot magis ac magis indies perlucere suis oculis mentalibus percipiet, ac in tantam excrescere lucem, ut successivo tempore quaevis innotescant, quae sibi necessaria fuerint[68].» Dieses Licht ist das lumen naturae, welches das Bewußtsein erleuchtet, und die scintillae sind keimhafte Luminositäten, die aus dem Dunkel des Unbewußten hervorleuchten. DORN ist, wie KHUNRATH, PARACELSUS verpflichtet. Er stimmt mit letzterem überein, wenn er einen «invisibilem solem plurimis incognitum» im Menschen annimmt[69]. Von diesem natürlichen, dem Menschen eingeborenen Lichte sagt DORN: «Lucet in nobis licet obscure vita lux hominum[70] tanquam in tenebris, quae non ex nobis quaerenda, tamen *in, et non a nobis,* sed ab eo cuius est, qui etiam in nobis habitationem facere dignatur... Hic eam lucem plantavit in nobis, ut in eius lumine qui lucem inaccessibilem inhabitat, videremus lumen: hoc ipso quoque caeteras eius praecelleremus creaturas: illi nimirum similes hac ratione facti, quod *scintillam sui luminis* dederit nobis. Est igitur veritas *non in nobis quaerenda, sed in imagine Dei quae in nobis est*[71].»

389

---

[67] XIX, 1 f.

[68] «So wird er mit seinen geistigen Augen wahrnehmen, wie einige Funken mehr und mehr ⟨und⟩ von Tag zu Tag durchschimmern und zu einem so großen Licht anwachsen, daß in der Folgezeit alles bekannt wird, was ihm ⟨dem Adepten⟩ notwendig ist.» (*Theatrum chemicum,* 1602, I, *De speculativa philosophia,* p. 275)

[69] [eine den meisten unbekannte, unsichtbare Sonne] – «Sol est invisibilis in hominibus, in terra vero visibilis, tamen ex uno et eodem sole sunt ambo» [Die Sonne ist in den Menschen unsichtbar, auf der Erde aber sichtbar, und doch stammen beide von ein und derselben Sonne]. (*De spec. phil.,* p. 308)

[70] «Et vita erat lux hominum et lux in tenebris lucet.» (*Jo.* 1, 4 und 5).

[71] «Es leuchtet in uns nämlich dunkel das Leben als ein Licht der Menschen, gleichsam in der Finsternis, ⟨ein Licht⟩ das nicht aus uns zu nehmen ist, obschon es in uns und ⟨doch⟩

390 Den einen Archetypus, den KHUNRATH hervorhebt, kennt also auch
DORN als den sol invisibilis respektive die imago Dei. Bei PARACELSUS
stammt das lumen naturae zunächst aus dem «astrum» oder «sydus», dem «gestirn» im Menschen [72]. Das «firmament» (ein Synonym von Gestirn) ist das
natürliche Licht [73]. Darum ist der «Eckstein» aller Wahrheit die «astronomia», welche «ein muter sei anderer künsten aller... nach ir fehet an die götli-
che weisheit, nach ir fehet an das liecht der natur» [74], ja sogar die «treffentli-
chen religiones» hängen von der «astronomia» ab [75]. Das Gestirn nämlich «begert den menschen zu treiben in grosse weisheit... auf das er im liecht der natur wunderbarlich erschein und die mysteria der wunderwerk gottes gross erfunden und eröfnet werden» [76]. Ja, der Mensch selber ist ein «astrum»: «nicht
allein also, sonder dermassen für und für mit allen aposteln und heiligen; ist
ein jetlicher ein astrum, der himel ein stern... darumb sagt auch die geschrift:
ir seit liechter der welt [77].» «So nun in dem gestirn das ganz natürlich liecht
ligt, und der mensch muss das selbig aus im nemen wie die speis von der erden,
in die er also geborn ist, also auch in das gestirn dermassen geborn [78].» Auch
die Tiere haben das natürliche Licht, welches ein «angeborener Geist» ist [79].
Bei seiner Geburt ist der Mensch «mit volkomenem liecht der natur bega-
bet» [80]. PARACELSUS nennt es «primum ac optimum thesaurum, quem naturae

nicht von uns ist, sondern von jenem ⟨stammt⟩, der sogar in uns sich gewürdigt hat, seine
Wohnstätte aufzuschlagen... Dieser hat sein Licht in uns gepflanzt, damit wir in seinem
Lichte, der das unzugängliche Licht bewohnt, das Licht sähen; gerade dadurch sind wir von
allen Kreaturen ausgezeichnet. Aus diesem Grunde sind wir ihm in Wahrheit ähnlich
gemacht, weil er uns einen Funken seines Lichtes gegeben hat. Die Wahrheit ist also nicht in
uns zu suchen, sondern im Bilde Gottes, das sich in uns befindet.» (*Theatr. chem.*, 1602, I: *De
philosophia meditativa*, p. 460) [Von JUNG hervorgehoben.]

[72] HUSER X, p. 19; SUDHOFF XII, p. 23: «... was im liecht der natur ist, das ist die wirkung
des gestirns.»

[73] *Philosophia sagax*, HUSER X, p. 1; SUDHOFF XII, p. 3.

[74] *Phil. sag.*, HUSER X, p. 3 f.; SUDHOFF XII, p. 5 f.

[75] Die Apostel sind «astrologi» (*Phil. sag.*, HUSER X, p. 23; SUDHOFF XII, p. 27).

[76] *Phil. sag.*, HUSER X, p. 54; SUDHOFF XII, p. 62.

[77] *Phil. sag.*, HUSER X, p. 344; SUDHOFF XII, p. 386. Letzterer Satz bezieht sich auf
Mat. 5, 14: «Vos estis lux mundi.»

[78] *Phil. sag.*, HUSER X, p. 409; SUDHOFF XII, p. 456 f.

[79] «... als die hanen die da kreen zukünftiges wetter und die pfauen ires herren tot... dis
alles ist aus dem angebornen geist und ist das liecht der natur.» (*Fragmenta medica: De morbis
somnii*, HUSER V, p. 130; SUDHOFF IX, p. 361)

[80] *Liber de generatione hominis*, HUSER VIII, p. 172; SUDHOFF I, p. 300.

Monarchia in se claudit»[81] (in Übereinstimmung mit den allgemein bekannten Bezeichnungen des «Einen» als kostbare Perle, verborgener Schatz, «schwer erreichbare Kostbarkeit» usw.). Das Licht ist dem «inwendigen Menschen», beziehungsweise dem inneren Leib (dem corpus subtile, Hauchkörper) gegeben, wie aus folgender Stelle hervorgeht: «darumb so ein mensch mit hochheit, weisheit etc. keme aus seinem eussern leib, dan alle weisheit und vernunft so der mensch gebraucht, die selbig ist mit disem leib ewig und als ein inwendiger mensch[82], so der mensch mag leben und nicht als ein auswendiger. dan solcher inwendiger mensch ist ewig clarificirt und wahrhaftig, und so er dem tötlichen leib nit volkomen erscheinet, so erscheinets im doch volkomen nach des selbigen abscheiden also. das, so wir jezt erzelet, heisst lumen naturae und ist ewig, das selbige hat got gegeben dem inwendigen leib, das er durch den inwendigen leib geregirt werde und das nach der vernunft... dan das liecht der natur ist alein die vernunft und nichts anders... das liecht ist das, das den glauben gibt... got hat einem ietlichen menschen liechts gnug geben, darauf er praedestinirt ist, also das er nicht irren kan... Damit wir aber beschreiben das herkomen des inwendigen menschen oder leibs, so merket uns also, das *alle inwendige leib nur ein leib sind und ein einiges ding in allen menschen,* aber ausgeteilt nach der wolgeordneten zalen des leibs, eim anders dan den andern. und so *sie alle zusamen komen, ist nur ein liecht, nur ein vernunft...*[83].»

«Nun ist weiter das liecht der natur ein liecht, das angezünt ist aus dem heiligen geist und lischt nicht ab, dan es ist wol angezünt... nun ist das liecht der art, das begert zu brennen[84] und ie lenger ie mer zu scheinen, und ie lenger ie grösser... also ist auch im liecht der natur ein hizige begirung des anzündens[85].» Es ist ein «unsichtbares» Licht: «also folgt nun, das der Mensch alein im unsichtbaren sein weisheit, sein kunst hat vom liecht der natur[86].» Der Mensch ist «ein prophet natürliches liechts»[87]. Man «lernt» das lumen naturae

391

---

[81] *De vita longa,* hg. von ADAM VON BODENSTEIN, lib. V, cap. II [den ersten und wertvollsten Schatz, den die Monarchie der Natur in sich birgt].

[82] Vgl. *Phil. sag.,* HUSER X, p. 341; SUDHOFF XII, p. 382: «Nun ist offenbar, das alle menschliche weisheit zu dem irdischen leib im liecht der natur ligt.» Es ist «des menschen liecht der ewigen weisheit.» (*Phil. sag.,* HUSER X, p. 395; SUDHOFF XII, p. 441)

[83] *De gen. hom.,* HUSER VIII, p. 171 f.; SUDHOFF I, p. 299 f. [Von JUNG hervorgehoben.]

[84] «Ein Feuer auf die Erde zu bringen bin ich gekommen, und wie sehr wünschte ich, es wäre schon entfacht.» (*Luk.* 12, 49)

[85] *Fragmenta cum libro de fundamento sapientiae,* HUSER IX, p. 448; SUDHOFF XIII, p. 325 f.

[86] *Phil. sag.,* HUSER X, p. 46; SUDHOFF XII, p. 53.

[87] *Phil. sag.,* HUSER X, p. 79; SUDHOFF XII, p. 94.

unter anderem durch Träume[88], «... wie das liecht der natur nit reden kan, so fürbilt es im schlaf aus kraft des worts» (Gottes)[89].

392   Ich habe mir erlaubt, etwas länger bei PARACELSUS zu verweilen und eine Anzahl authentischer Texte beizubringen, um dem Leser einen Eindruck davon zu vermitteln, wie dieser Autor das lumen naturae auffaßt. Es scheint mir vor allem wichtig zu sein hinsichtlich unserer Hypothese multipler Bewußtseinsphänomene, daß sich bei PARACELSUS die charakteristische Vision der Alchemisten – die in der schwarzen Arkansubstanz aufglühenden Funken – in den Anblick des «innern Firmaments» und seiner astra verwandelt. Er schaut die dunkle Psyche wie einen sternbesäten Nachthimmel, dessen Planeten und Fixsternkonstellationen die Archetypen in ihrer ganzen Luminosität und Numinosität darstellen[90]. Der Sternhimmel ist ja in der Tat das aufgeschlagene Buch der kosmischen Projektion, der Widerspiegelung der Mythologeme, eben der Archetypen. In dieser Anschauung reichen sich Astrologie und Alchemie, die beiden antiken Repräsentantinnen der Psychologie des kollektiven Unbewußten, die Hand.

393   PARACELSUS ist unmittelbar von AGRIPPA VON NETTESHEIM beeinflußt[91], welcher eine «luminositas sensus naturae» annimmt. Davon «stiegen Lichter der Weissagung auf die vierfüßigen Tiere, die Vögel und andere Lebewesen herunter» und befähigten diese der Vorhersage künftiger Dinge[92]. Für den sensus naturae beruft er sich auf GUILIELMUS PARISIENSIS, in welchem wir WILHELM VON AUVERGNE (G. ALVERNUS, † 1249), der um 1228 Bischof von Paris war, erkennen. Er verfaßte viele Werke, von denen zum Beispiel ALBERTUS MAGNUS beeinflußt wurde. Vom sensus naturae nimmt ersterer an, daß er ein höherer Sinn sei als das menschliche Auffassungsvermögen, und insbeson-

---

[88] *Practica in scientiam divinationis,* HUSER X, p. 434; SUDHOFF XII, p. 488.

[89] *Liber de caducis,* HUSER IV, p. 274; SUDHOFF VIII, p. 298.

[90] In den *Hieroglyphica* des HORAPOLLON bedeutet der Sternhimmel Gott als das endgültige Fatum, wobei er durch eine Fünfzahl, vielleicht eine Quincunx, symbolisiert ist.

[91] Vgl. *Paracelsus als geistige Erscheinung* [Paragr. 148].

[92] *De occulta philosophia,* p. LXVIII. «Nam iuxta Platonicorum doctrinam, est rebus inferioribus vis quaedam insita, per quam magna ex parte cum superioribus conveniunt, unde etiam animalium taciti consensus cum divinis corporibus consentire vident, atque his viribus eorum corpora et affectus affici» [Denn nach der Lehre der Platoniker wohnt den unteren Dingen eine bestimmte Kraft inne, durch die sie weitgehend mit den oberen übereinstimmen, weshalb es scheint, daß die stillschweigende Übereinstimmung der Lebewesen mit den göttlichen Körpern in Einklang steht und daß ihre Körper und Affekte von diesen Kräften beeinflußt werden] usw. (l. c., p. LXIV).

dere betont er, daß die Tiere ihn auch besäßen[93]. Die Lehre vom sensus naturae entwickelt sich aus der Idee der alles durchdringenden Weltseele, mit der
sich ein anderer Guilielmus Parisiensis, ein Vorgänger des Alvernus, nämlich
GUILLAUME DE CONCHES[94] (1080–1154), ein Platonischer Scholastiker, der in
Paris lehrte, beschäftigt hat. Er hat die anima mundi, eben den sensus naturae,
mit dem *Heiligen Geiste,* ähnlich wie ABÄLARD, identifiziert. Die Weltseele
stellt eben eine *Naturkraft* dar, die für alle Erscheinungen des Lebens und der
Psyche verantwortlich ist. Wie ich am angeführten Orte gezeigt habe, ist diese
Auffassung der anima mundi der alchemistischen Tradition überhaupt geläufig, insofern der Mercurius bald als anima mundi, bald als Heiliger Geist gedeutet wird[95]. In Anbetracht der für die Psychologie des Unbewußten so
wichtigen alchemistischen Vorstellungen dürfte es sich lohnen, einer für die
Funkensymbolik sehr einleuchtenden Variante einige Aufmerksamkeit zu
schenken.

Noch häufiger nämlich als das Motiv der scintillae ist das der *Fischaugen,*   394
welche dieselbe Bedeutung haben. Wie ich schon oben erwähnte, wird von
den Autoren als Quelle der «Lehre» von den scintillae eine MORIENUS-Stelle
angegeben. Im Traktat des MORIENUS ROMANUS findet sich in der Tat diese
Stelle. Sie lautet aber: «Purus laton tamdiu decoquitur, donec veluti oculi
piscium elucescat[96]». Dieser Satz scheint schon hier ein Zitat aus einer noch
früheren Quelle zu sein. Bei den späteren Autoren kommen die Fischaugen
öfters vor. Bei Sir GEORGE RIPLEY findet sich die Variante, daß bei der «Aus-
trocknung des Meeres» eine Substanz zurückbleibe, die «wie Fischaugen»
leuchte[97], was ein deutlicher Hinweis auf das Gold und auf die Sonne (als
Gottesauge) ist. Es liegt daher nicht mehr fern, wenn ein Alchemist des
17. Jahrhunderts seiner Ausgabe des NICOLAS FLAMMEL die Worte *Zacharias*
4, 10, als Motto voransetzt: «Et videbunt lapidem stagneum in manu Zoro-
babel. Septem isti oculi sunt Domini, qui discurrunt in universam terram[98]».
(«Sie alle werden mit Freuden den Schlußstein in der Hand Serubbabels se-

---

[93] Vgl. THORNDIKE, *A History of Magic and Experimental Science* II, p. 348 f.

[94] PICAVET, *Essais sur l'histoire générale et comparée des théologies et des philosophies médiévales,*
p. 207.

[95] Vgl. *Psychologie und Alchemie* [Paragr. 172, 266, 445, 505 und 517].

[96] *Art. aurif.* I: *Liber de compositione alchemiae,* p. 32: «Der reine Laton wird solange ge-
kocht, bis er wie Fischaugen hervorleuchtet.» Die «oculi piscium» wurden von den Autoren
selber in «scintillae» umgedeutet.

[97] *Opera omnia chemica,* p. 159.

[98] Dazu gehört auch *Zach.* 3, 9: «Super lapidem *unum* septem oculi sunt.»

hen. Diese sieben sind die Augen des Herrn, die über die ganze Erde schwei-
fen.» Übersetzung aus dem Urtext[99].) Bei diesen sieben Augen handelt es sich
offenbar um die sieben Planeten, die wie Sonne und Mond Gottesaugen sind,
die nie rasten, überallhin wandern und allsehend sind. Dasselbe Motiv dürfte
der Vieläugigkeit des Riesen Argos zugrunde liegen. Er führte den Beinamen
πανόπτης (der alles Sehende) und wird auf den Sternhimmel gedeutet. Er ist
bald einäugig, bald vieräugig, bald hundertäugig und sogar μυριωπός (tausendäugig). Auch gilt er als schlaflos. Hera versetzte die Augen des Argos
Panoptes in den Pfauenschwanz[100]. Wie Argos ein Wächter ist, so kommt
auch dem Sternbild des Draco eine allesüberschauende Stellung zu in den Ara-
tuszitaten des HIPPOLYTUS. Er wird dort als der geschildert, «der von der
Höhe des Poles auf alles herunterschaut und in allem darauf sieht, daß ihm
nichts von dem, was geschieht, verborgen bleibe»[101]. Dieser Drache ist sozusagen schlaflos, da der Pol «niemals untergeht». Er erscheint oft vermischt mit
dem gewundenen Sonnenweg am Himmel. «C'est pour ce motif qu'on dispose
parfois les signes du zodiaque entre les circonvolutions du reptile», sagt CU-
MONT[102]. Die Zodiakalzeichen werden von der Schlange gelegentlich auf dem
Rücken getragen[103]. Wie EISLER hervorhebt, geht durch die Zeitsymbolik
das Allsehende des Draco auf Chronos über, der bei SOPHOKLES ὁ παντ᾽ ὁρῶν
Χρόνος und in der Grabschrift für die Gefallenen von Chäronea πανεπίσ-
κοπος δαίμων genannt wird[104]. Der οὐροβόρος bedeutet bei HORAPOLLO
Ewigkeit (αἰών) und Kosmos. Von der Identität des Allessehenden mit der
Zeit her erklärten sich die Augen auf den Rädern der Ezechielvision (*Ezechiel*
1, 21: «…ihre Felgen waren voll Augen ringsherum an allen vier Rädern»).
Die Identifizierung der allsehenden Konstellation mit der *Zeit* soll um ihrer
besonderen Bedeutung willen hier erwähnt werden; deutet sie doch auf die
Beziehung des mundus archetypus des Unbewußten zum «Phänomen» der
Zeit, nämlich auf die Synchronizität archetypischer Ereignisse, auf die ich in
der am Schluß folgenden Zusammenfassung noch etwas eingehen werde.

---

[99] EIRENAEUS ORANDUS, *Nicolas Flammel: His Exposition of the Hieroglyphicall Figures* etc.

[100] Dieses Mythologem ist für die Deutung der «cauda pavonis» wichtig.

[101] Τετάχθαι γὰρ νομίζουσι κατὰ τὸν ἀρκτικὸν πόλον τὸν Δράκοντα, τὸν ὄφιν,
ἀπὸ τοῦ ὑψηλοτάτου πόλου πάντα ἐπιβλέποντα καὶ πάντα ἐφορῶντα, ἵνα μηδὲν τῶν
πραττομένων αὐτὸν λάθῃ. (*Elenchos*, IV, 47, 2f. [p. 69])

[102] *Textes et monuments figurés relatifs aux mystères de Mithra* I, p. 80.

[103] Προσέταξε τὸν αὐτὸν δράκοντα βαστάζειν ἓξ ζῴδια ἐπὶ τοῦ νώτου αὐτοῦ. (PI-
TRA, *Analecta sacra*, V, p. 300, zit. bei EISLER, *Weltenmantel und Himmelszelt* II, p. 389, Anm. 5)

[104] EISLER, l. c. II, p. 388: «Der allsehende Chronos» und der «auf alles schauende Dämon».

Aus der Selbstbiographie von IGNATIUS VON LOYOLA, die er dem LOYS   395
GONZALES diktiert hat[105], erfahren wir, daß er öfters einen hellen Schein sah,
der, wie ihm vorkam, manchmal die Gestalt einer *Schlange* hatte. Sie schien
voll leuchtender Augen zu sein, die doch eigentlich keine Augen waren. Zuerst
fühlte er sich durch die Schönheit dieser Erscheinung sehr getröstet, später
aber erkannte er, daß es ein böser Geist war[106]. Diese Vision enthält in summa
alle hier behandelten Aspekte des Augenmotives und stellt eine überaus eindrückliche Gestaltung des Unbewußten mit seinen disseminierten Luminositäten dar. Man kann sich leicht die Perplexität vorstellen, die ein mittelalterli-
cher Mensch angesichts einer so eminent «psychologischen» Intuition empfinden mußte, um so mehr als kein dogmatisches Symbol und keine hinreichende Allegorik der Väter seinem Urteil zu Hilfe kam. IGNATIUS hatte aber
nicht so sehr danebengeraten, denn die Tausendäugigkeit kommt als Eigenschaft auch dem Urmenschen, dem Puruṣa, zu. So heißt es *R̥gveda*, X, 90:
«Tausendköpfig ist der Puruṣa, tausendäugig, tausendfüßig. Er hält die Erde
ringsum umschlossen und überragt den Zehnfingerraum[107]». Monoimos der
Araber lehrte nach HIPPOLYTUS, daß der Urmensch ("Ανθρωπος) eine einzige Monade (μία μονάς) sei, nicht zusammengesetzt, unteilbar und zugleich
zusammengesetzt und teilbar. Diese Monade ist das i-Pünktchen (μία κε-
ραία), und diese kleinste Einheit, welche der einen «scintilla» KHUNRATHS
entspricht, hat «viele Antlitze» und «viele Augen»[108]. Dabei stützt sich Monoimos hauptsächlich auf den Prolog zum *Johannesevangelium*! Sein Urmensch ist, wie der Puruṣa, das Universum (ἄνθρωπον εἶναι τὸ πᾶν)[109].

Solche Visionen sind wohl als introspektive Intuitionen, welche den Zu-   396
stand des Unbewußten erfassen, und zugleich als Rezeption der christlichen
Zentralidee zu verstehen. Selbstverständlich kommt das Motiv in derselben
Bedeutung auch in modernen Träumen und Phantasien vor, zum Beispiel als
Sternhimmel, als Widerschein der Sterne im dunkeln Wasser, als in schwarzer

[105] LUDOVICUS GONSALVUS, *Acta antiquissima.*

[106] Ebenso hatte IGNATIUS die Vision einer «res quaedam rotunda tanquam ex auro et
magna» [gewissen runden Dinges, gleichsam wie aus Gold und groß], die vor ihm schwebte.
Er deutete sie auf Christus, der ihm wie eine Sonne erschien. (FUNK, *Ignatius von Loyola,*
pp. 57, 65, 74 und 112)

[107] HILLEBRANDT, *Lieder des R̥gveda,* p. 130.

[108] *Elenchos,* VIII, 12, 5 [p. 232].

[109] l. c., VIII, 12, 2 [p. 232].

Erde ausgestreute Goldklümpchen [110] oder Goldsand, als Seenachtfest, nämlich Lampions auf dunkler Wasserfläche, als einzelnes Auge in der Tiefe der
Erde oder des Meeres oder als parapsychische Vision von Lichtkugeln usw. Da
das Bewußtsein seit alters durch Ausdrücke, die von Lichterscheinungen genommen sind, charakterisiert wird, liegt die Annahme, daß die multiplen Luminositäten kleinen Bewußtseinsphänomenen entsprechen, meines Erachtens nicht zu fern. Erscheint die Luminosität als monadisch, zum Beispiel als
einzelnes Gestirn oder als Sonne oder als Auge, dann nimmt sie gerne Manda-
lagestalt an und ist dann als *Selbst* zu deuten. Es handelt sich aber nicht um
double conscience, weil dabei keine Persönlichkeitsdissoziation nachzuweisen ist. Im Gegenteil haben die Symbole des Selbst «vereinigende» Bedeutung [111].

G. PATTERN OF BEHAVIOUR UND ARCHETYPUS

397 Wir haben den unteren Anfang der Psyche in jenen Zustand verlegt, in welchem die Funktion sich vom zwangsläufigen Trieb emanzipiert und sich
durch den Willen beeinflussen läßt, und haben den Willen als einen disponi-
beln Energiebetrag definiert. Damit ist aber, wie schon gesagt, ein disponie-
rendes, urteilsfähiges Subjekt vorausgesetzt, dem man Bewußtheit zuschrei-
ben muß. Auf diesem Wege gelangten wir dazu, sozusagen gerade das zu beweisen, was wir eingangs verwarfen, nämlich die Identifizierung von Psyche
mit Bewußtsein. Dieses Dilemma klärt sich nunmehr auf, indem wir verstehen, inwiefern das Bewußtsein relativ ist, weil dessen Inhalte *zugleich bewußt
und unbewußt,* das heißt unter einem gewissen Aspekt bewußt und unter
einem anderen unbewußt sind. Wie jedes Paradox, so erscheint auch diese

---

[110] Ähnlich dem alchemistischen Meisterspruch: «Seminate aurum in terram albam folia-
tam.» [Säet Gold in weiße, geblätterte Erde.]

[111] Vgl. dazu meine Ausführungen über das «vereinigende Symbol» in: *Psychologische Typen* [Definitionen, s. v.].

[112] Auch FREUD gelangte zu ähnlich paradoxen Schlüssen. So sagt er (*Zur Technik der Psychoanalyse und zur Metapsychologie,* p. 213 f.): «Ein Trieb kann nie Objekt des Bewußtseins
werden, nur die Vorstellung, die ihn repräsentiert. Er kann *aber auch im Unbewußten nicht anders als durch die Vorstellung repräsentiert sein.*» (Von mir hervorgehoben.) Wie bei meiner
obigen Darstellung die Frage nach dem Subjekt des unbewußten Willens übrigbleibt, so muß

Feststellung nicht leicht verständlich[112]. Wir müssen uns aber wohl an den Gedanken gewöhnen, daß das Bewußtsein kein Hier und das Unbewußte kein Dort ist. *Die Psyche stellt vielmehr eine bewußt-unbewußte Ganzheit dar.* Für die Grenzschicht, die ich als das «persönliche Unbewußte» bezeichnet habe, kann unschwer bewiesen werden, daß deren Inhalte genau unserer Definition des Psychischen entsprechen. Aber gibt es ein nach unserer Definition psychiches Unbewußtes, das nicht «fringe of consciousness» und nicht persönlich ist?

Ich habe bereits erwähnt, daß schon FREUD archaische Reste und primitive 398 Funktionsweisen im Unbewußten festgestellt hat. Spätere Untersuchungen haben diese Feststellung bestätigt und ein reiches Anschauungsmaterial zusammengebracht. In Hinsicht auf die Struktur des Körpers wäre es erstaunlich, wenn die Psyche das einzige biologische Phänomen wäre, das nicht deutliche Spuren seiner Entwicklungsgeschichte aufwiese, und daß diese Merkmale gerade mit der Instinktgrundlage in nächster Beziehung stehen, entspricht durchaus der Wahrscheinlichkeit. Trieb und archaischer Modus koinzidieren im biologischen Begriff des pattern of behaviour. Es gibt nämlich keinen amorphen Trieb, indem jeder Trieb die Gestalt seiner Situation hat. Er erfüllt stets ein Bild, das feststehende Eigenschaften besitzt. Der Trieb der Blattschneiderameise erfüllt sich im Bilde der Ameise, des Baumes, des Blattes, des Abschneidens, des Transportes und des Pilzgartens[113]. Fehlt eine dieser Bestimmungen, so funktioniert der Trieb nicht, denn er kann ohne seine totale Gestalt, ohne sein Bild, gar nicht existieren. Ein solches Bild ist ein Typus apriorischer Natur. Er ist der Ameise eingeboren vor aller Betätigung, denn letztere kann überhaupt nur stattfinden, wenn ein entsprechend gestalteter Trieb Anlaß und Möglichkeit dazu gibt. Dieses Schema gilt für alle Triebe und ist in identischer Form in allen Individuen derselben Gattung vorhanden. Das gleiche gilt für den Menschen: er hat a priori Instinkttypen in sich, welche Anlaß und Vorlage seiner Tätigkeiten bilden, insofern er überhaupt instinktiv funktioniert. Als biologisches Wesen kann er überhaupt nicht anders als sich spezifisch menschlich verhalten und sein pattern of behaviour erfüllen. Damit sind den Möglichkeiten seiner Willkür enge Grenzen gesetzt, um so enger, je primitiver er ist und je mehr sein Bewußtsein von der In-

man hier fragen: *Wem* ist der Trieb im unbewußten Zustande vorgestellt? Denn «unbewußte» Vorstellung ist eine contradictio in adiecto.

[113] Weiteres siehe bei MORGAN, *Instinkt und Gewohnheit.*

stinktsphäre abhängt. Obschon es unter einem gewissen Gesichtswinkel durchaus richtig ist, das pattern of behaviour als noch vorhandenen archaischen Rest anzusprechen, wie dies zum Beispiel NIETZSCHE von der Funktionsweise der Träume getan hat, so wird man damit aber der biologischen und psychologischen Bedeutung dieser Typen doch keineswegs gerecht. Sie sind nämlich nicht nur Relikte oder noch vorhandene Reste früherer Funktionsweisen, sondern *immer* vorhandene, biologisch unerläßliche Regulatoren der Triebsphäre, deren Wirksamkeit sich durch den ganzen Bereich der Psyche erstreckt und erst dort ihre Unbedingtheit einbüßt, wo sie von der relativen Freiheit des Willens beschränkt wird. Das Bild stellt den *Sinn* des Triebes dar.

399   So wahrscheinlich das Vorhandensein der Triebgestalt in der menschlichen Biologie ist, so schwierig erscheint der empirische Nachweis distinkter Typen. Denn dasjenige Organ, mit dem wir diese erfassen könnten, nämlich das Bewußtsein, ist an sich selber nicht nur eine Umgestaltung, sondern auch ein Umgestalter des ursprünglichen Triebbildes. Kein Wunder daher, daß es dem Verstande nicht gelingen will, ähnlich präzise Typen für den Menschen aufzustellen, wie wir sie aus dem Tierreiche kennen. Ich muß gestehen, daß ich mir keinen direkten Weg zur Lösung dieser Aufgabe vorstellen kann. Und doch ist es mir, wie ich glaube, gelungen, einen wenigstens indirekten Zugang zum Triebbild aufzudecken.

400   Im folgenden möchte ich kurz den Verlauf dieser Entdeckung schildern. Ich habe öfters Patienten beobachtet, deren Träume ein reiches Phantasiematerial andeuteten. Ebenso erhielt ich von den Patienten selber den Eindruck, als ob sie von Phantasien förmlich vollgestopft wären, ohne angeben zu können, worin der innere Druck bestand. Ich habe daher ein Traumbild oder einen Einfall des Patienten zum Anlaß genommen, ihm den Auftrag zu geben, diesen Vorwurf in freier Phantasietätigkeit auszubauen oder zu entwikkeln. Dies konnte je nach individueller Neigung und Begabung in dramatischer, dialektischer, visueller, akustischer, tänzerischer, malerischer, zeichnerischer oder plastischer Form geschehen. Das Ergebnis dieser Technik war eine Unzahl komplizierter Gestaltungen, in deren Vielfalt ich mich jahrelang nicht auskannte, nämlich solange nicht, als ich nicht zu erkennen vermochte, daß es sich bei dieser Methode um die spontane, durch das technische Können des Patienten nur unterstützte Manifestation eines an sich unbewußten Prozesses handelte, dem ich später den Namen «Individuationsprozeß» gab. Aber noch lange bevor mir diese Erkenntnis dämmerte, machte ich die Beobach-

tung, daß diese Methode oft in hohem Maße die Häufigkeit und Intensität der Träume herabsetzte und damit auch den unerklärlichen Druck von seiten des Unbewußten verminderte. Dies bedeutete in vielen Fällen einen erheblichen therapeutischen Erfolg, der sowohl mich selber wie den Patienten ermutigte, trotz der Unbegreiflichkeit der zutage geförderten Inhalte weiterzufahren[114]. Ich mußte auf dieser Unbegreiflichkeit insistieren, um mich selber zu hindern, auf Grund gewisser theoretischer Voraussetzungen Deutungen zu versuchen, von denen ich fühlte, daß sie nicht nur unzulänglich waren, sondern auch geeignet, die naiven Gestaltungen des Patienten zu präjudizieren. Je mehr ich ahnte, daß letzteren eine gewisse Zielrichtung innewohnte, desto weniger wagte ich es, darüber irgendwelche Theoreme aufzustellen. Diese Zurückhaltung wurde mir in manchen Fällen nicht leichtgemacht, indem es sich um Patienten handelte, welche gewisser Auffassungen bedurften, um sich im Dunkel nicht gänzlich zu verlieren. Ich mußte versuchen, wenigstens vorläufige Deutungen zu geben, so gut ich es eben konnte, aber durchsetzt mit vielen «Vielleicht», «Wenn» und «Aber» und niemals die Grenzen der jeweils vorliegenden Gestaltung überschreitend. Ich sah immer ängstlich darauf, die Deutung des Bildes in eine Frage ausklingen zu lassen, deren Beantwortung der freien Phantasietätigkeit des Patienten überlassen blieb.

Das anfänglich chaotische Vielerlei der Bilder verdichtete sich im Laufe der Arbeit zu gewissen Motiven und Formelementen, welche sich in identischer oder analoger Gestalt bei den verschiedensten Individuen wiederholten. Ich erwähne als hauptsächlichste Merkmale das chaotisch Vielfache und die Ordnung, die Dualität, den Gegensatz von Hell und Dunkel, Oben und Unten, Rechts und Links, die Einigung des Gegensatzes im Dritten, die Quaternität (Viereck, Kreuz), die Rotation (Kreis, Kugel) und schließlich die Zentrierung und radiäre Anordnung, in der Regel nach einem quaternären System. Triadische Bildungen waren, außer der complexio oppositorum (Gegensatzeinigung) in einem Dritten, relativ selten und bildeten ausgesprochene, durch besondere Bedingungen erklärliche Ausnahmen[115]. Die Zentrierung bildet den in meiner Erfahrung nie überschrittenen Höhepunkt der Entwicklung[116], welcher sich als solcher dadurch charakterisiert, daß er mit dem praktisch größtmöglichen therapeutischen Effekt zusammenfällt. Die angegebe-

---

[114] Vgl. dazu *Ziele der Psychotherapie* [Paragr. 101 ff.] und *Die Beziehungen zwischen dem Ich und dem Unbewußten* [Paragr. 343 ff.].

[115] Etwas Ähnliches ist der Fall mit den pentadischen Gestalten.

[116] Soweit sich die Entwicklung an objektiven Materialien feststellen läßt.

nen Merkmale bedeuten äußerste Abstraktionen und zugleich einfachste Ausdrücke für die operativen Gestaltungsprinzipien. Die konkrete Wirklichkeit der Gestaltungen ist unendlich vielfarbiger und anschaulicher. Ihre Mannigfaltigkeit übersteigt jedes Darstellungsvermögen. Ich kann davon nur soviel sagen, daß es wohl kein Motiv irgendwelcher Mythologie gibt, das nicht gelegentlich in diesen Produkten auftaucht. Wenn überhaupt nennenswerte Kenntnisse mythologischer Motive bei meinen Patienten vorhanden waren, so wurden sie von den Einfällen der gestaltenden Phantasie bei weitem überboten. In der Regel waren die mythologischen Kenntnisse meiner Patienten minim.

402   Diese Tatsachen zeigten nun in unmißverständlicher Weise die Koinzidenz der von unbewußten Regulatoren geleiteten Phantasien mit den durch Tradition und ethnologische Forschung bekannten Monumenten menschlicher Geistestätigkeit überhaupt. Alle vorhin erwähnten abstrakten Merkmale sind in gewisser Hinsicht bewußt; jedermann kann auf vier zählen und weiß, was ein Kreis und was ein Viereck ist, aber als Gestaltungsprinzipien sind sie unbewußt, und ebenso ist ihre psychologische Bedeutung nicht bewußt. Meine wesentlichsten Anschauungen und Begriffe sind aus diesen Erfahrungen abgeleitet. Zuerst bestanden die Beobachtungen, und erst nachher habe ich mühsam mir darüber Auffassungen gebildet. Und so geht es auch der Hand, die den Zeichenstift oder den Pinsel führt, dem Fuß, der den Tanzschritt macht, dem Sehen und dem Hören, dem Wort und dem Gedanken: ein dunkler Impuls entscheidet letzthinnig über die Gestaltung, ein unbewußtes Apriori drängt zur Gestaltwerdung, und man weiß nicht, daß das Bewußtsein eines anderen von den gleichen Motiven angeleitet wird, wo man doch das Gefühl hat, einer grenzenlosen subjektiven Zufälligkeit ausgeliefert zu sein. Über der ganzen Prozedur scheint ein dunkles *Vorherwissen* nicht nur der Gestaltung, sondern auch ihres Sinnes zu schweben [117]. Bild und Sinn sind identisch, und wie ersteres sich formt, so verdeutlicht sich letzterer. Die Gestalt bedarf eigentlich keiner Deutung, sie stellt ihren eigenen Sinn dar. So gibt es Fälle, wo ich auf Deutung als therapeutisches Erfordernis überhaupt verzichten kann. Mit der wissenschaftlichen Erkenntnis ist es allerdings ein anderes. Hier müssen wir aus der Gesamtheit der Erfahrung gewisse, möglichst allgemeingültige Begriffe ermitteln, welche nicht a priori gegeben sind. Diese besondere Arbeit bedeutet eine Übersetzung des zeitlosen, stets vorhandenen

---

[117] Vgl. dazu *Psychologie und Alchemie* [Paragr. 329].

und operativen *Archetypus* in die Wissenschaftssprache der jeweiligen Gegenwart.

Aus diesen Erfahrungen und Überlegungen habe ich erkannt, daß es gewisse *kollektiv vorhandene unbewußte Bedingungen* gibt, welche als Regulatoren und als Anreger der schöpferischen Phantasietätigkeit wirken und entsprechende Gestaltungen hervorrufen, indem sie das vorhandene Bewußtseinsmaterial ihren Zwecken dienstbar machen. Sie verfahren genau so wie die Motoren der Träume, weshalb die Aktive Imagination, wie ich diese Methode genannt habe, auch die Träume bis zu einem gewissen Grade ersetzt. Die Existenz dieser unbewußten Regulatoren, die ich um ihrer Funktionsweise willen auch gelegentlich als *Dominanten* bezeichnet habe [118], schien mir so wichtig zu sein, daß ich darauf meine Hypothese eines sogenannten *unpersönlichen, kollektiven Unbewußten* gründete. Höchst bemerkenswert erschien mir bei dieser Methode, daß sie keine reductio in primam figuram, sondern vielmehr eine durch eine willkürliche Einstellung nur unterstützte, im übrigen aber natürliche *Synthese* eines passiven Bewußtseinsmaterials mit unbewußten Einflüssen bedeutet, also eine Art *spontaner Amplifikation* der Archetypen. Diese Bilder lassen sich keineswegs etwa dadurch erkennen, daß die Inhalte des Bewußtseins auf ihren einfachsten Nenner gebracht werden, was jenen direkten Weg zu den Urbildern darstellen würde, den ich vorhin als unvorstellbar erwähnt habe, sondern sie treten erst durch Amplifikation in die Erscheinung.

Auf den natürlichen Amplifikationsprozeß stützt sich auch meine Methode der Ermittlung des *Traumsinnes,* denn die Träume verfahren genau in derselben Weise wie die aktive Imagination, nur fehlt dabei die Unterstützung durch bewußte Inhalte. Insofern nun die Archetypen regulierend, modifizierend und motivierend in die Gestaltung der Bewußtseinsinhalte eingreifen, verhalten sie sich so wie Instinkte. Die Annahme liegt daher auf der Hand, diese Faktoren mit den Trieben in Beziehung zu setzen und die Frage aufzuwerfen, ob die typischen Situationsbilder, welche diese kollektiven Formprinzipien anscheinend darstellen, nicht am Ende mit den Triebgestalten, nämlich den patterns of behaviour, überhaupt identisch seien. Ich muß gestehen, daß ich bis jetzt noch keines Argumentes habhaft geworden bin, welches dieser Möglichkeit stichhaltig widerspräche.

Bevor ich mit meinen Überlegungen weitergehe, muß ich einen Aspekt der Archetypen hervorheben, welcher jedem, der sich praktisch mit dieser Materie

---

[118] *Über die Psychologie des Unbewußten* [Paragr. 151].

befaßt hat, vor allem einleuchtet. Das Auftauchen der Archetypen hat nämlich einen ausgesprochen *numinosen* Charakter, den man, wenn nicht als «magisch», so doch geradezu als «geistig» bezeichnen muß. Daher ist dieses Phänomen für die Religionspsychologie von größter Bedeutung. Allerdings ist
der Effekt nicht eindeutig. Er kann heilend sein oder zerstörend, aber indifferent ist er nie, ein gewisser Deutlichkeitsgrad natürlich vorausgesetzt[119]. Dieser Aspekt verdient die Bezeichnung «geistig» par excellence. Es kommt nämlich nicht selten vor, daß der Archetypus in der Gestalt eines *Geistes* in Träumen oder in Phantasiegestaltungen erscheint oder sich gar wie ein Spuk benimmt. Seine Numinosität hat häufig mystische Qualität und entsprechende
Wirkung auf das Gemüt. Er mobilisiert philosophische und religiöse Anschauungen gerade bei Leuten, die sich himmelweit von solchen Schwächeanfällen wähnen. Er drängt oft mit unerhörter Leidenschaftlichkeit und unerbittlicher Konsequenz zu seinem Ziele und zieht das Subjekt in seinen Bann,
den dieses trotz oft verzweifelter Gegenwehr nicht lösen kann und schließlich
nicht mehr lösen will. Letzteres darum nicht, weil das Erlebnis eine bis dahin
für unmöglich gehaltene *Sinnerfülltheit* mit sich bringt. Ich begreife zutiefst
den Widerstand aller festgegründeten Überzeugungen gegenüber psychologischen Entdeckungen dieser Art. Mit mehr Ahnung als wirklichem Wissen
empfinden die Leute Angst vor der bedrohlichen Macht, die im Innersten jedes Menschen gebunden liegt und gewissermaßen nur auf das Zauberwort
wartet, welches den Bann bricht. Dieses Zauberwort reimt immer auf -ismus
und wirkt am erfolgreichsten gerade bei den Menschen, welche den geringsten Zugang zu den inneren Tatsachen haben und am weitesten von ihrer Instinktgrundlage in die wirklich chaotische Welt des *kollektiven Bewußtseins*
abgeirrt sind.

406   Trotz oder vielleicht gerade wegen der Verwandtschaft mit dem Instinkte
stellt der Archetypus das eigentliche Element des Geistes dar; aber eines Gei

---

[119] Gelegentlich sind damit sogar synchronistische respektive parapsychische Effekte verknüpft. Unter Synchronizität verstehe ich, wie ich schon a. a. O. ausgeführt habe, das nicht
allzu selten beobachtbare Zusammentreffen subjektiver und objektiver Tatbestände, welches
kausal, wenigstens mit unseren jetzigen Mitteln, nicht zu erklären ist. Auf diese Voraussetzung gründen sich die Astrologie und die Methode des *I Ging*. Diese Beobachtungen sind,
wie die astrologischen Befunde, nicht allgemein anerkannt, was den Tatsachen bekanntlich
nie schädlich war. Ich erwähne diese Effekte nur der Vollständigkeit halber und nur für diejenigen meiner Leser, die Gelegenheit gehabt haben, sich von der Wirklichkeit parapsychischer
Phänomene zu überzeugen. Im übrigen siehe meine Abhandlung über *Synchronizität als ein
Prinzip akausaler Zusammenhänge* [Abhandlung XVIII dieses Bandes].

stes, welcher nicht mit dem Verstande des Menschen identisch ist, sondern eher dessen spiritus rector darstellt. Der wesentliche Inhalt aller Mythologien und aller Religionen und aller -ismen ist archetypischer Natur. Der Archetypus ist Geist oder Ungeist, und es hängt meist von der Einstellung des menschlichen Bewußtseins ab, als was er sich endgültig herausstellen wird. Archetypus und Instinkt bilden die denkbar größten Gegensätze, wie man unschwer erkennen kann, wenn man einen Menschen, der unter der Herrschaft des Triebes steht, mit einem vergleicht, welcher vom Geiste ergriffen ist. Aber wie zwischen allen Gegensätzen eine so enge Beziehung besteht, daß eine Position ohne entsprechende Negation weder gefunden noch gedacht werden kann, so gilt auch hier der Satz «Les extrêmes se touchent». Als Entsprechungen gehören sie zusammen, und zwar nicht etwa derart, daß das eine aus dem anderen abgeleitet werden könnte, sondern sie bestehen vielmehr nebeneinander als jene Vorstellungen, die wir uns von dem Gegensatz machen, welcher dem psychischen Energetismus zugrunde liegt. Der Mensch findet sich mindestens als ein zu etwas Getriebenes und zugleich als ein etwas sich Vorstellendes vor. Dieser Gegensatz hat an sich keine moralische Bedeutung, denn der Trieb ist an sich nicht böse und der Geist nicht gut. Beide können beides sein. Positive Elektrizität ist so gut wie negative; sie ist vor allem Elektrizität. So wollen auch die psychologischen Gegensätze von einem naturwissenschaftlichen Standpunkte aus betrachtet sein. Wirkliche Gegensätze sind keine Inkommensurabilitäten, denn als solche könnten sie sich nie vereinigen; trotz aller Gegensätzlichkeit bekunden sie stets Neigung, sich zu vereinigen, und NICOLAUS CUSANUS hat selbst Gott als eine complexio oppositorum definiert.

Gegensätze sind extreme Eigenschaften eines Zustandes, vermöge welcher 407 letzterer als wirklich wahrgenommen werden kann, denn sie bilden ein Potential. Die Psyche besteht aus Vorgängen, deren Energie dem Ausgleich verschiedenster Gegensätze entstammen kann. Der Gegensatz Geist–Trieb stellt nur eine der allgemeinsten Formulierungen dar, welche den Vorteil hat, die größte Anzahl der wichtigsten und kompliziertesten psychischen Vorgänge auf einen gemeinsamen Nenner zu bringen. Vom Standpunkt dieser Betrachtungsweise aus erscheinen die psychischen Vorgänge als energetische Ausgleiche zwischen Geist und Trieb, wobei es zunächst völlig dunkel bleibt, ob ein Vorgang als geistig oder als triebhaft bezeichnet werden kann. Diese Bewertung oder Deutung hängt ganz vom Bewußtseinsstandpunkt oder -zustand ab. Ein wenig entwickeltes Bewußtsein zum Beispiel, welches wegen des Vorhandenseins massenhafter Projektionen von konkreten oder anscheinend konkreten Dingen und Zuständen in überwiegendem Maße beeindruckt ist, wird selbstverständlich die Triebe als Quelle der Wirklichkeit ansehen. Dabei ist es sich der Geistigkeit seiner philosophischen Konstatierung völlig unbewußt und bildet sich ein, durch sein Urteil die essentielle Triebhaftigkeit der psychischen Vorgänge gesetzt zu haben. Umgekehrt kann ein Bewußtsein, das sich in einem Gegensatz zu den Trieben befindet, infolge einer dann eintretenden übermäßigen Beeinflussung durch die Archetypen die Triebe dermaßen dem Geiste subsumieren, daß aus unzweifelhaft biologischen Vorgängen geradezu groteske «geistige» Komplikationen entstehen. Dabei wird die Triebhaftigkeit des zu einer solchen Operation nötigen Fanatismus nicht eingesehen.

408   Die psychischen Vorgänge verhalten sich daher wie eine Skala, welcher das Bewußtsein entlanggleitet. Bald befindet es sich in der Nähe der Triebvorgänge und gerät dann unter deren Einfluß; bald nähert es sich dem anderen Ende, wo der Geist überwiegt und sogar die ihm entgegengesetzten Triebvorgänge assimiliert. Diese illusionserzeugenden Gegensatzpositionen sind keineswegs abnorme Erscheinungen, sondern bilden die für den heutigen Normalmenschen typischen psychischen Einseitigkeiten. Letztere manifestieren sich selbstverständlich nicht nur im Bereich des Gegensatzes Geist–Trieb, sondern noch in vielen anderen Formen, die ich zum Teil in meinen *Psychologischen Typen»* dargestellt habe.

409   Dieses «gleitende» Bewußtsein ist für den Menschen von heutzutage noch durchaus charakteristisch. Die dadurch bedingte Einseitigkeit kann aber behoben werden durch das, was ich als Realisierung des Schattens bezeichnet habe. Man hätte für diese Operation leicht ein weniger «poetisch» als wissenschaftlich klingendes graeco-lateinisches Hybrid ersinnen können. Von solchem Unterfangen ist aber in der Psychologie aus praktischen Gründen abzuraten, wenigstens da, wo es sich um eminent praktische Probleme handelt. Hiezu gehört die «Realisierung des Schattens», das heißt das Innewerden des inferioren Persönlichkeitsteiles, welches nicht in ein intellektualistisches Phänomen umgefälscht werden darf, weil es ein den ganzen Menschen angehendes Erleben und Erleiden bedeutet. Die Natur dessen, was eingesehen und assimiliert werden muß, hat die poetische Sprache mit dem Worte «Schatten» so trefflich und so plastisch ausgedrückt, daß es beinahe anmaßlich wäre, sich über den Gebrauch dieses Sprachgutes hinwegzusetzen. Schon der Ausdruck «inferiorer Persönlichkeitsanteil» ist ungeeignet und irreführend, wohinge-

gen der Terminus «Schatten» nichts präsumiert, das ihn inhaltlich bestimmen würde. Der «Mann ohne Schatten» ist nämlich der statistisch häufigste Menschentypus, welcher wähnt, nur das zu sein, was er von sich selber zu wissen beliebt. Leider bilden weder der sogenannte religiöse Mensch noch der unzweifelhaft wissenschaftlich eingestellte eine Ausnahme von der Regel.

Die Konfrontation mit dem Archetypus oder dem Triebe bedeutet ein *ethisches Problem* erster Ordnung, dessen Dringlichkeit allerdings nur der zu spüren bekommt, welcher sich vor die Notwendigkeit gestellt sieht, sich über die Assimilation des Unbewußten und die Integration seiner Persönlichkeit zu entscheiden. Diese Not befällt allerdings nur den, der einsieht, daß er eine Neurose hat oder daß es mit seiner seelischen Beschaffenheit sonst nicht zum besten steht. Das ist gewiß nicht die Mehrzahl. Wer in etwas überwiegendem Maße Massenmensch ist, sieht prinzipiell nichts ein, braucht auch gar nichts einzusehen, denn der einzige, der wirklich Fehler begehen kann, ist der große Anonymus, konventionell als «Staat» oder «Gesellschaft» bezeichnet. Derjenige aber, der weiß, daß etwas von ihm abhängt oder wenigstens abhängen sollte, fühlt sich für seine seelische Beschaffenheit verantwortlich, und dies um so mehr, je klarer er sieht, wie er sein müßte, um gesünder, stabiler und tauglicher zu werden. Befindet er sich gar auf dem Wege zur Assimilation des Unbewußten, so kann er sicher sein, keiner Schwierigkeit zu entgehen, welche unerläßliche Komponente seiner Natur ist. Der Massenmensch dagegen hat das Vorrecht, an seinen großen politischen und sozialen Katastrophen, in die alle Welt verwickelt wird, jeweils völlig unschuldig zu sein. Seine Schlußbilanz fällt dementsprechend aus, während der andere die Möglichkeit hat, einen geistigen Standort zu finden, ein Reich, das «nicht von dieser Welt» ist.

Es wäre eine unverzeihliche Unterlassungssünde, sollte man den *Gefühlswert* des Archetypus übersehen. Er ist ebensosehr praktisch wie theoretisch von höchster Bedeutung. Als ein numinoser Faktor bestimmt der Archetypus die Art und den Ablauf der Gestaltung mit einem anscheinenden Vorwissen oder *im apriorischen Besitze des Zieles,* welches durch den Zentrierungsvorgang umschrieben wird[120]. Die Art und Weise, wie der Archetypus funktioniert, möchte ich an einem einfachen Beispiel darstellen: Als ich mich in Äquatorialafrika am Südabhang des Mount Elgon aufhielt, fand ich, daß die Leute beim Sonnenaufgang vor ihre Hütten traten, die Hände vor den Mund hielten und darein spuckten oder bliesen. Darauf erhoben sie die Arme und hielten

---

[120] Die Nachweise hiefür in: *Psychologie und Alchemie,* Zweiter Teil.

die Handflächen gegen die Sonne. Ich fragte sie, was das bedeute, aber keiner konnte mir eine Erklärung geben. Sie hätten das immer so getan und es von ihren Eltern gelernt. Der Medizinmann wisse, was es bedeute. Darauf fragte ich den Medizinmann. Er wußte ebensowenig wie die anderen, versicherte mir aber, sein Großvater hätte es noch gewußt. Man mache das eben so, bei jedem Sonnenaufgang und wenn die erste Mondphase nach dem Neumond erscheint. Für diese Leute ist, wie ich nachweisen konnte, der Augenblick des Erscheinens der Sonne sowie des neuen Mondes «mungu», das dem melanesischen «mana» oder «mulungu» entspricht und von den Missionaren als «Gott» übersetzt wird. Tatsächlich bedeutet das Wort athîsta [121] bei den Elgonyi Sonne sowohl wie Gott, obwohl sie leugnen, daß die Sonne Gott sei. Nur der Moment des Aufganges ist mungu respektive athîsta. Speichel und Atem bedeuten Seelensubstanz. Sie bringen also Gott ihre Seele dar, wissen aber nicht, was sie tun und haben es nie gewußt. Sie tun es, motiviert durch den vorbewußten Typus, welchen die Ägypter auf ihren Denkmälern auch den die Sonne verehrenden Hundskopfaffen zuschrieben, allerdings mit der völligen Bewußtheit, daß es sich bei dieser rituellen Geste um Gottesverehrung handelt. Dieses Verhalten der Elgonyi will uns allerdings als sehr primitiv vorkommen, dabei vergessen wir aber, daß auch der gebildete Abendländer gar nicht anders verfährt. Was der Christbaum bedeuten könnte, haben unsere Vorfahren noch weniger gewußt als wir, und erst die neueste Zeit hat sich darum bemüht herauszufinden, was er bedeuten könnte.

412   Der Archetypus ist reine, unverfälschte Natur [122], und es ist die Natur, die den Menschen veranlaßt, Worte zu sprechen und Handlungen auszuführen, deren Sinn ihm unbewußt ist, und zwar so unbewußt, daß er nicht einmal darüber denkt. Eine spätere, bewußtere Menschheit kam angesichts so sinnvoller Dinge, deren Sinn doch niemand anzugeben wußte, auf die Idee, daß es sich um Reste eines sogenannten Goldenen Zeitalters handle, wo es Menschen gab, die wissend waren und den Völkern die Weisheit lehrten. Spätere, verkommene Zeiten hätten diese Lehren vergessen und nur noch mechanisch unverstandene Gesten wiederholt. Angesichts der Ergebnisse der modernen Psychologie kann kein Zweifel mehr darüber walten, daß es vorbewußte Archetypen gibt, die nie bewußt waren und nur indirekt durch ihre Wirkungen auf die Bewußtseinsinhalte festgestellt werden können. Es besteht meines Erachtens

---

[121] «th» wird englisch ausgesprochen.
[122] «Natur» hat hier die Bedeutung des schlechthin Gegebenen und Vorhandenen.

kein haltbarer Grund gegen die Annahme, daß alle psychischen Funktionen, die uns heute als bewußt erscheinen, einmal unbewußt waren und doch annähernd so wirkten, wie wenn sie bewußt gewesen wären. Man könnte auch sagen, daß alles, was der Mensch an psychischen Phänomenen hervorbringt, schon vorher in naturhafter Unbewußtheit vorhanden war. Dagegen könnte man den Einwand erheben, daß es dann nicht einzusehen wäre, warum es überhaupt ein Bewußtsein gibt. Ich muß aber daran erinnern, daß, wie wir bereits festgestellt haben, alles unbewußte Funktionieren den automatischen Instinktcharakter hat und daß Triebe mehr oder weniger kollidieren oder infolge ihrer Zwanghaftigkeit unbeeinflußbar ablaufen, auch unter Bedingungen, welche für das Individuum unter Umständen lebensgefährlich sind. Demgegenüber ermöglicht das Bewußtsein geordnete Anpassungsleistungen, das heißt Triebhemmungen, und kann darum nicht vermißt werden. Daß der Mensch Bewußtseinsfähigkeit besitzt, macht ihn überhaupt erst zum Menschen.

Die Synthese von bewußten und unbewußten Inhalten und die Bewußt- 413 machung archetypischer Effekte auf die Bewußtseinsinhalte stellt eine Höchstleistung der seelischen Bemühung und der Konzentration psychischer Kräfte dar, wenn sie bewußt vollzogen wird. Die Synthese kann unter Umständen aber auch unbewußt vorbereitet, in die Wege geleitet und bis zu einem gewissen Grade vollzogen werden, nämlich bis zum JAMESschen «bursting point», wo sie dann spontan ins Bewußtsein durchbricht und diesem die unter Umständen gewaltige Aufgabe auferlegt, die eingebrochenen Inhalte so zu assimilieren, daß die Existenzmöglichkeiten beider Systeme, des Ichbewußtseins einerseits und des eingebrochenen Komplexes andererseits, gewahrt bleiben. Klassische Beispiele für diesen Vorgang sind das Bekehrungserlebnis des Paulus und die sogenannte Dreifaltigkeitsvision des Niklaus von der Flüe.

Durch die «aktive Imagination» werden wir in den Stand gesetzt, den Ar- 414 chetypus zu entdecken, und gerade eben nicht durch ein Absinken in die Instinktsphäre, welches nur zu erkenntnisunfähiger Unbewußtheit führt, oder schlimmer noch, zu einem intellektualistischen Ersatz der Instinkte. Im Gleichnis des sichtbaren Spektrums ausgedrückt, würde das heißen, daß das Triebbild nicht am roten, sondern am violetten Ende der Farbenskala entdeckt wird. Die Triebdynamik liegt gewissermaßen im infraroten, das Triebbild aber im ultravioletten Teil des Spektrums. Denken wir dabei an die wohlbekannte Farbensymbolik, so paßt, wie schon erwähnt, Rot gar nicht übel zum Triebe. Zum Geiste aber würde unserer Erwartung nach [123] Blau besser passen als Violett. Letzteres ist die sogenannte «mystische» Farbe, die nun allerdings den unzweifelhaft «mystischen» respektive paradoxen Aspekt des Archetypus befriedigend wiedergibt. Violett besteht aus Blau und Rot, obschon es im Spektrum eine Farbe an und für sich ist. Es ist nun leider keine bloß erbauliche Überlegung, wenn wir hervorheben müssen, daß der Archetypus mit Violett *genauer* charakterisiert wird: er ist eben *nicht nur Bild an sich, sondern zugleich auch Dynamis,* welche in der Numinosität, der faszinierenden Kraft, des archetypischen Bildes sich kundgibt. Die Realisierung und Assimilation des Triebes geschieht nie am roten Ende, das heißt nicht durch Absinken in die Triebsphäre, sondern nur durch die Assimilation des Bildes, welches zugleich auch den Trieb bedeutet und evoziert, jedoch in ganz anderer Gestalt als derjenigen, in der wir ihn auf der biologischen Ebene antreffen. Wenn Faust zu Wagner sagt:

> Du bist nur des einen Triebs bewußt,
> O lerne nie den andern kennen ... [124]

so läßt sich dieser Ausspruch auf den Trieb überhaupt anwenden; er hat zwei Aspekte: einerseits wird er als physiologische Dynamik erlebt, andererseits treten seine vielfachen Gestalten als Bilder und Bildzusammenhänge ins Bewußtsein und entfalten numinose Wirkungen, die im strengsten Gegensatz zum physiologischen Triebe stehen oder zu stehen scheinen. Für den Kenner religiöser Phänomenologie ist es ja kein Geheimnis, daß physische und geistige Leidenschaft zwar feindliche, aber eben doch Brüder sind und es darum oft nur eines Momentes bedarf, um das eine in das andere umschlagen zu lassen. Beide sind wirklich und bilden ein Gegensatzpaar, welches eine der ergiebigsten Quellen der psychischen Energie bildet. Es geht nicht an, das eine vom anderen abzuleiten, um dem einen oder dem anderen den Primat zu verleihen. Wenn man zunächst auch nur das eine weiß und vom anderen erst viel später etwas merkt, so beweist das nicht, daß nicht auch das andere schon längst vorhanden war. Man kann warm nicht von kalt, und oben nicht von unten ableiten. Ein Gegensatz besteht in einer Zweiteiligkeit oder überhaupt nicht, und

---

[123] Diese gründet sich auf die Erfahrung, daß Blau als Luft- und Himmelsfarbe gerne für die Darstellung geistiger Inhalte, Rot dagegen als «warme» Farbe für diejenige gefühlsmäßiger und emotionaler Inhalte verwendet wird.

[124] [*Faust,* 1. Teil, Vor dem Tor.]

ein Sein ohne Gegensätzlichkeit ist völlig undenkbar, da sein Vorhandensein überhaupt nicht festgestellt werden könnte.

Das Absinken in die Triebsphäre führt darum nicht zur bewußten Realisie- 415 rung und Assimilation des Triebes, weil das Bewußtsein sich sogar mit Panik dagegen sträubt, von der Primitivität und Unbewußtheit der Triebsphäre verschlungen zu werden. Diese Angst ist ja der ewige Gegenstand des Heldenmythus und das Motiv zahlloser Tabus. Je näher man der Instinktwelt kommt, desto heftiger meldet sich der Drang, von ihr loszukommen und das Licht des Bewußtseins vor der Finsternis heißer Abgründe zu retten. Der Archetypus aber als das Bild des Triebes ist psychologisch ein geistiges Ziel, zu dem die Natur des Menschen drängt; das Meer, zu dem alle Flüsse ihre gewundenen Wege bahnen; der Preis, welchen der Held dem Kampfe mit dem Drachen abringt.

Weil der Archetypus ein Formprinzip der Triebkraft ist, so enthält er in 416 seinem Blau ein Rot, das heißt er erscheint violett, oder man könnte das Gleichnis auch deuten auf eine Apokatastasis des Triebes auf der Ebene der höheren Schwingungszahl, so gut wie man den Trieb aus einem latenten (das heißt transzendenten) Archetypus, der sich im Gebiete größerer Wellenlänge manifestiert, ableiten könnte[125]. Obwohl es sich zugegebenermaßen nur um eine Analogie handeln kann, so fühle ich mich doch versucht, das Bild dieser violetten Farbe meinem Leser als einen illustrierenden Hinweis auf die innere Verwandtschaft des Archetypus mit seinem eigenen Gegensatz zu empfehlen. Die Phantasie der Alchemisten hat dieses schwerverständliche Naturgeheimnis mit einem anderen, nicht minder anschaulichen Symbol auszudrücken versucht; nämlich mit dem *Uroboros,* der Schlange, die sich in den Schwanz beißt.

Ich möchte dieses Gleichnis nicht zu Tode reiten, aber, wie der Leser be- 417 greifen wird, ist man immer froh, bei der Erörterung schwieriger Probleme die Unterstützung einer hilfreichen Analogie zu finden. Überdies hilft uns dieses Gleichnis, eine Frage zu verdeutlichen, die wir bis jetzt noch nicht gestellt und noch weniger beantwortet haben, nämlich die Frage nach der *Natur des Archetypus.* Die archetypischen Vorstellungen, die uns das Unbewußte vermittelt, darf man nicht mit dem *Archetypus an sich* verwechseln. Sie sind

---

[125] JEANS, *Physik und Philosophie,* p. 282 f., betont, daß die Schatten auf der Wand der Platonischen Höhle ebenso real sind wie die unsichtbaren schattenwerfenden Figuren, deren Vorhandensein nur mathematisch erschlossen werden kann.

vielfach variierte Gebilde, welche auf eine an sich *unanschauliche* Grundform zurückweisen. Letztere zeichnet sich durch gewisse Formelemente und durch gewisse prinzipielle Bedeutungen aus, die sich aber nur annähernd erfassen lassen. Der Archetypus an sich ist ein psychoider Faktor, der sozusagen zu dem unsichtbaren, ultravioletten Teil des psychischen Spektrums gehört. Er scheint als solcher nicht bewußtseinsfähig zu sein. Ich wage diese Hypothese, weil alles Archetypische, das vom Bewußtsein wahrgenommen wird, Variationen über ein Grundthema darzustellen scheint. Am eindrücklichsten wird einem dieser Umstand, wenn man die endlosen Varianten des Mandalamotives untersucht. Es handelt sich um eine relativ einfache Grundform, deren Bedeutung etwa als «zentral» angegeben werden kann. Obschon das Mandala als die Struktur eines Zentrums erscheint, so bleibt es doch unsicher, ob innerhalb der Struktur das Zentrum oder die Peripherie, die Teilung oder die Ungeteiltheit mehr betont ist. Da andere Archetypen zu ähnlichen Zweifeln Anlaß geben, so erscheint es mir wahrscheinlich, daß das eigentliche Wesen des Archetypus bewußtseinsunfähig, das heißt transzendent ist, weshalb ich es als psychoid bezeichne. Überdies ist jede Anschauung eines Archetypus bereits bewußt und darum in unbestimmbarem Maße verschieden von dem, was zur Anschauung Anlaß gegeben hat. Wie schon Lipps betonte, ist das Wesen des Psychischen unbewußt. Alles Bewußte gehört zur Erscheinungswelt, welche, wie uns die moderne Physik belehrt, nicht jene Erklärungen liefert, wie sie die objektive Realität erfordert. Letztere verlangt eine mathematische Schablone, die auf unsichtbaren und unanschaulichen Faktoren beruht. Die Psychologie kann sich der universalen Gültigkeit dieser Tatsache nicht entziehen, um so weniger, als die beobachtende Psyche bereits in die Formulierung einer objektiven Realität einbezogen ist. Ihre Theorie kann allerdings keine mathematische Form annehmen, insofern als wir keinen Maßstab zur Messung psychischer *Quantitäten* besitzen. Wir sind ausschließlich auf *Qualitäten,* das heißt auf gestalthafte Anschaulichkeiten angewiesen. Dadurch aber ist der Psychologie jegliche Aussage über unbewußte Zustände verunmöglicht, das heißt, es besteht keine Hoffnung, daß die Gültigkeit irgendeiner Aussage über unbewußte Zustände oder Vorgänge wissenschaftlich je bewiesen werden könnte. Was immer wir von Archetypen aussagen, sind Veranschaulichungen oder Konkretisierungen, die dem Bewußtsein angehören. Aber anders können wir von Archetypen gar nicht reden. Man muß sich stets bewußt bleiben, daß das, was mir mit «Archetypus» meinen, an sich unanschaulich ist, aber Wirkungen hat, welche Veranschaulichungen, nämlich die archetypischen Vorstellungen, ermöglichen. Einer ganz ähnlichen Situation begegnen wir in der Physik. Es gibt dort kleinste Teile, die an sich unanschaulich sind, aber Effekte haben, aus deren Natur man ein gewisses Modell ableiten kann. Einer derartigen Konstruktion entspricht die archetypische Vorstellung, das sogenannte Motiv oder Mythologem. Wenn das Vorhandensein von zwei oder mehreren Unanschaulichkeiten angenommen wird, so ist damit – wovon man sich nicht immer genügend Rechenschaft gibt – auch die Möglichkeit gesetzt, daß es sich nicht um zwei oder mehrere Faktoren handelt, sondern nur um *einen*. Die Identität oder Nicht-Identität zweier unanschaulicher Größen läßt sich nämlich nicht beweisen. Wenn die Psychologie auf Grund ihrer Beobachtungen das Vorhandensein gewisser unanschaulicher psychoider Faktoren annimmt, so tut sie im Prinzip dasselbe wie die Physik, wenn diese ein Atommodell konstruiert. Dabei passiert nicht nur der Psychologie das Mißgeschick, ihrem Gegenstande, nämlich dem Unbewußten, eben diesen öfters kritisierten Namen, der ein Negativum darstellt, zu geben, sondern auch der Physik, indem sie nicht umhin konnte, die schon seit alters vorhandene Bezeichnung «Atom» (das Unteilbare) für die kleinsten Massenpartikel zu verwenden. Wie das Atom nicht unteilbar, so ist auch das Unbewußte nicht bloß unbewußt, wie wir noch sehen werden. Wie die Physik in psychologischer Hinsicht nicht mehr leistet, als das Vorhandensein eines Beobachters festzustellen, ohne eine Aussage über dessen Natur machen zu können, so kann auch die Psychologie die Beziehung der Psyche zur Materie nur andeuten, ohne dabei aber das Geringste über deren Wesen ausmachen zu können.

Da Psyche und Materie in einer und derselben Welt enthalten sind, überdies miteinander in beständiger Berührung stehen und schließlich beide auf unanschaulichen transzendenten Faktoren beruhen, so besteht nicht nur die Möglichkeit, sondern sogar auch eine gewisse Wahrscheinlichkeit, daß Materie und Psyche zwei verschiedene Aspekte einer und derselben Sache sind. Die Synchronizitätsphänomene weisen, wie mir scheint, in diese Richtung, indem ohne kausale Verbindung Nicht-Psychisches sich wie Psychisches et vice versa verhalten kann [126]. Unsere gegenwärtigen Kenntnisse erlauben uns allerdings nicht viel mehr, als die Beziehung der psychischen und der materiellen Welt mit zwei Kegeln zu vergleichen, deren Spitzen sich in einem unausgedehnten Punkt, einem eigentlichen Nullpunkt, berühren und nicht berühren. 418

---

[126] *Synchronizität als ein Prinzip akausaler Zusammenhänge* [Abhandlung XVIII dieses Bandes].

419   In meinen bisherigen Arbeiten habe ich archetypische Phänomene als psychische behandelt, weil es sich bei dem darzustellenden oder zu untersuchenden Material stets nur um Vorstellungen gehandelt hat. Die hier proponierte psychoide Natur des Archetypus steht daher nicht im Widerspruch zu früheren Formulierungen, sondern bedeutet nur eine weitere Differenzierung des Begriffes, welche in jenem Moment unumgänglich wird, in welchem ich zu einer allgemeineren Auseinandersetzung über das Wesen der Psyche und zu einer Klarstellung ihrer empirischen Begriffe und deren Verhältnis zueinander mich genötigt sehe.

420   Wie das «Psychisch-Infrarote», das heißt die biologische Triebseele, allmählich in die physiologischen Lebensvorgänge und damit in das System chemischer und physikalischer Bedingungen übergeht, so bedeutet das «Psychisch-Ultraviolette», das heißt der Archetypus, ein Gebiet, das einerseits keine Eigentümlichkeiten des Physiologischen aufweist, andererseits und in letzter Linie auch nicht mehr als psychisch angesprochen werden kann, obschon es sich psychisch manifestiert. Das tun aber auch die physiologischen Vorgänge, ohne daß man sie deshalb als psychisch erklärt. Obgleich es keine Existenzform gibt, die uns nicht ausschließlich psychisch vermittelt wäre, so kann man doch nicht alles als bloß psychisch erklären. Dieses Argument müssen wir folgerichtigerweise auch auf die Archetypen anwenden. Da ihr An-und-für-sich-Sein uns unbewußt ist und sie dennoch als ein spontanes Wirksames erfahren werden, so bleibt uns vorderhand wohl nichts anderes übrig, als ihre Natur nach ihrer hauptsächlichsten Wirkung als «Geist» zu bezeichnen, und zwar in jenem Sinne, den ich in meinem Aufsatz über die Phänomenologie des Geistes[127] zu verdeutlichen suchte. Damit wäre die Stellung des Archetypus jenseits der psychischen Sphäre bestimmt, analog der Stellung des physiologischen Triebes, welcher ummittelbar im stofflichen Organismus wurzelt und mit seiner psychoiden Natur die Brücke zum Stoffe überhaupt bildet. In der archetypischen Vorstellung und in der Triebempfindung stehen sich Geist und Stoff auf der psychischen Ebene gegenüber. Stoff sowohl wie Geist erscheinen in der seelischen Sphäre als kennzeichnende Eigenschaften von Bewußtseinsinhalten. Beide sind ihrer letzten Natur nach transzendental, das heißt unanschaulich, indem die Psyche und ihre Inhalte die einzige Wirklichkeit darstellen, die uns unmittelbar gegeben ist.

---

[127] *Zur Phänomenologie des Geistes im Märchen.*

H. ALLGEMEINE ÜBERLEGUNGEN UND AUSBLICKE

Die Problematik der komplexen Psychologie, die ich hier zu schildern versu- 421
che, war für mich selber ein erstaunliches Ergebnis. Ich glaubte, Naturwissenschaft im besten Sinne zu treiben, Tatsachen festzustellen, zu beobachten, zu
klassifizieren, kausale und funktionelle Zusammenhänge zu beschreiben, um
zum Schlusse zu entdecken, daß ich mich in einem Netzwerk von Überlegungen verfangen hatte, welche weit über alle Naturwissenschaft hinaus in das
Gebiet der Philosophie, der Theologie, der vergleichenden Religionswissen-
schaft und der Geistesgeschichte überhaupt reichen. Dieser ebenso unvermeidliche wie bedenkliche Übergriff hat mir nicht geringe Besorgnis verursacht. Ganz abgesehen von meiner persönlichen Inkompetenz auf diesen Gebieten erschien mir die prinzipielle Überlegung auch darum fragwürdig, weil
ich zutiefst von der bedeutenden Wirkung der sogenannten persönlichen
Gleichung auf die Ergebnisse psychologischer Beobachtung überzeugt bin.
Das Tragische ist, daß die Psychologie über keine überall mit sich selber identische Mathematik verfügt. Damit ermangelt sie jenes immensen Vorteils
eines Archimedischen Punktes, dessen sich die Physik erfreut. Letztere beobachtet vom psychischen Standpunkt Physisches und kann dieses in Psychisches übersetzen. Die Psyche hingegen beobachtet sich selber und kann das
Beobachtete nur wieder in ein anderes Psychisches übersetzen. Wäre die Physik in dieser Lage, so könnte sie nichts anderes tun, als den physischen Prozeß
sich selber überlassen, weil er auf diese Weise am deutlichsten so sein kann,
wie er ist. Die Psychologie kann sich in nichts abbilden; sie kann sich nur in
sich selber darstellen und sich selber beschreiben. Das ist auch konsequenterweise das Prinzip meiner Methode überhaupt: sie ist im Grunde genommen
ein reiner Erlebnisprozeß, bei dem der Eingriff und der Mißgriff, die Deutung
und der Irrtum, die Theorie und die Spekulation, der Arzt und der Patient
eine Symptosis (σύμπτωσις) oder ein Symptoma (σύμπτωμα), ein Zusammentreffen und zugleich Anzeichen von Prozessen sind. Was ich schildere,
ist also im Grunde genommen nichts als eine Beschreibung von psychischen Vorkommnissen, die eine gewisse statistische Häufigkeit aufweisen.
Dabei haben wir uns wissenschaftlich in keinerlei Weise auf ein dem psychischen Prozeß irgendwie über- oder nebengeordnetes Niveau begeben
oder diesen gar in ein anderes Medium übersetzt. Die Physik hingegen ist
in der Lage, durch rein psychische Tätigkeit erzeugte mathematische For-

meln explodieren zu lassen und damit 78 000 Menschen auf einen Schlag zu töten.

422   Dieses wahrhaft schlagende Argument sollte wohl die Psychologie zum Verstummen bringen. Sie darf aber in aller Bescheidenheit darauf hinweisen, daß das mathematische Denken eine psychische Funktion ist, dank welcher die Materie so angeordnet werden kann, daß sogar die mit ungeheuren Kräften gebundenen Atome zerplatzen, was ihnen von Natur wegen, wenigstens in dieser Form, keineswegs einfallen würde. Die Psyche ist ein Störer des naturgesetzlichen Kosmos, und sollte es einmal gelingen, dem Mond mittels Atomspaltung etwas anzutun, so wird dies die Psyche zuwege gebracht haben.

423   Die Psyche ist der Angelpunkt der Welt und nicht nur etwa die eine große Bedingung, daß es eine Welt überhaupt gibt, sondern sie bedeutet darüber hinaus einen Eingriff in die vorhandene Naturordnung, von dem niemand mit Sicherheit zu sagen wüßte, wo dessen letzte Grenzen zu finden wären. Es ist überflüssig, die Würde der Seele als Gegenstand einer Wissenschaft zu betonen. Dagegen müssen wir mit um so größerer Nachdrücklichkeit hervorheben, daß eine auch noch so kleine Änderung am psychischen Faktor, insofern sie prinzipieller Natur ist, höchste Bedeutung für die Erkenntnis und Gestaltung des Weltbildes hat. Die Integration unbewußter Inhalte ins Bewußtsein, welche die Hauptoperation der komplexen Psychologie darstellt, bedeutet insofern eine prinzipielle Änderung, als sie die Alleinherrschaft des subjektiven Ichbewußtseins beseitigt und ihm unbewußte kollektive Inhalte gegenüberstellt. Das Ichbewußtsein erscheint als von zwei Faktoren abhängig: erstens von den Bedingungen des kollektiven respektive sozialen Bewußtseins, und zweitens von den unbewußten kollektiven Dominanten, respektive Archetypen. Diese zerfallen phänomenologisch in zwei Kategorien, einerseits in die Trieb- und andererseits in die archetypische Sphäre. Erstere repräsentiert die natürlichen Antriebe, letztere jene Dominanten, die als allgemeine Ideen ins Bewußtsein treten. Zwischen den Inhalten des kollektiven Bewußtseins, die sich als allgemein anerkannte Wahrheiten präsentieren, und denen des kollektiven Unbewußten besteht ein Gegensatz, welcher dermaßen ausgeprägt ist, daß letztere als völlig irrational, ja als sinnlos verworfen und, in allerdings sehr ungerechtfertigter Weise, von der wissenschaftlichen Untersuchung und Betrachtung ausgeschlossen werden, gerade wie wenn sie überhaupt nicht existierten. Psychische Phänomene dieser Art existieren aber, und wenn sie uns als unsinnig erscheinen, so beweist das nur, daß wir sie nicht verstehen. Wenn

ihre Existenz einmal erkannt ist, so können sie aus dem Weltbild nicht mehr verbannt werden, auch wenn die das Bewußtsein beherrschende Weltanschauung sich als unfähig erweist, die in Frage stehenden Phänomene zu erfassen. Eine gewissenhafte Untersuchung dieser Erscheinungen zeigt deren ungemeine Bedeutung und kann sich darum der Erkenntnis nicht entziehen, daß zwischen dem kollektiven Bewußtsein und dem kollektiven Unbewußten ein beinahe unüberbrückbarer Gegensatz besteht, in welchen das Subjekt sich hineingestellt sieht.

In der Regel nun obsiegt das kollektive Bewußtsein mit seinen «vernünftigen» Allgemeinbegriffen, welche dem Durchschnittsverständnis keine Schwierigkeiten bereiten. Es glaubt immer noch an den notwendigen Zusammenhang von Ursache und Wirkung und hat von der Relativierung der Kausalität kaum Kenntnis genommen. Immer noch ist die kürzeste Verbindung zwischen zwei Punkten eine Gerade, während die Physik mit zahllosen kürzesten Verbindungen rechnet, was dem Bildungsphilister von heute noch höchst ungereimt vorkommt. Immerhin hat das eindrucksvolle Ereignis von Hiroshima auch den abstrusesten Konstatierungen der modernen Physik einen beinahe unheimlichen Respekt verschafft. Die in ihren Auswirkungen weit furchtbarere Explosion, die wir in Europa zu beobachten Gelegenheit hatten, wird vorerst nur von sehr wenigen als rein psychische Katastrophe erkannt. Man bevorzugt dagegen die absurdesten politischen und nationalökonomischen Theorien, welche ebenso passend sind, wie wenn man die Explosion von Hiroshima als Zufallstreffer eines großen Meteoriten erklären wollte.

Wenn das subjektive Bewußtsein die Vorstellungen und Meinungen des kollektiven Bewußtseins vorzieht und sich damit identifiziert, dann werden die Inhalte des kollektiven Unbewußten verdrängt. Die Verdrängung hat typische Folgen: die energetische Ladung der verdrängten Inhalte addiert sich bis zu einem gewissen Grade[128] zu der des verdrängenden Faktors, wodurch dessen wirkungsmäßige Bedeutung entsprechend zunimmt. Je höher dessen

---

[128] Es ist sehr wahrscheinlich, daß die Archetypen als Instinkte eine spezifische Energie besitzen, welche ihnen auf die Dauer nicht weggenommen werden kann. Die dem Archetypus eigentümliche Energie genügt normalerweise nicht, um diesen ins Bewußtsein zu heben. Zu diesem Zwecke bedarf es eines bestimmten Energiequantums, das vom Bewußtsein her dem Unbewußten zufließt, sei es, daß das Bewußtsein diese Energie nicht verwendet, oder sei es, daß der Archetypus sie von sich aus anzieht. Dieser zusätzlichen Ladung kann er beraubt werden, nicht aber seiner spezifischen Energie.

Ladung steigt, desto mehr erhält die verdrängende Einstellung fanatischen Charakter und nähert sich damit dem Umschlag ins Gegenteil, der sogenannten Enantiodromie. Je größer die Ladung des kollektiven Bewußtseins, desto mehr verliert das Ich seine praktische Bedeutung. Es wird von den Meinungen und Tendenzen des kollektiven Bewußtseins gewissermaßen aufgesogen, und dadurch entsteht der Massenmensch, der stets einem -ismus verfallen ist. Das Ich bewahrt nur seine Selbständigkeit, wenn es sich nicht mit einem der Gegensätze identifiziert, sondern die Mitte zwischen den Gegensätzen zu halten versteht. Dies ist aber nur dann möglich, wenn es sich nicht nur des einen, sondern auch des anderen bewußt ist. Die Einsicht wird ihm allerdings nicht nur von seinen sozialen und politischen Führern schwer gemacht, sondern auch von seinen religiösen. Alle wollen die Entscheidung für das eine und damit die restlose Identifizierung des Individuums mit einer notwendigerweise einseitigen «Wahrheit». Selbst wenn es sich um eine große Wahrheit handeln sollte, so wäre die Identifizierung damit doch etwas wie eine Katastrophe, indem sie nämlich die weitere geistige Entwicklung stillstellt. Anstatt Erkenntnis hat man dann nur noch Überzeugung, und das ist manchmal viel bequemer und darum anziehender.

426   Wird hingegen der Inhalt des kollektiven Unbewußten bewußtgemacht, das heißt die Existenz und Wirksamkeit archetypischer Vorstellungen anerkannt, dann entsteht ein in der Regel heftiger Konflikt zwischen dem, was FECHNER als «Tag- und Nachtansicht» bezeichnet hat. Der mittelalterliche Mensch und auch noch der moderne, insofern er die Einstellung der Vergangenheit bewahrt hat, lebte im bewußten Gegensatz zwischen der Weltlichkeit, die dem «princeps huius mundi»[129] unterstand, und dem Willen Gottes. Dieser Widerspruch wurde ihm auch durch die Jahrhunderte hindurch vom Gegensatz zwischen kaiserlicher und päpstlicher Macht vordemonstriert. Auf moralischem Gebiete spitzte sich der Konflikt jeweils zu dem kosmischen Kampfe zwischen dem Guten und dem Bösen zu, in welchen der Mensch durch das peccatum originale mitten hineingestellt war. Dieser Mensch war der Weltlichkeit noch nicht so eindeutig verfallen wie der Massenmensch von heute, denn gegenüber den offenkundigen und sozusagen tastbaren Mächten dieser Welt anerkannte er ebenso einflußreiche metaphysische Potenzen, die

---

[129] [Fürst dieser Welt] *Jo.* 12,3 und 16,11. Obwohl beide Stellen andeuten, daß der Teufel noch zu Lebzeiten Jesu erledigt sein werde, so ist doch in der Apokalypse dessen eigentliche Unschädlichmachung eine Angelegenheit der Zukunft und des Jüngsten Gerichtes (*Off.* 20, 2 ff.).

zu berücksichtigen waren. Obschon er auf der einen Seite politisch und sozial häufig unfrei und rechtlos war (zum Beispiel als Leibeigener) und auf der anderen Seite sich in einer gleichermaßen unerfreulichen Lage befand, insoweit er von finsterem Aberglauben tyrannisiert wurde, so war er wenigstens biologisch jener unbewußten Ganzheit näher, die das Kind und der Primitive in vollkommenerem Maße und das wildlebende Tier in vollendetem Grade besitzt. Vom Standpunkt des modernen Bewußtseins aus erscheint die Lage des mittelalterlichen Menschen als ebenso bedauernswert wie verbesserungsbedürftig. Die so notwendige Erweiterung des Bewußtseins durch die Wissenschaft hat nun aber die mittelalterliche Einseitigkeit, nämlich die seit alters vorherrschende und allmählich überfällig gewordene Unbewußtheit, durch eine andere Einseitigkeit ersetzt, nämlich durch eine Überwertung «wissenschaftlich» fundierter Anschauungen. Diese bezogen sich samt und sonders auf die Erkenntnis des äußeren Objektes, und zwar in einer dermaßen einseitigen Weise, daß heutzutage die rückständige Beschaffenheit der Psyche und vor allem der Selbsterkenntnis zu einem der dringendsten Zeitprobleme geworden ist. Infolge der vorherrschenden Einseitigkeit und trotz einer erschreckenden demonstratio ad oculos eines dem Bewußtsein fremd gegenüberstehenden Unbewußten, gibt es aber noch zahllose Menschen, welche diesen Konflikten blind und hilflos ausgeliefert sind und ihre wissenschaftliche Gewissenhaftigkeit nur dem äußeren Objekt, nicht aber dem eigenen seelischen Zustand gegenüber anwenden. Die psychischen Tatsachen bedürfen aber objektiver Erforschung und Anerkennung. Es gibt objektive seelische Faktoren, die praktisch mindestens soviel bedeuten als das Automobil oder das Radio. Schließlich kommt es vor allem darauf an (besonders bei der Atombombe), was man für einen Gebrauch davon macht; und letzteres ist bedingt durch den jeweiligen Geisteszustand. Dieser ist aber am schwersten bedroht durch die vorherrschenden -ismen, welche nichts anderes sind als gefährliche Identitäten des subjektiven mit dem kollektiven Bewußtsein. Eine solche Identität produziert unfehlbar eine Massenpsyche mit ihrer unwiderstehlichen Katastrophenneigung. Das subjektive Bewußtsein muß, um dieser furchtbaren Bedrohung zu entgehen, die Identifizierung mit dem kollektiven Bewußtsein dadurch vermeiden, daß es seinen Schatten sowohl wie die Existenz und Bedeutung der Archetypen erkennt. Letztere bilden einen wirksamen Schutz gegen die Übermacht des sozialen Bewußtseins und der damit korrespondierenden Massenpsyche. In puncto des Effektes entspricht die religiöse Überzeugung und Haltung des mittelalterlichen Menschen ungefähr derjenigen Einstellung des Ich, welche durch die Integration unbewußter Inhalte erzeugt wird, allerdings mit dem Unterschiede, daß in letzterem Falle an Stelle der Milieusuggestion und der Unbewußtheit wissenschaftliche Objektivität und Bewußtheit getreten sind. Insoweit aber Religion im heutigen Bewußtsein noch wesentlich *Konfession* bedeutet, mithin also ein kollektiv anerkanntes System kodifizierter und in dogmatische Sätze abgezogener religiöser Aussagen darstellt, gehört sie eher in den Bereich des kollektiven Bewußtseins, obwohl ihre Symbole die ursprünglich wirksamen Archetypen ausdrücken. Solange ein kirchliches Gemeinschaftsbewußtsein objektiv vorhanden ist, erfreut sich die Psyche (wie oben ausgeführt) einer gewissen Gleichgewichtslage. Auf alle Fälle besteht ein hinlänglich wirksamer Schutz gegen die *Inflation* des Ich. Fällt aber die Ecclesia und ihr mütterlicher Eros weg, so ist das Individuum schutzlos irgendeinem kollektiven -ismus und der dazugehörigen Massenpsyche ausgeliefert. Es verfällt einer sozialen oder nationalen Inflation, und dies in tragischer Weise mit derselben seelischen Einstellung, mit der es zuvor einer Kirche angehört hat.

427   Ist es dagegen selbständig genug, die Borniertheit des sozialen -ismus zu erkennen, dann ist es von subjektiver Inflation bedroht; denn es ist in der Regel nicht imstande zu sehen, daß die religiösen Ideen in der psychologischen Wirklichkeit keineswegs bloß auf Tradition und Glauben beruhen, sondern sich von den Archetypen herleiten, deren «sorgfältige Beachtung» (religere!) das Wesen der Religion ausmacht. Die Archetypen sind beständig vorhanden und wirksam, sie bedürften an sich keines Glaubens, sondern des Wissens um ihren Sinn und einer weisen Scheu, einer δεισιδαιμονία, welche deren Bedeutung nie aus den Augen verliert. Ein gewitzigtes Bewußtsein weiß um die katastrophalen Folgen, welche eine Nichtbeachtung für den Einzelnen sowohl wie für die Gesellschaft hat. Wie der Archetypus einesteils ein geistiger Faktor, anderenteils wie ein dem Triebe innewohnender, verborgener Sinn ist, so ist auch der Geist, wie ich gezeigt habe, zwiespältig und paradox: eine große Hilfe und eine ebenso große Gefahr [130]. Es scheint, als ob es dem Menschen beschieden wäre, bei der Lösung dieses Zweifels eine entscheidende Rolle zu spielen, und zwar vermöge seines Bewußtseins, das wie ein Licht im finsteren Abgrund der Urwelt aufgegangen ist. Man weiß allerdings sozusagen nir-

---

[130] Dies ist trefflich ausgedrückt in dem von ORIGENES zitierten Logion (*In Jerem. hom.* XX, 3): «Wer mir nahe ist, ist nahe dem Feuer. Wer mir ferne ist, ist ferne vom Reich.» Dieses «herrenlose Herrenwort» bezieht sich auf *Jes.* 33,14.

gends um diese Dinge, am wenigsten aber dort, wo der -ismus blüht, welcher einen erklügelten Ersatz für einen verlorengegangenen Zusammenhang mit der seelischen Wirklichkeit darstellt. Die daraus unfehlbar entstehende Vermassung der Seele zerstört den Sinn des Individuums und damit den der Kultur überhaupt.

Die Psyche stört also nicht nur die Naturordnung, sondern sie zerstört auch 428 ihre eigene Schöpfung, wenn sie das Gleichgewicht verliert. Darum hat die sorgfältige Beachtung der seelischen Faktoren eine Bedeutung für die Gleichgewichtsherstellung nicht nur im Individuum, sondern auch in der Sozietät, ansonst die destruktiven Tendenzen leicht die Oberhand gewinnen. Wie die Atombombe ein bisher unerreichtes Mittel zur *physischen* Massenvernichtung ist, so führt die fehlgeleitete Entwicklung der Psyche zur *seelischen* Massenverwüstung. Die heutige Situation ist dermaßen bedenklich, daß man den Verdacht nicht unterdrücken kann, der Weltschöpfer plane wieder einmal eine Sintflut, um die gegenwärtige Menschheit auszurotten. Wer aber glauben sollte, daß man den Menschen die heilsame Überzeugung von der Existenz der Archetypen beibringen könnte, der denkt ebenso naiv wie diejenigen Leute, welche den Krieg oder die Atombombe ächten wollen. Diese Maßnahme erinnert an jenen Bischof, der die Maikäfer wegen unzulässiger Vermehrung mit dem Kirchenbann belegte. Die Änderung des Bewußtseins beginnt beim Einzelmenschen und ist eine säkulare Angelegenheit, die hauptsächlich von der Frage abhängt, wie weit die Entwicklungsfähigkeit der Psyche reicht. Wir wissen heute nur, daß es vorerst einzelne Individuen gibt, welche entwicklungsfähig sind. Wie groß deren Anzahl im ganzen ist, entzieht sich unserer Kenntnis, ebenso wissen wir nicht, welches die Suggestivkraft einer Bewußtseinserweiterung ist, das heißt welchen Einfluß eine solche auf die weitere Umgebung hat. Dergleichen Wirkungen hängen ja nie von der Vernünftigkeit einer Idee ab, sondern vielmehr von der nur ex effectu zu beantwortenden Frage, ob eine Zeit reif ist für eine Wandlung oder nicht.

Die Psychologie befindet sich, wie ich auseinandergesetzt habe, im Ver- 429 gleich zu den anderen Naturwissenschaften insofern in einer mißlichen Lage, als sie einer außerhalb ihres Objektes befindlichen Basis ermangelt. Sie kann sich nur in sich selber übersetzen oder sich nur in sich selber abbilden. Je mehr sie das Gebiet ihrer Forschungsobjekte erweitert und je komplexer diese werden, desto mehr fehlt ihr ein von ihrem Objekt unterschiedener Standpunkt. Erreicht die Komplexität gar die des empirischen Menschen, so mündet seine Psychologie unvermeidlicherweise in den psychischen Prozeß selber. Sie kann sich von letzterem nicht mehr unterscheiden, sondern wird zu ihm selber. Der Effekt aber ist, daß dadurch der Prozeß Bewußtsein erlangt. Damit verwirklicht die Psychologie den Drang des Unbewußten nach Bewußtheit. Sie ist Bewußtwerdung des psychischen Prozesses, aber in tieferem Sinne keine Erklärung desselben, indem alle Erklärung des Psychischen nichts anderes sein kann als eben der Lebensprozeß der Psyche selber. Sie muß sich als Wissenschaft selber aufheben, und gerade darin erreicht sie ihr wissenschaftliches Ziel. Jede andere Wissenschaft hat ein Außerhalb ihrer selbst; nicht so die Psychologie, deren Objekt das Subjekt aller Wissenschaft überhaupt ist.

430   Die Psychologie gipfelt notwendigerweise in dem der Psyche eigentümlichen Entwicklungsprozeß, welcher in der Integration der bewußtseinsfähigen Inhalte besteht. Er bedeutet die Ganzwerdung des psychischen Menschen, welche für das Ichbewußtsein ebenso merkwürdige wie schwer zu beschreibende Folgen hat. Ich zweifle daran, ob es mir möglich ist, die Veränderung des Subjektes unter dem Einfluß des Individuationsprozesses gebührend darzustellen; handelt es sich doch um ein relativ seltenes Vorkommnis, welches nur der erfährt, welcher die langwierige, zur Integrierung des Unbewußten aber unerläßliche Auseinandersetzung mit den unbewußten Persönlichkeitskomponenten durchlaufen hat. Wenn unbewußte Teile der Persönlichkeit bewußtgemacht werden, so ergibt sich daraus nicht etwa nur eine Assimilation derselben an die schon längst bestehende Ichpersönlichkeit, sondern vielmehr eine Veränderung letzterer. Die große Schwierigkeit besteht nun eben darin, die *Art* der Veränderung zu charakterisieren. Das Ich ist in der Regel ein festgefügter Komplex, welcher wegen des damit verbundenen Bewußtseins und dessen Kontinuität nicht leicht verändert werden kann und darf, wenn man nicht pathologische Störungen gewärtigen will. Die nächsten Analogien zu einer Ichveränderung liegen nämlich im Gebiet der Psychopathologie, wo wir nicht nur den neurotischen Dissoziationen, sondern auch der schizophrenen Fragmentierung und sogar der Auflösung des Ich begegnen. Auf demselben Gebiete beobachten wir auch pathologische Integrationsversuche – wenn dieser Ausdruck gestattet ist. Diese bestehen aber in mehr oder weniger vehementen *Einbrüchen* unbewußter Inhalte ins Bewußtsein, wobei das Ich sich als unfähig erweist, die Eindringlinge zu assimilieren. Ist dagegen die Struktur des Ichkomplexes so kräftig, daß er den Ansturm unbewußter Inhalte ertragen kann, ohne in seinem Gefüge fatal gelockert zu werden, dann kann Assimilation stattfinden. In diesem Falle aber werden nicht nur die unbewußten Inhalte alteriert, sondern auch das Ich. Es vermag

zwar seine Struktur zu bewahren, wird aber aus seiner zentralen und beherrschenden Stellung quasi zur Seite geschoben und gerät dadurch in die Rolle
des erleidenden Zuschauers, dem die nötigen Mittel fehlen, seinen Willen
unter allen Umständen geltend zu machen; letzteres weniger darum, weil der
Wille etwa an sich geschwächt würde, als vielmehr, weil ihm gewisse Überlegungen hindernd in den Arm fallen. Das Ich kann nämlich nicht umhin zu
entdecken, daß der Zustrom an unbewußten Inhalten die Persönlichkeit belebt und bereichert und eine Gestalt aufbaut, welche an Umfang und Intensität das Ich irgendwie überragt. Diese Erfahrung lähmt einen allzu egozentri-
schen Willen und überzeugt das Ich, daß sein Zurücktreten auf den zweiten
Rang trotz aller Schwierigkeiten immer noch besser ist als ein aussichtsloser
Kampf, in welchem man schließlich doch den kürzeren zieht. Auf diese Weise unterstellt sich der Wille als disponible Energie allmählich dem stärkeren
Faktor, das heißt der neuen ganzheitlichen Gestalt, die ich als das *Selbst* bezeichnet habe. Bei dieser Sachlage besteht natürlich die größte Versuchung,
einfach dem Machtinstinkt zu folgen und das Ich kurzerhand mit dem Selbst
zu identifizieren, um damit die Illusion eines beherrschenden Ich aufrechtzu-
erhalten. In anderen Fällen erweist sich das Ich als zu schwach, um dem einbre-
chenden Zustrom unbewußter Inhalte den nötigen Widerstand zu leisten,
und wird dann vom Unbewußten assimiliert, wodurch eine Verwischung und
Verdunkelung des Ichbewußtseins und eine Identität desselben mit einer vorbewußten Ganzheit entsteht[131]. Beide Entwicklungen verunmöglichen die
Verwirklichung des Selbst einerseits und beschädigen andererseits die Existenz des Ichbewußtseins. Sie bedeuten daher pathologische Effekte. Die psychischen Phänomene, welche vor kurzem in Deutschland zu beobachten waren, gehören in diese Kategorie. Es hat sich dabei in größtem Maßstabe gezeigt, daß ein solches «abaissement du niveau mental», eben die Überwälti-
gung des Ich durch unbewußte Inhalte und die daraus erfolgende Identität
mit der vorbewußten Ganzheit, eine ungeheure psychische Virulenz, das
heißt Ansteckungskraft, besitzt und deshalb der unheilvollsten Wirkung fähig ist. Solche Entwicklungen wollen also sorgfältig beobachtet sein und bedürfen genauester Überwachung. Wen solche Tendenzen gefährden, dem

---

[131] Die bewußte Ganzheit besteht in einer geglückten Vereinigung von Ich und Selbst,
wobei beide ihre wesentlichen Eigenschaften bewahren. Tritt statt der Vereinigung eine Über-
wältigung des Ich durch das Selbst ein, dann erreicht auch das Selbst nicht jene Form, die es
haben sollte, sondern bleibt auf einer primitiveren Stufe stehen und kann dann nur durch archaische Symbole ausgedrückt werden.

möchte ich empfehlen, ein Bild des heiligen Christophoros an die Wand zu hängen und darüber zu meditieren. Das Selbst hat nämlich nur dann einen funktionellen Sinn, wenn es als *Kompensation* eines Ichbewußtseins wirken kann. Wird nämlich das Ich durch Identifikation mit dem Selbst aufgelöst, so entsteht daraus eine Art von vagem Übermenschen mit einem aufgeblasenen Ich und einem verblasenen Selbst. Einem solchen Menschen, so heilandmäßig oder so unheilvoll er sich auch gebärden mag, fehlt die scintilla, das Seelenfünklein, jenes kleine, göttliche Licht, das nie heller leuchtet, als wenn es sich gegen den Ansturm der Dunkelheit behaupten muß. Was wäre der Regenbogen, wenn er nicht vor einer dunkeln Wolke stünde?

431   Mit diesem Gleichnis möchte ich daran erinnern, daß die pathologischen Analogien des Individuationsprozesses nicht die einzigen sind. Es gibt geistesgeschichtliche Monumente ganz anderer Art, welche positive Veranschaulichungen unseres Prozesses darstellen. Vor allem möchte ich auf die Koans des Zenbuddhismus hinweisen, welche gerade durch ihre Paradoxie blitzartig die schwer durchschaubaren Beziehungen zwischen Ich und Selbst erhellen. In einer ganz anderen und dem Abendländer viel zugänglicheren Sprache hat JOHANNES VOM KREUZ dasselbe Problem als die «dunkle Nacht der Seele» beschrieben. Daß wir genötigt sind, Analogien einerseits aus dem Gebiete der Psychopathologie, andererseits aus demjenigen der östlichen und westlichen Mystik heranzuholen, liegt in der Natur der Sache: der Individuationsprozeß ist ein psychisches Grenzphänomen, das ganz besonderer Bedingungen bedarf, um bewußtzuwerden. Es ist vielleicht das Anfangsstück eines Entwicklungsweges, den eine zukünftige Menschheit nehmen wird, der aber als pathologischer Abweg zunächst in die europäische Katastrophe geführt hat.

432   Es mag vielleicht dem Kenner der komplexen Psychologie als überflüssig erscheinen, die schon längst festgestellte Verschiedenheit von Bewußtwerdung und Selbstwerdung (Individuation) nochmals zu erörtern. Ich sehe aber immer wieder, daß der Individuationsprozeß mit der Bewußtwerdung des Ich verwechselt und damit das Ich mit dem Selbst identifiziert wird, woraus natürlich eine heillose Begriffsverwirrung entsteht. Denn damit wird die Individuation zu bloßem Egozentrismus und Autoerotismus. Das Selbst aber begreift unendlich viel mehr in sich als bloß ein Ich, wie die Symbolik seit alters beweist: es ist ebenso der oder die anderen wie das Ich. Individuation schließt die Welt nicht aus, sondern ein.

433   Damit möchte ich meine Ausführungen abschließen. Ich habe die Entwicklung und die wesentliche Problematik unserer Psychologie im Abriß zu

schildern und damit eine Anschauung der Quintessenz, eben des Geistes dieser Wissenschaft, zu vermitteln versucht. In Ansehung der ungewöhnlichen Schwierigkeiten meines Themas möge mir der Leser den ungebührlichen Anspruch auf seine Bereitwilligkeit und Aufmerksamkeit verzeihen. Grundsätzliche Erörterungen gehören zu der Selbstbesinnung einer Wissenschaft, aber unterhaltend sind sie selten.

NACHWORT

Die für die Erklärung des Unbewußten in Betracht kommenden Auffassungen werden oft mißverstanden. Ich möchte darum gerade im Zusammenhang meiner vorausgehenden prinzipiellen Erörterungen wenigstens zwei der hauptsächlichsten Präjudizien etwas näher besprechen. 434

Vor allem verunmöglicht das Verständnis die oft sture Voraussetzung, daß mit dem Archetypus eine *angeborene Vorstellung* gemeint sei. Es wird keinem Biologen einfallen, anzunehmen, daß jedes Individuum seine allgemeine Verhaltensweise jeweils aufs neue erwirbt. Vielmehr besteht die Wahrscheinlichkeit, daß der junge Webervogel sein charakteristisches Nest darum baut, weil er ein Webervogel und kein Kaninchen ist. So ist es auch wahrscheinlicher, daß ein Mensch mit einer spezifisch menschlichen Verhaltensweise, und nicht mit der eines Hippopotamus oder mit gar keiner geboren wird. Zu seinem charakteristischen Verhalten gehört auch seine physische Phänomenologie, welche sich von der eines Vogels oder eines Vierfüßers unterscheidet. *Archetypen sind typische Verhaltensformen,* die, wenn sie bewußtwerden, als Vorstellung erscheinen, wie alles, was Bewußtseinsinhalt wird. Weil es sich um charakteristisch menschliche modi handelt, so ist es daher weiter nicht erstaunlich, daß wir im Individuum psychische Formen feststellen können, welche nicht nur bei den Antipoden vorkommen, sondern auch in anderen Jahrtausenden, mit denen uns nur die Archäologie verbindet. 435

Wenn wir nun beweisen wollen, daß eine bestimmte psychische Form nicht nur ein einmaliges, sondern ein typisches Vorkommnis ist, so kann dies nur dadurch geschehen, daß zunächst ich selber bezeuge, bei verschiedenen Individuen unter den nötigen Kautelen das gleiche beobachtet zu haben. Sodann müssen andere Beobachter ebenfalls bestätigen, ähnliche oder gleiche 436

Beobachtungen gemacht zu haben. Schließlich muß noch festgestellt werden, daß ähnliche oder gleiche Erscheinungen in der Folklore anderer Völker und Rassen und in den Texten, die aus früheren Jahrhunderten und Jahrtausenden überliefert sind, nachgewiesen werden können. Meine Methode und allgemeine Überlegung geht daher von individuellen psychischen Tatsachen, die nicht nur ich selber, sondern auch andere Beobachter festgestellt haben, aus. Das beigebrachte folkloristische, mythologische und historische Material dient in erster Linie dem Nachweis der Gleichförmigkeit psychischen Geschehens in Raum und Zeit. Insofern nun der Sinngehalt der individuell entstandenen typischen Formen praktisch von großer Bedeutung ist und die Erkenntnis desselben im Einzelfall eine beträchtliche Rolle spielt, so ist es unvermeidlich, daß dadurch auch das Mythologem bezüglich seines Inhaltes sekundär in eine gewisse Beleuchtung gerückt wird. Das will aber keineswegs besagen, daß der Zweck der Untersuchung etwa die Deutung des Mythologems wäre. Aber gerade in dieser Beziehung herrscht das verbreitete Vorurteil, daß die Psychologie der sogenannten unbewußten Vorgänge eine Art Philosophie sei, dazu bestimmt, die Mythologeme zu erklären. Dieses leider ziemlich verbreitete Vorurteil übersieht geflissentlich, daß unsere Psychologie von beobachtbaren Tatsachen und keineswegs von philosophischen Spekulationen ausgeht. Betrachten wir zum Beispiel die in Träumen und Phantasien vorkommenden Mandalastrukturen, so könnte eine unüberlegte Kritik den Einwand erheben – den sie auch tatsächlich erhoben hat –, man deute indische oder chinesische Philosophie in die Psyche hinein. In Wirklichkeit hat man aber nur psychische Einzelvorkommnisse zu offenkundig verwandten Kollektiverscheinungen in Vergleich gesetzt. Die introspektive Tendenz der östlichen Philosophie hat eben jenes Material zutage gefördert, das im Prinzip alle introspektiven Einstellungen zu allen Zeiten und an allen Orten der Erde zum Vorschein bringen. Die große Schwierigkeit für den Kritiker besteht natürlich darin, daß er die in Frage stehenden Tatsachen aus eigener Erfahrung so wenig kennt wie den Geisteszustand eines Lama, der ein Mandala «aufbaut». Diese beiden Vorurteile verunmöglichen nicht wenigen sonst wissenschaftlich veranlagten Köpfen den Zugang zur modernen Psychologie. Daneben gibt es aber noch viele andere Hindernisse, denen mit Vernunft allerdings nicht beizukommen ist. Sie sollen daher unerwähnt bleiben.

437   Die Unfähigkeit, zu begreifen, oder die Unwissenheit des Publikums, kann die Wissenschaft nicht daran hindern, gewisse Wahrscheinlichkeitsüberlegungen anzustellen, von deren Unsicherheit sie hinlänglich unterrichtet ist.

Wir wissen genau, daß wir die Zustände und Vorgänge des Unbewußten an sich ebensowenig erkennen können, wie die Physiker den der physischen Erscheinung zugrunde liegenden Vorgang. Was jenseits der Erscheinungswelt liegt, können wir uns schlechterdings nicht vorstellen, denn es gibt keine Vorstellung, die einen anderen Ursprungsort als die Erscheinungswelt hätte. Wenn wir aber über das Wesen des Psychischen prinzipielle Überlegungen anstellen wollen, so bedürfen wir eines archimedischen Punktes, der überhaupt erst ein Urteil ermöglicht. Dieser kann nur das *Nicht-Psychische* sein, denn als Lebenserscheinung liegt das Psychische eingebettet in einer anscheinend nichtpsychischen Natur. Obschon wir letztere nur als psychische Gegebenheit wahrnehmen, so bestehen doch hinreichende Gründe, von ihrer objektiven Realität überzeugt zu sein. Allerdings ist uns diese, soweit sie jenseits unserer Körpergrenzen liegt, in der Hauptsache nur durch Lichtteilchen vermittelt, die auf unsere Retina treffen. Die Anordnung dieser Partikel beschreibt ein Bild der Erscheinungswelt, dessen Wesen einerseits von der Beschaffenheit der apperzipierenden Psyche, andererseits von der des übermittelnden Lichtes abhängt. Das apperzipierende Bewußtsein hat sich als in hohem Grade entwickelbar erwiesen und hat Instrumente konstruiert, mit deren Hilfe die Perzeption des Sehens und Hörens um viele Grade erweitert wurde. Damit dehnte sich die als real gesetzte Erscheinungswelt sowohl wie die subjektive Bewußtseinswelt in unerhörtem Maße aus. Die Existenz dieser bemerkenswerten Korrelation zwischen Bewußtsein und Erscheinungswelt, zwischen der subjektiven Wahrnehmung und den objektiv realen Vorgängen, das heißt deren energetischen Wirkungen, braucht wohl nicht weiter bewiesen zu werden.

Da die Erscheinungswelt eine Häufung von Vorgängen atomarer Größenordnung darstellt, so ist es natürlich von größter Wichtigkeit, zu erfahren, ob und wie zum Beispiel die Photone uns eine eindeutige Erkenntnis der den übermittelnden energetischen Vorgängen zugrunde liegenden Realität ermöglichen. Die Erfahrung hat gezeigt, daß sowohl das Licht als auch die Materie sich einerseits wie separate Partikel, andererseits wie Wellen verhalten. Dieses paradoxe Ergebnis machte auf der Stufe atomarer Größenordnung den Verzicht auf eine kausale Naturbeschreibung im gewöhnlichen Raum-Zeit-Kontinuum notwendig, an deren Stelle unanschauliche Wahrscheinlichkeitsfelder in mehrdimensionalen Räumen treten, die eigentlich den Stand unserer derzeitigen Kenntnis darstellen. Diesem abstrakten Erklärungsschema liegt ein Realitätsbegriff zugrunde, welcher grundsätzlich unvermeidliche

Wirkungen des Beobachters auf das zu beobachtende System in Betracht zieht, wodurch die Realität ihren objektiven Charakter zum Teil einbüßt und dem physikalischen Weltbild ein subjektives Moment anhaftet[132].

439   Die Anwendung statistischer Gesetzmäßigkeiten auf Vorgänge atomarer Größenordnung in der Physik hat eine merkwürdige Entsprechung in der Psychologie, insofern diese die Grundlagen des Bewußtseins erforscht, das heißt die bewußten Vorgänge bis dahin verfolgt, wo sie sich bis zur Unvorstellbarkeit verdunkeln und nur noch Wirkungen, die einen *anordnenden* Einfluß auf Bewußtseinsinhalte haben, festzustellen sind[133]. Die Untersuchung dieser Wirkungen ergibt die seltsame Tatsache, daß sie von einer unbewußten, das heißt objektiven Realität ausgehen, welche sich aber zugleich auch wie eine subjektive, also wie eine Bewußtheit verhält. Die den Wirkungen des Unbewußten zugrunde liegende Realität schließt also ebenfalls das be-

[132] Ich verdanke diese Formulierung der liebenswürdigen Unterstützung durch Herrn Prof. W. Pauli.

[133] Es wird meine Leser wohl interessieren, die Meinung eines Physikers zu diesem Punkte zu vernehmen. Herr Prof. Pauli, der die Güte hatte, das Manuskript meines Nachwortes durchzusehen, schrieb mir: «Der Physiker wird in der Tat eine Entsprechung in der Psychologie an dieser Stelle erwarten, weil die erkenntnistheoretische Situation betreffend die Begriffe ‹Bewußtsein› und ‹Unbewußtes› eine weitgehende Analogie zu der unten skizzierten Situation der ‹Komplementarität› innerhalb der Physik aufzuweisen scheint. Einerseits läßt sich ja das Unbewußte nur indirekt erschließen durch seine (anordnenden) Wirkungen auf Bewußtseinsinhalte, andererseits hat jede ‹Beobachtung des Unbewußten›, d. h. jedes Bewußtmachen unbewußter Inhalte, eine zunächst unkontrollierbare Rückwirkung auf diese unbewußten Inhalte selbst (was bekanntlich ein ‹Erschöpfen› des Unbewußten durch ‹Bewußtmachung› prinzipiell ausschließt). Der Physiker wird also per analogiam schließen, daß eben diese unkontrollierbare Rückwirkung des beobachtenden Subjektes auf das Unbewußte den objektiven Charakter seiner Realität begrenzt und dieser zugleich eine Subjektivität verleiht. Obwohl ferner die *Lage* des ‹Schnittes› zwischen Bewußtsein und Unbewußtem (wenigstens bis zu einem gewissen Grade) der freien Wahl des ‹psychologischen Experimentators› anheimgestellt ist, bleibt die *Existenz* dieses ‹Schnittes› eine unvermeidliche Notwendigkeit. Das ‹beobachtete System› würde demnach vom Standpunkt der Psychologie nicht nur aus physikalischen Objekten bestehen, sondern das Unbewußte mitumfassen, während dem Bewußtsein die Rolle des ‹Beobachtungsmittels› zukäme. Es ist unverkennbar, daß durch die Entwicklung der ‹Mikrophysik› eine weitgehende Annäherung der Art der Naturbeschreibung in dieser Wissenschaft an diejenige der neueren Psychologie erfolgt ist: Während erstere infolge der als ‹Komplementarität› bezeichneten prinzipiellen Situation der Unmöglichkeit gegenübersteht, die Wirkungen des Beobachters durch determinierbare Korrekturen zu eliminieren, und deshalb auf die objektive Erfassung aller physikalischen Phänomene im Prinzip verzichten mußte, konnte die letztere die nur subjektive Bewußtseinspsychologie durch das Postulat der Existenz eines Unbewußten von weitgehend objektiver Realität grundsätzlich ergänzen.»

obachtende Subjekt ein und ist daher von unvorstellbarer Beschaffenheit. Sie ist in der Tat das allerintimst Subjektive und zugleich allgemein wahr, das heißt im Prinzip überall als vorhanden nachweisbar, was von den Bewußtseinsinhalten personalistischer Natur keineswegs gilt. Die Flüchtigkeit, Willkürlichkeit, Dunstigkeit und Einmaligkeit, die der Laienverstand stets mit der Vorstellung des Psychischen verbindet, hat nur für das Bewußtsein Geltung, nicht aber für das absolut Unbewußte. Die nicht quantitativ, sondern nur qualitativ zu bestimmenden Wirkungseinheiten des Unbewußten, nämlich die sogenannten *Archetypen,* haben daher eine Natur, *die man nicht mit Sicherheit als psychisch bezeichnen kann.*

Obschon ich durch rein psychologische Überlegung dazu gelangt bin, an der nur psychischen Natur der Archetypen zu zweifeln, so sieht sich die Psychologie aber auch durch die Ergebnisse der Physik dazu gezwungen, ihre bloß psychischen Voraussetzungen zu revidieren. Die Physik hat ihr nämlich den Schluß vordemonstriert, daß auf der Stufe atomarer Größenordnung der Beobachter in der objektiven Realität vorausgesetzt und nur unter dieser Bedingung ein befriedigendes Erklärungsschema möglich ist. Das bedeutet einerseits ein dem physikalischen Weltbild anhaftendes subjektives Moment, andererseits eine für die Erklärung der Psyche unerläßliche Verbindung derselben mit dem objektiven Raum-Zeit-Kontinuum. Sowenig das physikalische Kontinuum vorgestellt werden kann, so unanschaulich ist auch der notwendig vorhandene psychische Aspekt desselben. Von größtem theoretischem Belange ist aber die relative oder partielle Identität von Psyche und physikalischem Kontinuum, denn sie bedeutet insofern eine gewaltige *Vereinfachung,* als sie die scheinbare Inkommensurabilität zwischen der physikalischen Welt und der psychischen überbrückt; dies allerdings nicht in anschaulicher Weise, sondern auf der physikalischen Seite durch mathematische Gleichungen, auf der psychologischen durch aus der Empirie abgeleitete Postulate, nämlich Archetypen, deren Inhalte, wenn überhaupt solche vorhanden sind, nicht vorgestellt werden können. Archetypen erscheinen erst in der Beobachtung und Erfahrung, nämlich dadurch, daß sie Vorstellungen *anordnen,* was jeweils unbewußt geschieht und darum immer erst nachträglich erkannt wird. Sie assimilieren Vorstellungsmaterial, dessen Herkunft aus der Erscheinungswelt nicht bestritten werden kann, und werden dadurch sichtbar und *psychisch.* Sie werden darum zunächst nur als psychische Größen erkannt und als solche aufgefaßt, mit demselben Rechte, mit dem wir unseren unmittelbar wahrgenommenen physikalischen Erscheinungen den Euklidischen Raum

440

zugrunde legen. Erst die Erklärung psychischer Erscheinungen von minimaler Helligkeit nötigt zur Annahme, daß Archetypen einen nicht-psychischen Aspekt besitzen müssen. Anlaß zu diesem Schluß geben die Synchronizitätsphänomene [134], die mit der Tätigkeit unbewußter Faktoren verknüpft sind und die man bis jetzt als «Telepathie» usw. aufgefaßt respektive verworfen hat [135]. Der Skeptizismus sollte aber nur der unrichtigen Theorie, nicht den zu Recht bestehenden Tatsachen gelten. Kein vorurteilsloser Beobachter kann diese leugnen. Der Widerstand gegen ihre Anerkennung beruht hauptsächlich auf der Abneigung, die man gegen die Annahme einer der Psyche angedichteten übernatürlichen Fähigkeit, nämlich des sogenannten Hellsehens, empfindet. Die sehr verschiedenen und verwirrenden Aspekte solcher Phänomene klären sich, soweit ich dies bis jetzt festzustellen vermochte, so gut wie restlos auf durch die Annahme eines psychisch relativen Raum-Zeit-Kontinuums. Insofern ein psychischer Inhalt die Bewußtseinsschwelle überschreitet, verschwinden dessen synchronistische Randphänomene. Raum und Zeit nehmen ihren gewohnten absoluten Charakter an, und das Bewußtsein ist wieder in seiner Subjektivität isoliert. Es liegt hier einer jener Fälle vor, welche man am ehesten mit dem der Physik bekannten Begriffe der «Komplementarität» erfassen kann. Wenn ein unbewußter Inhalt ins Bewußtsein übertritt, dann hört seine synchronistische Manifestation auf, und umgekehrt können durch Versetzung des Subjektes in einen unbewußten Zustand (trance) synchronistische Phänomene hervorgerufen werden. Das gleiche Komplementaritätsverhältnis läßt sich übrigens ebensogut beobachten in allen jenen häufigen und der ärztlichen Erfahrung geläufigen Fällen, in denen gewisse klinische Symptome verschwinden, wenn die ihnen entsprechenden unbewußten Inhalte bewußtwerden. Bekanntlich können auch eine Reihe von psychosomatischen Erscheinungen, die sonst dem Willen durchaus entzogen sind, durch Hypnose, das heißt eben durch Einschränkung des Bewußtseins, hervorgerufen werden. PAULI formuliert das Komplementaritätsverhältnis, das hierin zum Ausdruck kommt, von der physikalischen Seite her folgendermaßen: «Es ist der freien Wahl des Experimentators (respektive Beobachters) überlassen..., welche Kenntnisse er gewinnen und welche er einbüßen will; oder, populär ausge-

---

[134] Zum Begriff «Synchronizität» siehe *Naturerklärung und Psyche* [vgl. Abhandlung XVIII dieses Bandes].

[135] Der Physiker JORDAN (*Positivistische Bemerkungen über die paraphysischen Erscheinungen*, p. 14 ff.) hat bereits die Idee des relativen Raumes für die Erklärung telepathischer Phänomene herangezogen.

drückt, ob er A messen und B ruinieren oder ob er A ruinieren und B messen will. Es ist ihm aber *nicht* anheimgestellt, nur Kenntnisse zu gewinnen, ohne auch welche zu verlieren[136].» Dies gilt in besonderem Maße vom Verhältnis des physikalischen Standpunktes zum psychologischen. Die Physik bestimmt Quantitäten und deren Verhältnis zueinander, die Psychologie aber Qualitäten, ohne irgendwelche Mengen messen zu können. Trotz alledem gelangen beide Wissenschaften zu Begriffen, die sich bedeutsam einander annähern. Auf den Parallelismus der psychologischen und der physikalischen Erklärung hat C. A. MEIER schon in seinem Aufsatz *«Moderne Physik – Moderne Psychologie»* hingewiesen[137]. Er sagt: «Beide Wissenschaften haben in vieljähriger getrennter Arbeit Beobachtungen und dazu adäquate Denksystematiken aufgehäuft. Beide Wissenschaften sind an gewisse Grenzen gestoßen, die ... ähnlichen prinzipiellen Charakter tragen. Das zu Untersuchende und der Mensch mit seinen Sinnes- und Erkenntnisorganen und ihren Erweiterungen – den Meßinstrumenten und Meßverfahren – stehen in unlösbarem Zusammenhang. Das ist Komplementarität in der Physik sowohl wie in der Psychologie.» Zwischen Physik und Psychologie bestehe sogar «ein echtes und rechtes Komplementaritätsverhältnis».

Sobald man sich einmal von der unwissenschaftlichen Ausrede, es handle 441 sich bloß um eine *zufällige* Koinzidenz, befreien kann, so wird man sehen, daß die fraglichen Phänomene keineswegs seltene, sondern relativ häufige Vorkommnisse sind. Dieser Umstand stimmt durchaus mit den über der Wahrscheinlichkeit liegenden RHINEschen Resultaten überein. Die Psyche ist keineswegs ein aus Willkürlichkeiten und Zufälligkeiten bestehendes Chaos, sondern eine objektive Realität, welche der Erforschung mittels naturwissenschaftlicher Methoden zugänglich ist. Gewisse Anzeichen sprechen dafür, daß psychische Vorgänge in einer energetischen Relation zu der physiologischen Grundlage stehen. Insofern es sich um objektive Ereignisse handelt, lassen sich diese nicht anders deuten denn als energetische Vorgänge[138], das heißt, es will uns nicht gelingen, trotz der Unmeßbarkeit psychischer Vorgänge die Tatsache wahrnehmbarer, durch die Psyche bewirkter Veränderungen anders

---

[136] Briefliche Mitteilung.

[137] *Die kulturelle Bedeutung der Komplexen Psychologie,* p. 362.

[138] Damit soll nur gesagt sein, daß den psychischen Erscheinungen ein energetischer Aspekt eignet, vermöge dessen sie eben als «Erscheinungen» bezeichnet werden können. Damit soll aber keineswegs gesagt sein, daß der energetische Aspekt das Ganze der Psyche umfasse oder gar erkläre.

denn als ein energetisches Geschehen zu begreifen. Dadurch entsteht für den
Psychologen eine Situation, die dem Physiker höchst anstößig ist: ersterer
spricht auch von Energie, obschon er nichts Meßbares in den Händen hat und
zudem der Energiebegriff eine mathematisch genau definierte Größe darstellt, die sich auf Psychisches überhaupt als solche nicht anwenden läßt. Die
Formel der kinetischen Energie, $L = \frac{mv^2}{2}$ enthält die Faktoren m (Masse)
und v (Geschwindigkeit), welche uns als dem Wesen der empirischen Psyche
inkommensurabel erscheinen. Wenn die Psychologie trotzdem darauf besteht, einen eigenen Energiebegriff anzuwenden, um die Wirksamkeit (ἐνέργεια) der Seele auszudrücken, so benützt sie selbstverständlich keine mathe-
matisch-physikalische Formel, sondern nur deren Analogie. Diese ist aber zugleich eine ältere Anschauung, aus welcher der physikalische Energiebegriff
sich ursprünglich entwickelt hat. Letzterer beruht nämlich auf früheren Ver-
wendungen einer nicht mathematisch definierten ἐνέργεια, welche in letzter
Linie zu einer primitiven respektive archaischen Anschauung des «außerordentlich Wirkungsvollen» zurückführt. Dies ist der sogenannte Manabegriff,
der sich nicht etwa auf Melanesien beschränkt, sondern sich auch in Nieder-
ländisch Indien sowohl wie an der afrikanischen Ostküste findet [139] und im
lateinischen «numen» zum Teil auch in «genius» (zum Beispiel genius loci)
noch nachklingt. Die Verwendung des Terminus Libido in der neueren medizinischen Psychologie hat sogar eine überraschende geistige Verwandtschaft
mit dem primitiven «mana» [140]. Diese archetypische Anschauung ist also keineswegs nur primitiv, sondern unterscheidet sich vom physikalischen Energiebegriff dadurch, daß sie *nicht quantitativ,* sondern *hauptsächlich qualitativ*
ist. An die Stelle der exakten Messung von Quantitäten tritt in der Psychologie eine schätzungsweise Bestimmung von Intensitäten, wozu die *Gefühls-
funktion* (Wertung) benützt wird. Letztere vertritt in der Psychologie die
Stelle des *Messens* in der Physik. Die psychischen Intensitäten und ihre gra-
duellen Unterschiede deuten auf quantitativ charakterisierte Vorgänge hin,
welcher aber direkter Beobachtung, respektive Messung, unzugänglich sind.
Während die psychologische Feststellung im wesentlichen qualitativ ist, besitzt sie aber auch eine sozusagen latente «physikalische» Energetik, denn die
psychischen Phänomene lassen einen gewissen quantitativen Aspekt erken-

---

[139] Im Kiswahili heißt mana «Bedeutung» und mungu «Gott».
[140] Vgl. meine Schrift *Über psychische Energetik und das Wesen der Träume* [Abhandlungen I,
III, VI, IX, X und XI dieses Bandes].

nen. Könnten diese Quantitäten irgendwie gemessen werden, so müßte die Psyche als etwas im Raume Bewegtes, auf das die Energieformel Anwendung hat, erscheinen; das heißt da Masse und Energie gleichen Wesens sind, so müßten der Psyche, insofern diese überhaupt im Raum feststellbare Wirkungen hat, Masse und Geschwindigkeit adäquate Begriffe sein; mit anderen Worten, sie müßte einen Aspekt besitzen, unter welchem sie als *bewegte Masse* erscheint. Wenn man in bezug auf physisches und psychisches Geschehen nicht direkt eine prästabilierte Harmonie postulieren will, so kann es nur eine interactio sein. Letztere Hypothese fordert aber eine Psyche, welche irgendwie die Materie berührt, und umgekehrt, eine Materie mit *latenter Psyche,* von welchem Postulat gewisse Formulierungen der modernen Physik nicht mehr allzu weit entfernt sind (EDDINGTON, JEANS und andere). Ich muß in diesem Zusammenhang an das Vorhandensein parapsychischer Phänomene erinnern, deren Wirklichkeitswert allerdings nur von denen anerkannt werden kann, welche Gelegenheit zu genügender eigener Beobachtung hatten.

Bestehen diese Überlegungen zu Recht, so würden sich daraus folgen- 442 schwere Schlüsse für das Wesen der Psyche ergeben, indem dann deren Objektivität nicht nur in engstem Zusammenhang mit den physiologischen und biologischen Phänomenen, sondern auch mit den physikalischen stünde, und zwar, wie es scheint, zu allermeist mit denjenigen der Atomphysik. Wie aus meiner Darlegung ersichtlich sein dürfte, handelt es sich vorerst bloß um die Feststellung gewisser Analogien, aus deren Vorhandensein man ja nicht etwa den Schluß ziehen darf, daß damit ein Zusammenhang schon nachgewiesen wäre. Bei dem gegenwärtigen Stande der physikalischen sowohl wie der psychologischen Erkenntnis muß man sich mit der bloßen Ähnlichkeit gewisser grundsätzlicher Überlegungen begnügen. Die bestehenden Analogien sind aber als solche bedeutend genug, um ihre Hervorhebung zu rechtfertigen.

IX
ALLGEMEINE GESICHTSPUNKTE ZUR
PSYCHOLOGIE DES TRAUMES

[Erstmals auf englisch erschienen als «The Psychology of Dreams» in: *Collected Papers on Ana-lytical Psychology,* herausgegeben von Constance E. Long. Baillière, Tindall and Cox, London 1916. Das ursprüngliche Manuskript, stark erweitert, wurde unter dem jetzigen Titel publi-ziert in: *Über die Energetik der Seele.* (Psychologische Abhandlungen II) Rascher, Zürich 1928. Noch einmal bearbeitet und etwas erweitert in: *Über psychische Energetik und das Wesen der Träume.* (Psychologische Abhandlungen II) Rascher, Zürich 1948; Paperback 1965. Studien-ausgabe bei Walter, Olten 1971.]

ALLGEMEINE GESICHTSPUNKTE ZUR PSYCHOLOGIE DES TRAUMES

Der Traum ist ein psychisches Gebilde, das im Gegensatz zu sonstigen Be- ₄₄₃ wußtseinsinhalten nach Form und Bedeutungsgehalt anscheinend nicht in der Kontinuität der Entwicklung der Bewußtseinsinhalte liegt. Jedenfalls erscheint der Traum in der Regel als kein integrierender Bestandteil des bewußten Seelenlebens, sondern als ein mehr äußerliches, anscheinend zufälliges Erlebnis. Die Gründe für diese Ausnahmestellung des Traumes liegen in seiner besonderen Entstehungsweise: er geht nicht, wie andere Bewußtseinsinhalte, aus einer klar ersichtlichen, logischen und emotionalen Kontinuität des Erlebens hervor, sondern ist ein Überbleibsel einer eigenartigen psychischen Tätigkeit, welche während des Schlafes stattfindet. Diese Entstehungsweise schon isoliert den Traum von den übrigen Inhalten des Bewußtseins, ganz besonders aber noch sein eigentümlicher Inhalt, der sich zu dem bewußten Denken in auffälligem Kontrast befindet.

Ein aufmerksamer Beobachter wird aber unschwer entdecken, daß der ₄₄₄ Traum doch nicht ganz aus der Kontinuität des Bewußtseins herausfällt, indem fast bei jedem Traum gewisse Einzelheiten aufzufinden sind, welche von Eindrücken, Gedanken, Stimmungen des oder der Vortage herkommen. Insofern besteht also doch eine gewisse Kontinuität, zunächst nach *rückwärts*. Es wird wohl keinem, der dem Traumproblem ein lebhaftes Interesse widmet, entgangen sein, daß der Traum auch eine Kontinuität nach *vorwärts* besitzt, wenn dieser Ausdruck gestattet ist, indem gelegentlich Träume bemerkenswerte Wirkungen auf das bewußte Geistesleben hinterlassen, auch bei Personen, die nicht als abergläubisch oder besonders abnorm betrachtet werden dürfen. Diese gelegentlichen Nachwirkungen bestehen meist in mehr oder weniger deutlichen Alterationen der Stimmung.

Wohl vermöge dieser lockeren Anfügung an den übrigen Bewußtseinsin- ₄₄₅ halt ist der Traum hinsichtlich der Wiedererinnerung ein äußerst labiles Gebilde. Viele Träume entziehen sich der Reproduktion sofort nach dem Erwachen, andere sind nur mit höchst zweifelhafter Treue zu reproduzieren, und nur relativ wenige sind als eigentlich klar und sicher reproduzierbar zu bezeichnen. Dieses eigentümliche Verhalten gegenüber der Reproduktion läßt sich auch aus der Qualität der im Traum auftretenden Vorstellungsverbindungen verstehen. Im Unterschied zum logisch gerichteten Vorstellen, das wir als ein besonderes Charakteristikum des bewußten Geistesprozesses betrachten dürfen, ist die Vorstellungsverbindung im Traum eine wesentlich phantastische; eine Assoziationsart, welche Zusammenhänge liefert, die dem Wirklichkeitsdenken in der Regel ganz fremd sind.

446   Diesem Charakter verdankt der Traum das vulgäre Epitheton «sinnlos». Bevor wir dieses Urteil aussprechen, müssen wir uns aber darauf besinnen, daß der Traum und sein Zusammenhang etwas ist, das *wir* nicht verstehen. Wir würden mit einem solchen Urteil also zunächst bloß unser Nichtverstehen auf das Objekt projizieren. Das würde aber nicht hindern, daß dem Traume ein ihm eigentümlicher Sinn innewohnt.

447   Abgesehen von den jahrtausendealten Bemühungen, dem Traum einen prophetischen Sinn anzudeuten, ist die Entdeckung FREUDS praktisch der erste Versuch, in den Sinn der Träume einzudringen; ein Versuch, dem das Attribut «wissenschaftlich» zuerkannt werden darf, indem dieser Forscher eine Technik angegeben hat, von der nicht nur er selber, sondern auch sehr viele andere Forscher behaupten, daß sie zum Ziele, nämlich zum Verstehen des Traumsinnes führe; eines Sinnes, der nicht identisch mit den fragmentarischen Sinnandeutungen des manifesten Trauminhaltes ist.

448   Es ist hier nicht der Ort, mich mit der Traumpsychologie FREUDS kritisch auseinanderzusetzen. Ich will mich vielmehr bemühen, das in Kürze darzustellen, was wir heute als mehr oder weniger sichere Errungenschaften der Traumpsychologie betrachten dürfen.

449   Zunächst müssen wir uns mit der Frage beschäftigen, woher wir überhaupt die Berechtigung ableiten, dem Traum einen anderen Sinn beizumessen als jenen unbefriedigenden fragmentarischen des manifesten Traumgebildes. Ein Argument, das in dieser Hinsicht besonders ins Gewicht fällt, ist die Tatsache, daß FREUD den verborgenen Traumsinn *empirisch und nicht deduktiv* gefunden hat. Ein weiteres Argument zugunsten eines möglichen verborgenen oder nicht manifesten Traumsinnes liefert die Vergleichung der Traumphantasie mit sonstigen Phantasien des Wachzustandes in einem und demselben Individuum. Es ist nicht schwierig einzusehen, daß solche Wachphantasien nicht bloß einen oberflächlichen, konkretistischen Sinn haben, sondern auch einen tieferen, psychologischen Sinn. Es geschieht lediglich aus dem Grunde der Kürze, die ich mir hier auferlegen muß, daß ich solche Materialien nicht vor-

lege. Ich möchte aber darauf aufmerksam machen, daß ein sehr alter und weit-
verbreiteter Typus der Phantasieerzählung, für den zum Beispiel die AESOP-
sche Tierfabel charakteristisch ist, das, was vom Sinn der Phantasien zu sagen
ist, gut illustriert. Es wird zum Beispiel irgendeine Phantasie von den Taten
des Löwen und des Esels erzählt. Der konkrete Oberflächensinn der Erzählung ist ein unmögliches Phantasma, der darin verborgene moralische Sinn ist
aber für jedermann, der nachdenkt, offenbar. Charakteristisch ist, daß Kinder
sich schon am exoterischen Sinn der Fabel genügen und erfreuen können.

Weitaus das beste Argument für die Existenz eines verborgenen Traumsin-   450
nes aber liefert die gewissenhafte Anwendung des technischen Verfahrens zur
Auflösung des manifesten Trauminhaltes. Damit gelangen wir zum zweiten
Hauptpunkt, nämlich zur Frage des analytischen Verfahrens. Auch hier
möchte ich die Ansichten und Entdeckungen FREUDS weder verteidigen noch
kritisieren, sondern mich auf das mir gesichert Erscheinende beschränken.
Wenn wir von der Tatsache ausgehen, daß der Traum ein psychisches Gebilde
ist, so haben wir zunächst nicht den geringsten Anlaß, anzunehmen, daß die
Konstitution und Bestimmung dieses Gebildes anderen Gesetzen und Absichten gehorche als irgendein anderes psychisches Gebilde. Nach dem Satze
«Principia explicandi praeter necessitatem non sunt multiplicanda» [1], haben
wir den Traum analytisch so zu behandeln wie irgendein anderes psychisches
Gebilde, bis wir durch anders lautende Erfahrungen eines Besseren belehrt
werden.

Wir wissen, daß jedes psychische Gebilde, vom Kausalstandpunkt aus be-   451
trachtet, die Resultante vorausgegangener psychischer Inhalte ist. Wir wissen
ferner, daß jedes psychische Gebilde, vom finalen Standpunkt aus betrachtet,
einen ihm eigentümlichen Sinn und Zweck im aktuellen psychischen Geschehen hat. Dieser Maßstab muß auch an den Traum angelegt werden. Wenn wir
also den Traum psychologisch zu erklären haben, so müssen wir zuerst einmal
wissen, aus was für vorgängigen Erlebnissen er zusammengesetzt ist. Wir verfolgen daher jedes Stück des Traumbildes in seine Antezedentien. Ich gebe ein
Beispiel: Jemand träumt, *er geht auf der Straße, vor ihm springt ein Kind, das
plötzlich von einem Automobil überfahren wird.*

Wir reduzieren dieses Traumbild mit Hilfe der Erinnerungen des Träumers   452
auf die Antezedentien. Die Straße erkennt er als eine bestimmte Straße, durch
die er tags zuvor gegangen ist. Das Kind erkennt er als das Kind seines Bru-

---

[1] [Erklärungsprinzipien sollen nicht über das Notwendige hinaus vermehrt werden.]

ders, dem er am Vorabend des Traumes einen Besuch gemacht hat, wobei er
das Kind sah. Der Automobilunfall erinnert an einen Unfall, der tatsächlich
einige Tage zuvor stattgefunden hat, von dem er aber bloß in der Zeitung gelesen hat. Bekanntlich begnügt sich das Vulgärurteil mit einer derartigen Reduktion. Man sagt: «Aha, darum habe ich diese Sache geträumt.»

453   Selbstverständlich ist vom wissenschaftlichen Standpunkt aus diese Reduktion ganz ungenügend. Der Träumer ist tags zuvor durch viele Straßen
gegangen, warum wählte sein Traum aber gerade diese Straße? Der Träumer
hat von mehreren Unfällen gelesen, warum wählte er gerade diesen? Mit der
Aufdeckung eines antecedens ist also noch nicht Genügendes geleistet, indem
erst die Konkurrenz mehrerer causae eine plausible Determination der
Traumbilder ergeben kann. Die weitere Materialaufnahme erfolgt nach demselben Prinzip der Wiedererinnerung, das man auch als *Einfallsmethode* bezeichnet hat. Diese Aufnahme ergibt, wie leicht verständlich, ein sehr mannigfaltiges und zum Teil heterogenes Material, welches anscheinend bloß das
eine gemeinsam hat, daß es sich nämlich als mit dem Trauminhalt assoziativ
verbunden erwiesen hat, sonst wäre es vom Trauminhalt aus nicht reproduzierbar gewesen.

454   Es ist nun eine technisch wichtige Frage, wie weit die Materialaufnahme zu
gehen hat. Da in der Seele schließlich von jedem Punkt aus der ganze Lebensinhalt aufzurollen ist, so kann man theoretisch zu jedem Traum den ganzen
vorgängigen Lebensinhalt aufnehmen. Wir brauchen aber nur soviel Material, als wir zum Begreifen des Traumsinnes unbedingt nötig haben. Die Beschränkung des Materials ist selbstverständlich ein arbiträrer Vorgang nach
dem Grundsatze KANTS, wonach Begreifen nichts anderes ist, als *in dem Maße
erkennen, als zu unserer Absicht hinreichend ist*[2]. Wenn wir zum Beispiel die causae der Französischen Revolution aufnehmen, so können wir in der Materialaufnahme nicht nur die mittelalterliche Geschichte Frankreichs, sondern auch
noch die römische und griechische Geschichte aufnehmen, was «zu unserer
Absicht» allerdings nicht «notwendig ist», denn wir können die historische
Entstehung der Revolution auch bei weit beschränkterem Material ebensogut
begreifen. Wir gehen daher in der Materialaufnahme zu einem Traum so weit,
als es uns nötig erscheint, um einen verwertbaren Sinn aus dem Traum gewinnen zu können.

455   Die Materialaufnahme liegt außerhalb der Willkür des Forschers bis auf die

---

[2] [Vgl. Einleitung zu: *Die Logik*, p. 377.]

erwähnte arbiträre Beschränkung. Das aufgenommene Material muß nun einem Sichtungsprozeß unterworfen werden, und zwar einer Durcharbeitung, deren Prinzip man in jeder Durcharbeitung eines historischen oder sonstigen erfahrungswissenschaftlichen Materials verwendet. Es handelt sich um eine im wesentlichen vergleichende Methode, welche natürlich nicht automatisch arbeitet, sondern vom Geschick des Forschers und seiner Absicht zu einem guten Teile abhängt.

Wenn ein psychologisches Faktum erklärt werden soll, so ist daran zu erinnern, daß das Psychologische eine doppelte Betrachtungsweise erfordert, nämlich die *kausale* und die *finale*. Ich spreche absichtlich von final, um eine Konfusion mit dem Begriff des Teleologischen zu vermeiden. Mit Finalität möchte ich bloß die immanente psychologische Zielstrebigkeit bezeichnen. Statt «Zielstrebigkeit» ließe sich auch sagen «Zwecksinn». Allen psychologischen Phänomenen wohnt ein solcher Sinn inne, auch den bloß reaktiven Phänomenen, wie zum Beispiel den emotionalen Reaktionen. Der Zorn über eine zugefügte Beleidigung hat den Zwecksinn in der Rache, eine zur Schau getragene Trauer hat den Zwecksinn der Erregung des Mitleids bei den anderen. 456

Insofern wir auf das zum Traume aufgenommene Material eine kausale Betrachtungsweise anwenden, reduzieren wir den manifesten Trauminhalt auf gewisse durch das Material dargestellte Grundtendenzen oder Grundgedanken. Als solche sind diese naturgemäß von elementarer und allgemeiner Natur. Ein junger Patient träumt zum Beispiel: *«Ich stehe in einem fremden Garten und pflücke von einem Baume einen Apfel. Ich schaue mich vorsichtig um, ob mich auch niemand sieht.»* 457

Das Traummaterial lautet: Eine Erinnerung, daß er einmal als Junge in einem fremden Garten ein paar Birnen unerlaubterweise pflückte. Das Gefühl des bösen Gewissens, das im Traume besonders hervorgehoben ist, erinnert ihn an eine Situation des Vortages. Er traf eine ihm bekannte, aber sonst gleichgültige junge Dame auf der Straße und wechselte mit ihr einige Worte. In dem Moment kam ein ihm bekannter Herr vorüber, da befiel ihn plötzlich ein merkwürdiges Gefühl der Verlegenheit, etwa wie wenn er ein böses Gewissen hätte. Zu Apfel fällt ihm die Paradiesszene ein und die Tatsache, daß er eigentlich nie verstanden hat, warum das unerlaubte Essen des Apfels so schlimme Folgen für die Ureltern haben konnte. Er habe sich über die damalige Ungerechtigkeit Gottes immer geärgert, denn Gott habe die Menschen doch so geschaffen, wie sie sind, mit all ihrer Neugierde und Begehrlichkeit. 458

459   Weiter falle ihm sein Vater ein, der ihn auch manchmal für gewisse Dinge unbegreiflicherweise gestraft habe. Am ärgsten sei er gestraft worden, als er einmal dabei ertappt wurde, wie er die Mädchen beim Baden heimlich beobachtete. Daran schließt sich das Geständnis, daß er jüngst einen noch nicht bis zum natürlichen Ende durchgeführten Liebeshandel mit einem Zimmermädchen angefangen hat. Am Vorabend des Traumes hatte er mit ihr ein Rendezvous.

460   Wenn wir dieses Material überblicken, so sehen wir, daß der Traum eine sehr durchsichtige Beziehung hat zum Ereignis des Vortages. Die Apfelszene zeigt durch das mit ihr assoziativ verbundene Material, daß sie offenbar als erotische Szene gemeint ist. Es dürfte ja auch aus allen möglichen anderen Gründen als überaus wahrscheinlich angesehen werden, daß dieses Erlebnis des Vortages bis in die Träume weiterwirkt. Im Traume pflückt der junge Mann den paradiesischen Apfel, den er nämlich in Wirklichkeit noch nicht gepflückt hat. Das übrige zum Traum assoziierte Material beschäftigt sich mit einem anderen Ereignis des Vortages, nämlich mit dem eigentümlichen Gefühl von *bösem Gewissen,* das den Träumer befiel, als er mit der ihm gleichgültigen jungen Dame sprach, sodann mit dem Sündenfall im Paradies und zuletzt mit einer erotischen Sünde seiner Kindheit, für die er vom Vater streng bestraft worden war. Diese Assoziationen bewegen sich auf der Linie der *Schuld.*

461   Wir wollen zunächst die kausale Betrachtungsweise FREUDS auf das gegebene Material anwenden, das heißt, wir wollen diesen Traum, wie FREUD sich ausdrückt, «deuten». Vom Vortage des Traumes bleibt ein unerledigter Wunsch übrig. Dieser Wunsch wird im Traum unter dem Symbol der Apfelszene erfüllt. Warum erfolgt nun diese Erfüllung verhüllt, das heißt in einem symbolischen Bilde, statt in einem klaren sexuellen Gedanken? FREUD verweist auf das in diesem Material unverkennbare Moment der Schuld und sagt: Die von Kindheit an dem jungen Manne aufgedrängte Moralität, welche derartige Wünsche zu unterdrücken sucht, ist es, welche dem natürlichen Begehren den Stempel des Peinlichen und Unverträglichen aufdrückt. Daher könne sich der verdrängte peinliche Gedanke nur «symbolisch» durchsetzen. Weil diese Gedanken mit dem moralischen Bewußtseinsinhalt unverträglich sind, so sorgt eine von FREUD angenommene psychische Instanz, die er als *Zensur* bezeichnet, dafür, daß dieser Wunsch nicht unverhüllt ins Bewußtsein übertritt.

462   Die finale Betrachtungsweise des Traumes, welche ich der FREUDschen Anschauung gegenüberstelle, bedeutet, wie ich ausdrücklich feststellen

möchte, nicht eine Leugnung der causae des Traumes, wohl aber eine andere
Interpretation der zum Traum gesammelten Materialien. Die Tatsachen,
nämlich eben die Materialien, bleiben dieselben, aber der Maßstab, mit dem
sie gemessen werden, ist ein anderer. Die Frage läßt sich einfach folgendermaßen formulieren: Wozu dient dieser Traum? Was soll er bewirken? Diese Fragestellung ist insofern nicht willkürlich, als man sie auf alle psychischen Tätigkeiten anwenden kann. Man kann überall nach dem Warum und dem Wozu fragen, weil jedes organische Gebilde aus einem komplizierten Aufbau
zweckmäßiger Funktionen besteht und jede Funktion auch in einer Reihe
von zweckmäßig orientierten Einzeltatsachen aufzulösen ist.

Es ist klar, daß zu dem erotischen Erlebnis des Vortages durch den Traum   463
ein Material beigebracht wird, welches in erster Linie das Moment der Schuld
im erotischen Handeln betont. Die gleiche Assoziation hat sich schon in jenem anderen Erlebnis des Vortages, nämlich beim Zusammentreffen mit der
indifferenten Dame, als wirksam erwiesen, indem auch dort das Gefühl des
bösen Gewissens sich automatisch und überraschenderweise dazugesellt hat,
etwa wie wenn der junge Mann auch dort etwas Unrechtes getan hätte. Auch
dieses Erlebnis spielt in den Traum hinein und wird dort noch durch die Assoziation weiterer entsprechenden Materiales verstärkt, indem das erotische
Erlebnis des Vortages etwa in der Form des paradiesischen Sündenfalles, der so
hart bestraft wurde, dargestellt wird.

Ich sage nun: es sei eine dem Träumer unbewußte Neigung oder Tendenz   464
vorhanden, sein erotisches Erleben ihm als Schuld darzustellen. Charakteristischerweise erfolgt im Traum die Assoziation des Sündenfalles, von dem der
junge Mann auch nie begriffen hat, warum er so drakonisch bestraft wurde.
Diese Assoziation wirft ein Licht auf die Gründe, warum der Träumer nicht
einfach gedacht hat: «Es ist nicht recht, was ich tue.» Offenbar weiß er es
nicht, daß er sein erotisches Handeln auch als moralisch unrichtig verwerfen
könnte. Dies ist tatsächlich der Fall. Er glaubt bewußt, daß sein Verhalten
moralisch ganz indifferent sei, indem alle seine Freunde ja das gleiche täten
und er auch aus sonstigen Gründen durchaus nicht begreifen könne, warum
man daraus ein Aufhebens mache.

Ob man nun diesen Traum als sinnreich oder sinnlos anzusehen hat, liegt   465
an einer sehr beträchtlichen Frage, ob nämlich der Standpunkt der seit alters
überlieferten Moralität sinnreich sei oder sinnlos. Ich will mich nicht in eine
philosophische Diskussion über diese Frage verirren, sondern bloß bemerken,
daß die Menschheit offenbar sehr gute Gründe hatte, diese Moral zu erfinden,

sonst wäre wahrhaftig nicht einzusehen, warum sie einem stärksten Begehren Schranken entgegengesetzt hat. Wenn wir diese Tatsache würdigen, so müssen wir diesen Traum als sinnreich erklären, indem er nämlich dem jungen Manne eine gewisse Notwendigkeit vor Augen führt, sein erotisches Handeln einmal unter dem Gesichtspunkt der Moral ins Auge zu fassen. Schon Stämme auf ganz primitiver Stufe haben zum Teil eine außerordentlich strenge Sexualgesetzgebung. Diese Tatsache beweist, daß speziell die Sexualmoral ein nicht zu unterschätzender Faktor in der höheren seelischen Funktion ist, weshalb er voll in Rechnung gestellt zu werden verdient. Es wäre also in diesem Fall zu sagen, daß der junge Mann etwas gedankenlos, hypnotisiert von dem Beispiel seiner Freunde, seinem erotischen Begehren folgt, uneingedenk der Tatsache, daß der Mensch auch ein moralisch verantwortliches Wesen ist, indem er ja selber die Moral erschaffen hat und freiwillig oder widerwillig sich seiner eigenen Schöpfung beugt.

466   Wir können in diesem Traum eine balancierende Funktion des Unbewußten erkennen, welche darin besteht, daß diejenigen Gedanken, Neigungen und Tendenzen der menschlichen Persönlichkeit, welche im bewußten Leben zu wenig zur Geltung kommen, andeutungsweise in Funktion treten im Zustande des Schlafes, wo der Bewußtseinsprozeß in hohem Maße ausgeschaltet ist.

467   Man kann nun allerdings die Frage aufwerfen: was soll es dem Träumer nützen, wenn er den Traum doch nicht versteht?

468   Ich muß darauf bemerken, daß das Verstehen kein ausschließlich intellektueller Prozeß ist, indem, wie die Erfahrung zeigt, unzählige Dinge den Menschen beeinflussen, ja sogar in höchst wirksamer Weise überzeugen können, ohne daß sie intellektuell verstanden wären. Ich erinnere bloß an die Wirksamkeit der religiösen Symbole.

469   Nach dem hier gegebenen Beispiel könnte man leicht auf den Gedanken kommen, die Funktion der Träume sei direkt als eine «moralische» zu verstehen. Es sieht zwar in dem vorhin gegebenen Beispiel so aus, aber wenn wir uns der Formel erinnern, nach der die Träume die jeweils subliminalen Materialien enthalten, dann können wir nicht mehr von einer «moralischen» Funktion schlechthin reden. Es ist nämlich zu bemerken, daß die Träume von solchen Menschen, die moralisch unanfechtbar handeln, Materialien zutage fördern, welche als «unmoralisch» im landläufigen Sinne bezeichnet werden müssen. So ist es charakteristisch, wenn der heilige AUGUSTIN froh war, Gott für seine Träume nicht verantwortlich zu sein. Das Unbewußte ist das jeweils

nicht Gewußte, weshalb es nicht erstaunlich ist, daß der Traum zu der jeweiligen bewußten psychologischen Situation alle diejenigen Aspekte beibringt, die für einen total verschiedenen Standpunkt der Betrachtung wesentlich wären. Es ist ersichtlich, daß diese Funktion des Traumes eine psychologische Balancierung bedeutet, eine Ausgleichung, die zum geordneten Handeln unbedingt erforderlich ist. Wie es im bewußten Überlegungsprozeß unerläßlich ist, daß wir uns möglichst alle Seiten und Konsequenzen eines Problems klarmachen, um die richtige Lösung zu finden, so setzt sich dieser Prozeß auch automatisch in den mehr oder weniger bewußtlosen Schlafzustand fort, wo, wie es nach den bisherigen Erfahrungen scheint, all diejenigen Gesichtspunkte, wenigstens andeutungsweise, dem Träumenden einfallen, welche am Tage ungenügend oder gar nicht gewürdigt wurden, das heißt relativ unbewußt waren.

Was nun den viel diskutierten *Symbolismus* der Träume betrifft, so ist seine 470 Bewertung eine sehr verschiedene, je nachdem er von dem kausalen oder finalen Standpunkt aus betrachtet wird. FREUDS kausale Betrachtungsweise geht vom Begehren aus, das heißt vom verdrängten Traumwunsch. Dieses Begehren ist immer ein relativ einfaches und elementares, das sich hinter mannigfaltigen Hüllen verbergen kann. So könnte etwa der junge Mann im vorhin gegebenen Beispiel ebensogut geträumt haben, er habe mit einem Schlüssel eine Türe zu öffnen, er fahre mit einem Aeroplan, er küsse seine Mutter usw. Es könnte von diesem Standpunkt aus alles dieselbe Bedeutung haben. Auf diesem Wege ist die engere FREUDsche Schule dazu gelangt, um ein krasses Beispiel zu geben, so ziemlich alle länglichen Gegenstände im Traum als phallische und alle runden oder hohlen Gegenstände als weibliche Symbole zu erklären.

Für die finale Betrachtungsweise haben die Bilder des Traumes den ihnen 471 eigentümlichen Wert. Wenn zum Beispiel der junge Mann statt der Apfelszene geträumt hätte, er habe mit dem Schlüssel eine Türe zu öffnen, so wäre wohl entsprechend dem veränderten Traumbild ein wesentlich anderes Assoziationsmaterial herausgekommen, welches die bewußte Situation in einer anderen Weise ergänzt hätte als das Material zur Apfelszene. Für diesen Standpunkt liegt das Sinnreiche gerade in der Verschiedenheit der symbolischen Ausdrücke im Traume, und nicht in deren Eindeutigkeit. Die kausale Betrachtungsweise tendiert, ihrer Natur entsprechend, zur Eindeutigkeit, das heißt zu festen Symbolbedeutungen. Die finale Betrachtungsweise dagegen sieht im veränderten Traumbild den Ausdruck einer veränderten psychologischen Situation. Sie kennt keine festen Symbolbedeutungen. Von ihrem Standpunkt aus sind die Traumbilder an sich wichtig, indem sie nämlich in sich selber die Bedeutung tragen, um derentwillen sie im Traum überhaupt auftreten. Wenn wir beim vorhin gegebenen Beispiel bleiben, so sehen wir, daß vom finalen Standpunkt aus das Symbol im Traume mehr den Wert einer Parabel hat; es verhüllt nicht, sondern es lehrt. Die Apfelszene erinnert deutlich an das Moment der Schuld, zugleich verhüllt sie die Tat der ersten Eltern.

472   Je nach dem Standpunkt der Betrachtungsweise gelangen wir, wie ersichtlich, zu sehr verschiedenen Auffassungen des Traumsinnes. Es fragt sich nun, welche Auffassung die bessere oder richtigere sei. Daß wir überhaupt eine Auffassung vom Traumsinn haben müssen, das ist für uns Therapeuten zunächst eine praktische und keine theoretische Notwendigkeit. Wenn wir unsere Patienten behandeln wollen, so müssen wir uns aus ganz konkreten Gründen der Mittel zu bemächtigen suchen, welche uns in den Stand setzen, den Kranken wirksam zu erziehen. Es dürfte aus dem oben gegebenen Beispiel ohne weiteres ersichtlich sein, daß die Materialaufnahme zu dem Traum eine Frage aufgerollt hat, welche geeignet ist, dem jungen Manne über vieles die Augen zu öffnen, über das er vorher gedankenlos hinweggegangen ist. Indem er aber darüber hinwegging, ging er über sich selber weg, denn er besitzt eine moralische Kritik und ein moralisches Bedürfnis wie irgendein anderer Mensch. Wenn er also ohne Berücksichtigung dieses Umstandes zu leben versucht, so lebt er einseitig und unvollständig, sozusagen inkoordiniert, was für das psychologische Leben die gleichen Folgen hat wie eine einseitige und unvollständige Diät für den Körper. Um eine Individualität zu ihrer Vollständigkeit und Selbständigkeit zu erziehen, bedürfen wir der Assimilation aller derjenigen Funktionen, die bisher zu wenig oder gar nicht zur bewußten Entfaltung gelangt sind. Um dieses Ziel zu erreichen, müssen wir aus therapeutischen Gründen auf alle jene unbewußten Aspekte der Dinge, die uns die Traummaterialien beibringen, eintreten. Es ist daher leicht ersichtlich, daß gerade die finale Betrachtungsweise der praktischen Individualerziehung eine große Hilfe bedeutet.

473   Dem naturwissenschaftlichen Geiste unserer Zeit, der streng kausalistisch denkt, liegt die kausale Betrachtung viel mehr. In Hinsicht einer naturwissenschaftlichen Erklärung der Traumpsychologie dürfte daher die FREUDsche kausale Betrachtungsweise außerordentlich viel für sich haben. Aber ich muß ihre Vollständigkeit bestreiten, denn die Psyche ist nicht bloß kausal zu erfas-

sen, sondern erfordert auch eine finale Betrachtung. Erst eine Vereinigung beider Gesichtspunkte, die heutzutage wegen vorhandener enormer Schwierigkeiten theoretischer wie praktischer Natur in wissenschaftlich befriedigender Weise noch nicht vollzogen ist, vermag uns eine vollkommenere Auffassung vom Wesen des Traumes zu geben.

Ich möchte nun noch einige weitere Probleme der Traumpsychologie, die   474
von der allgemeinen Erörterung des Traumproblems abseits liegen, kurz behandeln. Zunächst die Frage der *Klassifikation der Träume*. Ich möchte die praktische sowie theoretische Bedeutung dieser Frage nicht zu hoch einschätzen. Ich habe jährlich ein Material von 1500 bis 2000 Träumen zu bearbeiten, und ich konnte bei dieser Erfahrung konstatieren, daß es tatsächlich typische Träume gibt. Sie sind aber nicht zu häufig, und sie verlieren unter der finalen Betrachtungsweise viel von der Wichtigkeit, die sie hinsichtlich der feststehenden Symbolbedeutung für die kausale Auffassung haben. Die typischen Motive in den Träumen scheinen mir von größerer Wichtigkeit zu sein, indem sie nämlich eine Vergleichung mit den mythologischen Motiven erlauben. Viele von jenen mythologischen Motiven, um deren Aufstellung sich namentlich FROBENIUS außerordentliche Verdienste erworben hat, finden sich auch in den Träumen vieler Menschen, oft genau mit derselben Bedeutung. Der beschränkte Raum erlaubt es mir leider nicht, darüber ausführliche Materialien vorzulegen. Es ist dies anderenorts geschehen. Ich muß aber hervorheben, daß die Vergleichung der typischen Traummotive mit den mythologischen Motiven den Gedanken nahelegt, das Traumdenken, wie es schon NIETZSCHE tat, als eine phylogenetisch ältere Art des Denkens aufzufassen. Wie das gemeint ist, mag statt vieler anderer Beispiele das vorhin erwähnte Traumbeispiel zeigen. Wie erinnerlich, brachte jener Traum die Apfelszene als einen typischen Repräsentanten der erotischen Schuld. Der daraus abstrahierte Gedanke würde lauten: «Ich tue Unrecht, indem ich so handle.» Charakteristischerweise drückt sich der Traum fast nie in dieser logisch abstrakten Weise aus, sondern immer in parabolischer oder Gleichnissprache. Diese Eigentümlichkeit ist zugleich ein Charakteristikum primitiver Sprachen, deren blumenreiche Wendungen uns immer auffallen. Wenn man sich an die Denkmäler alter Literatur erinnert, zum Beispiel an die Gleichnissprache der Bibel, so findet man, daß das, was heute durch die Abstraktion besorgt wird, damals auf dem Wege des Gleichnisses erreicht wurde. Selbst ein Philosoph wie PLATON hat es nicht verschmäht, gewisse grundlegende Ideen auf dem Gleichniswege auszudrücken.

475 Wie unser Körper die Spuren seiner phylogenetischen Entwicklung an sich trägt, so auch der menschliche Geist. Die Möglichkeit, daß die Gleichnissprache unserer Träume ein archaisches Relikt ist, hat darum nichts Überraschendes.

476 Zugleich ist in unserem Beispiel der Apfelraub eines der typischen Traummotive, das in vielen verschiedenen Abwandlungen in vielen Träumen wiederkehrt. Ebenso ist dieses Bild ein wohlbekanntes mythologisches Motiv, das uns nicht nur in der Paradieserzählung, sondern außerdem noch in zahlreichen Mythen und Märchen aus allen Zeiten und Zonen entgegentritt. Es ist eines der allgemein menschlichen Bilder, die in jedem zu jeder Zeit autochthon wieder auftreten können. Auf diese Weise eröffnet uns die Psychologie des Traumes den Weg zu einer allgemeinen vergleichenden Psychologie, von der wir ein gleiches Verständnis für die Entwicklung und Struktur der menschlichen Seele erwarten, wie es die vergleichende Anatomie uns hinsichtlich des menschlichen Körpers beschert hat.

477 Der Traum vermittelt uns also in Gleichnissprache, das heißt in sinnlichanschaulicher Darstellung, Gedanken, Urteile, Auffassungen, Direktiven, Tendenzen, welche aus Gründen der Verdrängung oder des bloßen Nichtwissens unbewußt waren. Weil sie Inhalt des Unbewußten sind, und weil der Traum ein Derivat der unbewußten Prozesse ist, so enthält er eben eine Darstellung der unbewußten Inhalte. Er gibt aber nicht eine Darstellung der unbewußten Inhalte überhaupt, sondern nur gewisser Inhalte, welche assoziativ angezogen und ausgewählt sind durch die momentane Bewußtseinslage. Ich halte diese Konstatierung für einen praktisch sehr wichtigen Gesichtspunkt. Wenn wir einen Traum richtig deuten wollen, so bedürfen wir einer gründlichen Kenntnis der momentanen Bewußtseinslage, denn der Traum enthält deren unbewußte Ergänzung, nämlich das Material, das durch die momentane Bewußtseinslage im Unbewußten konstelliert ist. Ohne diese Kenntnis ist es unmöglich, einen Traum hinlänglich richtig zu deuten – von Zufallstreffern natürlich abgesehen. Ich möchte zur Illustration des Gesagten ein Beispiel geben:

478 Es kam einmal ein Herr zu mir zu einer erstmaligen Konsultation. Er erklärte mir, daß er allerhand gelehrte Liebhabereien habe und sich auch für die Psychoanalyse literarisch interessiere. Er sei durchaus gesund und komme daher als Patient gar nicht in Betracht. Er verfolge lediglich psychologische Interessen. Er ist sehr wohlhabend und hat viel Zeit übrig, um sich mit allem möglichen zu beschäftigen. Er will meine Bekanntschaft machen, um sich

von mir in die theoretischen Geheimnisse der Analyse einführen zu lassen. Es müsse für mich allerdings sehr uninteressant sein, mich mit einem normalen Menschen befassen zu müssen, da «Verrückte» für mich jedenfalls interessanter seien. Er hatte mir einige Tage zuvor geschrieben und mich angefragt, wann ich ihn empfangen könne. Im Laufe der sich entspinnenden Unterhaltung kamen wir bald auf die Frage der Träume. Ich schloß daran die Frage, ob er nicht in der Nacht, bevor er zu mir kam, einen Traum gehabt hätte. Er bejahte und erzählte mir folgenden Traum: *«Ich bin in einem kahlen Zimmer, eine Art Krankenschwester empfängt mich und will mich nötigen, an einen Tisch zu sitzen, auf dem eine Flasche Kephir steht, den ich trinken sollte. Ich wollte zu Dr. Jung, aber die Krankenschwester sagte mir, ich sei in einem Spital, und Dr. Jung habe keine Zeit, mich zu empfangen.»*

Es ist schon aus dem manifesten Trauminhalt ersichtlich, daß die Erwartung des Besuches bei mir das Unbewußte irgendwie konstelliert hat. Die Einfälle ergeben folgendes. Zum kahlen Zimmer: «Eine Art von frostigem Empfangsraum, wie in einem offiziellen Gebäude, Aufnahmezimmer in einem Spital. Ich war nie in einem Spital als Patient.» Zur Krankenschwester: «Sie sah widerwärtig aus, sie schielte. Da fällt mir eine Kartenschlägerin und Handleserin ein, die ich einmal besuchte, um mir prophezeien zu lassen. Ich war einmal krank, da hatte ich eine Diakonissin als Pflegerin.» Zu der Kephirflasche: «Kephir ist ekelhaft, ich kann es nicht trinken. Meine Frau trinkt immer Kephir, worüber ich sie verspotte, weil sie den Spleen hat, man müsse immer etwas für seine Gesundheit tun. Da fällt mir ein, ich war einmal in einem Sanatorium – ich war herunter in den Nerven – und mußte dort Kephir trinken.»

Ich unterbrach ihn hier mit der indiskreten Frage, ob denn seitdem seine Neurose ganz verschwunden sei. Er versuchte sich herauszuwinden, mußte aber schließlich gestehen, daß er seine Neurose immer noch habe, und daß eigentlich seine Frau ihn schon längst genötigt hätte, mich einmal zu konsultieren. Er fühlte sich aber gar nicht so nervös, daß er mich deshalb konsultieren müßte, er sei doch nicht verrückt, und ich behandelte doch bloß Verrückte. Es hätte ihn nur interessiert, meine psychologischen Theorien kennenzulernen usw.

Aus diesem Material ist ersichtlich, wie der Patient sich die Situation zurechtgefälscht hat; es entspräche nämlich seinem Geschmack, bei mir als Philosoph und Psycholog aufzutreten und die Tatsache seiner Neurose im Hintergrund verschwinden zu lassen. Der Traum erinnert ihn aber in sehr unange-

479

480

481

nehmer Weise daran und zwingt ihn zur Wahrheit. Er muß diesen bitteren
Trank schlucken. Die Kartenschlägerin deckt die Art auf, in der er sich meine
Tätigkeit eigentlich vorgestellt hat. Wie ihm der Traum zeigt, muß er sich
erst einer Behandlung unterwerfen, bevor er zu mir gelangen kann.

482   Der Traum rektifiziert die Situation. Er bringt das bei, was auch noch dazu
gehört und verbessert dadurch die Einstellung. Dies ist der Grund, warum wir
bei unserer Therapie der Traumanalyse bedürfen.

483   Ich möchte mit diesem Beispiel allerdings nicht den Eindruck erwecken,
als ob alle Träume so einfach wären wie dieser, oder als ob alle Träume diesen
selben Typus hätten. Meines Erachtens sind zwar alle Träume kompensatorisch zum Bewußtseinsinhalt, aber lange nicht in allen Träumen tritt die kompensierende Funktion so deutlich zutage wie in diesem Beispiel. Obschon der
Traum mit beiträgt zur psychologischen Selbststeuerung, indem er automatisch alles Verdrängte und nicht Beachtete oder nicht Gewußte herbeibringt,
so ist seine kompensatorische Bedeutung doch oft nicht ohne weiteres klar,
weil wir noch über eine sehr unvollkommene Erkenntnis vom Wesen und
von den Bedürfnissen der menschlichen Seele verfügen. Es gibt aber psychologische Kompensationen, die anscheinend weit weg liegen. In diesen Fällen
muß man sich immer daran erinnern, daß jeder Mensch in gewissem Sinne die
ganze Menschheit und ihre Geschichte repräsentiert. Und was in der Geschichte der Menschheit im Großen möglich war, ist im Kleinen auch in jedem Einzelnen möglich. Wessen die Menschheit bedurfte, bedarf gegebenenfalls auch der Einzelne. Es ist daher nicht erstaunlich, daß in den Träumen religiöse Kompensationen eine große Rolle spielen. Daß dies gerade in unserer
Zeit vielleicht in vermehrtem Maße der Fall ist, ist eine natürliche Folge des
vorherrschenden Materialismus unserer Weltanschauung.

484   Daß aber die kompensatorische Bedeutung der Träume weder eine neue
Erfindung, noch eine künstliche, durch Interpretationsabsicht erzeugte Erscheinung ist, geht aus einem alten, wohlbekannten Traumbeispiel hervor,
das sich im vierten Kapitel des Propheten *Daniel* [7–13] findet: Als Nebukadnezar auf der Höhe seiner Macht stand, hatte er folgenden Traum:

«7. … siehe, ein Baum stand mitten auf der Erde; der war sehr hoch. 8. Der Baum
wuchs und wurde stark, sein Wipfel reichte bis an den Himmel, seine Krone bis ans
Ende der ganzen Erde. 9. Sein Laubwerk war schön, und er trug Früchte die Fülle,
Nahrung für alle war an ihm. Unter ihm fanden Schatten die Tiere des Feldes, in seinen Zweigen wohnten die Vögel des Himmels, und von ihm nährte sich alles Lebende. 10. Dann sah ich in den Gesichten, die mir auf meinem Lager vor Augen traten,

wie ein Wächter, ein Heiliger vom Himmel herabstieg. 11. Er rief mit mächtiger Stimme und gebot: Hauet den Baum um und schneidet seine Zweige ab, schlagt sein Laub herunter und zerstreut seine Früchte! Das Getier fliehe unter ihm weg und die Vögel aus seinen Zweigen! 12. Doch seinen Wurzelstock laßt in der Erde, in Banden von Eisen und Erz, im Grün des Feldes; vom Tau des Himmels soll er benetzt werden und mit dem Getier teilhaben an den Kräutern der Erde. 13. Sein Menschenherz soll ihm genommen und ein Tierherz soll ihm gegeben werden, und sieben Zeiten sollen über ihn dahingehen.»

Im zweiten Teil des Traumes personifiziert sich der Baum, so daß man 485 leicht sieht, daß der große Baum der träumende König selbst ist. Daniel deutet den Traum auch dementsprechend. Sein Sinn ist unmißverständlich eine versuchsweise Kompensation des Cäsarenwahnsinns, der dann nach dem Bericht in eine richtige Geistesstörung übergegangen ist. Die Auffassung des Traumprozesses als eines kompensatorischen Vorganges dürfte meines Erachtens dem Wesen des biologischen Prozesses überhaupt entsprechen. FREUDS Auffassung bewegt sich in der gleichen Richtung, indem sie dem Traume ebenfalls eine kompensatorische Rolle zuschreibt, nämlich hinsichtlich der Erhaltung des Schlafes. Es gibt, wie FREUD gezeigt hat, viele Träume, welche dartun, wie gewisse Reize, die geeignet sind, den Träumer dem Schlafe zu entreißen, in einer Weise entstellt werden, daß sie der Absicht des Schlafenwollens beziehungsweise des Nichtgestörtseinwollens förderlich sind. Ebenso gibt es zahllose Träume, in denen, wie FREUD wiederum zeigen konnte, intrapsychische Störungsreize, wie das Auftreten von persönlichen Vorstellungen, die geeignet sind, stärkere affektive Reaktionen auszulösen, in einer solchen Weise entstellt werden, daß sie sich einem Traumzusammenhange einfügen, der die peinlichen Vorstellungen in einem Maße verhüllt, daß eine stärkere Affektbetonung verunmöglicht wird.

Demgegenüber darf aber die Tatsache nicht übersehen werden, daß es eben 486 gerade die Träume sind, welche den Schlaf am meisten stören, daß es sogar Träume gibt – und zwar nicht wenige –, deren dramatisches Gefüge sozusagen logisch auf eine höchst affektvolle Situation hinzielt und sie auch dermaßen vollständig erzeugt, daß der Affekt den Träumer unbedingt weckt. Die FREUDsche Auffassung erklärt solche Träume damit, daß es der Zensur nicht mehr gelungen sei, den peinlichen Affekt zu unterdrücken. Es scheint mir, daß diese Erklärung den Tatsachen nicht gerecht wird. Jene Fälle, wo die Träume sich manifest mit den peinlichen Erlebnissen oder Vorstellungsinhalten des Taglebens in der unangenehmsten Weise beschäftigen und gerade die am meisten störenden Gedanken in peinlichster Deutlichkeit zur Darstellung bringen, sind allbekannt. Es wäre meines Erachtens ungerechtfertigt, hier von einer schlafbewahrenden, affektverhüllenden Funktion des Traumes zu reden. Man müßte in diesen Fällen die Wirklichkeit geradezu umkehren, um darin eine Bestätigung der vorhin erwähnten Auffassung herauszulesen. Dasselbe gilt auch von jenen Fällen, wo verdrängte Sexualphantasien unverhüllt im manifesten Trauminhalt auftreten.

487   Ich bin daher zur Ansicht gekommen, daß die FREUDsche Auffassung, die Träume hätten wesentlich wunscherfüllende und schlafbewahrende Funktion, zu eng ist, wennschon der Grundgedanke einer biologischen kompensierenden Funktion sicher richtig ist. Diese kompensierende Funktion hat nur in beschränktem Maße mit dem Schlafzustand selber zu tun, ihre Hauptbedeutung aber bezieht sich auf das bewußte Leben. *Die Träume verhalten sich kompensatorisch zur jeweiligen Bewußtseinslage.* Sie erhalten, wenn möglich, den Schlaf, das heißt, sie tun es notgedrungen und automatisch unter dem Einfluß des Schlafzustandes, durchbrechen ihn aber auch, wenn ihre Funktion es erfordert, das heißt, wenn die kompensatorischen Inhalte so intensiv sind, daß sie den Schlaf aufzuheben vermögen. Ein kompensatorischer Inhalt ist besonders intensiv, wenn er eine vitale Bedeutung für die bewußte Orientierung hat.

488   Ich habe schon 1906 auf die kompensatorischen Beziehungen zwischen dem Bewußtsein und den abgespaltenen Komplexen hingewiesen und deren Zweckmäßigkeitscharakter auch hervorgehoben[3]. Ebenso hat dies FLOURNOY getan, unabhängig von meinen Ansichten[4]. Aus diesen Beobachtungen geht die Möglichkeit von zweckorientierten unbewußten Impulsen hervor. Es ist aber hervorzuheben, daß die finale Orientierung des Unbewußten keineswegs mit den bewußten Absichten parallel geht; in der Regel kontrastiert der unbewußte Inhalt sogar mit dem Bewußtseinsinhalt, was besonders dann der Fall ist, wenn die bewußte Einstellung sich zu ausschließlich in einer bestimmten Richtung bewegt, welche den vitalen Notwendigkeiten des Individuums gefährlich zu werden droht. Je einseitiger und je weiter wegführend vom Optimum der Lebensmöglichkeit die bewußte Einstellung ist, desto eher ist die Möglichkeit vorhanden, daß lebhafte Träume von stark kontrastierendem, aber zweckmäßig kompensierendem Inhalt als Ausdruck der psychologischen Selbststeuerung des Individuums auftreten. So wie der Körper

---

[3] Vgl. *Über die Psychologie der Dementia praecox.*
[4] FLOURNOY, *Automatisme téléologique antisuicide,* p. 113 ff.

ebenfalls in zweckmäßiger Weise auf Verletzungen oder Infektionen oder abnorme Lebensweise reagiert, so reagieren auch die psychischen Funktionen auf unnatürliche oder gefährdende Störungen mit zweckmäßigen Abwehrmitteln. Zu diesen zweckmäßigen Reaktionen gehört meines Erachtens der Traum, indem er zu einer gegebenen Bewußtseinslage das unbewußte, dazu konstellierte Material in einer symbolischen Kombination dem Bewußtsein zuführt. In diesem unbewußten Material finden sich alle diejenigen Assoziationen, die um ihrer schwachen Betonung willen unbewußt blieben, die aber doch soviel Energie besitzen, um sich im Schlafzustande bemerkbar zu machen. Natürlich ist die Zweckmäßigkeit des Trauminhaltes nicht dem manifesten Trauminhalt ohne weiteres schon von außen anzusehen, sondern es bedarf der Analyse des manifesten Trauminhaltes, um zu den eigentlich kompensatorischen Faktoren des latenten Trauminhaltes zu gelangen. Von dieser wenig offenkundigen, sozusagen indirekten Natur sind aber die meisten körperlichen Abwehrerscheinungen, deren zweckmäßige Natur auch erst durch vertiefte Erfahrung und genaue Untersuchung erkannt worden ist. Ich erinnere an die Bedeutung des Fiebers und an die Eiterungsvorgänge in einer infizierten Wunde.

Der Umstand, daß die kompensierenden psychischen Vorgänge fast immer   489
von sehr individueller Natur sind, erschwert den Nachweis ihres kompensatorischen Charakters ganz beträchtlich. Da es sich in der Regel um individuelle Vorgänge handelt, so ist es, gerade für den Anfänger auf diesem Gebiete, oft schwierig einzusehen, inwiefern ein Trauminhalt kompensatorische Bedeutung hat. Man wäre zum Beispiel geneigt anzunehmen, nach der Kompensationstheorie müßte jemand, der eine zu pessimistische Einstellung zum Leben hat, sehr heitere und optimistische Träume haben. Diese Erwartung trifft aber nur zu bei einem Menschen, der sich durch diese Art einer gewissen Aufmunterung in günstigem Sinne anregen läßt. Wenn er aber eine etwas andere Natur hat, dann haben die Träume zweckmäßigerweise einen noch viel schwärzeren Charakter als seine bewußte Einstellung. Sie können dann das Prinzip similia similibus curantur befolgen.

Es ist also nicht leicht, irgendwelche speziellen Regeln für die Art der   490
Traumkompensation aufzustellen. Der Charakter der Kompensation hängt jeweils innigst zusammen mit dem ganzen Wesen des Individuums. Die Möglichkeiten der Kompensation sind zahllos und unerschöpflich, obschon mit steigender Erfahrung sich gewisse Grundzüge allmählich herauskristallisieren werden.

491   Mit der Aufstellung einer Kompensationstheorie möchte ich allerdings nicht zugleich behaupten, daß dies die einzig mögliche Theorie des Traumes sei oder daß damit *alle* Erscheinungen des Traumlebens vollständig erklärt seien. Der Traum ist ein außerordentlich komplexes Phänomen, genauso kompliziert und unergründlich wie die Phänomene des Bewußtseins. Ebensowenig, wie es angebracht wäre, die Bewußtseinsphänomene alle unter dem Gesichtswinkel der Wunscherfüllungs- oder Triebtheorie verstehen zu wollen, ist es wahrscheinlich, daß die Traumphänomene sich so einfach erklären ließen. Aber auch ebensowenig dürfen wir die Traumphänomene als bloß kompensatorisch und sekundär zum Bewußtseinsinhalt ansehen, obschon, nach der allgemeinen Ansicht, das Bewußtseinsleben für die Existenz des Individuums von ungleich größerer Bedeutung ist als das Unbewußte. Diese allgemeine Ansicht dürfte aber noch zu revidieren sein, denn mit steigender Erfahrung wird sich auch die Einsicht vertiefen, daß die Funktion des Unbewußten im Leben der Psyche von einer Wichtigkeit ist, von der wir vielleicht jetzt noch eine zu geringe Meinung haben. Es ist gerade die analytische Erfahrung, welche in steigendem Maße Einflüsse des Unbewußten auf das bewußte Seelenleben aufdeckt – Einflüsse, deren Existenz und Bedeutung die bisherige Erfahrung übersah. Nach meiner Ansicht, die sich auf eine langjährige Erfahrung und zahlreiche Untersuchungen gründet, ist die Bedeutung des Unbewußten für die Gesamtleistung der Psyche wahrscheinlich ebenso groß wie die des Bewußtseins. Sollte diese Ansicht richtig sein, dann dürfte nicht bloß die Funktion des Unbewußten als kompensatorisch und relativ zum Bewußtseinsinhalt betrachtet werden, sondern auch der Bewußtseinsinhalt als relativ zum momentan konstellierten unbewußten Inhalt. In diesem Falle wäre dann die aktive Orientierung nach Zweck und Absicht nicht nur ein Vorrecht des Bewußtseins, sondern würde auch vom Unbewußten gelten, so daß also das Unbewußte auch imstande wäre, so gut wie das Bewußtsein, bisweilen eine final orientierte Führung zu übernehmen. Dementsprechend hätte dann der Traum vorkommenden Falles den Wert einer positiv leitenden Idee oder einer Zielvorstellung, die dem momentan konstellierten Bewußtseinsinhalt an vitaler Bedeutung überlegen wäre. Mit dieser meines Erachtens vorhandenen Möglichkeit kommt der consensus gentium überein, indem der Aberglaube aller Zeiten und Völker den Traum als wahrheitskündendes Orakel betrachtet. Wenn man von Übertreibung und Ausschließlichkeit absieht, so bleibt von dergleichen allgemein verbreiteten Vorstellungen immer ein Körnchen Wahrheit zurück. MAEDER hat die prospektiv-finale Bedeutung

des Traumes energisch hervorgehoben im Sinne einer zweckmäßigen unbewußten Funktion, welche die Lösung aktueller Konflikte und Probleme vorbereitend übt und durch tastend gewählte Symbole darzustellen sucht [5].

Ich möchte die prospektive Funktion des Traumes unterscheiden von seiner kompen- 492
satorischen Funktion. Letztere bedeutet zunächst, daß das Unbewußte, als relativ zum Bewußten betrachtet, der Bewußtseinslage alle diejenigen Elemente angliedert, die am Vortage unterschwellig geblieben sind, und zwar aus Gründen der Verdrängung sowohl wie auch aus dem Grunde, daß sie einfach zu schwach waren, als daß sie das Bewußtsein hätten erreichen können. Die Kompensation ist, im Sinne der Selbststeuerung des psychischen Organismus, als *zweckmäßig* zu bezeichnen.

Die prospektive Funktion dagegen ist eine im Unbewußten auftretende 493 Antizipation zukünftiger bewußter Leistungen, etwa wie eine Vorübung oder wie eine Vorausskizzierung, ein im voraus entworfener Plan. Sein symbolischer Inhalt ist gelegentlich der Entwurf einer Konfliktlösung, wofür MAEDER treffende Belege gibt. Die Tatsächlichkeit solcher prospektiver Träume ist nicht zu leugnen. Es wäre ungerechtfertigt, sie prophetisch zu nennen, indem sie im Grunde genommen ebensowenig prophetisch sind wie eine Krankheits- oder Wetterprognose. Es handelt sich bloß um eine Vorauskombinierung der Wahrscheinlichkeiten, die gegebenenfalls allerdings mit dem wirklichen Verhalten der Dinge auch zusammentreffen kann, aber nicht notwendigerweise zusammentreffen und in allen Einzelheiten übereinstimmen muß. Nur in diesem letzteren Falle dürfte man von Prophetie sprechen. Daß die prospektive Funktion des Traumes der bewußten Vorauskombinierung gelegentlich bedeutend überlegen ist, ist insofern nicht erstaunlich, als der Traum aus der Verschmelzung unterschwelliger Elemente hervorgeht, also eine Kombination aller derjenigen Wahrnehmungen, Gedanken und Gefühle ist, welche dem Bewußtsein, um ihrer schwachen Betonung willen, entgangen sind. Außerdem kommen dem Traum noch die unterschwelligen Erinnerungsspuren zu Hilfe, welche das Bewußtsein nicht mehr wirksam zu beeinflussen vermögen. Hinsichtlich der Prognosenstellung ist daher der Traum gelegentlich in einer viel günstigeren Lage als das Bewußtsein.

Obschon meines Erachtens die prospektive Funktion eine wesentliche 494 Eigenschaft des Traumes ist, so tut man doch gut daran, diese Funktion nicht

[5] Vgl. MAEDER, *Sur le mouvement psychoanalytique,* p. 389 ff.; *Über die Funktion des Traumes,* p. 692 ff.; *Über das Traumproblem,* p. 647 ff.

zu überschätzen, da man sonst leicht der Meinung verfällt, der Traum sei eine
Art von Psychopompos, der aus überlegener Kenntnis heraus dem Leben eine
untrügliche Richtung zu verleihen imstande sei. So sehr man auf der einen
Seite die psychologische Bedeutung des Traumes unterschätzt, so groß ist
auch die Gefahr für den, der sich viel mit Traumanalyse beschäftigt, daß er das
Unbewußte in seiner Bedeutung für das reale Leben überschätzt. Wir haben
aber, aus allen bisherigen Erfahrungen heraus, ein Recht anzunehmen, daß die
Bedeutung des Unbewußten der des Bewußtseins annähernd gleichkomme.
Es gibt zweifellos bewußte Einstellungen, die vom Unbewußten überragt
werden, das heißt bewußte Einstellungen, die dem Wesen der Individualität
als Ganzem dermaßen schlecht angepaßt sind, daß die unbewußte Einstellung
oder Konstellation einen ungleich besseren Ausdruck dafür darstellt. Dies ist
aber lange nicht immer der Fall. Sehr häufig ist es sogar so, daß der Traum
bloß Fragmente zur bewußten Einstellung beiträgt, weil eben in diesem Fall
die bewußte Einstellung einerseits bereits in fast genügendem Maße der Realität angepaßt ist und andererseits auch dem Wesen des Individuums annähernd Genüge tut. Eine mehr oder weniger ausschließliche Berücksichtigung
des Traumstandpunktes unter Übergehung der Bewußtseinslage wäre in diesem Fall schlecht angebracht und nur geeignet, die bewußte Leistung zu ver-
wirren und zu zerstören. Nur bei einer offenkundig ungenügenden und de-
fekten bewußten Einstellung hat man ein Recht, dem Unbewußten einen
höheren Wert zuzubilligen. Die Maßstäbe, die zu einer solchen Beurteilung
erforderlich sind, bilden allerdings ein delikates Problem für sich. Es ist selbstverständlich, daß der Wert der bewußten Einstellung niemals von einem ausschließlich kollektiv orientierten Standpunkt aus gemessen werden kann. Dazu ist vielmehr eine gründliche Erforschung der in Frage kommenden Individualität nötig, und nur aus einer genauen Kenntnis des individuellen Charakters läßt sich entscheiden, in welchem Maße die bewußte Einstellung ungenügend ist. Wenn ich den Nachdruck auf die Kenntnis des individuellen Charakters lege, so meine ich damit noch nicht, daß die Forderung des kollektiven
Standpunktes gänzlich zu vernachlässigen wäre. Das Individuum ist bekanntlich keineswegs allein durch sich selbst bestimmt, sondern ebensosehr auch
durch seine kollektive Bezogenheit. Wenn daher die bewußte Einstellung
annähernd genügend ist, dann beschränkt sich die Bedeutung des Traumes
auf seine bloß kompensatorische Funktion. Dieser Fall dürfte für den normalen Menschen unter normalen inneren und äußeren Bedingungen die Regel
sein. Aus diesem Grunde scheint mir die Kompensationstheorie die im allge-

meinen richtige und den Tatsachen angemessene Formel zu geben, indem sie
dem Traume die Bedeutung einer in Hinsicht der Selbststeuerung des psychischen Organismus kompensatorischen Funktion gibt.

Wenn der Fall von der Norm in dem Sinne abweicht, daß die bewußte Ein-   495
stellung objektiv wie subjektiv unangepaßt ist, dann gewinnt die für gewöhnlich bloß kompensierende Funktion des Unbewußten an Wichtigkeit und
erhöht sich zu einer *führenden, prospektiven Funktion,* die imstande ist, der bewußten Einstellung eine gänzlich veränderte und der früheren gegenüber verbesserte Richtung zu geben, wie dies MAEDER in seinen oben erwähnten Arbeiten mit Erfolg nachgewiesen hat. In diese Rubrik gehören Träume nach
dem Muster des Nebukadnezar-Traumes. Es ist einleuchtend, daß Träume
dieser Art sich hauptsächlich bei Individuen finden, die unterhalb ihres eigenen Wertes geblieben sind. Ebenso einleuchtend ist, daß dieses Mißverhältnis sehr häufig vorkommt. Wir kommen daher öfters in den Fall, den Traum
unter dem Gesichtswinkel seines prospektiven Wertes zu betrachten.

Nun ist aber noch eine Seite des Traumes in Betracht zu ziehen, welche kei-   496
neswegs übersehen werden darf. Es gibt viele Menschen, deren bewußte Einstellung hinsichtlich der Anpassung an die Umwelt nicht defekt ist, wohl aber
in Hinsicht des Ausdruckes des eigenen Charakters. Es sind dies also Menschen, deren bewußte Einstellung und Anpassungsleistung die individuellen
Möglichkeiten überschreiten, das heißt, sie scheinen besser und wertvoller als
sie sind. Diese äußerliche Mehrleistung wird natürlich nie aus den individuellen Mitteln allein bestritten, sondern sogar zum größeren Teil aus den dynamischen Reserven der Kollektivsuggestion. Solche Menschen erklimmen
eine höhere Stufe, als ihrem Wesen entspricht, zum Beispiel vermöge der
Wirkung eines Kollektivideals oder der Lockung eines Kollektivvorteils oder
der Unterstützung durch die Sozietät. Sie sind, im Grunde genommen, ihrer
äußeren Höhe innerlich nicht gewachsen, weshalb in allen diesen Fällen das
Unbewußte eine negativ-kompensierende, das heißt eine reduzierende Funktion hat. Es ist klar, daß eine Reduktion oder Entwertung unter diesen Umständen ebenfalls kompensierend ist im Sinne einer Selbststeuerung, ebenso,
daß diese reduzierende Funktion auch eminent prospektiv sein kann. (Vergleiche den Nebukadnezar-Traum.) Wir verbinden mit dem Begriff des «Prospektiven» gerne die Anschauung von etwas Aufbauendem, Vorbereitendem
und Synthetischem. Um den reduzierenden Träumen aber gerecht zu werden,
müßten wir diese Anschauung vom Begriff des «Prospektiven» reinlich ab-
trennen, denn der reduzierende Traum hat eine Wirkung, die nichts weniger

als vorbereitend oder aufbauend oder synthetisch ist, er ist vielmehr zersetzend, auflösend, entwertend, sogar zerstörend und herunterreißend. Damit soll natürlich nicht gesagt sein, daß die Assimilation eines reduktiven Inhaltes durchaus eine destruktive Wirkung auf das Individuum als Ganzes haben müsse, im Gegenteil ist die Wirkung oft eine sehr heilsame, insofern nämlich bloß die Einstellung davon betroffen wird, und nicht die ganze Persönlichkeit. Diese sekundäre Wirkung ändert aber nichts am Charakter des Traumes, der durchaus ein reduzierendes und retrospektives Gepräge trägt und der um dessentwillen auch nicht als «prospektiv» bezeichnet werden sollte. Es ist aus Gründen einer exakten Qualifizierung daher empfehlenswert, solche Träume als *reduktive* Träume und die entsprechende Funktion als *reduzierende Funktion des Unbewußten* zu bezeichnen, obschon es sich, im Grunde genommen, stets um dieselbe kompensierende Funktion handelt. Man muß sich aber an die Tatsache gewöhnen, daß, ebensowenig wie die bewußte Einstellung, auch das Unbewußte immer denselben Aspekt darbietet. Es ändert sein Aussehen und seine Funktion ebensosehr wie die bewußte Einstellung, weshalb es auch eine so besonders schwierige Unternehmung ist, einen anschaulichen Begriff vom Wesen des Unbewußten herzustellen.

497 Die reduzierende Funktion des Unbewußten ist uns in erster Linie durch die Forschungen FREUDS deutlich gemacht worden. Seine Traumdeutung beschränkt sich im wesentlichen auf die verdrängten persönlichen und infantil-sexuellen Untergründe des Individuums. Spätere Untersuchungen haben dann noch die Brücke zu den archaischen Elementen, das heißt zu den überpersönlichen, historischen, phylogenetischen Funktionsresten im Unbewußten, geschlagen. Wir können deshalb heute mit Sicherheit sagen, daß die reduzierende Funktion des Traumes ein Material konstelliert, das in der Hauptsache aus persönlichen Verdrängungen infantil-sexueller Wünsche (FREUD), infantiler Machtansprüche (ADLER) und überpersönlicher, archaischer Denk-, Gefühls- und Triebelemente zusammengesetzt ist. Die Reproduktion solcher Elemente, die durchaus retrospektiven Charakter haben, ist wie nichts geeignet, eine zu hohe Position wirksam zu untergraben und das Individuum auf seine menschliche Nichtigkeit und seine physiologische, historische und phylogenetische Bedingtheit herunterzusetzen. Jeder Schein von falscher Größe und Wichtigkeit zerfließt vor dem reduzierenden Bilde des Traumes, der mit unbarmherziger Kritik und unter Heraufführung eines vernichtenden Materials, das sich durch eine vollendete Registrierung aller Peinlichkeiten und Schwächen auszeichnet, die bewußte Einstellung analysiert. Es verbietet sich

von selbst, die Funktion eines solchen Traumes als prospektiv zu bezeichnen, da alles darin, bis in die letzte Faser, retrospektiv und auf eine längst begraben gewähnte Vergangenheit zurückgeführt ist. Dieser Umstand hindert natürlich nicht, daß der Trauminhalt auch kompensatorisch zum Bewußtseinsinhalt und natürlich final orientiert ist, indem die reduzierende Tendenz hinsichtlich der Angepaßtheit des Individuums im gegebenen Falle von ganz besonderer Wichtigkeit ist. Aber der Charakter des Trauminhaltes ist ein reduktiver. Es geschieht oft, daß die Patienten selber spontan herausfühlen, wie sich der Trauminhalt zur Bewußtseinslage verhält, und je nach dieser gefühlsmäßigen Erkenntnis wird der Trauminhalt als prospektiv, reduktiv oder kompensatorisch empfunden. Dies ist allerdings lange nicht immer der Fall, und es muß sogar hervorgehoben werden, daß im allgemeinen, namentlich im Anfang einer analytischen Behandlung, der Patient eine unüberwindliche Neigung hat, die Ergebnisse der analytischen Durchforschung seines Materials hartnäckig im Sinne seiner pathogenen (krankmachenden) Einstellung aufzufassen.

Solche Fälle bedürfen einer gewissen Unterstützung von seiten des Arztes, 498 um in den Stand zu gelangen, den Traum richtig aufzufassen. Dieser Umstand macht es darum äußerst wichtig, wie der Arzt die bewußte Psychologie des Patienten beurteilt. Die Analyse der Träume ist nämlich nicht bloß eine praktische Anwendung einer Methode, die man handwerksmäßig erlernt, sondern sie setzt vielmehr eine Vertrautheit mit der ganzen analytischen Anschauungsweise voraus, eine Vertrautheit, die man nur dadurch gewinnt, daß man sich selber hat analysieren lassen. Der größte Fehler nämlich, den ein Therapeut machen kann, ist der, daß er beim Analysanden eine der seinigen ähnliche Psychologie voraussetzt. Diese Projektion kann einmal zutreffen, meistens jedoch bleibt sie bloße Projektion. Alles, was unbewußt ist, ist auch projiziert, daher sollten wenigstens die wichtigsten Inhalte des Unbewußten dem Analytiker selber bewußt sein, damit nicht unbewußte Projektion sein Urteil trübt. Jeder, der Träume bei anderen analysiert, sollte sich stets bewußthalten, daß es keine einfache und allgemein bekannte Theorie der psychischen Phänomene gibt, weder über ihr Wesen, noch über ihre Ursachen, noch über ihren Zweck. Wir besitzen daher keinen allgemeinen Maßstab des Urteils. Wir wissen, daß es vielerlei psychische Phänomene gibt. Was aber deren Wesen ist, darüber wissen wir nichts Gewisses. Wir wissen nur, daß die Betrachtung der Psyche von irgendeinem abgesonderten Standpunkt aus zwar ganz wertvolle Einzelheiten ergeben kann, aber nie eine zureichende Theorie, nach der man auch deduzieren könnte. Die Sexual- und Wunschtheorie, ebenso die Machttheorie sind schätzenswerte Gesichtspunkte, ohne jedoch der Tiefe und dem Reichtum der menschlichen Seele irgendwie gerecht werden zu können. Hätten wir eine solche Theorie, dann könnte man sich mit der handwerksmäßigen Erlernung der Methode begnügen. Dann wären nur noch gewisse Zeichen, die für bereits feststehende Inhalte gesetzt sind, zu lesen, wozu einige semiotische Regeln auswendig zu lernen wären. Die Kenntnis und richtige Beurteilung der Bewußtseinslage wäre dann so überflüssig wie bei einer Lumbalpunktion. Zum Leidwesen der vielbeschäftigten Praktiker unserer Zeit verhält sich die Seele durchaus refraktär gegen jede Methode, welche von vornherein darauf ausgeht, sie von *einem* Standpunkt aus, abgesehen von allen anderen, zu erfassen. Von den Inhalten des Unbewußten wissen wir neben ihrer Unterschwelligkeit zunächst nur, daß sie in einem Kompensationsverhältnis zum Bewußtsein stehen und daher wesentlich relativer Natur sind. Für das Verständnis des Traumes ist daher die Kenntnis der Bewußtseinslage unerläßlich.

499   Mit den reduktiven, prospektiven oder schlechthin kompensierenden Träumen ist die Reihe der Bedeutungsmöglichkeiten nicht erschöpft. Es gibt einen Traum, den man einfach als *Reaktionstraum* bezeichnen könnte. Man wäre geneigt, in dieser Rubrik alle jene Träume unterzubringen, die im wesentlichen nichts anderes zu sein scheinen als die Reproduktion eines bewußten affektvollen Erlebnisses, wenn nicht die Analyse solcher Träume den tieferen Grund aufdeckte, warum diese Erlebnisse so getreu im Traume reproduziert werden. Es stellt sich nämlich heraus, daß das Erlebnis noch über eine symbolische Seite verfügt, welche dem Individuum entgangen war, und einzig um dieser Seite willen wird das Erlebnis im Traum reproduziert. Diese Träume gehören aber nicht hierher, sondern bloß diejenigen, wo gewisse objektive Vorgänge ein psychisches Trauma gesetzt haben, dessen Formen nicht bloß psychisch sind, sondern auch zugleich eine physische Läsion des Nervensystems bedeuten. Diese Fälle von schwerem Schock hat der Krieg besonders reichlich erzeugt, und bei solchen Fällen dürften besonders viele reine Reaktionsträume erwartet werden, in denen das Trauma die mehr oder weniger ausschlaggebende Determinante darstellt.

500   Obschon es für die Gesamtfunktion der Psyche gewiß sehr wichtig ist, daß der traumatische Inhalt durch öfteres Erleben allmählich seine Autonomie einbüßt und sich auf diese Weise wieder in die psychische Hierarchie einfügt, so kann ein solcher Traum, der im wesentlichen nur eine Reproduktion des

Traumas ist, nicht wohl als kompensatorisch bezeichnet werden. Der Traum bringt zwar anscheinend ein abgespaltenes, autonomes Stück der Psyche zurück, aber es zeigt sich bald, daß die bewußte Assimilation des vom Traum reproduzierten Stückes die traumdeterminierende Erschütterung keineswegs zum Verschwinden bringt. Der Traum «reproduziert» ruhig weiter, das heißt, der autonom gewordene Inhalt des Traumas wirkt von sich aus, und zwar so lange, bis der traumatische Reiz völlig erloschen ist. Vorher nützt das bewußte «Realisieren» nichts.

Es ist im praktischen Fall nicht leicht zu entscheiden, ob ein Traum wesentlich reaktiv ist oder bloß symbolisch eine traumatische Situation reproduziert. Die Analyse kann aber die Frage entscheiden, indem in letzterem Fall die Reproduktion der traumatischen Szene durch eine richtige Deutung sofort zum Aufhören gebracht wird, während die reaktive Reproduktion sich durch die Traumanalyse nicht stören läßt. 501

Es ist selbstverständlich, daß wir den gleichen reaktiven Träumen auch besonders bei *krankhaften körperlichen Zuständen* begegnen, wo zum Beispiel heftige Schmerzen den Traumablauf entscheidend beeinflussen. Nach meiner Ansicht haben die somatischen Reize nur ausnahmsweise eine determinative Bedeutung. Gewöhnlich gehen sie ganz ein in den symbolischen Ausdruck des unbewußten Trauminhaltes, das heißt, sie werden mit als Ausdrucksmittel benützt. Nicht selten ergeben die Träume eine merkwürdige innere symbolische Verbindung zwischen einer zweifellos körperlichen Krankheit und einem bestimmten seelischen Problem, wobei die physische Störung geradezu als mimischer Ausdruck der psychischen Lage erscheint. Ich erwähne diese Merkwürdigkeit mehr der Vollständigkeit halber, als daß ich auf dieses problematische Gebiet einen besonderen Nachdruck verlegen wollte. Mir scheint aber, daß zwischen physischen und psychischen Störungen ein gewisser Zusammenhang existiert, dessen Bedeutung man im allgemeinen unterschätzt, allerdings andererseits auch wieder maßlos überschätzt, indem gewisse Richtungen die physische Störung bloß als einen Ausdruck der psychischen Störung verstehen wollen, wie dies zum Beispiel bei der Christian Science der Fall ist. Auf die Frage des Zusammenfunktionierens von Körper und Psyche werfen die Träume höchst interessante Streiflichter, weshalb ich diese Frage hier erwähne. 502

Als eine weitere Traumdeterminante muß ich das *telepathische Phänomen* anerkennen. Die allgemeine Tatsächlichkeit dieses Phänomens ist heutzutage nicht mehr zu bezweifeln. Selbstverständlich ist es sehr einfach, ohne Prüfung 503 der vorhandenen Beweismaterialien die Existenz des Phänomens zu leugnen; aber das ist ein unwissenschaftliches Verhalten, das keinerlei Beachtung verdient. Ich habe die Erfahrung gemacht, daß das telepathische Phänomen auch die Träume beeinflußt, wie das übrigens schon seit den ältesten Zeiten behauptet wird. Gewisse Personen sind in dieser Hinsicht besonders empfindsam und haben öfters telepathisch beeinflußte Träume. Mit dieser Anerkennung des telepathischen Phänomens meine ich nicht auch zugleich eine bedingungslose Anerkennung der landläufigen theoretischen Auffassung vom Wesen der actio in distans. Das Phänomen existiert zweifellos, jedoch scheint mir seine Theorie nicht so einfach zu sein. Man muß in jedem Fall die Möglichkeiten der Assoziationskonkordanz berücksichtigen, des parallelen psychischen Ablaufes[6], der nachweisbar besonders in Familien eine sehr große Rolle spielt und sich unter anderem auch in der Gleichheit oder weitgehenden Ähnlichkeit der Einstellung manifestiert. Ebensosehr kommt in Betracht der Faktor der *Kryptomnesie,* den besonders FLOURNOY hervorgehoben hat[7] und der gegebenenfalls die erstaunlichsten Phänomene veranlaßt. Da im Traum sowieso das subliminale Material sich bemerkbar macht, so ist es auch keineswegs sonderbar, wenn Kryptomnesie gelegentlich als determinierende Größe auftritt. Ich habe Gelegenheit gehabt, öfters telepathische Träume zu analysieren, darunter mehrere, deren telepathische Bedeutung im Moment der Analyse noch unbekannt war. Die Analyse hat ein subjektives Material ergeben, wie jede andere Traumanalyse auch, und somit hatte der Traum seine auf die momentane Lage des Subjektes abgestimmte Bedeutung. Die Analyse ergab nichts, was darauf hingedeutet hätte, daß der Traum telepathisch war. Ich habe bis jetzt keinen Traum gefunden, bei dem der telepathische Inhalt zweifelsfrei im analytisch aufgebrachten Assoziationsmaterial (im «latenten Trauminhalt») gelegen hätte. Er lag immer in der *manifesten Traumform.*

504   Gewöhnlich werden in der Literatur der telepathischen Träume nur diejenigen erwähnt, in denen eine besonders affektvolle Angelegenheit räumlich oder zeitlich «telepathisch» antizipiert wird, wo also gewissermaßen die menschliche Wichtigkeit des Ereignisses (zum Beispiel Todesfall) dessen Vorausahnung oder Fernperzeption erklärt oder wenigstens dem Verständnis näherrückt. Die telepathischen Träume, die ich beobachtet habe, entsprechen

---

[6] Vgl. FÜRST, *Statistische Untersuchungen über Wortassoziationen und über familiäre Übereinstimmung im Reaktionstypus bei Ungebildeten,* p. 95.

[7] *Des Indes à la planète Mars* und *Nouvelles observations sur un cas de somnambulisme avec glossolalie.*

in der Mehrzahl diesem Muster. Eine Minderzahl dagegen zeichnet sich durch die merkwürdige Tatsache aus, daß der manifeste Trauminhalt eine telepathische Konstatierung enthält, die sich auf etwas gänzlich Belangloses bezieht, zum Beispiel das Gesicht eines unbekannten und ganz indifferenten Menschen, oder eine gewisse Zusammenstellung von Möbeln an einem indifferenten Ort unter indifferenten Bedingungen, die Ankunft eines belanglosen Briefes usw. Mit dieser Konstatierung der Belanglosigkeit will ich natürlich nur sagen, daß ich weder durch gewöhnliche Befragung noch durch Analyse auf einen Inhalt gestoßen bin, dessen Bedeutsamkeit das telepathische Phänomen «gerechtfertigt» hätte. In solchen Fällen ließe sich noch eher als in den ersterwähnten an sogenannten Zufall denken. Leider erscheint mir aber die Zufallshypothese immer als ein asylum ignorantiae. Daß höchst seltsame Zufälle passieren, wird gewiß niemand leugnen, aber daß man auf deren Wiederholung mit Wahrscheinlichkeit rechnen kann, schließt deren Zufallsnatur aus. Natürlich werde ich nie behaupten, daß das dahinterliegende Gesetz etwas «Übernatürliches» sei, sondern bloß etwas, dem unsere Schulweisheit noch nicht recht nachkommt. So haben auch die fraglichen telepathischen Inhalte einen Wirklichkeitscharakter, der jeder Wahrscheinlichkeitserwartung spottet. Obschon ich mir in keinerlei Weise eine theoretische Meinung über diese Dinge anmaßen möchte, so halte ich es doch für richtig, daß ihre Tatsächlichkeit anerkannt und betont werde. Für die Traumforschung ist dieser Gesichtspunkt eine Bereicherung[8].

Gegenüber der bekannten FREUDschen Ansicht vom Wesen des Traumes, 505 daß er eine «Wunscherfüllung» sei, haben ich und ebenso mein Freund und Mitarbeiter ALPHONSE MAEDER den Standpunkt eingenommen, der Traum sei eine *spontane Selbstdarstellung der aktuellen Lage des Unbewußten in symbolischer Ausdrucksform*. Unsere Auffassung berührt sich in diesem Punkt mit den Gedankengängen SILBERERS[9]. Die Übereinstimmung mit SILBERER ist um so erfreulicher, als sie sich als das Resultat gegenseitig unabhängiger Arbeit eingestellt hat.

Diese Auffassung steht nun mit der FREUDschen Formel zunächst nur inso- 506 fern in Widerspruch, als sie darauf verzichtet, eine bestimmte Aussage über den Sinn des Traumes zu machen. Unsere Formel besagt zunächst nur, daß der

---

[8] Zur Frage der Telepathie verweise ich auf RHINE, *New Frontiers of the Mind* (deutsch: *Neuland der Seele*).

[9] Vgl. SILBERERS Arbeiten zur «Symbolbildung» in: *Jahrbuch für psychoanalytische und psychopathologische Forschungen* III (1911) und IV (1912).

Traum eine symbolische Darstellung eines unbewußten Inhaltes sei. Sie läßt es dahingestellt sein, ob diese Inhalte auch immer Wunscherfüllungen seien. Weitere Forschungen, worauf schon MAEDER ausdrücklich hinweist, haben uns klar gezeigt, daß die Sexualsprache der Träume keineswegs immer in konkretistischer Weise zu verstehen sei[10], das heißt, daß es sich um archaische Sprache handelt, welche natürlich von allen nächsten Analogien erfüllt ist, ohne daß sich mit diesen Inhalten auch jeweils ein wirklicher Sexualgehalt zu decken braucht. Es ist daher nicht zu rechtfertigen, daß die Sexualsprache des Traumes unter allen Umständen konkret genommen wird, während andere Inhalte als symbolisch erklärt werden. Sobald man aber die Sexualformen der Traumsprache als Symbole für unbekannte Dinge auffaßt, dann vertieft sich sofort die Anschauung vom Wesen des Traumes. MAEDER hat dies an einem praktischen, von FREUD gegebenen Beispiel treffend dargestellt[11]. Solange man die Sexualsprache des Traumes konkretistisch versteht, so gibt es nur unmittelbare, äußere und konkrete Lösungen oder entsprechendes Nichttun, das heißt opportunistische Resignation oder gewöhnliche Feigheit oder Faulheit. Aber es gibt keine Auffassung des Problems und keine Einstellung dazu. Dazu kommt man aber sofort, wenn das konkretistische Mißverstehen aufgegeben wird, nämlich das Wörtlichnehmen der unbewußten Sexualsprache und die Deutung der Traumfiguren als reale Personen.

507   Ebenso wie man geneigt ist anzunehmen, daß die Welt so ist, wie wir sie sehen, so nimmt man auch naiverweise an, daß die Menschen so seien, wie wir sie uns vorstellen. Leider existiert in diesem letzteren Fall noch keine Physik, welche das Mißverhältnis zwischen Wahrnehmung und Wirklichkeit nachweist. Obgleich die Möglichkeit grober Täuschung um ein Vielfaches größer ist als bei der Sinneswahrnehmung, so projizieren wir doch ungescheut und naiv unsere eigene Psychologie in den Mitmenschen. Jedermann schafft sich auf diese Weise eine Reihe von mehr oder weniger imaginären Beziehungen, die wesentlich auf solchen Projektionen beruhen. Unter den Neurotikern gibt es sogar häufig Fälle, wo die phantastische Projektion sozusagen die einzige menschliche Beziehungsmöglichkeit ist. Ein Mensch, den ich hauptsächlich durch meine Projektion wahrnehme, ist eine Imago, oder ein Imago- oder Symbolträger. Alle Inhalte unseres Unbewußten sind konstant projiziert in unsere Umgebung, und nur insofern wir gewisse Eigentümlichkeiten unserer

---

[10] Wir begegnen uns hier auch mit ADLER.
[11] MAEDER, *Traumproblem,* p. 680 ff.

Objekte als Projektionen, als Imagines durchschauen, gelingt es uns, sie von den wirklichen Eigenschaften derselben zu unterscheiden. Insofern uns aber der Projektionscharakter einer Objekteigenschaft nicht bewußt wird, können wir gar nicht anders, als naiv überzeugt sein, daß sie auch wirklich dem Objekt zugehört. Alle unsere menschlichen Beziehungen wimmeln von solchen Projektionen; und wem dies im Persönlichen etwa nicht deutlich werden sollte, den darf man auf die Psychologie der Presse in kriegführenden Ländern aufmerksam machen. Cum grano salis sieht man die eigenen nicht anerkannten Fehler immer dem Gegner an. Ausgezeichnete Beispiele findet man in allen persönlichen Polemiken. Wer nicht ein ungewöhnliches Maß an Selbstbesinnung besitzt, wird nicht über seinen Projektionen stehen, sondern meistens darunter, denn der natürliche geistige Zustand setzt das Vorhandensein dieser Projektionen voraus. Es ist das Natürliche und Gegebene, daß die unbewußten Inhalte projiziert sind. Das schafft beim relativ primitiven Menschen jene charakteristische Bezogenheit aufs Objekt, die LÉVY-BRUHL treffend als «mystische Identität» oder «mystische Partizipation»[12] bezeichnet hat. So ist jeder normale und nicht über ein gewisses Maß hinaus besonnene Mensch unserer Zeit durch ein ganzes System unbewußter Projektionen an die Umgebung gebunden. Der Zwangscharakter dieser Beziehungen (eben das «Magische» oder «Mystisch-Zwingende») ist ihm ganz unbewußt, «solange alles wohlsteht». Wenn aber eine paranoide Geistesstörung einsetzt, dann treten diese unbewußten Bezogenheiten von Projektionscharakter als ebensoviele Zwangsbindungen auf, in der Regel mit den unbewußten Materialien ausgeschmückt, die aber nota bene schon während des normalen Zustandes den Inhalt dieser Projektionen gebildet haben. Solange also das Lebensinteresse, die Libido, diese Projektionen als angenehme und nützliche Brücken zur Welt gebrauchen kann, solange bilden die Projektionen auch eine positive Erleichterung des Lebens. Sobald aber die Libido einen anderen Weg einschlagen will, und daher auf den früheren Projektionsbrücken anfängt rückläufig zu werden, dann wirken die Projektionen als die denkbar größten Hemmnisse, denn sie verhindern wirksam jede wahrhaftige Befreiung vom früheren Objekt. Es tritt dann das charakteristische Phänomen ein, daß man sich bemüht, das frühere Objekt möglichst zu entwerten und herunterzumachen,

---

[12] LÉVY-BRUHL, *Les Fonctions mentales dans les sociétés inférieures*, p. 140. Bedauerlicherweise hat dieser Autor die durchaus treffende Bezeichnung «mystisch» später wieder ausgemerzt. Wahrscheinlich ist er dem Ansturm der Dummen, die sich unter «mystisch» ihren eigenen Kohl gedacht haben, erlegen.

um nämlich die Libido davon loslösen zu können. Da aber die frühere Identität auf der Projektion subjektiver Inhalte beruht, so kann eine völlige und restlose Loslösung nur dann erfolgen, wenn die Imago, die sich im Objekt darstellte, samt ihrer Bedeutung dem Subjekt zurückerstattet wird. Diese Rückerstattung geschieht durch die bewußte Erkenntnis des projizierten Inhaltes, das heißt durch die Anerkennung des «Symbolwertes» des früheren Objektes.

508   Die Häufigkeit solcher Projektionen ist ebenso sicher wie die Tatsache, daß deren Charakter nie eingesehen wird. Bei dieser Sachlage ist es nun keineswegs erstaunlich, daß der naive Verstand von vornherein als selbstverständlich annimmt, daß wenn er von Herrn X träume, dieses Traumbild, genannt «Herr X», identisch sei mit dem wirklichen Herrn X. Diese Voraussetzung entspricht ganz dem allgemeinen, unkritischen Bewußtsein, das zwischen dem Objekt an sich und der Vorstellung, die man sich davon macht, keinen Unterschied sieht. Kritisch besehen – das kann niemand bestreiten – hat das Traumbild nur eine äußere und sehr beschränkte Beziehung zum Objekt. In Wirklichkeit aber ist es ein Komplex psychischer Faktoren, der sich – allerdings unter gewissen äußeren Anregungen – selber gebildet hat und deshalb hauptsächlich im Subjekt aus subjektiven Faktoren besteht, die für das Subjekt charakteristisch sind und mit dem realen Objekt öfters sehr wenig zu tun haben. Wir verstehen den anderen immer in der Art, wie wir uns verstehen oder zu verstehen suchen. Was wir in uns nicht verstehen, verstehen wir auch im anderen nicht. So ist reichlich dafür gesorgt, daß das Bild des anderen in der Regel größtenteils subjektiv ist. Bekanntlich kann auch eine intime Bekanntschaft eine objektive Erkenntnis des anderen keineswegs garantieren.

509   Wenn man nun, wie dies die FREUDsche Schule getan, einmal damit anfängt, gewisse manifeste Inhalte des Traumes als «uneigentlich» oder «symbolisch» zu nehmen und zu erklären, der Traum spreche zwar von «Kirchturm», meine aber «Phallus», so ist es nur ein nächster Schritt, wenn wir sagen, daß der Traum öfters von «Sexualität» rede, aber keineswegs immer Sexualität meine, und ebenso, daß der Traum öfters vom Vater rede, aber eigentlich den – Träumer selber meine. Unsere imagines sind Bestandteile unseres Geistes, und wenn unser Traum irgendwelche Vorstellungen reproduziert, so sind dies in erster Linie *unsere* Vorstellungen, in deren Bildung die Gesamtheit unseres Wesens verwoben ist; es sind subjektive Faktoren, die im Traume nicht aus äußeren Gründen, sondern aus den intimsten Regungen unserer Seele heraus sich so oder so gruppieren und damit den oder jenen Sinn ausdrücken. Die

ganze Traumschöpfung ist im wesentlichen subjektiv, und der Traum ist jenes Theater, wo der Träumer Szene, Spieler, Souffleur, Regisseur, Autor, Publikum und Kritiker ist. Diese einfache Wahrheit ist die Grundlage jener Auffassung des Traumsinnes, die ich als Deutung auf der *Subjektstufe* bezeichnet habe. Diese Deutung faßt, wie der Terminus sagt, alle Figuren des Traumes als personifizierte Züge der Persönlichkeit des Träumers auf[13].

Es hat sich mehrfach ein gewisser Widerstand bemerkbar gemacht gegen ₅₁₀ diese Auffassung. Die Argumente der einen stützen sich auf die eben besprochene naive Voraussetzung der normalen Alltagsmentalität. Die Argumente der anderen basieren mehr auf dem prinzipiellen Problem, was wichtiger sei, die «Objektstufe» oder die «Subjektstufe». Gegen die theoretische Wahrscheinlichkeit der Subjektstufe kann ich mir wirklich keinen gültigen Einwand denken. Das zweite Problem dagegen ist bedeutend schwieriger. Ebensosehr wie das Bild eines Objektes einerseits subjektiv zusammengesetzt ist, ist es andererseits objektiv bedingt. Wenn ich es in mir reproduziere, so erzeuge ich damit etwas sowohl subjektiv als objektiv Bedingtes. Um nun zu entscheiden, welche Seite gegebenenfalls überwiegt, muß zuerst nachgewiesen werden, ob das Bild um seiner subjektiven oder objektiven Bedeutung willen reproduziert wird. Wenn ich also von einem Menschen träume, mit dem mich ein vitales Interesse verbindet, dann wird gewiß die Deutung auf der Objektstufe näher liegen als die andere. Wenn ich dagegen von einem mir in Wirklichkeit fernstehenden und indifferenten Menschen träume, dann liegt die Deutung auf der Subjektstufe näher. Es ist aber möglich – und dieser Fall tritt praktisch sogar sehr häufig ein –, daß dem Träumer zu dem indifferenten Menschen sofort jemand einfällt, mit dem er durch einen Affekt verbunden ist. Früher hätte man gesagt, die indifferente Gestalt sei im Traum absichtlich vorgeschoben worden, um die Peinlichkeit der anderen Figur zu verdecken. Ich würde nun in diesem Fall empfehlen, dem Wege der Natur nachzugehen und zu sagen: im Traum ist offenbar jene affektvolle Reminiszenz durch den gleichgültigen Herrn X ersetzt worden, wodurch mir die Deutung auf der Subjektstufe nahegelegt wurde. Diese Ersetzung bedeutet eine Leistung des Traumes, die allerdings einer Verdrängung der peinlichen Reminiszenz gleichkommt. Aber wenn sich diese Reminiszenz so glatt zur Seite schieben

---

[13] Für die Deutung auf der Subjektstufe hat bereits MAEDER, *Traumproblem,* einige Beispiele beigebracht. Diese beiden Deutungsverfahren sind des näheren besprochen in meiner Schrift *Über die Psychologie des Unbewußten* [Paragr. 128 ff.].

läßt, so kann sie auch nicht so wichtig sein. Ihre Ersetzung zeigt, daß sich dieser persönliche Affekt depersonalisieren läßt. Ich könnte mich also darüber erheben und werde darum nicht wieder in die persönliche Affektlage dadurch zurückkehren, daß ich die im Traum geglückte Depersonalisierung als bloße Verdrängung entwerte. Ich glaube richtiger zu handeln, wenn ich die geglückte Ersetzung der peinlichen Person durch eine indifferente als eine Depersonalisierung des vorher persönlichen Affektes einschätze. Dadurch ist nun dieser Affektwert, das heißt der entsprechende Libidobetrag, unpersönlich geworden, mit anderen Worten befreit aus der persönlichen Bindung an das Objekt, und ich kann deshalb den früheren realen Konflikt nunmehr auf die Subjektstufe erheben und zu verstehen versuchen, inwiefern er ein ausschließlich subjektiver Konflikt ist. Ich möchte dies, der Deutlichkeit halber, an einem kurzen Beispiel erörtern:

511   Ich hatte einmal einen persönlichen Konflikt mit einem Herrn A., wobei ich allmählich zu der Überzeugung kam, daß das Unrecht in höherem Maße auf seiner Seite lag als auf meiner. In dieser Zeit hatte ich folgenden Traum: *«Ich habe einen Advokaten konsultiert in einer gewissen Angelegenheit; er fordert für die Konsultation zu meinem grenzenlosen Erstaunen nicht weniger als Fr. 5000.–, wogegen ich mich energisch zur Wehr setze.»*

512   Der Advokat ist eine belanglose Reminiszenzfigur aus meiner Studienzeit. Aber die Studienzeit ist wichtig, weil ich dort viele Disputationen und Auseinandersetzungen hatte. Zu der brüsken Art des Advokaten fallen mir aber mit Affekt die Persönlichkeit des Herrn A. ein sowie der noch andauernde Konflikt. Ich kann nun auf der Objektstufe weitergehen und sagen: Herr A. steckt hinter dem Advokaten, also überfordert mich Herr A. Er ist im Unrecht. Ein armer Student hat mich dieser Tage um ein Darlehen von Fr. 5000.– ersucht. Herr A. ist also ein armer Student, hilfsbedürftig und inkompetent, weil ganz am Anfang des Studiums. So jemand hat überhaupt keine Ansprüche zu machen oder Meinungen zu haben. Das wäre die Wunscherfüllung: mein Gegner wäre sanft entwertet, zur Seite geschoben, und mir wäre die Ruhe gewahrt geblieben. In Wirklichkeit aber erwachte ich an dieser Stelle des Traumes in lebhaftestem Affekt über die Anmaßung des Advokaten. Ich war also durch die «Wunscherfüllung» keineswegs beruhigt.

513   Gewiß steckt hinter dem Advokaten die unangenehme A.-Affäre. Aber es ist bemerkenswert, daß der Traum jenen indifferenten Juristen aus meiner Studienzeit herbeigeholt hat. Zum Advokaten fällt mir ein: Rechtsstreit, Rechthaben, Rechthaberei – und damit jene Erinnerung aus der Studienzeit,

wo ich oft mit und ohne Recht eigensinnig, hartnäckig und rechthaberisch
meine These verfocht, um wenigstens den Anschein der Überlegenheit mir zu
erfechten. Dieser Punkt – und das fühle ich – hat in der Auseinandersetzung
mit Herrn A. mitgewirkt. Damit weiß ich, daß ich es selber bin, nämlich ein
der Gegenwart unangepaßtes Stück in mir, das rechthaberisch, wie damals,
mich überfordert, das heißt zuviel Libido von mir erpressen will. Ich weiß
damit, daß die strittige Angelegenheit mit A. darum nicht sterben kann, weil
der Rechthaber in mir noch durchaus für einen «gerechten» Abschluß sorgen
möchte.

Diese Auffassung hat zu einem, mir sinnvoll erscheinenden Resultat ge- 514
führt, während die Deutung auf der Objektstufe ergebnislos war, denn es
liegt mir nicht im geringsten am Beweis, daß die Träume Wuscherfüllungen
seien. Wenn ein Traum mir zeigt, was für einen Fehler ich mache, so verschafft er mir damit die Möglichkeit, meine Einstellung zu verbessern, was
immer von Vorteil ist. Zu einem solchen Resultat gelangt man natürlich nur
durch die Anwendung der Subjektstufe.

So einleuchtend die Deutung auf der Subjektstufe in einem solchen Fall 515
sein mag, so wertlos kann sie in einem anderen sein, wo eine lebenswichtige
Beziehung den Inhalt und Grund eines Konfliktes bildet. In diesem Fall ist
natürlich die Traumfigur aufs reale Objekt zu beziehen. Das Kriterium läßt
sich jeweils aus dem bewußten Material eruieren, ausgenommen jene Fälle,
wo die Übertragung in Frage kommt. Die Übertragung bewirkt sehr leicht
Urteilstäuschungen, so daß der Arzt gelegentlich als der absolut unerläßliche
deus ex machina oder als ein ebenso unerläßliches Requisit der Wirklichkeit
erscheint. Er *ist* es sogar für das Urteil des Patienten. Die Selbstbesinnung des
Arztes muß in solchen Fällen entscheiden, in welchem Grade er selber Real-
problem des Patienten ist. Sobald die Objektstufe der Deutung anfängt mo-
noton und ergebnislos zu werden, weiß man, daß es Zeit ist, die Figur des Arztes als ein Symbol für projizierte Inhalte aufzufassen, die dem Patienten zugehören. Wenn man das nicht tut, so bleibt dem Analytiker nichts übrig, als
durch Reduktion auf Infantilwünsche die Übertragung zu entwerten und
damit zu zerstören, oder die Übertragung real zu nehmen und sich für die Patienten (sogar gegen deren unbewußten Widerstand) aufzuopfern, wobei alle
Teilnehmer benachteiligt werden und der Arzt regelmäßig am schlechtesten
wegkommt. Wenn es dagegen gelingt, die Figur des Arztes auf die Subjektstufe zu erheben, dann können alle übertragenen (projizierten) Inhalte dem
Patienten wieder mit ihrem ursprünglichen Werte zugestellt werden. Ein Bei-

spiel für die Rücknahme der Projektionen in der Übertragung findet sich in meiner Schrift *«Die Beziehungen zwischen dem Ich und dem Unbewußten»* [14].

516   Es ist mir selbstverständlich, daß jemand, der nicht selber praktizierender Analytiker ist, keinen besonderen Geschmack an Erörterungen über «Subjektstufe» und «Objektstufe» finden kann. Je tiefer wir uns aber mit den Traumproblemen beschäftigen, desto mehr kommen auch die technischen Gesichtspunkte der praktischen Behandlung in Betracht. Es hat in dieser Sache jener unerbittlichen Nötigung bedurft, die ein schwieriger Fall immer auf den Arzt ausübt, denn man muß stets darauf bedacht sein, seine Mittel so zu vervollkommnen, daß man auch in schweren Fällen helfen kann. Wir verdanken es den Schwierigkeiten der täglichen Krankenbehandlung, daß wir zu Auffassungen gedrängt werden, die teilweise an den Fundamenten unserer Alltagsmentalität rütteln. Obschon die Subjektivität einer Imago zu den sogenannten Binsenwahrheiten gehört, so klingt die Feststellung doch etwas philosophisch, was gewissen Ohren unangenehm ist. Warum dies so ist, geht ohne weiteres hervor aus der oben erörterten Tatsache, daß die naive Voraussetzung die Imago ohne weiteres mit dem Objekt identifiziert. Jede Störung einer solchen Voraussetzung wirkt auf diese Menschenklasse irritierend. Aus dem gleichen Grunde wirkt der Gedanke der Subjektstufe unsympathisch, denn er stört die naive Voraussetzung der Identität der Bewußtseinsinhalte mit den Objekten. Unsere Mentalität ist dadurch charakterisiert – wie die Ereignisse in der Kriegszeit [15] deutlich demonstriert haben –, daß wir mit einer schamlosen Naivität über den Gegner urteilen und im Urteil, das wir über ihn aussprechen, unsere eigenen Defekte verraten; ja, man wirft dem Gegner einfach die eigenen, nicht eingestandenen Fehler vor. Man sieht alles am anderen, man kritisiert und verurteilt am anderen, man will auch am anderen bessern und erziehen. Ich habe gar nicht nötig, zum Beweise dieser Sätze eine Kasuistik zusammenzubringen: die schönsten Beweise finden sich in jeder Zeitung. Es ist aber selbstverständlich, daß das, was im Großen sich ereignet, auch im Kleinen und Einzelnen geschieht. Unsere Mentalität ist noch so primitiv, daß sie erst in gewissen Funktionen und Gebieten sich aus der primären mystischen Identität mit dem Objekt befreit hat. Der Primitive hat, bei einem Minimum von Selbstbesinnung, ein Maximum von Bezogenheit aufs Objekt, das sogar einen direkt magischen Zwang auf ihn ausüben kann. Die ganze

---

[14] [Bezüglich der Projektionen in der Übertragung siehe *Die Psychologie der Übertragung.*]
[15] [Erster Weltkrieg.]

primitive Magie und Religion beruht auf diesen magischen Objektbeziehungen, welche in nichts anderem bestehen als in Projektionen unbewußter Inhalte ins Objekt. Aus diesem anfänglichen Identitätszustand hat sich allmählich die Selbstbesinnung entwickelt, welche Hand in Hand geht mit der Unterscheidung von Subjekt und Objekt. Diese Unterscheidung hatte die Einsicht im Gefolge, daß gewisse, früher naiv dem Objekt zugerechnete Eigenschaften in Wirklichkeit subjektive Inhalte sind. Die Menschen der Antike glaubten zwar nicht mehr, daß sie rote Papageien oder Krokodilbrüder seien, wohl aber waren sie noch in das magische Gespinst verwoben. In dieser Beziehung hat sogar erst die Aufklärung des 18. Jahrhunderts einen wesentlichen Schritt vorwärts getan. Aber wie jedermann weiß, sind wir noch weit entfernt von einer unserem wirklichen Wissen entsprechenden Selbstbesinnung. Wenn wir uns über irgend etwas bis zur Besinnungslosigkeit ärgern, so lassen wir es uns nicht nehmen, daß die Ursache unseres Ärgers ganz und gar draußen in jenem ärgerlichen Dinge oder Menschen liege. Also trauen wir jenen Dingen die Macht zu, uns in den Zustand des Ärgers, eventuell sogar in den der Schlaf- oder Verdauungsstörung versetzen zu können. Wir verurteilen darum ungescheut und schrankenlos den Gegenstand des Anstoßes und beschimpfen damit ein unbewußtes Stück in uns selbst, das in das ärgerliche Objekt projiziert ist.

Solcher Projektionen sind Legion. Sie sind zum Teil günstig, das heißt sie 517 wirken erleichternd als Brücken der Libido; zum Teil sind sie ungünstig, kommen aber praktisch als Hindernis nicht in Betracht, weil die ungünstigen Projektionen meist außerhalb des Kreises intimer Beziehungen sich ansiedeln. Davon macht allerdings der Neurotische eine Ausnahme: er hat bewußt oder unbewußt eine so intensive Beziehung zur nächsten Umgebung, daß er es nicht hindern kann, auch die ungünstigen Projektionen bei den nächsten Objekten einfließen und dadurch Konflikte erregen zu lassen. Er ist daher gezwungen – wenn er Heilung sucht –, seine primitiven Projektionen in weit höherem Maße einzusehen, als dies der Normale je tut. Letzterer macht zwar die gleichen Projektionen, aber besser getrennt; für die günstigen ist das Objekt in der Nähe und für die ungünstigen in größerer Entfernung. Bekanntlich ist das beim Primitiven auch so: fremd ist feindlich und böse. Bei uns waren noch im späten Mittelalter «Fremde» und «Elend» identisch. Diese Verteilung ist zweckmäßig, weshalb der Normale auch keine Nötigung verspürt, sich diese Projektionen bewußtzumachen, obschon der Zustand gefährlich illusionär ist. Die Psychologie des Krieges hat diesen Umstand deutlich hervorgehoben: Alles, was die eigene Nation tut, ist gut, alles was die anderen tun, ist schlecht. Das Zentrum aller Gemeinheit befindet sich stets in einer Distanz von einigen Kilometern hinter den feindlichen Linien. Diese selbe primitive Psychologie hat auch der Einzelne, weshalb jeder Versuch, der diese – durch Ewigkeiten unbewußten – Projektionen bewußtmachen könnte, als irritierend empfunden wird. Man möchte gewiß bessere Beziehungen zu den Mitmenschen, aber natürlich unter der Bedingung, daß diese unseren Erwartungen entsprechen, das heißt daß sie willige Träger unserer Projektionen sind. Wenn man sich diese Projektionen aber bewußtmacht, so tritt dadurch leicht eine Erschwerung der Beziehung zum anderen Menschen ein, denn die Illusionsbrücke fehlt, über die Liebe und Haß befreiend abströmen können, über die auch alle jene angeblichen Tugenden, welche andere «heben» und «bessern» wollen, so leicht und befriedigend an den Mann zu bringen sind. Als Folge dieser Erschwerung ergibt sich eine Aufstauung der Libido, wodurch die ungünstigen Projektionen bewußt werden. Es tritt dann die Aufgabe an das Subjekt heran, alle jene Gemeinheit beziehungsweise Teufelei, die man ungescheut dem anderen zugetraut und worüber man sich ein Leben lang entrüstet hat, auf eigene Rechnung zu übernehmen. Das Irritierende an dieser Prozedur ist die Überzeugung einerseits, daß, wenn alle Menschen so handelten, das Leben wesentlich erträglicher würde, andererseits die Empfindung heftigsten Widerstandes dagegen, dieses Prinzip bei sich selber anzuwenden – und zwar im Ernst. Wenn es der andere täte, – man könnte sich nichts Besseres wünschen; wenn man es aber selber tun sollte, so findet man es unerträglich.

518   Der Neurotische ist durch seine Neurose allerdings *gezwungen,* diesen Fortschritt zu machen, der Normale aber nicht, dafür erlebt letzterer seine psychische Störung sozial und politisch in der Form von massenpsychologischen Erscheinungen, zum Beispiel von Kriegen und Revolutionen. Die reale Existenz eines Feindes, dem man alle Bosheit aufladen kann, bedeutet eine unverkennbare Erleichterung des Gewissens. Man kann es wenigstens ungescheut sagen, wer der Teufel ist, das heißt, man ist sich darüber klar, daß die Ursache des Mißgeschickes sich außen befindet und nicht etwa in der eigenen Einstellung. Sobald man sich über die etwas unangenehmen Konsequenzen der Auffassung auf der Subjektstufe Rechenschaft gegeben hat, drängt sich einem der Einwand auf, daß doch unmöglich jede schlechte Eigenschaft, über die man sich bei anderen Menschen aufregt, zu uns selber gehöre. Auf diese Weise stünde ja der große Moralist, der fanatische Erzieher und Weltverbesserer, am allerschlimmsten da. Von der Nachbarschaft des Guten und des Übels wäre

nicht wenig zu sagen, überhaupt von der unmittelbaren Beziehung der Gegensatzpaare, doch das würde uns zu weit vom Thema entfernen. Die Auffassung auf der Subjektstufe soll selbstverständlich nicht übertrieben werden. Es handelt sich bloß um eine etwas kritischere Abwägung der Zugehörigkeiten. Was mir am Objekt auffällt, wird wohl wirkliche Eigenschaft des Objektes sein. Je subjektiver und affektiver dieser Eindruck aber ist, desto eher ist die Eigenschaft als eine Projektion aufzufassen. Dabei müssen wir aber eine nicht unwesentliche Unterscheidung vornehmen: nämlich zwischen der wirklich am Objekt vorhandenen Eigenschaft, ohne welche eine Projektion aufs Objekt nicht wahrscheinlich wäre, und dem Wert oder der Bedeutung beziehungsweise der Energie dieser Eigenschaft. Es ist nicht ausgeschlossen, daß eine Eigenschaft auf das Objekt projiziert wird, von der beim Objekt in Wirklichkeit kaum Spuren vorhanden sind (zum Beispiel die Projektion magischer Qualitäten in unbelebte Objekte). Anders liegt es bei den gewöhnlichen Projektionen von Charaktereigenschaften oder momentanen Einstellungen. In diesen Fällen ist es häufig so, daß das Objekt der Projektion auch eine Gelegenheit bietet, ja sie sogar herausfordert. Dieses letztere ist dann der Fall, wenn dem Objekt die Eigenschaft selber unbewußt ist; dadurch wirkt sie auf das Unbewußte des anderen. Denn alle Projektionen bewirken Gegenprojektionen da, wo dem Objekt die vom Subjekt projizierte Eigenschaft unbewußt ist, so wie eine «Übertragung» vom Analytiker mit einer «Gegenübertragung» beantwortet wird, wenn die Übertragung einen Inhalt projiziert, der dem Arzt selber unbewußt, aber trotzdem bei ihm vorhanden ist[16]. Die Gegenübertragung ist dann insofern ebenso zweckmäßig und sinnvoll oder hinderlich wie die Übertragung des Patienten, als sie jenen besseren Rapport herzustellen strebt, der für die Realisierung gewisser unbewußter Inhalte unerläßlich ist. Die Gegenübertragung ist wie die Übertragung etwas Zwanghaftes, eine Unfreiheit, weil sie eine «mystische», das heißt unbewußte Identität mit dem Objekt bedeutet. Gegen solche unbewußte Bindungen bestehen stets Widerstände, bewußte, wenn das Subjekt so eingestellt ist, daß es seine Libido nur freiwillig geben, sie aber sich nicht ablocken oder abzwingen lassen will; unbewußte, wenn das Subjekt es vor allem liebt, sich die Libido wegnehmen zu lassen. Deshalb schaffen Übertragung und Gegenübertragung, sofern ihre Inhalte unbewußt bleiben, abnorme und unhaltbare Beziehungen, die auf ihre eigene Zerstörung hinzielen.

---

[16] Über die typischen Projektionsinhalte vgl. *Die Psychologie der Übertragung.*

520   Auch wenn beim Objekt eine Spur der projizierten Eigenschaft aufgefunden werden kann, so ist die praktische Bedeutung der Projektion doch rein subjektiv und fällt zu Lasten des Subjektes, indem dessen Projektion einer Eigenschaftsspur beim Objekt einen übertriebenen Wert verliehen hat.

521   Wenn die Projektion einer beim Objekt wirklich vorhandenen Eigenschaft entspricht, so besteht der projizierte Inhalt doch auch beim Subjekt, wo er einen Teil der Objektimago bildet. Die Objektimago selbst ist eine von der Wahrnehmung des Objektes verschiedene psychologische Größe; sie ist ein neben aller Wahrnehmung und doch auf Grund aller Wahrnehmungen existierendes Bild[17], dessen selbständige Lebendigkeit (relative Autonomie) solange unbewußt ist, als sie ganz mit der wirklichen Lebendigkeit des Objektes zusammenfällt. Die Selbständigkeit der Imago wird daher vom Bewußtsein nicht anerkannt, sondern unbewußt ins Objekt projiziert, das heißt mit der Selbständigkeit des Objektes kontaminiert. Dadurch kommt natürlich dem Objekt ein in bezug auf das Subjekt geradezu zwingender Wirklichkeitscharakter zu, also eine übertriebene Wertigkeit. Dieser Wert beruht auf der Projektion beziehungsweise der apriorischen Identität der Imago mit dem Objekt, wodurch das äußere Objekt zugleich auch ein inneres wird. Auf diese Weise kann das äußere Objekt auf unbewußtem Wege direkt eine unmittelbare seelische Wirkung auf das Subjekt ausüben, indem es durch seine Identität mit der Imago gewissermaßen unmittelbar eine Hand im seelischen Getriebe des Subjektes hat. Damit kann das Objekt «magische» Gewalt über das Subjekt bekommen. Treffliche Beispiele hiefür liefern die Primitiven, welche zum Beispiel ihre Kinder oder sonstige «beseelte» Objekte so behandeln, wie sie ihre eigene Psyche behandeln. Sie wagen nichts gegen sie zu tun aus Angst, die Kinder- oder Objektseele zu beleidigen. Daher bleiben die Kinder möglichst unerzogen bis zum Pubertätsalter, wo dann plötzlich eine oft grausame Nacherziehung einsetzt (Initiation).

522   Ich habe oben gesagt, daß die Selbständigkeit der Imago unbewußt bleibe, weil sie mit der des Objektes identifiziert werde. Dementsprechend müßte der Tod des Objektes sonderbare psychologische Wirkungen auslösen, indem das Objekt dann doch nicht ganz verschwindet, sondern in ungreifbarer Form weiterexistiert. Dies ist bekanntlich der Fall. Die unbewußte Imago, der kein Objekt mehr entspricht, wird zum Totengeist und übt nun Wirkungen auf

---

[17] Aus Gründen der Vollständigkeit muß erwähnt werden, daß keine Imago nur von außen stammt. Zu ihrer spezifischen Gestalt trägt auch die a priori vorhandene psychische Disposition, nämlich der *Archetypus* bei.

das Subjekt aus, die man zunächst nicht anders denn als psychologische Phänomene auffassen kann. Die unbewußten Projektionen des Subjektes, welche unbewußte Inhalte in die Objektimago überführt und diese mit dem Objekt identifiziert haben, überdauern den realen Verlust des Objektes und spielen eine bedeutende Rolle im Leben der Primitiven sowohl wie auch bei allen Kulturvölkern ältester wie neuester Zeit. Diese Phänomene beweisen schlagend die relativ autonome Existenz der Objektimagines im Unbewußten. Sie sind offenbar darum im Unbewußten, weil sie bewußt nie als vom Objekt unterschieden betrachtet wurden.

Jeder Fortschritt, jede Auffassungsleistung der Menschheit war mit einem 523 Fortschritt der Selbstbesinnung verknüpft: man hat sich vom Objekt unterschieden und trat der Natur als von ihr verschieden gegenüber. Daher wird auch eine Neuorientierung der psychologischen Einstellung denselben Weg gehen müssen: es ist einleuchtend, daß die Identität des Objektes mit der subjektiven Imago dem Objekt eine Bedeutung verleiht, die ihm nicht eigentlich zukommt, die es aber seit Ewigkeiten besessen hat. Denn die Identität ist eine absolut ursprüngliche Tatsache. Diese Sachlage bedeutet aber für das Subjekt einen primitiven Zustand, der nur solange bestehen bleiben kann, als er nicht zu schweren Inkonvenienzen führt. Die Überwertigkeit des Objektes ist aber nun gerade ein Punkt, der sehr geeignet ist, die Entwicklung des Subjektes zu beeinträchtigen. Ein zu stark betontes, «magisches» Objekt orientiert das subjektive Bewußtsein in hohem Maße im Sinne des Objektes und durchkreuzt jeden Versuch einer individuellen Differenzierung, der selbstverständlich mit einer Ablösung der Imago vom Objekte einsetzen müßte. Die Richtung der individuellen Differenzierung läßt sich nämlich unmöglich beibehalten, wenn äußere Faktoren in den subjektiven seelischen Betrieb «magisch» eingreifen. Die Ablösung der Imagines aber, welche den Objekten jene allzu große Bedeutung verleihen, bringt dem Subjekt jene abgespaltene Energie zurück, deren es zu seiner Entwicklung dringend bedarf.

Die Traumimagines auf der Subjektstufe auffassen, bedeutet daher für den 524 Gegenwartsmenschen dasselbe, wie wenn man dem Primitiven die Ahnenfiguren und Fetische wegnimmt und ihm beizubringen versucht, daß die «Medizinkraft» etwas Geistiges sei, das nicht im Objekt, sondern in der menschlichen Psyche stecke. Der Primitive empfindet einen legitimen Widerstand gegen diese ketzerische Auffassung, und so empfindet es auch der Mensch der Gegenwart als unangenehm, vielleicht sogar als irgendwie gefährlich, die durch unermeßliches Alter geheiligte Identität von Imago und Objekt aufzulösen. Die Folgen sind auch für unsere Psychologie kaum faßbar: man hätte niemand mehr, den man anklagen, niemand, den man verantwortlich machen, den man belehren, bessern und strafen könnte! Man hätte vielmehr in allen Dingen bei sich selber anzufangen, man hätte die Ansprüche, die man an andere stellt, einzig und allein an sich selber zu stellen. Es ist bei dieser Sachlage begreiflich, warum die Auffassung der Traumimagines auf der Subjektstufe kein gleichgültiger Schritt ist, namentlich darum nicht, weil er zu Einseitigkeiten und Übertriebenheiten in beiden Richtungen Anlaß gibt.

525   Abgesehen von dieser mehr moralischen Schwierigkeit bestehen aber auch einige Hemmnisse auf intellektuellem Gebiete. Man hat mir schon den Einwand gemacht, die Deutung auf der Subjektstufe sei ein philosophisches Problem, und die Durchführung dieses Prinzips stoße an die Schranken der Weltanschauung und höre deshalb auf, Wissenschaft zu sein. Es scheint mir nicht erstaunlich, daß die Psychologie an die Philosophie rührt, denn das der Philosophie zugrunde liegende Denken ist eine psychische Tätigkeit, die als solche Gegenstand der Psychologie ist. Ich denke bei der Psychologie immer an den ganzen Umfang der Seele, und da ist Philosophie und Theologie und so vieles andere mit dabei. Denn gegenüber allen Philosophien und allen Religionen stehen die Tatsachen der menschlichen Seele, welche vielleicht in letzter Instanz über Wahrheit und Irrtum entscheiden.

526   Es kommt unserer Psychologie zunächst wenig darauf an, ob unsere Probleme da oder dort anstoßen. Wir haben es in erster Linie mit praktischen Notwendigkeiten zu tun. Wenn die Weltanschauungsfrage ein psychologisches Problem ist, dann müssen wir sie behandeln, ob nun die Philosophie zur Psychologie gehört oder nicht. Ebenso sind Religionsfragen für uns zunächst psychologische Fragen. Daß die medizinische Psychologie unserer Zeit diesen Gebieten im allgemeinen fernsteht, ist ein bedauernswerter Mangel, der sich deutlich fühlbar macht in der Tatsache, daß die psychogenen Neurosen irgendwo anders oft bessere Heilungsmöglichkeiten finden als in der Schulmedizin. Obschon ich selber Arzt bin und nach dem Prinzip «medicus medicum non decimat» allen Grund hätte, mich einer Kritik des Arztes zu enthalten, so muß ich dennoch bekennen, daß die Ärzte keineswegs immer diejenigen sind, in deren Händen die psychologische Medizin am besten aufgehoben ist. Ich habe oft die Erfahrung gemacht, daß ärztliche Psychotherapeuten ihre Kunst in jener routinemäßigen Weise, die ihnen durch die Eigenart ihres Studiums nahegelegt wird, auszuüben versuchen. Das medizinische Studium besteht einerseits in der Aufstapelung eines unheimlich großen Gedächtnismaterials,

welches ohne wirkliche Kenntnis der Grundlagen einfach memoriert wird, andererseits in der Erfahrung in praktischen Fertigkeiten, welche nach dem Prinzip: «Da wird nicht lange gedacht, sondern in die Hand genommen», erworben werden muß. So kommt es, daß von allen Fakultäten der Mediziner am wenigsten Gelegenheit hat, die Funktion des Denkens zu entwickeln. Daher ist es auch nicht weiter erstaunlich, daß sogar psychologisch orientierte Ärzte meinen Überlegungen gar nicht oder nur mit größter Mühe folgen können. Sie haben es sich angewöhnt, nach Rezepten zu verfahren und mechanisch Methoden anzuwenden, welche sie nicht selber ausgedacht haben. Diese Tendenz ist aber für die Ausübung der ärztlichen Psychologie denkbar ungeeignet, denn sie klammert sich an die Geländer autoritärer Theorien und Methoden und verhindert die Entwicklung eines selbständigen Denkens. So habe ich es erlebt, daß sogar elementare und für die praktische Behandlung ungemein wichtige Unterscheidungen wie Subjekt- und Objektstufe der Deutung, Ich und Selbst, Zeichen und Symbol, Kausalität und Finalität usw. sich als zu hohe Anforderungen an die Denkfähigkeit herausstellten. Aus dieser Schwierigkeit ist das zähe Festhalten an rückständigen und längst revisionsbedürftigen Auffassungen zu erklären. Daß dies nicht nur meine subjektive Auffassung ist, beweist die fanatische Einseitigkeit und sektiererhafte Abgeschlossenheit gewisser «psychoanalytischer» Organisationen. Diese Einstellung ist, wie allbekannt, ein Symptom und bedeutet *überkompensierten Zweifel*. Aber eben – wer wendet schon psychologische Kriterien auf sich selber an?

Die Auffassung der Träume als infantile Wunscherfüllungen oder als final 527 orientierte Arrangements im Dienste der infantilen Machtabsicht ist viel zu eng und wird dem Wesen des Traumes nicht gerecht. Der Traum ist, wie jedes Stück des psychischen Zusammenhanges, eine Resultante des Ganzen der Psyche; weshalb wir im Traume auch alles zu finden erwarten dürfen, was im Leben der Menschheit seit uralters Bedeutung hatte. So wenig sich das menschliche Leben an sich auf diesen oder jenen Grundtrieb beschränkt, sondern sich auf eine Vielheit von Trieben, Bedürfnissen, Notwendigkeiten, physischen und psychischen Bedingtheiten aufbaut, ebensowenig ist der Traum aus diesem oder jenem Element zu erklären, so bestechend einfach eine derartige Erklärung auch ausfallen mag. Wir können sicher sein, daß sie unrichtig ist, denn keine einfache Triebtheorie wird jemals imstande sein, die menschliche Seele, dieses gewaltige und geheimnisvolle Ding, zu erfassen und daher auch nicht ihren Ausdruck, den Traum. Um dem Traum auch nur einigermaßen gerecht zu werden, bedürfen wir eines Rüstzeuges, das wir uns aus allen Gebieten der Geisteswissenschaften mühsam zusammenstellen müssen. Aber mit ein paar schlechten Witzen oder mit dem Nachweis gewisser Verdrängungen ist das Traumproblem nicht gelöst.

528   Man hat meiner Richtung das «Philosophische» (gar «Theologische») direkt zum Vorwurf gemacht, in der Meinung, daß ich «philosophisch» erklären wolle und daß meine psychologischen Auffassungen «metaphysisch» seien[18]. Ich gebrauche aber gewisse philosophische, religionswissenschaftliche und historische Materialien ausschließlich zur Darstellung seelischer Zusammenhänge. Wenn ich hiebei einen Gottesbegriff gebrauche oder einen ebenso metaphysischen Energiebegriff, so muß ich das tun, weil das Bilder sind, die sich in der menschlichen Seele seit Anbeginn befinden. Ich muß immer wieder betonen, daß weder das Moralgesetz, noch der Gottesbegriff, noch irgendeine Religion von außen, so gewissermaßen vom Himmel herunter, den Menschen angefallen hat, sondern das hat der Mensch alles in nuce in sich, darum erschafft er es auch aus sich heraus. Es ist darum eine müßige Idee, daß es bloß der Aufklärung bedürfe, um diese Gespenster zu vertreiben. Die Ideen des moralischen Gesetzes und der Gottheit gehören zum unausrottbaren Bestand der menschlichen Seele. Darum hat sich jede ehrliche Psychologie, die nicht von einem banausenhaften Aufklärungsdünkel verblendet ist, mit diesen Tatsachen auseinanderzusetzen. Sie sind nicht wegzuerklären und wegzuironisieren. In der Physik können wir eines Gottesbildes entraten, in der Psychologie aber ist es eine definitive Größe, mit der zu rechnen ist, so gut wie mit «Affekt», «Trieb», «Mutter» usw. Es liegt natürlich an der ewigen Vermischung von Objekt und Imago, daß man sich keinen Unterschied denken kann zwischen «Gott» und «Gottesimago» und daher meint, man spreche von Gott, erkläre «theologisch», wenn man von «Gottesbild» spricht. Es steht der Psychologie als Wissenschaft nicht zu, eine Hypostasierung der Gottesimago zu fordern. Sie hat aber, den Tatsachen entsprechend, mit dem Vorhandensein eines Gottesbildes zu rechnen. Ebenso rechnet sie mit dem Trieb und mißt sich keine Kompetenz zu, festzustellen, was «Trieb» an sich sei. Welchen psychologischen Tatbestand man als Trieb bezeichnet, ist jedermann klar, so unklar es ist, was der Trieb an sich eigentlich ist. So ist es auch klar, daß zum Beispiel das Gottesbild einem bestimmten psychologischen Tatsachenkomplex

---

[18] Damit ist die Lehre vom «Archetypus» gemeint. Ist der biologische Begriff des «pattern of behaviour» auch «metaphysisch»?

entspricht und so eine bestimmte Größe darstellt, mit der sich operieren läßt; es bleibt aber eine Frage jenseits aller Psychologie, was Gott an sich sei. Ich bedauere, dergleichen Selbstverständlichkeiten wiederholen zu müssen.

Ich habe im vorangegangenen so ziemlich alles mitgeteilt, was ich in bezug 529 auf allgemeine Gesichtspunkte der Traumpsychologie zu sagen habe[19]. Ich habe es absichtlich unterlassen, auf Einzelheiten einzugehen. Das muß kasuistischen Arbeiten vorbehalten bleiben. Die Erörterung der allgemeinen Gesichtspunkte hat uns zu weiteren Problemen geführt, deren Erwähnung unumgänglich ist, wenn man von Träumen spricht. Es wäre vom Ziel der Traumanalyse natürlich noch sehr vieles zu sagen, aber da die Traumanalyse das Instrument der analytischen Behandlung überhaupt ist, so ließe sich dies nur im Zusammenhang mit einer Darstellung der ganzen Behandlung tun. Um aber das Wesen der Behandlung gründlich schildern zu können, dazu bedarf es verschiedener Vorarbeiten, welche das Problem von verschiedenen Seiten her in Angriff nehmen. Die Frage der analytischen Behandlung ist äußerst komplex, obschon gewisse Autoren sich an Simplifikationen überbieten und glauben machen wollen, daß die bekannten «Wurzeln» der Krankheit sehr einfach auszuziehen seien. Ich warne vor allem Leichtsinn in dieser Hinsicht. Ich sähe es lieber, wenn ernsthafte Köpfe mit den großen Problemen, welche die Analyse in Fluß gebracht hat, sich gründlich und gewissenhaft auseinandersetzten. Es wäre wirklich an der Zeit, daß die akademische Psychologie sich einmal zur Wirklichkeit bekehrte und von der wirklichen Menschenseele hören wollte, und nicht bloß von Laboratoriumsexperimenten. Es sollte nicht mehr so sein, daß Professoren ihren Schülern die Beschäftigung mit analytischer Psychologie verbieten oder ihnen den Gebrauch analytischer Begriffe untersagen, oder daß man unserer Psychologie den Vorwurf macht, daß sie in unwissenschaftlicher Weise «Alltagserfahrungen berücksichtige». Ich weiß, daß die allgemeine Psychologie den größten Gewinn aus einer ernsthaften Beschäftigung mit dem Traumproblem ziehen könnte, wenn sie sich nur einmal von dem ganz ungerechtfertigten und laienhaften Vorurteil, die Träume entsprängen ausschließlich somatischen Reizen, befreien könnte. Die Überschätzung des Somatischen ist auch in der Psychiatrie einer der wesentlichsten Gründe, warum die Psychopathologie keine Fortschritte macht, insofern sie nicht direkt von der Analyse befruchtet ist. Das Dogma «Geisteskrankheiten sind Gehirnkrankheiten» ist ein Überbleibsel

---

[19] Im nachfolgenden, viel später verfaßten Aufsatz finden sich noch einige Ergänzungen.

des Materialismus der Siebzigerjahre des vorigen Jahrhunderts. Es ist zu einem durch nichts zu rechtfertigenden Vorurteil geworden, das jeden Fortschritt hemmt. Selbst wenn es wahr wäre, daß alle Geisteskrankheiten Gehirnkrankheiten sind, so wäre das noch lange kein Gegengrund gegen die Erforschung der psychischen Seite der Krankheit. Das Vorurteil wird aber benützt, um alle Versuche in dieser Hinsicht von vornherein zu diskreditieren und totzuschlagen. Der Beweis, daß alle Geisteskrankheiten Gehirnkrankheiten sind, ist aber nie erbracht worden, kann auch gar nie erbracht werden, sonst müßte auch bewiesen werden können, daß der Mensch so oder so denkt oder handelt, weil die oder jene Eiweißkörper in den oder jenen Zellen zerfallen sind oder sich gebildet haben. Eine solche Ansicht führt direkt zum materialistischen Evangelium: «Was der Mensch *ißt,* das ist er.» Diese Orientierung möchte das Geistesleben als Assimilations- und Dissimilationsvorgänge in den Gehirnzellen verstehen, wobei letztere notwendigerweise immer nur als Laboratoriumssynthesen und -desintegrationen gedacht werden, denn die Vorgänge so denken, wie das Leben sie schafft, ist solange gänzlich ausgeschlossen, als wir den Lebensprozeß selbst nicht nachdenken können. Aber so müßte man die Zellvorgänge denken können, wenn man Anspruch erheben wollte auf die Gültigkeit der materialistischen Anschauung. Damit hätte man aber bereits den Materialismus überwunden, indem man das Leben nie als eine Funktion des Stoffes, sondern nur als einen an und für sich selbst bestehenden Prozeß, dem Kraft und Stoff subordiniert sind, denken kann. Leben als Funktion des Stoffes fordert generatio aequivoca. Auf diesen Beweis wird man aber noch lange warten müssen. Ebensowenig aber, wie wir berechtigt sind, das Leben überhaupt einseitig, willkürlich und beweislos materialistisch aufzufassen, sind wir berechtigt, die Psyche als Gehirnvorgang zu verstehen, ganz abgesehen davon, daß der Versuch, sich etwas Derartiges vorzustellen, allein schon aberwitzig ist und auch immer Aberwitz zutage gefördert hat, sooft er ernsthaft gemacht wurde. Vielmehr ist der psychische Vorgang als psychisch zu betrachten, und nicht als ein organischer Zellvorgang. So sehr man sich entrüstet über «metaphysische Phantome», wenn jemand den Zellvorgang vitalistisch erklärt, so sehr gilt die physische Hypothese als «wissenschaftlich», obschon sie nicht minder phantastisch ist. Sie paßt aber ins materialistische Vorurteil, und darum ist jeder Unsinn, sobald er nur Psychisches in Physisches zu verkehren verspricht, wissenschaftlich geheiligt. Hoffentlich ist die Zeit nicht mehr fern, wo dieser Zopf eines eingerosteten und gedankenlos gewordenen Materialismus unseren Wissenschaftsvertretern abgeschnitten wird.

X
VOM WESEN DER TRÄUME

[Ursprünglich erschienen in der Ciba Zeitschrift IX/99 (Basel, Juli 1945). Bearbeitet und erweitert in: *Über psychische Energetik und das Wesen der Träume*. (Psychologische Abhandlungen II) Rascher, Zürich 1948; Paperback 1965. Studienausgabe bei Walter, Olten 1971.]

VOM WESEN DER TRÄUME

Die medizinische Psychologie zeichnet sich vor allen anderen naturwis- 530
senschaftlichen Disziplinen dadurch aus, daß sie sich mit den komplexe-
sten Problemen auseinanderzusetzen hat, ohne sich auf gesicherte Versuchs-
anordnungen, Experimentalserien und logisch faßbare Tatbestände stützen
zu können. Im Gegenteil sieht sie sich einer Unzahl beständig wechselnder irrationaler Gegebenheiten gegenübergestellt; ist doch die Seele wohl
das undurchsichtigste und unnahbarste Gebilde, mit dem sich wissenschaftliches Denken je beschäftigt hat. Man muß zwar annehmen, daß alle
psychischen Erscheinungen irgendwie in einer im weitesten Sinne kausalen Abfolge stehen, obschon es ratsam ist, gerade hier zu berücksichtigen,
daß Kausalität in letzter Linie bloß eine statistische Wahrheit ist. Es ist
daher vielleicht in gewissen Fällen nicht ganz unangebracht, einer möglicherweise absoluten Irrationalität wenigstens eine Türe offenzulassen,
auch wenn man, schon aus heuristischen Gründen, zunächst in allen Fällen die Frage nach der Kausalität aufwirft. Ebenso tut man gut daran,
auch innerhalb dieser Fragestellung wenigstens eine der klassischen Begriffs-
scheidungen, nämlich die der causa efficiens und der causa finalis, in Betracht zu ziehen. Bei psychischen Dingen ist eben die Frage: Warum geschieht es? nicht notwendigerweise ergiebiger als die andere Frage: Wozu
geschieht es?

Unter den vielen Problemen der medizinischen Psychologie gibt es ein Sor- 531
genkind, und das ist der Traum. Es wäre nun eine ebenso interessante wie
schwierige Aufgabe, den Traum ausschließlich in seinen ärztlichen Aspekten
zu behandeln, nämlich in bezug auf Diagnose und Prognose krankhafter Zustände. Der Traum beschäftigt sich tatsächlich auch mit Gesundheit und
Krankheit, und da er, vermöge seiner unbewußten Herkunft, aus dem Schatze
unterschwelliger Wahrnehmungen schöpft, so kann er gelegentlich sehr wis-
senswerte Dinge produzieren. Dies hat sich mir schon öfters als hilfreich erwiesen in Fällen schwieriger Differentialdiagnosen bei organischen und psychogenen Symptomen. Auch für die Prognose sind gewisse Träume belang-

reich[1]. Auf diesem Gebiet fehlen aber noch alle nötigen Vorarbeiten, wie sorgfältige kasuistische Sammlungen und dergleichen mehr. Es ist eine Aufgabe der Zukunft, daß psychologisch geschulte Ärzte systematisch Träume protokollieren, da man so Gelegenheit hätte, ein Traummaterial zu erhalten, das sich auf den später erfolgenden Ausbruch lebensbedrohender akuter Erkrankungen oder sogar auf den letalen Ausgang bezöge, also auf Ereignisse, die zur Zeit der Protokollaufnahme nicht vorauszusehen waren. Die Erforschung der Träume im allgemeinen ist an sich schon eine Lebensarbeit. Zur Ausarbeitung im einzelnen aber bedarf es der Mitarbeit vieler. Ich habe es daher vorgezogen, in dieser kurzen Übersicht die fundamentalen Aspekte der Traumpsychologie und -interpretation so zu behandeln, daß auch der auf diesem Gebiete Unerfahrene sich ein Bild von Fragestellung und Methodik machen kann. Der Kenner dieser Materie wird mir wohl beipflichten, wenn ich die Kenntnis des Grundsätzlichen für wichtiger halte als eine Anhäufung von Kasuistik, welche die mangelnde Erfahrung doch nicht zu ersetzen vermag.

532   Der Traum ist ein Stück *unwillkürlicher* psychischer Tätigkeit, das gerade soviel Bewußtheit hat, um im Wachzustand reproduzierbar zu sein. Unter den seelischen Erscheinungen bietet der Traum vielleicht am meisten «irrationale» Gegebenheiten. Er scheint ein Minimum von jener logischen Verknüpftheit und Hierarchie der Werte mitbekommen zu haben, die die sonstigen Bewußtseinsinhalte aufweisen, und ist darum weniger durchschaubar und faßbar. Logisch, moralisch und ästhetisch befriedigend kombinierte Träume gehören ja zu den Ausnahmen. In der Regel ist der Traum ein sonderbares und fremdartiges Gebilde, das sich durch viele «schlechte Eigenschaften», wie Mangel an Logik, zweifelhafte Moral, unschöne Gestaltung und offensichtliche Widersinnigkeit oder Sinnlosigkeit auszeichnet. Man tut ihn deshalb gerne als dumm, sinn- und wertlos ab.

533   Jede Deutung eines Traumes ist eine psychologische Aussage über gewisse seelische Inhalte des Traumes. Sie ist daher nicht ungefährlich, da der Träumer in der Regel, wie die meisten Menschen, eine oft erstaunliche Empfindlichkeit zeigt, nicht nur für unrichtige, sondern vor allem auch für richtige Bemerkungen. Da es nur unter ganz besonderen Voraussetzungen möglich ist, einen Traum ohne die Mitbeteiligung des Träumers zu bearbeiten, so bedarf es meist einer ungewöhnlichen Anstrengung, taktvoll zu sein, wenn man nicht unnötig ein fremdes Selbstgefühl verletzen will. Was soll man zum Beispiel

---

[1] Vgl. meinen Aufsatz *Die praktische Verwendbarkeit der Traumanalyse.*

sagen, wenn ein Patient eine Reihe wenig dezenter Träume erzählt und daran
die Frage knüpft: «Warum soll *ich* gerade solche ekelhaften Träume haben?»
Auf eine derartige Frage gibt man besser keine Antwort, denn sie ist aus mehreren Gründen schwierig zu beantworten, namentlich für den Anfänger, und
allzuleicht sagt man unter solchen Umständen etwas Ungeschicktes, und zwar
gerade dann, wenn man die Frage beantworten zu können vermeint. Das Verstehen der Träume ist nämlich eine so schwierige Sache, daß ich es mir schon
längst zur Regel gemacht habe, wenn mir jemand einen Traum erzählt und
nach meiner Meinung fragt, vor allem einmal zu mir selber zu sagen: «Ich habe keine Ahnung, was dieser Traum bedeutet.» Nach dieser Feststellung kann
ich dann darangehen, den Traum zu untersuchen.

Hier wird sich der Leser allerdings die Frage vorlegen: Lohnt es sich über- 534
haupt, im einzelnen Fall dem Sinn eines Traumes nachzuforschen, vorausgesetzt, daß Träume überhaupt einen Sinn haben und daß dieser sich im allgemeinen nachweisen läßt.

Daß zum Beispiel ein Tier ein Vertebrat ist, kann leicht damit bewiesen 535
werden, daß man die Wirbelsäule bloßlegt. Wie aber muß man vorgehen,
wenn man eine innere, sinnvolle Struktur des Traumes «bloßlegen» soll? Es
gibt anscheinend zunächst keine eindeutigen Formgesetze und überhaupt
keine regelmäßigen Verhaltensweisen des Traumes, abgesehen von den allbe-
kannten «typischen» Träumen, wie zum Beispiel dem Alptraum oder «Schrät-
teli». Angstträume sind zwar nicht selten, bilden aber keineswegs die Regel.
Daneben gibt es *typische* Traummotive, die auch dem Laien bekannt sind, wie
zum Beispiel das Fliegen, das Treppen- oder Bergsteigen, das Herumgehen
mit ungenügender Bekleidung, das Zahnausfallen, die Volksmenge, das Hotel, den Bahnhof, die Eisenbahn, das Flugzeug, das Automobil, die beängsti-
genden Tiere (Schlangen) usw. Diese Motive sind recht häufig, genügen aber
keineswegs, um auf eine Gesetzmäßigkeit im Gefüge des Traumes schließen
zu können.

Es gibt Menschen, die von Zeit zu Zeit immer wieder denselben Traum 536
haben. Namentlich kommt dies in jugendlichem Alter vor; gelegentlich aber
erstreckt sich eine solche Wiederholung auch über mehrere Jahrzehnte. Dabei
handelt es sich nicht selten um sehr eindrucksvolle Träume, wo man unbedingt das Gefühl hat, daß sie «doch etwas heißen müssen». Dieses Gefühl besitzt insofern seine Berechtigung, als man auch bei größter Vorsicht nicht um
die Annahme herumkommt, daß von Zeit zu Zeit eine bestimmte psychische
Situation eintritt, die den Traum veranlaßt. Eine «psychische Situation» ist

aber etwas, das, wenn es formuliert werden kann, identisch ist mit einem bestimmten *Sinn* – dies allerdings nur, wenn man sich nicht auf die durchaus
unbewiesene Hypothese versteift, daß alle Träume auf Magenverstimmun-
gen, Rückenlage des Schläfers und dergleichen mehr zurückzuführen seien.
Solche Träume legen es einem in der Tat nahe, einen gewissen kausalen Sinngehalt wenigstens zu vermuten. Dasselbe gilt von den sogenannten typischen
Motiven, die sich viele Male in längeren Traumserien wiederholen. Auch hier
kann man sich schwer des Eindruckes erwehren, daß «damit etwas gemeint»
sei.

537   Aber wie gelangen wir zu einem plausibeln Sinn, und wie können wir dann
die Richtigkeit der Auslegung bestätigen? Eine erste, allerdings nicht wissenschaftliche Methode bestände darin, daß man an Hand eines Traumbuches
zukünftige Ereignisse aus den Träumen prophezeien und durch ihr späteres
Eintreten die Deutung verifizieren könnte, vorausgesetzt, daß der Sinn der
Träume darin läge, daß sie die Zukunft vorausnehmen.

538   Eine andere Möglichkeit, den Sinn eines Traumes direkt nachzuweisen,
bestände vielleicht darin, daß man, auf die Vergangenheit zurückschließend,
aus dem Auftreten bestimmter Motive frühere Erlebnisse rekonstruierte. Obschon dies in beschränktem Maße möglich ist, so hätte es aber nur dann einen
entscheidenden Wert, wenn man damit etwas erkennen könnte, was tatsächlich stattgefunden hat, dem Träumer aber unbewußt geblieben ist, oder allen-
falls etwas, was er unter keinen Umständen preisgeben möchte. Ist beides
nicht der Fall, so handelt es sich um ein bloßes Erinnerungsbild, dessen Auftreten im Traum erstens von niemand bestritten wird und zweitens in Hinsicht auf eine sinnvolle Traumfunktion äußerst belanglos ist, insofern als der
Träumer ebensogut bewußt darüber hätte Auskunft geben können. Leider
sind damit die Möglichkeiten eines direkten Sinn-Nachweises erschöpft.

539   Es ist das große Verdienst FREUDS, der Traumforschung auf die Spur verholfen zu haben [2]. Er hat vor allem erkannt, daß wir ohne den Träumer keine
Deutung vornehmen können. Die Wörter, die einen Traumbericht zusammensetzen, haben eben nicht bloß *einen* Sinn, sondern sind vieldeutig. Träumt
zum Beispiel jemand von einem Tisch, so weiß man noch lange nicht, was der
«Tisch» des Träumers bedeutet, obwohl das Wort Tisch unzweideutig genug
zu sein scheint. Wir wissen nämlich eines nicht, und zwar, daß dieser Tisch
gerade jener Tisch ist, an dem sein Vater saß, als er dem Träumer jegliche wei-

---

[2] Vgl. *Die Traumdeutung.*

tere finanzielle Hilfe versagte und ihn als Taugenichts aus dem Hause warf. Die blanke Oberfläche dieses Tisches starrte ihm als Symbol seiner katastrophalen Untauglichkeit im Bewußtsein des Tages sowohl wie im Traume der Nacht entgegen. Das ist, was unser Träumer unter «Tisch» versteht. Darum brauchen wir die Hilfe des Träumers, um die Vielfalt der Wortbedeutungen auf das Wesentliche und Überzeugende einzuschränken. Daß der Tisch einen peinlichen Hauptpunkt im Leben des Träumers bezeichnet, daran kann jeder zweifeln, der nicht dabei war. Der Träumer aber zweifelt nicht daran, auch ich nicht. Es ist klar, daß die Traumdeutung in allererster Linie ein Erlebnis ist, das zunächst nur für zwei Personen einwandfrei feststeht.

Wenn wir also zur Feststellung gelangen, daß der Tisch im Traum eben 540 jenen fatalen Tisch mit allem, was daran hängt, bedeutet, dann haben wir zwar nicht den Traum, aber wenigstens dieses einzelne Motiv in der Hauptsache gedeutet, das heißt wir erkannten, in was für einem subjektiven Kontext das Wort Tisch steht.

Wir kamen zu diesem Ergebnis durch die methodische Befragung der Ein- 541 fälle des Träumers. Die weiteren Prozeduren, denen FREUD die Trauminhalte unterzieht, muß ich allerdings ablehnen, denn sie stehen zu sehr unter der vorgefaßten Meinung, daß die Träume Erfüllungen «verdrängter Wünsche» seien. Obschon es auch solche Träume gibt, so ist das noch lange kein Beweis dafür, daß alle Träume Wuscherfüllungen sind, sowenig alle Gedanken des bewußten Seelenlebens Wunscherfüllungen sind. Es besteht gar kein Grund zur Annahme, daß die dem Traum zugrunde liegenden unbewußten Vorgänge in Form und Inhalt beschränkter oder eindeutiger seien als die Bewußtseinsvorgänge. Man könnte eher von den letztgenannten vermuten, daß sie sich auf bekannte Typen einschränken lassen, indem sie meist die Regelmäßigkeit oder gar Monotonie der bewußten Lebensführung abbilden.

Um den Sinn des Traumes festzustellen, habe ich auf Grund der oben erläu- 542 terten Erkenntnis ein Verfahren ausgebildet, das ich als das *Aufnehmen des Kontextes* bezeichne und das darin besteht, daß bei jeder hervorstechenden Einzelheit des Traumes durch die *Einfälle des Träumers* festgestellt wird, in welcher Bedeutungsnuance sie ihm erscheint. Ich verfahre also nicht anders als bei der Dechiffrierung eines schwer lesbaren Textes. Diese Methode ergibt als Resultat durchaus nicht immer einen unmittelbar verständlichen Text, sondern zunächst oft nur einen als bedeutsam erscheinenden Hinweis auf zahlreiche Möglichkeiten. Ich behandelte einmal einen jüngeren Mann, der mir in der Anamnese angab, glücklich verlobt zu sein, und zwar mit einem Mädchen aus «guter» Familie. In seinen Träumen trat ihre Gestalt öfters in sehr unvorteilhafter Weise auf. Der Kontext ergab, daß das Unbewußte des Träumers allerlei Skandalgeschichten aus ganz anderer Quelle mit der Gestalt seiner Braut kombinierte, was ihm durchaus unbegreiflich war und mir natürlich ebenfalls. Aus der ständigen Wiederholung solcher Kombinationen mußte ich aber schließen, daß trotz seinem bewußten Widerstand eine unbewußte Tendenz vorlag, seine Braut in solch zweideutigem Licht erscheinen zu lassen. Er sagte mir, wenn so etwas wahr wäre, so würde ihm das soviel wie eine Katastrophe bedeuten. Seine akute Neurose hatte einige Zeit nach der Verlobungsfeier eingesetzt. Trotz der Undenkbarkeit schien mir die Verdächtigung seiner Braut ein Punkt von so kapitaler Wichtigkeit zu sein, daß ich ihm anriet, Nachforschungen anzustellen. Diese erwiesen nun den Verdacht als gerechtfertigt, und der «Schock» der unerfreulichen Entdeckung erschlug den Patienten nicht, sondern kurierte ihn von seiner Neurose und damit auch von seiner Braut. Obgleich also die Aufnahme des Kontextes eine sogenannte «Undenkbarkeit» und damit eine anscheinend widersinnige Deutung der Träume ergab, so erwies sie sich dennoch im Lichte der später entdeckten Tatsachen als richtig. Dieser Fall ist von exemplarischer Einfachheit. Es ist überflüssig, zu betonen, daß die wenigsten Träume eine so einfache Lösung finden.

543   Das Aufnehmen des Kontextes ist allerdings eine einfache, beinahe mechanische Arbeit, die nur vorbereitende Bedeutung hat. Die darauffolgende Herstellung eines lesbaren Textes, nämlich die eigentliche Interpretation des Traumes, ist dagegen in der Regel eine anspruchsvolle Aufgabe. Sie setzt psychologische Einfühlung, Kombinationsfähigkeit, Intuition, Welt- und Menschenkenntnis und vor allem ein spezifisches Wissen voraus, bei dem es ebensosehr auf ausgedehnte Kenntnisse wie auf eine gewisse «intelligence du cœur» ankommt. Alle diese Voraussetzungen, sogar die letztgenannte inbegriffen, gelten für die Kunst der ärztlichen Diagnostik überhaupt. Es bedarf durchaus nicht eines sechsten Sinnes, um Träume verstehen zu können. Aber es braucht mehr als geistlose Schemata, wie sie sich in vulgären Traumbüchlein finden oder sich fast stets unter dem Einfluß vorgefaßter Meinungen entwickeln. Die stereotype Auslegung von Traummotiven ist abzulehnen; gerechtfertigt sind nur spezifische, durch sorgfältige Kontextaufnahmen eruierbare Bedeutungen. Auch wenn man eine große Erfahrung auf diesem Gebiete besitzt, so ist man doch immer wieder genötigt, vor jedem Traum sein Nichtwissen sich einzugestehen und, auf alle vorgefaßten Meinungen verzichtend, sich auf etwas gänzlich Unerwartetes einzustellen.

So sehr die Träume auf ein bestimmt geartetes Bewußtsein und auf eine 544
bestimmte seelische Situation sich beziehen, so tief liegen ihre Wurzeln in
dem unerkennbar dunkeln Hintergrund des Bewußtseinsphänomens. Wir
nennen diesen Hintergrund aus Ermangelung eines bezeichnenderen Ausdruckes das *Unbewußte*. Wir kennen sein Wesen an und für sich nicht, sondern
beobachten nur gewisse Auswirkungen, aus deren Beschaffenheit wir gewisse
Rückschlüsse auf die Natur der unbewußten Psyche wagen. Weil der Traum
eine ungemein häufige und normale Äußerung der unbewußten Psyche ist,
liefert er das meiste Erfahrungsmaterial zur Erforschung des Unbewußten.

Da nun der Sinn der meisten Träume nicht mit den Tendenzen des Be- 545
wußtseins zusammenfällt, sondern eigentümliche Abweichungen aufweist,
müssen wir annehmen, daß das Unbewußte, die Matrix der Träume, eine selbständige Funktion hat. Ich bezeichne dies als *Autonomie des Unbewußten*. Der
Traum gehorcht nicht nur nicht unserem Willen, sondern stellt sich sogar
recht häufig in grellen Gegensatz zu den Absichten des Bewußtseins. Der Gegensatz ist aber nicht immer so ausgeprägt; zuweilen kann der Traum auch
nur in geringem Maße von der bewußten Einstellung oder Tendenz abweichen und Modifikationen anbringen; ja, er kann sogar gelegentlich mit Inhalt
und Tendenz des Bewußtseins koinzidieren. Um dieses Verhalten zu formulieren, bot sich mir als einzig möglicher Begriff der der *Kompensation* an, welcher allein imstande ist, wie mir scheint, alle Verhaltensweisen des Traumes
sinnvoll zusammenzufassen. Die Kompensation muß von der *Komplementie-
rung* streng unterschieden werden. Das Komplement ist ein zu beschränkter
und beschränkender Begriff, der nicht genügt, um die Traumfunktion passend zu erklären, da er ein sozusagen zwangsläufiges Ergänzungsverhältnis
bezeichnet[3]. Die Kompensation dagegen ist, wie der Terminus besagt, eine
Gegeneinanderhaltung und Vergleichung verschiedener Daten oder Standpunkte, wodurch ein Ausgleich oder eine Berichtigung entsteht.

In dieser Hinsicht gibt es drei Möglichkeiten. Wenn die Einstellung des 546
Bewußtseins zur Lebenssituation in hohem Maße einseitig ist, stellt sich der
Traum auf die Gegenseite. Hat das Bewußtsein eine der «Mitte» relativ ange-
näherte Stellung, so begnügt sich der Traum mit Varianten. Ist die Stellung
des Bewußtseins aber «korrekt» (adäquat), so koinzidiert der Traum und un-
terstreicht damit dessen Tendenz, ohne jedoch dabei seine ihm eigentümliche

---

[3] Damit soll das Prinzip der Komplementarität nicht in Abrede gestellt sein. Der Begriff
der Kompensation bedeutet nur eine psychologische Verfeinerung desselben.

Autonomie zu verlieren. Da man indessen nie mit Sicherheit weiß, wie die Bewußtseinssituation eines Patienten zu bewerten ist, so ist dadurch eine Traumdeutung ohne Befragung des Träumers von vornherein ausgeschlossen. Aber auch wenn wir die bewußte Situation kennen, so wissen wir damit noch nichts über die Haltung des Unbewußten. Da das Unbewußte nicht nur die Matrix der Träume, sondern auch die der psychogenen Symptome ist, kommt der Frage nach der Haltung des Unbewußten eine besondere praktische Wichtigkeit zu. Unbekümmert darum, ob ich und andere mit mir meine bewußte Einstellung als richtig empfinden, kann das Unbewußte sozusagen «anderer Meinung sein». Dies ist – und namentlich im Fall einer Neurose – insofern nicht gleichgültig, als es das Unbewußte durchaus in der Hand hat, allerlei unliebsame Störungen durch oft folgenschwere Fehlhandlungen zu verursachen oder neurotische Symptome zu erzeugen. Solche Störungen beruhen auf einer Nichtübereinstimmung von «bewußt» und «unbewußt». «Normalerweise» sollte wohl eine solche Übereinstimmung vorhanden sein. Tatsache ist aber, daß sie sehr häufig nicht besteht, und dies ist der Grund zu einer unabsehbaren Vielzahl psychogener Unzuträglichkeiten, von schweren Unglücksfällen und Krankheit bis zum harmlosen lapsus linguae. Auf diese Beziehungen hingewiesen zu haben, ist das Verdienst von FREUD[4].

547   Obschon in der weitaus überwiegenden Mehrzahl der Fälle die Kompensation auf die Herstellung eines normalen seelischen Gleichgewichtes abzielt und sich damit als eine Art Selbststeuerung des psychischen Systems erweist, so darf man sich mit dieser Erkenntnis doch nicht begnügen, denn unter gewissen Bedingungen und in gewissen Fällen (zum Beispiel bei latenten Psychosen) führt die Kompensation zu einem fatalen Ausgang (Überwiegen destruktiver Tendenzen!), zum Beispiel zu Selbstmord oder sonstigen abnormen Handlungen, die eben im Lebensplan gewisser belasteter Individuen «vorgemerkt» sind.

548   In der Neurosenbehandlung stellt sich die Aufgabe, den Einklang zwischen «bewußt» und «unbewußt» wieder annähernd herzustellen. Dies kann bekanntlich auf vielerlei Weise geschehen, angefangen mit «natürlicher Lebensweise», Vernunfteinreden, Willensstärkung bis zur «Analyse des Unbewußten».

549   Weil die einfacheren Methoden so oft versagen und der Arzt dann nicht mehr weiß, wie er den Patienten weiterbehandeln soll, bietet die kompensato-

---

[4] Vgl. *Zur Psychopathologie des Alltagslebens*.

rische Funktion der Träume eine willkommene Hilfe. Nicht, daß etwa die Träume moderner Menschen unmittelbar die passenden Heilmittel angäben, wie dies von den Inkubationsträumen berichtet wird, die in den Asklepiostempeln geträumt wurden [5]; sie beleuchten aber die Situation des Patienten in einer Art und Weise, die überaus gesundheitsfördernd sein kann. Sie bringen Erinnerungen, Einsichten, Erlebnisse, sie wecken Schlafendes in der Persönlichkeit und decken Unbewußtes in den Beziehungen auf, so daß selten einer, der es sich nicht verdrießen ließ, seine Träume während längerer Zeit mit berufenem Beistand zu verarbeiten, ohne Bereicherung und Erweiterung seines Horizontes geblieben ist. Gerade vermöge des kompensatorischen Verhaltens erschließt die konsequent durchgeführte Analyse der Träume neue Gesichtspunkte und öffnet neue Wege, die über den gefürchteten Stillstand hinweghelfen.

Mit dem Begriff der Kompensation ist allerdings nur eine ganz allgemeine Charakterisierung der Traumfunktion gegeben. Wenn man, wie dies in längeren und schwierigen Behandlungen der Fall ist, über viele Hunderte sich erstreckende Serien von Träumen vor die Augen bekommt, dann drängt sich dem Beobachter allmählich ein Phänomen auf, das beim einzelnen Traum hinter der jeweiligen Kompensation verborgen ist. Es ist dies eine Art von Entwicklungsvorgang in der Persönlichkeit. Zunächst erscheinen einem die Kompensationen als jeweilige Ausgleichungen von Einseitigkeiten oder Ausbalancierungen gestörter Gleichgewichtslagen. Bei tieferer Einsicht und Erfahrung dagegen ordnen sich diese anscheinend einmaligen Kompensationsakte einer Art von Plan ein. Sie scheinen unter sich zusammenzuhängen und in tieferem Sinne einem gemeinsamen Ziel untergeordnet zu sein, so daß eine lange Traumserie nicht mehr als ein sinnloses Aneinanderreihen inkohärenter und einmaliger Geschehnisse erscheint, sondern als ein wie in planvollen Stufen verlaufener Entwicklungs- oder Ordnungsprozeß. Ich habe diesen in der Symbolik langer Traumserien sich spontan ausdrückenden unbewußten Vorgang als *Individuationsprozeß* bezeichnet.

Mehr als irgendwo sonst in der darstellenden Behandlung der Traumpsychologie wären hier erläuternde Beispiele am Platze. Dies ist aber leider aus technischen Gründen ganz unmöglich. Deshalb sei auf mein Buch «*Psychologie und Alchemie*» hingewiesen, das unter anderem eine Untersuchung über die Struktur von Traumserien mit besonderer Berücksichtigung des Individuationsprozesses enthält.

---

[5] Vgl. C. A. MEIER, *Antike Inkubation und moderne Psychotherapie.*

552   Die Frage, ob lange Traumserien, aufgenommen außerhalb der analytischen Prozedur, ebenfalls einen auf die Individuation hindeutenden Entwick-
lungsgang erkennen lassen, ist aus Mangel an entsprechenden Untersuchungen noch ganz ungeklärt. Die analytische Prozedur bedeutet, namentlich
wenn sie die systematische Traumanalyse einschließt, einen «process of quick-
ened maturation», wie STANLEY HALL einmal treffend bemerkte. Es wäre daher möglich, daß die Motive, welche den Individuationsvorgang begleiten,
hauptsächlich und in erster Linie nur in Traumserien, die innerhalb der analytischen Prozedur aufgenommen werden, in Erscheinung treten, während sie
in «außeranalytischen» Traumserien vielleicht nur in bedeutend größerer zeitlicher Distanzierung vorkommen.

553   Ich habe oben erwähnt, daß die Traumdeutung nebst anderem auch ein
spezifisches Wissen erfordere. Während ich es einem intelligenten Laien mit
einigen psychologischen Kenntnissen, einer gewissen Lebenserfahrung und
Übung durchaus zutraue, die Traumkompensation praktisch richtig diagno-
stizieren zu können, halte ich es für ausgeschlossen, daß jemand ohne Kenntnisse auf mythologischem und folkloristischem Gebiet, ohne ein Wissen um
die Psychologie der Primitiven und um die vergleichende Religionswissen-
schaft das Wesen des Individuationsprozesses versteht, der nach allem, was
wir wissen, der psychologischen Kompensation zugrunde liegt.

554   Nicht alle Träume sind von gleicher Wichtigkeit. Schon die Primitiven
unterscheiden «kleine» und «große» Träume. Wir würden etwa sagen «unbedeutende» und «bedeutende» Träume. Genauer besehen sind die «kleinen»
Träume die allnächtlichen Phantasiefragmente, die der subjektiven und persönlichen Sphäre entstammen und sich hinsichtlich ihrer Bedeutung in der
Alltäglichkeit erschöpfen. Deshalb werden solche Träume auch leicht vergessen, weil eben ihre Gültigkeit nicht weiter reicht als die täglichen Schwankungen des seelischen Gleichgewichtes. Bedeutungsvolle Träume dagegen werden oft ein Leben lang im Gedächtnis bewahrt, und nicht selten bilden sie das
Kernstück in der Schatzkammer seelischer Erlebnisse. Wie viele Menschen
habe ich angetroffen, die es bei der ersten Begegnung nicht lassen konnten zu
sagen: «Ich habe einmal einen Traum gehabt!» Gelegentlich war es der erste
Traum, an den sie sich überhaupt erinnern konnten und der zwischen dem
dritten und fünften Lebensjahr zustande kam. Ich habe viele solcher Träume
untersucht und fand an ihnen häufig eine Besonderheit, die sie vor anderen
Träumen auszeichnet. Es kommen in ihnen nämlich symbolische Gebilde
vor, denen wir auch in der Geschichte des menschlichen Geistes begegnen.

Bemerkenswert ist, daß der Träumer von der Existenz solcher Parallelen keine Ahnung zu haben braucht. Diese Besonderheit gilt für die Träume des Individuationsprozesses. Es sind in ihnen sogenannte mythologische Motive beziehungsweise Mythologeme enthalten, die ich als *Archetypen* bezeichnet habe. Darunter sind spezifische Formen und bildmäßige Zusammenhänge zu verstehen, die sich in übereinstimmender Form nicht nur in allen Zeiten und Zonen, sondern auch in den individuellen Träumen, Phantasien, Visionen und Wahnideen finden. Ihr häufiges Vorkommen in individuellen Fällen sowohl wie ihre ethnische Ubiquität beweisen, daß die menschliche Seele nur zu einem Teil einmalig und subjektiv oder persönlich ist, zum anderen aber kollektiv und objektiv[6].

Wir sprechen daher einerseits von einem *persönlichen,* andererseits von einem *kollektiven* Unbewußten, das gleichsam eine tiefere Schicht als das bewußtseinsnähere persönliche Unbewußte darstellt. Die «großen» beziehungsweise bedeutungsvollen Träume entstammen dieser tieferen Schicht. Ihre Bedeutsamkeit verrät sich, abgesehen vom subjektiven Eindruck, schon durch ihre plastische Gestaltung, die nicht selten dichterische Kraft und Schönheit zeigt. Solche Träume ereignen sich meist in schicksalsentscheidenden Abschnitten des Lebens, so in der ersten Jugend, in der Pubertätszeit, um die Lebensmitte (sechsunddreißigstes bis vierzigstes Jahr) und in conspectu mortis. Ihre Deutung ist oft mit beträchtlichen Schwierigkeiten verknüpft, weil das Material, das der Träumer beitragen kann, zu spärlich ist. Es handelt sich eben bei den archetypischen Gebilden nicht mehr um persönliche Erfahrungen, sondern gewissermaßen um allgemeine Ideen, deren Hauptbedeutung in dem ihnen eigentümlichen Sinn und nicht in irgendwelchen persönlichen Erlebniszusammenhängen besteht. Ein junger Mann träumte zum Beispiel *von einer großen Schlange, die in einem unterirdischen Gewölbe eine goldene Schale bewachte.* Er hatte zwar einmal eine Riesenschlange in einem zoologischen Garten gesehen, aber sonst vermochte er gar nichts anzuführen, was ihm zu einem solchen Traum hätte Anlaß geben können, außer die Erinnerung an märchenhafte Erzählungen. Nach diesem unbefriedigenden Kontext zu schließen, hätte der Traum, der sich aber gerade durch stärkste Affekte auszeichnete, eine durchaus gleichgültige Bedeutung. Damit wäre aber dessen ausgesprochene Emotionalität nicht erklärt. In einem solchen Fall müssen wir auf das Mythologem zurückgreifen, wo Schlange oder Drache, Hort und Höhle eine der Bewäh-

---

[6] Vgl. meine Schrift *Über die Psychologie des Unbewußten.*

rungsproben des Heldenlebens darstellen. Dann wird es klar, daß es sich um eine kollektive Emotion handelt, das heißt um eine typische, affektvolle Situation, die nicht in erster Linie ein persönliches Erlebnis ist, sondern erst sekundär zu einem solchen wird. Primär handelt es sich um ein allgemein menschliches Problem, das subjektiv übersehen wurde und das sich deshalb objektiv zum Bewußtsein durchdrängt[7].

556   Ein Mann in der Lebensmitte fühlt sich noch jung, und Alter und Tod liegen ihm ferne. Etwa mit sechsunddreißig Jahren überschreitet er aber den Zenit des Lebens, ohne sich der Bedeutung dieser Tatsache bewußt zu sein. Ist er nun ein Mensch, der nach seiner ganzen Veranlagung und Begabung ein állzugroßes Unbewußtsein nicht erträgt, so wird ihm die Erkenntnis dieses Momentes vielleicht in Form eines archetypischen Traumes aufgedrängt. Vergeblich wird er sich mit Hilfe eines sorgfältig aufgenommenen Kontextes bemühen, den Traum zu verstehen, denn dieser drückt sich in fremdartigen mythologischen Formen aus, die dem Träumer nicht geläufig sind. Der Traum benützt kollektive Figuren, weil er ein ewiges, unendlich sich wiederholendes menschliches Problem und nicht eine persönliche Gleichgewichtsstörung auszudrücken hat.

557   Alle jene Augenblicke des individuellen Lebens, wo die allgemeingültigen Gesetze menschlichen Schicksals die Absichten, Erwartungen und Anschauungen des persönlichen Bewußtseins durchbrechen, sind zugleich Stationen des Individuationsprozesses. Dieser Vorgang ist nämlich die spontane *Verwirklichung des ganzen Menschen.* Der ichbewußte Mensch bedeutet nur einen Teil des lebenden Ganzen, und sein Leben stellt noch keine Verwirklichung des Ganzen dar. Je mehr er bloßes Ich ist, desto mehr spaltet er sich vom kollektiven Menschen, der er auch ist, ab und gerät sogar in einen Gegensatz zu diesem. Da aber alles Lebende nach seiner Ganzheit strebt, so findet gegenüber der unvermeidlichen Einseitigkeit des Bewußtseinslebens eine beständige Korrektur und Kompensation von seiten des allgemein menschlichen Wesens in uns statt, mit dem Ziele einer schließlichen Integration des Unbewußten im Bewußtsein oder besser, einer Assimilation des Ich an eine umfangreichere Persönlichkeit.

558   Solche Überlegungen werden unvermeidlich, wenn man dem Sinn der «großen» Träume gerecht werden will. Sie verwenden nämlich zahlreiche

---

[7] Vgl. die von KARL KERÉNYI und mir herausgegebene Abhandlung *Einführung in das Wesen der Mythologie,* I/B [*Zur Psychologie des Kindarchetypus*].

Mythologeme, die das Leben des Heros, das heißt jenes größeren Menschen halbgöttlicher Natur, charakterisieren. Hier gibt es gefährliche Abenteuer und Bewährungsproben, wie sie in Initiationen vorkommen. Es gibt Drachen, hilfreiche Tiere und Dämonen. Wir begegnen dem alten Weisen, dem Tiermenschen, dem verborgenen Schatz, dem Wunschbaum, dem Brunnen, der Höhle, dem ummauerten Garten, den Wandlungsprozessen und Substanzen der Alchemie usw., lauter Dingen, die sich nirgends mit den Banalitäten des Alltags berühren. Der Grund hiefür ist, daß es sich um die Verwirklichung eines Persönlichkeitsteiles handelt, der noch nicht war, sondern erst im Begriffe ist, zu werden.

Die Art und Weise, wie solche Mythologeme, sich gegenseitig verdichtend 559 und modifizierend, im Traume auftreten, schildert die Abbildung (vergleiche Titelbild) von Nebukadnezars Traum [8]. Obschon das Bild anscheinend nichts anderes zu sein vorgibt als eine Darstellung jenes Traumes, so ist es vom darstellenden Künstler doch wie nochmals geträumt, was sofort ersichtlich wird, wenn man die Einzelheiten desselben genauer untersucht. Der Baum wächst (in unhistorischer Weise) aus dem Nabel des Königs: er ist also jener Stammbaum der Ahnen Christi, der aus dem Nabel Adams, des Stammvaters wächst [9]. Daher trägt er in der Krone den Pelikan, der mit seinem Blut die Jungen nährt, jene bekannte «allegoria Christi». Außerdem bildet der Pelikan jene Quincunx mit dem Tetramorphos, den vier Vögeln, welche an Stelle der vier Evangelistensymbole stehen. Dieselbe Quincunx findet sich auch unten, der Hirsch als Symbol Christi [10] und die vier erwartungsvoll nach oben blik-

---

[8] *Dan.* 4,7 ff.

[9] Der Baum ist zugleich ein alchemistisches Symbol. Vgl. *Psychologie und Alchemie* [Paragr. 499] und a. a. O.

[10] Der Hirsch ist eine allegoria Christi, weil die Legende ihm die Fähigkeit der Selbsterneuerung zuschreibt. So schreibt HONORIUS VON AUTUN in seinem *Speculum Ecclesiae* (col. 847): «Fertur quod cervus, postquam serpentem deglutiverit, ad aquam currat, ut per haustum aquae venenum ejiciat; et tunc cornuam et pilos excutiat et sic denuo nova recipiat.» (Es heißt, daß der Hirsch, nachdem er eine Schlange verschlungen habe, zur Quelle eile, um dort durch einen Schluck Wasser das Gift herausspeien zu können und dann das Geweih und die Haare abzuwerfen und neue zu empfangen.) Im *Saint-Graal* (hg. von HUCHER, III, pp. 219 und 224) wird erzählt, daß Christus den Jüngern bisweilen als *weißer Hirsch* mit vier Löwen (= Evangelisten) erscheine. In der Alchemie wird der Mercurius als Hirsch allegorisiert (MANGET, *Bibliotheca chemica*, II, tab. IX, fig. XIII, und a. a. O.), weil der Hirsch sich selber erneuern kann: «Les os du cuer du serf vault moult pour conforter le cuer humain.» (DELATTE, *Textes latins et vieux français relatifs aux Cyranides*, p. 346)

kenden Tiere. Diese beiden Quaternitäten haben allernächste Beziehung zu alchemistischen Vorstellungen: oben die volatilia, unten die terrena, erstere (wie gewöhnlich) als Vögel, letztere als quadrupeda dargestellt. Es hat sich also in die Darstellung des Traumbildes nicht nur die christliche Vorstellung des Stammbaumes und der Evangelistenquaternität, sondern auch der (alchemistische) Gedanke der doppelten Quaternität («superius est sicut quod inferius»[11]) eingedrängt. Diese Kontamination schildert in höchst anschaulicher Weise, wie die individuellen Träume mit den Archetypen verfahren. Letztere werden nicht nur unter sich (wie hier), sondern auch mit einmaligen individuellen Elementen verdichtet, verwoben und vermischt[12].

560   Wenn aber die Träume so wesentliche Kompensationen hervorbringen, warum sind sie dann nicht verständlich? Diese Frage wurde mir oft gestellt. Darauf muß man antworten, daß der Traum ein Naturereignis ist und daß die Natur keinerlei Neigung bekundet, ihre Früchte gewissermaßen gratis und der menschlichen Erwartung entsprechend zur Verfügung zu stellen. Man wendet oft ein, daß die Kompensation ja unwirksam sei, wenn der Traum nicht verstanden wird. Das ist aber nicht so sicher, da ja vieles wirkt, ohne daß es verstanden wird. Zweifellos aber können wir durch das Verstehen die Wirkung beträchtlich steigern, was oft notwendig ist, weil das Unbewußte überhört werden kann. «Quod natura relinquit imperfectum, ars perficit!» (Was die Natur unvollendet ließ, vollendet die Kunst!) lautet ein alchemistischer Ausspruch.

561   Was nun endlich die Gestalt der Träume anbetrifft, so findet sich schlechterdings alles, vom blitzartigen Eindruck bis zum unendlich langen Traumgespinst. Immerhin gibt es eine große Mehrzahl «durchschnittlicher» Träume, in denen sich eine gewisse Struktur erkennen läßt; und zwar ist sie derjenigen des *Dramas* nicht unähnlich. Der Traum beginnt zum Beispiel mit einer *Ortsangabe,* wie: «Ich bin auf einer Straße, es ist eine Allee» (1); oder «Ich bin in einem großen Gebäude, wie ein Hotel» (2) usw. Dazu kommt häufig eine Angabe über die *handelnden Personen,* zum Beispiel: «Ich gehe mit meinem Freund X spazieren in einer städtischen Anlage. Bei einer Wegkreuzung stoßen wir plötzlich auf Frau Y» (3); oder: «Ich sitze mit Vater und Mutter in einem Eisenbahncoupé» (4); oder «Ich bin in der Uniform, viele Dienstkameraden umgeben mich» (5) und so weiter. Zeitangaben sind seltener. Ich be-

[11] [Das Obere ist gleich dem Unteren.]
[12] Bezüglich der hier verwendeten alchemistischen Begriffe siehe *Psychologie und Alchemie*.

zeichne diese Phase des Traumes als *Exposition.* Sie gibt den Ort der Handlung, die handelnden Personen und häufig die Ausgangslage an.

Die zweite Phase ist die der *Verwicklung.* Zum Beispiel: «Ich bin auf einer 562
Straße, es ist eine Allee. In der Ferne taucht ein Automobil auf, das sich rasch nähert. Es fährt merkwürdig unsicher, und ich denke, der Chauffeur sei am Ende betrunken» (1). Oder «Frau Y scheint in großer Erregung zu sein und will mir hastig etwas zuflüstern, was offenbar mein Freund X nicht hören soll» (3). Die Situation wird irgendwie kompliziert, und es tritt eine gewisse Spannung ein, da man nicht weiß, was es jetzt geben soll.

Die dritte Phase ist die der *Kulmination* oder der *Peripetie.* Hier geschieht 563
etwas Entscheidendes, oder es schlägt etwas um, zum Beispiel: «Plötzlich bin *ich* im Wagen und anscheinend selber dieser betrunkene Chauffeur. Ich bin allerdings nicht betrunken, sondern seltsam unsicher und wie steuerlos. Ich kann den rasch fahrenden Wagen nicht mehr halten und stoße mit Krach in eine Mauer» (1). Oder «Plötzlich wird Frau Y leichenblaß und stürzt zu Boden» (3).

Die vierte und letzte Phase ist die *Lysis,* die *Lösung* oder das durch die 564
Traumarbeit erzeugte *Resultat* (es gibt gewisse Träume, bei denen die vierte Phase fehlt, was unter Umständen ein besonderes Problem bilden kann, das hier nicht zu diskutieren ist), zum Beispiel: «Ich sehe, daß der Vorderteil des Wagens zerschmettert ist. Es ist ein fremder Wagen, den ich nicht kenne. Ich selber bin unverletzt. Ich denke mit einiger Bangigkeit über meine Verantwortlichkeit nach» (1). Oder «Wir denken, Frau Y sei tot. Aber es ist offenbar nur eine Ohnmacht. Freund X ruft: ‹Ich muß einen Arzt holen›» (3). Die letzte Phase gibt einen abschließenden Tatbestand, der zugleich auch das «gesuchte» Resultat ist. Im Traum 1 ist offenbar nach einem gewissen steuerlosen Durcheinander eine neue Besinnlichkeit eingetreten, das heißt sie sollte eintreten, da der Traum kompensatorisch ist. In Traum 3 ist das Resultat der Gedanke, daß die Hilfe einer kompetenten Drittperson angezeigt wäre.

Der erste Träumer (1) ist ein Mann, der in schwierigen familiären Umstän- 565
den den Kopf etwas verloren hat und es nicht zum Äußersten wollte kommen lassen. Der zweite Träumer (3) war im Zweifel, ob er richtig daran tue, für seine Neurose die Hilfe eines Psychotherapeuten in Anspruch zu nehmen. Mit diesen Angaben ist der Traum freilich noch nicht gedeutet, sondern bloß seine Ausgangslage skizziert. Diese Vierphaseneinteilung läßt sich bei der Mehrzahl praktisch vorkommender Träume ohne besondere Schwierigkeiten ver-

wenden, was also bestätigen würde, daß der Traum meist eine «dramatische» Struktur hat.

566   Der wesentliche Inhalt der Traumhandlung ist, wie ich oben gezeigt habe, eine Art von feinabgestimmter Kompensation für eine gewisse Einseitigkeit, Irrtümlichkeit, Abweichung oder sonstige Defektuosität des bewußten Standpunktes. Eine meiner hysterischen Patientinnen, eine Aristokratin, die sich überflüssigerweise unendlich distinguiert vorkam, begegnete in ihren Träumen serienweise schmutzigen Fischweibern und betrunkenen Prostituierten. In extremen Fällen werden die Kompensationen dermaßen bedrohlich, daß aus Angst davor Schlaflosigkeit eintritt.

567   Der Traum kann einen also peinlichst desavouieren oder in anscheinend wohlwollendster Weise moralisch stützen. Das erstere kommt gerne vor bei Leuten, die eine zu gute Meinung von sich haben, wie die eben erwähnte Patientin, das letztere bei solchen, die sich für zu gering halten. Gelegentlich wird aber im Traum der Überhebliche nicht etwa bloß gedemütigt, sondern zu einem unwahrscheinlichen Rang erhöht, und zwar bis zur Lächerlichkeit, der allzu Demütige ebenso unwahrscheinlich erniedrigt («to rub it in», wie der Engländer sagt).

568   Bei vielen Leuten, die etwas, aber nicht genug von Träumen und deren Bedeutung wissen, entsteht unter dem Eindruck einer raffinierten und wie absichtlich erscheinenden Kompensation gerne das Vorurteil, der Traum habe tatsächlich eine moralische Absicht, er warne, tadle, tröste, sage voraus usw. Man läßt sich dadurch, daß man meint, das Unbewußte wisse ja alles besser, leicht verleiten, nötige Entscheidungen und Entschlüsse den Träumen zuzuschieben, und ist dann entsprechend enttäuscht, wenn die Träume immer nichtssagender werden. Die Erfahrung hat mir gezeigt, daß bei einiger Kenntnis der Traumpsychologie sich leicht eine Überschätzung des Unbewußten einstellt, welche die bewußte Entschlußkraft beeinträchtigt. Das Unbewußte funktioniert aber nur befriedigend, wenn das Bewußtsein seine Aufgaben bis zum Rande der Möglichkeit erfüllt. Was dann noch fehlt, vermag vielleicht ein Traum zu ergänzen, oder er kann einem da weiterhelfen, wo auch das beste Bemühen versagt hat. Wenn das Unbewußte dem Bewußtsein tatsächlich überlegen wäre, so wäre schlechterdings nicht einzusehen, worin denn schließlich der Nutzen des Bewußtseins bestände, beziehungsweise warum überhaupt je in der Phylogenese das Bewußtseinsphänomen als Notwendigkeit entstanden wäre. Wäre es ein bloßer lusus naturae, so käme der Tatsache, daß überhaupt jemand weiß, daß die Welt und er selber existieren, keinerlei

Bedeutung zu. Diese Ansicht ist irgendwie schwer verdaulich, ihr Hervorheben darum aus psychologischen Gründen zu vermeiden, auch wenn sie richtig wäre, was wir übrigens, glücklicherweise, niemals zu beweisen in der Lage sein werden (sowenig wie das Gegenteil!). Diese Frage gehört in den Bereich der Metaphysik, auf welchem Gebiete es kein Wahrheitskriterium gibt. Damit soll aber keineswegs die Tatsache unterschätzt werden, daß metaphysische Standpunkte für die Wohlfahrt der menschlichen Seele von größter Wichtigkeit sind.

Bei der Erforschung der Traumpsychologie stoßen wir auf weit hinausführende philosophische und sogar auf religiöse Probleme, zu deren Verständnis gerade das Phänomen der Träume schon entscheidende Beiträge geliefert hat. Aber wir könnten uns nicht rühmen, heute schon im Besitze einer allgemein befriedigenden Theorie oder Erklärung dieser schwer zu fassenden Erscheinung zu sein. Dazu ist uns das Wesen der unbewußten Psyche doch noch zu unbekannt. Auf diesem Gebiete ist noch unendlich viel geduldige und vorurteilslose Arbeit zu leisten, die sich niemand wird verdrießen lassen. Die Absicht der Forschung besteht ja nicht darin, sich im Besitz der alleinrichtigen Theorie zu wähnen, sondern durch Bezweiflung aller Theorien der Wahrheit allmählich näherzukommen. ⁵⁶⁹

XI

DIE PSYCHOLOGISCHEN GRUNDLAGEN
DES GEISTERGLAUBENS

[Vortrag, gehalten in der British Society for Psychical Research, 4. Juli 1919. Erschienen unter dem Titel «The Psychological Foundations of Belief in Spirits» in: *Proceedings of the Society for Psychical Research* XXXI/79 (London 1920). Deutsch in: *Über die Energetik der Seele.* (Psychologische Abhandlungen II) Rascher, Zürich 1928. Bearbeitet und erweitert in: *Über psychische Energetik und das Wesen der Träume.* (Psychologische Abhandlungen II) Rascher, Zürich 1948; Paperback 1965. Studienausgabe bei Walter, Olten 1971.]

DIE PSYCHOLOGISCHEN GRUNDLAGEN
DES GEISTERGLAUBENS

Wenn wir in die Vergangenheit des Menschengeschlechtes zurückblicken, so 570 finden wir neben vielen anderen religiösen Überzeugungen einen allgemein verbreiteten Glauben an die Existenz von Luft- oder Hauchwesen, welche sich in der Umgebung der Menschen aufhalten und ihn unsichtbar, aber wirksam beeinflussen. Meistens wird damit der Gedanke verknüpft, daß diese Wesen die Geister oder Seelen verstorbener Menschen seien. Dieser Glaube findet sich vom höchsten Kulturvolk bis zum Australneger, der noch im Steinzeitalter lebt. Bei den westlichen Kulturvölkern allerdings hat die seit etwas mehr als hundert Jahren bestehende rationalistische Aufklärungsepoche den Geisterglauben bekämpft und ihn bei einer großen Anzahl von Gebildeten verdrängt, zugleich mit anderen metaphysischen Überzeugungen.

Wie diese aber bei der großen Masse noch lebendig bestehen, so auch der 571 Geisterglaube. Das Spukhaus ist auch in den aufgeklärtesten und intellektuellsten Städten noch nicht ausgestorben, sowenig wie der Bauer aufgehört hat, an die Behexung seines Viehes zu glauben. Wir haben es im Gegenteil gesehen, daß der Geisterglaube gerade im Zeitalter des Materialismus – dieser unvermeidlichen Folge der rationalistischen Aufklärung – eine Wiederbelebung auf höherer Stufe erlebt hat, und diesmal nicht als einen Rückfall in die Dunkelheit des Aberglaubens, sondern als ein intensives wissenschaftliches Interesse, als ein Bedürfnis, mit dem Lichte der Wahrheit dieses düstere Chaos zweifelhafter Tatsachen zu erhellen. Die Namen eines CROOKES, MYERS, WALLACE, ZÖLLNER und vieler anderer ausgezeichneter Autoren symbolisieren diese Wiedergeburt und Erneuerung des Geisterglaubens. Wenn man sich auch über die Natur der Beobachtungen streitet, wenn man diesen Forschern auch Irrtümer und Selbsttäuschungen vorwerfen kann, so bleibt ihnen doch das unsterbliche moralische Verdienst, mit dem ganzen Gewicht ihrer Autorität und ihres großen wissenschaftlichen Namens, unter Hintansetzung persönlicher Ängstlichkeit, für diese Bemühungen, in der Finsternis ein neues Licht zu entzünden, eingetreten zu sein. Sie haben weder das akademische Vorurteil noch den Spott der Menge gescheut und haben gerade in einer Zeit, wo das Denken der Gebildeten mehr denn je der materialistischen Strömung verfiel, auf Phänomene psychischer Provenienz hingewiesen, welche zum Materialismus der Gegenwart in schärfstem Widerspruch zu stehen schienen.

572   Diese Männer bezeichnen daher eine Reaktion des menschlichen Geistes gegen die materialistische Weltanschauung. Vom Standpunkt der Geschichte aus betrachtet, ist es keineswegs erstaunlich, daß sie sich gerade des Geisterglaubens bedienten als der wirksamsten Waffe gegen die bloß sinnlich bedingte Wahrheit, denn der Geisterglaube hat auch für den Primitiven dieselbe funktionale Bedeutung. Die ungeheure Abhängigkeit des Primitiven von den umgebenden Umständen, die vielfache Not und Bedrängtheit seines Lebens unter feindlichen Nachbarn und gefährlichen Raubtieren, öfters ausgeliefert einer unbarmherzigen Natur, seine geschärften Sinne, seine sinnliche Begehrlichkeit, seine mangelhaft beherrschten Affekte, alles bindet ihn an physische Realitäten, so daß er stets in Gefahr steht, einer völlig materialistischen Einstellung und damit der Degeneration zu verfallen. Sein Geisterglaube aber, oder besser gesagt, seine Wahrnehmung des Geistigen, reißt ihn immer wieder aus der Bindung an die bloß sicht- und tastbare Welt heraus und drängt ihm die Gewißheit einer geistigen Realität auf, deren Gesetze er ebenso sorgsam und ängstlich zu befolgen hat wie die Gesetze der ihn umgebenden physischen Natur. Er lebt daher eigentlich in zwei Welten. Seine physische Realität ist zugleich auch eine Geisterwelt; so unleugbar ihm jene ist, so wirklich ist ihm auch diese, nicht etwa aus bloßem Dafürhalten, sondern aus Naivität der Wahrnehmung geistiger Dinge. Wo immer diese Naivität durch die Berührung mit der Kultur und ihrer für den Primitiven verderblichen Aufgeklärtheit zugrunde gegangen ist, hörte auch seine Bedingtheit durch das geistige Gesetz auf, und er degenerierte. Vor diesem Untergang wird ihn auch das Christentum nicht bewahren, denn diese hochentwickelte Religion verlangt auch eine hochentwickelte Psyche, um ihre segensreichen Wirkungen entfalten zu können.

573   Das Geisterphänomen ist dem Primitiven die unmittelbare Evidenz der Realität des Geistigen. Wenn wir näher untersuchen, worin für ihn das Geisterphänomen besteht, so finden wir folgende psychologische Tatsachen: Vor allem ist die *Geistervision* unter den Primitiven nicht selten. Man ist geneigt anzunehmen, daß diese beim Primitiven ungleich viel häufiger vorkomme als beim Kulturmenschen, und man leitet daraus die Idee ab, die Geistervision sei bloßer Aberglauben, denn bei einem aufgeklärten Menschen komme so etwas nie vor, außer etwa in krankhaften Zuständen. Es ist ganz gewiß, daß der Kul-

turmensch ungleich viel weniger von der Geisterhypothese Gebrauch macht als der Primitive; es ist aber meines Erachtens ebenso gewiß, daß das psychische Phänomen selber nicht sehr viel seltener bei ihm vorkommt als beim Primitiven. Ich bin überzeugt, daß ein Europäer, der dieselben Exerzitien und Praktiken durchliefe, welche ein Medizinmann gebraucht, um sich die Geister sichtbar zu machen, auch dieselben Wahrnehmungen machen würde. Er würde sie allerdings anders deuten und dadurch entkräften, was aber von der Tatsache als solcher nichts wegnähme. Bekannt ist ja der Umstand, daß auch der Europäer allerhand merkwürdige psychische Wahrnehmungen machen kann, wenn er längere Zeit unter primitiven Umständen zu leben gezwungen ist oder wenn er sich sonstwie unter außerordentlichen psychischen Bedingungen befindet.

Eine wesentliche Stütze des Geisterglaubens bildet für den Primitiven der *Traum*. Im Traume treten sehr oft handelnde Personen auf, welche vom primitiven Bewußtsein gerne als Geister verstanden werden. Für den Primitiven haben gewisse Träume bekanntlich einen unvergleichlich viel höheren Wert als für den Kulturmenschen. Er spricht nicht nur sehr viel von seinen Träumen, sondern sie sind ihm auch so bedeutungsvoll, daß es oft scheint, als könne er sie von der Wirklichkeit kaum unterscheiden. Den Kulturmenschen im allgemeinen erscheinen zwar die Träume als unwichtig, aber es gibt doch auch unter ihnen sehr viele Menschen, welche gewissen Träumen eine große Bedeutung beilegen, und zwar gerade um ihres oft fremden und eindrucksvollen Charakters willen. Diese Eigentümlichkeit gewisser Träume läßt die Annahme, daß sie Eingebungen seien, verständlich erscheinen. Zu der Inspiration gehört aber auch implicite ein Inspirierendes, ein Spiritus oder Geist, wenn schon von dieser logischen Folgerung wenig die Rede ist. Ein besonders günstiger Fall ist das nicht seltene Auftreten Verstorbener in Träumen. Der naive Verstand hält dies für ein Wiedererscheinen der Toten.

Eine weitere Quelle für den Geisterglauben sind die *psychogenen Krankheiten,* nervöse Störungen, besonders solche von hysterischer Art, welche bei Primitiven öfters vorzukommen scheinen. Da solche Krankheiten aus psychologischen Konflikten hervorgehen, die größtenteils unbewußt sind, so hat es den Anschein, als ob diese Krankheiten verursacht wären durch diejenigen Lebenden oder Verstorbenen, welche mit dem subjektiven Konflikt irgendwie wesentlich verbunden sind. Handelt es sich um Verstorbene, so liegt die Annahme nahe, daß es ihr Geist sei, welcher eine schädliche Wirkung ausgeübt habe. Da pathogene Konflikte häufig bis in die Kindheit zurückrei-

chen und auf diese Weise mit den Erinnerungen an die Eltern zusammenhängen, so ist es verständlich, daß dem Primitiven gerade die Geister verstorbener
Angehöriger von besonderer Wichtigkeit sind. Aus diesen Beziehungen erklärt sich der vielfach verbreitete Ahnen- und Verwandtenkultus. Der Toten-
kult bedeutet in erster Linie einen Schutz gegen das Übelwollen der Verstorbenen. Wer sich mit der Behandlung Nervenkranker beschäftigt, weiß, wie
groß die Bedeutung der Elterneinflüsse auf die Kranken ist. Viele Patienten
fühlen sich geradezu verfolgt von den Eltern, auch wenn diese längst tot sind.
Die psychologischen Nachwirkungen der Eltern sind so stark, daß sich, wie
gesagt, bei vielen Völkern ein ganzes System des Totenkultus herausgebildet
hat.[1]

576   Von unzweifelhafter Bedeutung für die Entstehung des Geisterglaubens
sind die eigentlichen *Geisteskrankheiten*. Bei primitiven Völkern handelt es
sich, soweit Genaueres darüber bekannt ist, meist um Krankheiten deliriöser,
halluzinatorischer und katatoner Art, die anscheinend zu dem weiten Gebiet
der sogenannten Schizophrenie gehören, einer Krankheit, welche die Groß-
zahl der chronischen Geisteskranken ausmacht. Immer und überall wurden
Geisteskranke als von bösen Geistern Besessene angesehen. Diesem Glauben
kommt der Kranke durch seine Halluzinationen entgegen. Diese Art von
Kranken leiden weniger an Visionen als vielmehr an Halluzinationen des Gehörs: sie hören «Stimmen». Diese Stimmen sind sehr häufig diejenigen von
Angehörigen oder von Personen, welche mit den subjektiven Konflikten des
Kranken irgendwie verknüpft sind. Auf den naiven Verstand machen solche
Halluzinationen natürlicherweise den Eindruck, als ob sie von Geistern her-
rührten.

    [1] Als ich mich 1925/26 auf einer Expedition am Mount Elgon aufhielt, erkrankte eine
unserer Wasserträgerinnen, eine junge Frau, die in einem benachbarten Kraal wohnte, allem
Anschein nach an einem septischen Abort mit hohem Fieber. Unsere spärliche Ausrüstung
genügte nicht zu einer Behandlung. Die Angehörigen ließen sofort einen «nganga», einen
Medizinmann, kommen. Dieser ging in immer weiteren Kreisen um die Hütte herum und
beschnupperte die Umgebung. Plötzlich stand er still auf einem Pfad, der vom Berg herunter-
kam, und erklärte, die Kranke sei die einzige Tochter von Eltern, die allzu jung gestorben seien
und sich jetzt oben im Bambuswald aufhielten, von woher sie jede Nacht herunterkämen, um
die Tochter krank zu machen, damit sie sterbe und ihnen dann Gesellschaft leiste. Es wurde
nun sofort an diesem Pfade eine «Geisterfalle» in Gestalt einer Miniaturhütte gebaut, eine
kleine Lehmfigur als Simulacrum der Kranken geformt und mit «posho» (Lebensmitteln) in
das Hüttchen gelegt. Nachts kehrten die Geister dort ein, weil sie meinten, bei der Tochter zu
sein. Zu unserem maßlosen Erstaunen genas die Kranke innerhalb von zwei Tagen. War unsere Diagnose falsch? Das Rätsel bieb ungelöst.

Vom Geisterglauben kann man nicht reden, ohne zugleich auch den See-   577
lenglauben in Betracht zu ziehen. Der Seelenglauben ist ein Korrelat zum
Geisterglauben. Wie in der primitiven Überzeugung ein Geist meist ein Totengeist ist, so war er vorher die Seele eines Lebenden. Dies ist namentlich dort
der Fall, wo die Überzeugung vorherrscht, daß der Mensch nur *eine* Seele besitze. Diese Annahme besteht aber gar nicht überall, sondern es wird sehr häufig
angenommen, daß der Mensch zwei oder mehrere Seelen besitze, von denen
die eine oder andere den Tod überdauert und eine relative Unsterblichkeit
besitzt. In diesem Fall ist der Totengeist nur eine von den verschiedenen Seelen des Lebenden. Er ist also nur ein Teil der Gesamtseele, ein psychisches
Fragment sozusagen.

Der Seelenglauben ist somit eine fast notwendige Voraussetzung des Gei-   578
sterglaubens, insofern es sich um den Glauben an Totengeister handelt. Es
gibt nun in der primitiven Überzeugung allerdings nicht bloß Totengeister,
sondern auch Elementardämonen, von denen nicht angenommen wird, daß
sie je Menschenseelen oder Teile von solchen gewesen seien. Für diese Gruppe
von Geistern käme daher eine andere Ableitung in Frage.

Bevor wir nun näher auf die psychologischen Grundlagen des Seelenglau-   579
bens eintreten, wollen wir einen kurzen Rückblick auf die vorhin erwähnten
Tatsachen werfen. Ich habe in der Hauptsache drei Quellen hervorgehoben,
welche dem Geisterglauben eine sozusagen tatsächliche Grundlage verschaffen: die Geistervision, den Traum und die krankhaften Störungen des Seelenlebens. Der normalste und häufigste Fall ist der Traum, dessen große Bedeutung für die primitive Psychologie allgemein anerkannt wird. Was ist nun der
Traum?

Der Traum ist ein psychisches Gebilde, welches ohne bewußte Motivie-   580
rung im schlafenden Zustande entsteht. Im Traumschlafe ist das Bewußtsein
allerdings nicht völlig erloschen, sondern es besteht noch eine geringe Bewußtheit. So hat man zum Beispiel in den meisten Träumen noch ein relatives
Bewußtsein seines Ich, allerdings eines sehr beschränkten und eigentümlich
veränderten Ich, das man als Traum-Ich bezeichnet. Es ist nur ein Fragment
oder eine Andeutung des wachen Ich. Bewußtsein besteht nur insofern, als ein
psychischer Inhalt mit dem Ich assoziiert ist. Das Ich stellt einen psychischen
Komplex von besonders fester innerer Bindung dar. Da der Schlaf selten ganz
traumlos ist, so kann man auch annehmen, daß der Ichkomplex selten als Tätigkeit ganz erlischt. Seine Tätigkeit ist in der Regel durch den Schlaf nur beschränkt. An dieses Ich assoziieren sich im Traume psychische Inhalte, die so

an das Ich herantreten, wie zum Beispiel die realen äußeren Umstände, weshalb wir auch im Traume meistens in Situationen versetzt sind, welche keine Ähnlichkeit mit dem wachen Denken, sondern vielmehr mit Wirklichkeitssituationen haben. Wie die realen Menschen und Dinge in unser Blickfeld treten, so treten auch die Traumbilder wie eine andere Art von Realität in das Bewußtseinsfeld des Traum-Ich. Wir haben nicht das Gefühl, daß wir die Träume machen, sondern sie kommen zu uns. Sie unterliegen nicht unserer Willkür, sondern gehorchen eigenen Gesetzen. Sie stellen offenbar autonome psychische Komplexe dar, welche aus sich selber sich zu gestalten vermögen. Ihre Motivquelle ist uns unbewußt. Wir sagen darum, daß die Träume aus dem Unbewußten kommen. Wir müssen daher annehmen, daß es selbständige psychische Komplexe gibt, die unserer Bewußtseinskontrolle entgehen und nach ihren eigenen Gesetzen auftreten und verschwinden. Aus unserem wachen Dasein glauben wir zu wissen, daß wir unsere Gedanken machen und sie dann haben, wann wir wollen. Wir glauben auch zu wissen, warum und wozu wir diese Gedanken haben, und kennen ihre Herkunft. Wenn uns je ein Gedanke wider unseren Willen kommt und uns beherrscht, oder wenn er plötzlich ohne unseren Willen verschwindet, so empfinden wir diesen Fall als einen Ausnahmefall oder gar als etwas Krankhaftes. Der Unterschied der psychischen Aktivität im Wachen und im Schlafzustand scheint daher bedeutend zu sein. Im Wachen untersteht die Psyche anscheinend dem bewußten Willen, im Schlaf dagegen erzeugt sie Inhalte, die fremd und unverständlich wie aus einer anderen Welt in unser Bewußtsein hineinragen.

581   Dasselbe ist nun der Fall mit der Vision. Sie ist wie ein Traum, aber im wachen Zustand. Sie tritt aus dem Unbewußten neben die bewußte Wahrnehmung und ist nichts anderes als ein momentaner Einbruch eines unbewußten Inhaltes in die Kontinuität des Bewußtseins. Das gleiche Phänomen findet auch in der Geistesstörung statt. Anscheinend ganz unvermittelt hört das Ohr nicht bloß die Geräusche der Umgebung, die von außen kommenden Schallwellen, sondern es wird von innen erregt und hört psychische Inhalte, welche keine unmittelbaren Bewußtseinsinhalte des Subjektes waren[2]. Neben den Urteilen, welche durch den Intellekt und das Gefühl aus Prämissen gebildet werden, treten Meinungen und Überzeugungen auf, welche sich dem Subjekt aufdrängen, anscheinend aus wirklichen Wahrnehmungen, tatsäch-

---

[2] Es gibt auch Fälle, wo die Stimmen der Kranken die eigenen bewußten Gedanken laut vortragen. Doch sind dies seltenere Fälle.

lich aber aus inneren unbewußten Bedingungen stammend. Dies sind die
Wahnideen.

Das Gemeinsame dieser drei Fälle ist die Tatsache, daß die Psyche als Gan- 582
zes keine unteilbare Einheit ist, sondern ein teilbares und mehr oder weniger
geteiltes Ganzes. Obschon die einzelnen Teile untereinander zusammenhängen, so sind sie doch von relativer Selbständigkeit, welche so weit geht, daß
gewisse Seelenteile entweder gar nicht oder nur selten mit dem Ich in Assoziation treten. Ich habe diese Seelenteile als *autonome Komplexe* bezeichnet und
auf die Tatsache ihres Vorhandenseins meine sogenannte Komplextheorie der
Psyche gegründet[3]. Nach dieser Theorie bildet der Ichkomplex das für unsere
Psyche charakteristische Zentrum. Er ist aber nur einer unter verschiedenen
Komplexen. Die anderen Komplexe treten mehr oder weniger oft in Assoziation mit dem Ichkomplex und werden auf diese Weise bewußt. Sie können
aber auch längere Zeit existieren, ohne mit dem Ich in Assoziation zu treten.
Ein treffliches und allgemein bekanntes Beispiel hiefür ist die Psychologie der
Bekehrung des Paulus. Obschon der Moment der Bekehrung ein absolut
plötzlicher zu sein scheint, so wissen wir doch andererseits aus vielfacher Erfahrung, daß zu einer so fundamentalen Umwandlung eine längere innere
Vorbereitung gehört; und erst wenn diese vollendet ist, das heißt wenn das
Individuum zur Bekehrung reif ist, bricht die neue Erkenntnis mit gewalti-
gem Affekt durch. Saulus war unbewußt schon längere Zeit ein Christ, daraus
erklärt sich sein fanatischer Christenhaß; denn Fanatismus findet sich immer
bei solchen, die einen inneren Zweifel zu übertönen haben. Darum sind die
Konvertiten immer die schlimmsten Fanatiker. Die Vision Christi auf dem
Wege nach Damaskus bezeichnet bloß den Moment, wo der unbewußte
Christuskomplex sich mit dem Ich des Paulus assoziierte. Daß ihm Christus
dabei quasi objektiv als Vision gegenübertrat, erklärt sich aus dem Umstand,
daß die Christlichkeit des Saulus ein ihm unbewußter Komplex war. Daher
erschien ihm dieser Komplex projiziert, als quasi nicht zu ihm selber gehörig.
Er konnte sich selber als Christen nicht sehen; weshalb er aus Widerstand gegen Christus blind wurde und nur durch einen Christen wieder geheilt werden konnte. Die psychogene Blindheit, um die es sich in diesem Falle handelte, ist erfahrungsgemäß immer ein (unbewußtes) Nichtsehenwollen. Das
Nichtsehenwollen in diesem Falle entspricht dem fanatischen Widerstand des
Saulus gegen das Christentum. Dieser Widerstand ist, wie die Schrift beweist,

---

[3] Vgl. *Allgemeines zur Komplextheorie* [Abhandlung III dieses Bandes].

bei Paulus nie ganz erloschen, sondern brach in seinen Anfällen, die man fälschlicherweise als Epilepsie erklärt, zeitweise wieder hervor. Die Anfälle entsprechen einer plötzlichen Wiederkehr des Sauluskomplexes, der durch die Bekehrung so abgespalten wurde wie früher der Christuskomplex.

583   Wir dürfen aus Gründen intellektueller Moral den Fall des Paulus nicht einer metaphysischen Erklärung unterwerfen, sonst müßten wir auch alle ähnlichen Fälle, die sich bei unseren Kranken ereignen, auf die gleiche metaphysische Weise erklären. Damit aber käme man zu ganz absurden Konklusionen, gegen die sich nicht nur die Vernunft, sondern auch das Gefühl sträubt.

584   In Träumen, Visionen, krankhaften Halluzinationen und Wahnideen treten die autonomen Komplexe der Psyche am deutlichsten hervor. Weil sie dem Ich unbewußt, also fremd sind, erscheinen sie zunächst immer projiziert. Im Traume sind sie durch andere Personen dargestellt, in der Vision gewissermaßen in den Raum projiziert, wie in der Geistesstörung die Stimmen, insofern diese nicht von den Kranken direkt den Personen ihrer Umgebung zugeschrieben werden. Die Verfolgungsideen richten sich bekanntlich häufig auf bestimmte Personen, welche mit den Qualitäten des unbewußten Komplexes ausgestattet werden. Sie werden vom Kranken als feindlich empfunden, weil sein Ich dem unbewußten Komplex feindlich gegenübersteht, etwa wie Saulus seinem nichtanerkannten Christuskomplex. Die Christen wurden von ihm verfolgt als Repräsentanten des in ihm bestehenden, aber von ihm nicht anerkannten Christuskomplexes. Dieser Fall wiederholt sich im Alltagsleben beständig: ohne lange zu zögern, ist man stets bereit, irgendeine Annahme über Menschen und Sachen zu projizieren und diese dementsprechend zu hassen oder zu lieben. Da Nachprüfen und Nachdenken so umständlich und schwierig sind, so urteilt man lieber unbeschwert und realisiert nicht, daß man bloß projiziert und somit sich selber zum Opfer eines närrischen Illusionstricks macht. Man gibt sich keine Rechenschaft von der Ungerechtigkeit und Lieblosigkeit solchen Verfahrens, und vor allem denkt man nie an die beträchtliche Einbuße an Persönlichkeit, die man erleidet, wenn man sich aus lauter Fahrlässigkeit den Luxus gestattet, seine eigenen Fehler oder Vorzüge anderen anzudichten. Es ist in jeder Hinsicht äußerst unvorteilhaft, den anderen für so dumm und so minderwertig zu halten, wie man selber ist, und man sollte um den Schaden wissen, den man damit anrichtet, daß man die eigenen guten Eigenschaften willig an auf Beute erpichte moralische Wegelagerer abtritt.

585   Die Geister sind also, vom psychologischen Standpunkt aus betrachtet,

unbewußte autonome Komplexe, welche projiziert erscheinen, da sie sonst keine direkte Assoziation mit dem Ich haben[4].

Ich habe vorhin ausgeführt, daß der Seelenglaube ein notwendiges Korre- 586
lat des Geisterglaubens sei. Während die Geister als fremd und als dem Ich
nicht zugehörig empfunden werden, ist dies bei der oder den Seelen nicht der
Fall. Der Primitive empfindet die Nähe oder den Einfluß eines Geistes als unangenehm oder gefährlich und fühlt sich erleichtert, wenn der Geist gebannt
werden kann. Umgekehrt aber empfindet er den Verlust einer Seele wie eine
schwere Krankheit und führt auch eine schwere körperliche Krankheit auf
Seelenverlust zurück. Es gibt zahlreiche Riten, den Seelenvogel wieder in den
Kranken zurückzulocken. Kinder dürfen nicht geschlagen werden, weil ihre
Seele sich sonst beleidigt zurückziehen könnte. Die Seele ist für den Primitiven also etwas, das normalerweise bei ihm sein sollte; die Geister aber scheinen
ihm etwas anderes zu sein, das normalerweise nicht in seiner Nähe sein sollte.
Er meidet daher auch die Orte, wo sich Geister aufhalten. Er betritt sie nur mit
Scheu, zu religiösen oder magischen Zwecken.

Die Mehrheit der Seelen weist auf eine Mehrheit von Komplexen von rela- 587
tiver Autonomie hin, die sich wie Geister verhalten können. Die Seelenkomplexe aber erscheinen dem Ich als zugehörig und ihr Verlust als krankhaft, im
Gegensatz zu den Geisterkomplexen, deren Beziehung zum Ich Krankheit
bewirkt und deren Abspaltung Genesung bedeutet. Daher kommt es, daß die
primitive Pathologie als Ursache von Krankheit nicht nur den Seelenverlust
kennt, sondern auch die Besessenheit durch den Geist. Die beiden Theorien
halten sich so ziemlich die Waage. Dieser Sachlage entsprechend müßte man
also die Existenz unbewußter Komplexe fordern, welche normalerweise zum
Ich gehören, und solcher, welche normalerweise sich dem Ich nicht assoziieren sollten. Erstere sind die Seelenkomplexe, letztere die Geisterkomplexe.

Diese der primitiven Überzeugung geläufige Unterscheidung entspricht 588
nun genau meiner Auffassung des Unbewußten. Das Unbewußte zerfällt
nach meiner Auffassung in zwei scharf zu unterscheidende Teile. Der eine Teil
ist das sogenannte *persönliche Unbewußte.* Es enthält alle diejenigen psychischen Inhalte, welche im Laufe des Lebens vergessen worden sind. Ihre Spuren
sind im Unbewußten noch erhalten, auch wenn jede bewußte Erinnerung
erloschen ist. Außerdem enthält es alle subliminalen Eindrücke oder Perzep-

---

[4] Man möge dies nicht als metaphysische Konstatierung mißverstehen. Die Frage, ob es
Geister an sich gibt, ist damit nicht von ferne entschieden. Die Psychologie beschäftigt sich
nicht mit dem «An-sich» der Dinge, sondern nur mit deren Vorstellung.

tionen, welche eine zu geringe Energie besaßen, um das Bewußtsein erreichen zu können. Dazu kommen noch die unbewußten Vorstellungskombinationen, welche *noch* zu schwach und zu undeutlich sind, um die Bewußtseinsschwelle überschreiten zu können. Schließlich finden sich im persönlichen Unbewußten auch alle diejenigen Inhalte, die sich als inkompatibel mit der bewußten Einstellung erweisen. Meist betrifft dies eine ganze Gruppe von Inhalten. Vor allen Dingen unterliegen der Verdrängung wegen Inkompatibilität diejenigen Inhalte, welche moralisch, ästhetisch oder intellektuell als unzulässig erscheinen. Bekanntlich kann der Mensch nie nur Schönes, Gutes und Wahres denken und fühlen. Wenn man sich aber bestrebt, eine möglichst ideale Einstellung zu haben, so verdrängt man automatisch alles, was zu dieser Einstellung nicht paßt. Wenn, wie dies bei differenzierten Menschen fast immer der Fall ist, eine Funktion, wie zum Beispiel das Denken, vor allem entwickelt ist und damit das Bewußtsein beherrscht, so wird dadurch das Fühlen in den Hintergrund gedrängt, und es gerät damit zum großen Teil ins Unbewußte.

589   Aus diesen Materialien setzt sich das persönliche Unbewußte zusammen. Den anderen Teil des Unbewußten bezeichne ich als das *unpersönliche oder kollektive Unbewußte.* Wie schon der Name zeigt, enthält dieses Unbewußte keine persönlichen Inhalte, sondern kollektive, das heißt solche, welche nicht einem Individuum allein zugehören, sondern mindestens einer ganzen Gruppe von Individuen, meist einem ganzen Volke, ja sogar der ganzen Menschheit. Diese Inhalte sind nicht Erwerbungen der Individualexistenz, sondern sind Erzeugnisse von angeborenen Formen und Instinkten. Obschon das Kind keine angeborenen Vorstellungen hat, so hat es doch ein hochentwickeltes Gehirn mit ganz bestimmten Funktionsmöglichkeiten. Dieses Gehirn ist von den Ahnen vererbt. Es ist der Niederschlag der psychischen Funktion der ganzen Aszendenz. Das Kind bringt somit ein Organ ins Leben mit, das bereit ist, mindestens so zu funktionieren, wie es zu allen Zeiten funktioniert hat. Im Gehirn sind die Instinkte präformiert und ebenso alle Urbilder, auf deren Grundlage die Menschen stets gedacht haben, also der ganze Reichtum an mythologischen Motiven[5]. Bei einem normalen Menschen ist es natürlich nicht leicht, ohne weiteres die Existenz eines kollektiven Unbewußten nachzuweisen, aber

---

[5] Worunter keinesfalls die jeweilige Gestalt des Motivs, sondern dessen vorbewußtes (und daher unanschauliches) Schema zu verstehen ist. Man kann dieses dem in der Mutterlauge präformiert vorhandenen Kristallgitter vergleichen, das nicht zu verwechseln ist mit dem verschieden ausgebildeten Axialsystem des individuellen Kristalls.

in seinen Träumen melden sich von Zeit zu Zeit mythologische Vorstellungen. Am deutlichsten sieht man solche Inhalte in Fällen von Geistesstörung, speziell in der Schizophrenie. Dort entfalten sich oft die mythologischen Bilder in ungeahnter Mannigfaltigkeit. Die Geisteskranken produzieren oft Ideenverbindungen und Symbole, die man nicht auf die Erfahrungen ihres individuellen Daseins zurückführen kann, wohl aber auf die menschliche Geistesgeschichte. Es ist primitives mythologisches Denken, welches seine Urbilder reproduziert, und nicht Reproduktion bewußter Erfahrungen [6].

Das *persönliche Unbewußte* enthält also Komplexe, welche dem Individuum ⁵⁹⁰ zugehören und einen unerläßlichen Teil seines psychischen Lebens bilden. Wenn irgendwelche Komplexe, die mit dem Ich assoziiert sein sollten, durch Verdrängung oder durch Versinken unbewußt werden, so erfährt das Individuum einen Verlust. Und wenn ihm, zum Beispiel durch psychotherapeutische Behandlung, ein verlorengegangener Komplex wieder bewußtgemacht wird, so empfindet es dadurch einen Kraftzuwachs [7]. Die Heilung vieler Neurosen geschieht auf diesem Weg. Wenn dagegen ein Komplex des *kollektiven Unbewußten* sich dem Ich assoziiert, das heißt bewußt wird, so empfindet das Individuum diesen Inhalt als fremd, unheimlich und zugleich faszinierend; auf jeden Fall wird das Bewußtsein dadurch in beträchtlicher Weise beeinflußt, sei es, daß es den Komplex als krankhaft empfindet, sei es, daß es dadurch dem normalen Leben entfremdet wird. Es tritt durch Assoziation eines kollektiven Inhaltes an das Ich immer ein Zustand von «Entfremdung» ein, denn es mischt sich etwas in das individuelle Bewußtsein, das eigentlich unbewußt, das heißt vom Ich getrennt, bleiben sollte. Gelingt es, einen solchen Inhalt wieder aus dem Bewußtsein zu entfernen, so fühlt sich das Individuum erleichtert und normaler. Der Einbruch dieser fremden Inhalte findet sich als charakteristisches Symptom am Anfang vieler Geisteskrankheiten. Die Kranken werden von fremden und unerhörten Gedanken befallen, die Welt sieht verändert aus, die Menschen haben fremde, verzerrte Gesichter usw. [8].

[6] Vgl. dazu *Wandlungen und Symbole der Libido* (Neuausgabe: *Symbole der Wandlung*) ferner SPIELREIN, *Über den psychologischen Inhalt eines Falles von Schizophrenie,* p. 329 ff.; NELKEN, *Analytische Beobachtungen über Phantasien eines Schizophrenen,* p. 504 ff.; MEIER, *Spontanmanifestationen des kollektiven Unbewußten.*

[7] Dieser wird allerdings nicht immer als angenehm empfunden. Man ist ja zuvor mit dem Verlust des Komplexes gar nicht unzufrieden gewesen, solange man die schlimmen Folgen des Verlustes nicht zu spüren bekam.

[8] Kenner dieser Materie werden die Einseitigkeit meiner Darstellung beanstanden, denn sie wissen, daß der *Archetypus*, eben der autonome Kollektivinhalt, nicht nur den hier geschil-

591   Die Inhalte des persönlichen Unbewußten empfindet man als zur eigenen
Seele gehörig, die Inhalte des kollektiven Unbewußten hingegen erscheinen
fremd und wie von außen kommend. Die Reintegration eines persönlichen
Komplexes wirkt erleichternd und oft direkt heilend, der Einbruch eines kollektiv-unbewußten Komplexes dagegen ist ein sehr unangenehmes, ja sogar
gefährliches Zeichen. Der Parallelismus mit dem primitiven Seelen- und Geisterglauben ist deutlich. *Die Seelen der Primitiven entsprechen den autonomen
Komplexen des persönlichen Unbewußten, die Geister dagegen den Komplexen des
kollektiven Unbewußten.* Vom Standpunkt der Wissenschaft aus bezeichnen
wir prosaischerweise das, was der Primitive als Seelen oder Geister auffaßt, als
psychische Komplexe. In Anbetracht der außerordentlichen Rolle, welche
der Seelen- und Geisterglaube in der Geschichte und in der Gegenwart spielt,
dürfen wir uns mit der bloßen Konstatierung solcher Komplexe nicht begnügen, sondern müssen etwas tiefer in ihr Wesen eindringen.

592   Man kann diese Komplexe leicht experimentell demonstrieren mittels des
Assoziationsexperimentes[9]. Das Experiment besteht bekanntlich darin, daß
man der Versuchsperson ein Wort zuruft, worauf die Versuchsperson so rasch
wie möglich mit einem dazugehörigen Wort reagiert. Die Reaktionszeit wird
gemessen. Nach der allgemeinen Erwartung müßten alle einfachen Wörter
ungefähr mit gleicher Geschwindigkeit beantwortet werden können, und nur
«schwierige» Wörter würden eine längere Reaktionszeit verursachen. In
Wirklichkeit liegt aber die Sache anders. Es gibt oft unerwartet lange Reaktionszeiten auf sehr einfache Wörter, während schwierigere Wörter rasch beantwortet werden. Es hat sich bei näherer Nachforschung herausgestellt, daß
lange Reaktionszeiten meistens dann eintreten, wenn das Reizwort auf einen
Inhalt trifft, der stark gefühlsbetont ist. Außer der Verlängerung der Reaktionszeit treten auch noch andere charakteristische Störungen auf, auf deren
Einzelheiten ich hier nicht eingehen kann. Die gefühlsbetonten Inhalte betreffen meistens Dinge, von denen die Versuchsperson möchte, daß sie dem
anderen unbekannt blieben. Es handelt sich in der Regel um etwas peinliche
und darum verdrängte Inhalte, sogar etwa um solche, welche der Versuchsperson selber unbekannt sind. Wenn ein Reizwort auf einen solchen Komplex

derten negativen Aspekt besitzt. Ich habe mich aber hier auf die landläufige Symptomatologie,
wie sie in jedem Lehrbuch der Psychiatrie zu finden ist, und auf die ebenso landläufige Ab-
wehreinstellung gegen das Ungewöhnliche beschränkt. Selbstverständlich hat der Archetypus
auch eine positive Numinosität, deren ich a. a. O. reichlich Erwähnung getan habe.

[9] Vgl. meine Schrift *Diagnostische Assoziationsstudien.*

trifft, so fällt ihr überhaupt keine Antwort ein, oder es fallen ihr so viele Dinge ein, daß sie aus diesem Grunde gar nicht weiß, was antworten, oder sie wiederholt mechanisch das Reizwort oder gibt eine Antwort und ersetzt sie gleich durch eine andere usw. Wenn man, nach vollendetem Experiment, die Versuchsperson noch einmal befragt, was sie auf die einzelnen Reizwörter geantwortet hat, so kann sie sich an die gewöhnlichen Reaktionen meistens gut erinnern, an die Komplexwörter dagegen meistens schlecht.

Diese Eigentümlichkeiten zeigen deutlich die Eigenschaften des autonomen Komplexes: er bewirkt eine Störung in der Reaktionsbereitschaft, er entzieht einem die Antwort oder bewirkt wenigstens eine unverhältnismäßige Verspätung, oder er verursacht eine nicht passende Reaktion, und nachträglich entzieht er auch oft die Erinnerung an die Antwort. Er durchbricht also den bewußten Willen, indem er die Einstellung stört. Darum sprechen wir von der *Autonomie der Komplexe.* Wenn wir einen Neurotischen oder einen Geisteskranken diesem Experiment unterwerfen, so entdecken wir, daß dieselben Komplexe, welche das Reagieren stören, auch zugleich wesentlicher Inhalt der psychischen Störung sind. Sie verursachen nicht nur die Reaktionsstörungen, sondern auch die Symptome. Ich habe einzelne Fälle gesehen, wo gewisse Reizwörter mit fremden und anscheinend sinnlosen Wörtern beantwortet wurden, mit Wörtern, die der Versuchsperson ganz unerwartet heraussprangen. Es klang so, als hätte ein fremdes Wesen aus ihr gesprochen. Diese Wörter gehörten in den autonomen Komplex. Diese Komplexe können, wenn durch einen äußeren Reiz angeregt, plötzliche Verwirrungen des Denkens, Affekte, Depressionen, Angstzustände usw. erzeugen, oder sie äußern sich in Halluzinationen. Kurz, sie benehmen sich so, daß der primitive Geisterglaube als eine ungemein anschauliche Formulierung dafür erscheint.

Wir können nun die Parallele noch weiter ziehen. Gewisse Komplexe entstehen durch schmerzliche oder peinliche Erfahrungen im individuellen Leben. Es sind Lebenserfahrungen affektvoller Art, welche langdauernde psychische Wunden hinterlassen. Eine schlimme Erfahrung kann zum Beispiel wertvolle Eigenschaften eines Menschen unterdrücken. Daraus entstehen unbewußte Komplexe persönlicher Natur. Der Primitive würde in diesem Fall von Seelenverlust sprechen – richtigerweise, denn tatsächlich sind gewisse Teile der Psyche anscheinend verschwunden. Ein Teil der autonomen Komplexe entsteht aus solchen persönlichen Erfahrungen. Ein anderer Teil aber stammt aus ganz anderer Quelle. So leicht ersichtlich die erstere Quelle ist – weil sie eben das jedermann sichtbare äußere Leben betrifft –, so dunkel und schwer verständlich ist die andere, weil sie immer Wahrnehmungen oder Eindrücke von Inhalten des kollektiven Unbewußten betrifft. Gewöhnlich versucht man diese inneren Wahrnehmungen durch äußere Ursachen zu rationalisieren, ohne damit aber der Sache beizukommen. Es handelt sich im Grunde genommen um irrationale Inhalte, welche dem Individuum zuvor nie bewußt waren und die es darum vergebens irgendwo außen nachzuweisen versucht. Die primitive Auffassung drückt dies treffend aus mit ihrer Überzeugung, daß ein fremder Geist dabei seine Hand im Spiele habe. Nach meiner Erfahrung treten diese inneren Erlebnisse entweder dann ein, wenn eine äußere Erfahrung dermaßen erschütternd auf das Individuum eingewirkt hat, daß seine ganze bisherige Lebensanschauung zusammenbricht oder wenn die Inhalte des kollektiven Unbewußten aus irgendeinem Grunde eine so große Energie erlangen, daß sie das Bewußtsein zu beeinflussen vermögen. Dieses letztere Ereignis tritt meines Erachtens dann ein, wenn im Leben eines Volkes oder überhaupt einer größeren menschlichen Gruppe eine tiefgreifende Veränderung politischer, sozialer oder religiöser Natur stattfindet. Diese Veränderung bedeutet zugleich eine Veränderung der psychologischen Einstellung. Wir sind zwar gewohnt, tiefgreifende historische Veränderungen ausschließlich auf äußere Ursachen zurückzuführen. Ich glaube aber, daß die äußeren Umstände öfters mehr oder weniger bloße Gelegenheiten sind, bei welchen die unbewußt vorbereitete, neue Einstellung zu Welt und Leben manifest wird. Durch allgemeine soziale, politische und religiöse Bedingungen wird das kollektive Unbewußte affiziert, und zwar in dem Sinne, daß alle diejenigen Faktoren, welche durch die herrschende Weltanschauung respektive Einstellung im Leben eines Volkes unterdrückt werden, sich allmählich im kollektiven Unbewußten ansammeln und dadurch seine Inhalte beleben. Meistens ist es dann ein Individuum oder mehrere von besonders kräftiger Intuition, welche diese Veränderungen im kollektiven Unbewußten wahrnehmen und sie in mitteilbare Ideen übersetzen. Diese Ideen breiten sich dann rasch aus, weil auch bei den anderen Menschen parallele Veränderungen im Unbewußten stattgefunden haben. Es herrscht eine allgemeine Bereitschaft, die neuen Ideen aufzunehmen, obschon andererseits auch ein heftiger Widerstand dagegen besteht. Neue Ideen sind nicht bloß Gegner der alten, sondern sie treten auch meistens in einer Form auf, welche der alten Einstellung als mehr oder weniger unannehmbar erscheint.

595   Wenn immer Inhalte des kollektiven Unbewußten belebt werden, so wirkt dieses Ereignis übermächtig auf das Bewußtsein. Es tritt immer eine gewisse

Verwirrung ein. Tritt die Belebung des kollektiven Unbewußten ein infolge des Zusammenbruches der Lebenshoffnungen und -erwartungen, so entsteht dadurch die Gefahr, daß sich das Unbewußte an die Stelle der Wirklichkeit setzt. Dieser Zustand wäre krankhaft. Tritt dagegen die Belebung ein durch psychologische Vorgänge im Unbewußten des Volkes, so fühlt sich zwar der Einzelne bedroht oder mindestens desorientiert, aber der daraus hervorgehende Zustand ist kein krankhafter, wenigstens nicht für das Individuum. Wohl aber ließe sich dann der Geisteszustand des ganzen Volkes mit einer Psychose vergleichen. Gelingt die Übersetzung des Unbewußten in eine mitteilbare Sprache, so entsteht eine erlösende Wirkung. Die in den unbewußten Inhalten befindlichen Triebkräfte werden durch die Übersetzung ins Bewußtsein übergeführt und bilden eine neue Kraftquelle, welche einen folgenschweren Enthusiasmus auslösen kann[10].

Die Geister sind nicht unter allen Umständen gefährlich und schädlich, 596 sondern können, wenn in Ideen übersetzt, auch segensreiche Wirkungen entfalten. Ein allgemein bekanntes Beispiel für einen solchen Übergang eines kollektiv-unbewußten Inhaltes in die allgemeine Sprache ist das Pfingstwunder. Für den Außenstehenden befanden sich die Apostel in einem Zustand ekstatischer Verwirrung[11]. Aber aus eben diesem Zustande heraus vermittelten sie die neue Lehre, welche der unbewußten Erwartung des Volkes den passenden und erlösenden Ausdruck verlieh und sich mit erstaunlicher Schnelligkeit durch das ganze römische Weltreich ausbreitete.

Die Geister sind Komplexe des kollektiven Unbewußten, welche entweder 597 an die Stelle einer verlorengegangenen Anpassung treten, oder eine ungenügend gewordene Einstellung eines ganzen Volkes durch eine neue zu ersetzen trachten. Die Geister sind also krankhafte Gedanken oder noch unbekannte neue Ideen.

Die Geister der Verstorbenen entstehen dadurch, daß derjenige Betrag an 598 affektiver Zugehörigkeit, welcher den Verstorbenen mit seinen Angehörigen verband, mit dem Tode seine Realanwendung verliert und darum in das Unbewußte gerät, wo er einen kollektiven Inhalt belebt, der keine günstigen Wirkungen auf das Bewußtsein ausübt. Die Batak und viele andere Primitive sagen daher, daß die Verstorbenen sofort mit dem Tode ihren Charakter verschlechtern und den Lebenden immer irgendwie zu schaden trachten. Sie

---

[10] Die obige Beschreibung des Zustandekommens einer Kollektivpsyche ist im Frühjahr 1919 verfaßt worden. Die Zeitereignisse von 1933 an geben dazu die Bestätigung.

[11] *Apg.* 2, 13: «Sie sind voll süßen Weines.»

sagen dies offenbar aus der vielfach gemachten Erfahrung, daß eine unaufge-
löste Bindung an Verstorbene die Menschen zum Leben weniger tauglich
macht, ja sogar seelische Krankheiten verursacht. Die ungünstige Wirkung
kann unmittelbar eintreten in Gestalt von Libidoverlust, Depression und kör-
perlicher Krankheit. Als postmortale Ereignisse werden auch allgemein Spuk-
phänomene berichtet. Es handelt sich dabei in erster Linie um psychische Tatsachen, die man nicht in Abrede stellen kann. Die mit der sogenannten allgemeinen Aufklärung sonderbarerweise verbundene Superstitionsphobie veranlaßt sehr oft, daß höchst interessante Tatsachenberichte schleunigst unterdrückt werden und so der Forschung verlorengehen. Ich habe nicht nur vielerlei Berichte dieser Art bei meinen Patienten eruieren können, sondern selber
einiges beobachtet. Aber mein Material ist zu spärlich, als daß ich darauf eine
begründbare Ansicht basieren könnte. Immerhin bin ich zur subjektiven
Überzeugung gelangt, daß es sich beim Spuk um Tatsachen handelt, von denen man zwar träumt, aber wovon die «Schulweisheit» keine Notiz nehmen
will.

599   Ich habe in diesem Aufsatz eine psychologische Auffassung des Geisterpro-
blems skizziert, wie sie sich aus der derzeitigen Erkenntnis unbewußter Prozesse ergibt. Ich habe mich ganz auf das Psychologische beschränkt und mit
Absicht die Frage, ob Geister auch an und für sich existieren und ihre Existenz
durch materielle Wirkungen bekunden könnten, aus der Diskussion gelassen.
Nicht etwa, weil ich a priori der Meinung wäre, eine solche Frage sei unsinnig, sondern weil ich nicht in der Lage bin, irgendwie beweisende Erfahrungen beizubringen. Mein Leser ist sich wohl mit mir bewußt, wie außerordentlich schwierig es ist, Beweise für die unabhängige Existenz der Geister zu finden, denn die gewöhnlichen spiritistischen Kommunikationen sind meist
nichts anderes als sehr alltägliche Manifestationen des persönlichen Unbewußten. Immerhin gibt es erwähnenswerte Ausnahmen. So möchte ich auf
den merkwürdigen Fall, den STEWART E. WHITE in einer Reihe von Büchern
beschreibt, aufmerksam machen. Die Kommunikationen haben hier einen
ungewöhnlich tieferen Gehalt als anderswo. So werden eine Reihe von archetypischen Ideen produziert, darunter zum Beispiel der Archetypus des Selbst,
so daß man beinahe meinen könnte, es handle sich um Entlehnungen aus meinen Schriften. Ganz abgesehen von einem bewußten Plagiat halte ich auch
eine kryptomnestische Reproduktion für unwahrscheinlich. Es dürfte sich
wirklich um genuine Spontanproduktion des kollektiven Archetypus handeln. Das ist an sich nichts Außergewöhnliches, da man gerade den Typus des

Selbst überall in der Mythologie wie in individuellen Phantasieprodukten antreffen kann. Die spontane Bewußtwerdung von Kollektivinhalten, deren Vorhandensein im Unbewußten von der Psychologie schon längst eruiert worden ist, gehört mit zu der allgemeinen Tendenz mediumistischer Kommunikationen, die Inhalte des Unbewußten ins Bewußtsein überzuführen. Ich habe den weitaus größeren Teil der spiritistischen Literatur gerade auf die in den Kommunikationen zutage tretenden Tendenzen untersucht und bin dabei zum Schlusse gekommen, daß im Spiritismus ein Spontanversuch des Unbewußten vorliegt, in kollektiver Form bewußtzuwerden. Die Bemühungen der sogenannten Geister laufen darauf hinaus, entweder die Lebenden direkt bewußter zu machen, oder den neu Verstorbenen ihre psychotherapeutischen Bemühungen und damit indirekt wieder den Lebenden angedeihen zu lassen. Der Spiritismus als Kollektiverscheinung verfolgt also dieselben Ziele wie die ärztliche Psychologie, und dabei produziert er sogar, wie seine neuesten Manifestationen dartun, dieselben Grundvorstellungen – allerdings in der Form von «Geisterlehren» –, welche für das Wesen des kollektiven Unbewußten charakteristisch sind. Solche Dinge, so verblüffend sie auch sein mögen, beweisen nichts für und nichts gegen die Geisterhypothese. Ein anderes ist es allerdings mit den geglückten *Identitätsnachweisen*. Ich werde nicht die Modetorheit begehen, alles, was ich nicht erklären kann, für Schwindel anzusehen. Es dürfte nur sehr wenige Nachweise dieser Art geben, welche dem Kriterium der *Kryptomnesie* und vor allem der «extra-sensory perception» standhalten. Die Wissenschaft kann sich den Luxus der Naivität nicht gestatten. Diese Fragen sind noch zu beantworten. Wer sich aber für die Psychologie des Unbewußten interessiert, dem kann ich nur empfehlen, die Bücher STEWART E. WHITES zu lesen [12]. Das interessanteste Buch scheint mir *«The Unobstructed Universe»* zu sein. Auch *«The Road I Know»* ist bemerkenswert, insofern sich darin eine vortreffliche Anleitung zu jener Methode der Aktiven Imagination findet, die ich schon seit mehr als dreißig Jahren in der Neurosenbehandlung verwende, um unbewußte Inhalte dem Bewußtsein zuzuführen [13]. Man findet in diesen Schriften noch die primitive Gleichung: Geisterland = Traumland (Unbewußtes).

[12] Herr Dr. Künkel in Los Angeles hat mich freundlichst auf STEWART E. WHITE aufmerksam gemacht.
[13] Eine kurze Schilderung der Methode findet sich in: *Die transzendente Funktion* [Abhandlung II dieses Bandes]; ferner in: *Die Beziehungen zwischen dem Ich und dem Unbewußten*, 2. Teil/III.

600   Wo es sich um parapsychologische Phänomene handelt, so scheinen diese in der Regel mit der Gegenwart eines Mediums verbunden zu sein[14]. Sie sind, soweit wenigstens meine Erfahrung reicht, exteriorisierte Wirkungen unbewußter Komplexe. Von diesen Exteriorisationen bin ich allerdings überzeugt. Ich habe zum Beispiel vielfach telepathische Wirkungen unbewußter Komplexe gesehen und auch eine Reihe parapsychischer Phänomene beobachtet. Aber ich kann in all dem keinen Beweis für die Existenz von wirklichen Geistern erblicken, sondern muß dieses Erscheinungsgebiet bis auf weiteres für ein Kapitel der Psychologie halten[15]. Ich glaube, die Wissenschaft muß sich diese Beschränkung auferlegen. Darüber aber soll man nie vergessen, daß die Wissenschaft nur eine Angelegenheit des Intellektes ist. Der Intellekt ist nur eine unter mehreren fundamentalen psychischen Funktionen und genügt darum nicht zur Schaffung eines allgemeinen Weltbildes. Dazu gehört zum mindesten auch das Gefühl. Das Gefühl hat vielfach andere Überzeugungen als der Intellekt, und es ist nicht immer zu beweisen, daß die Überzeugungen des Gefühls gegenüber denen des Intellektes minderwertig seien. Wir haben ferner die subliminalen Wahrnehmungen des Unbewußten, welche dem bewußten Intellekt nicht zur Verfügung stehen und deshalb bei einem intellektuellen Weltbild nicht in Betracht kommen. Wir haben daher allen Grund, unserem Intellekt nur eine beschränkte Gültigkeit einzuräumen. Wo wir aber mit dem Intellekt arbeiten, müssen wir wissenschaftlich vorgehen und solange einem Erfahrungssatze treu bleiben, bis untrügliche Beweise seiner Ungültigkeit vorliegen.

[14] Aber es gibt auch von dieser Regel gewisse bemerkenswerte Ausnahmen. (Vgl. z. B. den ortsgebundenen Spuk.)

[15] Nachdem ich seit einem halben Jahrhundert von vielen Menschen und in vielen Ländern psychologische Erfahrungen gesammelt habe, fühle ich mich nicht mehr so sicher wie im Jahre 1919, als ich obigen Satz niederschrieb. Ich zweifle offen gestanden daran, daß eine ausschließlich psychologische Methodik und Betrachtung den in Frage stehenden Phänomenen gerecht werden kann. Nicht nur die Feststellungen der Parapsychologie, sondern auch meine eigenen theoretischen Überlegungen, die ich in meinem Eranosbeitrag *Jahrbuch* XIV (1946), p. 485 ff. [vgl. Abhandlung VIII dieses Bandes] skizziert habe, führten mich zu gewissen Postulaten, welche das Gebiet der atomphysikalischen Vorstellungen, d. h. des Raum-Zeit-Kontinuums berühren. Damit wird die Frage der transpsychischen Realität, welche der Psyche unmittelbar zugrunde liegt, aufgeworfen.

XII

GEIST UND LEBEN

[Vortrag, gehalten am 29. Oktober 1926 in der Literarischen Gesellschaft Augsburg, im Rahmen eines Vortragszyklus über «Natur und Geist». Erschienen in: *Form und Sinn* II/2 (Augsburg 1926); ferner in: *Seelenprobleme der Gegenwart.* (Psychologische Abhandlungen III) Rascher, Zürich 1931. Neuauflagen 1933, 1939, 1946 und 1950; Paperback 1969.]

GEIST UND LEBEN

Der Zusammenhang von Geist und Leben gehört zu jenen Problemen, deren 601 Behandlung mit dermaßen komplizierten Faktoren zu rechnen hat, daß wir uns hüten müssen, uns nicht selber in die Wortnetze zu verstricken, mit denen wir die großen Rätsel einfangen wollten. Denn wie anders können wir jene fast horizontlosen Tatsachenkomplexe, die wir als «Geist» oder als «Leben» bezeichnen, in die Bewegung eines Denkvorganges einbeziehen, als daß wir sie durch Wortbegriffe – bloße Rechenpfennige des Intellektes – dramatisch darstellen? Dieser Zweifel am Wortbegriff scheint mir zwar beschwerlich, jedoch immer dann ganz besonders am Platze zu sein, wenn man sich anschickt, von grundlegenden Dingen zu reden. Gewiß sind uns die Worte Geist und Leben geläufig, sogar uralte Bekannte, seit einigen tausend Jahren auf dem Schachbrett des Denkers hin- und hergeschobene Figuren. Das Problem begann wohl in grauer Vorzeit, als einer die verwirrende Entdeckung machte, daß der lebendige Atem, der im letzten «Röcheln» des Sterbenden den Körper verließ, ein mehreres bedeutete als bloß bewegte Luft. Es ist daher kaum zufällig, daß onomatopoetische Worte wie ruach, ruch, roho (hebräisch, arabisch, swahili) auch den Geist bezeichnen, nicht minder deutlich als das griechische πνεῦμα und das lateinische spiritus.

Wissen wir denn wirklich – bei aller Bekanntschaft mit dem Wortbegriff 602 –, was Geist eigentlich ist? Oder sind wir sicher, daß, wenn wir dieses Wort gebrauchen, wir auch alle ein und dieselbe Sache meinen? Ist nicht das Wort Geist vieldeutig und zweifelhaft, ja sogar verzweifelt vieldeutig? Derselbe Wortlaut – Geist – gebraucht für eine unvorstellbare, transzendente Idee von allumfassender Bedeutung; banaler, ein Begriff, dem englischen «mind» entsprechend; ferner ein Wort für intellektuellen Witz, sodann für ein Gespenst, weiter für einen unbewußten Komplex, der spiritistische Erscheinungen, wie Tischrücken, automatisches Schreiben, Klopflaute usw., verursacht, und dann, in übertragenem Sinne, für die vorherrschende Einstellung einer gewissen sozialen Gruppe – «der Geist, der dort herrscht» – und schließlich in stofflicher Körperlichkeit, in Weingeist, Salmiakgeist und geistigen Getränken überhaupt endend. Dies ist kein schlechter Witz, sondern ein ehrwürdiges Altertum der deutschen Sprache einerseits, andererseits aber eine lähmende Erdenschwere des Gedankens, ein tragisches Hemmnis für alle die, welche die erdentrückten Höhen reiner Ideen auf Leitern von Worten zu erreichen hoffen. Denn wenn ich das Wort Geist ausspreche, so reicht alle Einschränkung auf den augenblicklich betonten Sinn nicht aus, um das vieldeutige Schillern des Wortes gänzlich zu verhindern.

603   Darum müssen wir uns die grundsätzliche Frage vorlegen: Was soll eigentlich mit dem Wort Geist bezeichnet sein, wenn man es im Zusammenhang mit dem Begriff Leben gebraucht? Man darf unter keinen Umständen stillschweigend voraussetzen, daß im Grunde genommen jedermann genau wisse, was mit «Geist» oder «Leben» gemeint ist.

604   Ich bin kein Philosoph, sondern ein bloßer Empiriker, und in allen schwierigen Fragen bin ich geneigt, nach der Erfahrung zu entscheiden. Wo aber keine greifbare Erfahrungsgrundlage vorhanden ist, da lasse ich aufgeworfene Fragen lieber unbeantwortet. Ich werde daher stets danach trachten, abstrakte Größen auf ihren Erfahrungsgehalt zurückzuführen, um einigermaßen sicher zu sein, daß ich auch weiß, wovon ich spreche. Ich muß gestehen, daß ich nicht weiß, was Geist schlechthin ist, ebensowenig weiß ich, was Leben ist. Ich kenne «Leben» nur in Gestalt des lebenden Körpers; was es dagegen an und für sich, in einem abstrakten Zustande, außer einem bloßen Wort noch sein könnte, vermag ich nicht einmal dunkel zu ahnen. So muß ich wohl zunächst, statt von Leben, vom lebenden Körper und, statt von Geist, vom Seelischen reden. Dies geschieht nun keineswegs, um der gestellten Frage in eine Betrachtung über Leib und Seele auszuweichen; im Gegenteil hoffe ich gerade mit Hilfe der Erfahrungsgrundlage dem Geiste zu einem wirklichen Dasein zu verhelfen – und dies nicht etwa auf Kosten des Lebens.

605   Der Begriff des lebenden Körpers bereitet der Erklärung für unsere Zwecke wohl geringere Schwierigkeit als ein allgemeiner Begriff vom Leben, denn der Körper ist ein anschauliches und erfahrbares Ding, das dem Vorstellungsvermögen hilfreich entgegenkommt. Wir werden uns daher leicht dahin verständigen, daß der Körper ein dem Zwecke des Lebens angepaßtes und innerlich zusammenhängendes System stofflicher Einheiten und als solches eine den Sinnen erfaßbare Erscheinung des lebenden Wesens oder, einfacher ausgedrückt, eine, lebendes Wesen ermöglichende, zweckmäßige Anordnung des Stoffes ist. Um Unklarheiten zu vermeiden, möchte ich darauf aufmerksam machen, daß ich in der Definition des Körpers ein gewisses Etwas nicht einbe-

zogen habe, nämlich das, was ich undeutlich als «lebendiges Wesen» bezeichne. Mit dieser Abtrennung, die ich zunächst weder verteidigen noch kritisieren will, soll der Körper aber nicht bloß als tote Anhäufung von Stoff, sondern als ein lebensbereites, lebenermöglichendes stoffliches System verstanden sein, jedoch mit der Bedingung, daß er, ohne das Dazutreten des «lebendigen Wesens», trotz aller Bereitschaft nicht leben könnte. Denn, ganz abgesehen von der möglichen Bedeutung des lebendigen Wesens, fehlt dem bloßen Körper etwas zum Leben Unerläßliches, nämlich das *Seelische*. Das wissen wir zunächst aus der unmittelbaren Erfahrung an uns selber, mittelbar aus der Erfahrung am Mitmenschen, durch wissenschaftliche Erschließung an den höheren Wirbeltieren, und, durch den völligen Mangel an Gegengründen, wenigstens bei den niederen Tieren und den Pflanzen.

Soll ich nun das «lebendige Wesen», von dem ich vorhin sprach, dem Seelischen, das uns im menschlichen Bewußtsein unmittelbar sozusagen greifbar ist, gleichsetzen und damit die bekannte uralte Zweiheit von Seele und Körper wieder herstellen? Oder gibt es irgendwo Gründe, die eine Abtrennung des lebendigen Wesens von der Seele rechtfertigen würden? Damit würden wir auch die Seele als ein zweckmäßiges System auffassen, als eine Anordnung nicht von bloß lebensbereitem Stoff, sondern von lebendem Stoff, oder, genauer noch, von Lebensvorgängen. Ich bin keineswegs sicher, daß diese Ansicht allgemeiner Billigung begegne, denn man ist dermaßen an die Anschauung gewöhnt, daß Seele und Körper die lebendige Zweiheit sei, daß man wohl kaum ohne weiteres geneigt ist, die Seele als eine bloße Anordnung von Lebensprozessen, die sich im Körper abspielen, anzusehen.

Soweit unsere Erfahrung überhaupt Schlüsse auf das Wesen der Seele ermöglicht, zeigt sie uns den seelischen Vorgang als eine vom Nervensystem abhängige Erscheinung. Man weiß mit hinlänglicher Sicherheit, daß die Zerstörung gewisser Hirnteile entsprechende seelische Verluste bedingt. Rückenmark und Gehirn enthalten im wesentlichen die Verknüpfungen sensorischer und motorischer Bahnen, die sogenannten *Reflexbogen*. Was damit gemeint ist, schildere ich am besten an einem einfachen Beispiel. Man berührt mit dem Finger einen heißen Gegenstand: sofort werden durch die Hitze die Enden der Tastnerven in Erregung versetzt. Durch die Erregung wird der Zustand der ganzen Leitungsbahn bis zum Rückenmark und von da bis ins Gehirn verändert. Aber schon im Rückenmark wird von den Ganglienzellen, die den Tastreiz auffangen, die Zustandsänderung an benachbarte motorische Ganglienzellen weitergegeben, welche nun ihrerseits Reize zu den Armmuskeln aussenden und damit eine plötzliche Zusammenziehung der Muskulatur und ein Zurückziehen der Hand bewirken. Dies alles geschieht mit solcher Schnelligkeit, daß die bewußte Schmerzwahrnehmung öfters erst eintritt, wenn die Hand schon zurückgezogen ist. Die Reaktion erfolgt also automatisch und wird erst nachträglich bewußt. Was aber im Rückenmark geschehen ist, wird in der Form eines mit Begriffen und Namen belegbaren Abbildes dem wahrnehmenden Ich zugeführt. Man kann sich nun auf Grund eines solchen Reflexbogens, also eines von außen nach innen sich bewegenden Reizes und eines von innen nach außen erfolgenden Anstoßes, ein Bild von den Vorgängen machen, die dem Seelischen zugrunde liegen.

608   Nehmen wir nun einen weniger einfachen Fall: Wir hören einen undeutlichen Ton, der zunächst keinen anderen Einfluß hat, als daß er uns veranlaßt, hinzuhören, um herauszufinden, was er bedeutet. In diesem Fall löst der Gehörreiz im Gehirn eine ganze Reihe von Vorstellungen, das heißt Bildern aus, welche sich mit dem Gehörreiz verknüpfen. Teils werden es Tonbilder, teils Gesichtsbilder, teils Gefühlsbilder sein. Dabei gebrauche ich das Wort Bild im Sinne von Vorstellung schlechthin. Ein seelisches Etwas kann natürlich nur dann Bewußtseinsinhalt sein, das heißt vorgestellt werden, wenn es Vorstellbarkeit, eben Bildhaftigkeit, besitzt. Ich nenne daher alle Bewußtseinsinhalte *Bilder,* weil sie Abbilder sind von Vorgängen im Gehirn.

609   Der durch den Gehörreiz angeregten Bilderreihe fügt sich nun plötzlich ein Erinnerungstonbild, verknüpft mit einem Gesichtsbild an, nämlich das Rasseln der Klapperschlange. Unmittelbar damit verbunden erfolgt ein Alarmsignal an die ganze Körpermuskulatur. Der Reflexbogen ist vollständig; aber in diesem Fall unterscheidet er sich vom früheren durch die Tatsache, daß ein Gehirnvorgang, eine seelische Bilderfolge, sich zwischen den sensorischen Reiz und den motorischen Anstoß eingeschoben hat. Die plötzliche Spannung des Körpers löst nun rückwirkend Erscheinungen am Herzen und an den Blutgefäßen aus, Vorgänge, die seelisch als Schreck abgebildet werden.

610   Auf diese Weise kann man sich eine Vorstellung machen von der Art des Seelischen. Es besteht aus Abbildern einfacher Vorgänge im Gehirn und aus Abbildern solcher Abbilder in fast unendlicher Reihenfolge. Diese Abbilder haben die Eigenschaft des *Bewußtseins.* Das Wesen des Bewußtseins ist ein Rätsel, dessen Lösung ich nicht kenne. Rein formal aber läßt sich sagen, daß ein seelisches Etwas dann als bewußt gilt, wenn es mit dem Ich in Beziehung tritt. Besteht diese Beziehung nicht, so ist es unbewußt. Das Vergessen zeigt, wie oft und wie leicht Inhalte ihre Verbindung mit dem Ich verlieren. Wir

vergleichen daher das Bewußtsein gerne mit dem Licht eines Scheinwerfers. Nur die Gegenstände, auf die der Lichtkegel fällt, treten in das Feld meiner Wahrnehmung. Ein Gegenstand, der zufällig im Dunkeln ist, hat aber nicht aufgehört zu existieren, er wird bloß nicht gesehen. So ist das mir unbewußte Seelische irgendwo, und höchst wahrscheinlich ist es in keinem anderen Zustand, als wenn es vom Ich gesehen wird.

Das Bewußtsein dürfte damit als Beziehung zum Ich genügend verständ- 611 lich sein. Der kritische Punkt aber ist das Ich. Was sollen wir unter dem Ich verstehen? Offenbar handelt es sich bei aller Einheit des Ich um eine mannigfaltig zusammengesetzte Größe. Es beruht auf den Abbildern der Sinnesfunktionen, welche Reize von innen und außen vermitteln, und es beruht des ferneren auf einer ungeheuren Ansammlung von Bildern vergangener Vorgänge. Alle diese überaus verschiedenen Bestandteile bedürfen eines starken Zusammenhaltes, als welchen wir eben das Bewußtsein erkannt haben. Das Bewußtsein scheint damit die unerläßliche Vorbedingung des Ich zu sein. Ohne Ich ist aber auch kein Bewußtsein denkbar. Dieser scheinbare Widerspruch löst sich vielleicht dadurch auf, daß wir das Ich auch als Abbild, allerdings nicht eines, sondern sehr vieler Vorgänge und ihres Zusammenspielens auffassen, nämlich aller jener Vorgänge und Inhalte, die das Ichbewußtsein zusammensetzen. Ihre Vielheit bildet tatsächlich eine Einheit, indem die Bewußtseinsbeziehung wie eine Art Schwerkraft die einzelnen Teile in der Richtung auf ein vielleicht virtuelles Zentrum zusammenzieht. Ich spreche daher nicht bloß von dem Ich, sondern von einem *Ichkomplex,* mit der begründeten Voraussetzung, daß das Ich von wechselnder Zusammensetzung und darum veränderlich sei, und daher nicht schlechthin *das* Ich sein könne. (Auf die klassischen Ich-Veränderungen, die man bei Geisteskranken oder im Traume antrifft, kann ich hier nicht eingehen.)

Durch diese Auffassung des Ich als einer Zusammensetzung von seelischen 612 Elementen werden wir logisch zu der Frage geführt: Ist das Ich das zentrale Bild, und damit der ausschließliche Vertreter des ganzen menschlichen Wesens? Hat es alle Inhalte und Funktionen auf sich bezogen und in sich ausgedrückt?

Diese Frage müssen wir verneinen. Das Ichbewußtsein ist ein Komplex, 613 der nicht das Ganze des menschlichen Wesens umfaßt: es hat vor allem unendlich mehr vergessen, als es weiß. Es hat unendlich vieles gehört und gesehen und ist sich dessen nie bewußt geworden. Gedanken wachsen jenseits seines Bewußtseins, ja sie stehen schon fix und fertig bereit, und es weiß nichts

davon. Von der unglaublich wichtigen Regulierung der inneren Körpervor-
gänge, zu welcher das sympathische Nervensystem dient, hat das Ich kaum
eine dämmerhafte Ahnung. Was das Ich in sich begreift, ist vielleicht der
kleinste Teil von dem, was ein vollständiges Bewußtsein in sich begreifen
müßte.

614   Das Ich kann darum nur ein Teilkomplex sein. Vielleicht ist es jener einzig-
artige Komplex, dessen innerer Zusammenhalt Bewußtsein bedeutet? Aber
ist nicht vielleicht jeder Zusammenhalt seelischer Teile eben Bewußtsein?
Man sieht nicht gerade ein, warum nur der Zusammenhalt eines gewissen Teiles der Sinnesfunktionen und eines gewissen Teiles des Erinnerungsmateriales
Bewußtsein sein sollte, der Zusammenhalt anderer seelischer Teile dagegen
nicht. Der Komplex des Sehens, Hörens usw. hat einen starken und wohlor-
ganisierten inneren Zusammenhang. Es besteht kein Grund, anzunehmen,
daß dieser nicht auch Bewußtsein sein könnte. Wie der Fall der taubblinden
HELEN KELLER zeigt, genügt der Tastsinn und die Körperempfindung, um
ein Bewußtsein herzustellen oder zu ermöglichen, allerdings ein zunächst auf
diese Sinne eingeschränktes Bewußtsein. Ich denke mir daher das Ichbewußtsein als eine Zusammensetzung der verschiedenen «Sinnesbewußtseine», wobei die Selbständigkeit des einzelnen Bewußtseins in der Einheit des übergeordneten Ich untergegangen ist.

615   Da nun das Ichbewußtsein keineswegs alle seelischen Tätigkeiten und Erscheinungen umfaßt, das heißt nicht alle Abbilder in sich enthält, und auch
der Wille mit aller Anstrengung es nicht vermag, in gewisse ihm verschlosse-
ne Regionen vorzudringen, so entsteht natürlich die Frage, ob es nicht einen
dem Ichbewußtsein ähnlichen Zusammenhalt *aller* seelischen Tätigkeiten,
eine Art höheren oder weiteren Bewußtseins gebe, in welchem unser Ich ein
angeschauter Inhalt wie zum Beispiel die Tätigkeit des Sehens in meinem Bewußtsein und ebenso wie dieses in einem höheren Zusammenhang mit den
mir unbewußten Tätigkeiten verschmolzen wäre. Unser Ichbewußtsein
könnte möglicherweise in einem vollständigen Bewußtsein, wie ein kleinerer
Kreis in einem größeren, eingeschlossen sein.

616   Wie die Tätigkeit des Sehens, Hörens usw. ein Abbild erzeugt von sich,
welches, auf ein Ich bezogen, Bewußtheit der betreffenden Tätigkeit ergibt,
so kann auch das Ich, wie schon erwähnt, als ein Abbild der Gesamtheit aller
ihm erfaßbaren Tätigkeiten verstanden werden. Man dürfte fast erwarten, daß
alle seelischen Tätigkeiten ein Abbild hervorbringen und daß darin sogar ihre
wesentliche Natur liege, ansonst man sie gar nicht seelisch nennen könnte. Es

ist darum nicht einzusehen, warum unbewußte seelische Tätigkeiten nicht ebensogut die Eigenschaft der Bildhaftigkeit haben sollten wie die meinem Bewußtsein vorstellbaren. Und da nun einmal der Mensch, wie es uns scheinen will, eine in sich geschlossene Lebenseinheit ist, so läge der Schluß nahe, daß die Abbilder aller seelischen Tätigkeiten unter einem Gesamtbilde des ganzen Menschen zusammengefaßt und von ihm als einem Ich angeschaut und gewußt wären.

Gegen diese Annahme könnte ich keine wesentlichen Gegengründe anführen; aber sie bliebe solange eine müßige Träumerei, als kein Bedürfnis besteht, etwas damit zu erklären. Auch wenn wir die Möglichkeit eines höheren Bewußtseins zur Erklärung gewisser seelischer Tatsachen benötigen sollten, so bliebe es doch bei einer bloßen Annahme, denn es überstiege bei weitem das Vermögen des Verstandes, ein höheres Bewußtsein als das uns bekannte zu beweisen. Immer bestünde die Möglichkeit, daß im Dunkel jenseits unseres Bewußtseins die Dinge auch noch ganz anders liegen könnten, als wir uns, auch mit der kühnsten Erfindungsgabe, zu erdenken vermögen. 617

Ich werde im weiteren Verlauf meiner Darstellung auf diese Frage zurückkommen. Wir wollen sie darum vorderhand beiseite legen und uns der ursprünglichen Frage von Seele und Körper wieder zuwenden. Aus dem vorhin Gesagten dürfte man einen Eindruck von dem *abbildhaften Wesen der Seele* erhalten haben. Die Seele ist eine Bilderfolge in weitestem Sinne, aber nicht ein zufälliges Neben- oder Nacheinander, sondern ein über alle Maßen sinnreicher und zweckmäßiger Aufbau, eine in Bildern ausgedrückte Anschaulichkeit der Lebenstätigkeiten. Und ebensosehr nun, wie der lebensbereite Stoff des Körpers des Seelischen bedarf, um lebenstätig zu sein, so muß auch die Seele den lebendigen Körper voraussetzen, damit ihre Bilder leben können. 618

Seele und Körper sind wohl ein Gegensatzpaar und als solches der Ausdruck *eines* Wesens, dessen Natur weder aus der stofflichen Erscheinung noch aus der inneren unmittelbaren Wahrnehmung erkennbar ist. Man weiß, daß eine altertümliche Anschauung aus dem Zusammenkommen einer Seele mit einem Körper den Menschen entstehen läßt. Es ist aber wohl richtiger, zu sagen, daß ein unerkennbares lebendiges Wesen – über dessen Natur schlechthin nichts auszusagen ist, als daß wir damit undeutlich einen Inbegriff von Leben bezeichnen – äußerlich als stofflicher Körper erscheint, innerlich angeschaut aber als Folge von Bildern der im Körper stattfindenden Lebenstätigkeit. Das eine ist das andere, und der Zweifel befällt uns, ob nicht am Ende diese ganze Trennung von Seele und Körper nichts sei als eine zum Zwecke 619

der Bewußtmachung getroffene Verstandesmaßnahme, eine für die Erkenntnis unerläßliche Unterscheidung eines und desselben Tatbestandes in zwei
Ansichten, denen wir unberechtigterweise sogar selbständige Wesenheit zugedacht haben.

620   Es ist dem wissenschaftlichen Griffe nicht gelungen, das Rätsel des Lebens
zu erfassen, weder im organischen Stoff noch in den geheimnisvollen Bilder-
folgen der Seele, weshalb wir noch immer auf der Suche sind nach dem «lebendigen Wesen», dessen Dasein wir in einem Jenseits der Erfahrbarkeit fordern
müssen. Wer die Abgründe der Physiologie kennt, dem wird davor schwin-
deln, und wer etwas von der Seele weiß, der wird verzweifeln ob des Gedankens, daß dieses sonderbare Spiegelwesen jemals irgend etwas auch nur annähernd «erkennen» sollte.

621   Von diesem Standpunkt aus möchte einem leicht alle Hoffnung schwin-
den, irgend etwas Gründliches ausmachen zu können über jenes undeutliche,
vielfach schillernde Ding, das man «Geist» nennt. Nur eines scheint mir klar
zu sein, nämlich das: wie «lebendiges Wesen» ein Inbegriff des Lebens im
Körper ist, so ist «Geist» ein Inbegriff des seelischen Wesens, wie ja auch oft
der Begriff Geist vermischt mit dem Begriff Seele gebraucht wird. Als solcher
ist «Geist» in demselben Jenseits wie das «lebendige Wesen», das heißt in derselben nebelhaften Ununterscheidbarkeit. Und der Zweifel, ob Seele und
Körper nicht am Ende ein und dasselbe Ding sind, gilt auch dem scheinbaren
Gegensatz von Geist und lebendigem Wesen. Sie sind wohl ebenfalls ein und
dasselbe Ding.

622   Sind dergleichen Inbegriffe überhaupt nötig? Könnten wir es nicht bei
dem schon genügend geheimnisvollen Gegensatz von Seelischem und Kör-
perlichem bewenden lassen? Vom naturwissenschaftlichen Standpunkt aus
müßten wir hier stehenbleiben. Es gibt aber einen der Erkenntnismoral genügenden Standpunkt, der es uns nicht nur ermöglicht, sondern es sogar von uns
fordert, weiterzugehen und damit jene anscheinend unüberschreitbare Grenze
zu überspringen. Dieser Standpunkt ist der *psychologische.*

623   Ich habe mich nämlich in der bisherigen Überlegung auf den realistischen
Standpunkt des naturwissenschaftlichen Denkens gestellt, ohne dabei die
Grundlage, auf der ich stehe, in Zweifel zu ziehen. Um aber in Kürze erklären
zu können, was ich unter dem psychologischen Standpunkt verstehe, muß ich
zeigen, daß ernsthafte Zweifel an der ausschließlichen Berechtigung des realistischen Standpunktes möglich sind. Nehmen wir zum Beispiel das, was der
einfache Verstand als etwas vom Allerrealsten auffassen würde, nämlich den

Stoff: wir haben über die Natur des Stoffes nur dunkle theoretische Vermutungen, Bilder, die unsere Seele geschaffen hat. Die Wellenbewegung oder Sonnenemanation, die mein Auge trifft, wird von meiner Wahrnehmung in Licht übersetzt. Es ist meine bilderreiche Seele, die der Welt Farbe und Ton verleiht, und was ich jene allerrealste, rationale Sicherheit, die Erfahrung nenne, so ist auch ihre einfachste Form noch ein über alle Maßen kompliziertes Gebäude seelischer Bilder: So gibt es gewissermaßen nichts von unmittelbarer Erfahrung als nur gerade das Seelische selbst. Alles ist durch dasselbe vermittelt, übersetzt, filtriert, allegorisiert, verzerrt, ja sogar verfälscht. Wir sind dermaßen in eine Wolke wechselnder und unendlich vielfach schillernder Bilder eingehüllt, daß man mit einem bekannten großen Zweifler ausrufen möchte: «Nichts ist ganz wahr – und auch das ist nicht ganz wahr.» So dick und so trügerisch ist dieser Nebel um uns, daß wir exakte Wissenschaften erfinden mußten, um wenigstens einen Schimmer der sogenannten «wirklichen» Natur der Dinge erhaschen zu können. Allerdings einem einfachen Verstande will diese fast überwache Welt keineswegs nebelhaft erscheinen, aber lassen wir ihn eintauchen in die Seele eines Primitiven und dessen Weltbild mit dem Bewußtsein eines Kulturmenschen betrachten, so wird er eine Ahnung von der großen Dämmerung bekommen, in der auch wir uns noch befinden.

Was immer wir von der Welt wissen und wessen wir unmittelbar innewerden, das sind Bewußtseinsinhalte, die aus fernen, dunkeln Quellen erflossen sind. Ich möchte weder die relative Gültigkeit des realistischen, des «esse in re», noch die des idealistischen Standpunktes, des «esse in intellectu solo», bestreiten, sondern ich möchte diese äußersten Gegensätze durch ein «esse in anima», eben durch den psychologischen Gesichtspunkt vereinigen. *Wir leben unmittelbar nur in der Bilderwelt.*

Nehmen wir diesen Standpunkt ernst, so ergeben sich eigentümliche Folgerungen, indem dann nämlich die Gültigkeit seelischer Tatsachen weder der Erkenntniskritik noch der naturwissenschaftlichen Erfahrung unterstellt werden kann. Die einzige Frage wird sein: Ist ein Bewußtseinsinhalt vorhanden oder nicht? Ist er vorhanden, so ist er in sich selbst gültig. Die Naturwissenschaft kann nur angerufen werden, im Falle der Inhalt beanspruchen sollte, eine Aussage zu sein über ein Ding, das in der äußeren Erfahrung angetroffen werden kann; die Erkenntniskritik nur dann, wenn ein Unerkennbares als ein Erkennbares gesetzt wird. Nehmen wir ein Beispiel, das jedermann kennt: Die Naturwissenschaft hat nirgends einen Gott entdeckt, die Erkenntniskritik beweist die Unmöglichkeit der Gotteserkenntnis, die Seele aber tritt her-

624
625

vor mit der Behauptung der Erfahrung Gottes. Gott ist eine seelische Tatsache von unmittelbarer Erfahrbarkeit. Wenn dem nicht so wäre, so wäre von
Gott überhaupt nie die Rede gewesen. Die Tatsache ist in sich selbst gültig,
ohne irgendwelcher nichtpsychologischer Nachweise zu bedürfen, und unzugänglich für jegliche Form nichtpsychologischer Kritik. Sie kann sogar die
unmittelbarste und damit die allerrealste Erfahrung sein, die weder belächelt
noch wegbewiesen werden kann. Nur Leute mit schlechtentwickeltem Tatsa-
chensinn oder abergläubischer Verbohrtheit können sich dieser Wahrheit
gegenüber verschließen. Solange die Gotteserfahrung nicht den Anspruch auf
Allgemeingültigkeit oder auf ein absolutes Sein Gottes erhebt, ist jede Kritik
unmöglich, denn ein irrationales Faktum wie zum Beispiel die Tatsache, daß
es Elefanten gibt, kann nicht kritisiert werden. Immerhin gehört die Gotteserfahrung zu den relativ allgemein gültigen Erfahrungen, so daß fast jedermann
ungefähr weiß, was mit dem Ausdruck «Gotteserfahrung» gemeint ist. Als
relativ häufig vorkommende Tatsache muß sie von einer wissenschaftlichen
Psychologie anerkannt werden. Wir dürfen auch nicht mehr über das, was als
Aberglauben verschrieen ist, einfach hinweggehen. Wenn jemand behauptet,
Geister zu sehen oder behext zu sein, und es bedeutet ihm mehr als bloßes Gerede, so handelt es sich wieder um eine Tatsache, die dermaßen allgemein ist,
daß jedermann weiß, was mit «Geist» oder «Behexung» gemeint ist. Wir
können daher sicher sein, daß wir es auch in einem solchen Falle mit einem
bestimmten psychischen Tatsachenkomplex zu tun haben, der in diesem Sinn
ebenso «real» ist wie das Licht, das ich sehe. Ich weiß zwar nicht, wie ich den
Geist eines Verstorbenen in der äußeren Erfahrung nachweisen könnte, noch
kann ich mir die logischen Mittel vorstellen, mittels deren ich ein Fortleben
nach dem Tode zwingend zu erschließen vermöchte, aber ich habe mich trotzdem mit der Tatsache, daß die Seele zu allen Zeiten und an allen Orten die Erfahrung von Geistern behauptet, auseinanderzusetzen, ebensosehr als ich auch
zu berücksichtigen habe, daß viele Menschen diese subjektive Erfahrung
durchaus leugnen.

626   Nach dieser mehr allgemeinen Erläuterung möchte ich nun auf den Begriff
des Geistes zurückkommen, den wir mit unserer früheren realistischen Anschauung nirgends erfassen konnten. «Geist» bezeichnet (so gut wie «Gott»)
einen Gegenstand der seelischen Erfahrung, der außen nirgends nachgewiesen
und auch rational nicht erkannt werden kann, sofern wir das deutsche Wort
Geist in seinem besten Verstande anwenden. Wenn wir uns einmal vom Vorurteil befreit haben, daß wir einen Begriff entweder auf Gegenstände der

äußeren Erfahrung oder auf apriorische Kategorien des Verstandes zurückführen müssen, so können wir unsere Aufmerksamkeit und Neugier ganz jenem besonderen und noch unbekannten Wesen, das mit dem Worte Geist
gekennzeichnet wird, zuwenden. Es ist in einem solchen Fall stets nützlich,
einen Blick auf die mutmaßliche Etymologie des Namens zu werfen, denn
überaus häufig wirft gerade die Geschichte eines Wortes überraschende Lichter auf die Natur des ihm zugrunde liegenden psychischen Gegenstandes.

«Geist» hat seit alten Zeiten, schon im Althochdeutschen und dann im   627
Angelsächsischen gást, die Bedeutung eines überirdischen Wesens, im Gegensatz zum Körper. Nach KLUGE ist die Grundbedeutung des Wortes nicht
ganz sicher, jedoch scheinen Beziehungen zu existieren zum altnordischen
geisa, wüten, zum gotischen us-gaisjan, außer sich bringen, zum schweizer-
deutschen üf-gaistä, außer sich geraten, und zum englischen aghast, aufgeregt,
zornig. Dieser Zusammenhang wird durch andere Sprachfiguren aufs beste
unterstützt. «Von Wut befallen werden» heißt: etwas fällt auf ihn, sitzt auf
ihm, reitet ihn, er ist vom Teufel geritten, er ist besessen, etwas ist in ihn gefahren usw. Affekte werden auf präpsychologischer Stufe und jetzt noch in der
dichterischen Sprache, die ihre Wirksamkeit ihrer noch lebendigen Primitivität verdankt, gerne als Dämonen personifiziert. Verliebt sein heißt: Amors
Geschoß hat ihn getroffen. Eris hat den Zankapfel zwischen die Männer geworfen usw. Wenn wir «außer uns geraten vor Wut», so sind wir offenbar
nicht mehr identisch mit uns selbst, sondern sind von einem Dämon, einem
Geist, in Besitz genommen worden.

Die Uratmosphäre, aus der das Wort Geist einstmals hervorgegangen ist,   628
lebt auch in uns noch weiter, allerdings auf einer etwas unterhalb des Bewußtseins liegenden psychischen Stufe. Aber wie der moderne Spiritismus zeigt,
genügt schon sehr wenig, um jenes Stück primitiver Geistesart wieder an die
Oberfläche zu bringen. Sollte sich die etymologische Ableitung (die an sich
sehr wahrscheinlich ist) bewähren, so wäre der «Geist» in diesem Sinne ein
Abbild des personifizierten Affektes. Wenn zum Beispiel jemand sich zu un-
vorsichtigen Äußerungen hinreißen läßt, so sagt man, seine Zunge sei mit
ihm davongelaufen, womit offenbar ausgedrückt wird, daß sein Reden zu
einem selbständigen Wesen geworden sei, das ihn weggerissen habe und mit
ihm davongelaufen sei. Psychologisch würden wir sagen, *jeder Affekt hat die
Neigung, zu einem autonomen Komplex zu werden,* sich von der Hierarchie des
Bewußtseins loszutrennen und womöglich das Ich hinter sich herzuschlep-
pen. Kein Wunder daher, daß der primitive Verstand darin die Tätigkeit eines

fremden, unsichtbaren Wesens erblickt, eines Geistes. Der Geist in diesem
Fall ist das Abbild des selbständigen Affektes, weshalb die Alten passender-
weise die Geister auch imagines, Bilder, nannten.

629   Wenden wir uns nun anderen Vorkommen des Begriffes Geist zu! Die Phra-
se «er handelt im Geiste seines verstorbenen Vaters» ist noch zweideutig, denn
das Wort Geist in diesem Fall spielt ebensowohl auf einen Totengeist an wie
auf eine Sinnesart. Andere Redensarten sind: «Es ist ein neuer Geist eingezo-
gen», «ein neuer Geist weht einem entgegen», womit eine Erneuerung der
Sinnesart ausgedrückt sein soll. Die Grundvorstellung ist wiederum die der
Besitznahme durch einen Geist, der zum Beispiel in einem Hause zum spiritus
rector geworden ist. Man kann aber auch bedenklich sagen: «Es ist ein böser
Geist, der in jener Familie herrscht.»

630   Es handelt sich hier nicht mehr um Personifikationen von Affekten, sondern um die Veranschaulichung einer ganzen Sinnesart oder – psychologisch
ausgedrückt – einer Einstellung. Eine schlechte Einstellung, als «böser Geist»
ausgedrückt, hat also laut naiver Auffassung ungefähr die gleiche psychologische Funktion wie ein personifizierter Affekt. Dies dürfte insofern für viele
überraschend sein, als man unter «Einstellung» gewöhnlich ein «Sich-Einstel-
len-zu-etwas», also eine Ichtätigkeit und damit eine Absichtlichkeit meint.
Die Einstellung oder Sinnesart ist aber bei weitem nicht immer das Produkt
eines Wollens, sondern verdankt ihre Eigenart vielleicht noch häufiger der
geistigen Ansteckung, das heißt dem Beispiel und Einfluß der Umgebung. Es
gibt bekanntlich Leute, deren schlechte Einstellung die Atmosphäre vergiftet,
ihr böses Beispiel steckt an, sie machen andere nervös durch ihre Unaussteh-
lichkeit. In Schulen kann ein einziger Unhold von Schüler den Geist einer
ganzen Klasse verderben, und umgekehrt kann die fröhliche und harmlose
Sinnesart eines Kindes die sonst düstere Atmosphäre einer Familie erhellen
und verklären, was natürlich nur möglich ist, wenn die Einstellung jedes Einzelnen durch das gute Beispiel verbessert wird. So kann sich eine Einstellung
auch gegen den bewußten Willen durchdrücken – «schlechte Gesellschaft
verdirbt gute Sitten». In der Massensuggestion zeigt sich dies am deutlichsten.

631   Die Einstellung oder Sinnesart kann sich daher von außen oder von innen
dem Bewußtsein ebenso aufdrängen wie ein Affekt und daher auch durch dieselben Sprachmetaphern ausgedrückt werden. Die Einstellung scheint auf den
ersten Blick etwas wesentlich Komplizierteres zu sein als ein Affekt. Bei näherer Untersuchung ist dies aber nicht der Fall, denn sozusagen die meisten Ein-

stellungen sind bewußt oder unbewußt auf eine Art *Sentenz* gegründet, die oft sogar proverbialen Charakter hat. Es gibt Einstellungen, denen man die dahinterliegende Sentenz sofort anfühlt und sogar merkt, wo jener Weisheitsspruch aufgelesen wurde. Oft läßt sich die Einstellung auch durch ein einziges Wort, in der Regel ein *Ideal,* charakterisieren. Nicht selten ist die Quintessenz einer Einstellung weder eine Sentenz noch ein Ideal, sondern eine verehrte und nachgeahmte Persönlichkeit.

Die Erziehung benützt diese psychologischen Tatsachen und versucht mit 632 Sentenzen und Idealen passende Einstellungen zu suggerieren, von denen in der Tat viele als dauernde Obervorstellungen das ganze Leben hindurch wirksam bleiben. Sie haben, wie Geister, von einem Menschen Besitz genommen. Auf primitiverer Stufe ist es sogar die Vision des lehrenden Meisters, des Hirten, des Poimen oder Poimandres, welche die führende Obervorstellung personifiziert und bis zur bildlichen Erscheinung konkretisiert.

Hier nähern wir uns einem Begriff von «Geist», der die animistische Wort- 633 form bei weitem überschreitet. Die Lehrsentenz oder Spruchweisheit ist in der Regel das Resultat vieler Erfahrungen und Bemühungen einzelner, eine Summe von Einsichten und Schlüssen, in wenige, prägnante Worte verdichtet. Wenn man zum Beispiel das evangelische Wort «Die Ersten werden die Letzten sein»[1] einer eingehenden Analyse unterzieht, indem man versucht, alle jene Erlebnisse zu rekonstruieren, welche zu dieser Quintessenz der Lebensweisheit geführt haben, so kann man nicht umhin, die Fülle und Reife der dahinterliegenden Lebenserfahrung zu bewundern. Es ist ein «imposantes» Wort, das sich mit Macht auf den empfänglichen Sinn legt und ihn vielleicht dauernd in Besitz nimmt. Jene Sentenzen oder Ideale, welche die umfänglichste Lebenserfahrung und die tiefste Überlegung in sich enthalten, machen das aus, was wir als «Geist» im besten Verstande des Wortes bezeichnen. Gelangt eine Obervorstellung dieser Art zu unumschränkter Herrschaft, so nennen wir das unter ihrer Führung gelebte Leben ein geistbedingtes oder geistiges Leben. Je unbedingter und je zwingender der Einfluß der Obervorstellung ist, desto mehr hat sie die Natur eines autonomen Komplexes, welcher dem Ichbewußtsein als unerschütterliche Tatsache gegenübertritt.

Es ist aber nicht zu übersehen, daß solche Sentenzen oder Ideale – auch die 634 besten nicht ausgenommen – keine Zauberworte von unbedingter Wirkung

---

[1] [«Und siehe, es sind Letzte, die werden Erste sein, und es sind Erste, die werden Letzte sein.» (*Luk.* 13,30; vgl. auch *Mat.* 19,30)]

sind, sondern nur unter gewissen Bedingungen zur Herrschaft gelangen können, nämlich dann, wenn von innen, vom Subjekt, ihnen etwas entgegenkommt, nämlich ein Affekt, der bereit ist, die dargebotene Form zu ergreifen.
Nur mittels der Reaktion des Gemütes kann die Idee, oder was die Obervorstellung immer ist, zu einem autonomen Komplex werden: ohne diese bliebe
die Idee ein dem Gutdünken des Bewußtseins untergeordneter Begriff, ein
bloßer intellektueller Rechenpfennig, ohne bestimmende Kraft. Die Idee als
ein nur intellektueller Begriff hat keinen Einfluß auf das Leben, da sie in diesem Zustand nicht viel mehr ist als ein bloßes Wort. Umgekehrt aber, wenn
die Idee die Bedeutung eines autonomen Komplexes erreicht, so wirkt sie
durch das Gemüt auf das Leben der Persönlichkeit.

635   Man darf nun dergleichen autonome Einstellungen ja nicht für etwas halten, das durch unseren bewußten Willen und unsere bewußte Wahl zustande
käme. Wenn ich vorhin sagte, dazu sei die Mithilfe des Gemütes nötig, so
könnte ich ebensogut sagen, daß eine jenseits bewußter Willkür liegende unbewußte Bereitschaft vorhanden sein muß, um eine autonome Einstellung
hervorzubringen. Man kann sozusagen nicht geistig sein *wollen.* Denn alles,
was wir etwa von Prinzipien wählen und erstreben können, ist immer innerhalb unseres Gutdünkens und unterhalb unseres Bewußtseins und kann darum niemals zu etwas werden, was der bewußten Willkür nicht unterstellt wäre. Es ist somit eher eine Schicksalsfrage, welches Prinzip unsere Einstellung
regieren werde.

636   Man wird sich gewiß fragen, ob es denn keine Menschen gebe, bei denen
der eigene freie Wille oberstes Prinzip ist, so daß jede Einstellung von ihnen
absichtlich gewählt werde. Ich glaube nicht, daß irgend jemand diese Gottähnlichkeit erreicht oder erreicht hat, aber ich weiß, daß sehr viele nach diesem Ideal streben, weil sie von der heroischen Idee absoluter Freiheit besessen
sind. Irgendwo sind alle Menschen abhängig, irgendwie sind alle bestimmbar,
denn sie sind keine Götter.

637   Unser Bewußtsein drückt eben die menschliche Totalität nicht aus, sondern es ist und bleibt ein Teil. Im einleitenden Abschnitt meiner Ausführungen habe ich die Möglichkeit angedeutet, daß unser Ichbewußtsein nicht notwendigerweise die einzige Bewußtheit in unserem System, sondern vielleicht
einer weiteren Bewußtheit untergeordnet sei, ebenso wie einfachere Komplexe dem Ichkomplex untergeordnet sind.

638   Ich wüßte gar nicht, wie wir je beweisen könnten, daß eine höhere oder
weitere Bewußtheit als das Ichbewußtsein in uns existiere; aber, wenn eine

solche existiert, so muß und wird sie das Ichbewußtsein empfindlich stören. Was ich damit meine, möchte ich an einem einfachen Beispiel klarmachen: Nehmen wir an, unser optisches System habe ein eigenes Bewußtsein und sei daher eine Art von Persönlichkeit, die wir als «Augenpersönlichkeit» bezeichnen wollen. Die Augenpersönlichkeit habe nun eine schöne Aussicht entdeckt, in deren Bewunderung sie sich versenkt. Nun hört das akustische System plötzlich das Signal eines Automobils. Diese Wahrnehmung bleibt dem optischen System unbewußt. Vom Ich her erfolgt nun, dem optischen System wiederum unbewußt, der Befehl an die Muskeln, den Körper an eine andere Stelle im Raum zu versetzen. Durch die Bewegung wird dem Augenbewußtsein plötzlich das Objekt weggenommen. Könnten die Augen denken, so kämen sie wohl zum Schluß, daß die Lichtwelt allen möglichen dunkeln Störungsfaktoren ausgesetzt sei.

Etwas in der Art müßte unserem Bewußtsein geschehen, wenn ein weiteres 639 Bewußtsein existieren sollte, ein Bewußtsein, das, wie ich vorhin anführte, ein Abbild des ganzen Menschen wäre. Gibt es nun tatsächlich dergleichen dunkle Störungen, die kein Wille beherrschen und keine Absicht beseitigen kann? Und gibt es irgendwo in uns ein Nichtberührbares, das wir als Quelle solcher Störungen verdächtigen könnten? Die erste Frage können wir ohne weiteres bejahen. Ganz zu schweigen von neurotischen Menschen, können wir schon beim Normalen ohne Schwierigkeit die allerdeutlichsten Eingriffe und Störungen aus einer anderen Sphäre beobachten: eine Laune kann plötzlich wechseln, ein Kopfschmerz kommt angeflogen, der Name eines Bekannten, den man vorstellen sollte, ist weggeblasen, eine Melodie verfolgt uns für einen ganzen Tag, man möchte etwas tun, aber die Lust dazu ist auf unerklärliche Weise abhanden gekommen, man vergißt das, was man unter keinen Umständen vergessen wollte, man freut sich aufs Schlafen, und der Schlaf ist weggezaubert, man schläft, und phantastische, ärgerliche Träume stören den Schlaf, die Brille, die auf der Nase sitzt, wird gesucht, der neue Schirm wird, unbekannt wo, stehengelassen. Diese Liste ließe sich leicht ins Unendliche vermehren. Wenn wir gar die Psychologie Neurotischer untersuchen, so bewegen wir uns inmitten der paradoxesten Störungen. Es entstehen fabelhafte Krankheitssymptome, und doch ist kein Organ krank. Ohne die leiseste Störung des Körpers schnellt die Temperatur auf 40 Grad empor, erstickende Angstzustände von gänzlicher Grundlosigkeit, Zwangsvorstellungen, deren Unsinnigkeit selbst der Patient einsieht, Hautausschläge, die kommen und gehen und sich weder um Gründe noch um Therapie kümmern. Auch hier ist die

Liste unendlich. Man hat natürlich für jeden Fall eine passende oder meist un-
passende Erklärung, die aber schon den nächsten Fall nicht mehr erklärt. Über
die Existenz der Störungen aber kann keine Unsicherheit herrschen.

640   Was nun die zweite Frage, die Herkunft der Störungen betreffend, angeht,
so ist darauf aufmerksam zu machen, daß die medizinische Psychologie den
Begriff eines *Unbewußten* aufgestellt und die Nachweise erbracht hat, daß diese Störungen auf unbewußten Vorgängen beruhen. Es ist also, wie wenn unsere Augenpersönlichkeit entdeckt hätte, daß außer den sichtbaren noch unsichtbare bestimmende Faktoren existieren müssen. Wenn nicht alles trügt,
so scheinen die unbewußten Vorgänge nichts weniger als unintelligent zu
sein. Der Charakter des Automatischen und Mechanischen fehlt ihnen sogar
in besonderem Maße. Sie sind daher an Feinheit den bewußten Vorgängen in
keinerlei Weise unterlegen, im Gegenteil, nicht allzu selten überragen sie die
bewußte Einsicht um ein beträchtliches.

641   Unsere gedachte optische Person mag daran zweifeln, ob die plötzlichen
Störungen ihrer Lichtwelt aus einem Bewußtsein hervorgehen. Und so können auch wir an einem weiteren Bewußtsein zweifeln, ohne mehr Grund zum
Zweifeln zu haben als die optische Person. Da es uns aber nicht gelingen wird,
uns in den Zustand und damit in das Begreifen eines weiteren Bewußtseins zu
versetzen, so tun wir wohl gut daran, die dunkle Sphäre, von unserem Standpunkt aus, das «Unbewußte» zu nennen, ohne damit zu präjudizieren, daß
dieses auch seiner selbst unbewußt sei.

642   Ich bin an dieser Stelle der Erörterung wieder auf die eingangs angeschnit-
tene Frage eines höheren Bewußtseins zurückgekommen, weil dieses uns hier
beschäftigende Problem der lebenbestimmenden Kraft des Geistes mit Vorgängen jenseits des Ichbewußtseins zusammenhängt. Ich habe vorhin mehr
beiläufig bemerkt, daß eine Idee ohne den Affekt niemals zu einer lebenbestimmenden Größe werden könne. Ich habe das Entstehen eines gewissen
Geistes auch eine Schicksalsfrage genannt, um damit auszudrücken, daß unser
Bewußtsein nicht in der Lage sei, willkürlich einen autonomen Komplex zu
erzeugen. Er ist eben nie autonom, wenn er uns nicht zustößt und seine Überlegenheit über den bewußten Willen augenscheinlich erweist. Er ist nämlich
auch eine jener Störungen, die aus der dunkeln Sphäre stammen. Wenn ich
vorhin sagte, der Idee müsse eine Reaktion des Gemütes entgegenkommen,
so meinte ich damit eine unbewußte Bereitschaft, welche durch ihre affektive
Art in Tiefen reicht, die unserem Bewußtsein nicht mehr zugänglich sind. So
vermag unsere bewußte Vernunft niemals die Wurzeln nervöser Symptome

zu zerstören; dazu bedarf es emotionaler Vorgänge, welche selbst das sympathische Nervensystem zu beeinflussen vermögen. Wir könnten daher ebensogut sagen, wenn es dem weiteren Bewußtsein passend erscheint, wird dem Ichbewußtsein eine zwingende Idee wie ein unbedingter Befehl vorgesetzt. Wer immer seines leitenden Prinzips bewußt ist, weiß, mit welch undiskutierbarer Autorität es über unser Leben verfügt. Aber in der Regel ist das Bewußtsein zu geschäftig mit der Erreichung seiner ihm vorschwebenden Ziele, so daß es sich nie Rechenschaft gibt über die Natur des Geistes, der sein Leben bestimmt.

Unter dem psychologischen Gesichtswinkel betrachtet, erscheint das Phä- 643 nomen des Geistes, wie jeder autonome Komplex, als eine dem Ichbewußtsein übergeordnete oder mindestens beigeordnete Absicht des Unbewußten. Wenn wir dem Wesen dessen, was wir Geist nennen, gerecht werden sollen, so müssen wir statt von dem Unbewußten eher von einem höheren Bewußtsein reden, denn der Begriff von Geist bringt es mit sich, daß wir mit ihm den Gedanken einer Überlegenheit über das Ichbewußtsein verbinden. Die Überlegenheit ist dem Geiste nicht durch bewußte Erklügelung angedichtet, sondern haftet seiner Erscheinung als wesentliche Eigenschaft an, wie aus den Urkunden aller Zeiten, angefangen mit der Heiligen Schrift bis zu NIETZSCHES «Zarathustra», ersichtlich ist. Der Geist tritt psychologisch auf als ein persönliches Wesen von bisweilen visionärer Deutlichkeit. Im christlichen Dogma ist er sogar die dritte Person der Trinität. Diese Tatsachen beweisen, daß der Geist nicht immer bloß eine formulierbare Idee oder Sentenz ist, sondern in seinen stärksten und unmittelbarsten Offenbarungen sogar ein eigentümlich selbständiges Leben entfaltet, welches wie das eines von uns unabhängigen Wesens empfunden wird. Solange ein Geist durch ein faßbares Prinzip oder eine ausdrückbare Idee benannt und umschrieben werden kann, wird er allerdings nicht als ein selbständiges Wesen empfunden werden. Wenn aber seine Idee oder sein Prinzip unübersehbar wird, wenn seine Absichten in Ursprung und Ziel dunkel werden und sich dennoch zwingend durchsetzen, dann wird er notwendigerweise als selbständiges Wesen erfahren, als eine Art höheren Bewußtseins, und seine unübersehbare, überlegene Natur kann nicht mehr in den Begriffen des menschlichen Verstandes ausgedrückt werden. Unser Ausdrucksvermögen greift dann nach anderen Mitteln: es erschafft ein *Symbol*.

Unter Symbol verstehe ich keineswegs eine Allegorie oder ein bloßes Zei- 644 chen, sondern vielmehr ein Bild, das die nur dunkel geahnte Natur des Geistes bestmöglich kennzeichnen soll. Ein Symbol umfaßt nicht und erklärt nicht, sondern weist über sich selbst hinaus auf einen noch jenseitigen, unerfaßlichen, dunkel geahnten Sinn, der in keinem Worte unserer derzeitigen Sprache sich genügend ausdrücken könnte. Ein Geist, der sich in einen Begriff übersetzen läßt, ist ein seelischer Komplex innerhalb der Reichweite unseres Ichbewußtseins. Er wird nichts hervorbringen und nichts mehr tun, als wir in ihn hineingelegt haben. Ein Geist aber, der ein Symbol zu seinem Ausdruck erfordert, ist ein seelischer Komplex, der schöpferische Keime von noch unabsehbaren Möglichkeiten enthält. Das nächste und beste Beispiel ist die historisch festgelegte und wohl überblickbare Wirksamkeit der christlichen Symbole. Wenn man vorurteilsfrei die Wirkung des frühchristlichen Geistes auf die Köpfe bescheidener Durchschnittsmenschen des zweiten Jahrhunderts betrachtet, so kann man nur staunen. Aber dieser Geist war schöpferisch wie kaum je einer. Kein Wunder daher, daß er als von göttlicher Überlegenheit empfunden wurde.

645   Es ist gerade diese deutlich gefühlte Überlegenheit, welche der Erscheinung des Geistes Offenbarungscharakter und unbedingte Autorität verleiht – eine gefährliche Eigenschaft; denn was wir vielleicht *höheres Bewußtsein* nennen dürfen, ist keineswegs immer «höher» im Sinne unserer Bewußtseinswerte, sondern öfters in strengstem Gegensatz zu unseren anerkannten Idealen. Man dürfte dieses hypothetische Bewußtsein eigentlich bloß als ein «weiteres» bezeichnen, um nicht das Vorurteil zu erregen, daß es in intellektueller oder moralischer Beziehung auch immer notwendigerweise höher stehe. Der Geister sind viele, helle und finstere. Man darf sich daher der Einsicht nicht verschließen, daß auch der Geist nichts Absolutes, sondern etwas Relatives ist, welches der Ergänzung und der Vervollständigung *durch das Leben* bedarf. Wir haben nämlich allzuviele Beispiele von Fällen, wo ein Geist dermaßen von Menschen Besitz ergriff, daß nicht mehr der Mensch, sondern nur noch der Geist lebte, und zwar nicht im Sinne eines für den Menschen reicheren und völligeren Lebens, sondern in lebenswidriger Weise. Ich meine damit keineswegs, daß der Tod der christlichen Märtyrer eine sinn- und zwecklose Zerstörung gewesen sei – im Gegenteil, ein solcher Tod kann auch ein völligeres Leben als irgendeines bedeuten –, ich meine vielmehr den Geist gewisser, das Leben gänzlich verneinender Sekten. Was soll es mit dem Geist, wenn er die Menschen ausgerottet hat? Die strenge montanistische Auffassung entsprach gewiß den höchsten sittlichen Anforderungen jener Zeit, aber sie war lebenzerstörend. Ich glaube daher, daß auch ein unseren höchsten Idealen ent-

sprechender Geist am Leben seine Schranken findet. Gewiß, er ist dem Leben unerläßlich, denn ein bloßes Ich-Leben ist, wie wir zur Genüge wissen, eine höchst unzulängliche und unbefriedigende Sache. Nur ein Leben, das in einem gewissen Geiste gelebt wird, ist lebenswert. Es ist eine merkwürdige Tatsache, daß ein Leben, das bloß aus dem Ich gelebt wird, in der Regel nicht nur auf den Betreffenden selbst, sondern auch auf die Zuschauer als dumpf wirkt. Die Fülle des Lebens erfordert mehr als bloß ein Ich; sie bedarf eines Geistes, das heißt eines unabhängigen und übergeordneten Komplexes, der offenbar allein imstande ist, alle jene seelischen Möglichkeiten, die das Ichbewußtsein nicht erreichen kann, in lebendige Erscheinung zu rufen.

Aber wie es eine Leidenschaft gibt, die nach blindem, schrankenlosem Le- 646 ben strebt, so gibt es auch eine Leidenschaft, die dem Geiste, eben um seiner schöpferischen Überlegenheit willen, alles Leben zum Opfer bringen möchte. Diese Leidenschaft macht den Geist zu einer bösartigen Geschwulst, die das menschliche Leben sinnlos zerstört.

Das Leben ist ein Kriterium der Wahrheit des Geistes. Ein Geist, der den 647 Menschen über alle Lebensmöglichkeit hinausreißt und nur Erfüllung in sich selbst sucht, ist ein Irrgeist – nicht ohne die Schuld des Menschen, der es in der Hand hat, sich selbst aufzugeben oder nicht.

Leben und Geist sind zwei Mächte, oder Notwendigkeiten, zwischen die 648 der Mensch hineingestellt ist. Der Geist gibt seinem Leben Sinn und die Möglichkeit größter Entfaltung. Das Leben aber ist dem Geiste unerläßlich, denn seine Wahrheit ist nichts, wenn sie nicht leben kann.

XIII
DAS GRUNDPROBLEM
DER GEGENWÄRTIGEN PSYCHOLOGIE

[Vortrag, gehalten 1931 im Kulturbund, Wien. Erschienen unter dem Titel «Die Entschleierung der Seele» in: *Europäische Revue* VII (Juli 1931). Leicht bearbeitet unter dem jetzigen Titel in: *Wirklichkeit der Seele*. (Psychologische Abhandlungen IV) Rascher, Zürich 1934. Neuauflagen 1939 und 1947; Paperback 1969.]

DAS GRUNDPROBLEM
DER GEGENWÄRTIGEN PSYCHOLOGIE

Nachdem das Mittelalter sowohl wie die Antike, ja sogar die ganze Mensch- heit seit ihren ersten Anfängen von der Überzeugung einer substantiellen See- le ausgegangen war, entstand in der zweiten Hälfte des 19. Jahrhunderts eine Psychologie «ohne Seele». Unter dem Einfluß des wissenschaftlichen Materia- lismus wurde alles, was nicht mit Augen gesehen und mit Händen getastet werden konnte, zweifelhaft, ja mehr noch, anrüchig, weil metaphysikverdäch- tig. Als «wissenschaftlich» und damit als überhaupt zulässig galt nur das, was entweder als materiell erkannt oder aus sinnlich wahrnehmbaren Ursachen abgeleitet werden konnte. Dieser Umschwung hatte sich langerhand vorbe- reitet, er begann nicht erst mit dem Materialismus. Als das jäh in die Höhe strebende gotische Zeitalter, das auf geographisch wie weltanschaulich eng begrenzter Basis sich erhob, mit der geistigen Katastrophe der Reformation sein Ende erreichte, da wurde auch die Vertikale des europäischen Geistes durchkreuzt von der Horizontale des modernen Bewußtseins. Das Bewußt- sein wuchs nicht mehr in die Höhe, sondern in die Breite, geographisch so- wohl wie weltanschaulich. Es war die Zeit der großen Reisen und der empiri- schen Erweiterung des Weltbegriffes. Der Glaube an die Substantialität des Geistigen wich langsam der sich mehr und mehr aufdrängenden Überzeu- gung von der wesentlichen Substantialität des Physischen, bis dann endlich – im Laufe von fast vier Jahrhunderten – das Spitzenbewußtsein des europä- ischen Denkers und Forschers den Geist in völliger Abhängigkeit von der Ma- terie und von materiellen Ursachen sah.

Es wäre gewiß unrichtig zu sagen, daß die Philosophie oder die Naturwis- senschaft diesen gänzlichen Umschwung verursacht hätten. Immer gab es ge- nug Philosophen und genügend intelligente Naturwissenschaftler, welche aus höherer Einsicht und tieferem Denken diese irrationale Umkehrung des Standpunktes nicht ohne Protest mitmachten oder sich sogar dagegen stemm- ten, aber sie ermangelten der Popularität, und ihr Widerstand erwies sich ge- genüber der irrationalen Woge der allgemeinen, gefühlsmäßigen Bevorzu- gung des Physischen als ohnmächtig. Man glaube ja nicht, daß dergleichen

gewaltige Umstellungen der Weltanschauung aus rationalen Überlegungen
hervorgingen, denn es gibt überhaupt keine rationale Überlegung, welche
den Geist sowohl wie die Materie beweisen oder leugnen könnte. Beide Begriffe sind, wie heute jeder intelligente Mensch wissen könnte, nichts als Symbole, gesetzt für unbekannte Faktoren, deren Existenz aus Laune des individuellen Temperamentes oder des jeweiligen Zeitgeistes gefordert oder geleugnet wird. Nichts hindert die intellektuelle Spekulation, die Psyche für ein
kompliziertes biochemisches Phänomen und damit, in letzter Linie, für ein
Elektronenspiel zu halten, oder andererseits die Gesetzlosigkeit des Atom-
inneren für ein geistiges Leben zu erklären.

651   Daß die Metaphysik des Geistes im 19. Jahrhundert durch eine Metaphysik
der Materie ersetzt wurde, ist, intellektuell genommen, eine reine Gaukelei,
psychologisch aber eine unerhörte Revolution der Weltanschauung. Alle Jen-
seitigkeit verkehrt sich in Diesseitigkeit, alle Begründung und alle Zwecksetzung, ja alle Sinngebung erfolgt nur noch in empirischen Grenzen – anscheinend, das heißt so scheint es dem naiven Verstand, wird alles unsichtbar Innere sichtbar Äußeres, und es gründet sich alle Geltung auf die sogenannte Tatsache.

652   Es ist geradezu hoffnungslos, diesen irrationalen Umschwung philosophisch behandeln zu wollen. Man mache diesen Versuch besser nicht, denn
wenn heutzutage jemand das geistige oder seelische Phänomen aus Drüsen-
funktionen ableitet, so kann er der Andacht und Hochachtung seines Publikums ohne weiteres sicher sein; wenn aber jemand den Versuch machen sollte,
den Atomzerfall der Gestirnsmaterie als eine Emanation des schöpferischen
Weltgeistes zu erklären, so würde dasselbe Publikum ihn als geistige Abnor-
mität bedauern. Und doch sind beide Erklärungen gleich logisch, gleich metaphysisch, gleich willkürlich und gleich symbolisch. Erkenntnistheoretisch ist
es ebenso zulässig, den Menschen aus einem Tierstamm abzuleiten, wie die
Tierstämme aus dem Menschen. Aber DACQUÉ ist, wie bekannt, seine Sünde
gegen den Zeitgeist akademisch übel bekommen. Mit dem Zeitgeist ist nicht
zu spaßen, denn er ist eine Religion, besser gesagt eine Konfession oder ein
Credo, dessen Irrationalität gar nichts zu wünschen übrig läßt, das aber zugleich die unangenehme Eigenschaft besitzt, als absoluter Wertmaßstab aller
Wahrheit gelten zu wollen, und den Anspruch erhebt, alle Vernünftigkeit auf
seiner Seite zu haben.

653   Der Zeitgeist ist mit den Kategorien der menschlichen Vernunft nicht zu
erfassen. Er ist ein «penchant», eine gefühlsmäßige Neigung, die aus unbe-

wußten Gründen mit übermächtiger Suggestion auf alle schwächeren Geister wirkt und sie mitreißt. Anders zu denken, als man heutzutage eben denkt, hat immer den Beigeschmack des Unrechtmäßigen und Störenden, ja es ist sogar etwas wie unanständig, krankhaft oder blasphemisch, darum für den Einzelnen sozial gefährlich. Er schwimmt unsinnigerweise gegen den Strom. Wie es früher selbstverständliche Voraussetzung war, daß alles, was ist, einstmals aus dem Schöpferwillen eines geistigen Gottes geboren wurde, so hat das 19. Jahrhundert die ebenso selbstverständliche Wahrheit entdeckt, daß alles aus materiellen Ursachen hervorgehe. Heute baut sich nicht die Seelenkraft einen Körper auf, sondern umgekehrt, der Stoff erzeugt aus seinem Chemismus eine Seele. Diese Umkehrung wäre zum Lachen, wenn sie nicht eine der großen Wahrheiten des Zeitgeistes wäre. Es ist populär, daher anständig, vernünftig, wissenschaftlich und normal, so zu denken. Der Geist soll als ein Epiphänomen des Stoffes gedacht werden. Auf diesen Schluß läuft alles hinaus, auch wenn man nicht gerade «Geist», sondern «Psyche» sagt, und nicht gerade von «Stoff», sondern von «Gehirn», «Hormonen» oder von «Instinkten und Trieben» spricht. Der Seele eigene Substanz zu geben, ist dem Zeitgeist zuwider, denn das wäre Ketzerei.

Das haben wir jetzt entdeckt, daß es eine willkürliche intellektuelle Anmaßung unserer Voreltern war, anzunehmen, daß der Mensch eine substantielle Seele habe, daß sie von göttlicher Natur und darum unsterblich sei, daß es eine eigene Seelenkraft gebe, die den Körper aufbaue, sein Leben unterhalte, seine Krankheiten heile und die Seele befähige, ein vom Körper unabhängiges Leben zu führen, daß es unkörperliche Geister gebe, mit denen die Seele verkehre, und eine geistige Welt jenseits unseres empirischen Diesseits, aus der der Seele eine Wissenschaft um geistige Dinge zukomme, deren Ursprünge in dieser sichtbaren Welt nicht aufgefunden werden können. Das allgemeine Bewußtsein hat aber noch nicht entdeckt, daß es genauso anmaßend und phantastisch ist, wenn wir annehmen, daß der Stoff natürlicherweise Seele erzeuge, daß Affen Menschen hervorbringen, daß aus dem harmonischen Zusammenklang von Hunger, Liebe und Macht KANTS «*Kritik der reinen Vernunft*» entstanden sei, daß die Gehirnzellen Gedanken fabrizieren und daß all das doch gar nicht anders sein könne.

Wer ist denn dieser allmächtige Stoff eigentlich? Es ist wiederum ein Schöpfergott, der sich diesmal seines Anthropomorphismus begeben und dafür die Gestalt eines universalen Begriffes angenommen hat, von dem alle wähnen, sie wüßten, was er meint. Unser Allgemeinbewußtsein ist zwar ungeheuer in die Breite und Weite gewachsen, aber leider bloß räumlich und nicht auch zeitlich, sonst hätten wir ein viel lebendigeres historisches Gefühl. Wäre unser Allgemeinbewußtsein nicht bloß ephemer, sondern historisch, so wüßten wir um ähnliche Gottesverwandlungen zur Zeit der griechischen Philosophie, was uns zu einiger Kritik an unserer gegenwärtigen Philosophie veranlassen könnte. An diesem Nachdenken verhindert uns aber der Zeitgeist aufs wirksamste. Historie bedeutet ihm nur ein Arsenal passender Argumente, so daß man zum Beispiel sagen kann: Schon der alte Aristoteles wußte ... usw. Man muß sich angesichts dieser Sachlage wirklich fragen, woher der Zeitgeist diese unheimliche Macht beziehe. Er ist zweifellos ein psychisches Phänomen von größter Wichtigkeit, ein Präjudiz, das auf alle Fälle so wesentlich ist, daß wir an unser Problem der Seele gar nicht herangelangen können, bevor wir ihm nicht Genüge getan haben.

656   Wie ich vorhin schon erwähnte, entspricht die unwiderstehliche Neigung, vorzugsweise aus dem Physischen zu erklären, der horizontalen Bewußtseinsentwicklung der letzten vier Jahrhunderte. Die horizontale Tendenz ergibt sich als Reaktion auf die ausschließliche Vertikale des gotischen Zeitalters. Es ist eine völkerpsychologische Erscheinung, die als solche immer jenseits des individuellen Bewußtseins steht. Genau wie die Primitiven, handeln wir zunächst ganz unbewußt, um erst nach langer Zeit zu entdecken, warum wir so handeln. In der Zwischenzeit begnügen wir uns mit allerhand unzutreffenden Rationalisierungen.

657   Wären wir uns des Zeitgeistes bewußt, so wüßten wir, daß wir die Neigung haben, vorzugsweise aus Physischem zu erklären, weil man früher zuviel aus dem Geist erklärt hat. Dieses Wissen würde uns sofort kritisch stimmen in bezug auf unser «penchant». Wir würden uns sagen: höchstwahrscheinlich machen wir jetzt den umgekehrten und darum den gleichen Fehler. Wir überschätzen die materiellen Ursachen und meinen, jetzt erst hätte man die richtige Erklärung, weil wir uns einbilden, der Stoff sei uns bekannter als ein «metaphysischer» Geist. Der Stoff ist uns aber genauso unbekannt wie der Geist. Über die letzten Dinge wissen wir nichts. Erst mit dieser Einsicht kehren wir in den Gleichgewichtszustand zurück. Wir leugnen damit keineswegs die enge Verbindung des Seelischen mit der Physiologie des Gehirns, der Drüsen und des Körpers überhaupt, wir sind immer noch aufs tiefste überzeugt von der Tatsache, daß unsere Bewußtseinsinhalte in hohem Maße durch unsere Sinneswahrnehmungen determiniert sind, wir können nicht leugnen, daß die unbewußte Heredität uns unveränderliche Charaktereigenschaften physischer

sowohl wie seelischer Art aufprägt, und wir sind aufs nachhaltigste beeindruckt von der Macht der Triebe, welche auch die geistigsten Inhalte hemmen oder fördern oder sonstwie modifizieren können. Ja, wir müssen es gestehen, daß die menschliche Seele, wo wir sie immer berühren, zuerst und vor allem ein getreues Abbild ist von allem, was wir stofflich, empirisch, diesseitig nennen, in Ursache, Zweck und Sinn. Und schließlich, vor lauter Anerkennungen, fragt man sich, ob die Seele nicht am Ende doch eine Erscheinung zweiter Ordnung, ein sogenanntes Epiphänomen, und gänzlich abhängig vom physischen Substrat sei. Unsere eigene praktische Vernünftigkeit und Diesseitigkeit sagt ja dazu, und es ist nur unser Zweifel an der Allmacht des Stoffes, der uns veranlassen könnte, dieses wissenschaftliche Bild der Seele kritisch zu betrachten.

Man hat dieser Anschauung der Seele schon vorgeworfen, sie mache alles 658 Seelische zu einer Art Drüsenabsonderung – Gedanken als Gehirnsekret – und das sei eben eine Psychologie ohne Seele. Die Seele in dieser Anschauung ist allerdings kein ens per se, kein an und für sich bestehendes Ding, sondern ein bloßer Ausdruck physischer Substratvorgänge. Daß diese Vorgänge die Eigenschaft des Bewußtseins haben, das sei eben schließlich so, und wenn dem nicht so wäre, so wäre von Psyche überhaupt nicht die Rede, weil dann überhaupt von nichts die Rede wäre, da diese nämlich dann gar nicht existierte. Also sei das Bewußtsein die conditio sine qua non des Psychischen, das heißt die Seele selber. Daher sind alle modernen «Psychologien ohne Seele» Bewußtseinspsychologien, in denen ein unbewußt Psychisches nicht existiert.

Es gibt nämlich nicht *eine* moderne Psychologie, sondern viele. Das ist son- 659 derbar, weil es doch nur *eine* Mathematik, *eine* Geologie, *eine* Zoologie, *eine* Botanik usw. gibt. Es gibt aber so viele Psychologien, daß eine amerikanische Universität jährlich einen dicken Band publizieren kann, der sich betitelt *«Psychologies of 1930»* usw. Ich glaube, es gibt so viele Psychologien wie Philosophien. Es gibt nämlich auch nicht nur *eine* Philosophie, sondern viele. Ich erwähne diesen Umstand darum, weil zwischen Philosophie und Psychologie ein unauflösbarer Zusammenhang besteht, ein Zusammenhang, der durch die Verknüpftheit ihrer Gegenstände gewährleistet ist: das Objekt der Psychologie ist die Seele, das Objekt der Philosophie ist die Welt, kurz gesagt. Bis vor kurzem noch war die Psychologie ein besonderer Teil der Philosophie, aber jetzt nähert sich, wie NIETZSCHE es vorausgesagt hat, ein Aufstieg der Psychologie, der die Philosophie zu verschlucken droht. Die innere Ähnlichkeit beider Disziplinen besteht darin, daß sie beide systematische Meinungsbildun-

gen sind über Gegenstände, die sich einer völligen Erfahrung entziehen und
deshalb vom empirischen Verstande auch nicht genügend erfaßt werden können. Sie reizen daher den spekulativen Verstand zur Meinungsbildung, die
nun auch in solchem Maße und in solcher Diversität erfolgt, daß es in der Philosophie sowohl wie in der Psychologie vieler dicker Bände bedarf, um alle
verschiedenen Meinungen zu fassen. Beide Disziplinen können ohne einander
nicht auskommen, und immer liefert die eine die unausgesprochene und meistens auch unbewußte Voraussetzung der anderen.

660   Die moderne Überzeugung vom Primat des Physischen führt in letzter Linie zu einer Psychologie ohne Seele, das heißt, das Psychische kann darin gar
nichts anderes sein als ein biochemischer Effekt. Eine moderne, wissenschaftliche Psychologie, die vom Standpunkt des Geistes aus erklärt, gibt es überhaupt nicht. Niemand könnte es heutzutage wagen, eine wissenschaftliche
Psychologie auf der Annahme einer selbständigen, vom Körper unabhängigen Seele zu begründen. Die Idee eines Geistes an und für sich, eines in sich
selbst beruhenden geistigen Weltsystems, das die notwendige Voraussetzung
für die Existenz von autonomen Individualseelen wäre, ist bei uns wenigstens
äußerst unpopulär. Ich muß allerdings beifügen, daß ich noch im Jahre 1914
bei einer sogenannten Joint Session der Aristotelian Society, der Mind Association und der British Psychological Society, einem Symposion im Bedford
College in London angewohnt habe, dessen Fragestellung war: «Are individual minds contained in God or not?» Sind die Individualseelen in Gott ein-
begriffen oder nicht? Sollte jemand in England den wissenschaftlichen Charakter dieser Gesellschaften, welchen die «crème» der englischen Intelligenz
angehört, bestreiten, so würde er wohl kein geneigtes Ohr finden. Tatsächlich
war auch ich ungefähr der einzige, der über diese Diskussion, welche Argumente des 13. Jahrhunderts erklingen ließ, erstaunt war. Dieser Fall mag Ihnen zeigen, daß die Idee eines autonomen Geistes, dessen Existenz als selbstverständlich vorausgesetzt wird, noch nicht überall in der europäischen Gei-
steswelt ausgestorben und zu einem mittelalterlichen Leitfossil geworden ist.

661   Die Erinnerung an diese Tatsache kann uns vielleicht Mut machen, die
Möglichkeit einer «Psychologie mit Seele», das heißt einer Seelenlehre, die auf
der Annahme eines autonomen Geistes gegründet wäre, ins Auge zu fassen.
Die Unpopularität solchen Unterfangens darf uns nicht schrecken, denn die
Hypothese des Geistes ist nicht phantastischer als die des Stoffes. Da wir tatsächlich keine Ahnung haben, wie Psychisches aus Physischem hervorgehen
kann, und Psychisches doch irgendwie *ist,* so steht es uns frei, auch einmal das

Umgekehrte anzunehmen, daß Psyche aus einem geistigen Prinzip von ähnlicher Unzugänglichkeit wie der Stoff hervorgehe. Eine solche Psychologie könnte allerdings nicht modern sein, denn modern ist das Gegenteil. Wir müssen daher wohl oder übel auf die Seelenlehre unserer Voreltern zurückgreifen, weil jene es waren, die solche Annahmen machten.

Die alte Anschauung war, daß die Seele essentiell das Leben des Körpers sei, 662 der Lebenshauch, eine Art Lebenskraft, die während der Schwangerschaft oder Geburt oder Zeugung in die Physis, in die Räumlichkeit, eintrete und mit dem letzten Atemzug den sterbenden Körper wieder verlasse. Die Seele ist an und für sich ein unräumliches Wesen, und weil sie vor dem körperlichen Dasein und nach ihm ist, so ist sie auch zeitlos und das heißt praktisch unsterblich. Diese Anschauung ist natürlich, vom Standpunkt der modernen wissenschaftlichen Psychologie aus betrachtet, reine Illusion. Da wir aber hier keine «Metaphysik» treiben wollen, auch keine moderne, so wollen wir diese altertümliche Anschauung einmal vorurteilslos auf ihre empirische Berechtigung untersuchen.

Die Namen, welche die Menschen ihren Erfahrungen geben, sind oft recht 663 aufschlußreich. Woher stammt das Wort Seele? Seele, wie das englische soul, ist im Gotischen saiwala, urgermanisch saiwalô, das etymologisch mit dem griechischen aiolos, beweglich, bunt, schillernd, zusammengestellt wird. Das griechische Wort psyche heißt bekanntlich auch Schmetterling. Saiwalô wird andererseits auch mit dem altslawischen sila, Kraft, zusammengestellt. Aus diesen Beziehungen fällt ein erklärendes Licht auf die Urbedeutung des Wortes Seele: sie ist bewegende Kraft, wohl Lebenskraft.

Der lateinische Name animus = Geist, und anima = Seele, ist dasselbe wie 664 das griechische anemos, Wind. Das andere griechische Wort für Wind, pneuma, bedeutet bekanntlich auch Geist. Im Gotischen begegnet uns das gleiche Wort als us-anan, ausatmen, und im Lateinischen an-helare, mühsam atmen. Im Althochdeutschen wurde spiritus sanctus durch atum, Atem, wiedergegeben. Im Arabischen ist rih, Wind, ruh, Seele, Geist. Eine ganz ähnliche Verwandtschaft hat das griechische psyche, das mit psycho, hauchen, psychos, kühl, psychros, kalt, und physa, Blasebalg, zusammenhängt. Diese Zusammenhänge zeigen deutlich, wie im Lateinischen, Griechischen und Arabischen die Namengebung für Seele mit der Vorstellung von bewegter Luft, dem «kalten Geisterhauch», zusammenhängt. Daher kommt es wohl auch, daß die primitive Anschauung der Seele einen unsichtbaren Hauchkörper gibt.

665   Es ist ohne weiteres verständlich, daß, weil Atmen das Kennzeichen des
Lebens ist, Atem für Leben gesetzt wird, ebenso wie Bewegung und bewegende Kraft. Eine andere primitive Anschauung sieht die Seele als Feuer oder
Flamme, weil Wärme ebenfalls ein Kennzeichen des Lebens ist. Eine merkwürdige, jedoch nicht seltene primitive Auffassung identifiziert die Seele mit
dem Namen. Der Name des Individuums ist seine Seele, daher die Sitte, durch
Gebrauch der Ahnennamen Ahnenseelen in Neugeborenen zu inkarnieren.
Diese Auffassung bedeutet wohl nichts anderes als die Anerkennung des Ichbewußtseins als Ausdruck der Seele. Vielfach wird die Seele auch mit dem
Schatten identifiziert, weshalb es eine tödliche Beleidigung ist, jemand auf
den Schatten zu treten. Gefährlich ist daher die Mittagszeit (die südliche Gei-
sterstunde), weil dann der Schatten ganz klein wird, was mit Lebensbedro-
hung gleichbedeutend ist. Der Schatten drückt dasselbe aus, was die Griechen
den synopados nannten, den hinten Nachfolgenden, ein Gefühl unfaßbarer
lebendiger Gegenwart, weshalb auch die Seelen Abgeschiedener als Schatten
bezeichnet werden.

666   Diese Andeutungen mögen zeigen, wie die Uranschauung die Seele erfuhr.
Das Psychische erscheint als Lebensquelle, als primum movens, als eine gei-
sterhafte, aber objektive Gegenwart. Daher versteht es der Primitive, mit seiner Seele zu sprechen, sie hat Stimme in ihm, da sie nicht schlechthin er selber
und sein Bewußtsein ist. Das Psychische ist für die Urerfahrung nicht der Inbegriff alles Subjektiven und Willkürlichen, wie für uns, sondern es ist ein
Objektives, aus sich selbst Lebendes und auf sich selbst Beruhendes.

667   Diese Auffassung ist empirisch durchaus berechtigt, denn nicht nur auf
primitiver Stufe, sondern auch beim Kulturmenschen erweist sich das Psychische als Objektives, das unserer Bewußtseinswillkür in hohem Maße entzogen
ist. So können wir zum Beispiel die meisten Emotionen nicht unterdrücken,
wir können eine schlechte Laune nicht in eine gute verwandeln, wir können
Träume weder bestellen noch abbestellen. Selbst der intelligenteste Mensch
kann zu Zeiten von Gedanken besessen sein, die er auch mit der größten Willensanstrengung nicht loswird. Unser Gedächtnis kann die tollsten Sprünge
machen, die wir nur hilflos bewundern können, und Phantasien kommen uns
in den Kopf, die wir nie gesucht und nie erwartet hätten. Wir lieben es bloß,
uns mit dem Gedanken zu schmeicheln, daß wir Herr im eigenen Hause seien.
In Wirklichkeit sind wir in unheimlichem Maße darauf angewiesen, daß unser unbewußt Psychisches von sich aus richtig funktioniert und uns gegebenenfalls nicht im Stiche läßt. Wenn wir gar die Psychologie Neurotischer stu-

dieren, so kommt es einem direkt lächerlich vor, daß es überhaupt Psychologen gibt, welche Psyche mit Bewußtsein gleichsetzen. Und die Psychologie Neurotischer ist bekanntlich von derjenigen der sogenannten Normalen nur unbedeutend verschieden, denn – wer ist heutzutage todsicher nicht neurotisch?

Angesichts dieser Sachlage ist es durchaus begreiflich, daß die alte An- 668 schauung von der Seele als etwas Selbständigem, nicht bloß Objektivem, sondern direkt gefährlich Willkürlichem ihre Berechtigung hat. Die weitere Annahme, daß dieses geheimnisvolle, furchterregende Wesen zugleich die Lebensquelle sei, ist psychologisch ebenso verständlich, denn die Erfahrung zeigt ja, wie das Ichsein, nämlich das Bewußtsein, aus unbewußtem Leben hervorgeht. Das kleine Kind hat psychisches Leben ohne nachweisbares Ichbewußtsein, weshalb die ersten Lebensjahre kaum einige Erinnerungsspuren hinterlassen. Woher kommen alle guten und hilfreichen Einfälle? Woher Begeisterung, Inspiration und jedes erhöhte Lebensgefühl? Der Primitive fühlt in der Tiefe seiner Seele den Lebensquell, er ist aufs tiefste beeindruckt von der lebenschöpfenden Tätigkeit seiner Seele, weshalb er an alles glaubt, was auf die Seele wirkt, nämlich an magische Gebräuche aller Art. Darum ist für ihn die Seele das Leben überhaupt, das er nicht zu meistern sich einbildet, sondern von dem er in jeglicher Beziehung abhängt.

Die Idee von der Unsterblichkeit der Seele, so unerhört sie uns auch klin- 669 gen mag, ist der primitiven Empirie nichts Außerordentliches. Gewiß ist die Seele etwas Seltsames. Sie ist im Raume nicht richtig zu lokalisieren, wo doch alles Seiende bestimmten Raum in Anspruch nimmt. Gewiß nehmen wir an, unsere Gedanken seien im Kopf, aber schon bei den Gefühlen werden wir unsicher, denn sie scheinen eher die Herzregion zu bewohnen. Die Empfindungen sind vollends über den ganzen Körper verteilt. Unsere Theorie ist zwar, daß der Bewußtseinssitz im Kopf sei. Die Puebloindianer aber sagten mir, die Amerikaner seien verrückt, weil sie dächten, ihre Gedanken seien im Kopf. Jeder vernünftige Mensch denke doch im Herzen. Gewisse Negerstämme haben ihre psychische Lokalisation weder im Kopf noch im Herzen, sondern im Bauch.

Zu dieser Unsicherheit der räumlichen Lokalisation kommt die Tatsache 670 hinzu, daß psychische Inhalte überhaupt unräumlichen Charakter annehmen, sobald sie aus der Sphäre der Empfindung heraustreten. Welches Raummaß können wir an Gedanken anlegen? Sind sie klein, groß, lang, dünn, schwer, flüssig, gerade, kreisförmig, oder was? Wenn wir uns eine lebendige Vorstel-

lung von einem vierdimensionalen, raumleugnenden Wesen machen wollten, so stünde uns gewiß das Gedankenwesen dazu Modell.

671   Es wäre alles soviel einfacher, wenn man die Existenz der Psyche einfach
leugnen könnte! Aber hier haben wir unmittelbarste Erfahrung von etwas
Seiendem, das unserer ausgemessenen, abgewogenen, dreidimensionalen
Wirklichkeit eingepflanzt, dieser in jeder Hinsicht und in allen Stücken in der
verblüffendsten Weise unähnlich ist und sie doch widerspiegelt. Die Seele
könnte ein mathematischer Punkt sein und zugleich eine ganze Fixsternwelt.
Daß für die naive Anschauung ein solch paradoxes Wesen an Göttliches
rührt, kann man ihr nicht verdenken. Wenn es keinen Raum hat, so hat es
keinen Körper. Körper sterben, aber Unsichtbares, Unräumliches, kann es
verschwinden? Überdies war ja Leben und Seele, bevor Ich war, und wenn Ich
nicht ist, wie im Schlaf oder in der Bewußtlosigkeit, so ist doch Leben und
Seele, wie der Traum zeigt oder wie man es am anderen sehen kann. Warum
sollte naive Anschauung angesichts solcher Erfahrung leugnen, daß die Seele
jenseits des Körpers lebt? Ich muß gestehen, daß ich in diesem sogenannten
Aberglauben ebensowenig einen Unsinn erblicken kann wie in den Ergebnissen der Hereditätsforschung oder der Triebpsychologie.

672   Daß die alte Anschauung der Seele höheres, ja göttliches Wissen zutraut,
ist in Anbetracht des Umstandes, daß alte Kulturen, zurück bis in die Primitivität, Träume und Visionen stets als Erkenntnisquelle benützt haben, wohl zu
verstehen. Tatsächlich verfügt das Unbewußte über subliminale Wahrnehmungen, deren Reichweite ans Wunderbare grenzt. In Anerkennung dieses
Umstandes werden auf primitiver Stufe die Träume und Visionen als wichtige
Informationsquellen benützt, und über dieser Psychologie sind mächtige,
uralte Kulturen, wie die indische und die chinesische, entstanden, welche beide den inneren Erkenntnisweg, philosophisch und praktisch, bis ins Feinste
ausgebildet haben.

673   Die Wertschätzung der unbewußten Psyche als Erkenntnisquelle ist keineswegs so illusionär, wie unser westlicher Rationalismus es haben möchte.
Unsere Neigung ist es, anzunehmen, daß alle Erkenntnis in letzter Linie immer von außen stamme. Wir wissen aber heute bestimmt, daß das Unbewußte
über Inhalte verfügt, die, wenn sie bewußtgemacht werden könnten, einen
unabsehbaren Erkenntniszuwachs bedeuten würden. Die moderne Instinkt-
forschung bei Tieren, zum Beispiel bei Insekten, hat ein reiches empirisches
Material zusammengebracht, welches mindestens beweist, daß, wenn ein
Mensch gegebenenfalls so handelte wie ein bestimmtes Insekt, er im Besitze

einer überlegenen Erkenntnis sein würde. Es ist natürlich keineswegs nachzuweisen, daß die Insekten ein Bewußtsein ihres Wissens haben, aber daß diese
unbewußten Inhalte psychische Funktion sind, daran kann der gesunde Men-
schenverstand nicht zweifeln. So enthält auch das menschliche Unbewußte
die ganze vererbte Lebens- und Funktionsform der Ahnenreihe, so daß bei
jedem Kinde eine angepaßte psychische Funktionsbereitschaft schon vor allem Bewußtsein vorhanden ist. Auch im erwachsenen, bewußten Leben ist
diese unbewußte instinktive Funktion beständig vorhanden und tätig. In ihr
sind alle Funktionen der bewußten Psyche vorgebildet und vorhanden. Das
Unbewußte nimmt wahr, hat Absichten und Ahnungen, fühlt und denkt
ähnlich wie das Bewußtsein. Wir wissen dies zur Genüge aus den Erfahrungen der Psychopathologie und der Erforschung der Traumfunktion. Nur in
einer Hinsicht besteht ein ganz wesentlicher Unterschied zwischen dem bewußten und dem unbewußten Funktionieren der Psyche. Während das Bewußtsein zwar intensiv und konzentriert ist, ist es bloß ephemer und auf unmittelbare Gegenwart und Nächstes eingestellt, auch verfügt es natürlicherweise nur über ein individuelles Erfahrungsmaterial, das sich über wenige
Jahrzehnte erstreckt. Ein weiteres Gedächtnis ist künstlich und besteht wesentlich aus bedrucktem Papier. Ganz anders das Unbewußte! Dieses ist zwar
nicht konzentriert und intensiv, sondern dämmerhaft bis dunkel, es ist
äußerst extensiv und kann die heterogensten Elemente in paradoxester Weise
nebeneinanderstellen, verfügt jedoch neben einer unbestimmbaren Menge
unterschwelliger Wahrnehmungen über den ungeheuren Schatz der Nieder-
schläge aller Ahnenleben, welche durch ihr bloßes Dasein zur Differenzierung der Spezies beigetragen haben. Könnte man das Unbewußte personifizieren, so wäre es ein kollektiver Mensch, jenseits der geschlechtlichen Besonderheit, jenseits von Jugend und Alter, von Geburt und Tod, und würde über
die annähernd unsterbliche menschliche Erfahrung von ein bis zwei Millionen Jahren verfügen. Dieser Mensch wäre schlechthin erhaben über den
Wechsel der Zeiten. Gegenwart würde ihm ebensoviel bedeuten wir irgendein Jahr im hundertsten Jahrtausend vor Christi Geburt, er wäre ein Träumer
säkularer Träume, und er wäre ein unvergleichlicher Prognosensteller auf
Grund seiner unermeßlichen Erfahrung. Denn er hätte das Leben des Einzelnen, der Familien, der Stämme und Völker unzählige Male erlebt und besäße
den Rhythmus des Werdens, Blühens und Vergehens im lebendigsten inneren Gefühle.

Leider, oder vielmehr glücklicherweise, träumt er; wenigstens erscheint es 674 uns so, als ob dieses kollektive Unbewußte kein eigenes Bewußtsein seiner Inhalte in sich schlösse, wovon wir aber andererseits auch nicht ganz sicher sind, sowenig wie bei den Insekten. Auch scheint dieser kollektive Mensch keine Person zu sein, sondern etwas wie ein unendlicher Strom oder vielleicht ein Meer von Bildern oder Formen, die uns gelegentlich im Traum oder in abnormen geistigen Zuständen zum Bewußtsein kommen.

675   Es wäre geradezu grotesk, wenn wir dieses immense Erfahrungssystem der unbewußten Psyche als Illusion bezeichnen sollten, denn unser sicht- und tastbarer Körper ist ein ganz ähnliches Erfahrungssystem, das immer noch die Spuren urältester Entwicklungen sichtbar an sich trägt, und unzweifelhaft ein zweckmäßig funktionierendes Ganzes ist, sonst könnten wir ja gar nicht leben. Niemand würde es einfallen, die vergleichende Anatomie oder die Physiologie für Unsinn zu halten, darum kann auch die Erforschung des kollektiven Unbewußten oder die Wertschätzung desselben als Erkenntnisquelle nicht als Illusion gelten.

676   Von unserem äußerlichen Standpunkt gesehen, erscheint uns das Seelische wesentlich als Abbild äußerer Vorgänge, durch diese nicht nur veranlaßt, sondern ursächlich erschaffen. So erscheint es uns auch zunächst, als ob das Unbewußte nur von außen und vom Bewußtsein her zu erklären wäre. Wie Sie wissen, hat FREUDS Psychologie diesen Versuch gemacht. Diese Unternehmung könnte aber nur dann wirklichen Erfolg haben, wenn das Unbewußte tatsächlich etwas wäre, das erst durch das individuelle Dasein und Bewußtsein entstünde. Das Unbewußte ist aber immer schon vorher da, denn es ist die seit Urzeiten vererbte Funktionsbereitschaft. Das Bewußtsein ist ein spätgeborener Nachkomme der unbewußten Seele. Es wäre wohl verkehrt, das Leben der Ahnen aus dem späten Epigonen zu erklären, daher ist es auch meines Erachtens verfehlt, das Unbewußte als in kausaler Abhängigkeit vom Bewußtsein zu betrachten. Das Umgekehrte ist darum wohl das Richtigere.

677   Das ist aber der Standpunkt der alten Psychologie, welche, wissend um den ungeheuren Schatz dunkler Erfahrung, der unter der Schwelle des ephemeren, individuellen Bewußtseins verborgen liegt, die Einzelseele immer nur als abhängig von einem geistigen Weltsystem betrachtet hat. Sie hat nicht nur die Hypothese gemacht, sondern es war ihr über jeden Zweifel hinaus evident, daß dieses System ein Wesen mit Willen und Bewußtsein, ja sogar eine Person sei, und sie hat dieses Wesen Gott genannt, und dieser war ihr der Inbegriff aller Realität. Er war ihr das allerrealste Wesen, die prima causa, aus der allein die Seele erklärt werden konnte. Diese Hypothese hat psychologische

Berechtigung, denn ein annähernd unsterbliches Wesen mit annähernd ewiger Erfahrung im Vergleich zum Menschen göttlich zu nennen, könnte nicht als unberechtigt gelten.

Was ich im vorangegangenen sagte, schildert die Problematik einer Psychologie, die sich nicht auf das Physische als Erklärungsgrund beruft, sondern auf ein geistiges System, dessen primum movens nicht der Stoff und seine Qualitäten oder ein energetischer Zustand ist, sondern Gott. Hier läge die Versuchung nahe, mit einem Hinweis auf moderne Naturphilosophie, die Energie oder den élan vital Gott zu nennen und damit Geist und Natur in eines zu werfen. Solange sich ein solches Experiment auf die nebligen Höhen spekulativer Philosophie beschränkt, bleibt es ungefährlich. Wollten wir aber damit in der niederen Sphäre wissenschaftlicher Erfahrung operieren, so würden wir uns bald in die heillosesten Unklarheiten verwickeln, denn hier handelt es sich um praktisch wichtige Erklärungen. Wir treiben nämlich nicht eine Psychologie mit bloß akademischen Ansprüchen, deren Erklärungen praktisch belanglos sind, sondern wir brauchen eine praktische Psychologie, die praktisch richtig ist, das heißt diejenigen Erklärungen liefert, die sich in ihren praktischen Ergebnissen bestätigen müssen. Auf dem Kampfplatz der praktischen Psychotherapie sind wir auf lebensfähige Resultate angewiesen, wo wir dann nicht Theorien aufstellen können, die den Patienten nichts angehen oder ihn sogar schädigen. Hier kommt es nun, oft in lebensbedrohender Weise, darauf an, ob man aus der Physis oder dem Geist erklärt. Vergessen wir ja nicht, daß dem naturalistischen Standpunkt alles, was Geist ist, als Illusion erscheint, und daß umgekehrt der Geist oft etwas, was eine aufdringliche physische Tatsache ist, leugnen und überwinden muß, um selber existieren zu können. Kenne ich nur natürliche Werte, so werde ich durch meine physische Hypothese die geistige Entwicklung meines Patienten entwerten, hindern oder gar zerstören. Gehe ich aber nur und in letzter Linie nach geistigen Richtpunkten, so werde ich den natürlichen Menschen in seiner physischen Daseinsberechtigung verkennen und vergewaltigen. Nicht wenige Selbstmorde in psychotherapeutischen Behandlungen sind auf solche Mißgriffe zurückzuführen. Ob Energie Gott ist, oder Gott Energie, kümmert mich wenig, denn das kann ich ja ohnehin nicht wissen. Wie aber psychologisch erklärt werden muß, das soll ich wissen.

Der moderne Psychologe steht nicht mehr auf dem einen oder anderen Standpunkt, sondern dazwischen auf einem gefährlichen Sowohl-als-auch – eine der verführerischsten Gelegenheiten zu einem völlig charakterlosen Opportunismus! Das ist unzweifelhaft die große Gefahr der coincidentia oppositorum, der intellektuellen Befreiung aus dem Gegensatz. Wie soll aus solcher Gleichwertigkeit zweier entgegengesetzter Hypothesen etwas anderes als eine form- und richtunglose Unbestimmtheit entstehen? Der Vorteil eines eindeutigen Erklärungsprinzipes ist demgegenüber ohne weiteres einleuchtend: er erlaubt einen Standpunkt, der richtunggebend ist. Unzweifelhaft handelt es sich hier um ein sehr schwieriges Problem. Wir müssen eine Realität, einen realen Erklärungsgrund haben, auf den wir uns berufen können, und es ist ganz unmöglich, daß der moderne Psychologe noch weiter auf dem physischen Standpunkt verharrt, wenn ihm einmal die Berechtigung des geistigen Standpunktes klargeworden ist. Er wird aber auch letzteren nicht ganz adoptieren können, denn die Gründe für die relative Gültigkeit des physischen Standpunktes können nicht außer acht gelassen werden. Worauf soll man sich also stellen?

680   Zur Lösung dieses Problems habe ich mir folgende Überlegung gemacht. Der Konflikt zwischen Natur und Geist ist ein Abbild des paradoxen seelischen Wesens: es hat einen physischen und einen geistigen Aspekt, der wie ein Widerspruch erscheint, weil wir das Wesen des Seelischen in letzter Linie nicht verstehen. Immer, wenn der menschliche Verstand eine Aussage machen will über etwas, was er im letzten Grunde nicht erfaßt hat und nicht erfassen kann, muß er, wenn er ehrlich ist, einen Widerspruch begehen, er muß es in seine Gegensätze auseinanderreißen, um es einigermaßen erkennen zu können. Der Konflikt zwischen physischem und geistigem Aspekt beweist nur, daß das Psychische ein in letzter Linie unerfaßbares Etwas ist. Zweifellos ist es unsere einzige unmittelbare Erfahrung. Alles, was ich erfahre, ist psychisch. Selbst der physische Schmerz ist ein psychisches Abbild, das ich erfahre; alle meine Sinnesempfindungen, die mir eine Welt von raumerfüllenden, undurchdringlichen Dingen aufzwingen, sind psychische Bilder, die einzig meine unmittelbare Erfahrung darstellen, denn sie allein sind es, die mein Bewußtsein zum unmittelbaren Objekt hat. Ja, meine Psyche verändert und verfälscht die Wirklichkeit in solchem Maße, daß ich künstlicher Hilfsmittel bedarf, um feststellen zu können, was die Dinge außer mir sind, daß zum Beispiel ein Ton eine Luftschwingung von bestimmter Frequenz, und eine Farbe eine bestimmte Wellenlänge des Lichtes ist. Im Grunde genommen sind wir dermaßen in psychische Bilder eingehüllt, daß wir zum Wesen der Dinge außer uns überhaupt nicht vordringen können. Alles, was wir je wissen können, besteht aus psychischem Stoff. Psyche ist das allerrealste Wesen, weil es

das einzig Unmittelbare ist. Auf diese Realität kann sich der Psychologe berufen, nämlich auf die *Realität des Psychischen.*

Versuchen wir, tiefer in diesen Begriff einzudringen, so erscheint es uns, als 681 ob gewisse Inhalte oder Bilder von einer sogenannten physischen Umwelt, zu der auch mein Körper gehört, herrührten, andere kommen aus einer sogenannten geistigen Quelle, die von den physischen Dingen verschieden zu sein scheint, aber sie sind deshalb nicht minder real. Ob ich mir nun vorstelle, was für ein Auto ich mir kaufen möchte, oder in was für einem Zustande die Seele meines verstorbenen Vaters sich gegenwärtig befindet, ob mich eine äußere Tatsache ärgert oder ein Gedanke, ist psychisch gleich real. Nur bezieht sich das eine auf die Welt der physischen, das andere aber auf die Welt der geistigen Dinge. Wenn ich meinen Begriff von Realität auf die Psyche verschiebe, wo er einzig wirklich am Platze ist, so hört damit auch der Konflikt zwischen Natur und Geist als Erklärungsgründen auf. Sie werden zu bloßen *Herkunftsbezeichnungen für die psychischen Inhalte,* die sich in mein Bewußtsein drängen. Wenn ein Feuer mich brennt, so zweifle ich nicht an der Realität des Feuers. Wenn ich aber Angst habe, ein Geist könnte mir erscheinen, so suche ich Schutz hinter dem Gedanken, es sei eine bloße Illusion. Aber wie das Feuer ein psychisches Bild ist von einem dinglichen Vorgang, dessen Physik in letzter Linie noch unbekannt ist, so ist meine Angst vor dem Spuk ein psychisches Bild geistiger Herkunft, ebenso real wie das Feuer, denn es macht mir reale Angst, genau wie das Feuer mir realen Schmerz verursacht. Auf welchen geistigen Vorgang die Angst vor dem Spuk in letzter Linie hinausläuft, ist mir ebenso unbekannt wie die unbekannte Natur der Materie. Und so wie ich nicht daran denke, die Natur des Feuers anders als durch chemische und physikalische Begriffe zu erklären, so fällt es mir auch nicht ein, meine Angst vor dem Spuk anders als durch geistige Faktoren zu verstehen.

Die Tatsache, daß unmittelbare Erfahrung nur psychisch ist und daß darum 682 unmittelbare Realität nur psychisch sein kann, erklärt, warum für den primitiven Menschen Geister und magische Wirkung ebenso dinglich sind wie physische Ereignisse. Der Primitive hat seine Urerfahrung noch nicht in Gegensätze zerrissen. In seiner Welt durchdringen sich noch Geist und Stoff, und Götter wandeln noch durch Wald und Feld. Er ist noch wie ein Kind, erst halbgeboren, noch träumend eingeschlossen in seine Seele, in die Welt, wie sie wirklich ist, noch nicht verzerrt durch die Erkenntnisschwierigkeiten eines dämmernden Verstandes. Aus dem Zerfall der Urwelt in Geist und Natur hat sich der Westen die Natur gerettet, an die er temperamentmäßig glaubt und in die er sich mit allen schmerzhaften und verzweifelten Vergeistigungsversuchen nur immer mehr verstrickte. Der Osten dagegen wählte sich den Geist, den Stoff als Maja erklärend, um in asiatischem Schmutz und Elend dahinzudämmern. Aber wie es nur *eine* Erde gibt, und Osten und Westen die *eine* Menschheit nicht in zwei verschiedene Hälften zu zerreißen vermögen, so besteht die psychische Realität noch in ursprünglicher Einheit und wartet auf den Fortschritt des menschlichen Bewußtseins vom Glauben ans eine und der Leugnung des anderen zur Anerkennung der beiden als konstitutiver Elemente der *einen* Seele.

683   Die Idee der psychischen Realität könnte man wohl als die allerwesentlichste Errungenschaft moderner Psychologie bezeichnen, wenn sie als solche anerkannt wäre. Es scheint mir aber nur eine Frage der Zeit zu sein, bis diese Idee allgemein durchdringt. Sie muß durchdringen, denn diese Formel allein erlaubt es, die mannigfaltigen seelischen Erscheinungen in ihrer Eigenart zu würdigen. Ohne diese Idee ist es unvermeidlich, daß jeweils eine ganze Hälfte des Psychischen durch die Erklärung vergewaltigt wird. Mit dieser Idee aber gewinnen wir die Möglichkeit, jener Seite des Seelischen, das sich in Aberglauben und Mythologie, in Religionen und Philosophie ausdrückt, gerecht zu werden. Und dieser Aspekt der Seele ist wahrlich nicht zu unterschätzen. Die sinnenfällige Wahrheit mag der Vernunft genügen, sie ergibt aber nie einen Sinn des menschlichen Lebens, der auch das Gemüt ergreift und ausdrückt. Die Kräfte des Gemütes aber sind sehr oft die Faktoren, die hauptsächlich und in letzter Linie entscheiden, im Guten wie im Bösen. Wenn jene Kräfte aber unserer Vernunft nicht zu Hilfe eilen, so erweist sich diese meistens als ohnmächtig. Hat uns die Vernunft und die gute Absicht vielleicht vor dem Weltkrieg oder vor irgendeinem anderen katastrophalen Unsinn bewahrt? Oder sind die größten geistigen und sozialen Umwälzungen aus Vernunft entstanden, wie zum Beispiel die Verwandlung der antiken Wirtschaftsform in die mittelalterliche? Oder die explosionsartige Ausbreitung der islamischen Kultur?

684   Als Arzt bin ich natürlich von diesen weltbewegenden Fragen nicht unmittelbar berührt, sondern ich habe es mit Kranken zu tun. Wenn es schon das Vorurteil der bisherigen Medizin war, man könnte und sollte die Krankheit an und für sich behandeln und heilen, so werden doch in neuester Zeit Stimmen laut, welche diese Ansicht für Irrtum erklären und nicht die Behandlung der Krankheit, sondern die des kranken Menschen befürworten. Diese selbe Forderung drängt sich uns in der Behandlung der seelischen Leiden auf. Wir

wenden unseren Blick mehr und mehr von der sichtbaren Krankheit weg und richten ihn auf den ganzen Menschen, denn wir haben eingesehen, daß gerade seelische Leiden nicht lokalisierte, eng begrenzte Phänomene sind, sondern an sich Symptome einer gewissen falschen Einstellung der Gesamtpersönlichkeit. Eine gründliche Heilung kann deshalb nie von einer auf das Leiden selber beschränkten Behandlung, sondern nur von einer Behandlung der ganzen Persönlichkeit erhofft werden.

Ich erinnere mich eines in dieser Hinsicht sehr instruktiven Falles: Es handelte sich um einen höchst intelligenten jungen Mann, der auf Grund eines eingehenden Studiums der ärztlichen Fachliteratur eine ausführliche Analyse seiner Neurose ausgearbeitet hatte. Er brachte seine Ergebnisse in Form einer eigentlichen, vorzüglich geschriebenen, sozusagen druckfertigen Monographie mit und bat mich, das Manuskript zu lesen und ihm dann zu sagen, weshalb er noch immer nicht geheilt sei, obschon er, nach seinem wissenschaftlichen Dafürhalten, eigentlich geheilt sein müßte. Ich mußte ihm nach erfolgter Lektüre gestehen, daß er, wenn es auf die Einsicht in die kausale Struktur einer Neurose allein ankäme, unbedingt geheilt sein müßte. Daß er noch nicht geheilt sei, müsse wohl darauf beruhen, daß er in seiner Gesamteinstellung zum Leben einen prinzipiellen Fehler mache, der allerdings jenseits der Symptomatologie seiner Neurose liege. Es war mir nun in seiner Anamnese aufgefallen, daß er die Winter öfters in St. Moritz oder in Nizza zubrachte. Ich fragte ihn nun, wer diese Aufenthalte eigentlich bezahle, worauf es sich herausstellte, daß eine arme Volksschullehrerin, die ihn liebte, sich das Geld vom Munde absparte, um dem Jüngling diese Kuraufenthalte zu ermöglichen. In dieser Gewissenlosigkeit liegt der Grund zur Neurose und die Erklärung, warum auch alle wissenschaftliche Einsicht nichts hilft. Hier liegt der prinzipielle Fehler in der moralischen Haltung. Der Patient fand meine Ansicht äußerst unwissenschaftlich, denn Moral habe mit Wissenschaft nichts zu tun. Er glaubte, man könne die Immoralität, die er im Grunde genommen selber nicht ertrug, wissenschaftlich wegdenken; und ein Konflikt sei es auch nicht, denn seine Geliebte gebe ihm das Geld ja freiwillig.

Man mag nun wissenschaftlich darüber denken, wie man will, was aber an der Tatsache, daß weitaus die meisten zivilisierten Menschen eine derartige Haltung einfach nicht ertragen, nichts ändert. Die moralische Haltung ist ein realer Faktor, mit dem der Psychologe rechnen muß, soll er nicht schwerste Irrtümer begehen. Das gleiche gilt von der Tatsache, daß gewisse, rational nicht zu begründende religiöse Überzeugungen für viele Menschen eine Lebensnotwendigkeit sind. Es sind wiederum seelische Realitäten, welche Krankheiten verursachen und heilen können. Wie oft hörte ich schon einen Kranken ausrufen: «Wenn ich wüßte, daß mein Leben irgendeinen Sinn und Zweck hätte, dann brauchte ich diese ganze Nervengeschichte nicht!» Ob der Betreffende nun reich oder arm ist, Familie und Stellung hat oder nicht, macht gar nichts aus, denn diese Tatsache genügt ihm als Lebenssinn längstens nicht. Es handelt sich vielmehr um die irrationale Notwendigkeit eines sogenannten geistigen Lebens, das er aber weder von Universitäten, noch von Bibliotheken, noch auch von Kirchen beziehen kann. Denn er kann es nicht annehmen, weil es nur seinen Kopf berührt, nicht aber sein Herz ergreift. In einem solchen Falle ist die richtige Erkenntnis der geistigen Faktoren von seiten des Arztes schlechthin lebenswichtig, und dieser vitalen Notwendigkeit kommt das Unbewußte des Patienten auch insofern entgegen, als es zum Beispiel in den Träumen Inhalte hervorbringt, deren Natur wesentlich als religiös angesprochen werden muß. Die geistige Provenienz solcher Inhalte zu verkennen, bedeutet Fehlbehandlung und dementsprechend Mißerfolg.

687   In der Tat sind geistige Allgemeinvorstellungen ein unerläßlicher Bestandteil des seelischen Lebens, der sich bei allen Völkern, die sich eines einigermaßen artikulierten Bewußtseins erfreuen, nachweisen läßt. Ihre teilweise Abwesenheit oder gar ihre gelegentliche Leugnung bei Kulturvölkern muß daher als ein Degenerationszeichen aufgefaßt werden. Nachdem die bisherige Entwicklung der Psychologie ein Hauptgewicht auf die physische Bedingtheit der Seele gelegt hat, wird die zukünftige Aufgabe der Psychologie die Erforschung der geistigen Bedingtheit des seelischen Prozesses sein. Die Naturgeschichte des Geistes aber befindet sich heute noch in einem Zustande, der sich nur dem Zustand der Naturwissenschaft im 13. Jahrhundert vergleichen läßt. Wir haben erst begonnen, Erfahrungen zu machen.

688   Wenn die moderne Psychologie sich überhaupt rühmen darf, irgendeinen Schleier vom verhüllten Bild der Seele weggezogen zu haben, so ist es der, der ihre biologische Erscheinung dem forschenden Blick bisher entzog. Wir dürfen die gegenwärtige Lage dem Zustand der Medizin im 16. Jahrhundert vergleichen, wo man anfing, die Anatomie kennenzulernen, von der Physiologie aber noch keine Ahnung hatte. So ist uns auch das geistige Leben der Seele erst in kleinsten Bruchstücken bekannt. Wir wissen zwar heute, daß es geistig bedingte Wandlungsprozesse in der Seele gibt, die auch zum Beispiel den aus der Psychologie der Naturvölker bekannten Initiationen oder den durch Yoga bedingten Zuständen zugrunde liegen. Aber es ist uns noch nicht gelungen,

ihre eigentümliche Gesetzmäßigkeit festzustellen. Wir wissen nur, daß ein großer Teil der Neurosen auf einer Störung dieser Prozesse beruht. Es ist der psychologischen Forschung nicht gelungen, das vielfach verschleierte Bild der Seele zu enthüllen, denn es ist unnahbar und dunkel wie alle tiefen Lebensgeheimnisse. Wir können im Grunde genommen nicht viel mehr tun, als davon sprechen, was wir schon versucht haben und was wir noch in Zukunft zu tun gedenken, um das große Rätsel annähernd zu lösen.

XIV
ANALYTISCHE PSYCHOLOGIE UND WELTANSCHAUUNG

[Vortrag, gehalten 1927 in Karlsruhe. Bearbeitet und erweitert in: *Seelenprobleme der Gegenwart*. (Psychologische Abhandlungen III) Rascher, Zürich 1931. Neuauflagen 1933, 1939, 1946 und 1950; Paperback 1969.]

ANALYTISCHE PSYCHOLOGIE UND
WELTANSCHAUUNG

Das deutsche Wort Weltanschauung läßt sich kaum in eine andere Sprache 689 übersetzen. Aus diesem Umstand kann man erkennen, daß dieses Wort eine eigentümliche psychologische Beschaffenheit hat: es drückt nämlich nicht nur einen Begriff von Welt – ein solcher ließe sich wohl anstandslos übersetzen –, sondern zugleich auch die Art und Weise aus, wie einer die Welt anschaut. Im Worte Philosophie liegt zwar etwas Ähnliches, aber intellektuell Beschränktes, während das Wort Weltanschauung alle Arten von Einstellungen zur Welt, einschließlich der philosophischen, umfaßt. So gibt es ästhetische, religiöse, idealistische, realistische, romantische, praktische Weltanschauungen, um nur einige der möglichen zu nennen. In diesem Sinne hat der Begriff von Weltanschauung sehr vieles gemeinsam mit dem Begriff von «Einstellung»; man könnte daher Weltanschauung auch als eine *begrifflich formulierte Einstellung* umschreiben.

Was ist nun unter Einstellung zu verstehen? Einstellung ist ein psychologi- 690 scher Begriff, welcher eine auf ein Ziel oder durch eine sogenannte Obervorstellung orientierte besondere Anordnung der psychischen Inhalte bezeichnet. Wenn wir unsere psychischen Inhalte einer Armee vergleichen und die verschiedenen Formen von Einstellung durch besondere Zustände der Armee ausdrücken, so würde zum Beispiel Aufmerksamkeit durch eine konzentrierte, in Alarmquartieren liegende Armee, umgeben von rekognoszierenden Truppenteilen, dargestellt sein. Sobald die Stärke und Position des Feindes genügend bekannt ist, ändert sich der Zustand: die Armee setzt sich in Bewegung mit Richtung auf ein bestimmtes Angriffsziel. In ganz ähnlicher Weise verändert sich die psychische Einstellung. Während im Zustand bloßer Aufmerksamkeit die leitende Idee die der Wahrnehmung war, wobei die eigene Gedankenarbeit sowie sonstige, subjektive Inhalte möglichst unterdrückt wurden, erscheinen jetzt, beim Übergang in eine handelnde Einstellung, subjektive Inhalte im Bewußtsein, welche aus Zielvorstellungen und aus Handlungsimpulsen bestehen. Und wie die Armee einen Führer mit einem Generalstab hat, so hat auch die psychische Einstellung eine allgemeine leitende Idee, welche durch umfangreiche Materialien, wie Erfahrungen, Grundsätze, Affekte und dergleichen, unterstützt und begründet ist.

691   Man handelt nämlich nicht bloß einfach *so,* gewissermaßen isoliert auf einen bestimmten Reiz reagierend, sondern jede unserer Reaktionen und Handlungen geschieht unter dem Einfluß komplizierter psychischer Vorbedingungen. Um wieder das militärische Gleichnis zu benützen, könnten wir diese Vorgänge mit jenen im großen Hauptquartier vergleichen. Für den gewöhnlichen Soldaten mag es so aussehen, als ob man einfach zurückschlüge, weil man angegriffen wurde, oder als ob man einfach angriffe, weil man den Feind gesehen hat. Unser Bewußtsein ist immer geneigt, die Rolle des gemeinen Soldaten zu spielen und an die Einfachheit seiner Aktion zu glauben. In Wirklichkeit aber wird an dieser Stelle und in diesem Moment gekämpft, weil ein allgemeiner Angriffsplan besteht, welcher den gemeinen Soldaten schon Tage zuvor an diesen Punkt gerückt hat. Und dieser allgemeine Plan ist nun wiederum nicht bloß eine Reaktion auf Aufklärungsmeldungen, sondern ist eine schöpferische Initiative des Führers, mitbedingt durch die Aktion des Feindes und vielleicht auch durch gänzlich unmilitärische, dem gemeinen Soldaten unbekannte politische Rücksichten. Diese letzteren Faktoren sind sehr komplexer Natur und liegen weit jenseits des Begreifens des Soldaten, wenn sie auch dem Heerführer nur allzu deutlich sind. Aber auch ihm sind gewisse Faktoren unbekannt, nämlich seine eigene persönliche Vorbedingung mit ihren komplizierten Voraussetzungen. So steht nun das Handeln der Armee zwar unter einem einfachen und einheitlichen Befehl, der aber seinerseits bloß ein Resultat des Zusammenwirkens von unabsehbar komplizierten Faktoren ist.

692   So geschieht auch das psychische Handeln auf Grund einer ähnlich komplizierten Voraussetzung. Bei aller Einfachheit des Impulses beruht doch jede Nuance seiner besonderen Beschaffenheit, seine Stärke und Richtung, sein zeitlicher und örtlicher Ablauf, seine Zielabsicht usw. auf besonderen psychischen Voraussetzungen, eben der Einstellung, welche ihrerseits wieder aus einer Konstellation von Inhalten besteht, deren Mannigfaltigkeit kaum abzusehen ist. Das Ich ist der Heerführer; seine Überlegungen und Entschlüsse, seine Gründe und Zweifel, seine Absichten und seine Erwartungen sind ein Generalstab, und seine Abhängigkeit von äußeren Faktoren ist die Abhängigkeit des Führers von den schwer übersehbaren Einflüssen des Hauptquartiers und der jenseits im Dunkel operierenden Politik.

693   Wir belasten unser Gleichnis wohl nicht zuviel, wenn wir das Verhältnis

von *Mensch zu Welt* auch in seinen Rahmen spannen – das menschliche Ich als Führer einer kleinen Armee im Kampf mit seiner Umgebung, nicht selten ein Krieg auf zwei Fronten, vorne der Kampf ums Dasein, hinten der Kampf gegen die eigene rebellische Triebnatur. Auch wenn man kein Pessimist ist, so fühlt sich unser Dasein eher als ein Kampf an als irgend etwas anderes. Der Friedenszustand ist ein Desideratum, und wenn einer mit der Welt und mit sich selber Frieden geschlossen hat, so ist dies ein bemerkenswertes Ereignis. Entsprechend dem mehr oder weniger chronischen Kriegszustand bedürfen wir einer sorgfältig organisierten Einstellung, und sollte bei irgendeinem Vollendeten ein dauernder Seelenfrieden ausgebrochen sein, so muß wohl seine Einstellung einen noch viel höheren Grad an sorgfältigster Vorbereitung und feinster Ausarbeitung besitzen, wenn sein Friedenszustand auch nur von bescheidener Dauer sein sollte. Es ist nämlich seelisch viel leichter, in einem Bewegungszustand, in einem Auf- und Abwogen des Geschehens, als in einem ausgeglichenen Dauerzustand zu leben, denn in letzterem Zustand – unbekümmert um seine vielleicht bewundernswerte Höhe und Vollendung – droht die Erstickung in unerträglicher Langeweile. Wir täuschen uns daher nicht, wenn wir annehmen, daß seelische Friedenszustände, das heißt konfliktlose, heitere, überlegene und ausgeglichene Stimmungen – sofern sie von Dauer sind – immer auf besonders entwickelten Einstellungen beruhen.

Man wundert sich vielleicht, daß ich dem Worte «Einstellung» den Vorzug vor dem Worte «Weltanschauung» gebe. Mit dem Begriff Einstellung habe ich einfach die Frage offengelassen, ob es sich um eine bewußte oder eine unbewußte Weltanschauung handelt. Es kann einer nämlich sein eigener Heerführer sein und den Kampf ums Dasein nach außen und innen erfolgreich bestehen und sogar einen relativ gesicherten Friedenszustand erreichen, ohne eine bewußte Weltanschauung zu besitzen. Er kann es aber nicht ohne Einstellung machen. Von Weltanschauung dürfen wir aber wohl erst reden, wenn einer wenigstens den ernstlichen Versuch gemacht hat, seine Einstellung begrifflich oder anschaulich zu formulieren, sich selber klar zu werden, warum und wozu er so handelt und so lebt. 694

Wozu dann aber eine Weltanschauung – werden Sie mich fragen –, wenn es ohne eine solche ebensogut geht? Sie könnten mich aber ebensowohl fragen: Wozu denn ein Bewußtsein, wenn es ohne ein solches ebensogut geht? Denn was ist schließlich Weltanschauung? Doch nichts als ein erweitertes oder vertieftes Bewußtsein! Der Grund, warum ein Bewußtsein vorhanden ist und warum letzteres danach drängt, sich zu erweitern und zu vertiefen, ist ein 695 sehr einfacher: *es geht ohne Bewußtsein weniger gut.* Darum offenbar hat sich Mutter Natur herbeigelassen, diese merkwürdigste Schöpfung unter all den unerhörten Naturkuriosa, das Bewußtsein, hervorzubringen. Auch der fast unbewußte Primitive kann sich anpassen und sich behaupten, aber nur in seiner primitiven Welt, und darum fällt er unter anderen Umständen unzähligen Gefahren zum Opfer, die wir auf höherer Bewußtseinsstufe spielend vermeiden. Gewiß erwachsen dem höheren Bewußtsein Gefahren, von denen der Primitive nicht einmal träumt, aber Tatsache bleibt, daß der bewußte Mensch die Erde erobert hat und nicht der unbewußte. Ob dies nun in letzter und übermenschlicher Absicht günstig oder ungünstig sei, das zu entscheiden, ist nicht unsere Angelegenheit.

696   Höheres Bewußtsein bedingt Weltanschauung. Jedes Bewußtsein von Gründen und Absichten ist eine keimende Weltanschauung. Jeder Zuwachs an Erfahrung und Erkenntnis bedeutet einen weiteren Schritt in der Entwicklung der Weltanschauung. *Und mit dem Bilde, das der denkende Mensch von der Welt erschafft, verändert er sich selber auch.* Derjenige Mensch, dessen Sonne sich noch um die Erde dreht, ist ein anderer als der, dessen Erde der Trabant der Sonne ist. Nicht vergebens stellt GIORDANO BRUNOS Unendlichkeitsgedanke einen der wichtigsten Anfänge des modernen Bewußtseins dar. Der Mensch, dessen Kosmos im Empyreum hängt, ist ein anderer als der, dessen Geist von KEPLERS Vision erleuchtet ist. Einer, dem es noch fraglich ist, was das Resultat von zwei mal zwei sein könnte, ist ein anderer als der, dem es nichts Unzweifelhafteres als die A-priori-Wahrheiten der Mathematik gibt. Mit anderen Worten, es ist nicht gleichgültig, ob und was für eine Weltanschauung man besitzt, denn wir erschaffen nicht nur ein Weltbild, sondern rückwirkend verändert es auch uns.

697   Die Auffassung, die wir uns von der Welt machen, ist das Bild dessen, was wir Welt nennen. Und dieses Bild ist es, nach dessen Beschaffenheit wir unsere Anpassung orientieren. Wie gesagt, geschieht dies nicht bewußt. Der gemeine Soldat im Schützengraben hat keine Einsicht in die Tätigkeit des Generalstabs. Allerdings sind wir Generalstab und Heerführer ebenfalls. Aber es bedarf fast immer eines gewaltsamen Entschlusses, das Bewußtsein von augenblicklichen, vielleicht dringlichen Beschäftigungen loszureißen, um es auf die allgemeineren Probleme der Einstellung zu richten. Tun wir es nicht, so bleiben wir unserer Einstellung unbewußt, und dann haben wir insofern keine Weltanschauung, sondern bloß eine unbewußte Einstellung. Wenn man sich darüber keine Rechenschaft gibt, so bleiben die leitenden Gründe

und Absichten unbewußt, das heißt, es scheint, als ob alles sehr einfach wäre und bloß so geschähe. In Wirklichkeit aber finden komplizierte Hintergrundsvorgänge statt, mit Gründen und Absichten, die an Subtilität nichts zu wünschen übriglassen. So gibt es viele Wissenschaftler, die es vermeiden, eine Weltanschauung zu haben, weil dies angeblich nicht wissenschaftlich ist. Es ist diesen Leuten aber offenbar nicht ganz klar, was sie eigentlich damit tun. Was nämlich in Wirklichkeit geschieht, ist, daß sie sich selber absichtlich über ihre leitenden Ideen im dunkeln lassen, sich mit anderen Worten auf einer tieferen, primitiveren Bewußtseinsstufe halten als ihrer Bewußtseinsfähigkeit entspräche. Eine gewisse Kritik und Skepsis ist keineswegs immer der Ausdruck von Intelligenz, sondern eher vom Gegenteil, besonders dann, wenn man Skepsis vorschützt, um den Mangel an Weltanschauung zu bemänteln. Nicht selten fehlt es mehr an moralischem Mut als an Intelligenz. Denn man kann die Welt nicht sehen, ohne sich selber zu sehen, und so wie einer die Welt sieht, sieht er auch sich, und dazu bedarf es keines geringen Mutes. Daher ist es immer fatal, keine Weltanschauung zu haben.

Weltanschauung haben, heißt: ein Bild von der Welt und sich selber erschaffen, wissen, was die Welt ist und wer ich bin. Wörtlich genommen, wäre das zuviel. Niemand kann wissen, was die Welt ist, und ebensowenig, wer er selber ist. Aber cum grano salis will es heißen: *bestmögliche Erkenntnis*. Bestmögliche Erkenntnis erfordert Wissen und verabscheut unbegründete Annahmen, willkürliche Behauptungen, autoritäre Meinungen. Sie sucht aber die wohlbegründete Hypothese, ohne zu vergessen, daß alles Wissen beschränkt und dem Irrtum unterworfen ist. 698

Wenn das Bild von der Welt, das wir erschaffen, nicht wieder auf uns selber zurückwirkte, so könnte man sich mit irgendeinem schönen oder sonstwie ergötzlichen Scheine begnügen. Die Selbsttäuschung aber wirkt auf uns zurück, sie macht uns unwirklich, närrisch und untauglich. Weil wir mit einem Trugbild von Welt fechten, so unterliegen wir der Übermacht der Wirklichkeit. Auf diese Weise erfahren wir, wie wichtig und wie wesentlich es ist, eine sorgfältig begründete und ausgebaute Weltanschauung zu besitzen. 699

Weltanschauung ist Hypothese und kein Glaubensartikel. Die Welt verändert ihr Gesicht – «tempora mutantur et nos in illis» [1] –, denn die Welt ist uns nur faßbar als ein psychisches Bild in uns, und es wird nicht immer leichthalten, auszumachen, wenn das Bild sich verändert, ob die Welt oder wir oder 700

[1] [Die Zeiten ändern sich, und wir in ihnen.]

beide sich verändert haben. Das Bild von der Welt kann sich jederzeit verändern, so wie auch unsere Auffassung von uns selbst sich jederzeit ändern kann. Jede neue Entdeckung, jeder neue Gedanke kann der Welt ein neues Gesicht aufsetzen. Das will berücksichtigt sein, sonst leben wir plötzlich in einer antiquierten Welt, selber ein altmodisches Überbleibsel tieferer Bewußtseinsstufen. Jeder wird einmal erledigt sein, aber im Interesse des Lebendigseins liegt es, diesen Moment solange wie möglich hinauszuschieben, und das kann nur dann gelingen, wenn wir das Weltbild nie erstarren lassen, sondern jeden neuen Gedanken darauf prüfen, ob er unserem Weltbilde etwas hinzufügt oder nicht.

701   Wenn ich mich nun anschicke, das Problem der Beziehung zwischen analytischer Psychologie und Weltanschauung zu diskutieren, so geschieht dies unter dem Gesichtswinkel des eben erläuterten Standpunktes, nämlich der Frage: Fügen die Erkenntnisse der analytischen Psychologie unserer Weltanschauung etwas Neues hinzu oder nicht? Um diese Frage mit Nutzen behandeln zu können, müssen wir uns zuerst Rechenschaft geben vom Wesen der analytischen Psychologie. Was ich mit diesem Namen bezeichne, ist eine besondere Richtung der Psychologie, welche sich hauptsächlich mit den sogenannten komplexen seelischen Phänomenen beschäftigt, im Gegensatz zur physiologischen oder experimentellen Psychologie, welche sich bestrebt, komplexe Phänomene möglichst in ihre Elemente aufzulösen. Die Bezeichnung «analytisch» stammt von der Tatsache, daß sich diese Richtung der Psychologie aus der ursprünglich FREUDschen «Psychoanalyse» entwickelt hat. FREUD hat die Psychoanalyse mit seiner Sexual- und Verdrängungstheorie identifiziert und sie damit doktrinär fixiert. Ich vermeide daher den Ausdruck Psychoanalyse, wenn ich andere als bloß technische Dinge diskutiere.

702   Was nun zunächst die FREUDsche Psychoanalyse anbetrifft, so besteht sie aus einer Technik, die uns erlaubt, sogenannte verdrängte, unbewußt gewordene Inhalte dem Bewußtsein wiederum zuzuführen. Diese Technik ist eine therapeutische Methode, bestimmt, Neurosen zu behandeln und zu heilen. Im Lichte dieser Methode erscheint es, als ob die Neurosen dadurch zustande kämen, daß peinliche Erinnerungen und Tendenzen, sogenannte inkompatible Inhalte, durch eine Art von moralischem Ressentiment, welches auf Erziehungseinflüssen beruht, aus dem Bewußtsein verdrängt und unbewußt gemacht werden. So betrachtet, erscheint die unbewußte seelische Tätigkeit, das sogenannte Unbewußte, hauptsächlich als ein receptaculum aller dem Bewußtsein lästigen Inhalte sowie aller vergessenen Eindrücke. Man kann sich

aber anderseits auch nicht der Einsicht verschließen, daß eben gerade die inkompatibeln Inhalte aus unbewußten Trieben hervorgehen, das heißt mithin das Unbewußte nicht bloß ein Rezeptakel, sondern geradezu die Mutter derjenigen Dinge ist, welche das Bewußtsein lossein möchte. Wir dürfen aber noch einen Schritt weiter gehen: das Unbewußte produziert auch schöpferisch *neue* Inhalte. Alles, was der menschliche Geist je schuf, ist aus Inhalten hervorgegangen, welche in letzter Linie unbewußte Keime waren. Während FREUD einen besonderen Nachdruck auf ersteren Aspekt legte, habe ich letzteren hervorgehoben, ohne den ersteren zu leugnen. Obschon es nicht unwesentlich ist, daß der Mensch alles Unangenehme umgeht und möglichst zu vermeiden sucht und darum gerne vergißt, was ihm nicht paßt, so erscheint es mir doch viel wichtiger, festzustellen, was eigentlich die *positive* Tätigkeit des Unbewußten ist. Von dieser Seite aus betrachtet, erscheint dann *das Unbewußte als die Gesamtheit aller in statu nascendi begriffenen seelischen Inhalte.* Diese unzweifelhafte Funktion des Unbewußten wird durch Verdrängungen aus dem Bewußtsein in der Hauptsache bloß gestört, und diese Störung der natürlichen Tätigkeit des Unbewußten ist wohl die wesentliche Quelle der sogenannten psychogenen Erkrankungen. Das Unbewußte ist vielleicht am besten verstanden, wenn wir es als ein natürliches Organ mit einer ihm spezifischen produktiven Energie auffassen. Wenn infolge der Verdrängungen seine Produkte im Bewußtsein keine Aufnahme finden, so entsteht eine Art von Rückstauung, eine unnatürliche Hemmung einer zweckmäßigen Funktion, genau so, wie wenn die Galle, das natürliche Produkt der Leberfunktion, am Abfluß in den Darm gehindert wird. Infolge der Verdrängung entstehen falsche psychische Abläufe. Wie die Galle ins Blut übertritt, so irradiiert der verdrängte Inhalt in andere seelische und physiologische Gebiete. In der Hysterie werden besonders physiologische, in anderen Neurosen, wie Phobien, Obsessionen und Zwangsneurosen, hauptsächlich seelische Funktionen gestört, inbegriffen die Träume. So wie man in den körperlichen Symptomen der Hysterie und in den seelischen Symptomen anderer Neurosen (auch der Psychosen) die Wirksamkeit verdrängter Inhalte nachweisen kann, so kann man dasselbe auch für die Träume tun. Der Traum ist an sich eine normale Funktion, welche durch Stauungen ebenso gestört werden kann wie andere Funktionen. Die FREUDsche Traumtheorie berücksichtigt, ja erklärt die Träume nur unter diesem Gesichtswinkel, nämlich wie wenn sie nichts anderes wären als Symptome. Auch andere geistige Gebiete werden von der Psychoanalyse bekanntlich in ähnlicher Weise behandelt, zum Beispiel Kunstwerke, wo es aber dann schmerzhaft an den Tag kommt, daß ein Kunstwerk kein Symptom, sondern eine genuine Schöpfung ist. Eine schöpferische Leistung kann nur aus sich selbst verstanden werden. Wenn sie aber als pathologisches Mißverständnis aufgefaßt wird, das man ebenso erklären möchte wie eine Neurose, dann entsteht aus diesem Erklärungsversuch ein beklagenswertes Kuriosum.

703   Das gleiche gilt vom Traum. Er ist eine eigentümliche Schöpfung des Unbewußten, welche durch Verdrängung bloß entstellt und verzerrt wird. Man gerät mit der Erklärung des Traumes daher völlig daneben, wenn er bloß als Verdrängungssymptom gedeutet wird.

704   Beschränken wir uns nun für einen Moment auf die Ergebnisse der FREUDschen Psychoanalyse. In ihrer Theorie erscheint der Mensch als ein Triebwesen, welches in verschiedenen Hinsichten an die Schranken der Gesetze der sittlichen Gebote und der eigenen Einsicht stößt und infolgedessen genötigt ist, gewisse Triebe oder Teilbeträge derselben zu verdrängen. Das Ziel der Methode ist, diese Triebinhalte dem Bewußtsein zuzuführen und durch bewußte Korrektur ihre Verdrängung aufzuheben. Ihrer bedrohlichen Befreiung wird die Erklärung entgegengesetzt, daß sie nichts anderes seien als infantile Wunschphantasien, die man vernünftigerweise bloß unterdrücken könne. Es wird auch angenommen, daß man sie – wie der technische Ausdruck lautet – «sublimieren» könne, worunter eine Art Umbiegung in eine zweckmäßige Anpassungsform verstanden wird. Wenn jemand glauben sollte, daß diese willkürlich gemacht werden könne, so täuscht er sich allerdings. Nur die absolute Not kann einen natürlichen Trieb wirkungsvoll hemmen. Wo diese Not oder unerbittliche Notwendigkeit aber nicht besteht, ist das «Sublimieren» nichts als eine Selbsttäuschung, eine erneute, diesmal etwas subtilere Verdrängung.

705   Liegt nun in dieser Theorie und in dieser Auffassung des Menschen irgend etwas, das für unsere Weltanschauung als fördernd in Betracht käme? Ich glaube kaum. Es ist der wohlbekannte rationalistische Materialismus des ausgehenden 19. Jahrhunderts, der als führende Idee über der Deutungspsychologie der FREUDschen Psychoanalyse steht. Daraus ergibt sich kein anderes Weltbild und darum auch keine andere Einstellung des Menschen zur Welt. Man darf aber nicht vergessen, daß die Einstellung nur in den wenigsten Fällen durch Theorien beeinflußt wird. Ein weit wirksamerer Weg geht über den Gefühlsfaktor. Allerdings könnte ich nicht sehen, wie eine trockene theoretische Darstellung das Gefühl erreichen sollte. Ich könnte Ihnen eine sehr ausführliche Statistik des Gefängniswesens vorlegen, und Sie würden dabei ein-

schlafen. Wenn ich Sie aber durch ein Zuchthaus oder durch ein Irrenhaus führe, so werden Sie nicht einschlafen. Sie werden tiefe Eindrücke empfangen. Hat irgendeine Lehre den Buddha gemacht? Nein, es war der Anblick von Alter, Krankheit und Tod, der ihm in der Seele brannte.

So sagen uns die teils einseitigen, teils irrtümlichen Auffassungen der 706 FREUDschen Psychoanalyse eigentlich nichts. Wenn wir aber einen Einblick nehmen in die Psychoanalyse wirklicher Neurosenfälle und dort sehen, welche Verwüstungen die sogenannten Verdrängungen anrichten, welche Zerstörungen die Nichtbeachtung elementarer Triebvorgänge im Gefolge hat, dann empfangen wir einen – gelinde gesagt – nachhaltigen Eindruck. Es gibt keine Form menschlicher Tragik, die nicht gegebenenfalls aus diesem Kampf des Ich gegen das Unbewußte hervorginge. Wer jemals die Schrecken eines Zuchthauses, eines Irrenhauses und eines Spitals gesehen hat, der wird durch den Eindruck dieser Dinge eine wohl nennenswerte Bereicherung seiner Weltanschauung erfahren. Dasselbe wird ihm zustoßen, wenn er einen Blick getan hat in den Abgrund menschlichen Leidens, das sich hinter einer Neurose eröffnet. Wie viele Male habe ich den Ausruf gehört: «Das ist ja schrecklich! Wer hätte an so etwas gedacht!» Man kann es wirklich nicht leugnen, es ist eine gewaltiger Eindruck, den man von der Wirksamkeit des Unbewußten empfängt, wenn man mit der nötigen Gewissenhaftigkeit und Gründlichkeit die Struktur einer Neurose zu erforschen versucht. Es ist auch ein Verdienst, jemand die Slums von London zu zeigen, und wer sie gesehen hat, hat mehr gesehen als ein anderer, der sie nicht gesehen hat. Aber es ist bloß ein Anstoß, und noch ist die Frage: Was soll damit geschehen? unbeantwortet.

Die Psychoanalyse hat die Hülle von Tatsachen, die nur wenigen bekannt 707 waren, weggezogen und hat sogar einen Versuch gemacht, mit diesen Tatsachen umzugehen. Welche Einstellung aber hat sie dazu? Ist ihre Einstellung neu, mit anderen Worten, hat der große Eindruck befruchtend gewirkt? Hat er das Weltbild verändert und somit unsere Weltanschauung gefördert? Die Weltanschauung der Psychoanalyse ist ein rationalistischer Materialismus, die Weltanschauung einer wesentlich praktischen Naturwissenschaft. Und diese Anschauung empfinden wir als ungenügend. Wenn wir ein Gedicht von Goethe aus seinem Mutterkomplex ableiten, wenn wir Napoleon als einen Fall von männlichem Protest und einen Franziskus aus Sexualverdrängung erklären wollen, so befällt uns tiefe Unbefriedigung. Es ist ungenügend und wird der bedeutsamen Wirklichkeit der Dinge nicht gerecht. Wo bleiben Schönheit, Größe und Heiligkeit? Diese sind doch lebendigste Wirklichkeiten, ohne welche menschliches Leben über alle Maßen stumpfsinnig wäre. Wo bleibt die richtige Antwort auf die Frage unerhörter Leiden und Konflikte? Es müßte in dieser Antwort doch wenigstens etwas erklingen, was an die Größe des Leidens erinnerte. Aber so wünschenswert die bloß vernünftige Einstellung des Rationalismus ist, so sehr übergeht sie auch den *Sinn des Leidens*. Es wird beiseite geschoben und als unerheblich erklärt. Es war ein großer Lärm um nichts. Vieles fällt in diese Kategorie, aber nicht alles.

708   Der Fehler liegt, wie schon erwähnt, bei der Tatsache, daß die sogenannte Psychoanalyse eine zwar wissenschaftliche, aber bloß rationalistische Auffassung des Unbewußten hat. Wenn man von Trieben spricht, so meint man, damit etwas Bekanntes auszudrücken. In Wirklichkeit spricht man von etwas Unbekanntem. In Wirklichkeit wissen wir nur, daß uns aus der dunkeln Sphäre der Psyche Wirkungen zukommen, welche irgendwie ins Bewußtsein aufgenommen werden müssen, damit verheerende Störungen anderer Funktionen vermieden werden. Es ist ohne weiteres ganz unmöglich zu sagen, von welcher Natur diese Wirkungen sind, ob sie auf Sexualität, auf Machttrieb oder sonstigen Trieben beruhen. Sie sind schlechthin zwei- oder sogar vieldeutig wie das Unbewußte selber.

709   Ich habe schon vorhin erläutert, daß das Unbewußte zwar ein Behälter für alles Vergessene, Vergangene und Verdrängte ist; es ist aber ebensowohl jene Sphäre, in der alle subliminalen Vorgänge stattfinden, das heißt zum Beispiel Sinneswahrnehmungen, die zu schwach sind, um das Bewußtsein erreichen zu können, und schließlich ist es auch der Mutterboden, aus welchem alle psychische Zukunft wächst. So wie wir wissen, daß jemand einen unbequemen Wunsch verdrängen und dadurch dessen Energie zwingen kann, sich anderen Funktionen beizumischen, so wissen wir auch, daß jemand einen neuen, ihm sehr fernliegenden Einfall sich nicht bewußtmachen kann, weshalb dann dessen Energie in andere Funktionen störend abströmt. Ich habe vielmals Fälle gesehen, bei denen abnorme Sexualphantasien plötzlich vollständig verschwanden im Moment, wo ein neuer Gedanke oder Inhalt bewußt wurde, oder wo eine Migräne plötzlich aufhörte, als ein unbewußtes Gedicht bewußt wurde. *So wie Sexualität sich uneigentlich in Phantasie, so kann auch schöpferische Phantasie sich uneigentlich in Sexualität ausdrücken.* Wie VOLTAIRE einmal sagte: «En étymologie n'importe quoi peut désigner n'importe quoi», so müssen wir dasselbe vom Unbewußten sagen. Auf jeden Fall wissen wir nie von vornherein, was was ist. In bezug auf das Unbewußte haben wir bloß die Gabe des Nachwissens, und überdies ist es auch a priori unmöglich, irgend etwas über

den Zustand der Dinge im Unbewußten zu wissen. Jeder Schluß in dieser Hinsicht ist ein zugestandenes Als-ob.

Bei dieser Sachlage erscheint uns das Unbewußte als ein großes X, von dem 710 als das einzig Unbezweifelbare beträchtliche Wirkungen ausgehen. Ein Blick auf die Religionen der Weltgeschichte zeigt uns, wie bedeutsam diese Wirkungen historisch sind. Ein Blick auf das Leiden des heutigen Menschen zeigt uns das gleiche. Wir drücken uns nur etwas anders aus. Vor fünfhundert Jahren sagte man, «sie ist vom Teufel besessen», jetzt hat sie eine Hysterie; früher hieß es, man sei verhext, jetzt nennt man es eine Magenneurose. Die Tatsachen sind dieselben, nur ist die frühere Erklärung, psychologisch genommen, beinahe exakt. Jetzt haben wir rationalistische Symptombezeichnungen, die eigentlich inhaltlos sind. Denn wenn ich sage, daß jemand von einem bösen Geist besessen sei, so beschreibe ich damit die Tatsache, daß der Besessene nicht eigentlich legitim krank ist, sondern unter einem unsichtbaren geistigen Einfluß leidet, dessen er auf keinerlei Weise Herr werden kann. Dieses unsichtbare Etwas ist ein sogenannter *autonomer Komplex,* ein unbewußter Inhalt, welcher dem Griff des bewußten Willens entzogen ist. Wenn man nämlich die Psychologie einer Neurose analysiert, so entdeckt man einen sogenannten Komplex, der sich nicht verhält wie die Bewußtseinsinhalte, nämlich kommt oder geht, wie wir befehlen, sondern er folgt eigenen Gesetzen, ist mit anderen Worten unabhängig, *autonom,* wie der technische Ausdruck lautet. Er benimmt sich ebenso wie ein Kobold, dessen man nicht habhaft werden kann. Und wenn man – was der Absicht der Analyse entspricht – den Komplex bewußtmacht, so sagt man vielleicht mit Erleichterung: «Ach, war es das, was mich so störte!» Und anscheinend ist damit etwas gewonnen: nämlich die Symptome verschwinden; der Komplex ist, wie man sagt, gelöst. Wir können mit GOETHE ausrufen: «Wir haben ja aufgeklärt!» Aber mit GOETHE müssen wir fortfahren, «und dennoch spukt's in Tegel!» ² Jetzt enthüllt sich erst die wahre Sachlage; wir werden nämlich inne, daß dieser Komplex gar nicht hätte zustande kommen können, wenn nicht unsere Natur ihm eine geheime Triebkraft verliehen hätte. Was ich damit meine, will ich an einem kurzen Beispiel erläutern:

Ein Patient leidet an nervösen Magensymptomen, die in schmerzhaften 711 Zusammenziehungen bestehen, ähnlich einem Hungerzustand. Die Analyse

---

² [*Faust,* 1. Teil, Walpurgisnacht. Proktophantasmist.]

ergibt eine infantile Sehnsucht nach der Mutter, einen sogenannten Mutterkomplex. Mit dieser neugewonnenen Einsicht verschwinden die Symptome, dafür aber bleibt eine Sehnsucht, die sich mit der Konstatierung, sie sei nichts als ein infantiler Mutterkomplex, niemals stillen läßt. Was ein quasi physischer Hunger und ein physischer Schmerz zuvor war, wird nun seelischer Hunger und seelischer Schmerz. Man sehnt sich nach etwas und weiß, daß man nur fälschlicherweise die Mutter meinte. Die Tatsache einer vorderhand unstillbaren Sehnsucht besteht, und die Antwort auf diese Frage ist bedeutend schwieriger als die Rückführung der Neurose auf den Mutterkomplex. Die Sehnsucht ist eine beständige Forderung, eine quälende, aktive Leere, die man bloß zeitweise vergessen, aber niemals durch Willenskraft überwinden kann. Sie erscheint immer wieder. Man weiß zunächst nicht, woraus diese Sehnsucht hervorgeht, man weiß vielleicht nicht einmal, wonach man sich eigentlich sehnt. Man kann vieles darüber vermuten, aber das einzige, was mit Sicherheit darüber ausgesagt werden kann, ist, daß jenseits des Mutterkomplexes ein unbewußtes Etwas diese Forderung äußert und unabhängig von unserem Bewußtsein, unangreifbar für unsere Kritik, immer wieder seine Stimme erhebt. Dieses Etwas ist das, was ich als den autonomen Komplex bezeichne. Aus dieser Quelle stammt die Triebkraft, welche ursprünglich den infantilen Anspruch an die Mutter unterhielt und damit die Neurose verursachte, denn das erwachsene Bewußtsein mußte einen solchen kindischen Anspruch als unvereinbar ablehnen und verdrängen.

712   Alle infantilen Komplexe gehen in letzter Linie auf autonome Inhalte des Unbewußten zurück. Der primitive Geist hat diese als fremd und unverständlich empfundenen Inhalte als Geister, Dämonen und Götter personifiziert und versucht, mit sakralen und magischen Riten deren Ansprüche zu erfüllen. In der richtigen Anerkennung der Tatsache, daß dieser Hunger oder Durst weder durch Speise noch durch Trank noch durch Rückkehr in der Mutter Schoß gestillt werden kann, hat der primitive Geist Bilder von unsichtbaren, eifersüchtigen und anspruchsvollen Wesen erschaffen, einflußreicher, stärker und gefährlicher als der Mensch, Angehörige einer unsichtbaren Welt, doch mit der sichtbaren verschmolzen, so eins mit ihr, daß Geister selbst in den Kochtöpfen wohnen. Geister und Zauberei sind die Ursachen der Krankheiten beim Primitiven. Die autonomen Inhalte haben sich bei ihm in diese übernatürlichen Figuren projiziert. Unsere Welt dagegen ist von Dämonen befreit – bis auf bedeutsame Reste. Die autonomen Inhalte und ihre Ansprüche aber sind geblieben. In den Religionen könnten sie sich zum Teil ausdrücken, aber

je mehr die Religionen rationalisiert und verwässert werden – ein fast unver-
meidliches Schicksal – desto verworrener und geheimnisvoller werden die
Wege, auf denen uns die Inhalte des Unbewußten dennoch erreichen. Einer
der gewöhnlichsten Wege ist die Neurose, was man zunächst wohl am wenigsten vermuten würde. Unter Neurose stellt man sich gewöhnlich irgendeine
Minderwertigkeit, eine medizinische quantité négligeable vor. Sehr zu Unrecht, wie wir gesehen haben! Denn hinter der Neurose verbergen sich jene
gewaltigen psychischen Einflüsse, welche unserer geistigen Einstellung und
ihren einflußreichsten, führenden Ideen zugrunde liegen. Der rationalistische
Materialismus, diese anscheinend ganz unverdächtige geistige Haltung, ist
eine psychologische Gegenbewegung gegen den Mystizismus. Dieser ist der
geheime Antagonist, der bekämpft werden soll. Materialismus und Mystizismus sind nichts als ein psychologisches Gegensatzpaar, genau wie Atheismus
und Theismus. Es sind feindliche Brüder, zwei verschiedene Methoden, mit
den dominierenden unbewußten Einflüssen irgendwie fertigzuwerden, der
eine durch Ableugnung, der andere durch Anerkennung.

Wenn ich daher das Wesentlichste bezeichnen soll, welches die analytische   713
Psychologie unserer Weltanschauung hinzufügen könnte, so ist es die Erkenntnis, daß unbewußte Inhalte existieren, welche unleugbare Forderungen
erheben oder Einflüsse ausstrahlen, mit denen sich das Bewußtsein nolens volens auseinanderzusetzen hat.

Man würde meine bisherigen Auseinandersetzungen wohl als unbefriedi-   714
gend empfinden, wenn ich jenes Etwas, das ich als autonomen Inhalt des Unbewußten bezeichnete, in dieser unbestimmten Form ließe und nicht wenigstens den Versuch machte, zu beschreiben, was unsere Psychologie über diese
Inhalte empirisch ausgemacht hat.

Wäre, wie die Psychoanalyse annimmt, damit eine definitive und befriedi-   715
gende Antwort gegeben, daß zum Beispiel die ursprüngliche, infantile Abhängigkeit von der Mutter die Ursache der Sehnsucht sei, so müßte mit dieser
Erkenntnis auch eine Lösung eintreten. Es gibt solche infantilen Abhängig-
keiten, welche tatsächlich verschwinden, wenn sie gründlich eingesehen werden. Diese Tatsache sollte aber nie zum Glauben verführen, daß dem in allen
Fällen so sei. Es bleibt in allen Fällen etwas zurück, gelegentlich anscheinend
so wenig, daß der Fall praktisch erledigt ist, gelegentlich aber auch so viel, daß
weder Patient noch Arzt mit dem Resultat zufrieden sind, oft sogar so viel,
daß man das Gefühl hat, als ob überhaupt nichts geschehen sei. Überdies habe
ich schon viele Patienten behandelt, die sich ihres ursächlichen Komplexes bis

in alle Einzelheiten bewußt waren, ohne daß diese Einsicht ihnen irgendwie wesentlich geholfen hätte.

716   Eine ursächliche Erklärung kann wissenschaftlich relativ befriedigend sein, aber sie hat doch etwas psychologisch Unbefriedigendes an sich, insofern als man damit über den Zweck der zugrunde liegenden Triebkraft, den Sinn der Sehnsucht zum Beispiel, noch nichts weiß und man ebensowenig sieht, was damit zu tun wäre. Wenn ich schon weiß, daß eine Typhusepidemie von infiziertem Trinkwasser kommt, so ist damit der Verunreinigung der Quellen doch noch nicht abgeholfen. Eine befriedigende Antwort ist daher erst gegeben, wenn man weiß, was jenes Etwas ist, welches die infantile Abhängigkeit bis ins erwachsene Alter lebendig erhalten hat und worauf dieses Etwas hinzielt.

717   Wenn der menschliche Geist als völlige tabula rasa geboren würde, so gäbe es nichts von diesen Problemen, denn dann wäre nichts im Geiste, was er nicht erworben hätte oder was nicht dreingepflanzt worden wäre. In der individuellen menschlichen Seele gibt es aber vielerlei Dinge, die man nie erworben hat, denn der menschliche Geist wird nicht als tabula rasa geboren, sowenig wie jeder Mensch ein gänzlich neues und einzigartiges Gehirn hat. Es ist ihm ein Gehirn angeboren, welches das Resultat der Entwicklung in einer unendlich langen Ahnenreihe ist. Dieses Gehirn stellt sich in jedem Embryo in seiner ganzen differenzierten Vollendung her und wird unfehlbar, wenn es in Funktion tritt, Resultate ergeben, welche schon unzählige Male zuvor in der Ahnenreihe produziert worden sind. Die ganze Anatomie des Menschen ist ein vererbtes, mit der anzestralen Konstitution identisches System, das unfehlbar auf dieselbe Weise wie früher funktionieren wird. Infolgedessen ist die Möglichkeit, daß irgend etwas Neues, von Früherem wesentlich Verschiedenes produziert wird, sogar verschwindend gering. Alle jene Faktoren also, welche unseren nahen und fernen Vorfahren wesentlich waren, werden auch uns wesentlich sein, denn sie entsprechen dem vererbten organischen System. Sie sind sogar Notwendigkeiten, die sich als Bedürfnisse geltend machen werden.

718   Sie müssen nicht befürchten, daß ich Ihnen von vererbten Vorstellungen sprechen werde. Das liegt mir fern. Die autonomen Inhalte des Unbewußten oder die Dominanten des Unbewußten, wie ich sie auch genannt habe, sind keine vererbten Vorstellungen, sondern vererbte Möglichkeiten, ja Notwendigkeiten, jene Vorstellungen wieder zu erzeugen, welche von jeher die Dominanten des Unbewußten ausgedrückt haben. Gewiß hat jede Religion der Erde und jede Zeit ihre besondere Sprache, welche unendlich variieren kann.

Aber es will wenig bedeuten, wenn in der Mythologie der Held bald einen Drachen, bald einen Fisch oder ein anderes Ungetüm überwindet; das fundamentale Motiv bleibt dasselbe, und das ist das Gemeingut der Menschheit, nicht die vorübergehenden Formulierungen der verschiedenen Regionen und Zeitalter.

So wird der Mensch mit einer komplizierten geistigen Anlage geboren, die   719 nichts weniger als tabula rasa ist. Auch der kühnsten Phantasie sind durch die geistige Erbmasse bestimmte Grenzen gezogen, und durch den Schleier auch der wildesten Phantastik schimmern jene Dominanten, welche seit uralters dem menschlichen Geiste inhärent waren. Es scheint uns sehr merkwürdig, wenn wir entdecken, daß ein Geisteskranker Phantasien entwickelt, wie man sie fast identisch bei Primitiven wiederfinden kann. Es wäre aber merkwürdig, wenn dem nicht so wäre.

Ich habe die Sphäre der psychischen Erbmasse das *kollektive Unbewußte* ge-   720 nannt. Die Inhalte unseres Bewußtseins sind alle individuell erworben. Wenn nun die menschliche Psyche einzig und allein aus dem Bewußtsein bestünde, so gäbe es nichts Psychisches, das nicht im Laufe des individuellen Lebens erst entstanden wäre. In diesem Falle würden wir vergeblich irgendwelche Bedingungen oder Einflüsse hinter einem simpeln Elternkomplex suchen. Mit der Rückführung auf Vater und Mutter wäre das letzte Wort gesagt, denn diese sind die Figuren, die zuerst und ausschließlich auf unsere bewußte Psyche eingewirkt haben. In Wirklichkeit aber sind die Inhalte unseres Bewußtseins nicht bloß durch die Einwirkung der individuellen Umgebung zustande gekommen, sondern sie sind auch beeinflußt und angeordnet durch die psychische Erbmasse, durch das kollektive Unbewußte. Gewiß ist zum Beispiel das Bild der individuellen Mutter eindrucksvoll, aber es ist noch ganz besonders eindrucksvoll infolge der Tatsache, daß es verschmolzen ist mit einer unbewußten Bereitschaft, nämlich mit einem angeborenen System oder Bilde, welches sein Dasein dem Umstand verdankt, daß Mutter und Kind seit Ewigkeit in einem symbiotischen Verhältnis standen. Wo die individuelle Mutter in diesem oder jenem Sinne fehlt, entsteht ein Verlust, das heißt ein Anspruch des kollektiven Mutterbildes auf Erfüllung. Ein *Instinkt* ist sozusagen zu kurz gekommen. Daraus entstehen sehr häufig neurotische Störungen oder wenigstens charakterologische Eigentümlichkeiten. Wenn das kollektive Unbewußte nicht bestünde, so könnte man schlechthin alles durch Erziehung machen, man könnte ohne Schaden den Menschen zu einer seelischen Maschine verkrüppeln oder zu einem Ideal emporzüchten. Aber all diesen Bemühungen sind enge Grenzen gezogen, weil es Dominanten des Unbewußten gibt, welche fast unüberwindliche Ansprüche auf Erfüllung erheben.

721   Wenn ich also im Beispiel des Patienten mit der Magenneurose genau bezeichnen soll, was jenes Etwas im Unbewußten ist, welches jenseits des persönlichen Mutterkomplexes eine ebenso unbestimmte wie quälende Sehnsucht unterhält, so lautet die Antwort: es ist das *kollektive Bild der Mutter,* nicht dieser persönlichen Mutter, sondern der Mutter schlechthin.

722   Warum aber, so wird man wohl fragen, soll dieses kollektive Bild eine solche Sehnsucht auslösen? Diese Frage zu beantworten, ist nicht ganz leicht. Ja, wenn wir uns unmittelbar vorstellen könnten, was das kollektive Bild, das ich technisch auch als *Archetypus* bezeichnet habe, ist und heißt, dann wäre es einfach, seine Wirkung zu verstehen.

723   Um dies zu erklären, möchte ich folgende Überlegung machen: Die Beziehung Mutter–Kind ist jedenfalls die tiefste und am meisten einschneidende, die wir kennen; ist doch das Kind für eine ganze Zeit sozusagen ein Teil des mütterlichen Körpers! Später ist es ein Bestandteil der seelischen Atmosphäre der Mutter auf Jahre hinaus, und auf diese Weise ist alles Ursprüngliche im Kinde sozusagen unlösbar mit dem Mutterbilde verschmolzen. Dies ist nicht nur wahr für den einzelnen Fall, sondern noch viel mehr historisch. Es ist das absolute Erlebnis der Ahnenreihe, eine schlechthin organische Wahrheit, wie die Beziehung der Geschlechter zueinander. So liegt natürlich auch im Archetypus, im kollektiv-vererbten Mutterbilde, jene außerordentliche Intensität der Beziehung, die zunächst instinktiv das Kind zur Anklammerung an seine Mutter veranlaßt. Mit den Jahren entwächst der Mensch natürlicherweise der Mutter, nicht aber ebenso natürlicherweise dem Archetypus, vorausgesetzt, daß er nicht mehr in einem Zustand von fast tierähnlicher Primitivität ist, sondern bereits eine gewisse Bewußtheit und damit eine gewisse Kultur erreicht hat. Ist er bloß instinktiv, so verläuft sein Leben ohne Willkür, welche immer Bewußtsein voraussetzt. Es verläuft nach unbewußten Gesetzen, und es entsteht nirgends eine Abweichung vom Archetypus. Existiert aber eine einigermaßen wirksame Bewußtheit, so wird der bewußte Inhalt immer zuungunsten des Unbewußten überschätzt, woraus die Illusion hervorgeht, daß bei der Trennung von der Mutter nichts weiteres geschehen sei, als daß man aufgehört habe, das Kind dieser individuellen Frau zu sein. Das Bewußtsein kennt ja nur individuell erworbene Inhalte, infolgedessen kennt es nur die individuelle Mutter und weiß nichts davon, daß diese zugleich auch die Trägerin und Repräsentantin des Archetypus, der sozusagen «ewigen» Mutter

ist. Die Ablösung von der Mutter ist aber nur dann genügend, wenn auch der Archetypus inbegriffen ist. Das gleiche gilt natürlich von der Ablösung vom Vater.

Die Entstehung des Bewußtseins und damit einer relativen Freiheit des 724 Willens bedingte natürlich die Möglichkeit von Abweichungen vom Archetypus und damit vom Instinkt. Tritt die Abweichung ein, so erfolgt eine Dissoziation zwischen dem Bewußten und dem Unbewußten, und damit fängt die wahrnehmbare, meist sehr unangenehme Wirksamkeit des Unbewußten an, und zwar in Form einer inneren, unbewußten Gebundenheit, die sich nur symptomatisch, das heißt indirekt äußert. Es entstehen dann Situationen, in denen es erscheint, als ob man immer noch nicht von der Mutter gelöst sei.

Der primitive Geist hat dieses Dilemma zwar nicht verstanden, aber um so 725 deutlicher empfunden, und daher höchst wichtige Riten zwischen Kindheit und erwachsenem Alter eingeschaltet, Mannbarkeitsriten und Männerweihen, welche ganz unmißverständlich den Zweck haben, die Loslösung von den Eltern magisch zu bewirken. Diese Veranstaltung wäre gänzlich überflüssig, wenn die Beziehung zu den Eltern nicht ebenfalls als magisch empfunden würde. Magisch aber ist alles, wo unbewußte Einflüsse im Spiele sind. Diese Riten bezwecken aber nicht nur Loslösung von den Eltern, sondern auch die Überleitung in den erwachsenen Zustand. Dazu gehört, daß keine nach der Kindheit zurückschauende Sehnsucht übrigbleibt, das heißt, daß der Anspruch des verletzten Archetypus gedeckt wird. Dies geschieht dadurch, daß dem innigen Zusammenhang mit den Eltern nunmehr ein anderer Zusammenhang entgegengestellt wird, nämlich derjenige mit dem Klan oder Stamm. Diesem Zweck dienen meistens gewisse körperliche Markierungen, wie Beschneidung und Narben, sodann die mystischen Belehrungen, die der junge Mann in den Weihen empfängt. Vielfach sind die Weihen von ausgesprochen grausamer Natur.

Dies ist die Art, wie der Primitive es, aus ihm unbewußten Gründen, für 726 nötig erachtet, den Ansprüchen des Archetypus gerecht zu werden. Eine einfache Trennung von den Eltern genügt ihm nicht, sondern für ihn bedarf es einer drastischen Zeremonie, welche wie ein Opfer an jene Mächte, die den jungen Mann zurückhalten könnten, aussieht. Daraus läßt sich auch ohne weiteres die Macht des Archetypus erkennen: *er zwingt den Primitiven, gegen die Natur zu handeln, um ihr nicht zu verfallen.* Das ist wohl der Anfang aller Kultur, die unausweichliche Folge der Bewußtheit mit ihrer Möglichkeit, vom unbewußten Gesetz abzuweichen.

727   Unserer Welt sind diese Dinge längst fremd geworden, aber damit hat die
Natur in uns nichts an ihrer Macht eingebüßt. Wir haben bloß gelernt, sie zu
unterschätzen. Wir sind aber in Verlegenheit, wenn es zu der Frage kommt,
was denn unsere Art und Weise sei, der Wirkung der unbewußten Inhalte zu
begegnen. Für uns kann es sich ja nicht mehr um primitive Riten handeln.
Das wäre ein künstlicher und überdies unwirksamer Rückschritt. Dazu sind
wir schon viel zu kritisch und zu psychologisch. Wenn Sie mir die Frage vorlegen sollten, so bin ich mit Ihnen in Verlegenheit. Ich kann nur soviel sagen,
daß ich seit Jahren bei vielen meiner Patienten beobachte, welche Wege sie
instinktiv beschreiten, um der Forderung der unbewußten Inhalte gerecht zu
werden. Ich würde natürlich den Rahmen eines Vortrages bei weitem überschreiten, wenn ich Ihnen über die Beobachtungen berichten wollte. Ich muß
Sie in dieser Beziehung auf die Fachliteratur verweisen, wo diese Frage einge-
hend erörtert wird.

728   Wenn es mir gelungen sein sollte, im heutigen Vortrag die Erkenntnis zu
vermitteln, daß in unserer eigenen unbewußten Seele jene Mächte tätig sind,
welche der Mensch von jeher als Götter in den Raum projizierte und dort mit
Opfern verehrte, so muß ich mich damit zufriedengeben. Mit dieser Erkenntnis könnte es uns gelingen, nachzuweisen, daß all die mannigfachen religiösen
Übungen und Überzeugungen, welche in der Menschheitsgeschichte von
jeher eine so große Rolle gespielt haben, nicht auf willkürliche Erfindungen
und Meinungen Einzelner zurückgehen, sondern ihren Ursprung vielmehr
der Existenz einflußreicher unbewußter Mächte verdanken, welche man nicht
ohne Störung des seelischen Gleichgewichtes vernachlässigen darf. Was ich
Ihnen an Hand des Beispiels vom Mutterkomplex erörtert habe, ist natürlich
nur einer von vielen Fällen. Der Archetypus der Mutter ist ein einzelner Fall,
dem man leicht eine Reihe von anderen Archetypen anfügen könnte. Diese
Vielheit der unbewußten Dominanten erklärt die Mannigfaltigkeit religiöser
Vorstellungen.

729   Alle diese Faktoren sind noch immer wirksam in unserer Seele, nur ihre
Ausdrücke und ihre Bewertungen sind überholt, nicht ihre tatsächliche Existenz und Wirksamkeit. Die Tatsache, daß wir sie jetzt als psychische Größen
verstehen können, ist eine neue Formulierung, ein neuer Ausdruck, der es
vielleicht auch ermöglichen wird, Wege zu entdecken, auf denen eine neue
Beziehung zu ihnen hergestellt werden kann. Ich halte diese Möglichkeit für
etwas sehr Bedeutsames, denn das kollektive Unbewußte ist keineswegs eine
Art von obskurem Winkel, sondern der alles beherrschende Niederschlag der

Ahnenerfahrung seit ungezählten Jahrmillionen, das Echo prähistorischen Weltgeschehens, dem jedes Jahrhundert einen unmeßbar kleinen Betrag an Variation und Differenzierung hinzufügt. Weil das kollektive Unbewußte ein in letzter Linie in der Hirn- und Sympathikus-Struktur sich ausdrückender Niederschlag des Weltgeschehens ist, so bedeutet es in seiner Gesamtheit eine Art von zeitlosem, gewissermaßen ewigem Weltbild, das unserem momentanen Bewußtseinsweltbild gegenübergestellt ist. Das heißt, mit anderen Worten ausgedrückt, nichts Geringeres als eine andere Welt, eine Spiegelwelt, wenn Sie so wollen. Aber unähnlich einem bloßen Spiegelbild hat das unbewußte Bild eine ihm eigentümliche, vom Bewußtsein unabhängige Energie, vermöge welcher es gewaltige seelische Wirkungen entfalten kann, Wirkungen, die nicht breit an der Oberfläche der Welt erscheinen, sondern um so mächtiger von innen, aus dem Dunkeln heraus, uns beeinflussen, unsichtbar jedem, der das momentane Weltbild keiner genügenden Kritik unterzieht und damit auch sich selber verborgen bleibt. Daß die Welt nicht nur ein Außen, sondern auch ein Innen hat, daß sie nicht nur draußen sichtbar ist, sondern auch in zeitloser Gegenwart aus dem tiefsten und anscheinend subjektivsten Hintergrund der Seele übermächtig auf uns wirkt, halte ich für eine Erkenntnis, die unbeschadet der Tatsache, daß sie eine alte Weisheit ist, in dieser Form es verdient, als ein neuer weltanschauungsbildender Faktor gewertet zu werden.

Die analytische Psychologie ist keine Weltanschauung, sondern eine Wissen- 730 *schaft,* und als solche liefert sie die Bausteine oder die Werkzeuge, womit einer seine Weltanschauung aufbauen, niederreißen oder auch ausbessern kann. Es gibt heutzutage viele, welche in der analytischen Psychologie eine Weltanschauung wittern. Ich möchte, sie wäre eine, denn dann wäre ich der Mühsal des Forschens und Zweifelns enthoben und vermöchte überdies Ihnen klar und einfach zu sagen, welches der Weg ist, der zum Paradies führt. Leider sind wir noch nicht so weit. Ich experimentiere bloß in Weltanschauung, indem ich versuche, mir klarzuwerden, welches die Bedeutung und Reichweite der neuen Geschehnisse ist. Und dieses Experimentieren ist in gewissem Sinne ein Weg, denn schließlich ist auch unsere eigenste Existenz ein Experiment der Natur, ein Versuch mit einer neuen Kombination.

Eine Wissenschaft ist niemals eine Weltanschauung, sondern bloß das 731 Werkzeug zu einer solchen. Ob einer dies Werkzeug in die Hand nehmen wird oder nicht, diese Frage hängt von der Gegenfrage ab, was der Betreffende für eine Weltanschauung bereits hat. Denn niemand ist ohne Weltanschauung. Im äußersten Fall hat er wenigstens *die* Weltanschauung, welche ihm Erziehung und Umgebung aufgenötigt haben. Sagt ihm diese Weltanschauung zum Beispiel, daß das «höchste Glück der Erdenkinder nur die Persönlichkeit sei» [3], so wird er ohne Zögern die Wissenschaft und ihre Ergebnisse willig ergreifen, um mit diesen als Werkzeug eine Weltanschauung und damit sich selber aufzubauen. Wird ihm aber seine hereditäre Ansicht sagen, daß Wissenschaft nicht Werkzeug, sondern Ziel und Zweck in sich selber sei, so wird er der Parole folgen, welche sich seit etwa hundertfünfzig Jahren mehr und mehr als die gültige, das heißt als die praktisch ausschlaggebende herausgestellt hat. Einzelne haben sich zwar verzweifelt dagegen gewehrt, denn ihre Idee von Vollendung und Sinn gipfelte in der Vervollkommnung der menschlichen Persönlichkeit, und nicht in der Differenzierung der technischen Mittel, welche unvermeidlich zu einer höchst einseitigen Differenzierung *eines* Triebes, zum Beispiel des Erkenntnistriebes, führt. Ist die *Wissenschaft* ein Selbstzweck, so hat der Mensch seine raison d'être bloß als ein Intellekt. Ist die Kunst ein Selbstzweck, so bedeutet die darstellerische Fähigkeit den einzigen Wert des Menschen, und der Intellekt wandert in die Rumpelkammer. Ist der *Gelderwerb* ein Selbstzweck, so können Wissenschaft und Kunst ruhig ihren Kram einpacken. Niemand kann leugnen, daß das moderne Bewußtsein in diese Selbstzwecke fast hoffnungslos aufgesplittert ist. Damit aber werden die Menschen bloß als Einzelqualitäten gezüchtet, sie werden selber zu Werkzeugen.

732   In den letzten hundertfünfzig Jahren haben wir zahlreiche Weltanschauungen erlebt – ein Beweis, daß die Weltanschauung selbst diskreditiert ist, denn je schwerer eine Krankheit zu behandeln ist, desto mehr Arzneimittel gibt es für sie, und je mehr Mittel es gibt, desto anrüchiger ist jedes einzelne. Es scheint, als ob das Phänomen «Weltanschauung» überhaupt obsolet geworden wäre.

733   Man kann sich schwer vorstellen, daß diese Entwicklung ein bloßer Zufall, eine bedauerliche und sinnlose Abirrung sei, denn etwas an sich Treffliches und Tüchtiges pflegt nicht dermaßen kläglich und verdächtig von der Bildfläche der Welt zu verschwinden. Es muß ihm schon etwas Unnützliches und Verwerfliches anhaften. Wir müssen uns daher die Frage vorlegen: Wo liegt denn der Irrtum der Weltanschauung überhaupt?

734   Mir scheint, als ob der fatale Irrtum der bisherigen Weltanschauung darin

---

[3] [GOETHE, Westöstlicher Diwan, Buch Suleika.]

besteht, daß sie den Anspruch erhebt, eine objektiv gültige Wahrheit zu sein, in letzter Linie sogar eine Art wissenschaftlicher Evidenz, was dann beispielsweise zu der unerträglichen Folgerung führt, daß derselbe liebe Gott den Deutschen, den Franzosen, den Engländern, den Türken und Heiden, und schließlich allen gegen alle helfen muß. Das moderne Bewußtsein in seiner weiteren Erfassung des Weltgeschehens hat sich mit Schaudern von einer derartigen Monstrosität abgewendet, um es zunächst mit philosophischen Ersatzmitteln zu versuchen. Es stellte sich aber heraus, daß auch diese Anspruch auf objektiv gültige Wahrheit erhoben. Das diskreditierte sie, und so gelangten wir schließlich zur differenzierten Zersplitterung mit ihren nichts weniger als empfehlenswerten Folgen.

Der Grundirrtum jeder Weltanschauung ist ihr merkwürdiger Hang, für 735 die Wahrheit der Dinge selber zu gelten, während sie doch in Wirklichkeit nur ein Name ist, den wir den Dingen geben. Werden wir uns in der Wissenschaft darüber streiten, ob der Name des Planeten Neptun dem Wesen dieses Himmelskörpers entspricht und mithin sein einzig «richtiger» Name sei? Mitnichten – und das ist der Grund, warum die Wissenschaft höher steht, denn sie kennt nur Arbeitshypothesen. Nur der primitive Geist glaubt an den «richtigen Namen». Sie können Rumpelstilzchen im Märchen in Stücke zersprengen, wenn Sie seinen richtigen Namen nennen. Der Häuptling verbirgt seinen wahren Namen und legt sich für den täglichen Gebrauch einen exoterischen Namen bei, damit ihn niemand durch Kenntnis seines wahren Namens bezaubern kann. Dem ägyptischen Pharao werden in Wort und Bild die wahren Namen der Götter mit ins Grab gegeben, damit er sie durch die Kenntnis des wahren Namens zwinge. Dem Kabbalisten bedeutet der Besitz des wahren Gottesnamens absolute Zaubermacht. Kurz gesagt: für den primitiven Geist ist durch den Namen die Sache selber gesetzt. «Was er spricht, wird», sagt der alte Spruch von Ptah.

Die Weltanschauung leidet an diesem Stück unbewußter Primitivität. 736 Wie es der Astronomie noch unbekannt ist, daß die Marsbewohner wegen falscher Benennung ihres Planeten hierorts reklamiert hätten, so dürfen wir auch ruhig annehmen, daß es der Welt furchtbar einerlei ist, was wir von ihr denken. Deshalb aber brauchen wir nicht aufzuhören, über sie zu denken. Wir tun es ja auch nicht, sondern die Wissenschaft lebt weiter, als die Tochter und Erbin alter, zerfallener Weltanschauungen. Wer bei dieser Handänderung aber verarmt ist, ist der Mensch. In der Weltanschauung alten Stils hat er seinen Geist naiverweise für die Dinge gesetzt, er durfte *sein* Gesicht als das Antlitz der Welt betrachten, sich als ein Ebenbild Gottes sehen, welche Herrlichkeit mit etwelchen Höllenstrafen nicht zu schwer bezahlt war. In der Wissenschaft aber denkt der Mensch nicht an sich, sondern nur an die Welt, an das Objekt: er hat sich abgetan und seine Persönlichkeit dem objektiven Geist geopfert. Darum steht der wissenschaftliche Geist auch ethisch höher als die Weltanschauung alten Stils.

737   Wir beginnen aber die Folgen dieser Verkümmerung der menschlichen Persönlichkeit zu fühlen. Allerorts erhebt sich die Frage nach Weltanschauung, nach Sinn von Leben und Welt. Zahlreich sind auch die Versuche in unserer Zeit, rückfällig zu werden und Weltanschauung ältesten Stils zu treiben, nämlich Theosophie, mundgerechter: Anthroposophie. Wir haben das Bedürfnis nach Weltanschauung, jedenfalls hat es die jüngere Generation. Wenn wir uns aber nicht rückwärts entwickeln wollen, so muß eine neue Weltanschauung jeden Aberglauben an ihre objektive Gültigkeit von sich abtun, sie muß sich zugeben können, daß sie nur ein Bild ist, das wir unserer Seele zuliebe hinmalen, und nicht ein Zaubername, mit dem wir objektive Dinge setzen. Wir haben Weltanschauung nicht für die Welt, sondern für uns. Wenn wir nämlich kein Bild von der Welt als Ganzem erschaffen, so sehen wir auch uns nicht, die wir doch getreue Abbilder eben dieser Welt sind. Und nur im Spiegel unseres Weltbildes können wir uns völlig sehen. Nur in dem Bilde, das wir erschaffen, erscheinen wir. Nur in unserer schöpferischen Tat treten wir völlig ins Licht und werden uns selber als Ganzes erkennbar. Nie setzen wir der Welt ein anderes Gesicht auf als unser eigenes, und eben darum müssen wir es auch tun, um uns selbst zu finden. Denn höher als der Selbstzweck der Wissenschaft oder Kunst steht der Mensch, der Schöpfer seiner Werkzeuge. Nirgends stehen wir näher dem vornehmsten Geheimnis aller Ursprünge als in der Erkenntnis des eigenen Selbst, das wir immer schon zu kennen wähnen. Aber die Tiefen des Weltraumes sind uns bekannter als die Tiefen des Selbst, wo wir das schöpferische Sein und Werden fast unmittelbar belauschen können, allerdings ohne es zu verstehen.

738   In diesem Sinne gibt uns die analytische Psychologie neue Möglichkeiten, indem sie die Existenz von Phantasiebildern nachweist, die dem dunklen psychischen Hintergrund entspringen und somit Kunde geben von den im Unbewußten stattfindenden Vorgängen. Die Inhalte des kollektiven Unbewußten sind die Resultate des psychischen Funktionierens der Ahnenreihe, in ihrer Gesamtheit also ein natürliches Weltbild, zusammengeflossen und verdichtet aus millionenjähriger Erfahrung. Diese Bilder sind mythisch und dar-

um *symbolisch*, denn sie drücken den Zusammenklang des erfahrenden Subjektes mit dem erfahrenen Objekt aus. Selbstverständlich ist alle Mythologie und alle Offenbarung aus dieser Erfahrungsmatrix hervorgegangen, und darum wird auch alle zukünftige Idee von Welt und Mensch aus ihr hervorgehen. Es wäre allerdings ein Mißverständnis, anzunehmen, daß die Phantasiebilder des Unbewußten unmittelbar, gleichsam wie eine Offenbarung, verwendet werden könnten. Sie sind nur die Rohmaterialien, die, um sinnvoll zu werden, noch der Übersetzung in die Sprache der jeweiligen Zeit bedürfen. Gelingt diese Übersetzung, so ist unsere Anschauungswelt durch das Symbol einer Weltanschauung wieder verbunden mit der Urerfahrung der Menschheit; der historische, allgemeine Mensch in uns reicht dem eben gewordenen individuellen Menschen die Hand, ein Erlebnis, das jenem des Primitiven, der in der rituellen Mahlzeit sich mythisch mit dem Totem-Ahnen vereinigt, nahekommen dürfte.

Die analytische Psychologie ist in diesem Sinne eine Reaktion gegen eine   739
übertriebene Rationalisierung des Bewußtseins, das, im Bestreben, gerichtete Prozesse zu erzeugen, sich gegen die Natur isoliert und so auch den Menschen seiner natürlichen Geschichte entreißt und in eine rational begrenzte Gegenwart verpflanzt, die sich über die kurze Zeitspanne zwischen Geburt und Tod erstreckt. Diese Beschränkung erzeugt das Gefühl von Zufälligkeit und Sinnlosigkeit, und dieses Gefühl ist es, das uns verhindert, das Leben mit jener Bedeutungsschwere zu leben, die es verlangt, um völlig ausgeschöpft zu werden. Das Leben wird flach und stellt den Menschen nicht mehr völlig dar. Dadurch verfällt eine Menge von ungelebtem Leben dem Unbewußten. Man lebt, wie man geht, wenn man zu enge Schuhe hat. Die Ewigkeitsqualität, die für das Leben des Primitiven so kennzeichnend ist, fehlt unserem Leben völlig. Wir sind in unserer rationalen Ummauerung isoliert gegen die Ewigkeit der Natur. Die analytische Psychologie versucht die Mauern zu durchbrechen, indem sie die Phantasiebilder des Unbewußten wieder ausgräbt, die der rationale Verstand ehedem verworfen hatte. Diese Bilder liegen jenseits der Mauer, sie gehören zur *Natur in uns,* die tief verschüttet anscheinend hinter uns liegt und gegen die wir uns hinter den Mauern der Ratio verschanzt haben. Daraus entstand der Konflikt mit der Natur, welchen die analytische Psychologie aufzuheben trachtet, nicht dadurch, daß sie mit Rousseau «zurück zur Natur» strebt, sondern indem sie, die glücklich erreichte moderne Stufe der Ratio festhaltend, unser Bewußtsein mit der Kenntnis des natürlichen Geistes bereichert.

740   Wem immer dieser Durchblick gelungen ist, beschreibt den Eindruck als überwältigend. Aber er wird sich nicht lange dieses Eindruckes erfreuen können, denn sofort erhebt sich die Frage, wie sich das Neugewonnene assimilieren ließe. Was diesseits und was jenseits der Mauer ist, erweist sich nämlich zunächst als unvereinbar. Hier eröffnet sich das Problem der Übersetzung in die zeitgenössische Sprache oder vielleicht sogar das Problem einer neuen Sprache überhaupt, und damit ist schon die Frage der Weltanschauung gestellt, jener Anschauung nämlich, die uns helfen soll, den Einklang mit unserem historischen Menschen so zu finden, daß seine tiefen Akkorde nicht überklungen werden von den grellen Tönen des rationalen Bewußtseins, oder daß umgekehrt das unschätzbare Licht des individuellen Geistes nicht in den unendlichen Finsternissen der Naturseele ertrinkt. Kaum sind wir aber bei dieser Frage angelangt, so müssen wir das Gebiet der Wissenschaft verlassen, denn jetzt brauchen wir den schöpferischen Entschluß, unser Leben dieser oder jener Hypothese anzuvertrauen; mit anderen Worten, hier beginnt das ethische Problem, ohne welches Weltanschauung nicht zu denken ist.

741   Wenn ich also sagte, daß die analytische Psychologie zwar keine Weltanschauung sei, aber etwas Bedeutsames zur Bildung einer solchen beizutragen habe, so glaube ich dies im eben Gesagten hinreichend erörtert zu haben.

XV
WIRKLICHKEIT UND ÜBERWIRKLICHKEIT

[Erschienen in: *Der Querschnitt* XII/12 (Berlin, Dezember 1932) pp. 844–845.]

WIRKLICHKEIT UND ÜBERWIRKLICHKEIT

Von einer Überwirklichkeit weiß ich nichts. Wirklichkeit enthält alles, was man wissen kann, denn wirklich ist, was wirkt. Wirkt es nicht, so merkt man nichts und kann daher auch gar nicht darum wissen. Ich kann daher nur über wirkliche Dinge etwas aussagen, nichts aber über überwirkliche oder unwirkliche oder unterwirkliche. Es sei denn, daß es irgend jemand einfalle, den Begriff der Wirklichkeit irgendwie einzuschränken, so daß nur einem bestimmten Ausschnitt der Weltwirklichkeit das Attribut «wirklich» zukäme. Die Denkweise des sogenannten gesunden Menschenverstandes und des gewöhnlichen Sprachgebrauches erzeugt diese Beschränkung auf die sogenannte materielle oder konkrete Wirklichkeit der sinnenfälligen Gegenstände nach dem berühmten Satz «Nihil est in intellectu quod non antea fuerit in sensu»[1], dies ganz unbeschadet der Tatsache, daß eine ganze Menge im Verstande ist, was nicht aus den Daten der Sinne herrührt. In diesem Sinne ist alles «wirklich», was direkt oder indirekt der durch die Sinne erschließbaren Welt entstammt oder wenigstens zu entstammen scheint.

Diese Beschränkung des Weltbildes entspricht der Einseitigkeit des abend- ländischen Menschen, mit der man öfters zu Unrecht den griechischen Geist belastet. Die Einschränkung auf *materielle* Wirklichkeit schneidet aus dem Weltganzen ein zwar ungemessen großes, aber eben doch nur ein Stück heraus und erzeugt damit ein dunkles Gebiet, welches man unwirklich oder überwirklich nennen müßte. Das östliche Weltbild kennt diesen beschränkten Rahmen nicht, weshalb es auch keiner philosophischen Überwirklichkeit bedarf. Unsere willkürlich abgezirkelte Wirklichkeit ist beständig von «Übersinnlichem», «Übernatürlichem», «Übermenschlichem» und dergleichen mehr bedroht. Die östliche Wirklichkeit schließt dies alles selbstverständlich ein. Die Störungszone beginnt bei uns schon mit dem Begriff des Psychischen. In unserer «Wirklichkeit» kann das Psychische gar nichts anderes sein

[1] [Nichts ist im Intellekt, was nicht zuvor in den Sinnen gewesen ist.]

als Wirkung dritter Hand, von physischen Ursachen ursprünglich hervorgebracht, ein «Gehirnsekret» oder ähnlich Schmackhaftes. Dabei wird diesem
Anhängsel der Stoffwelt zugetraut, daß es sich selbst überspringen und nicht
nur die Geheimnisse der physischen Welt, sondern auch noch in der Form
von «Geist» sich selber erkennen könne, all dies, ohne daß ihm eine andere als
eine indirekte Wirklichkeit zugestanden wird.

744   Ist ein Gedanke «wirklich»? Doch wohl nur insofern, als – nach dieser
Denkweise – er auf ein sinnenfällig Reales bezogen ist. Ist er es nicht, so gilt er
als «unreal», «unwirklich», «phantastisch», und damit wird er als nicht existent abgelehnt. Das geschieht praktisch unaufhörlich, obschon es eine philosophische Ungeheuerlichkeit ist. Der Gedanke *war* und *ist*, obschon er sich
auf keine tastbare Wirklichkeit bezieht, er wirkt sogar, sonst hätte ihn ja niemand gewußt. Weil aber das Wörtchen «ist» für unsere Denkweise auf ein
materielles Sein anspielt, so muß sich der «unreale» Gedanke mit der dunkeln
Existenz in einer Überwirklichkeit begnügen, die praktisch das gleiche wie
Unwirklichkeit bedeutet. Und doch hat der Gedanke eine unleugbare Spur
seiner Wirklichkeit hinterlassen, vielleicht hat man sogar danach spekuliert
und damit eine schmerzliche Lücke in seinem Bankguthaben erzeugt.

745   Unser praktischer Wirklichkeitsbegriff scheint demnach revisionsbedürf-
tig zu sein, so daß sogar der alltägliche Lesestoff anfängt, allerhand «Über-» in
seinen Horizont einzubeziehen. Ich bin damit einverstanden, denn mit unserem Weltbild stimmt es wirklich nicht ganz. Wir denken nämlich theoretisch
viel zu wenig und praktisch sozusagen nie daran, daß das Bewußtsein überhaupt in keiner direkten Beziehung zu irgendwelchen materiellen Objekten
steht. Wir nehmen nur *Bilder* wahr, die uns indirekt durch einen komplizierten nervösen Apparat vermittelt sind. Zwischen die Nervenenden der Sinnesorgane und das dem Bewußtsein erscheinende Bild ist ein unbewußter Prozeß
eingeschaltet, der die physische Tatsache eines Lichtes zum Beispiel in das psychische Bild «Licht» verwandelt. Ohne diesen komplizierten und unbewußten Verwandlungsprozeß kann das Bewußtsein überhaupt nichts Materielles
wahrnehmen.

746   Die Folge davon ist, daß die unmittelbar erscheinende Wirklichkeit aus
sorgfältig zubereiteten Bildern besteht und daß wir mithin unmittelbar nur in
einer Bilderwelt leben. Um die wirkliche Natur der materiellen Dinge auch
nur annähernd festzustellen, bedürfen wir der komplizierten Apparate und
Methoden der Physik und der Chemie. Diese Wissenschaften sind eigentlich
Hilfsmittel, die den menschlichen Geist befähigen sollen, ein wenig hinter

den trügerischen Schleier der Bilderwelt in eine nichtpsychische Wirklichkeit zu sehen.

Weit davon entfernt also, eine materielle Welt zu sein, ist sie vielmehr eine 747 psychische Welt, die nur indirekte und hypothetische Schlüsse auf die Beschaffenheit der wirklichen Materie zuläßt. Dem Psychischen allein kommt unmittelbare Realität zu, und zwar jeglicher Form des Psychischen, selbst den «unrealen» Vorstellungen und Gedanken, die sich auf kein «Außen» beziehen. Nennen wir solche Inhalte Einbildung oder Wahn, so ist damit nichts von ihrer Wirksamkeit weggenommen, ja es gibt keinen «realen» Gedanken, der nicht gegebenenfalls von einem «unrealen» zur Seite könnte geschoben werden, womit letzterer eine größere Kraft und Wirksamkeit erweist als ersterer. Größer als alle physischen Gefahren sind die gigantischen Wirkungen der Wahnvorstellungen, denen doch unser Weltbewußtsein jegliche Wirklichkeit absprechen möchte. Unsere hochgepriesene Vernunft und unser maßlos überschätzter Wille erweisen sich gegebenenfalls als machtlos gegenüber dem «unrealen» Gedanken. Die Weltmächte, welche die gesamte Menschheit auf Gedeih und Verderb regieren, sind unbewußte psychische Faktoren, und sie sind es auch, welche das Bewußtsein und damit die conditio sine qua non für die Existenz einer Welt überhaupt hervorbringen. Wir sind überwältigt von einer Welt, welche durch unsere Seele geschaffen wurde.

Daran läßt sich die Größe des Irrtums ermessen, den unser abendländisches 748 Bewußtsein begeht, wenn es der Seele nur eine aus materiellen Ursachen abgeleitete Wirklichkeit zugesteht. Weiser ist wohl der Osten, der das Wesen aller Dinge in der Seele begründet findet. Zwischen den unbekannten Wesenheiten von Geist und Stoff steht die Wirklichkeit des Seelischen, die psychische Realität, die einzige Wirklichkeit, die uns unmittelbar erfahrbar ist.

XVI
DIE LEBENSWENDE

[Vortrag, im Auszug veröffentlicht in: *Neue Zürcher Zeitung* (Zürich, 14./16. März 1930) als «Die seelischen Probleme der menschlichen Altersstufen». Bearbeitet und erweitert unter dem jetzigen Titel in: *Seelenprobleme der Gegenwart.* (Psychologische Abhandlungen III) Rascher, Zürich 1931. Neuauflagen 1933, 1939, 1946 und 1950; Paperback 1969.]

DIE LEBENSWENDE

Von den Problemen der menschlichen Altersstufen zu sprechen, ist wohl eine 749 überaus anspruchsvolle Aufgabe, denn sie meint ja nichts Geringeres, als daß ein Gemälde des gesamten seelischen Lebens von der Wiege bis zum Grabe entrollt werden sollte. Einer solchen Aufgabe können wir im Rahmen eines Vortrages nur in den allgemeinsten Zügen gerecht werden – wohlverstanden, es handelt sich hier nicht darum, eine Beschreibung der normalen Psychologie der verschiedenen Altersstufen zu geben, sondern wir haben von «Problemen» zu handeln, das heißt von Schwierigkeiten, Fragwürdigkeiten, Zweideutigkeiten, mit einem Wort, von Fragen, auf die mehr als eine Antwort gegeben werden kann, Antworten zudem, die niemals genügend sicher und unzweifelhaft sind. Wir werden darum nicht weniges in Fragezeichen denken müssen, ja schlimmer noch: einiges müssen wir auf Treu und Glauben annehmen, und gelegentlich müssen wir sogar spekulieren.

Wenn das seelische Leben nur aus Tatsächlichkeiten bestünde – was übri- 750 gens auf primitiver Stufe noch der Fall ist –, dann könnten wir uns mit handfester Empirie begnügen. Das seelische Leben des Kulturmenschen aber ist voll Problematik, ja es läßt sich ohne Problematik überhaupt nicht denken. Unsere seelischen Vorgänge sind zum großen Teil Überlegungen, Zweifel, Experimente – lauter Dinge, welche die unbewußte, instinktive Seele des Primitiven so gut wie gar nicht kennt. Die Existenz der Problematik verdanken wir dem Wachstum des Bewußtseins; sie ist das Danaergeschenk der Kultur. *Das Abweichen vom und das Sich-in-Gegensatz-Setzen zum Instinkt schafft Bewußtsein.* Instinkt ist Natur und will Natur. Bewußtsein hingegen kann nur Kultur oder deren Negation wollen, und wo immer es, beflügelt von Rousseauscher Sehnsucht, zurück zur Natur strebt, «kultiviert» es die Natur. Insofern wir noch Natur sind, sind wir unbewußt und leben in der Sicherheit des problemlosen Instinktes. Alles in uns, was noch Natur ist, scheut sich vor dem Problem, denn sein Name ist *Zweifel,* und wo immer Zweifel herrscht, da ist Unsicherheit und die Möglichkeit verschiedener Wege. Wo aber verschiedene Wege möglich scheinen, da sind wir von der sicheren Führung des Instinktes abgewichen und der *Furcht* ausgeliefert. Denn hier sollte nun unser Bewußtsein das tun, was die Natur stets für ihre Kinder getan hat, nämlich sicher, unzweifelhaft und eindeutig entscheiden. Und da befällt uns allzu menschliche Furcht, daß das Bewußtsein, unsere Prometheische Errungenschaft, es am Ende der Natur doch nicht gleichtun könnte.

751   Das Problem führt uns in eine vater- und mutterlose Einsamkeit, ja in eine naturlose Verlassenheit, wo wir zu Bewußtheit und zu nichts als Bewußtheit gezwungen sind. Wir können nicht anders, sondern müssen bewußte Entscheidung und Lösung an Stelle des naturhaften Geschehens setzen. So bedeutet jedes Problem die Möglichkeit zu einer Erweiterung des Bewußtseins, zugleich aber auch die Nötigung, von aller unbewußten Kindhaftigkeit und Naturhaftigkeit Abschied zu nehmen. Diese Nötigung ist eine so unendlich wichtige seelische Tatsache, daß sie auch einen der wesentlichsten symbolischen Lehrgegenstände der christlichen Religion bildet. Es ist *das Opfer des bloß natürlichen Menschen,* des unbewußten, naturhaften Lebewesens, dessen Tragik schon mit dem Apfelessen im Paradies begann. Jener biblische Sündenfall läßt das Bewußtwerden als einen Fluch erscheinen. Und als solcher erscheint uns in der Tat jedes Problem, das uns zu größerer Bewußtheit nötigt und uns dadurch das Paradies kindhafter Unbewußtheit in noch größere Entfernung rückt. Von Problemen schaut jeder gerne weg; wenn möglich sollen sie nicht erwähnt werden, oder noch besser, man leugnet ihre Existenz. Man wünscht sich das Leben einfach, sicher und glatt, und darum sind Probleme tabu. Man will Sicherheiten und keine Zweifel, man will Resultate und keine Experimente, ohne dabei zu sehen, daß nur durch Zweifel Sicherheiten und nur durch Experimente Resultate entstehen können. So schafft auch künstliche Leugnung der Probleme keine Überzeugung, vielmehr bedarf es der weiteren und höheren Bewußtheit, um Sicherheit und Klarheit zu erzeugen.

752   Ich bedarf dieser längeren Einleitung, um das Wesen unseres Gegenstandes zu verdeutlichen. Wo es sich um Probleme handelt, da weigern wir uns instinktiv, durch Dunkelheiten und Unklarheiten hindurchzugehen. Wir wünschen nur von eindeutigen Resultaten zu hören und vergessen dabei völlig, daß diese Resultate überhaupt nur dann existieren können, wenn wir die Dunkelheit durchschritten haben. Um aber die Dunkelheit durchdringen zu können, müssen wir alles aufbieten, was unser Bewußtsein an Erleuchtungsmöglichkeiten besitzt; wie ich schon sagte, wir müssen sogar spekulieren. Denn bei der Behandlung der seelischen Problematik stolpern wir beständig über prinzipielle Fragen, die von den verschiedensten Fakultäten als eigenste

Domänen gepachtet sind. Wir beunruhigen oder ärgern den Theologen nicht weniger als den Philosophen, und den Mediziner nicht weniger als den Erzieher, ja wir tappen sogar in das Arbeitsgebiet des Biologen und des Historikers. Diese Extravaganzen entstammen nicht unserem Fürwitz, sondern dem Umstand, daß die Seele des Menschen ein absonderliches Gemisch von Faktoren ist, welche zugleich auch Gegenstände ausgedehnter Wissenschaften sind. Denn aus sich und seiner eigenartigen Beschaffenheit hat der Mensch seine Wissenschaften geboren. Sie sind *Symptome* seiner Seele.

Wenn wir uns daher die unumgängliche Frage vorlegen: Warum hat der 753
Mensch in ziemlich offenkundigem Gegensatz zur Tierwelt überhaupt Probleme? so geraten wir damit in den unentwirrbaren Gedankenknäuel, den viele tausend haarscharfe Gehirne im Laufe der Jahrtausende zustande gebracht haben. Ich werde an diesem Kunstwerk keine Sisyphusarbeit tun, sondern mich bloß bemühen, Ihnen einfach darzustellen, was ich zur Beantwortung dieser prinzipiellen Frage etwa beitragen könnte.

Probleme gibt es keine ohne Bewußtsein. Wir müssen daher die Frage an- 754
ders stellen, nämlich: Wieso kommt es, daß der Mensch überhaupt Bewußtsein hat? Ich weiß nicht, wieso das kommt, denn ich war nicht dabei, als die ersten Menschen bewußt wurden. Wir können das Bewußtwerden aber heute noch bei kleinen Kindern beobachten. Alle Eltern können es sehen, wenn sie aufpassen. Wir können nämlich folgendes sehen: Wenn das Kind jemanden oder etwas *erkennt,* dann fühlen wir, daß das Kind Bewußtsein hat. Darum war es wohl auch der Baum der Erkenntnis im Paradies, der so fatale Früchte trug.

Was ist aber Erkennen? Wir sprechen dann von Erkenntnis, wenn es uns 755
gelingt, zum Beispiel eine neue Wahrnehmung an einen bereits bestehenden Zusammenhang anzugliedern, und zwar so, daß wir nicht nur die Wahrnehmung, sondern auch Stücke der bereits bestehenden Inhalte zugleich im Bewußtsein haben. Erkennen beruht also auf vorgestelltem Zusammenhang psychischer Inhalte. Einen zusammenhanglosen Inhalt können wir nicht erkennen, und wir können seiner nicht einmal bewußt sein, falls unser Bewußtsein noch auf dieser tiefen Anfangsstufe steht. Die erste Bewußtseinsform, die unserer Beobachtung und Erkenntnis zugänglich ist, scheint also der bloße Zusammenhang zweier oder mehrerer psychischer Inhalte zu sein. Auf dieser Stufe ist daher das Bewußtsein noch ganz an die Vorstellung von einigen Zusammenhangsreihen gebunden, und daher ist es bloß sporadisch und wird später nicht mehr erinnert. Tatsächlich existiert für die ersten Lebensjahre

kein kontinuierliches Gedächtnis. Es gibt hier höchstens *Bewußtseinsinseln,*
wie einzelne Lichter oder beleuchtete Gegenstände in weiter Nacht. Diese
Erinnerungsinseln sind aber nicht jene allerfrühesten, bloß vorgestellten In-
haltszusammenhänge, sondern sie enthalten eine neue, sehr wesentliche Inhaltsreihe, nämlich die des vorstellenden Subjektes selber, des sogenannten
Ich. Auch diese Reihe ist zunächst bloß vorgestellt, wie die ursprünglichen
Inhaltsreihen, weshalb das Kind folgerichtigerweise von sich zunächst in der
dritten Person spricht. Erst später, wenn die Ichreihe oder der sogenannte Ichkomplex, wahrscheinlich durch Einübung, eigene Energie erlangt hat, entsteht das Gefühl des Subjekt- oder Ichseins. Das dürfte der Moment sein, wo
das Kind anfängt, von sich in der ersten Person zu sprechen. Auf dieser Stufe
dürfte die *Gedächtniskontinuität* ihren Anfang nehmen. Sie wäre also im wesentlichen eine Kontinuität der Icherinnerungen.

756　　　Die kindliche Stufe des Bewußtseins kennt noch keine Probleme, denn
noch hängt nichts vom Subjekt ab, indem das Kind selber noch ganz von den
Eltern abhängt. Es ist, wie wenn es noch gar nicht völlig geboren, sondern
noch in der seelischen Atmosphäre der Eltern getragen wäre. Die seelische
Geburt und damit die bewußte Unterscheidung von den Eltern erfolgt normalerweise erst mit dem Einbruch der Sexualität im Pubertätsalter. Mit dieser
physiologischen Revolution ist auch eine geistige verbunden. Durch die körperlichen Erscheinungen wird nämlich das Ich in so hohem Maße betont, daß
es sich oft ganz unverhältnismäßig zur Geltung bringt. Daher der Name «Fle-
geljahre».

757　　　Bis zu dieser Epoche ist die Psychologie des Individuums wesentlich triebmäßig und daher unproblematisch. Auch wenn den subjektiven Trieben
äußere Schranken entgegenstehen, so bewirken diese Unterdrückungen keine
Entzweiungen des Individuums mit sich selber. Es unterwirft sich oder umgeht sie, völlig eins mit sich selber. Es kennt die Selbstgespaltenheit des problematischen Zustandes noch nicht. Dieser Zustand kann erst eintreten,
wenn die äußere Schranke zu einer inneren wird, das heißt wenn ein Trieb sich
gegen den anderen auflehnt. Psychologisch ausgedrückt, würde das heißen:
der problematische Zustand, die innere Entzweiung tritt dann ein, wenn neben der Ichreihe eine zweite Inhaltsreihe von ähnlicher Intensität entsteht.
Diese zweite Reihe ist wegen ihres energetischen Wertes von gleicher funk-
tionaler Bedeutung wie der Ichkomplex, sozusagen ein anderes, zweites Ich,
das gegebenenfalls die Führung dem ersten Ich sogar abnehmen kann. Daraus
geht die Entzweiung mit sich selbst, der problematische Zustand hervor.

Werfen wir hier einen kurzen Rückblick auf das eben Gesagte: Die erste 758
Bewußtseinsform, die des bloßen Erkennens, ist ein anarchischer oder chaotischer Zustand. Die zweite Stufe, nämlich die des ausgebildeten Ichkomplexes, ist eine monarchistische oder monistische Phase. Die dritte Stufe bringt wiederum einen Bewußtseinsfortschritt, nämlich das Bewußtsein der Zweiheit, eines dualistischen Zustandes.

Hier langen wir nun bei unserem eigentlichen Thema an, nämlich bei der 759
Problematik der Altersstufen. Es handelt sich zunächst um diejenige des *Jugendalters*. Diese Stufe erstreckt sich von der unmittelbaren Nachpubertätszeit bis zur ungefähren Lebensmitte, die etwa auf die Jahre zwischen fünfunddreißig und vierzig fällt.

Sie möchten mir nun gewiß die Frage stellen, warum ich auf der zweiten 760
Stufe des menschlichen Lebens beginne, mit anderen Worten, als ob die Kindheitsstufe keine Probleme hätte? Das Kind ist normalerweise noch problemlos, wohl aber ist es mit seiner komplizierten Psyche den Eltern, Erziehern und Ärzten ein Problem erster Ordnung. Erst der erwachsene Mensch kann sich selber zweifelhaft sein und daher auch mit sich selber uneins werden.

Die Quellen der Probleme dieser Altersstufe sind uns allen bekannt. Es sind 761
bei weitaus den meisten Menschen die Anforderungen des Lebens, welche den Kindheitstraum oft jäh unterbrechen. Bringt das Individuum eine genügende Vorbereitung mit, so kann sich der Übergang ins Berufsleben glatt vollziehen. Bestehen aber mit der Wirklichkeit kontrastierende Illusionen, so entstehen Probleme. Niemand tritt ins Leben ohne Voraussetzungen. Diese Voraussetzungen sind gelegentlich falsch, das heißt sie passen nicht auf die äußeren Bedingungen, denen man begegnet. Oft handelt es sich um zu große Erwartungen oder um Unterschätzung der äußeren Schwierigkeiten oder um unberechtigten Optimismus oder um Negativismus. Man könnte eine lange Liste von all jenen falschen Voraussetzungen herstellen, welche die ersten, bewußten Probleme auslösen.

Es ist aber nicht immer der Widerstreit von subjektiven Voraussetzungen 762
mit äußeren Gegebenheiten, der Probleme erzeugt, sondern vielleicht ebensooft innere seelische Schwierigkeiten; sie bestehen auch, wenn außen alles glatt geht. Überaus häufig ist es die durch den Sexualtrieb verursachte Störung des seelischen Gleichgewichtes und vielleicht ebensohäufig das Minderwertigkeitsgefühl, welches eine unerträgliche Empfindlichkeit erzeugen kann. Diese inneren Konflikte können bestehen, auch wenn die äußere An-

passung anscheinend mühelos erreicht wird, ja es scheint sogar, daß diejenigen jungen Menschen, die mit dem äußeren Leben schwer zu ringen haben, von inneren Problemen verschont seien, während diejenigen, denen Anpassung aus irgendwelchen Gründen leichtfällt, entweder Sexualprobleme oder Minderwertigkeitskonflikte entwickeln.

763 Problematische Naturen sind sehr oft neurotisch, aber es wäre ein schweres Mißverständnis, Problematik mit Neurose zu verwechseln, denn der entscheidende Unterschied zwischen den beiden ist, daß der Neurotische krank ist, weil er sich seiner Problematik unbewußt ist, und daß der Problematische an seinem bewußten Problem leidet, ohne krank zu sein.

764 Wenn man versucht, aus der fast unerschöpflichen Mannigfaltigkeit der individuellen Probleme des Jugendalters das Gemeinsame und Essentielle herauszuziehen, so stößt man auf ein bestimmtes Charakteristikum, das allen Problemen dieser Stufe anzuhaften scheint: es ist ein mehr oder weniger deutliches Festhalten an der Bewußtseinsstufe der Kindheit, ein Sträuben gegen die Schicksalsmächte in uns und um uns, die uns in die Welt verwickeln wollen. Etwas möchte Kind bleiben, ganz unbewußt, oder doch wenigstens nur seines Ich bewußt sein, alles Fremde ablehnen oder es dann wenigstens seinem eigenen Willen unterjochen, nichts tun oder dann doch wenigstens seine eigene Lust oder Macht durchsetzen. Darin liegt etwas von der Trägheit des Stoffes, es ist ein Beharren im bisherigen Zustand, dessen Bewußtheit kleiner, enger, egoistischer ist als die Bewußtheit der dualistischen Phase, in welcher das Individuum vor die Notwendigkeit gestellt ist, das andere, das Fremde ebenfalls als sein Leben und als ein Auch-Ich zu erkennen und anzunehmen.

765 Der Widerstand richtet sich gegen die Erweiterung des Lebens, welche das wesentliche Kennzeichen dieser Phase ist. Schon lange zuvor zwar hat die Erweiterung, diese «Diastole» des Lebens, um mich eines GOETHEschen Ausdruckes zu bedienen, begonnen. Schon mit der Geburt, wo das Kind aus der engsten Umschränkung im mütterlichen Körper heraustritt, beginnt sie und nimmt von da an unaufhörlich zu, bis sie einen Höhepunkt im problematischen Zustand erreicht, wo nämlich das Individuum anfängt, sich dagegen zu wehren.

766 Was würde ihm wohl geschehen, wenn es sich einfach in das Fremde, andere, das auch Ich ist, verwandelte und das bisherige Ich einfach in der Vergangenheit verschwinden ließe? Das wäre ein durchaus gangbarer Weg, will es scheinen. Ist es doch die Absicht der religiösen Erziehung – angefangen mit dem Ausziehen des alten Adam bis zurück zu den Wiedergeburtsriten primi-

tiver Völker –, den Menschen in das Kommende, Neue zu verwandeln und das Alte absterben zu lassen.

Die Psychologie belehrt uns, daß es in der Seele in einem gewissen Sinne 767 nichts Altes gibt, nichts, was wirklich endgültig absterben kann; sogar Paulus blieb ein Pfahl im Fleische stecken. Wer sich vor dem Neuen, Fremden schützt und zum Vergangenen regrediert, ist in der gleichen neurotischen Verfassung wie derjenige, der, mit dem Neuen sich identifizierend, der Vergangenheit davonläuft. Der einzige Unterschied ist, daß der eine der Vergangenheit und der andere der Zukunft sich entfremdet hat. Beide tun prinzipiell dasselbe: sie retten ihre Bewußtseinsenge, anstatt sie durch den Kontrast der Gegensätze zu sprengen und dadurch einen weiteren und höheren Bewußtseinszustand aufzubauen.

Diese Konsequenz wäre ideal, wenn sie in dieser Lebensphase durchgeführt 768 werden könnte. Der Natur scheint es nämlich nicht im geringsten an einem höheren Bewußtseinszustand zu liegen, im Gegenteil; auch weiß die Sozietät solche seelischen Kunststücke nicht zu schätzen, prämiiert sie doch immer in erster Linie die Leistung und nicht die Persönlichkeit; letztere pflegt meistens postum zu sein. Diese Tatsachen erzwingen eine bestimmte Lösung, nämlich die Einschränkung auf das Erreichbare, die Differenzierung bestimmter Fähigkeiten, welche das eigentliche Wesen des sozial leistungsfähigen Individuums ist.

Leistung, Nützlichkeit usw. sind die Ideale, welche den Weg aus dem 769 Wirrsal der Probleme zu weisen scheinen. Sie sind die Leitsterne für die Erweiterung und Verfestigung unseres physischen Daseins, für unsere Verwurzelung in der Welt, nicht aber für die weitere Entwicklung des menschlichen Bewußtseins, nämlich dessen, was man Kultur nennt. Für das Jugendalter allerdings ist diese Entscheidung die normale und unter allen Umständen besser als das Verharren im bloß Problematischen.

Das Problem wird also gelöst dadurch, daß das durch die Vergangenheit 770 Gegebene an die Möglichkeiten und Forderungen des Kommenden angepaßt wird. Man schränkt sich auf das Erreichbare ein, was psychologisch einen Verzicht auf alle anderen seelischen Möglichkeiten bedeutet. Beim einen geht damit ein Stück wertvoller Vergangenheit, beim anderen ein Stück wertvoller Zukunft verloren. Sie erinnern sich wohl alle an gewisse Freunde und Schulkameraden, die vielversprechende, ideale Jünglinge waren, denen Sie dann nach Jahren wieder begegnet sind und die Sie in einer Schablone vertrocknet und eingeengt gefunden haben. Das sind solche Fälle.

771   Die großen Lebensprobleme sind nie auf immer gelöst. Sind sie es einmal anscheinend, so ist es immer ein Verlust. Ihr Sinn und Zweck scheint nicht in ihrer Lösung zu liegen, sondern darin, daß wir unablässig an ihnen arbeiten. Das allein bewahrt uns vor Verdummung und Versteinerung. So ist auch die Lösung der Probleme des Jugendalters durch die Beschränkung auf das Erreichbare nur temporär gültig und, im Grunde genommen, nicht von Dauer. Es ist unter allen Umständen eine ganz erhebliche Leistung, sich eine soziale Existenz zu erkämpfen und seine ursprüngliche Natur so umzuformen, daß sie in diese Existenzform mehr oder weniger hineinpaßt. Es ist ein Kampf nach innen und außen, vergleichbar dem Kampfe des Kindesalters um die Existenz des Ich. Jener Kampf verläuft allerdings für uns meistens im Dunkeln, aber wenn wir sehen, mit welcher Hartnäckigkeit kindliche Illusionen, Voraussetzungen, egoistische Gewohnheiten usw. später noch festgehalten werden, so können wir daraus ermessen, welche Intensitäten früher darauf verwendet worden sind, um sie zu erzeugen. Und so geschieht es nun auch mit den Idealen, Überzeugungen, leitenden Ideen, Einstellungen usw., die uns im Jugendalter ins Leben hineinführen, für die wir kämpfen, leiden und siegen: sie verwachsen mit unserem Wesen, wir verwandeln uns anscheinend in sie, und deshalb setzen wir sie ad libitum fort mit jener Selbstverständlichkeit, mit der der junge Mensch sein Ich nolens volens der Welt oder sich selbst gegenüber zur Geltung bringt.

772   Je mehr man sich der Lebensmitte nähert und je mehr es einem gelungen ist, sich in seiner persönlichen Einstellung und sozialen Lage zu festigen, desto mehr will es einem scheinen, daß man den richtigen Lauf des Lebens und die richtigen Ideale und Prinzipien des Verhaltens entdeckt habe. Darum setzt man dann auch ihre ewige Gültigkeit voraus und macht sich eine Tugend daraus, an ihnen auf immer hangenzubleiben. Man übersieht dabei die eine wesentliche Tatsache, daß die Erreichung des sozialen Zieles auf Kosten der Totalität der Persönlichkeit erfolgt. Viel, allzuviel Leben, das auch hätte gelebt werden können, blieb vielleicht in den Rumpelkammern verstaubter Erinnerung liegen, manchmal sind es auch glühende Kohlen unter grauer Asche.

773   Statistisch zeigen die Depressionen von Männern um vierzig herum eine gesteigerte Häufigkeit. Bei Frauen beginnen die neurotischen Schwierigkeiten in der Regel etwas früher. In dieser Lebensphase, eben zwischen fünfunddreißig und vierzig, bereitet sich nämlich eine bedeutende Veränderung der menschlichen Seele vor. Es ist allerdings zunächst keine bewußte und auffallende Veränderung, vielmehr handelt es sich um indirekte Anzeichen von

Veränderungen, die im Unbewußten ihren Anfang zu nehmen scheinen. Manchmal ist es etwas wie eine langsame Charakteränderung, ein anderes Mal kommen Eigenschaften wieder zum Vorschein, die seit dem Kindesalter verschwunden waren, oder die bisherigen Neigungen und Interessen fangen an zu verblassen, und an ihre Stelle treten andere, oder – was sehr häufig ist – die bisherigen Überzeugungen und Prinzipien, besonders die moralischen, beginnen sich zu verhärten und zu versteifen, was sich allmählich gegen fünfzig bis zu Unduldsamkeit und Fanatismus steigern kann – wie wenn diese Prinzipien in ihrer Existenz bedroht wären und deshalb erst recht betont werden müßten.

Nicht immer klärt sich im erwachsenen Alter der Wein der Jugend, manchmal trübt er sich auch. Am besten kann man alle diese Erscheinungen bei etwas einseitigen Menschen beobachten. Manchmal treten sie früher, manchmal später auf. Öfters wird, wie mir scheint, ihr Eintritt verzögert durch die Tatsache, daß die Eltern der betreffenden Person noch am Leben sind. Es ist dann, wie wenn die Jugendphase ungebührlich lange hinausgezogen würde. Ich habe dies namentlich bei Männern gesehen, wo der Vater noch lange am Leben war. Sein Tod wirkt dann wie eine überstürzte Reifung, sozusagen katastrophal.

Ich weiß von einem frommen Manne, der Kirchenvorsteher war und ungefähr von vierzig an sich in eine unerträgliche moralische und religiöse Unduldsamkeit hineinsteigerte. Dabei verdüsterte sich sein Gemüt zusehends. Er war schließlich nichts mehr als eine finster dreinschauende Säule der Kirche. So brachte er es auf fünfundfünfzig Jahre, wo er einmal, mitten in der Nacht, sich plötzlich im Bett aufsetzte und zu seiner Frau sagte: «Jetzt hab' ich's heraus. Ich bin eigentlich ein Lump.» Diese Selbsterkenntnis blieb praktisch nicht ohne Folgen. Er verbrachte die letzten Jahre seines Lebens in Saus und Braus, wobei auch ein großer Teil seines Vermögens draufging. Offenbar ein nicht ganz unsympathischer Mensch, der beider Extreme fähig war!

Die sehr häufigen neurotischen Störungen des erwachsenen Alters haben alle das eine gemeinsam, daß sie nämlich die Psychologie der Jugendphase über die Schwelle des berühmten Schwabenalters hinüberretten wollen. Wer kennt nicht jene rührenden alten Herren, die die Studentenzeit immer wieder aufwärmen müssen und nur im Rückblick auf ihre homerische Heldenzeit ihre Lebensflamme anfachen können, im übrigen aber in einem hoffnungslosen Philisterium verholzt sind? Sie haben allerdings in der Regel den einen, nicht zu unterschätzenden Vorteil, daß sie nämlich nicht neurotisch sind, sondern für gewöhnlich bloß langweilig und stereotyp.

777   Der Neurotische ist vielmehr der, dem es in der Gegenwart nie, wie er es
       möchte, gelingen will und der sich deshalb auch nicht am Vergangenen freu-
       en kann. Wie er früher nicht von der Kindheit loskam, so vermag er sich jetzt
       nicht der Jugendphase zu entschlagen. Er kann sich anscheinend in den grau-
       en Gedanken des Altwerdens nicht finden und schaut deshalb krampfhaft
       zurück, weil der Ausblick nach vorne unerträglich ist. Wie der kindhafte
       Mensch vor der Unbekanntheit der Welt und des Lebens furchtsam zurück-
       schreckt, so weicht auch der Erwachsene vor der zweiten Lebenshälfte zurück,
       wie wenn dort unbekannte, gefährliche Aufgaben seiner harrten oder wie
       wenn er dort von Opfern und Verlusten bedroht wäre, die er nicht auf sich
       nehmen könnte, oder wie wenn ihm das bisherige Leben so schön und so teuer
       vorkäme, daß er es nicht missen könnte.

778   Ist es vielleicht in letzter Linie die Angst vor dem Tode? Das scheint mir
       nicht sehr wahrscheinlich, weil in der Regel der Tod noch weit weg und dar-
       um etwas abstrakt ist. Die Erfahrung zeigt vielmehr, daß Grund und Ursache
       aller Schwierigkeiten dieses Überganges eine tiefliegende, merkwürdige Ver-
       änderung der Seele ist. Um dies zu charakterisieren, möchte ich den täglichen
       Sonnenlauf zum Gleichnis nehmen. Denken Sie sich eine Sonne, von mensch-
       lichem Gefühl und menschlichem Augenblicksbewußtsein beseelt. Am Mor-
       gen entsteht sie aus dem nächtlichen Meere der Unbewußtheit und erblickt
       nun die weite, bunte Welt in immer weiterer Erstreckung, je höher sie sich am
       Firmament erhebt. In dieser Erweiterung ihres Wirkungskreises, die durch
       das Aufsteigen verursacht ist, wird die Sonne ihre Bedeutung erkennen und
       ihr höchstes Ziel in größtmöglicher Höhe und damit auch in größtmöglicher
       Erstreckung ihres Segens erblicken. Mit dieser Überzeugung erreicht die Son-
       ne die unvorhergesehene Mittagshöhe – unvorhergesehen, weil ihre einmali-
       ge individuelle Existenz ihren Kulminationspunkt nicht vorher wissen konn-
       te. Um zwölf Uhr mittags beginnt der Untergang. Und der Untergang ist die
       Umkehrung aller Werte und Ideale des Morgens. Die Sonne wird inkonse-
       quent. Es ist, wie wenn sie ihre Strahlen einzöge. Licht und Wärme nehmen
       ab bis zum schließlichen Erlöschen.

779   Alle Vergleiche hinken. Dieser Vergleich hinkt aber wenigstens nicht
       mehr als andere. Ein französisches Bonmot faßt die Wahrheit dieses Verglei-
       ches zynisch und resigniert zusammen. Es heißt: «Si jeunesse savait, si vieilles-
       se pouvait.»

780   Glücklicherweise sind wir Menschen keine Sonnen, sonst wäre es mit unse-
       ren Kulturwerten übel bestellt. Aber etwas ist sonnenhaft in uns, und Morgen

und Frühling und Abend und Herbst des Lebens sind nicht bloß sentimentales Gerede, sondern psychologische Wahrheiten, ja noch mehr, es sind sogar physiologische Tatsachen, denn der Mittagsumsturz verkehrt sogar körperliche Eigenschaften. Besonders bei südlichen Völkern findet man, daß ältere Frauen rauhe, tiefe Stimmen, Schnurrbärte, harte Gesichtszüge und in verschiedenen anderen Hinsichten männliches Wesen entwickeln. Umgekehrt mildert sich der physische männliche Habitus durch weibliche Züge, wie Fettansatz und weicheren Gesichtsausdruck.

Es gibt in der ethnologischen Literatur einen interessanten Bericht über 781 einen indianischen Häuptling und Krieger, dem um die Lebensmitte der Große Geist im Traum erschien und verkündete, daß er von nun an mit den Weibern und Kindern sitzen, Weiberkleider tragen und der Weiber Speise essen müsse. Er gehorchte diesem Traumgesicht, ohne seine Reputation einzubüßen. Diese Vision ist der getreue Ausdruck der psychischen Mittagsrevolution, des Untergangsbeginnes. Die Werte, ja sogar die Körper verwandeln sich ins Gegenteil, wenigstens andeutungsweise.

Man könnte zum Beispiel das Männliche und das Weibliche zusammen 782 mit den seelischen Eigenschaften mit einem bestimmten Vorrat von Substanzen vergleichen, die in der ersten Lebenshälfte gewissermaßen ungleich verbraucht werden. Der Mann verbraucht seinen großen Vorrat an männlicher Substanz und hat nur noch den kleineren Betrag an weiblicher Substanz übrig, der nunmehr zur Verwendung gelangt. Umgekehrt die Frau, die ihren bisher unbenutzten Bestand an Männlichkeit nunmehr in Tätigkeit treten läßt.

Mehr noch als im Physischen macht sich diese Veränderung im Psychi- 783 schen geltend. Wie häufig kommt es zum Beispiel vor, daß der Mann mit fünfundvierzig bis fünfzig Jahren abgewirtschaftet hat und daß dann die Frau die Hosen anzieht und einen kleinen Kramladen eröffnet, wo der Mann vielleicht noch Handlangerdienste tut. Es gibt sehr viele Frauen, die zu sozialer Verantwortlichkeit und zu sozialem Bewußtsein überhaupt erst nach dem vierzigsten Lebensjahre erwachen. Im modernen Geschäftsleben zum Beispiel, besonders in Amerika, ist das sogenannte break-down, der nervöse Zusammenbruch, nach dem vierzigsten Jahr ein ungemein häufiges Ereignis. Untersucht man die Opfer genauer, so sieht man, daß das, was zusammengebrochen ist, der bisherige, männliche Stil ist, und zurückgeblieben ist ein verweiblichter Mann. Umgekehrt beobachtet man in denselben Kreisen Frauen, welche in diesen Jahren eine ungemeine Männlichkeit und Härte des Verstandes entwickeln, welche Herz und Gefühl in den Hintergrund drängen. Sehr häufig sind diese Verwandlungen begleitet von Ehekatastrophen aller Art, denn es ist nicht allzuschwer, sich vorzustellen, was es dann gibt, wenn der Mann seine zarten Gefühle und die Frau ihren Verstand entdeckt.

784 Das Schlimmste an allen diesen Dingen ist, daß kluge und gebildete Menschen dahinleben, ohne von der Möglichkeit solcher Veränderungen zu wissen. Gänzlich unvorbereitet treten sie die zweite Lebenshälfte an. Oder gibt es irgendwo Schulen, nicht bloß Hoch-, sondern Höhere Schulen für Vierzigjährige, die sie ebenso auf ihr kommendes Leben und seine Anforderungen vorbereiten, wie die gewöhnlichen und Hochschulen unsere jungen Leute in die Kenntnis von Welt und Leben einführen? Nein, aufs tiefste unvorbereitet treten wir in den Lebensnachmittag, schlimmer noch, wir tun es unter der falschen Voraussetzung unserer bisherigen Wahrheiten und Ideale. Wir können den Nachmittag des Lebens nicht nach demselben Programm leben wie den Morgen, denn was am Morgen viel ist, wird am Abend wenig sein, und was am Morgen wahr ist, wird am Abend unwahr sein. Ich habe zu viele alte Leute behandelt und in die Geheimkammern ihrer Seelen geblickt, um nicht von der Wahrheit dieser Grundregel erschüttert zu sein.

785 Der alternde Mensch sollte wissen, daß sein Leben nicht ansteigt und sich erweitert, sondern daß ein unerbittlicher innerer Prozeß die Verengerung des Lebens erzwingt. Für den jugendlichen Menschen ist es beinahe Sünde oder wenigstens eine Gefahr, zuviel mit sich selber beschäftigt zu sein, für den alternden Menschen ist es eine Pflicht und eine Notwendigkeit, seinem Selbst ernsthafte Betrachtung zu widmen. Die Sonne zieht ihre Strahlen ein, um sich selber zu erleuchten, nachdem sie ihr Licht auf eine Welt verschwendet hat. Statt dessen ziehen es viele Alten vor, Hypochonder, Geizhälse, Prinzipienreiter und laudatores temporis acti oder gar ewig Junge zu werden, ein kläglicher Ersatz für die Erleuchtung des Selbst, aber eine unausbleibliche Folge des Wahnes, daß die zweite Lebenshälfte von den Prinzipien der ersten regiert werden müsse.

786 Ich sagte vorhin, daß wir keine Schulen für Vierzigjährige hätten. Das ist nicht ganz wahr. Unsere Religionen sind seit alters solche Schulen oder waren es einmal. Aber für wie viele sind sie es noch? Wie viele von uns älteren Leuten sind in einer solchen Schule wirklich für das Geheimnis der zweiten Lebenshälfte, für das Greisenalter, den Tod und die Ewigkeit erzogen worden?

787 Der Mensch würde gewiß keine siebzig und achtzig Jahre alt, wenn diese Langlebigkeit dem Sinn seiner Spezies nicht entspräche. Deshalb muß auch

sein Lebensnachmittag eigenen Sinn und Zweck besitzen und kann nicht bloß ein klägliches Anhängsel des Vormittags sein. Der Sinn des Morgens ist unzweifelhaft die Entwicklung des Individuums, seine Festsetzung und Fortpflanzung in der äußeren Welt und die Sorge für die Nachkommenschaft. Das ist der offensichtliche Naturzweck. Aber wenn dieser Zweck erfüllt, ja reichlich erfüllt ist, soll der Gelderwerb, die Weitereroberung und die Existenzausdehnung über jeden vernünftigen Sinn hinaus beständig weitergehen? Wer solchermaßen das Gesetz des Morgens, also den Naturzweck, in den Lebensnachmittag ohne Not hinüberschleppt, muß es mit seelischen Einbußen bezahlen, genau wie ein Junger, der seinen kindischen Egoismus ins erwachsene Alter hinüberretten will, seinen Irrtum mit sozialen Mißerfolgen begleichen muß. Gelderwerb, soziale Existenz, Familie, Nachkommenschaft sind noch bloße Natur, keine Kultur. Kultur liegt jenseits des Naturzweckes. Könnte also Kultur der Sinn und Zweck der zweiten Lebenshälfte sein?

Bei primitiven Stämmen sehen wir zum Beispiel, daß fast stets die Alten die 788 Hüter der Mysterien und Gesetze sind, und in diesen in erster Linie drückt sich die Kultur des Stammes aus. Wie steht es in dieser Hinsicht bei uns? Wo ist die Weisheit unserer Alten? wo sind ihre Geheimnisse und Traumgesichte? Fast eher wollen es bei uns die Alten den Jungen gleichtun. In Amerika ist es sozusagen das Ideal, daß der Vater der Bruder seiner Söhne und die Mutter womöglich die jüngere Schwester ihrer Tochter ist.

Ich weiß nicht, wie vieles von dieser Verirrung auf Reaktion gegen frühere 789 Übertreibung der Würde und wie vieles auf falsche Ideale zurückzuführen ist. Letztere bestehen zweifellos: der Zielpunkt für diese Leute liegt nicht vor, sondern hinter ihnen. Deshalb streben sie danach zurück. Man muß es ihnen zugeben, es ist schwer zu sehen, welch andere Zielpunkte die zweite Lebenshälfte haben sollte als diejenigen der ersten: Erweiterung des Lebens, Nützlichkeit, Wirksamkeit, Figurmachen im sozialen Leben, umsichtige Bugsierung der Nachkommenschaft in passende Ehen und gute Stellungen – Lebenszweck genug! Leider nicht genügend Sinn und Zweck für viele, die im Altern nur das bloße Abnehmen des Lebens zu erblicken und die früheren Ideale als verblaßt und verbraucht zu empfinden vermögen! Gewiß, hätten diese Menschen früher schon ihre Lebensschale bis zum Überfließen gefüllt und bis zum Grunde geleert, so würden sie jetzt wohl anders empfinden, sie hätten nichts zurückgehalten, alles, was brennen wollte, wäre verbrannt, und die Stille des Alters wäre ihnen willkommen. Aber wir dürfen nicht vergessen, daß die wenigsten Menschen Lebenskünstler sind und daß zudem die Lebenskunst die vornehmste und seltenste aller Künste ist – den ganzen Becher in Schönheit zu leeren, wem gelänge das? So bleibt für viele Menschen zuviel Ungelebtes übrig – oftmals sogar Möglichkeiten, die sie beim besten Willen nicht hätten leben können, und so betreten sie die Schwelle des Alters mit einem unerfüllten Anspruch, der ihnen den Blick unwillkürlich rückwärts lenkt.

790		Solchen Menschen ist es besonders verderblich, zurückzublicken. Ihnen wäre eine Aussicht nach vorne, ein Zielpunkt in der Zukunft unerläßlich. Deshalb haben auch alle großen Religionen ihre Jenseitsverheißungen, ihren überweltlichen Zielpunkt, der es dem Sterblichen ermöglicht, die zweite Lebenshälfte mit einer ähnlichen Zielstrebigkeit zu leben wie die erste Hälfte. Aber so plausibel dem heutigen Menschen die Ziele der Erweiterung und der Kulmination des Lebens sind, so fragwürdig oder geradezu unglaubhaft ist ihm die Idee irgendeiner Fortdauer des Lebens nach dem Tode. Und doch kann das Ende des Lebens, nämlich der Tod, nur dann ein vernünftiges Ziel sein, wenn das Leben entweder so miserabel ist, daß man schließlich froh ist, wenn es überhaupt aufhört, oder wenn die Überzeugung besteht, daß die Sonne mit der gleichen Konsequenz, mit der sie zum Mittag aufstieg, auch ihren Untergang sucht, «um fernen Völkern zu leuchten». Aber das Glaubenkönnen ist heutzutage eine so schwierige Kunst geworden, daß es besonders dem gebildeten Teil der Menschheit fast unzugänglich geworden ist. Man hat sich zu sehr an den Gedanken gewöhnt, daß in puncto Unsterblichkeit und dergleichen vielerlei widersprechende Ansichten und keinerlei überzeugende Beweise bestehen. Da unser zeitgenössisches Schlagwort von anscheinend unbedingter Überzeugungskraft «Wissenschaft» ist, so möchte man «wissenschaftliche» Beweise. Diejenigen aber unter den Gebildeten, die denken, wissen ganz genau, daß ein derartiger Beweis zu den philosophischen Unmöglichkeiten gehört. Man kann darüber schlechthin nichts wissen.

791		Darf ich vielleicht dazu noch anmerken, daß man aus denselben Gründen auch nicht wissen kann, ob nicht doch etwas nach dem Tode passiert? Die Antwort ist ein non liquet, weder positiv noch negativ. Wir wissen einfach nichts wissenschaftlich Bestimmtes darüber und sind damit genau in derselben Lage wie zum Beispiel in der Frage, ob der Mars bewohnt sei oder nicht; dabei macht es den Marsbewohnern, wenn es welche gibt, gar nichts aus, ob wir ihre Existenz bejahen oder verneinen. Sie können sein oder nicht sein. Und so ist es mit der sogenannten Unsterblichkeit, womit wir das Problem ad acta legen könnten.

Hier erwacht aber mein ärztliches Gewissen, das etwas Wesentliches 792
zu dieser Frage noch zu sagen hat. Ich habe nämlich die Beobachtung gemacht, daß ein zielgerichtetes Leben im allgemeinen ein besseres, reicheres,
gesünderes ist als ein zielloses, und daß es besser ist, mit der Zeit vorwärts als
gegen die Zeit rückwärts zu gehen. Dem Seelenarzte erscheint der Alte, der
sich vom Leben nicht trennen kann, ebenso schwächlich und krankhaft wie
der Junge, der es nicht aufzubauen vermag. Und tatsächlich handelt es sich in
vielen Fällen um dieselbe kindliche Begehrlichkeit, dieselbe Furcht, denselben Trotz und Eigensinn im einen wie im anderen Falle. Ich bin als Arzt überzeugt, daß es sozusagen hygienischer ist, im Tode ein Ziel zu erblicken, nach
dem gestrebt werden sollte, und daß das Sträuben dagegen etwas Ungesundes
und Abnormes ist, denn es beraubt die zweite Lebenshälfte ihres Zieles. Ich
finde deshalb alle Religionen mit einem überweltlichen Ziel äußerst vernünftig, vom Standpunkt einer seelischen Hygiene aus gesehen. Wenn ich ein
Haus bewohne, von dem ich weiß, daß es innerhalb der nächsten vierzehn Tage über meinem Kopf zusammenbricht, so werden alle meine Lebensfunktio-
nen von diesem Gedanken beeinträchtigt sein; wenn ich mich dagegen sicher
fühle, so kann ich gemächlich und normal darin leben. Es wäre also vom see-
lenärztlichen Standpunkt aus gut, wenn wir denken könnten, daß der Tod nur
ein Übergang sei, ein Teil eines unbekannt großen und langen Lebensprozesses.

Obschon weitaus die meisten Menschen nicht wissen, wozu der Körper 793
Kochsalz braucht, so verlangen doch alle danach aus einem instinktiven Bedürfnis. So geht es auch in seelischen Dingen. Weitaus die meisten Menschen
haben von jeher das Bedürfnis nach Fortdauer verspürt. Wir sind daher mit
unserer Konstatierung nicht abseits, sondern in der Mitte der großen Heer-
straße des Menschheitslebens. Daher denken wir im Sinne des Lebens richtig,
auch wenn wir nicht verstehen, was wir denken.

Verstehen wir überhaupt je, was wir denken? Wir verstehen bloß jenes 794
Denken, das nichts ist als eine Gleichung, aus der nie mehr herauskommt, als
wir hineingesteckt haben. Das ist der Intellekt: Über ihn hinaus aber gibt es
ein Denken in urtümlichen Bildern, in Symbolen, die älter sind als der historische Mensch, ihm seit Urzeiten angeboren und alle Generationen überdau-
ernd, ewig lebendig die Untergründe unserer Seele erfüllend. Volles Leben ist
nur in Übereinstimmung mit ihnen möglich, Weisheit ist Rückkehr zu ihnen.
Es handelt sich in Wirklichkeit weder um Glauben noch um Wissen, sondern
um die Übereinstimmung unseres Denkens mit den Urbildern unseres Unbe-

wußten, welche die unvorstellbaren Mütter jedes Gedankens sind, welchen auch immer unser Bewußtsein zu ergrübeln vermag. Und einer dieser Urgedanken ist die Idee vom Leben jenseits des Todes. Die Wissenschaft ist mit diesen Urbildern inkommensurabel. Es sind irrationale Gegebenheiten, Bedingungen a priori der Imagination, welche schlechthin *sind*, und deren Zweckmäßigkeit und Berechtigung die Wissenschaft nur a posteriori erforschen kann, wie etwa die Funktion der Schilddrüse, die man vor dem 19. Jahrhundert ebensogut als ein sinnloses Organ hätte erklären können. Urbilder sind für mich nämlich etwas wie seelische Organe, denen ich möglichst Sorge trage, weshalb ich etwa einem älteren Patienten sagen muß: «Ihr Gottesbild oder ihre Unsterblichkeitsidee ist atrophisch, infolgedessen ist ihr seelischer Stoffwechsel außer Rand und Band.» Sinnreicher und tiefer als wir dachten, ist das alte φάρμακον ἀθανασίας, das Heilmittel der Unsterblichkeit.

795   Lassen Sie mich zum Schluß noch für einen Augenblick zum Sonnengleichnis zurückkehren. Die 180 Grade unseres Lebensbogens zerfallen in vier Teile. Das erste östliche Viertel ist die Kindheit, das heißt derjenige problemlose Zustand, wo wir erst ein Problem für andere, aber eigener Problematik noch nicht bewußt sind. Die bewußte Problematik erstreckt sich über das zweite und dritte Viertel, und im letzten Viertel, im Greisenalter, tauchen wir wieder ein in jenen Zustand, wo wir, unbekümmert um unsere Bewußtseinslage, wieder mehr ein Problem für die anderen werden. Kindheit und hohes Alter sind zwar äußerst verschieden, aber haben das eine gemeinsam, nämlich das Eingetauchtsein in unbewußt Seelisches. Da die Seele des Kindes aus dem Unbewußten sich herausentwickelt, so ist seine Psychologie, obschon auch schwierig, so doch eher auszumachen als die des Greises, der in das Unbewußte wieder versinkt und zunehmend darin verschwindet. Kindheit und Greisenalter sind die problemlosen Zustände des Lebens, weshalb ich sie hier auch nicht in Betracht gezogen habe.

XVII
SEELE UND TOD

[Erschienen in: *Europäische Revue* X/4 (Berlin 1934). Gekürzte Fassung unter dem Titel «Von der Psychologie des Sterbens» in: *Münchner Neueste Nachrichten* (2. Oktober 1935). Ferner in: *Wirklichkeit der Seele*. (Psychologische Abhandlungen IV) Rascher, Zürich 1934. Neuauflagen 1939 und 1947; Paperback 1969.]

SEELE UND TOD

Schon öfters ist an mich die Frage gerichtet worden, was ich vom Tode halte, 796 von jenem unproblematischen Ende der menschlichen Einzelexistenz. Der Tod ist uns bekannt als ein Ende schlechthin. Es ist der Schlußpunkt, welcher oft noch vor das Ende des Satzes gesetzt wird, über den hinaus es nur noch Erinnerung oder Folgewirkung bei anderen gibt. Für den Betroffenen aber ist der Sand im Glase abgelaufen; der rollende Stein ist zur Ruhelage gekommen. Angesichts solchen Todes erscheint uns das Leben stets wie ein Ablauf, wie der Gang einer aufgezogenen Uhr, deren endlicher Stillstand selbstverständlich ist. Nie sogar sind wir mehr vom «Ablauf» des Lebens überzeugt, als wenn ein Menschenleben vor unseren Augen zu Ende kommt, und nie erhebt sich dringender und peinlicher die Frage nach Sinn und Wert des Lebens, als wenn wir sehen, wie der letzte Hauch einen eben noch lebendigen Körper verläßt. Wie anders erscheint uns der Sinn des Lebens, wenn wir den jugendlichen Menschen sich um ferne Ziele bemühen und Zukunft schaffen sehen, als wenn ein unheilbar Kranker oder ein Greis widerwillig und kraftlos ins Grab sinkt! Die Jugend – will es uns scheinen – hat Ziel, Zukunft, Sinn und Wert. Das Zuendegehen aber ist ein bloß sinnloses Aufhören. Hat ein Junger Angst vor Welt, Leben und Zukunft, so findet es jedermann bedauerlich, unvernünftig, neurotisch; man hält ihn für einen feigen Drückeberger. Wenn aber der alternde Mensch ein geheimes Grauen, ja sogar Todesangst empfindet beim Gedanken, daß seine vernünftige Lebenserwartung jetzt nur noch so und so viele Jahre beträgt, dann ist man peinlich an gewisse Gefühle im eigenen Busen erinnert; man schaut womöglich weg und lenkt das Gespräch auf ein anderes Thema. Der Optimismus, mit dem man den Jungen beurteilt, versagt hier. Man hat zwar für alle Fälle ein paar passende Lebensweisheiten zur Hand, welche man bei Gelegenheit dem anderen gegenüber zum besten gibt, zum Beispiel «Jeder muß einmal sterben», «Man lebt nicht ewig» usw. Aber wenn man allein ist, und es ist Nacht und so dunkel und still, daß man nichts hört und nichts sieht als die Gedanken, welche Lebensjahre addieren und subtrahieren, als die lange Reihe jener unangenehmen Tatsachen, welche erbarmungslos beweisen, wie weit der Zeiger der Uhr vorgerückt ist, als das langsame und unaufhaltsame Näherkommen jener schwarzen Wand, welche alles, was ich liebe, wünsche, besitze, hoffe und erstrebe, endgültig verschlingen wird, dann verkriechen sich alle Lebensweisheiten in ein unauffindbares Versteck, und Angst fällt auf den Schlaflosen wie eine erstickende Decke.

797   Wie es eine große Zahl junger Menschen gibt, die im Grunde genommen eine panische Angst haben vor dem Leben, das sie doch so sehr ersehnen, so gibt es eine vielleicht noch größere Zahl alternder Menschen, welche die gleiche Furcht vor dem Tode haben. Ja, ich habe die Erfahrung gemacht, daß gerade jene jungen Leute, welche das Leben fürchten, später ebensosehr an Todesangst leiden. Sind sie jung, so sagt man, sie hätten infantile Widerstände gegen die normalen Forderungen des Lebens; sind sie alt, so müßte man eigentlich dasselbe sagen, nämlich daß sie ebenfalls Angst vor einer normalen Forderung des Lebens haben. Aber man ist dermaßen davon überzeugt, daß der Tod einfach das Ende eines Ablaufes ist, daß es einem in der Regel gar nicht beikommt, den Tod ähnlich als ein Ziel und eine Erfüllung aufzufassen, wie man es bei den Zwecken und Absichten des aufsteigenden, jugendlichen Lebens ohne weiteres tut.

798   Das Leben ist ein energetischer Ablauf wie irgendeiner. Aber jeder energetische Vorgang ist im Prinzip irreversibel und darum eindeutig auf ein Ziel gerichtet, und das Ziel ist die Ruhelage. Jeder Vorgang ist schließlich nichts anderes als eine anfängliche Störung einer sozusagen ewigen Ruhelage, die sich immer wieder herzustellen sucht. Das Leben ist sogar das Teleologische par excellence, es ist Zielstrebigkeit selber, und der lebende Körper ist ein System von Zweckmäßigkeiten, welche sich zu erfüllen trachten. Das Ende jeglichen Ablaufes ist sein Ziel. Jeder Ablauf ist wie ein Läufer, der mit größter Anstrengung und stärkstem Kraftaufwand danach strebt, sein Ziel zu erreichen. Jugendliche Sehnsucht nach Welt und Leben, nach Erreichung hochgespannter Hoffnungen und ferner Ziele ist die offenkundige Zielstrebigkeit des Lebens, welche sich sofort in Lebensangst, neurotische Widerstände, Depressionen und Phobien verwandelt, wenn sie irgendwo an der Vergangenheit hängenbleibt oder vor Wagnissen zurückschreckt, ohne welche die gesteckten Ziele nicht erreicht werden können. Mit der Erlangung der Reife und des Höhepunktes des biologischen Lebens, welcher ungefähr mit der Lebensmitte zusammenfällt, hört aber die Zielstrebigkeit des Lebens keineswegs auf. Mit derselben Intensität und Unaufhaltsamkeit, mit der es vor der Lebensmitte bergauf ging, geht es jetzt bergab, denn das Ziel liegt nicht auf dem Gipfel, son-

dern im Tale, wo der Aufstieg begann. Die Kurve des Lebens ist wie eine Geschoßparabel. In seiner anfänglichen Ruhelage gestört, steigt das Geschoß auf und kehrt wieder zur Ruhelage zurück.

Die psychologische Lebenskurve allerdings will mit dieser Naturgesetzmäßigkeit nicht stimmen. Die Unstimmigkeit fängt gelegentlich schon frühe im Aufstieg an. Das Geschoß steigt zwar biologisch, aber psychologisch zögert es. Man bleibt hinter seinen Jahren zurück, man bewahrt seine Kindheit, wie wenn man sich vom Boden nicht trennen könnte. Man hält den Zeiger an und bildet sich ein, die Zeit stehe dann still. Ist man mit einiger Verspätung schließlich doch auf einen Gipfel gelangt, so setzt man sich psychologisch auch dort wieder zur Ruhe und, obschon man merken könnte, wie man auf der anderen Seite wieder herunterrutscht, so klammert man sich doch wenigstens mit anhaltenden Rückblicken an die einstmals erreichte Höhe. Wie früher die Furcht als Hemmnis vor dem Leben stand, so steht sie jetzt vor dem Tode. Es wird zwar zugegeben, daß man aus Furcht vor dem Leben sich beim Aufstieg verspätet hat, erhebt aber jetzt gerade wegen der Verspätung einen um so größeren Anspruch auf das Festhalten der erreichten Höhe. Es ist zwar offenkundig geworden, daß das Leben sich trotz allen Widerständen (die jetzt – ach so sehr – bereut werden) durchgesetzt hat, aber ungeachtet dieser Erkenntnis wird jetzt doch wieder versucht, das Leben stillzustellen. Damit verliert die Psychologie eines solchen Menschen ihren natürlichen Boden. Sein Bewußtsein steht in der Luft, während unter ihm die Parabel mit vermehrter Geschwindigkeit absinkt.

Der Nährboden der Seele ist das natürliche Leben. Wer dieses nicht begleitet, bleibt in der Luft hängen und erstarrt. Darum verholzen so viele Menschen im reifen Alter, sie schauen zurück und klammern sich an die Vergangenheit mit geheimer Todesfurcht im Herzen. Sie entziehen sich dem Lebensprozeß wenigstens psychologisch und bleiben darum als Erinnerungssalzsäulen stehen, die sich zwar noch lebhaft an ihre Jugendzeit zurückerinnern, aber kein lebendiges Verhältnis zur Gegenwart finden können. Von der Lebensmitte an bleibt nur der lebendig, der mit dem Leben sterben will. Denn das, was in der geheimen Stunde des Lebensmittags geschieht, ist die Umkehr der Parabel, *die Geburt des Todes*. Das Leben der zweiten Lebenshälfte heißt nicht Aufstieg, Entfaltung, Vermehrung, Lebensüberschwang, sondern Tod, denn sein Ziel ist das Ende. Seine-Lebenshöhe-nicht-Wollen ist dasselbe wie Sein-Ende-nicht-Wollen. Beides ist: Nicht-leben-Wollen. Nicht-leben-Wollen ist gleichbedeutend mit Nicht-sterben-Wollen. Werden und Vergehen ist dieselbe Kurve.

801   Diese ganz unzweifelhafte Wahrheit macht das Bewußtsein wenn irgend
möglich nicht mit. Man ist in der Regel an seine Vergangenheit verhaftet und
bleibt in der Illusion der Jugendlichkeit stecken. Altsein ist äußerst unpopulär. Man scheint nicht zu berücksichtigen, daß Nicht-altern-Können genauso
blödsinnig ist wie den Kinderschuhen Nicht-entwachsen-Können. Ein Mann
von dreißig, der noch infantil ist, ist wohl bedauernswert, aber ein jugendli-
cher Siebzigjähriger, ist das nicht entzückend? Und doch sind beide pervers,
stillos, psychologische Naturwidrigkeiten. Ein Junger, der nicht kämpft und
siegt, hat das Beste seiner Jugend verpaßt, und ein Alter, welcher auf das Geheimnis der Bäche, die von Gipfeln in Täler rauschen, nicht zu lauschen versteht, ist sinnlos, eine geistige Mumie, welche nichts ist als erstarrte Vergangenheit. Er steht abseits von seinem Leben, maschinengleich sich wiederho-
lend bis zur äußersten Abgedroschenheit. Was für eine Kultur, die solcher
Schattengestalten bedarf!

802   Unsere statistisch vorhandene relative Langlebigkeit ist eine Kulturerrun-
genschaft. Primitive Menschen erreichen nur ausnahmsweise ein hohes Alter.
So sah ich nur ganz wenige Männer mit weißen Haaren und schätzungsweise
älter als sechzig bei den von mir besuchten primitiven Stämmen in Ostafrika.
Aber die waren wirklich alt, und zwar so, wie wenn sie immer alt gewesen wären, so völlig hatten sie sich in ihr Alter eingelebt. Sie waren eben das, was sie
waren, in jeglicher Beziehung. Wir sind immer nur mehr oder weniger, als wir
eigentlich sind. Es ist, wie wenn unser Bewußtsein von seiner natürlichen
Grundlage etwas abgerutscht wäre und sich mit der natürlichen Zeit nicht
mehr ganz auskennte. Es scheint, als ob wir an einer Hybris des Bewußtseins
litten, die uns vorspiegelt, die Lebenszeit sei eine bloße Illusion, die man nach
Belieben ändern könne. (Man fragt sich, woher das Bewußtsein seine Fähigkeit, naturwidrig sein zu können, eigentlich bezieht und was solche Eigen-
mächtigkeit wohl bedeutet.)

803   Wie die Flugbahn des Geschosses im Ziel, so endet das Leben im Tod, der
mithin das Ziel des ganzen Lebens ist. Selbst dessen Aufstieg und sein Höhepunkt sind nur Stufen und Mittel zum Zwecke, das Ziel, nämlich den Tod, zu
erreichen. Diese paradoxe Formel ist nichts als der logische Schluß aus der
Tatsache der Zielstrebigkeit und Zweckbestimmtheit des Lebens. Ich glaube
nicht, daß ich mich damit einer syllogistischen Spielerei schuldig mache. Dem
Aufstieg des Lebens billigen wir Ziel und Sinn zu, warum nicht dem Abstieg?
Die Geburt des Menschen ist bedeutungsschwanger, warum nicht der Tod?
Der junge Mensch wird zwanzig und mehr Jahre auf die völlige Entfaltung

seiner Einzelexistenz vorbereitet, warum soll er sich nicht zwanzig und mehr Jahre auf sein Ende vorbereiten? Allerdings – mit dem Höhepunkt hat man es sichtlich erreicht, man ist's und man hat's. Was ist aber mit dem Tod erreicht?

Es ist mir unsympathisch, in dem Moment, wo man etwas erwarten dürfte, 804 plötzlich einen Glauben aus der Tasche zu ziehen und meinen Leser aufzufordern, ausgerechnet das zu tun, was er nie konnte, nämlich etwas glauben. Ich muß gestehen, ich konnte es auch nie. Darum werde ich jetzt gewiß nicht behaupten, man müsse eben glauben, daß der Tod eine zweite Geburt sei und in eine Fortdauer über das Grab hinaus überleite. Ich darf aber wenigstens erwähnen, daß der consensus gentium ausgesprochene Auffassungen vom Tode hat, welche sich in allen großen Religionen der Erde unmißverständlich ausgedrückt haben. Ja, man kann sogar behaupten, daß die Mehrzahl dieser Religionen komplizierte Systeme der Vorbereitung des Todes sind, und zwar in einem solchen Maße, daß das Leben tatsächlich im Sinne meiner obigen paradoxen Formel nichts bedeutet als eine Vorbereitung auf das letzthinnige Ziel, den Tod. Für die beiden größten lebenden Religionen, das Christentum und den Buddhismus, vollendet sich der Sinn des Daseins in seinem Ende.

Mit der Epoche der Aufklärung hat sich eine Meinung über das Wesen der 805 Religionen entwickelt, welche wegen ihrer weiten Verbreitung Erwähnung verdient, obschon sie ein typisch aufklärerisches Mißverständnis ist. Nach dieser Meinung sollen Religionen etwas wie philosophische Systeme und, wie diese, mit dem Kopf ausgeklügelt worden sein. Irgend jemand habe einmal einen Gott und sonstige Dogmen erfunden und mit dieser «wunscherfüllenden» Phantasie die Menschheit an der Nase herumgeführt. Dieser Meinung steht aber die psychologische Tatsache gegenüber, daß die religiösen Symbole mit dem Kopf eben gerade sehr schlecht gedacht werden können. Sie stammen auch gar nicht aus dem Kopfe, sondern irgendwo anders her, vielleicht aus dem Herzen, jedenfalls aus einer psychischen Tiefenschicht, die dem Bewußtsein, das immer nur Oberfläche ist, wenig ähnelt. Darum haben die religiösen Symbole auch ausgesprochenen «Offenbarungscharakter», das heißt, sie sind in der Regel spontane Erzeugnisse der unbewußten Seelentätigkeit. Sie sind alles, nur nicht ausgedacht; sie sind vielmehr im Laufe der Jahrtausende allmählich gewachsen, wie Pflanzen, als natürliche Offenbarungen der Menschheitsseele. Auch heutzutage können wir noch immer die spontane Entstehung echter und rechter religiöser Symbole bei einzelnen Individuen beobachten, wo sie aus dem Unbewußten hervorwachsen wie Blumen fremder Art, und das Bewußtsein steht verlegen daneben und weiß nicht recht, was es mit solcher Geburt anfangen soll. Es läßt sich mit nicht allzugroßen Schwierigkeiten feststellen, daß diese individuellen Symbole inhaltlich und formal dem selben unbewußten «Geiste» (oder was es immer ist) entstammen wie die großen Menschheitsreligionen. Auf alle Fälle beweist die Erfahrung, daß die Religionen keineswegs bewußter Erklügelung, sondern dem natürlichen Leben der unbewußten Seele entstammen und dieses irgendwie adäquat ausdrücken. Daraus nämlich erklärt sich ihre universelle Verbreitung und ihre ungeheure historische Wirkung auf die Menschheit. Eine solche Wirkung wäre unverständlich, wenn die religiösen Symbole nicht zum mindesten psychologische Naturwahrheiten wären.

806   Ich weiß, daß sehr viele Leute mit dem Wort «psychologisch» Schwierigkeiten haben. Zur Beruhigung dieser Kritiker füge ich deshalb bei, daß kein Mensch weiß, was «Psyche» ist, und daß man ebensowenig anzugeben weiß, wie weit «Psyche» in der Natur reicht. Eine psychologische Wahrheit ist darum eine ebenso anständige und gute Sache wie eine physikalische Wahrheit, die sich auf den Stoff beschränkt, wie jene auf die Psyche.

807   Der in den Religionen sich ausdrückende consensus gentium sympathisiert, wie wir sahen, mit meiner paradoxen Formel. Es scheint also der allgemeinen Seele der Menschheit mehr zu entsprechen, wenn wir den Tod als die Sinnerfüllung des Lebens und als sein eigentlichstes Ziel betrachten anstatt als ein bloß sinnloses Aufhören. Wer also einer aufklärerischen Meinung in dieser Hinsicht huldigt, hat sich psychologisch isoliert und steht im Gegensatz zu seinem eigenen allgemeinmenschlichen Wesen.

808   Dieser letztere Satz enthält die Grundwahrheit aller Neurosen, denn das Wesen der nervösen Störungen besteht in letzter Linie in einer Instinktentfremdung, in einer Abspaltung des Bewußtseins von gewissen seelischen Grundtatsachen. Aufklärerische Meinungen geraten daher unversehens in die unmittelbare Nachbarschaft neurotischer Symptome. Sie sind in der Tat, wie diese, *verbogenes Denken,* das an Stelle des psychologisch richtigen Denkens steht. Letzteres bleibt nämlich immer mit dem Herzen, der Tiefe der Seele, dem Stamme verbunden. Denn – Aufklärung oder nicht, Bewußtsein oder nicht – die Natur bereitet sich auf den Tod vor. Könnten wir die Gedanken eines jungen Menschen direkt beobachten und registrieren, wenn er Zeit und Muße zum Träumen hat, so würden wir neben einigen Erinnerungsbildern wohl in der Hauptsache Phantasien, die sich mit der Zukunft beschäftigen, feststellen können. Tatsächlich besteht weitaus der größte Teil der Phantasien aus Antizipationen. Die Phantasien sind daher größtenteils vorbereitende

Handlungen oder gar psychische Einübungen auf gewisse zukünftige Wirklichkeiten. Könnten wir dasselbe Experiment mit einem alternden Menschen anstellen – selbstverständlich, ohne daß er es merkt –, so fänden wir natürlich wegen des Zurückschauens eine größere Anzahl von Erinnerungsbildern als beim jungen Manne, daneben aber eine überraschend große Anzahl von Antizipationen der Zukunft, einschließlich des Todes. Mit zunehmenden Jahren häufen sich sogar die Todesgedanken in erstaunlichem Maße. Der alternde Mensch bereitet sich nolens volens auf den Tod vor. Darum meine ich, daß die Natur schon selber für die Vorbereitung aufs Ende sorgt. Dabei ist es objektiv gleichgültig, was das individuelle Bewußtsein darüber denkt. Subjektiv aber bedeutet es einen gewaltigen Unterschied, ob das Bewußtsein Schritt hält mit der Seele oder sich an Meinungen festhakt, welche das Herz nicht kennt. Denn es ist ebenso neurotisch, sich nicht auf den Tod als ein Ziel einzustellen, wie in der Jugend die Phantasien zu verdrängen, welche sich mit der Zukunft beschäftigen.

Ich habe in meiner ziemlich langen psychologischen Erfahrung eine Reihe 809 von Beobachtungen bei Personen gemacht, deren unbewußte Seelentätigkeit ich bis in die unmittelbare Nähe des Todes verfolgen konnte. In der Regel wurde das nahende Ende mit jenen Symbolen angezeigt, mit welchen auch im normalen Leben psychologische Zustandsveränderungen angedeutet werden, nämlich Wiedergeburtsymbole wie Ortsveränderungen, Reisen und dergleichen. Die Hinweise auf den nahenden Tod habe ich mehrfach in Traumreihen bis über ein Jahr zurückverfolgen können, auch in Fällen, wo die äußere Situation keine solchen Gedanken aufkommen ließ. Das Sterben setzte also ein, lange bevor der wirkliche Tod eintrat. Übrigens zeigt sich dies auch öfters in einer eigentümlichen Charakterveränderung, die dem Tod längere Zeit vorausgehen kann. Im ganzen war ich erstaunt, zu sehen, wie wenig Aufhebens die unbewußte Seele vom Tode macht. Demnach müßte der Tod etwas verhältnismäßig Belangloses sein, oder unsere Seele kümmert sich nicht darum, was dem Individuum zufälligerweise zustößt. Um so mehr aber scheint sich das Unbewußte dafür zu interessieren, *wie* man stirbt, nämlich, ob die Einstellung des Bewußtseins zum Sterben paßt oder nicht. So mußte ich zum Beispiel einmal eine zweiundsechzigjährige Frau behandeln. Sie war noch frisch und leidlich intelligent. An ihrem Können lag es nicht, daß sie ihre Träume nicht verstehen konnte. Es war leider nur zu deutlich, daß sie nicht einsehen *wollte*. Ihre Träume waren sehr klar, aber ebenso unangenehm. Sie hatte sich in den Kopf gesetzt, daß sie ihren Kindern eine tadellose Mutter sei, aber die

Kinder teilten diese Ansicht gar nicht, auch die Träume vertraten eine sehr gegenteilige Überzeugung. Ich war genötigt, nach einigen Wochen fruchtloser Bemühung die Behandlung abzubrechen, da ich zum Militärdienst einrükken mußte (es war während des Krieges). Unterdessen erkrankte die Patientin an einem unheilbaren Leiden, das nach einigen Monaten zu einem agonalen Zustand führte, der jeden Augenblick das Ende hätte bedeuten können. Sie befand sich die meiste Zeit in einer Art von Delir oder Somnambulismus, in welch eigentümlicher geistiger Verfassung sie die unterbrochene analytische Arbeit spontanerweise wieder aufnahm. Sie sprach wieder von ihren Träumen und gab sich selber alles zu, was sie mir früher mit größter Zähigkeit abgeleugnet hatte, und noch eine ganze Menge dazu. Diese selbstanalytische Arbeit dauerte täglich einige Stunden während circa sechs Wochen. Am Ende dieses Zeitraums hatte sie sich so beruhigt wie ein Patient in einer normalen Behandlung, und dann starb sie.

810 Aus dieser und einer Anzahl ähnlicher Erfahrungen muß ich also schließen, daß unserer Seele zum mindesten das Sterben des Individuums doch nicht gleichgültig ist. Der Zwang, alles Verkehrte noch richtigzustellen, der so häufig bei Sterbenden beobachtet wird, dürfte in gleiche Richtung weisen.

811 Wie diese Erfahrungen letzlich gedeutet werden müßten, ist ein Problem, das die Kompetenzen einer Erfahrungswissenschaft sowohl wie unsere intellektuellen Möglichkeiten überschreitet, denn zu einer Schlußfolgerung gehört notwendigerweise noch die Erfahrung des Todes. Dieses Ereignis versetzt aber den Beobachter unglücklicherweise in eine Lage, welche ihm die objektive Mitteilung seiner Erfahrung und der Schlüsse, die sich daraus ergeben, verunmöglicht.

812 Das Bewußtsein bewegt sich in engen Schranken, eingespannt in eine kurze Zeitstrecke zwischen Anfang und Ende, die erst noch etwa um ein Drittel durch periodischen Schlaf verkürzt wird. Das Leben des Körpers dauert etwas länger, es fängt stets früher an und hört sehr oft später auf als das Bewußtsein. Anfang und Ende sind die unvermeidlichen Aspekte aller Vorgänge. Jedoch bei näherem Zusehen fällt es ungeheuer schwer, anzugeben, wo etwas anfängt und wo etwas aufhört, denn die Ereignisse und Vorgänge, die Anfänge und Beendigungen bilden genau genommen ein nirgends teilbares Kontinuum. Wir teilen Vorgänge ab zum Zwecke der Unterscheidung und des Erkennens, im Grunde dabei wissend, daß jede Trennung arbiträr und konventionell ist. In das Kontinuum des Weltvorganges greifen wir damit nicht ein, denn «Anfang» und «Ende» sind in allererster Linie Notwendigkeiten unseres bewuß-

ten Erkenntnisprozesses. Wohl können wir mit hinlänglicher Sicherheit feststellen, daß ein individuelles Bewußtsein in bezug auf uns selber zum Ende
gekommen ist. Ob aber damit auch die Kontinuität des psychischen Vorganges unterbrochen ist, bleibt zweifelhaft, denn die Gehirnverhaftung der Psyche ist heutzutage mit weit geringerer Sicherheit zu behaupten als noch vor
fünfzig Jahren. Vorerst muß die Psychologie noch gewisse parapsychologische Tatsachen verdauen, womit sie aber noch nicht einmal angefangen hat.

Es scheinen nämlich der uns unbewußten Psyche Eigenschaften zuzukom-   813
men, welche ein ganz merkwürdiges Licht auf deren Verhältnis zu Raum und
Zeit werfen. Ich meine damit die räumlichen und zeitlichen telepathischen
Phänomene, die bekanntlich viel leichter zu ignorieren als zu erklären sind.
Die Wissenschaft hat sich's bis jetzt, bis auf wenige rühmliche Ausnahmen, in
dieser Hinsicht sehr bequem gemacht. Ich muß aber gestehen, daß mir die
sogenannten telepathischen Fähigkeiten der Psyche erhebliches Kopfzerbre-
chen verursacht haben, denn mit dem Schlagwort «Telepathie» ist noch längstens nichts erklärt. Die raumzeitliche Bewußtseinsbeschränkung ist eine dermaßen überwältigende Tatsache, daß jede Durchbrechung dieser fundamentalen Wahrheit eigentlich ein Ereignis von höchster theoretischer Bedeutung
ist, denn es wäre damit erwiesen, daß die Raumzeitbeschränkung eine aufheb-
bare Bestimmung ist. Die aufhebende Bedingung wäre die Psyche, welcher
also die Raumzeitlichkeit höchstens als relative, das heißt bedingte Eigenschaft
anhaften würde. Gegebenenfalls aber könnte sie die Schranke der Raumzeitlichkeit auch durchbrechen, und zwar notwendigerweise vermöge einer ihr
wesentlichen Eigenschaft relativer Raum- und Zeitlosigkeit. Diese, wie es mir
scheint, sehr naheliegende Möglichkeit ist von so unabsehbarer Tragweite,
daß sie den forschenden Geist zu größter Anstrengung anspornen sollte. Unsere gegenwärtige Bewußtseinsentwicklung ist aber dermaßen rückständig
(Ausnahmen bestätigen die Regel!), daß es noch allgemein an wissenschaftli-
chem und denkerischem Rüstzeug fehlt, um die Tatsachen der Telepathie in
ihrer Bedeutung für das Wesen der Psyche genügend auszuwerten. Ich habe
auf diese Gruppe von Erscheinungen bloß hingewiesen, um anzudeuten, daß
die Gehirnverhaftung der Psyche, das heißt ihre Raumzeitbeschränkung,
doch nicht so selbstverständlich und unumstößlich ist, wie man bisher glaubte annehmen zu dürfen.

Wer auch nur über einige Kenntnisse des bereits vorhandenen und genü-   814
gend gesicherten parapsychologischen Beweismaterials verfügt, weiß, daß im
besonderen die sogenannten telepathischen Erscheinungen unzweifelhafte

Tatsachen sind. Eine objektive Sichtung und Kritik der vorhandenen Beobachtungen muß feststellen, daß sich Wahrnehmungen ereignen, die teils so vor sich gehen, als ob es keinen Raum, teils so, als ob es keine Zeit gäbe. Daraus läßt sich natürlich kein metaphysischer Schluß ableiten, daß es infolgedessen im An-sich der Dinge weder Raum noch Zeit gäbe, und daß daher der menschliche Geist in die Raumzeitkategorie wie in eine nebelhafte Illusion eingesponnen wäre. Vielmehr sind Raum und Zeit nicht nur unmittelbarste, naivste Gewißheit, sondern auch empirische Anschaulichkeit, indem alles und jedes Wahrnehmbare so geschieht, als ob es in Raum und Zeit sich ereignete. Angesichts dieser überwältigenden Gewißheit ist es begreiflich, daß der Verstand die größte Mühe hat, die Eigenart des telepathischen Phänomens gelten zu lassen. Wer aber den Tatsachen Gerechtigkeit widerfahren läßt, der kann nicht umhin, zuzugeben, daß die anscheinende Raumzeitlosigkeit deren eigentlichstes Wesen ausmacht. Schließlich sind naive Anschauung und unmittelbare Gewißheit streng genommen nur Beweistümer für ein psychologisches Apriori der Anschauungsform, welche schlechterdings keine andere Form zuläßt. Daß unser Anschauungsvermögen ganz und gar außerstande ist, sich eine raumzeitlose Seinsform zu imaginieren, beweist letzten Endes ja keineswegs, daß eine solche an sich unmöglich sei. Und ebensowenig daher, wie man aus der Eigenschaft einer anscheinenden Raumzeitlosigkeit auf die Tatsache der raumzeitlosen Seinsform einen absoluten Schluß ziehen darf, ist es erlaubt, aus der anscheinenden Raumzeitqualität der Wahrnehmung zu schließen, daß es keine raumzeitlose Seinsform geben könne. Der Zweifel aber an der absoluten Gültigkeit der Raumzeitanschauung ist nicht nur erlaubt, sondern in Anbetracht der derzeit vorhandenen Erfahrung sogar geboten. Die hypothetische Möglichkeit, daß die Psyche auch eine raumzeitlose Seinsform berühre, ist ein bis auf weiteres ernst zu nehmendes wissenschaftliches Fragezeichen. Die Ideen und Zweifel der theoretischen Physik unserer Tage müssen auch den Psychologen vorsichtig stimmen, denn was heißt schließlich die «Begrenztheit des Raumes», philosophisch genommen, anderes als eine Relativierung der Raumkategorie? Der Zeitkategorie könnte (wie der Kausalität) leicht ein Ähnliches passieren. Zweifel in dieser Hinsicht sind also in heutiger Zeit weniger als je aus der Luft gegriffen.

815   Das Wesen der Psyche reicht wohl in Dunkelheiten weit jenseits unserer Verstandeskategorien. Die Seele enthält so viele Rätsel wie die Welt mit ihren galaktischen Systemen, vor deren erhabenem Anblick nur ein phantasieloser Geist sein Ungenügen sich nicht zugestehen kann. Bei dieser äußersten Unsi-

cherheit menschlicher Auffassung ist aufklärerisches Getue nicht nur lächerlich, sondern auch betrüblich geistlos. Sollte also jemand aus dem Bedürfnis seines innersten Gemütes oder aus Übereinstimmung mit uralten Weisheitslehren der Menschheit oder aus der psychologischen Tatsache des Vorkommens «telepathischer» Wahrnehmungen den Schluß ziehen, daß die Psyche zutiefst einer raumzeitlosen Seinsform teilhaftig sei und so mithin dem angehöre, was unzulänglich und symbolisch als «Ewigkeit» bezeichnet wird, so vermöchte ihm der kritische Verstand kein anderes Argument entgegenzusetzen als das wissenschaftliche «non liquet». Er hätte überdies den nicht zu unterschätzenden Vorteil, mit einem seit unvordenklichen Zeiten bestehenden und universal verbreiteten «penchant» der menschlichen Seele übereinzustimmen. Wer diesen Schluß nicht zieht, aus Skepsis oder aus Rebellion gegen die Tradition oder aus Mangel an Mut oder aus Oberflächlichkeit psychologischer Erfahrung oder aus gedankenloser Ignoranz, hat die statistisch sehr geringe Wahrscheinlichkeit, ein Pionier des Geistes zu werden, daneben aber die unzweifelhafte Sicherheit, in Widerspruch mit den Wahrheiten seines Blutes zu geraten. Ob diese in letzter Linie nun absolute Wahrheiten sind oder nicht, werden wir nie beweisen können. Es genügt, daß sie als «penchant» vorhanden sind, und wir wissen zur Genüge, was es bedeutet, mit diesen «Wahrheiten» in einen leichtfertigen Konflikt zu geraten: es bedeutet dasselbe wie die bewußte Hinwegsetzung über die Instinkte, nämlich Entwurzelung, Desorientierung, Sinnlosigkeit, und wie alle diese Minderwertigkeitssymptome sonst noch heißen. Es ist einer der verhängnisvollsten soziologischen und psychologischen Irrtümer, an denen unsere Zeit so reich ist, daß man so häufig meint, von irgendeinem gegebenen Augenblick an könne etwas ganz anders werden, zum Beispiel könne sich der Mensch von Grund auf verändern, oder es könnte eine Formel oder Wahrheit gefunden werden, die einen ganz neuen Anfang darstelle usw. Es ist noch immer ein Wunder gewesen, wenn überhaupt etwas wesentlich anders oder sogar besser geworden ist. Das Abgleiten von den Wahrheiten des Blutes erzeugt neurotische *Rastlosigkeit,* etwas, von dem man heutzutage nachgerade genug haben könnte. Rastlosigkeit erzeugt Sinnlosigkeit, und Sinnlosigkeit des Lebens ist ein seelisches Leiden, das unsere Zeit noch nicht in seinem ganzen Umfang und in seiner ganzen Tragweite erfaßt hat.

XVIII
SYNCHRONIZITÄT ALS EIN PRINZIP
AKAUSALER ZUSAMMENHÄNGE

[Zusammen mit einer Monographie von WOLFGANG PAULI, «Der Einfluß archetypischer Vorstellungen auf die Bildung naturwissenschaftlicher Theorien bei Kepler», erschienen in dem Band *Naturerklärung und Psyche*. (Studien aus dem C. G. Jung-Institut IV) Rascher, Zürich 1952.]

VORREDE

Mit der Abfassung dieser Schrift löse ich sozusagen ein Versprechen ein, an
dessen Erfüllung ich mich viele Jahre lang nicht gewagt habe. Zu groß schienen mir die Schwierigkeiten des Problems sowohl wie die seiner Darstellung; zu groß die intellektuelle Verantwortung, ohne welche ein derartiger Gegenstand nicht behandelt werden kann; zu ungenügend endlich meine wissenschaftliche Vorbereitung. Wenn ich nun dennoch meine Scheu überwunden und das Thema in Angriff genommen habe, so geschah es hauptsächlich deshalb, weil sich einerseits meine Erfahrungen mit dem Synchronizitätsphänomen von Jahrzehnt zu Jahrzehnt häuften, andererseits meine symbolgeschichtlichen Untersuchungen, insbesondere diejenigen über das Fischsymbol, mir das Problem immer näher rückten, und schließlich, weil ich schon seit zwanzig Jahren in meinen Schriften hin und wieder das Vorhandensein besagten Phänomens, ohne eine nähere Erläuterung desselben, angedeutet habe. Ich möchte dem unbefriedigenden Zustand der Frage ein vorläufiges Ende setzen, indem ich versuche, alles, was ich hiezu vorzubringen habe, zusammenhängend darzustellen. Man möge es mir nicht als Anmaßung auslegen, wenn ich im folgenden ungewöhnliche Ansprüche an die Aufgeschlossenheit und Bereitwilligkeit meines Publikums stelle. Es werden dem Leser nicht nur Exkursionen in dunkle, zweifelhafte und durch Vorurteile abgeriegelte Gebiete menschlicher Erfahrung zugemutet, sondern es werden ihm auch Denkschwierigkeiten aufgebürdet, wie sie eben die Behandlung und Durchleuchtung eines so abstrakten Gegenstandes mit sich bringen. Es handelt sich, wie jedermann nach der Lektüre einiger Seiten feststellen kann, keineswegs um eine vollständige Beschreibung und Klärung des verwickelten Tatbestandes, sondern nur um einen Versuch, das Problem so aufzurollen, daß, wenn nicht alle, so doch viele seiner Aspekte und Beziehungen sichtbar werden und damit, wie ich hoffe, ein Zugang zu einem noch dunkeln Gebiet, das aber weltanschaulich von größter Bedeutung ist, sich auftut. Als Psychiater und Psychotherapeut kam ich oft in Berührung mit den in Frage stehenden Phänomenen und konnte mich namentlich darüber vergewissern, wieviel

sie für die innere Erfahrung des Menschen bedeuten. Es handelt sich ja meist um Dinge, über die man nicht laut spricht, um sie nicht gedankenlosem Spotte auszusetzen. Ich war immer wieder erstaunt darüber, wie viele Leute Erfahrungen dieser Art gemacht haben und wie sorgsam das Unerklärliche gehütet wurde. Meine Anteilnahme an diesem Problem ist daher nicht nur wissenschaftlich begründet, sondern auch menschlich.

817   Bei der Ausführung meiner Arbeit erfreute ich mich des Interesses und der tatkräftigen Unterstützung seitens einer Reihe von Persönlichkeiten, deren ich im Text Erwähnung tue. An dieser Stelle möchte ich Frau Dr. L. Frey-Rohn meinen besonderen Dank abstatten. Sie hat mit großer Hingabe das astrologische Material bearbeitet.

Im August 1950   C. G. JUNG

A. EXPOSITION

Die Ergebnisse der modernen Physik haben, wie bekannt, eine bedeutende   818
Veränderung unseres naturwissenschaftlichen Weltbildes herbeigeführt, indem sie die absolute Gültigkeit des Naturgesetzes erschütterten und in eine
relative verwandelten. Naturgesetze sind *statistische* Wahrheiten, das heißt, sie
sind nur dort sozusagen durchwegs gültig, wo es sich um sogenannte makro-
physikalische Größen handelt. Im Bereiche sehr kleiner Größen aber wird die
Voraussage unsicher, beziehungsweise unmöglich, weil sich sehr kleine Größen nicht mehr den bekannten Naturgesetzen gemäß verhalten.

Das philosophische Prinzip, das unserer Anschauung von Naturgesetzlich-   819
keit zugrunde liegt, ist die *Kausalität*. Wenn der Zusammenhang von Ursache und Wirkung sich als nur statistisch gültig beziehungsweise als nur relativ
wahr herausstellt, dann ist auch das Kausalprinzip in letzter Linie nur relativ
zur Erklärung von Naturvorgängen verwendbar und setzt eben damit das
Vorhandensein eines oder mehrerer anderer Faktoren, die zur Erklärung nötig
wären, voraus. Das heißt soviel, als daß die Verknüpfung von Ereignissen unter Umständen von anderer als kausaler Natur ist und ein anderes Erklärungsprinzip verlangt.

Man wird natürlich in der makrophysikalischen Welt vergeblich nach   820
akausalen Ereignissen Umschau halten, schon einfach darum, weil man sich
nicht-kausal verknüpfte, nicht-zu-erklärende Ereignisse gar nicht vorstellen
kann. Das will aber keineswegs bedeuten, daß solche nicht vorkommen. Ihr
Vorhandensein geht – wenigstens als Möglichkeit – logisch aus der Prämisse
der statistischen Wahrheit hervor.

Die naturwissenschaftliche Fragestellung zielt auf regelmäßige und, so   821
weit sie experimentell ist, auf reproduzierbare Ereignisse. Damit fallen einmalige oder seltene Ereignisse außer Betracht. Überdies auferlegt das Experiment
der Natur einschränkende Bedingungen, denn es will sie veranlassen, auf vom

Menschen erdachte Fragen Antwort zu geben. Jede Antwort der Natur ist daher belastet durch die Art der Fragestellung, und das Ergebnis stellt ein Mischprodukt dar. Die hierauf basierte, sogenannte naturwissenschaftliche Weltanschauung kann daher nichts anderes sein als eine psychologisch präjudizierte Teilansicht, welche alle jene durchaus nicht unwichtigen Aspekte, die statistisch nicht erfaßbar sind, vermissen läßt. Um aber diese Einmaligkeiten beziehungsweise Seltenheiten irgendwie erfassen zu können, scheint man zunächst auf ebenso «einmalige» Einzelbeschreibungen angewiesen zu sein. Daraus ergäbe sich wohl eine chaotische Kuriositätensammlung, die an jene alten Naturalienkabinette erinnert, wo neben Versteinerungen und anatomischen Mißbildungen sich auch das Horn des Unicorn, das Mandragoramännchen und ein eingetrocknetes Meerfräulein finden. Die beschreibenden Naturwissenschaften, wie vor allem die Biologie im weitesten Umfang, kennen derartige «Einmaligkeiten» sehr wohl, und es braucht dort zum Beispiel nur *ein* festgestelltes Exemplar eines an sich höchst unglaubwürdigen Lebewesens, um dessen Existenz zu beweisen. Allerdings haben in diesem Fall viele Beobachter Gelegenheit, sich durch ihre eigenen Sinne vom Vorhandensein eines derartigen Wesens zu überzeugen. Wo es sich aber um vorübergehende Ereignisse handelt, welche keine anderen nachweisbaren Spuren hinterlassen als etwa Gedächtnisspuren in einzelnen Köpfen, da genügt ein einzelner Zeuge nicht mehr, und auch mehrere reichen nicht aus, um ein einmaliges Vorkommnis als unbedingt glaubwürdig erscheinen zu lassen. Man kennt ja hinlänglich die Unzuverlässigkeit von Zeugenaussagen! In diesem Falle drängt sich gebieterisch die Notwendigkeit auf, zu untersuchen, ob das anscheinend einmalige Ereignis wirklich einmalig in der Erfahrung ist oder ob es gleiche oder wenigstens ähnliche Vorkommnisse sonstwo gibt. Dabei spielt der consensus omnium eine zwar psychologisch bedeutsame, aber empirisch etwas mißliche Rolle. Zur Feststellung von Tatsachen erweist er sich nämlich nur ausnahmsweise als nützlich. Die Empirie wird ihn zwar nicht außer acht lassen, aber sich besser nicht auf ihn stützen. Absolut einmalige, vorübergehende Ereignisse, deren Vorhandensein man mit keinen Mitteln leugnen, aber auch nicht beweisen kann, können nie Gegenstand einer Erfahrungswissenschaft sein; seltene Vorkommnisse aber sehr wohl, wenn eine größere Anzahl von verläßlichen Einzelbeobachtungen vorliegt. Dabei spielt deren sogenannte *Möglichkeit* gar keine Rolle; denn das Kriterium derselben leitet sich jeweils nur von einer zeitbedingten, verstandesmäßigen Voraussetzung her. Es gibt keine absoluten Naturgesetze, deren Autorität man anrufen könnte, um seine

Vorurteile zu stützen. Man kann billigerweise nur eine möglichst hohe Zahl von Einzelbeobachtungen verlangen. Wenn diese Zahl, statistisch betrachtet, innerhalb der Zufallswahrscheinlichkeit bleiben sollte, so ist damit zwar statistisch erwiesen, daß es sich um einen Zufall handelt; aber eine Erklärung ist damit nicht geleistet. Es hat eine Ausnahme von der Regel stattgefunden. Wenn zum Beispiel die Zahl der Komplexmerkmale unterhalb der wahrscheinlichen Anzahl der beim Assoziationsexperiment zu erwartenden Störungen liegt, so berechtigt dies keineswegs zu der Annahme, daß in diesem Fall kein Komplex vorliege. Das hat aber nicht gehindert, daß man die Reaktionsstörungen früher als Zufälle betrachtet hat.

Obschon wir uns gerade in der Biologie auf einem Gebiet bewegen, wo 822 kausale Erklärungen öfters sehr wenig befriedigen beziehungsweise fast unmöglich erscheinen, so wollen wir uns hier doch nicht mit dem Problem der Biologie beschäftigen, sondern vielmehr mit der Frage, ob es ganz im allgemeinen nicht nur eine Möglichkeit, sondern eine Tatsächlichkeit akausaler Ereignisse gibt.

Es gibt nun innerhalb unserer Erfahrung ein unermeßlich weites Gebiet, 823 dessen Ausdehnung der Reichweite der Gesetzmäßigkeit sozusagen das Gleichgewicht hält: es ist die Welt des *Zufalls*[1], welcher mit dem koinzidierenden Tatbestand kausal nicht verbunden zu sein scheint. Wir wollen uns daher im folgenden zunächst mit dem Wesen und der Auffassung des Zufalls näher befassen. Man ist es gewohnt, vom Zufall vorauszusetzen, daß er selbstverständlich einer kausalen Erklärung zugänglich sei und eben nur darum als «Zufall» oder «Koinzidenz» bezeichnet werde, weil seine Kausalität nicht oder noch nicht aufgedeckt sei. Da man gewohnheitsmäßig von der absoluten Gültigkeit des Kausalgesetzes überzeugt ist, hält man diese Erklärung des Zufalls für zureichend. Ist aber das Kausalprinzip nur relativ gültig, so ergibt sich daraus der Schluß, daß, wenn schon die überwiegende Mehrzahl der Zufälle kausal erklärt werden kann, dennoch ein Restbestand, der akausal ist, vorhanden sein muß. Wir finden uns daher der Aufgabe gegenübergestellt, die Zufallsereignisse zu sichten und die akausalen von den kausal erklärbaren zu trennen. Natürlich steht zu vermuten, daß die Zahl der kausal erklärbaren die der auf Akausalität verdächtigen Vorkommnisse weitaus überwiegt, weshalb Oberflächlichkeit oder Voreingenommenheit des Beobachters die relativ sel-

---

[1] Das Wort «Zu-fall» ist wie «Ein-fall» ungemein bezeichnend: es ist das, was sich auf jemanden zu bewegt, wie wenn es von ihm angezogen wäre.

tenen akausalen Phänomene leicht übersehen könnte. Sobald man an die Behandlung des Zufalls herantritt, drängt sich die Notwendigkeit einer *zahlenmäßigen* Erfassung der in Frage kommenden Ereignisse auf.

824   Die Sichtung des Erfahrungsmaterials kann nicht erfolgen ohne Kriterien
der Unterscheidung. Woran soll man akausale Verknüpfungen von Ereignissen erkennen, da man ja unmöglicherweise alle Zufälle auf ihre Kausalität
untersuchen kann? Hierauf ist zu antworten, daß man akausale Ereignisse am
ehesten dort erwarten kann, wo bei näherer Überlegung eine kausale Verknüpfung als undenkbar erscheint. Als Beispiel diene das den Ärzten wohlbekannte Phänomen der «Duplizität der Fälle». Gelegentlich handelt es sich
auch um Triplizität und mehr, so daß KAMMERER von einem «Gesetz der Serie» sprechen konnte, wofür er eine Reihe vorzüglicher Beispiele gibt [2]. In den
meisten solcher Fälle besteht keine auch noch so entfernte Wahrscheinlichkeit eines kausalen Zusammenhanges der koinzidierenden Ereignisse. Wenn
ich zum Beispiel feststellen muß, daß mein Trambahnbillett die gleiche
Nummer tägt wie das Theaterbillett, das ich gleich darauf erwerbe, und ich
am selben Abend noch einen Telephonanruf erhalte, bei dem mir die gleiche
Zahl als Telephonnummer genannt wird, so erscheint mir ein kausaler Zusammenhang über alle Maßen unwahrscheinlich, und ich vermöchte mir auch
mit der kühnsten Phantasie nicht zu erdenken, wieso überhaupt ein Zusammenhang bestehen könnte, obschon jeder Fall für sich ebenso evidenterweise
seine Kausalität besitzt. Ich weiß aber andererseits, daß das Zufallsgeschehen
eine Tendenz zu *aperiodischer Gruppenbildung* aufweist, was notwendigerweise
der Fall sein muß, weil sonst nur eine periodische, regelmäßige Anordnung
der Ereignisse, welche den Zufall eben gerade ausschlösse, vorhanden sein
müßte.

825   KAMMERER ist nun allerdings der Ansicht, daß die Häufungen [3], beziehungsweise Zufallsserien, zwar der Wirkung einer gemeinsamen Ursache entrückt [4], das heißt akausal, aber dennoch Ausdruck der Inertie, das heißt des
allgemeinen Beharrungsvermögens, seien [5]. Die Gleichzeitigkeit der «Häu-

---

[2] KAMMERER, *Das Gesetz der Serie.*
[3] l. c., p. 130.
[4] l. c., pp. 36, 93 f. und 102 f.
[5] l. c., p. 117: «*Das Seriengesetz ist Ausdruck des Beharrungsgesetzes der in seinen Wiederholungen mitspielenden (die Serie in Szene setzenden) Objekte.* Aus der unverhältnismäßig größeren Be-
harrlichkeit, die im Vergleiche zum Einzelkörper und zur Einzelkraft dem Körper- und Kräf-
tekomplex eigen ist, erklärt sich das Beibehalten einer identischen Konstellation und das ihn

fung des Gleichen im Nebeneinander» erklärt er durch «Imitation»[6]. Damit
widerspricht er sich aber selber, denn die Zufallshäufung ist keineswegs
«außerhalb des Bereiches der Erklärlichkeit gerückt»[7], sondern aller Erwartung entsprechend innerhalb derselben und daher, obschon nicht auf eine gemeinsame, so doch auf mehrere Ursachen rückführbar. Seine Begriffe von *Serialität, Imitation, Attraktion* und *Inertie* gehören in ein als kausal gedachtes
Weltbild und sagen nichts weiter aus als die Zufallshäufung, welche der statistischen und mathematischen Wahrscheinlichkeit entspricht. KAMMERERS
Tatsachenmaterial enthält nur Zufallshäufungen, deren einzige «Gesetzmäßigkeit» die Wahrscheinlichkeit ist, das heißt es besteht kein ersichtlicher Anlaß, dahinter irgend etwas anderes zu suchen. Er sucht aber aus einem dunkeln
Grunde doch mehr dahinter, als was die bloße Wahrscheinlichkeit verbürgt,
nämlich ein *Gesetz der Serialität,* das er als Prinzip neben der Kausalität und
der Finalität einführen möchte[8]. Diese Tendenz wird aber, wie gesagt, durch
sein Material in keinerlei Weise gewährleistet. Ich kann mir diesen offenkundigen Widerspruch nur dadurch erklären, daß er eine dunkle, aber faszinieren-
de Intuition einer akausalen Anordnung und Verknüpfung der Ereignisse
hatte, und zwar infolge des Umstandes, daß er sich wie alle besinnlichen und
empfindsamen Naturen dem eigentlichen Eindruck, den Zufallshäufungen
zu machen pflegen, nicht entziehen konnte und daher, seiner wissenschaftlichen Veranlagung gemäß, den kühnen Versuch wagte, eine akausale Serialität
auf Grund eines Erfahrungsmaterials, das innerhalb der Wahrscheinlichkeitsgrenzen liegt, zu postulieren. Leider hat KAMMERER nicht den Versuch einer
zahlenmäßigen Erfassung der Serialität unternommen. Ein derartiges Unter-
nehmen hätte allerdings schwer zu beantwortende Fragen aufgeworfen. Die
kasuistische Methode mag der allgemeinen Orientierung gute Dienste leisten; dem Zufall gegenüber ist erfolgversprechend nur die zahlenmäßige Erfassung beziehungsweise die statistische Methode.

begleitende Zustandekommen von Wiederholungen durch sehr lange Zeiträume hindurch»
usw.
    [6] l. c., p. 130.
    [7] l. c., p. 94.
    [8] Die Numinosität einer Zufallsserie wächst proportional der Anzahl ihrer Glieder. Das
bedeutet, daß unbewußte (vermutlich archetypische) Inhalte dadurch konstelliert werden,
woraus dann der Eindruck entsteht, als ob die Serie durch solche Inhalte «verursacht» wäre.
Wieso dies möglich ist, kann man sich, ohne geradezu magische Kategorien in Anspruch zu
nehmen, allerdings nicht recht vorstellen, weshalb man sich in der Regel mit dem bloßen Eindruck begnügt.

826   Zufallsgruppierungen oder -serien scheinen, für unser derzeitiges Begreifen wenigstens, sinnlos zu sein und überdies samt und sonders innerhalb der Wahrscheinlichkeit zu liegen. Es gibt allerdings Fälle, deren Zufälligkeit Anlaß zu Zweifel geben könnte. Ich habe mir, um ein Beispiel aus vielen zu erwähnen, unter dem 1. April 1949 folgenden Fall notiert: Heute ist Freitag. Wir haben *Fisch* zum Mittagessen. Jemand erinnert beiläufig an den Gebrauch des «Aprilfisches». Am Vormittag habe ich mir eine Inschrift notiert: «Est homo totus medius piscis ab imo.»[9] Nachmittags zeigt mir eine frühere Patientin, die ich seit Monaten nicht gesehen habe, einige ungemein eindrucksvolle Fischbilder, die sie in der Zwischenzeit gemalt hat. Abends wird mir eine Stickerei gezeigt, die fischartige Meerungeheuer darstellt. Am 2. April, am frühen Vormittag, erzählt mir eine frühere Patientin, die ich seit vielen Jahren nicht mehr gesehen hatte, einen Traum, in welchem sie, am Ufer eines Sees stehend, einen großen Fisch erblickt, der direkt auf sie zuschwimmt und sozusagen zu ihren Füßen «landet». Ich bin zu dieser Zeit mit einer Untersuchung über das historische Fischsymbol beschäftigt. Nur eine der hier in Betracht kommenden Personen weiß darum.

827   Der Verdacht, daß es sich in diesem Fall um *sinngemäße Koinzidenz,* um einen akausalen Zusammenhang handeln könnte, liegt nahe. Ich muß gestehen, daß diese Häufung mir Eindruck gemacht hat. Sie hatte für mich einen gewissen numinosen Charakter. Unter solchen Umständen sagt man bekanntlich gerne: «Das kann doch kein bloßer Zufall sein», und weiß nicht, was man damit sagt. KAMMERER hätte mich hier gewiß an seine «Serialität» erinnert. Die Stärke des Eindrucks beweist aber nichts gegen die zufällige Koinzidenz aller dieser Fische. Es ist gewiß höchst sonderbar, daß sich innerhalb 24 Stunden das Thema «Fisch» nicht weniger als sechsmal wiederholt. Man muß sich aber vor Augen halten, daß Fisch am Freitag eine gewöhnliche Sache ist. Am 1. April kann man sich leicht des Aprilfisches entsinnen. Ich war damals schon seit mehreren Monaten mit dem Fischsymbol beschäftigt. Fische als Symbole unbewußter Inhalte kommen häufig vor. Es besteht daher keine gerechtfertigte Möglichkeit, darin etwas anderes als eben eine Zufallsgruppe zu erblikken. Häufungen oder Serien, welche aus öfters vorkommenden Dingen zusammengesetzt sind, müssen bis auf weiteres als zufällig gelten[10]. Sie scheiden

---

[9] [Der ganzheitliche Mensch ist von unten bis zur Mitte ein Fisch.]

[10] Zur Ergänzung des Gesagten möchte ich erwähnen, daß ich diese Zeilen am Ufer unseres Sees schrieb. Als ich den Satz beendet hatte, machte ich ein paar Schritte auf der Seemauer:

daher, gleichviel, wie groß ihr Umfang auch sein mag, als akausale Zusammenhänge aus, denn es ist unersichtlich, wie man sie als solche erweisen könnte. Man nimmt deshalb allgemein an, daß überhaupt alle Koinzidenzen Zufallstreffer seien und daher keiner nichtkausalen Erklärung bedürfen[11]. Diese Annahme kann und muß sogar solange als wahr gelten, als der Beweis nicht erbracht ist, daß die Häufigkeit ihres Vorkommens die Grenzen der Wahrscheinlichkeit überschreitet. Sollte aber dieser Beweis geleistet werden, dann wäre damit zugleich bewiesen, daß es echte akausale Verknüpfungen von Ereignissen gibt, zu deren Erklärung oder Auffassung ein der Kausalität inkommensurabler Faktor postuliert werden müßte. Es müßte dann nämlich angenommen werden, daß Ereignisse überhaupt einerseits als Kausalketten, andererseits aber gegebenenfalls auch durch eine Art von *sinngemäßer Querverbindung* zueinander in Beziehung gesetzt seien.

An dieser Stelle möchte ich jene Abhandlung SCHOPENHAUERS, «*Über die* [828] *anscheinende Absichtlichkeit im Schicksale des Einzelnen*», welche meinen hier zu entwickelnden Anschauungen ursprünglich zu Gevatter stand, zum Worte kommen lassen. Handelt sie doch von der Frage der «Gleichzeitigkeit... des kausal *nicht* Zusammenhängenden, die man den Zufall nennt...»[12] SCHOPENHAUER veranschaulicht diese Gleichzeitigkeit durch *Parallelkreise,* welche eine Querverbindung zwischen den als Kausalketten gedachten *Meridianen* darstellen. «Alle Ereignisse im Leben eines Menschen ständen demnach in zwei grundverschiedenen Arten des Zusammenhangs: erstlich, im objektiven, kausalen Zusammenhange des Naturlaufs; zweitens, in einem subjektiven Zusammenhange, der nur in Beziehung auf das sie erlebende Individuum

---

da lag ein etwa 30 cm langer Fisch tot auf der Mauer, anscheinend unverletzt. Am Vorabend hatte noch kein Fisch dort gelegen. (Vermutlich war er durch einen Raubvogel oder eine Katze aus dem Wasser gezogen worden.) Der Fisch war der siebente in der Reihe.

[11] Man ist in einiger Verlegenheit, wie man jenes Phänomen, das STEKEL als «Verpflichtung des Namens» bezeichnet hat, auffassen soll (*Mollsche Zeitschrift f. Psychotherapie,* III [1911], p. 110 ff.). Es handelt sich dabei um zum Teil groteske Koinzidenzen von Name und Eigenart eines Menschen. Zum Beispiel leidet Herr Groß an Größenwahn, Herr Kleiner hat einen Minderwertigkeitskomplex. Zwei Schwestern Altmann heiraten beide 20 Jahre ältere Männer, Herr Feist ist Ernährungsminister, Herr Roßtäuscher Advokat, Herr Kalberer ein Geburtshelfer, Herr Freud vertritt das Lustprinzip, Herr Adler den Willen zur Macht, Herr Jung die Idee der Wiedergeburt usw. Handelt es sich hier um absurde Zufallslaunen oder um Suggestivwirkungen des Namens, wie STEKEL anzunehmen scheint, oder um «sinngemäße Koinzidenzen»?

[12] *Parerga und Paralipomena,* pp. 40, 39 und 45.

vorhanden und so subjektiv wie dessen eigene Träume ist... Daß nun jene
beiden Arten des Zusammenhangs zugleich bestehen und die nämliche Bege-
benheit als ein Glied zweier ganz verschiedener Ketten, doch beiden sich genau einfügt, infolge wovon jedesmal das Schicksal des Einen zum Schicksal
des Andern paßt und jeder der Held seines eigenen, zugleich aber auch der
Figurant im fremden Drama ist, dies ist freilich etwas, das alle unsere Fas-
sungskraft übersteigt und nur vermöge der wundersamsten *harmonia praestabilita* als möglich gedacht werden kann.» Nach seiner Auffassung ist «das
Subjekt des großen Lebenstraumes... nur eines», nämlich der transzendentale
Wille, die prima causa, von welcher alle Kausalketten wie die Meridiane vom
Pol ausstrahlen und vermöge der Parallelkreise in einer sinngemäßen *Gleich-
zeitigkeitsrelation* [13] zueinander stehen. SCHOPENHAUER glaubt an den absoluten Determinismus des Naturablaufes und dazu noch an eine erste Ursache.
Letztere Annahme ist wie erstere durch nichts gewährleistet. Sie ist ein
philosophisches Mythologem und nur dann glaubwürdig, wenn sie in der
Gestalt der alten Paradoxie Ἕν τὸ πᾶν, nämlich als Einheit und Vielheit
zugleich auftritt. Erstere Annahme, daß die Gleichzeitigkeitspunkte auf
den Kausalketten-Meridianen sinngemäße Koinzidenzen darstellen, hätte
nur dann eine Aussicht auf Erfolg, wenn die Einheit der prima causa wirklich
feststünde. Wäre sie aber, was sie ebensogut sein könnte, eine Vielheit, so
müßte die ganze SCHOPENHAUERsche Erklärung zusammenbrechen, ganz abgesehen von der erst neuerdings eingesehenen, bloß statistischen Gültigkeit
des Naturgesetzes, welche dem Indeterminismus eine Möglichkeit offen-
hält. Weder philosophische Überlegung noch die Erfahrung gewährleisten
daher das regelmäßige Vorhandensein jener beiden Arten von Zusammenhang, in denen eines und dasselbe Subjekt und Objekt ist. SCHOPENHAUER
hat zu einer Zeit gedacht und geschrieben, wo die Kausalität als Kategorie
a priori absolute Gültigkeit hatte und daher zur Erklärung sinngemäßer
Koinzidenzen herangezogen werden mußte. Sie leistet aber, wie wir gesehen
haben, diesen Dienst nur dann mit einiger Wahrscheinlichkeit, wenn man die
weitere willkürliche Annahme einer Einheit der prima causa zu Hilfe nimmt. .
Dann ergibt sich aber auch die *Notwendigkeit,* daß jeder Punkt auf dem gedachten Meridian mit jedem anderen auf demselben Breitengrade in der Beziehung sinngemäßer Koinzidenz steht. Dieser Schluß überschreitet aber alle
empirische Möglichkeit, das heißt er schreibt der sinngemäßen Koinzidenz

---

[13] Daher mein Terminus «Synchronizität».

ein so regel- und gesetzmäßiges Vorhandensein oder Vorkommen zu, daß
dessen Feststellung entweder gar nicht nötig oder die einfachste Sache von der
Welt wäre. SCHOPENHAUERS Beispiele sind so sehr und so wenig überzeugend
wie alle anderen. Höchstes Verdienst aber ist es, daß er das Problem gesehen
und dabei wohl verstanden hat, daß es hiefür keine billigen ad hoc-Erklärun-
gen gibt. Da es an die Grundlagen unserer Erkenntnis überhaupt greift, hat er
es im Sinne seiner Philosophie aus einer transzendentalen Voraussetzung abgeleitet, nämlich aus dem *Willen,* der Leben und Sein auf allen Stufen schafft
und jede der letzteren solchergestalt abstimmt, daß sie nicht nur ihren gleichzeitigen Parallelen harmonisch entspricht, sondern auch jeweils als *fatum*
oder *Vorsehung* das Zukünftige vorbereitet und ordnet.

Im Gegensatz zum SCHOPENHAUERschen Pessimismus hat diese An- 829
schauung eine beinahe freundliche und optimistische Tönung, die wir heutzutage kaum mehr mitzuempfinden vermögen. Eines der inhaltreichsten und
zugleich bedenklichsten Jahrhunderte der Weltgeschichte trennt uns von
jener noch mittelalterlichen Zeit, wo der philosophierende Geist glaubte, vor
und jenseits aller Erfahrung etwas feststellen und behaupten zu können. Aber
jene Zeit hatte noch den größeren und weiteren Blick, der nicht dort halt-
machte und dort die Grenzen der Natur erreicht zu haben glaubte, wo der wissenschaftliche Straßenbau gerade sein vorläufiges Ende erreicht hatte. So hat
SCHOPENHAUER in wahrhaft philosophischer Schau dem Nachdenken ein
Gebiet erschlossen, dessen eigenartige Phänomenologie er zwar nicht genügend erfaßte, wohl aber annähernd richtig umriß. Er erkannte, daß die omina
und praesagia, die Astrologie und die vielfach variierten intuitiven Methoden
der Zufallsdeutung einen gemeinsamen Nenner besitzen, den er mittels
«transzendenter Spekulation» herauszufinden trachtete. Er erkannte dabei
ebenfalls richtig, daß es sich um ein prinzipielles Problem erster Ordnung
handelte, im Gegensatz zu allen jenen, die vor ihm und nach ihm mit untaug-
lichen Kraftübertragungsvorstellungen operierten oder gar bequemerweise
das ganze Gebiet als Unsinn abtun wollten, um einer allzuschweren Aufgabe
auszuweichen[14]. SCHOPENHAUERS Versuch ist um so bemerkenswerter, als er
in eine Zeit fällt, wo der ungeheure Vorstoß der Naturwissenschaften alle
Welt davon überzeugte, daß einzig und allein die Kausalität als letzthinniges
Erklärungsprinzip in Frage komme. Statt alle jene Erfahrungen, die sich der

---

[14] KANT muß hier ausgenommen werden. In seiner Abhandlung *Träume eines Geistersehers,
erläutert durch Träume der Metaphysik* hat er SCHOPENHAUER den Weg vorgezeichnet.

Alleinherrschaft der Kausalität nicht ohne weiteres beugen wollten, einfach außer Betracht fallen zu lassen, hat er, wie wir gesehen haben, den Versuch gemacht, sie in seine deterministische Ansicht einzubeziehen. Damit aber hat er das, was schon immer und längst vor ihm als eine neben der kausalen bestehende andere Weltordnung, nämlich diejenige der Präfiguration, der Korrespondenz und der prästabilierten Harmonie, der Welterklärung zugrunde lag, in das kausale Schema hineingezwängt, wohl aus dem richtigen Gefühl heraus, daß das naturgesetzliche Weltbild, an dessen Gültigkeit er nicht zweifelte, doch etwas vermissen lasse, was in der antiken und mittelalterlichen Anschauung (wie im ahnungsvollen Gefühl des Modernen) eine beträchtliche Rolle spielt.

830   Angeregt durch die große Tatsachensammlung von GURNEY, MYERS und PODMORE [15] haben DARIEX [16], RICHET [17] und FLAMMARION [18] das Problem mit der Wahrscheinlichkeitsrechnung angegangen. DARIEX hat für «telepathische» Todeswahrnehmungen eine Wahrscheinlichkeit von 1 : 4 114 545 ermittelt, das heißt die Erklärung eines derartigen Falles als Zufall ist also mehr als viermillionenmal unwahrscheinlicher als die «telepathische» beziehungsweise die akausale, sinngemäße Koinzidenz. Der Astronom FLAMMARION hat für einen besonders gut beobachteten Fall der «phantasms of the living» eine Wahrscheinlichkeit von sogar 1 : 804 622 222 berechnet [19]. Er bringt auch zum erstenmal andere verdächtige Ereignisse in Zusammenhang mit den dazumal interessierenden Todeswahrnehmungen. So erzählt er [20], daß, als er mit seinem Werk über die Atmosphäre beschäftigt, gerade an dem Kapitel über die Windstärke schrieb, ein plötzlicher heftiger Windstoß alle seine losen Blätter vom Schreibtisch weg zum Fenster hinausfegte. Ebenso erwähnt er das ergötzliche Erlebnis der dreifachen Koinzidenz des Monsieur de Fontgibu mit dem Plumpudding [21]. Die Erwähnung dieser Koinzidenzen im Zusammenhang

---

[15] *Phantasms of the Living.*
[16] *Annales des sciences psychiques,* p. 300.
[17] *Proceedings of the Society for Psychical Research.*
[18] *L'Inconnu et les problèmes psychiques,* p. 227 ff.
[19] l. c., p. 241.
[20] l. c., p. 228 f.
[21] l. c., p. 231. Ein M. Deschamps erhielt als Knabe einmal in Orléans ein Stückchen Plumpudding von einem M. de Fontgibu. Zehn Jahre später entdeckte er in einem Pariser Restaurant wieder einen Plumpudding und verlangte ein Stück davon. Es erwies sich aber, daß der Pudding bereits bestellt war, und zwar von M. de Fontgibu. Viele Jahre später wurde M. Deschamps zu einem Plumpudding als einer besonderen Rarität eingeladen. Beim Essen machte er

mit dem telepathischen Problem zeigt, daß sich bei FLAMMARION allbereits die Ahnung eines weit umfassenderen Prinzips, allerdings noch unbewußterweise, abzeichnet.

Der Schriftsteller WILHELM VON SCHOLZ[22] hat eine Reihe von Fällen gesammelt, welche zeigen, in welch seltsamer Weise verlorene oder gestohlene Gegenstände wieder zu ihren Eigentümern zurückkehren. Unter anderem erwähnt er den Fall einer Mutter, die von ihrem vierjährigen Söhnchen im Schwarzwald eine photographische Aufnahme machte. Sie ließ den Film in Straßburg entwickeln. Wegen des Kriegsausbruches (1914) konnte sie den Film nicht mehr abholen. Sie gab ihn verloren. 1916 kaufte sie sich in Frankfurt a. M. wieder einen Film, um von ihrem inzwischen geborenen Töchterchen eine Aufnahme zu machen. Bei der Entwicklung erwies sich der Film als doppelt belichtet: das zweite Bild war die Aufnahme, die sie 1914 von ihrem Söhnchen gemacht hatte! Der alte, nicht entwickelte Film war irgendwie unter neue Filme und so wieder in den Handel geraten. Der Autor kommt zu dem begreiflichen Schluß, daß alle Anzeichen auf eine «Anziehungskraft des Bezüglichen» hindeuteten. Er vermutet, daß das Geschehen angeordnet sei, wie wenn es der Traum eines uns «unerkennbaren größeren und umfassenderen Bewußtseins» wäre.

Von psychologischer Seite wurde das Zufallsproblem durch HERBERT SILBERER behandelt[23]. Er weist nach, daß anscheinend sinngemäße Koinzidenzen teils unbewußte Arrangements, teils unbewußte Willkürdeutungen sind. Er zieht weder parapsychische Phänomene noch die Synchronizität in Betracht, und theoretisch geht er nicht über den Kausalismus SCHOPENHAUERS hinaus. Abgesehen von der ebenso notwendigen wie empfehlenswerten psychologischen Kritik der Zufallsbewertung enthält SILBERERS Untersuchung keine Hinweise auf das Vorkommen echter sinngemäßer Koinzidenzen.

Der entscheidende Beweis für das Vorhandensein akausaler Ereignisverknüpfungen ist erst in neuester Zeit hauptsächlich durch die RHINEschen Experimente[24] in wissenschaftlich zureichender Weise erbracht worden, aller-

---

die Bemerkung, jetzt fehle nur noch M. de Fontgibu. In diesem Moment öffnete sich die Türe, und ein uralter, desorientierter Greis trat herein: M. de Fontgibu, der sich in der Adresse geirrt hatte und fälschlicherweise in diese Gesellschaft geraten war.

[22] *Der Zufall. Eine Vorform des Schicksals.*

[23] *Der Zufall und die Koboldstreiche des Unbewußten.*

[24] RHINE, *Extra-Sensory Perception.* Idem, *New Frontiers of the Mind.* Hievon gibt es eine deutsche Übersetzung: *Neuland der Seele.* PRATT, RHINE, SMITH, STUART AND GREENWOOD,

dings ohne daß die in Frage kommenden Autoren die weitreichenden Schlüsse, die aus ihren Ergebnissen abgeleitet werden müßten, erkannt hätten. Es ist bis jetzt kein kritisches Argument gegen diese Versuche, das nicht widerlegt werden konnte, vorgebracht worden. Das Experiment besteht im Prinzip darin, daß von einem Experimentator eine Serie von numerierten und einfache geometrische Motive tragenden Karten, eine nach der anderen, abgedeckt wird. Zugleich wird einer vom Experimentator räumlich getrennten Versuchsperson der Auftrag gegeben, die entsprechenden Zeichen anzugeben. Es wurde ein Satz von 25 Karten verwendet, welcher aus je fünf dasselbe Zeichen tragenden Karten bestand. Fünf Karten waren durch einen Stern, fünf durch ein Rechteck, fünf durch einen Kreis, fünf durch zwei Wellenlinien und fünf durch ein Kreuz markiert. Die Karten wurden durch den Experimentator, dem die Anordnung des vor ihm liegenden Satzes natürlich unbekannt war, eine nach der anderen abgedeckt. Die Versuchsperson (V. P.), welche keine Möglichkeit hatte, die Karten zu sehen, mußte, so gut es eben ging, die abgedeckten Zeichen angeben. Viele Versuche verliefen natürlich negativ, indem das Resultat die Wahrscheinlichkeit von fünf zufälligen Treffern nicht überstieg. Einige Resultate lagen aber deutlich über der Wahrscheinlichkeit. Dies war bei gewissen V. PP. der Fall. Die erste Versuchsserie bestand darin, daß jede V. P. achthundertmal versuchte, die Karte zu erraten. Das Durchschnittsresultat ergab 6,5 Treffer auf 25 Karten, das heißt 1,5 mehr als die mathematische Wahrscheinlichkeit, die fünf Treffer beträgt. Die Wahrscheinlichkeit, daß eine Zufallsdeviation von 1,5 von der Zahl Fünf eintritt, beträgt 1:250 000. Diese Proportion zeigt, daß die Wahrscheinlichkeit einer zufälligen Deviation nicht gerade groß ist, indem nur in 250 000 Fällen einmal eine zufällige Deviation dieses Betrages zu erwarten ist. Die individuellen Resultate variierten je nach der spezifischen Begabung der V. P. Ein junger Mann, der in zahlreichen Versuchen durchschnittlich zehn Treffer auf je 25 Karten erzielte (also doppelt soviel als die Wahrscheinlichkeit), las einmal alle 25 Karten korrekt, was einer Wahrscheinlichkeit von 1:298 023 223 876 953 125 entspricht. Gegen die Möglichkeit, daß der Kartensatz in irgendeiner arbiträren Weise gemischt war, schützte eine Apparatur, welche die Karten automatisch, also unabhängig von der Hand des Experimentators, mischte.

Extra-Sensory Perception after Sixty Years. Eine allgemeine Übersicht über die Ergebnisse findet sich in RHINE, *The Reach of the Mind,* ebenso in dem empfehlenswerten Buch von TYRRELL, *The Personality of Man.* Ein kurzes, aber übersichtliches Résumé bei RHINE, *An Introduction to the Work of Extra-Sensory Perception,* p. 164 ff.

Nach den ersten Versuchsserien wurde in einem Falle die *räumliche Distanz* 834
zwischen Experimentator und V. P. bis zu 350 Kilometer ausgedehnt. Das
Durchschnittsresultat zahlreicher Versuche betrug hier 10,1 Treffer auf 25
Karten. In einer anderen Versuchsreihe ergaben sich, als Experimentator und
V. P. sich im gleichen Zimmer befanden, 11,4 Treffer auf 25; wenn die V. P.
im nächsten Zimmer war, 9,7 auf 25; wenn sie zwei Zimmer weit weg war,
12,0 auf 25. RHINE erwähnt die Experimente von USHER AND BURT, die sich
mit positiven Resultaten über 1344 Kilometer erstreckten [25]. Unterstützt durch
synchronisierte Uhren wurden auch Experimente zwischen Durham in North
Carolina und Zagreb in Jugoslawien (etwa 5600 Kilometer) mit ebenfalls
positivem Resultat durchgeführt [26].

Der Umstand, daß die Entfernung im Prinzip keinen Effekt hat, beweist, 835
daß es sich *nicht um eine Kraft- beziehungsweise Energieerscheinung handeln kann,*
denn sonst müßte die Überwindung der Distanz und die Ausbreitung im
Raume eine Verminderung der Wirkung verursachen, das heißt, es müßte
unschwer festzustellen ein, daß sich die Trefferzahl proportional dem Quadrate der Entfernung vermindert. Da dies offenbar nicht der Fall ist, so bleibt
nichts anderes übrig, als anzunehmen, daß die Distanz sich als psychisch variabel erweist beziehungsweise durch einen psychischen Zustand gegebenenfalls
auf Null reduzieren läßt.

Noch merkwürdiger ist, daß auch die *Zeit* im Prinzip nicht prohibitiv 836
wirkt, das heißt, die Ablesung einer in der Zukunft herauszulegenden Kartenserie weist eine die bloße Wahrscheinlichkeit übersteigende Trefferzahl
auf. Die Wahrscheinlichkeit der RHINEschen Resultate mit dem Zeitexperi-
ment beträgt 1:400000, was eine beachtliche Wahrscheinlichkeit für das Vorhandensein eines von der Zeit unabhängigen Faktors bedeutet. Das Resultat
der Zeitexperimente weist auf eine *psychische Relativität der Zeit* hin, indem es
sich um Wahrnehmungen von Ereignissen handelt, die noch gar nicht eingetreten sind. In derartigen Fällen scheint der Zeitfaktor ausgeschaltet zu sein,
und zwar durch eine psychische Funktion oder besser durch einen psychischen
Zustand, der auch den Raumfaktor zu eliminieren vermag. Wenn wir schon
bei den Raumexperimenten konstatieren mußten, daß die Energie mit der
Distanz keine Verminderung erfährt, so wird es bei den Zeitexperimenten
vollends unmöglich, an irgendein energetisches Verhältnis zwischen der

[25] RHINE, *The Reach of the Mind,* p. 49.
[26] RHINE AND HUMPHREY, *A Transoceanic ESP Experiment,* p. 52 ff.

Wahrnehmung und dem zukünftigen Ereignis überhaupt auch nur zu denken. Man muß daher von vornherein auf alle energetischen Erklärungsweisen verzichten, was soviel heißt, als daß Ereignisse dieser Art nicht unter dem Gesichtswinkel der *Kausalität* betrachtet werden können, denn Kausalität setzt die Existenz von Raum und Zeit voraus, indem aller Beobachtung in letzter Linie *bewegte Körper* zugrunde liegen.

837   Unter den RHINEschen Experimenten müssen auch die Würfelversuche erwähnt werden. Die V. P. erhält den Auftrag, zu würfeln (was durch einen Apparat besorgt wird), mit dem Wunsche, es möchten zum Beispiel möglichst viele Drei zum Vorschein kommen. Die Resultate dieses sogenannten PK-Experimentes (Psycho-Kinesis) waren positiv, und zwar um so eher, je mehr Würfel auf einmal benützt wurden [27]. Wenn Raum und Zeit sich als psychisch relativ erweisen, so muß auch der bewegte Körper die entsprechende Relativität besitzen beziehungsweise ihr unterworfen sein.

838   Eine durchgehende Erfahrung bei diesen Experimenten ist die Tatsache, daß nach dem ersten Versuch die Trefferzahl abzusinken beginnt und damit die Resultate negativ werden. Tritt aber aus irgendeinem äußeren oder inneren Grund eine Auffrischung des Interesses seitens der V. P. ein, so erhöht sich die Trefferzahl wieder. Interesselosigkeit und Langeweile wirken prohibitiv; Anteilnahme, positive Erwartung, Hoffnung und Glaube an die Möglichkeit der ESP verbessern die Resultate und scheinen daher die eigentlichen Bedingungen für das Zustandekommen derselben überhaupt zu sein. In dieser Hinsicht ist interessant, daß das bekannte englische Medium Mrs. EILEEN J. GARRETT bei den RHINEschen Experimenten schlechte Resultate erzielte, und zwar darum, weil sie, wie sie selber angibt, keinerlei Gefühlsverhältnis zu den seelenlosen Experimentierkarten herstellen konnte.

839   Diese wenigen Andeutungen mögen genügen, um dem Leser einen wenigstens oberflächlichen Begriff von diesen Experimenten zu geben. Das oben erwähnte Buch von C. N. M. TYRRELL, dem derzeitigen Präsidenten der Society for Psychical Research, enthält eine sehr gute Zusammenstellung aller Erfahrungen auf diesem Gebiete. Der Verfasser hat sich selber große Verdienste um die Erforschung der ESP erworben. Von physikalischer Seite sind die ESP-Experimente durch ROBERT A. McCONNELL in einem Aufsatz, betitelt «*ESP – Fact or Fancy?*», in positivem Sinne gewürdigt worden [28].

[27] *The Reach of the Mind,* p. 73 ff.
[28] Herr Prof. W. Pauli hat mich freundlichst auf diese Arbeit, die in: *The Scientific Monthly,* LXIX (1949) Nr. 2, erschienen ist, aufmerksam gemacht.

Begreiflicherweise hat man diese Resultate, die ans Wunderbare und 840
schlechthin Unmögliche zu grenzen scheinen, auf alle möglichen Arten wegzuerklären versucht. Solche Versuche aber scheiterten alle an den Tatsachen,
die sich bis jetzt nicht wegbeweisen ließen. Wir sind durch die Rhineschen
Experimente mit der Tatsache konfrontiert, daß es Ereignisse gibt, die *experimentell*, das heißt in diesem Fall *sinngemäß*, aufeinander bezogen sind, ohne
daß dabei dieser Bezug als ein kausaler erwiesen werden könnte, indem die
«Übertragung» keinerlei bekannte energetische Eigenschaften erkennen läßt.
Es besteht daher ein begründeter Zweifel, ob es sich überhaupt um eine
«Übertragung» [29] handelt. Die Zeitexperimente schließen nämlich eine solche prinzipiell aus, denn es wäre absurd, anzunehmen, daß ein noch nicht vorhandener, sondern erst in der Zukunft eintretender Tatbestand sich als ein
energetisches Phänomen auf einen gegenwärtigen Empfänger übertragen
könnte [30]. Es scheint vielmehr, daß die Erklärung einerseits bei einer Kritik
unseres Raum- und Zeitbegriffes, andererseits beim Unbewußten einzusetzen
hat. Es ist, wie schon gesagt, mit unseren derzeitigen Mitteln unmöglich, die
extra-sensory perception, das heißt die sinngemäße Koinzidenz als ein energetisches Phänomen zu erklären. Damit scheidet auch die kausale Erklärung aus,
denn «Wirkung» ist anders denn als ein energetisches Phänomen nicht zu
verstehen. Es kann sich daher nicht um Ursache und Effekt handeln, sondern
um ein Zusammenfallen in der Zeit, eine Art von *Gleichzeitigkeit*. Um des
Merkmals der Gleichzeitigkeit willen habe ich den Ausdruck *Synchronizität*
gewählt, um damit einen hypothetischen Erklärungsfaktor, der ebenbürtig
der Kausalität gegenübersteht, zu bezeichnen. In meinem Aufsatz «*Der Geist
der Psychologie*» [31] habe ich die Synchronizität als eine psychisch bedingte Relativität von Zeit und Raum dargestellt. Bei den Rhineschen Experimenten
verhalten sich Raum und Zeit der Psyche gegenüber gewissermaßen «ela-
stisch», indem sie anscheinend beliebig reduziert werden können. Bei der
räumlichen Versuchsanordnung wird der Raum und bei der zeitlichen die
Zeit gewissermaßen auf annähernd Null reduziert; das heißt, es scheint, als ob
Raum und Zeit in einem Zusammenhang mit psychischen Bedingungen
stünden oder als ob sie an und für sich gar nicht existierten und nur durch das

---

[29] Nicht zu verwechseln mit dem Terminus «Übertragung» in der Neurosenpsychologie,
welcher die Projektion eines Verwandtschaftsverhältnisses bezeichnet.

[30] Kammerer hat sich mit der Frage der «Gegenwirkung des nachfolgenden Zustandes auf
den vorhergehenden» befaßt, aber nicht gerade in überzeugender Weise (l. c., p. 131 f.).

[31] [Vgl. Abhandlung VIII dieses Bandes.]

Bewußtsein «gesetzt» wären. Raum und Zeit sind in der ursprünglichen Anschauung (das heißt bei den Primitiven) eine höchst zweifelhafte Sache. Sie sind erst im Laufe der geistigen Entwicklung zu «festen» Begriffen geworden, und zwar durch die Einführung der Messung. An sich bestehen Raum und Zeit aus *nichts*. Sie gehen als hypostasierte Begriffe erst aus der diskriminierenden Tätigkeit des Bewußtseins hervor und bilden die für die Beschreibung des Verhaltens bewegter Körper unerläßlichen Koordinaten. *Sie sind daher wesentlich psychischen Ursprungs,* was wohl der Grund ist, der KANT bewogen hat, sie als Kategorien a priori aufzufassen. Sind aber Raum und Zeit durch die Verstandesnotwendigkeiten des Beobachters erzeugte, anscheinende Eigenschaften bewegter Körper, dann ist ihre Relativierung durch eine psychische Bedingung auf alle Fälle kein Wunder mehr, sondern liegt im Bereiche der Möglichkeit. Diese Möglichkeit tritt aber dann ein, wenn die Psyche nicht äußere Körper, sondern *sich selbst* beobachtet. Das ist nämlich bei den RHINEschen Experimenten der Fall: die Antwort der Versuchsperson erfolgt nicht aus der Anschauung der physischen Karten, sondern aus reiner Imagination, das heißt aus *Einfällen,* in denen sich die Struktur des diese erzeugenden Unbewußten manifestiert. Ich will hier nur zunächst einmal darauf hinweisen, daß es die ausschlaggebenden Faktoren der unbewußten Psyche, die sogenannten *Archetypen* sind, welche die Struktur des kollektiven Unbewußten ausmachen. Letzteres aber stellt eine bei allen Menschen sich selbst identische «Psyche» dar, die im Gegensatz zu dem uns bekannten Psychischen unanschaulich ist, weshalb ich sie als *psychoid* bezeichnet habe.

841   Die Archetypen sind formale Faktoren, welche unbewußte seelische Vorgänge anordnen: sie sind «patterns of behaviour». Zugleich haben die Archetypen eine «spezifische Ladung»: das heißt, sie entwickeln *numinose* Wirkungen, die sich als *Affekte* äußern. Der Affekt bewirkt ein *partielles abaissement du niveau mental,* indem er einen bestimmten Inhalt zwar zu einer übernormalen Klarheitshöhe erhebt, in eben demselben Maße aber auch den anderen möglichen Bewußtseinsinhalten soviel Energie entzieht, daß sie verdunkelt beziehungsweise unbewußt werden. Infolge der bewußtseinseinschränkenden Wirkung des Affektes entsteht eine der Dauer desselben entsprechende Herabsetzung der Orientierung, welche ihrerseits dem Unbewußten eine günstige Gelegenheit bietet, sich in den leer gelassenen Raum einzudrängen. Es ist daher eine sozusagen regelmäßige Erfahrung, daß im Affekt unerwartete, sonst gehemmte beziehungsweise unbewußte Inhalte durchbrechen und zur Äußerung gelangen. Derartige Inhalte sind nicht selten inferiorer oder primi-

tiver Natur und verraten damit ihren Ursprung in den Archetypen. Wie ich weiter unten noch beleuchten werde, scheinen mit den Archetypen unter gewissen Umständen Gleichzeitigkeits-, das heißt Synchronizitätsphänomene verbunden zu sein. Das ist der Grund, warum ich die Archetypen hier erwähne.

In die Richtung der psychischen Raum-Zeit-Relativität weisen vielleicht 842 die Fälle außerordentlicher Raumorientierung bei Tieren hin. Die rätselhafte Zeitorientierung des Palolowurmes, dessen mit Geschlechtsprodukten befrachtete Schwanzsegmente jeweils am Vortage des letzten Mondviertels im Oktober und November an der Meeresoberfläche erscheinen [32], könnte in diesen Zusammenhang gehören. Als Ursache dafür wurde die zur dieser Zeit infolge der Mondgravitation eintretende Erdbeschleunigung angegeben. Es ist aber aus astronomischen Gründen unmöglich, daß diese Erklärung stimmt [33]. Die an sich unzweifelhafte Beziehung der menschlichen Menstruationsperiode zum Mondlauf hängt mit letzterem nur durch die Zahl zusammen, ohne mit ihm in Wirklichkeit zu koinzidieren. Es ist auch nicht bewiesen, daß sie dies je getan hat.

Das Problem der Synchronizität hat mich schon lange beschäftigt, und 843 zwar ernstlich seit der Mitte der zwanziger Jahre [34], wo ich bei der Untersuchung der Phänomene des kollektiven Unbewußten immer wieder auf Zusammenhänge stieß, die ich nicht mehr als zufällige Gruppenbildung oder Häufung zu erklären vermochte. Es handelte sich nämlich um «Koinziden-

---

[32] Genauer gesagt, beginnt das «Schwärmen» etwas vor und endet erst etwas nach diesem Tage. Auf diesen Tag fällt nur das Maximum. Die Monate wechseln je nach Standort. Der Wawo von Amboina soll beim Vollmond im März erscheinen. (KRÄMER, *Über den Bau der Korallenriffe*)

[33] DAHNS, *Das Schwärmen des Palolo*.

[34] Schon Jahre zuvor sind mir Zweifel an der unbeschränkten Anwendbarkeit des Kausalprinzips in der Psychologie aufgestiegen. In der Vorrede zur 1. Auflage der *Collected Papers on Analytical Psychology* (1916), p. XV, habe ich geschrieben: «Causality is only one principle and psychology essentially cannot be exhausted by causal methods only, because the mind (= psyche) lives by aims as well.» [Die Kausalität ist nur *ein* Prinzip, und die Psychologie kann ihrem Wesen nach mit nur kausalen Methoden nicht ausgeschöpft werden, da die Psyche ebensowohl von Zielen lebt.] Die psychische Finalität beruht auf einem «präexistenten» Sinn, welcher erst dann problematisch wird, wenn es sich um ein unbewußtes Arrangement handelt. In diesem Fall muß nämlich eine Art «Wissen» vorgängig aller Bewußtheit angenommen werden. Zu diesem Schluß gelangt auch H. DRIESCH (*Die «Seele» als elementarer Naturfaktor*, p. 80 ff.).

zen», die sinngemäß derart verknüpft waren, daß ihr «zufälliges» Zusammentreffen eine Unwahrscheinlichkeit darstellt, welche durch eine unermeßliche Größe ausgedrückt werden müßte. Ich erwähne nur beispielsweise einen Fall aus meiner Beobachtung: Eine junge Patientin hatte in einem entscheidenden Moment ihrer Behandlung einen Traum, *in welchem sie einen goldenen Skarabäus zum Geschenk erhielt.* Ich saß, während sie mir den Traum erzählte, mit dem Rücken gegen das geschlossene Fenster. Plötzlich hörte ich hinter mir ein Geräusch, wie wenn etwas leise an das Fenster klopfte. Ich drehte mich um und sah, daß ein fliegendes Insekt von außen gegen das Fenster stieß. Ich öffnete das Fenster und fing das Tier im Fluge. Es war die nächste Analogie zu einem goldenen Skarabäus, welche unsere Breiten aufzubringen vermochten, nämlich ein *Scarabaeide* (Blatthornkäfer), Cetonia aurata, der «gemeine Rosenkäfer», der sich offenbar veranlaßt gefühlt hatte, entgegen seinen sonstigen Gewohnheiten in ein dunkles Zimmer gerade in diesem Moment einzudringen. Ich muß schon sagen, daß mir ein solcher Fall weder vorher noch nachher je vorgekommen, ebenso wie auch der damalige Traum der Patientin ein Unikum in meiner Erfahrung geblieben ist.

844   In diesem Zusammenhang möchte ich noch einen anderen, für eine gewisse Kategorie von Vorkommnissen typischen Fall anführen. Die Frau eines meiner in den Fünfzigerjahren stehenden Patienten erzählte mir einmal gesprächsweise, daß beim Tode ihrer Mutter und Großmutter sich vor den Fenstern des Sterbezimmers eine große Zahl von Vögeln gesammelt hätte; eine Erzählung, wie ich sie schon mehr als einmal von anderen Leuten gehört hatte. Als die Behandlung ihres Mannes sich ihrem Ende nahte, indem seine Neurose behoben war, da traten bei ihm vorerst leichte Symptome auf, welche ich auf eine Herzerkrankung bezog. Ich schickte ihn zu einem Spezialisten, der aber bei der ersten Untersuchung, wie er mir schriftlich mitteilte, nichts Besorgniserregendes feststellen konnte. Auf dem Heimweg von dieser Konsultation (mit dem ärztlichen Bericht in der Tasche) brach mein Patient plötzlich auf der Straße zusammen. Als er sterbend nach Hause gebracht wurde, war seine Frau bereits in ängstlicher Unruhe, und zwar darum, weil, bald nachdem ihr Mann zum Arzte gegangen war, ein ganzer Vogelschwarm sich auf ihr Haus niedergelassen hatte. Natürlich erinnerte sie sich sofort an die ähnlichen Vorkommnisse beim Tode ihrer Angehörigen und befürchtete Schlimmes.

845   Obschon ich die an diesen Ereignissen beteiligten Personen genau kenne und deshalb weiß, daß es sich um einen wahren Tatsachenbericht handelt, so

stelle ich mir doch keineswegs vor, daß sich irgend jemand, der entschlossen ist, solche Dinge als bloße Zufälle anzusehen, dadurch bewogen fühlen wird, seine Auffassung zu ändern. Ich bezwecke mit der Darstellung der beiden Fälle daher nur einen Hinweis auf die Art und Weise, wie sich sinngemäße Koinzidenzen im praktischen Leben zu präsentieren pflegen. Die sinngemäße Beziehung in ersterem Falle ist in Ansehung der annähernden Identität der Hauptobjekte (nämlich der beiden Skarabäen) einleuchtend; in letzterem Falle dagegen sind Todesfall und Vogelschwarm anscheinend inkommensurabel. Wenn man aber berücksichtigt, daß schon im babylonischen Hades die Seelen ein «Federkleid» tragen und in Alt-Ägypten der ba, das heißt die Seele, als Vogel[35] gedacht wird, so liegt die Annahme eines archetypischen Symbolismus nicht allzuferne. Wäre ein solches Vorkommnis zum Beispiel geträumt worden, so käme eine derartige Deutung vergleichend-psychologisch unbedingt in Betracht. Eine archetypische Grundlage scheint auch in ersterem Fall zu bestehen. Wie ich schon erwähnt habe, handelte es sich um eine ungewöhnlich schwierige Behandlung, die bis zu dem erwähnten Traum so gut wie gar nicht vom Flecke gekommen war. Der Hauptgrund hiefür war, wie ich zum Verständnis der Situation erwähnen muß, der in cartesianischer Philosophie erzogene Animus meiner Patientin, welcher an seinem starren Wirklichkeitsbegriff dermaßen festhielt, daß ihn selbst die Bemühungen von drei Ärzten (ich war nämlich der dritte) nicht zu erweichen vermocht hatten. Dazu brauchte es offenbar schon ein irrationales Ereignis, das ich aber selbstverständlich nicht produzieren konnte. Schon durch den Traum allein war die rationalistische Einstellung meiner Patientin leise erschüttert. Als aber gar noch der Skarabäus in Wirklichkeit geflogen kam, da konnte ihr natürliches Wesen den Panzer der Animusbesessenheit durchbrechen, womit auch der die Behandlung begleitende Wandlungsprozeß zum erstenmal richtig in Fluß kam. Wesentliche Einstellungsänderungen bedeuten psychische Erneuerungen, die fast in der Regel durch Wiedergeburtssymbole in Träumen und Phantasien begleitet sind. Der Skarabäus ist ein klassisches Wiedergeburtssymbol. Nach der Schilderung des altägyptischen Buches *Am-Tuat* verwandelt sich der tote Sonnengott an der zehnten Station in Kheperâ, den Skarabäus, und als solcher besteigt er an der zwölften Station die Barke, welche die verjüngte Sonne am Morgenhimmel emporführt. Schwierig ist in diesem Fall nur, daß (obschon das Symbol meiner Patientin nicht bekannt war) bei Gebil-

---

[35] Bei HOMER «zwitschern» die Seelen der Toten.

deten Kryptomnesien oft nicht mit Sicherheit auszuschließen sind. Beiläufig
bemerkt, stößt die psychologische Erfahrung beständig auf solche Fälle[36], in
denen das Auftreten von Symbolparallelen ohne die Hypothese des kollektiven Unbewußten nicht erklärt werden kann.

846   Fälle von *sinngemäßen Koinzidenzen* – die von bloßen Zufallsgruppen zu
unterscheiden sind – scheinen auf *archetypischer Grundlage* zu beruhen. Wenigstens weisen alle Fälle meiner Erfahrung – es sind ihrer eine ganze Anzahl –
dieses bezeichnende Merkmal auf. Was das zu bedeuten hat, habe ich oben
bereits angedeutet[37]. Obschon jeder, der einige Erfahrung auf diesem Gebiete
hat, unschwer den archetypischen Charakter solcher Erlebnisse erkennt, so
wird er doch die psychischen Bedingungen des RHINEschen Experimentes
damit nicht ohne weiteres in Verbindung bringen können, denn eine Konstellation des Archetypus ist hier zunächst nicht ersichtlich. Es handelt sich
dabei auch nicht um derart emotionale Situationen wie die meiner Beispiele.
Immerhin ist zunächst darauf zu verweisen, daß bei RHINE durchschnittlich
die erste Versuchsserie die besten Resultate ergibt, die dann rasch abnehmen.
Wenn es aber gelingt, ein neues Interesse für das (an sich langweilige) Experiment wachzurufen, verbessern sich auch die Resultate wieder. Daraus geht
hervor, daß der emotionale Faktor eine bedeutsame Rolle spielt. Die Affektivität aber beruht in hohem Maße auf den Instinkten, deren formaler Aspekt
eben der Archetypus ist.

847   Es besteht aber auch eine psychologische Analogie zwischen meinen beiden
Fällen und dem RHINEschen Experiment, die allerdings nicht auf der Hand
liegt. Diese anscheinend gänzlich verschiedenen Situationen haben nämlich
als gemeinsames Charakteristikum eine gewisse *Unmöglichkeit*. Die Patientin
mit dem Skarabäus befand sich insofern in einer «unmöglichen» Situation, als
ihre Behandlung stockte und sich nirgends ein Ausweg abzeichnete. In derartigen Situationen, wenn sie ernsthaft genug sind, pflegen sich archetypische
Träume einzustellen, welche eine Fortschrittsmöglichkeit aufzeigen, an die
man nicht gedacht hätte. Derartige Situationen sind es überhaupt, welche den
Archetypus mit großer Regelmäßigkeit konstellieren. In gewissen Fällen
sieht sich daher der Psychotherapeut gezwungen, das rational unlösbare Pro-

---

[36] Derartiges läßt sich natürlich nur dann feststellen, wenn der Arzt über die nötigen symbolgeschichtlichen Kenntnisse verfügt.
[37] Ich verweise auf meine Ausführungen in: *Der Geist der Psychologie* [Abhandlung VIII
dieses Bandes, Paragr. 404 f.].

blem aufzufinden, auf welches das Unbewußte des Patienten hinsteuert. Ist dieses gestellt, dann werden dadurch die tieferen Schichten des Unbewußten, die Urbilder nämlich, aufgeweckt, wodurch die Wandlung der Persönlichkeit in die Wege geleitet wird.

Im zweiten Fall war es die halb unbewußte Besorgnis einerseits und die dro- 848 hende Möglichkeit eines letalen Ausganges andererseits, wobei keine Möglichkeit eines genügenden Erkennens der Situation bestand. Beim RHINE-schen Experiment schließlich ist es die Unmöglichkeit der Aufgabe, welche die Aufmerksamkeit auf die inneren Vorgänge lenkt und damit dem Unbewußten eine Möglichkeit gibt, sich zu manifestieren. Die Fragestellung des ESP-Experimentes hat an sich schon eine emotionale Wirkung, indem sie nämlich etwas Unerkennbares und schlechterdings Unwißbares als möglicherweise Erkenn- und Wißbares hinstellt und damit die Möglichkeit eines Wunders ernstlich in Betracht zieht. Unbekümmert um den eventuellen Skeptizismus der V. P. appelliert diese Andeutung an die unbewußt stets und überall vorhandene Bereitschaft, ein Wunder zu erleben und an die Hoffnung, daß etwas Derartiges am Ende doch möglich sein könnte. Der primitive Aberglaube liegt auch bei den aufgeklärtesten Geistern dicht unter der Oberfläche, und gerade diejenigen, die sich am meisten dagegen wehren, unterliegen zuerst seiner Suggestivkraft. Wenn nun ein seriöses Experiment mit seiner gewichtigen wissenschaftlichen Autorität diese Bereitschaft irgendwo berührt, so entsteht unvermeidlicherweise eine Emotion, welche affektiv annimmt oder ablehnt. Auf alle Fälle entsteht eine affektive Erwartung, die trotzdem vorhanden ist, auch wenn sie geleugnet wird.

Es ist wohl angebracht, auf die Möglichkeit eines Mißverständnisses hinzu- 849 weisen, das durch den Ausdruck Synchronizität veranlaßt werden könnte. Ich habe diesen Terminus gewählt, weil mir die Gleichzeitigkeit zweier sinngemäß, aber akausal verbundener Ereignisse als ein wesentliches Kriterium erschien. Ich gebrauche hier also den allgemeinen Begriff der Synchronizität in dem speziellen Sinne von zeitlicher Koinzidenz zweier oder mehrerer nicht kausal aufeinander bezogener Ereignisse, welche von gleichem oder ähnlichem Sinngehalt sind. Dies im Gegensatz zu «Synchronismus», welcher die bloße Gleichzeitigkeit zweier Ereignisse darstellt.

So bedeutet denn Synchronizität zunächst die Gleichzeitigkeit eines gewis- 850 sen psychischen Zustandes mit einem oder mehreren äußeren Ereignissen, welche als sinngemäße Parallelen zu dem momentanen subjektiven Zustand erscheinen und – gegebenenfalls – auch vice-versa. Diesen Fall veranschaulichen meine beiden Beispiele in verschiedener Weise. Beim Fall des Skarabäus ist die Gleichzeitigkeit unmittelbar evident, im zweiten Beispiel dagegen nicht. Wohl veranlaßt der Vogelschwarm eine vage Besorgnis, was aber kausal zu erklären ist. Die Frau meines Patienten war sich allerdings vorher keiner Ängstlichkeit bewußt, die sich mit meiner Besorgnis vergleichen ließe, denn die Symptome (Schmerzen im Hals) waren nicht derart, daß ein Laie sofort an etwas Schlimmes gedacht hätte. Das Unbewußte weiß aber oft mehr als das Bewußtsein, weshalb es mir möglich erscheint, daß bei der Frau das Unbewußte bereits die Gefahr witterte. Das läßt sich nun allerdings nicht beweisen, aber die Möglichkeit und vielleicht sogar Wahrscheinlichkeit besteht immerhin. Wenn wir also einen bewußten psychischen Inhalt, wie den der Vorstellung einer tödlichen Gefahr, ausschließen, so besteht in diesem Falle eine evidente Gleichzeitigkeit des Vogelschwarmes, in seiner traditionellen Bedeutung, mit dem Tode des Mannes. Der psychische Zustand erscheint, wenn wir von der zwar möglichen, aber nicht nachweisbaren Erregung des Unbewußten absehen, als vom äußeren Geschehen abhängig. Die Psyche der Frau ist immerhin insofern impliziert, als der Vogelschwarm sich bei ihr niedergelassen hatte und von ihr beobachtet wurde. Aus diesem Grunde ist es mir auch wahrscheinlich, daß ihr Unbewußtes konstelliert war. Der Vogelschwarm an sich hat traditionelle mantische Bedeutung [38]. Diese erscheint auch in der Deutung der Frau, und es sieht deshalb so aus, wie wenn die Vögel eine unbewußte Todesahnung dargestellt hätten. Die alten romantischen Ärzte hätten hier wohl von «Sympathie» oder «Magnetismus» gesprochen, aber wie schon erwähnt, lassen sich solche Phänomene nicht kausal erklären, es sei denn, daß man sich phantastische Hypothesen ad hoc gestatten zu dürfen glaubt.

851   Die Deutung des Vogelschwarms als Omen beruhte, wie wir gesehen haben, auf zwei früheren Koinzidenzen ähnlicher Art. Sie bestand beim Tode der Großmutter noch nicht. Dort wurde die Koinzidenz nämlich nur durch den Tod und die Ansammlung der Vögel dargestellt. Damals war sie unmittelbar evident; im dritten Fall konnte sie erst als solche verifiziert werden, als der Sterbende ins Haus gebracht wurde.

852   Ich erwähne diese Komplikationen, weil sie für den Umfang des Synchronizitätsbegriffes wichtig sind. Nehmen wir nun einen anderen Fall: Einer mei-

---

[38] Ein literarisches Beispiel sind die Kraniche des Ibykus. Wenn ein Schwarm von Elstern sich lärmend bei einem Haus niederläßt, so bedeutet dies einen Todesfall usw. Man denke auch an die Bedeutung der Augurien.

ner Bekannten sieht und erlebt im Traum *den plötzlichen und gewaltsamen Tod seines Freundes, mit charakteristischen Einzelheiten.* Der Träumer befindet sich in Europa und sein Freund in Amerika. Ein Telegramm am nächsten Morgen bestätigt den Tod, und ein Brief etwa zehn Tage später die Einzelheiten. Die Vergleichung der europäischen Zeit mit der amerikanischen ergibt, daß der Tod mindestens eine Stunde vor dem Traume eingetreten ist. Der Träumer war spät zu Bett gegangen und hatte bis um ein Uhr nicht geschlafen. Der Traum fand um zwei Uhr morgens statt. Das Traumerlebnis ist *nicht synchron* mit dem Tode. Erlebnisse dieser Art finden häufig entweder nach oder vor dem kritischen Ereignis statt. J. W. DUNNE[39] erwähnt einen besonders instruktiven Traum, den er im Frühjahr 1902 hatte, als er den Burenkrieg mitmachte: *Es schien ihm, als stünde er auf einem vulkanischen Berg. Es war eine Insel, von der er schon früher geträumt hatte und von der er wußte, daß sie unmittelbar durch einen katastrophalen vulkanischen Ausbruch gefährdet war (wie Krakatau!). Angsterfüllt wollte er die viertausend Einwohner der Insel retten. Auf einer benachbarten Insel versuchte er, die französischen Behörden zu bewegen, sofort alle verfügbaren Schiffe zur Rettungsaktion zu mobilisieren. Hier begann sich der Traum durch das Motiv des Hastens, Hetzens und Nicht-Ankommens zum typischen Nachtmahr zu entwickeln, wobei dem Träumer beständig der Satz vorschwebte: «Viertausend Menschen werden getötet, wenn nicht…»* Einige Tage später erhielt DUNNE seine Post mit einer Nummer des *«Daily Telegraph»,* und sein Blick fiel auf folgende Nachricht:

Volcano Disaster

in

Martinique

Town Swept Away
An Avalanche of Flame
Probable Loss of Over
40 000 Lives.

Der Traum fand nicht im Augenblick der wirklichen Katastrophe statt, sondern erst, als die Zeitung mit der Nachricht sich ihm näherte. Dabei unterlief ihm der Lesefehler 4000 statt 40 000. Die fehlerhafte Wahrnehmung setzte sich beim Träumer als Paramnesie fest, so daß er, wenn immer er den Traum erzählte, stets 4000 sagte statt 40 000. Erst fünfzehn Jahre später, als er den Zei-

853

---

[39] *An Experiment with Time,* p. 34 ff.

tungsartikel für sich kopierte, entdeckte er den Irrtum. Sein unbewußtes Wissen hat gleichsam denselben Lesefehler wie er selber gemacht.

854   Die Tatsache, daß erst kurz vor dem Eintreffen der Nachricht diese geträumt wird, stellt eine relativ häufige Erfahrung dar, indem der Traum zum Beispiel Personen erwähnt, von denen die nächste Post einen Brief bringt. Ich konnte mehrere Male konstatieren, daß im Augenblicke, in dem der Traum stattfand, der Brief schon im Postamt des Adressaten lag. Ich kann aus eigener Erfahrung auch die Verlesung bestätigen. In den Weihnachtsferien 1918 beschäftigte ich mich mit der Orphik und insbesondere mit dem orphischen Fragment bei MALALAS, in welchem das primordiale Licht «trinitarisch» als Metis, Phanes und Ericepaeus bezeichnet wird. Dabei las ich beharrlich Ἡρικαπαῖος statt Ἡρικεπαῖος, wie es der Text hat. (Es kommen an sich beide Lesarten vor.) Diese Verlesung setzte sich dann als Paramnesie fest, und ich habe diesen Namen später immer nur als Ἡρικαπαῖος erinnert und erst dreißig Jahre später entdeckt, daß der Text bei MALALAS Ἡρικεπαῖος hat. Genau zu dieser Zeit hatte eine meiner Patientinnen, die ich damals seit vier Wochen nicht mehr gesehen hatte und die in keinerlei Weise mit meinen Studien bekannt war, einen Traum, in welchem *ein unbekannter Mann ihr ein Blatt überreichte, auf dem ein «lateinischer» Hymnus an einen Gott Ericipaeus aufgezeichnet war*. Die Träumerin konnte diesen Hymnus beim Erwachen niederschreiben. Die Sprache desselben war ein eigentümliches Gemisch von Latein, Französisch und Italienisch. Die Dame hatte einige elementare Schulkenntnisse des Lateins, konnte etwas mehr Italienisch und sprach fließend Französisch. Der Name Ericipaeus war ihr völlig unbekannt – begreiflicherweise – da sie über keinerlei klassische Kenntnisse verfügte. Unsere beiden Wohnorte sind etwa neunzig Kilometer voneinander entfernt, und es hatte seit einem Monat überhaupt keine Kommunikation zwischen uns stattgefunden. Bemerkenswerterweise setzt die Variation des Namens, das heißt die «Verlesung» gerade bei dem Vokal ein, bei dem auch ich mich verlesen hatte, indem ich a statt e las; nur verlas sich ihr Unbewußtes in der anderen Richtung, indem es i statt e las. Ich vermute daher, daß sie unbewußterweise nicht meinen Irrtum, sondern vielmehr den Text, in welchem die lateinische Transliteration Ericepaeus vorkommt, «gelesen» hat, wobei sie anscheinend von meinem Verlesen nur gestört wurde.

855   Synchronistische Ereignisse beruhen auf der *Gleichzeitigkeit zweier verschiedener psychischer Zustände*. Der eine ist der normale, wahrscheinliche (das heißt kausal zureichend erklärbare) und der andere der kausal aus dem ersteren nicht

ableitbare Zustand, nämlich das kritische Erlebnis. Im Falle des plötzlichen Todes ist letzteres nicht unmittelbar als extra-sensory perception (ESP) erkennbar, sondern kann als solche erst nachträglich verifiziert werden. Aber auch im Falle des Skarabäus ist das unmittelbar Erlebte ein psychischer Zustand oder ein psychisches Bild, das sich vom Traumbild nur dadurch unterscheidet, daß es unmittelbar verifiziert werden kann. Im Falle des Vogelschwarmes handelt es sich bei der Frau um eine unbewußte Alterierung beziehungsweise Besorgnis, welche *mir* allerdings bewußt war und mich veranlaßt hatte, den Patienten zum Herzspezialisten zu schicken. Es besteht in allen diesen Fällen, gleichviel ob es sich um räumliche oder zeitliche ESP handelt, eine Gleichzeitigkeit des normalen oder gewöhnlichen Zustandes mit einem kausal nicht ableitbaren, anderen Zustand oder Erlebnis, dessen Objektivität meist erst nachträglich verifiziert werden kann. Diese Definition muß man besonders im Auge behalten, wenn zukünftige Ereignisse in Frage kommen. Sie sind nämlich evidenterweise nicht *synchron,* wohl aber *synchronistisch,* indem sie als psychische Bilder *gegenwärtig* erlebt werden, wie wenn das objektive Ereignis schon vorhanden wäre. *Ein unerwarteter Inhalt, der sich unmittelbar oder mittelbar auf ein objektives äußeres Ereignis bezieht, koinzidiert mit dem gewöhnlichen psychischen Zustand:* dieses Vorkommen nenne ich Synchronizität und bin der Ansicht, daß es sich um genau dieselbe Kategorie von Ereignissen handelt, ob nun deren Objektivität als im Raum oder als in der Zeit von meinem Bewußtsein getrennt erscheint. Diese Ansicht wird durch die Rhineschen Ergebnisse bestätigt, insofern weder Raum noch Zeit, im Prinzip wenigstens, die Synchronizität beeinflussen. Raum und Zeit, die verstandesmäßigen Koordinaten des bewegten Körpers, sind wohl im Grunde eines und dasselbe, darum spricht man von «Zeiträumen», und schon Philo Iudaeus sagt: διάστημα τῆς τοῦ κόσμου κινήσεώς ἐστιν ὁ χρόνος[40]. Man kann die räumliche Synchronizität ebensogut als ein Wahrnehmen in der Zeit auffassen, aber bemerkenswerterweise kann nicht ebensoleicht die zeitliche als räumlich verstanden werden, denn wir vermögen uns keinen Raum vorzustellen, in welchem zukünftige Ereignisse schon objektiv vorhanden wären und durch Reduktion dieser räumlichen Distanz als gegenwärtig erlebt werden könnten. Indem aber erfahrungsgemäß unter gewissen Umständen Raum und Zeit als auf annähernd Null reduziert erscheinen, fällt damit auch die

---

[40] «Die Erstreckung der Himmelsbewegung ist die Zeit.» (Philo Alexandrinus, *De opificio mundi,* 26, I, p. 8)

Kausalität weg, denn sie ist an das Vorhandensein von Raum und Zeit und von Körperveränderungen geknüpft, da sie ja im Nacheinander von Ursache und Wirkung besteht. Aus diesem Grunde kann das Synchronizitätsphänomen prinzipiell mit keinen Kausalitätsvorstellungen in Verbindung gebracht werden. Die Verknüpfung sinngemäß koinzidenter Faktoren muß daher notwendigerweise als akausal gedacht werden.

856   Hier geraten wir nun allerdings in die Versuchung, aus Ermangelung einer feststellbaren eine *transzendentale Ursache* anzunehmen. *«Ursache» kann aber nur eine feststellbare Größe sein.* Eine «transzendentale» Ursache ist nämlich insofern eine contradictio in adiecto, als etwas Transzendentales per definitionem gar nicht festgestellt werden kann. Wenn man die Annahme der Akausalität nicht riskieren will, so bleibt nichts anderes übrig, als die sogenannten synchronistischen Phänomene für bloße Zufälle zu erklären, womit man aber zu den RHINESchen ESP-Ergebnissen und anderen wohlbeglaubigten Tatsachen in Widerspruch gerät. Oder wir sind gezwungen, Überlegungen in der Art der obigen anzustellen und die Prinzipien unserer Welterklärung einer Kritik zu unterziehen, in dem Sinne, daß Raum und Zeit in einem bestimmten System nur dann konstante Größen sind, wenn sie abgesehen von psychischen Zuständen gemessen werden. Dies ist beim naturwissenschaftlichen Experiment in der Regel der Fall. Wird aber das Geschehen ohne experimentelle Einschränkungen beobachtet, so kann beim Beobachter ein gewisser emotionaler Zustand eintreten, welcher Raum und Zeit im Sinne einer Kontraktion verändert. Jeder emotionale Zustand bewirkt eine Bewußtseinsveränderung, welche JANET als «abaissement du niveau mental» bezeichnet hat, das heißt, es tritt eine gewisse Verengerung des Bewußtseins zugleich mit einer Verstärkung des Unbewußten ein, was besonders bei starken Affekten auch für den Laien ohne weiteres erkennbar ist. Der Tonus des Unbewußten wird gewissermaßen erhöht, wodurch leicht ein Gefälle vom Unbewußten zum Bewußtsein hin entsteht. Das Bewußtsein gerät damit unter den Einfluß unbewußter, instinktiver Antriebe und Inhalte. Letztere sind in der Regel *Komplexe,* die in letzter Linie auf den Archetypen, das heißt dem «instinctual pattern», beruhen. Neben diesen finden sich im Unbewußten aber auch *subliminale Wahrnehmungen* (und ebenso vergessene, das heißt momentan oder überhaupt unreproduzierbare Gedächtnisbilder). Unter den subliminalen Inhalten sind die Wahrnehmungen von dem, was ich als ein unerklärliches «Wissen» oder «Vorhandensein» bezeichnen möchte, zu unterscheiden. Während die Wahrnehmungen auf mögliche oder wahrscheinliche unter-

schwellige Sinneserregungen bezogen werden können, hat das «Wissen» oder «Vorhandensein» von unbewußten Bildern entweder keine erkennbare Grundlage, oder es bestehen erkennbare kausale Beziehungen zu gewissen, schon vorher vorhandenen (oft archetypischen) Inhalten. *Diese Bilder aber, gleichviel, ob sie in schon vorhandenen Grundlagen wurzeln oder nicht, stehen in analoger oder äquivalenter, das heißt sinngemäßer Beziehung zu objektiven Ereignissen, die mit ihnen keine erkennbare, ja nicht einmal eine denkbare kausale Beziehung haben.* Wie kann zum Beispiel ein räumlich oder gar zeitlich entlegenes Ereignis die Entstehung eines entsprechenden psychischen Bildes anregen, wenn ein hiezu nötiger energetischer Übermittlungsprozeß nicht einmal denkbar ist? So unverständlich dies auch erscheinen mag, so ist man doch schließlich gezwungen anzunehmen, daß es im Unbewußten etwas wie ein apriorisches Wissen oder besser «Vorhandensein» von Ereignissen gibt, das jeder kausalen Grundlage entbehrt: Auf alle Fälle erweist sich unser Begriff von Kausalität als untauglich zur Erklärung der Tatsachen.

Bei dieser verwickelten Sachlage lohnt es sich, das oben erörterte Argument zu rekapitulieren, was wohl am besten anhand unserer Beispiele geschieht. 857 Beim Rhineschen Experiment mache ich die Annahme, daß infolge der Erwartungsspannung, das heißt des emotionalen Zustandes der V. P. ein schon vorhandenes, korrektes, aber unbewußtes Bild des Resultates das Bewußtsein befähigt, eine mehr als bloß wahrscheinliche Anzahl von Treffern anzugeben. Der Skarabäustraum ist eine bewußte Vorstellung, die aus einem unbewußt schon vorhandenen Bild der am folgenden Tage eintretenden Situation, nämlich der Traumerzählung und des dazukommenden Rosenkäfers, hervorgeht. Die Frau meines verstorbenen Patienten hatte ein unbewußtes Wissen um den bevorstehenden Todesfall. Der Vogelschwarm evozierte die entsprechenden Erinnerungsbilder und damit ihre Angst. Ebenso ist der beinahe gleichzeitige Traum vom gewaltsamen Tode des Freundes aus dem schon vorhandenen unbewußten Wissen davon hervorgegangen.

In allen diesen und ähnlichen Fällen scheint ein a priori bestehendes, kausal 858 nicht zu erklärendes Wissen um einen zur betreffenden Zeit unwißbaren Tatbestand vorzuliegen. Das Synchronizitätsphänomen besteht also aus zwei Faktoren: 1. *Ein unbewußtes Bild kommt direkt* (wörtlich) *oder indirekt* (symbolisiert oder angedeutet) *zum Bewußtsein als Traum, Einfall oder Ahnung.* 2. *Mit diesem Inhalt koinzidiert ein objektiver Tatbestand.* Man kann sich gleichermaßen über das eine wie über das andere wundern. Wie kommt das unbewußte Bild zustande, oder wie die Koinzidenz? Ich verstehe nur zu gut, warum man es vorzieht, die Tatsächlichkeit solcher Dinge in Zweifel zu ziehen. Ich will hier nur die Frage aufwerfen. Eine Antwort zu geben, will ich im späteren Verlauf dieser Untersuchung wagen.

859   Hinsichtlich der Rolle, welche der Affekt beim Zustandekommen synchronistischer Ereignisse spielt, möchte ich erwähnen, daß dies keineswegs eine neue Idee ist, sondern schon von AVICENNA und ALBERTUS MAGNUS klar erkannt wurde. ALBERTUS MAGNUS sagt: «Ich fand ⟨scl. bezüglich der Magie⟩ eine einleuchtende Darlegung im sechsten Buche der Naturalia des Avicenna, daß der menschlichen Seele eine gewisse Kraft (virtus), die Dinge zu verändern, innewohne und ihr die anderen Dinge untertan seien; und zwar dann, wenn sie in einem großen Exzeß von Liebe oder Haß oder etwas ähnlichem hingerissen ist (quando ipsa fertur in magnum amoris excessum aut odii aut alicuius talium). Wenn also die Seele eines Menschen in einen großen Exzeß von irgendeiner Leidenschaft gerät, so kann man experimentell feststellen, daß er ⟨scl. der Exzeß⟩ die Dinge ⟨magisch⟩ bindet und sie in eben der Richtung hin verändert, wonach er strebt (fertur in grandem excessum alicuius passionis invenitur experimento manifesto quod ipse ligat res et alterat ad idem quod desiderat et diu non credidi illud), und ich habe es lange nicht geglaubt ⟨!⟩, aber nachdem ich nigromantische Bücher und solche über Zauberzeichen (imaginum) und Magie gelesen habe, fand ich, daß ⟨wirklich⟩ die Emotionalität (affectio) der menschlichen Seele die Hauptwurzel all dieser Dinge ist, sei es entweder, daß sie wegen ihrer großen Emotion ihren Körper und andere Dinge, wonach sie tendiert, verändert, oder daß ihr, wegen ihrer Würde, die anderen, niedrigeren Dinge untertan sind, oder sei es, daß mit einem solchen, über alle Grenzen hinausgehenden Affekt die passende Sternstunde oder die astrologische Situation oder eine andere Kraft parallel läuft, und wir ⟨infolgedessen⟩ glauben, daß ⟨das⟩, was diese Kraft mache, dann von der Seele bewirkt würde (cum tali affectione exterminata concurrat hora conveniens aut ordo coelestis aut alia virtus, quae quodvis faciet, illud reputavimus tunc animam facere) ... Wer also das Geheimnis hievon wissen will, um jenes zu bewirken und aufzulösen, der muß wissen, daß jeder alles magisch beeinflussen kann, wenn er in einen großen Exzeß gerät ... und er muß es dann eben gerade in jener Stunde tun, in welcher ihn jener Exzeß befällt, und mit den Dingen tun, die ihm die Seele vorschreibt. Die Seele ist nämlich dann so begierig nach der Sache, die sie bewirken will, daß sie auch von sich aus die Bedeutendere und bessere *Sternstunde* ergreift, *die auch über den Dingen waltet,* die besser zu jener Sache passen ... Und so ist es die Seele, welche die Sache in-

tensiver begehrt, welche die Dinge mehr wirksam und ⟨dem⟩ ähnlicher macht, was herauskommt… In ähnlicher Weise nämlich funktioniert die Herstellung bei allem, was die Seele mit intensivem Wunsche begehrt. Alles nämlich, was sie, auf jenes zielend, treibt, hat Bewegungskraft und Wirksamkeit nach dem hin, was die Seele ersehnt» usw.[41]

Dieser Text zeigt deutlich, daß das synchronistische («magische») Geschehen als vom Affekt abhängend angesehen wurde. Natürlich erklärt ALBERTUS MAGNUS, dem Geist seiner Zeit entsprechend, durch die Annahme eines magischen Vermögens der Seele, ohne in Betracht zu ziehen, daß der seelische Vorgang ebensosehr «angeordnet» ist wie die koinzidente Vorstellung, welche den physischen, äußeren Vorgang antizipiert. Die koinzidente Vorstellung geht aus dem Unbewußten hervor und gehört daher zu jenen «cogitationes quae sunt a nobis independentes» und die, wie ARNOLD GEULINCX meint, von Gott veranlaßt sind und nicht dem eigenen Denken entspringen[42]. Auch GOETHE denkt in Hinsicht auf synchronistische Ereignisse in «magischer» Weise. So sagt er in den ECKERMANNschen Gesprächen: «Wir haben alle etwas von elektrischen und magnetischen Kräften in uns und üben wie der Magnet selber eine anziehende und abstoßende Gewalt aus, je nachdem wir mit etwas Gleichem oder Ungleichem in Berührung kommen[43].»

Kehren wir nach dieser allgemeinen Betrachtung wieder zu unserem Problem der empirischen Grundlagen der Synchronizität zurück! Die Beschaffung eines Erfahrungsmaterials, das hinlänglich sichere Schlüsse ermöglicht, bildet zunächst die Hauptfrage, deren Lösung leider nicht leicht ist. Die hier in Frage kommenden Erfahrungen liegen ja nicht auf der Hand. Man muß sich deshalb in die obskursten Winkel wagen und den Mut aufbringen, die Voreingenommenheiten unserer gegenwärtigen Weltanschauung zu brüskieren, wenn man versuchen will, die Basis der Naturerkenntnis zu verbreitern. Als GALILEI mittels seines Fernrohrs die Jupitermonde entdeckte, stieß er auch sofort mit der Voreingenommenheit seiner gelehrten Mitwelt zusammen. Niemand wußte, was ein Fernrohr war und was ein solches konnte. Nie zuvor hatte jemand von Jupitermonden gesprochen. Natürlich denkt jede Zeit, alle früheren seien voreingenommen gewesen, und heute denkt man dies

---

[41] *De mirabilibus mundi.* Inkunabel der Zürcher Zentralbibliothek, undatiert. (Es gibt hievon einen Kölner Druck von 1485.)

[42] *Metaphysica vera,* pars III., secunda scientia, p. 187 f. [Vorstellungen, die von uns unabhängig sind.]

[43] [*Gespräche mit Goethe,* III., p. 142.]

mehr denn je und hat damit ebenso unrecht wie alle früheren Zeiten, die so dachten. Wie oft schon hat man es erlebt, daß die Wahrheit verdammt wurde. Es ist traurig, aber leider wahr, daß der Mensch aus der Geschichte nichts lernt. Diese Tatsache wird uns die größten Schwierigkeiten bereiten, denn wenn wir uns anschicken, in einer so dunkeln Sache ein irgendwie erleuchtendes Erfahrungsmaterial zu sammeln, so werden wir es ganz sicher dort finden, wo alle Autoritäten uns versichert haben, daß nichts zu finden sei.

862   Die Erzählung von merkwürdigen Einzelfällen – seien sie auch noch so gut beglaubigt – ist unprofitabel und führt höchstens dazu, daß man den Erzähler für einen leichtgläubigen Menschen hält. Selbst die sorgfältige Registrierung und Verifizierung einer sehr großen Anzahl von Fällen, wie sie sich in dem Werke von GURNEY, MYERS AND PODMORE[44] findet, hat auf die wissenschaftliche Welt so gut wie keinen Eindruck gemacht. Weitaus die meisten «Fachleute», nämlich Psychologen und Psychiater, scheinen überhaupt nichts davon zu wissen[45].

863   Die Resultate der ESP- und PK-Experimente haben eine zahlenmäßig erfaßbare Grundlage für das Synchronizitätsphänomen geschaffen, und zugleich weisen sie hin auf die bedeutsame Rolle, welche der psychische Faktor dabei spielt. Diese Tatsache hat mir die Frage nahegelegt, ob es nicht möglich wäre, eine Methode ausfindig zu machen, die einerseits das Synchronizitätsphänomen nachweist und andererseits psychische Inhalte soweit erkennen läßt, daß man damit wenigstens gewisse Anhaltspunkte in bezug auf die Natur des involvierten psychischen Faktors gewinnen kann. Ich fragte mich, ob es nicht eine Methode gäbe, welche meßbare beziehungsweise zählbare Resultate ermöglichen und zugleich einen Einblick in die psychischen Hintergründe der Synchronizität gewähren würde. Daß sehr wesentliche psychische Bedingungen der Synchronizitätsphänomene vorhanden sind, haben wir ja bereits bei den ESP-Experimenten gesehen, obschon diese letzteren ihrer ganzen Art nach sich auf die Tatsache der Koinzidenz beschränken und nur deren psychische Bedingtheit hervorheben, ohne diesen Faktor näher zu beleuchten. Es war mir nun schon seit langem bekannt, daß es gewisse intuitive (sogenannte

---

[44] *Phantasms of the Living.*

[45] Neuerdings hat sich PASCUAL JORDAN in sehr verdienstlicher Weise für die wissenschaftliche Erforschung des räumlichen Hellsehens eingesetzt (*Positivistische Bemerkungen über die parapsychischen Erscheinungen*). Ich möchte auch auf seine Schrift *Verdrängung und Komplementarität* hinweisen, welche für die Beziehungen zwischen der Mikrophysik und der Psychologie des Unbewußten wichtig ist.

mantische) Methoden gibt, welche hauptsächlich vom psychischen Faktor ausgehen, die Tatsächlichkeit der Synchronizität aber als selbstverständlich voraussetzen. Ich richtete zunächst mein besonderes Augenmerk auf jene Hilfstechnik der intuitiven Ganzheitserfassung, welche für China charakteristisch ist, nämlich auf den *I Ging* (oder I Ching). Der chinesische Geist strebt, im Gegensatz zu dem griechisch erzogenen westlichen, nicht nach der Erfassung der Einzelheit um ihrer selbst willen, sondern nach einer Anschauung, welche das Einzelne als Teil eines Ganzen sieht. Eine derartige Erkenntnisoperation ist dem reinen Intellekt aus naheliegenden Gründen unmöglich. Das Urteil muß sich daher in vermehrtem Maße auf die irrationalen Funktionen des Bewußtseins, nämlich auf die Empfindung (als «sens du réel») und auf die Intuition (als eine hauptsächlich durch subliminale Inhalte bestimmte Wahrnehmung) stützen. Der *I Ging,* diese – man darf wohl sagen experimentelle – Grundlage der klassischen chinesischen Philosophie, ist nun eine Methode, seit alters dazu bestimmt, eine Situation ganzheitlich zu erfassen und damit das Einzelproblem in den Rahmen des großen Gegensatzspieles von Yang und Yin zu stellen.

Die Ganzheitserfassung ist selbstverständlich auch das Ziel der Naturwissenschaft. Aber dieses Ziel liegt notwendigerweise in großer Entfernung, indem die Naturwissenschaft wenn immer möglich experimentell und auf alle Fälle statistisch vorgeht. Das Experiment aber besteht in einer bestimmten Fragestellung, welche alles Störende und Nichtzugehörige möglichst ausschließt. Es stellt Bedingungen, zwingt diese der Natur auf und veranlaßt sie auf diese Weise, eine auf die menschliche Frage ausgerichtete Antwort zu geben. Es wird ihr dabei verwehrt, aus der Fülle ihrer Möglichkeiten zu antworten, indem letztere tunlichst eingeschränkt werden. Zu diesem Zwecke wird im Laboratorium eine künstlich auf die Frage eingeschränkte Situation geschaffen, welche die Natur zwingt, eine möglichst eindeutige Antwort zu geben. Das Walten der Natur in ihrer unbeschränkten Ganzheit ist dabei völlig ausgeschlossen. Um dieses aber kennenzulernen, brauchen wir eine Fragestellung, die möglichst wenig oder womöglich gar keine Bedingungen stellt und es damit der Natur überläßt, aus ihrer Fülle zu antworten.

Die bekannte, feststehende Experimentanordnung bildet den invariabeln Faktor der die Resultate sammelnden und vergleichenden Statistik. Beim intuitiven beziehungsweise mantischen Ganzheitsexperiment dagegen braucht es keine Frage, die irgendwelche Bedingungen stellt und damit die Ganzheit des Naturvorganges beschränkt. Letzterer hat alle Chancen, die er überhaupt haben kann. Beim *I Ging* fallen und rollen die Münzen, wie es ihnen eben paßt[46]. Auf eine unbekannte Frage folgt eine unverständliche Antwort. Insofern sind also für eine Ganzheitsreaktion die Bedingungen geradezu ideal. Der Nachteil aber springt in die Augen: im Gegensatz zum naturwissenschaftlichen Experiment weiß man nicht, was geschehen ist. Diesem Übelstand versuchten schon im 12. Jahrhundert vor unserer Ära zwei chinesische Weise abzuhelfen, indem sie, auf der Hypothese des Einsseins aller Natur fußend, versuchten, die Gleichzeitigkeit eines psychischen Zustandes mit einem physischen Vorgang als *Gleichsinnigkeit* zu erklären. Mit anderen Worten: sie nahmen an, daß dasselbe Sein sich im psychischen wie im physischen Zustand ausdrücke. Um diese Hypothese zu verifizieren, bedurfte es aber bei diesem anscheinend schrankenlosen Experiment doch *einer* Bedingung, nämlich einer bestimmten Form des physischen Vorganges, das heißt einer Methode oder Technik, welche die Natur zwang, in geraden und ungeraden Zahlen zu antworten. Diese sind als die Repräsentanten von Yin und Yang dem Unbewußten sowohl wie der Natur in der Gestalt der Gegensätze, nämlich der Mütter und der Väter alles Geschehens, eigentümlich und bilden daher das tertium comparationis zwischen der psychischen Innen- und der physischen Außenwelt. So erfanden die beiden Alten eine Methode, wie ein innerer Zustand als ein äußerer und vice-versa dargestellt werden konnte. Dazu gehörte nun allerdings ein (intuitives) Wissen um die Bedeutung der jeweiligen Orakelfigur. Der *I Ging* besteht daher in einer Sammlung von 64 Deutungen, in denen der Sinn jeder der 64 möglichen Yang-Yin-Kombinationen herausgearbeitet ist. Diese Deutungen formulieren das innere, unbewußte Wissen, welches mit dem jeweiligen Bewußtseinszustand zusammentrifft. Mit dieser psychischen Voraussetzung koinzidiert das Zufallsergebnis der Methode, nämlich die geraden und ungeraden Zahlen, die sich aus dem Fall der Münzen oder der zufälligen Teilung der Schafgarbenstengel ergeben[47].

866   Die Methode ist, wie alle divinatorischen, das heißt intuitiven Techniken, auf das Prinzip des akausalen oder *Synchronizitätszusammenhanges* gegründet[48]. Bei der praktischen Ausführung des Experimentes ereignen sich tat-

---

[46] Wenn das Experiment mit den klassischen Schafgarbenstengeln vorgenommen wird, so stellt die Teilung der 49 Stengel den Zufallsfaktor dar.

[47] Siehe unten.

[48] Ich habe diese Bezeichnung zum erstenmal veröffentlicht in meiner *Gedächtnisrede* auf RICHARD WILHELM (10. Mai 1930 in München). Die Rede ist in der zweiten und den folgenden Auflagen von *Das Geheimnis der Goldenen Blüte* (1929 von WILHELM und mir gemeinsam

sächlich zahlreiche und dem Unvoreingenommenen einleuchtende Fälle, die man rational und mit einiger Gewalttätigkeit nur als Projektionen erklären könnte. Nimmt man aber an, daß sie das wirklich sind, was sie zu sein scheinen, dann handelt es sich um sinngemäße Koinzidenzen, für die es unseres Wissens keine kausale Erklärung gibt. Die Methode besteht darin, daß entweder 49 Schafgarbenstengel arbiträr in zwei Hälften geteilt, und letztere nach drei und fünf abgezählt werden, oder daß man drei Münzen wirft, wobei das jeweilige Vorherrschen des Zahlenwertes von Avers und Revers, respektive Bild (drei) und Wert (zwei), die Gestalt des Hexagrammes entscheidet[49]. Das Experiment fußt auf einem triadischen Prinzip (zwei Trigramme) und besteht aus 64 Mutationen, welche ebensovielen psychischen Situationen entsprechen. Diese sind im Text und den dazugehörigen Kommentaren ausführlich erörtert. Es gibt nun aber auch eine westliche, aus der Antike stammende Methode[50], die im allgemeinen auf dem gleichen Prinzip beruht wie der *I Ging.* Nur ist im Westen dieses Prinzip nicht triadisch, sondern bezeichnenderweise *tetradisch,* und das jeweilige Resultat ist nicht ein aus Yang- und Yinlinien zusammengesetztes Hexagramm, sondern es sind sechzehn Quaternionen, die aus geraden und ungeraden Zahlen bestehen. Zwölf davon werden nach gewissen Regeln in einem astrologischen Häuserschema angeordnet. Die Grundlage des Experimentes bilden vier mal vier Zeilen, die aus einer zufälligen Anzahl von Punkten bestehen. Diese werden von der fragenden Person im Sand oder auf dem Papier von rechts nach links markiert[51]. Das Zusammenspiel der verschiedenen Faktoren geht in echt okzidentalischer Weise erheblich mehr in die Einzelheiten als der *I Ging.* Auch hier ereignen sich reichlich sinngemäße Koinzidenzen, welche aber im allgemeinen schwerer zu erfassen und darum weniger einleuchtend als die Resultate des *I Ging* sind. Es bestehen bei der westlichen Methode, die seit dem 13. Jahrhundert als *Ars geomantica* oder *Punktierkunst*[52] bekannt ist und sich einer weiten Verbreitung

---

herausgegeben) erschienen. Es heißt dort p. XI: «Die Wissenschaft des I Ging beruht nämlich nicht auf dem Kausalprinzip, sondern auf einem bisher nicht benannten – weil bei uns nicht vorkommenden – Prinzip, das ich versuchsweise als *synchronistisches Prinzip* bezeichnet habe.»

[49] Ich verweise auf RICHARD WILHELM, *I Ging, das Buch der Wandlungen.*

[50] Schon im *Liber etymologiarum* des ISIDOR VON SEVILLA, lib. VIII, cp. IX, 13, erwähnt.

[51] Es können dazu auch Körner irgendwelcher Art oder eine Anzahl Würfel benützt werden.

[52] Die beste Darstellung bei ROBERT FLUDD (1574–1637), *De arte geomantica.* Siehe auch THORNDIKE, *A History of Magic and Experimental Science* II, p. 110.

erfreute, keinerlei umfassende Kommentare, da deren Gebrauch nur mantisch, aber nie philosophisch wie derjenige des *I Ging* war.

867   Die Resultate beider Verfahren, des *I Ging* sowohl wie der Ars geomantica, liegen zwar in der gesuchten Richtung, bieten aber keinerlei Handhaben zu einer exakten Erfassung. Ich habe mich daher nach einer anderen intuitiven Technik umgesehen und bin dabei auf die *Astrologie* gestoßen, welche – in ihrer modernen Entwicklungsform wenigstens – den Anspruch erhebt, relativ ganzheitliche Charakterbilder zu ermöglichen. Im Bereiche dieses Verfahrens fehlt es zwar nicht an Kommentaren. Es gibt sogar einen verwirrenden Überfluß davon; ein Zeichen dafür, daß die Deutung weder eine einfache noch eine sichere Sache ist. Die sinngemäße Koinzidenz, die wir suchen, ist in diesem Fall ohne weiteres einleuchtend, indem seit den ältesten Zeiten feststehende Planeten-, Häuser-, Zodiakal- und Aspektbedeutungen, auf welche sich ein Tatbestand gründen ließe, vorhanden sind. Man kann zwar immer noch den Einwand erheben, daß das Resultat mit der psychologischen Kenntnis der Situation respektive des in Frage stehenden Charakters nicht übereinstimme und die schwer zu widerlegende Behauptung aufstellen, daß die Erkenntnis eines Charakters eine höchst subjektive Angelegenheit sei, indem es auf dem Gebiete der Charakterkunde keine untrüglichen, verläßlichen, meß- oder zählbaren Merkmale gebe; ein Einwurf, den man bekanntlich auch gegen die Graphologie erhebt, obschon deren Gebrauch sich praktisch schon allgemeiner Anerkennung erfreut.

868   Diese Kritik und die Abwesenheit sicherer Kriterien für die Feststellung von Charaktereigenschaften läßt die von der Astrologie geforderte sinngemäße Koinzidenz von Horoskopstruktur und Charakter für den hier diskutierten Zweck als unverwendbar erscheinen. Wenn man daher die Astrologie zu einer Aussage über akausale Verknüpfung von Ereignissen veranlassen will, so muß man an Stelle der unsicheren Charakterdiagnose einen bestimmten und unbezweifelbaren Tatbestand setzen. Ein solcher ist zum Beispiel die eheliche Verbindung zwischen zwei Personen [53].

---

[53] Weitere eindeutige Tatbestände wären Mord und Selbstmord. Hiezu finden sich bei v. KLOECKLER (*Astrologie als Erfahrungswissenschaft,* pp. 232 ff. und 260 ff.) Statistiken, die leider den Vergleich mit normalen Durchschnittswerten vermissen lassen und daher für unseren Zweck unverwendbar sind. Dagegen hat PAUL FLAMBART (*Preuves et bases de l'astrologie scientifique,* p. 79 ff.) eine Statistik über den Aszendenten bei geistig hervorragenden Leuten (123 Personen) graphisch dargestellt. Es finden sich deutliche Anhäufungen an den Ecken des Lufttrigons (♊,♎,♒). Dieses Resultat wurde bestätigt durch weitere 300 Fälle.

Die mythologische und traditionelle astrologische und alchemistische Ent- 869
sprechung ist seit alters die coniunctio Solis (☉) et Lunae (☾), das Liebesver-
hältnis des Mars (♂) mit der Venus (♀), sowie die Beziehungen dieser Gestirne
zum Aszendenten respektive Deszendenten. Letztere Beziehung muß mit
einbezogen werden, indem die Aszendentachse seit alters als für das Wesen
der Persönlichkeit besonders wichtig gilt [54]. Es wäre daher zu untersuchen, ob
sich in den Horoskopen von Verheirateten eine größere Anzahl von koinzidierenden ☉ – ☾ - oder ♂ – ♀ - Aspekten als bei Nichtverheirateten nachweisen
läßt [55]. Zur Ausführung einer derartigen Untersuchung bedarf es keines Glaubens an die Astrologie, sondern nur der Geburtsdaten, der Ephemeriden und
einer Logarithmentafel, mit deren Hilfe das Horoskop zu errechnen ist.

Die dem Wesen des Zufalls adäquate Methode ist, wie die drei erwähnten 870
mantischen Prozeduren zeigen, die des *Zählens*. Seit alters haben sich die Menschen der Zahl bedient, um die sinngemäße, das heißt deutbare Koinzidenz
festzustellen. Die Zahl ist etwas Besonderes – man darf wohl sagen – etwas
Geheimnisvolles. Man hat sie ihres numinosen Nimbus nie ganz berauben
können. Wenn man, so sagt ein Lehrbuch der Mathematik, von einer Gruppe
von Gegenständen jeden einzelnen aller seiner Eigenschaften beraubt, so
bleibt zuletzt doch noch die Anzahl derselben übrig, womit der Zahl der Cha-

---

[54] Hier kann der mehr oder weniger routinierte Astrologe wohl kaum ein Lächeln unterdrücken, indem für ihn nämlich derartige Entsprechungen einfach selbstverständlich sind. Ein
klassisches Beispiel ist GOETHES Verbindung mit Christiane Vulpius, nämlich ☉ 5° ♍ ♂ ☾ 7°
♍ .

[55] Diese Auffassung ist schon bei PTOLEMAEUS vorhanden: «Apponit [Ptolemaeus] autem
tres gradus concordiae: Primus cum Sol in viro, et Sol, vel Luna in foemina, aut Luna in utris-
que, fuerint in locis se respicientibus trigono, vel hexagono aspectu. Secundus cum in viro
Luna, in uxore Sol, eodem modo disponuntur. Tertius, si cum hoc alter alterum recipiat.»
[⟨Ptolemäus⟩ nimmt drei Stufen harmonischer Übereinstimmung an: Die erste, wenn die
Sonne beim Mann, und die Sonne oder der Mond bei der Frau, oder der Mond bei beiden sich
in ihren jeweiligen Stellungen zueinander in einem Trigon- oder Sextilaspekt befinden. Die
zweite, wenn beim Manne der Mond, bei der Frau die Sonne in gleicher Weise angeordnet
sind. Der dritte, wenn sie dazu noch füreinander empfänglich sind.] Auf derselben Seite zitiert
CARDANUS den PTOLEMAEUS (*De astrorum iudiciis*): «Omnino vero constantes et diurni con-
victus permanent, quando in utriusque coniugis genitura luminaria contigerit configurata esse
concorditer.» [Im allgemeinen ist ihr Zusammenleben beständig und von Dauer, wenn sich in
beider Geburtshoroskop die Stellung der Himmelsleuchten ⟨Sonne und Mond⟩ im Einklang
befindet.] Als besonders günstig für die Ehe erachtet er die Konjunktion eines männlichen
Mondes mit einer weiblichen Sonne. HIERONYMUS CARDANUS, *Opera omnia: Commentaria in
Ptolemaeum De astrorum iudiciis*, lib. IV, p. 332.

rakter einer anscheinend unabdingbaren Größe verliehen wird. (Ich setze mich hier nicht mit der Logik des mathematischen Argumentes auseinander, sondern nur mit dessen Psychologie!) Die Reihe der ganzen Zahlen ist unerwartet mehr als eine Aneinanderreihung identischer Einheiten: sie enthält in sich die ganze Mathematik und alles, was in ihr noch zu entdecken sein wird. Die Zahl ist daher eine unabsehbare Größe, und es ist wohl kein Zufall, daß gerade das Zählen die der Behandlung des Zufalls adäquate Methode ist. Obschon ich mich nicht möchte anheischig machen, irgend etwas Erleuchtendes über die innere Beziehung zweier Gegenstände, die dermaßen inkommensurabel erscheinen wie die Synchronizität und die Zahl, beizubringen, so kann ich doch nicht umhin, hervorzuheben, daß nicht nur Zahl und Zählen mit der Synchronizität schon von jeher in Verbindung gebracht wurden, sondern beide auch Numinosität und Geheimnis als gemeinsame Eigenschaften besitzen. Die Zahl diente von jeher zur Bezeichnung des numinosen Objektes, und alle Zahlen von eins bis neun sind «heilig», ebenso sind 10, 12, 13, 14, 28, 32 und 40 durch Bedeutsamkeit ausgezeichnet. Wohl die elementarste Eigenschaft des Objektes ist dessen Einheit und Vielheit. Zur Ordnung des chaotischen Vielerlei der Erscheinung hilft in allererster Linie die Zahl. Sie ist das gegebene Instrument zur Herstellung einer Ordnung oder zur Erfassung einer schon bestehenden, aber noch unbekannten Regelmäßigkeit, das heißt eines Angeordnetseins. Sie ist wohl das primitivste Ordnungselement des menschlichen Geistes, wobei den Zahlen von eins bis vier die größte Häufigkeit und die allgemeinste Verbreitung zukommt, das heißt primitive Ordnungsschemata sind meist Triaden und Tetraden. Daß die Zahl einen archetypischen Hintergrund besitzt, ist nicht etwa meine Vermutung, sondern diejenige gewisser Mathematiker, wie wir unten noch sehen werden. Es ist darum wohl keine allzu kühne Schlußfolgerung, wenn wir die Zahl psychologisch als einen bewußtgewordenen *Archetypus der Ordnung* definieren[56]. Bemerkenswerterweise besitzen auch die vom Unbewußten spontan produzierten psychischen Ganzheitsbilder, beziehungsweise die Symbole des Selbst in Mandalaform, mathematische Struktur. Es sind in der Regel Quaternitäten (oder deren Mehrfaches)[57]. Diese Gebilde drücken nicht nur Ordnung aus, sondern bewirken auch eine solche. Deshalb erscheinen sie zumeist in Zuständen psychischer Desorientiertheit als Kompensationen eines chaotischen Zustandes,

---

[56] *Zur Psychologie östlicher Meditation* [Paragr. 943].
[57] Vgl. dazu *Zur Empirie des Individuationsprozesses* und *Über Mandalasymbolik.*

oder sie formulieren numinose Erfahrungen. Dabei muß hervorgehoben werden, daß diese Strukturen keine Erfindungen des Bewußtseins sind, sondern spontane Produkte des Unbewußten, wie die Erfahrung hinlänglich bewiesen hat. Natürlich kann das Bewußtsein diese Ordnungsgebilde nachahmen, aber solche Imitationen beweisen keinesfalls, daß auch die Originale bewußte Erfindungen wären. Aus diesen Tatsachen geht unwiderlegbar hervor, daß das Unbewußte die Zahl als Ordnungsfaktor verwendet.

Wenn wir uns nun im folgenden Kapitel dem Problem eines astrologischen Synchronizitätsbeweises zuwenden, so werden es Berechnungen und Zahlen sein, welche uns zur Verfolgung der Spur ihre Dienste leisten müssen. 871

B. EIN ASTROLOGISCHES EXPERIMENT

Wie erwähnt, brauchen wir zwei verschiedene Tatbestände, wovon der eine die astrologische Konstellation, der andere aber das Verheiratetsein darstellt. 872
Die Ehe ist ein wohlcharakterisierter Tatbestand, obschon ihr psychologischer Aspekt alle erdenklichen Variationen aufweist. Nach astrologischer Ansicht drückt sich eben gerade letzterer am allermeisten im Horoskop aus, während die Möglichkeit, daß die charakterisierten Individuen sozusagen zufälligerweise miteinander verheiratet sind, notwendigerweise dagegen in den Hintergrund tritt, wie überhaupt äußere Tatsachen nur vermöge ihrer psychologischen Repräsentation einigermaßen astrologisch erfaßbar zu sein scheinen. Infolge der sehr großen Zahl von charakterologischen Variationen ist wohl kaum nur eine einzige astrologische Konfiguration als für die Ehe kennzeichnend zu erwarten, sondern es werden wohl mehrere Merkmale sein, welche auf eine Prädisposition hinsichtlich der Wahl des Ehepartners hinweisen, wenn die astrologische Voraussetzung überhaupt zu Recht besteht. In letzterer Hinsicht muß ich allerdings die Aufmerksamkeit meines Lesers auf jene schon seit geraumer Zeit bekannte Übereinstimmung der Sonnenfleckenperioden mit der Mortalitätskurve hinweisen. Das verbindende Zwischenstück stellen die erdmagnetischen Störungen dar, welche ihrerseits auf den Schwankungen der solaren Protonenstrahlung beruhen. Diese letzteren beeinflussen auch das «Radiowetter» durch Störung der die Radiowellen reflektierenden Heavisideschicht: es hat sich nun bei der Untersuchung dieser Störungen ergeben, daß dabei die planetaren Konjunktionen, Oppositionen und quadrati-

schen Aspekte eine beträchtliche Rolle spielen, indem sie die Protonenstrahlung ablenken und dadurch elektromagnetische Stürme erregen. Die astrologisch günstigen trigonalen und sextilen Aspekte dagegen bedingen gleichmäßiges Radiowetter [58].

873   Diese Beobachtung nun eröffnet einen unerwarteten Ausblick auf eine
mögliche kausale Grundlage der Astrologie. Auf alle Fälle gilt dies für die
KEPLERsche Wetterastrologie. Die Möglichkeit besteht aber auch, daß über
die bereits festgestellten physiologischen Wirkungen der Protonenstrahlung
hinaus psychische Effekte zustande kommen können, womit die astrologischen Aussagen ihrer Zufallsnatur entkleidet und in den Bereich einer kausalen Betrachtung gerückt würden. Obschon man keineswegs des näheren
weiß, worauf sich die Gültigkeit eines Nativitätshoroskopes gründet, so ist
die Möglichkeit eines kausalen Zusammenhanges planetarer Aspekte mit psychophysiologischen Dispositionen doch denkbar geworden. Man tut demnach gut daran, wenn man die Resultate der astrologischen Betrachtungsweise nicht als synchronistische Phänomene, sondern als möglicherweise kausal
bedingte Effekte auffaßt. Denn, wo immer eine Ursache vernünftigerweise
auch nur denkbar ist, wird die Synchronizität zu einer höchst zweifelhaften
Angelegenheit.

874   Gegenwärtig besteht allerdings noch keine genügende empirische Sicherheit, daß die astrologischen Resultate mehr sind als Zufälle, beziehungsweise
daß Statistiken mit großen Zahlen ein mehr als bloß wahrscheinliches Ergebnis zeitigen [59]. Da derartig groß angelegte Untersuchungen bis jetzt nicht vorliegen, habe ich mich entschlossen, an einer das übliche Maß etwas über-
schreitenden Zahl von Ehehoroskopen mein Glück zu versuchen, um zunächst einmal festzustellen, was für Zahlen bei einer derartigen Untersuchung
herauskommen.

875   Ich habe mein Augenmerk in erster Linie auf die Konjunktionen ($\eth$) und
die Oppositionen ($\eth$) von Sonne und Mond gerichtet [60], indem diese beiden

[58] Ich verweise auf die zusammenfassende Darstellung, die Herr Prof. MAX KNOLL
(Princeton) in seinem Eranos-Vortrag [*Wandlungen der Wissenschaft in unserer Zeit*] gegeben
hat.
[59] Vgl. z. B. die statistischen Ergebnisse bei KRAFFT, *Traité d'astro-biologie,* p. 23 ff. und
a. a. O.
[60] Ich habe die quadratischen und Sextilaspekte sowie die Beziehungen zum Medium und
Imum Coeli, die natürlich auch in Betracht kämen, unberücksichtigt gelassen, um die
Darstellung nicht unnötig zu komplizieren. Es handelt sich ja nicht um die Frage, was
Eheaspekte seien, sondern darum, ob horoskopisch sich die Ehe überhaupt bemerkbar macht.

Aspekte astrologisch als ungefähr gleich stark (obschon im Gegensinne) gelten, das heißt, sie bedeuten intensive Beziehungen zwischen den Gestirnen. Alle ☉ ☽ ♂ ♀ Aszendent-Deszendent-Konjunktionen und Oppositionen ergeben zusammen 50 verschiedene Aspekte. Sie wurden zunächst bei 180 verheirateten Paaren (360 Horoskopen) untersucht und mit den entsprechenden Beziehungen bei 32 220 unverheirateten verglichen, wobei die Zahl 32 220 sich aus der Anzahl möglicher Kombinationen der zugrunde gelegten Horoskope Verheirateter ergibt ($180 \times \left\{ 180\text{--}1 \right\} = 32\,220$). Bei sämtlichen Berechnungen wurde ein Orbis (das heißt Aspektumkreis) von acht Grad angenommen, und zwar sowohl in der Richtung des Uhrzeigers als umgekehrt, und nicht nur innerhalb eines Zeichens, sondern auch darüber hinausgreifend. Im ganzen wurden 483 Ehen, das heißt 966 Horoskope untersucht. Wie aus den nachfolgenden Tabellen hervorgeht, wurde die Prüfung sowohl wie die Darstellung der Resultate sozusagen «paketweise» vorgenommen. Diese Methode dürfte nicht ohne weiteres einleuchten. Wenn sich mein Leser aber Rechenschaft darüber gibt, daß es sich hier vor allem einmal um einen erstmaligen Vorstoß auf einer terra incognita handelt, so wird er begreifen, daß Vorsicht und Umsicht bei einer so riskanten Unternehmung wohl am Platze sind. Die paketweise Untersuchung empfahl sich insofern, als man damit einen unmittelbaren Einblick in das Benehmen der Zahlen bekam. Im Vergleich zu anderen astrologischen Statistiken müßte man zum Beispiel annehmen, daß 100 Fälle schon eine respektable Grundlage zu einer Statistik darstellen. Für eine astrologische Untersuchung genügt diese Zahl aber nicht, und schon gar nicht für eine Statistik, bei der es sich um nicht weniger als 50 Aspekte handelt. In einem derartigen Fall lassen sich bei kleinen Zahlen sehr große Streuungen, die das Urteil leicht irreführen, erwarten. Es war auch a priori keineswegs sicher, welche und wie viele von diesen 50 Aspekten sich als für die Ehe charakterisch erweisen würden, wenn überhaupt! Selbstverständlich stellt die unvermeidlich große Anzahl der Aspekte eine ernsthafte Schwierigkeit für die statistische Durchleuchtung des komplizierten Tatbestandes dar, denn es stand zu erwarten, daß eine große Anzahl der Aspekte steril sein würden, was sich dann auch bestätigt hat.

Das Material verdanke ich verschiedenen astrologisch tätigen Persönlichkeiten in Zürich, London, Rom und Wien. Es wurde ursprünglich zu rein astrologischen Zwecken, zum Teil schon vor vielen Jahren aufgenommen. Zwischen der Aufnahme des Materials und der Absicht meiner Untersuchung besteht also keinerlei Zusammenhang, was ich deshalb hervorhebe, weil man 876 möglicherweise einwenden könnte, das Material sei in Hinsicht meines Zweckes besonders ausgewählt worden. Das Material ist seiner Herkunft nach ein ganz zufälliges und ergibt darum ein unpräjudiziertes Durchschnittsbild. Es wurde in chronologischer Reihenfolge aufgehäuft. Als 180 Ehen zusammengekommen waren, ergab sich zufälligerweise eine Pause in der Sammlung, welche dazu benützt wurde, die 360 Horoskope aufzuarbeiten. Das erste Paket von 180 Ehen ergab sich auf diese Weise rein zufällig, ebenso das später zu erwähnende zweite und dritte Paket.

TABELLE I

Aspekt weiblich zu männlich	Absolute Werte bei 180 Ehen	Absolute Werte bei 32 220 unverheirateten Paaren	Durchschnittliche Häufigkeit bei 180 unverheirat. Paaren
Mond ☌ Sonne	18 = 10 %	1506	8,4
Asz. ☌ Venus	15 = 8,3%	1411	7,9
Mond ☌ Asz.	14 = 7,7%	1485	8,3
Mond ☍ Sonne	13 = 7,2%	1438	8,0
Mond ☌ Mond	13 = 7,2%	1479	8,3
Venus ☍ Mond	13 = 7,2%	1526	8,5
Mars ☌ Mond	13 = 7,2%	1548	8,6
Mars ☌ Mars	13 = 7,2%	1711	9,6
Mars ☌ Asz.	12 = 6,6%	1467	8,2
Sonne ☌ Mars	12 = 6,6%	1485	8,3
Venus ☌ Asz.	11 = 6,1%	1409	7,9
Sonne ☌ Asz.	11 = 6,1%	1413	7,9
Mars ☌ Desz.	11 = 6,1%	1471	8,2
Desz. ☌ Venus	11 = 6,1%	1470	8,2
Venus ☌ Desz.	11 = 6,1%	1526	8,5
Mond ☍ Mars	10 = 5,5%	1540	8,6
Venus ☍ Venus	9 = 5,0%	1415	7,9
Venus ☌ Mars	9 = 5,0%	1498	8,4
Venus ☌ Sonne	9 = 5,0%	1526	8,5
Mond ☌ Mars	9 = 5,0%	1539	8,6
Sonne ☌ Desz.	9 = 5,0%	1556	8,7
Asz. ☌ Asz.	9 = 5,0%	1595	8,9
Desz. ☌ Sonne	8 = 4,3%	1398	7,8
Venus ☍ Sonne	8 = 4,3%	1485	8,3
Sonne ☌ Mond	8 = 4,3%	1508	8,4
Sonne ☍ Venus	8 = 4,3%	1502	8,4

Fortsetzung von TABELLE I

Aspekt weiblich zu männlich	Absolute Werte bei 180 Ehen	Absolute Werte bei 32 220 unverheirateten Paaren	Durchschnittliche Häufigkeit bei 180 unverheirat. Paaren
Sonne ☍ Mars	8 = 4,3%	1516	8,5
Mars ☍ Sonne	8 = 4,3%	1516	8,5
Mars ☌ Venus	8 = 4,3%	1520	8,5
Venus ☍ Mars	8 = 4,3%	1531	8,6
Asz. ☌ Mond	8 = 4,3%	1541	8,6
Mond ☍ Mond	8 = 4,3%	1548	8,6
Desz. ☌ Mond	8 = 4,3%	1543	8,6
Asz. ☌ Mars	8 = 4,3%	1625	9,1
Mond ☌ Venus	7 = 3,8%	1481	8,3
Mars ☍ Venus	7 = 3,8%	1521	8,5
Mond ☌ Desz.	7 = 3,8%	1539	8,6
Mars ☍ Mond	7 = 3,8%	1540	8,6
Asz. ☌ Desz.	6 = 3,3%	1328	7,4
Desz. ☌ Mars	6 = 3,3%	1433	8,0
Venus ☌ Mond	6 = 3,3%	1436	8,0
Asz. ☌ Sonne	6 = 3,3%	1587	8,9
Mars ☌ Sonne	6 = 3,3%	1575	8,8
Mond ☍ Venus	6 = 3,3%	1576	8,8
Venus ☌ Venus	5 = 2,7%	1497	8,4
Sonne ☍ Mond	5 = 2,7%	1530	8,6
Sonne ☌ Venus	4 = 2,2%	1490	8,3
Mars ☍ Mars	3 = 1,6%	1440	8,0
Sonne ☌ Sonne	2 = 1,1%	1480	8,3
Sonne ☍ Sonne	2 = 1,1%	1482	8,3

Durchschnitt: 1506 auf 180 reduziert: 8,4.

Zunächst wurden sämtliche Konjunktionen und Oppositionen zwischen ⊙ ☽ ♂ ♀ Asz. und Desz., sowohl bei den 180 Ehepaaren als bei den 32 220 unverheirateten Paaren gezählt. Die aufgeführten Zahlen stellen *Häufigkeitswerte* dar, das heißt sie geben die Anzahl der Fälle pro Aspekt für beide Gruppen an. Da es sich dabei um die ursprünglichen Zahlen handelt – im Unterschied zu den später in Betracht gezogenen Mittelwerten –, bezeichne ich diese Zahlen als *absolute Werte*. Sie sind in der Rubrik der Verheirateten nach

877

Maßgabe ihrer Häufigkeit angeordnet. Wir sehen, daß zum Beispiel die Konjunktion zwischen (weiblich) Mond und (männlich) Sonne an oberster Stelle figuriert.

878   Diese Zahlen sind nicht aufeinander bezogen und lassen sich daher nicht unmittelbar vergleichen. Um ihre Bedeutung zu erkennen, müssen sie auf einen gemeinsamen Nenner gebracht werden, indem man zum Beispiel die rechte auf die linke Seite reduziert, wie folgt:

Aspekt weiblich zu männlich	Absolute Werte bei Verheirateten	Durchschnittliche Häufigkeit bei 180 Unverheirateten
Mond ♂ Sonne	18 = 10,0%	1506:180 = $\overline{8,40}$ = 4,6%
Asz. ♂ Venus	15 = 8,3%	1411:180 = $\overline{7,88}$ = 4,3%
Mond ♂ Asz.	14 = 7,7%	1485:180 = $\overline{8,29}$ = 4,6%

879   Durch diese arithmetische Operation wird ein Vergleich möglich: wir setzen die rechte Seite (Unverheiratete) = 1, woraus sich folgende Proportion ergibt: 18:8,40 = 2,14:1. In der nächsten Tabelle (II) sind diese Proportionen der Häufigkeit nach geordnet.

TABELLE II

Proportion der Aspekthäufigkeiten bei		Aspekt männlich zu weiblich
Verheirateten	Unverheirateten	
2,14	1	Mond ♂ Sonne
1,89	1	Asz. ♂ Venus
1,68	1	Mond ♂ Asz.
1,61	1	Mond ♂ Sonne
1,57	1	Mond ♂ Mond
1,53	1	Venus ♂ Mond
1,50	1	Mars ♂ Mond
1,46	1	Mars ♂ Asz.
1,44	1	Sonne ♂ Mars
1,39	1	Venus ♂ Asz.
1,39	1	Sonne ♂ Asz.
1,36	1	Mars ♂ Mars
1,34	1	Mars ♂ Desz.
1,34	1	Desz. ♂ Venus
1,29	1	Venus ♂ Desz.

Fortsetzung von TABELLE II

Proportion der Aspekthäufigkeiten bei		Aspekt männlich zu weiblich
Verheirateten	Unverheirateten	
1,16	1	Mond ☍ Mars
1,14	1	Venus ☍ Venus
1,07	1	Venus ☌ Mars
1,06	1	Venus ☌ Sonne
1,05	1	Mond ☌ Mars
1,04	1	Sonne ☌ Desz.
1,02	1	Desz. ☌ Sonne
1,01	1	Asz. ☌ Asz.
0,96	1	Venus ☍ Sonne
0,95	1	Sonne ☌ Mond
0,95	1	Sonne ☍ Venus
0,94	1	Sonne ☍ Mars
0,94	1	Mars ☍ Sonne
0,94	1	Mars ☌ Venus
0,94	1	Venus ☍ Mars
0,93	1	Asz. ☌ Mond
0,93	1	Mond ☍ Mond
0,92	1	Desz. ☌ Mond
0,88	1	Asz. ☌ Mars
0,85	1	Mond ☌ Venus
0,82	1	Mars ☍ Venus
0,81	1	Mond ☌ Desz.
0,81	1	Asz. ☌ Desz.
0,81	1	Mars ☍ Mond
0,75	1	Desz. ☌ Mars
0,75	1	Venus ☌ Mond
0,68	1	Asz. ☌ Sonne
0,68	1	Mars ☌ Sonne
0,68	1	Mond ☍ Venus
0,60	1	Venus ☌ Venus
0,59	1	Sonne ☍ Mond
0,48	1	Sonne ☌ Venus
0,37	1	Mars ☍ Mars
0,24	1	Sonne ☌ Sonne
0,24	1	Sonne ☍ Sonne

880   Was bei dieser Tabelle auffällt, ist die *ungleichmäßige Streuung* der Häufigkeitswerte. Sowohl die obersten sieben als die untersten sechs Aspekte weisen eine stärkere Streuung auf, während sich die mittleren Werte eher um die Proportion 1:1 zusammendrängen. Ich werde auf diese Eigenart der Streuung anhand einer besonderen Tabelle (Tabelle III) zurückkommen.

881   Interessant ist die Bestätigung der traditionellen astrologischen und alchemistischen Entsprechung der Ehe zu den Aspekten zwischen Mond und Sonne:

(weiblich) Mond ♂   (männlich) Sonne = 2,14:1

(weiblich) Mond ☍   (männlich) Sonne = 1,61:1

während hier ein Hervortreten der Venus-Mars-Aspekte nicht festzustellen ist.

882   Von den 50 möglichen Aspekten ergeben sich bei den Verheirateten 15 solcher Beziehungen, deren Häufigkeit deutlich *über* der Proportion 1:1 liegt. Der höchste Wert findet sich bei der schon erwähnten Mond-Sonne-Konjunktion, die beiden nächsthöheren Zahlen 1,89:1 und 1,68:1 entsprechen den Konjunktionen zwischen (weiblich) Asz. und (männlich) Venus bzw. (weiblich) Mond und (männlich) Asz., womit die überlieferte Bedeutung des Aszendenten anscheinend bestätigt wird.

883   Unter diesen 15 Aspekten kommen bei Frauen viermal ein Mondaspekt vor, während nur 6 auf die 35 anderen möglichen Werte entfallen. Der mittlere Verhältniswert aller Mondaspekte beträgt 1,24:1. Der Durchschnittswert der 4 in der Tabelle angeführten beträgt 1,74:1 gegenüber 1,24:1 aller Mondaspekte. Der Mond scheint danach bei den Männern weniger betont zu sein als bei den Frauen.

884   Bei den Männern spielt die entsprechende Rolle hier nicht die Sonne, sondern die Aszendent-Deszendent-Achse. Diese Aspekte kommen in unserer Tabelle sechsmal bei Männern, bei Frauen nur zweimal vor. In ersterem Fall haben diese Aspekte einen Durchschnittswert von 1,42:1, gegenüber 1,22:1 aller männlichen Aspekte zwischen Aszendent-Deszendent einerseits und einem der vier Gestirne andererseits.

TABELLE III

Verteilung der Aspekte nach Maßgabe ihrer Häufigkeit

Häufigkeit der Aspekte	bei Ehepaaren (180)	bei den Unverheirateten (durchschnittliche Häufigkeit)	Häufigkeit der Aspekte	bei Ehepaaren (180)	bei den Unverheirateten (durchschnittliche Häufigkeit)
18,0	x		11,4		
17,8			11,2	xxxxx	
17,6			11,0		
17,4			10,8		
17,2			10,6		
17,0			10,4		
16,8			10,2		
16,6			10,0	x	
16,4			9,8		
16,2			9,6		x
16,0			9,4		
15,8			9,2		
15,6			9,1		x
15,4			9,0	xxxxxx	
15,2	x		8,9		xx
15,0			8,8		xx
14,8			8,7		x
14,6			8,6		xxxxxxxxxx
14,4			8,5		xxxxxxx
14,2	x		8,4		xxxxx
14,0			8,3		xxxxxxxx
13,8			8,2		xxx
13,6			8,0	xxxxxxxxxxxx	xxxx
13,4			7,9		xxxx
13,2	xxxxx		7,8		
13,0			7,6		
12,8			7,4		
12,6			7,2		
12,4			7,0	xxxx	
12,2	xx		6,8		
12,0			6,6		
11,8			6,4		
11,6			6,2		

Fortsetzung von TABELLE III

Häufig-keit der Aspekte	bei Ehepaaren (180)	bei den Unverheirateten (durchschnittliche Häufigkeit)	Häufig-keit der Aspekte	bei Ehepaaren (180)	bei den Unverheirateten (durchschnittliche Häufigkeit)
6,0	xxxxxx		3,4		
5,8			3,2		
5,6			3,0	x	
5,4			2,8		
5,2			2,6		
5,0	xx		2,4		
4,8			2,2		
4,6			2,0	xx	
4,4			1,8		
4,2			1,6		
4,0	x		1,4		
3,8			1,2		
3,6			1,0		

885   Diese Tabelle (III) gibt eine graphische Darstellung der in Tabelle I aufgeführten Werte, und zwar nach dem Gesichtspunkt der Verteilung der Aspekte auf die einzelnen Urzahlen (das heißt die absoluten Häufigkeitswerte). Die Kreuzchen bedeuten die Aspekte, welche denselben Häufigkeitswert aufweisen. Die linke Seite der Tabelle entspricht der ersten Rubrik von Tabelle I (Aspekthäufigkeit bei Ehepaaren), während die rechte Seite die entsprechende Darstellung der Durchschnittswerte der Kombinationen Unverheirateter enthält. Als Beispiel diene der Häufigkeitswert 9,0 mit sechs Kreuzchen versehen:

Aspekt weiblich zu männlich			Absoluter Wert (oder Urzahl) bei 180 Ehen	
Venus	☍	Venus	9	
Venus	☌	Mars	9	
Venus	☌	Sonne	9	
Mond	☌	Mars	9	xxxxxx
Sonne	☌	Desz.	9	
Asz.	☌	Asz.	9	

Diese Anordnung gibt ein Bild der *Streuung der Werte,* ebenso gestattet sie 886
die Ablesung des *wahrscheinlichen Mittels* (W. M.), das bei statistischen Zahlen sich dann empfiehlt, wenn es sich um große Streuungen handelt. Während der Mittelwert der Kombinationen Unverheirateter jeweils ein arithme-
tisches Mittel ist (nämlich Summe der Aspekte:50), bedeutet das wahrscheinliche Mittel jene Häufigkeitszahl, welche dadurch erreicht wird, daß man die
Kreuzchen von oben und unten abzählt, bis die Zahl 25 erreicht ist. Der Häufigkeitswert, auf den diese Zahl fällt, stellt das W. M. dar.

Das W. M. beträgt bei Ehepaaren 7,8 Fälle, bei den Kombinationen mehr, 887
nämlich 8,4. Bei den Unverheirateten decken sich das W. M. und das arithmetische Mittel – beide betragen 8,4 Fälle –, während bei den Verheirateten das
W. M. tiefer liegt als der entsprechende Mittelwert, der 8,4 Fälle beträgt, was
mit dem Vorhandensein abnorm niedriger Werte bei den Verheirateten zusammenhängt. Wenn wir nämlich die Rubrik der Ehepaare betrachten, so
finden wir eine bedeutende Streuung der Werte in auffallendem Gegensatz zu
der Zusammendrängung derselben um das Mittel 8,4 bei den Unverheirateten. Bei letzteren findet sich kein einziger Aspekt, der eine größere Häufigkeit
als 9,6 aufwiese, während bei den Verheirateten ein Aspekt sogar eine beinahe
doppelt so große Häufigkeit erreicht.

TABELLE IV

180 Ehepaare				220 Ehepaare				400 Ehepaare		
Mond	☌ Sonne	10,0%		Mond	☌ Mond	10,9%		Mond	☌ Mond	9,2%
Asz.	☌ Venus	9,4%		Mars	☍ Venus	7,7%		Mond	☍ Sonne	7,0%
Mond	☌ Asz.	7,7%		Venus	☌ Mond	7,2%		Mond	☌ Sonne	7,0%
Mond	☌ Mond	7,2%		Mond	☍ Sonne	6,8%		Mars	☌ Mars	6,2%
Mond	☍ Sonne	7,2%		Mond	☍ Mars	6,8%		Desz.	☌ Venus	6,2%
Mars	☌ Mond	7,2%		Desz.	☌ Mars	6,8%		Mond	☍ Mars	6,2%
Venus	☍ Mond	7,2%		Desz.	☌ Venus	6,3%		Mars	☌ Mond	6,0%
Mars	☌ Mars	6,6%		Mond	☍ Venus	6,3%		Mars	☍ Venus	5,7%
Mars	☌ Asz.	6,6%		Venus	☌ Venus	6,3%		Mond	☌ Asz.	5,7%
Sonne	☌ Mars	6,6%		Sonne	☍ Mars	5,9%		Venus	☌ Desz.	5,7%
Venus	☌ Desz.	6,1%		Venus	☌ Desz.	5,4%		Venus	☌ Mond	5,5%
Venus	☌ Asz.	6,1%		Venus	☌ Mars	5,4%		Desz.	☌ Mars	5,2%
Mars	☌ Desz.	6,1%		Sonne	☌ Mond	5,4%		Asz.	☌ Venus	5,2%
Sonne	☌ Asz.	6,1%		Sonne	☌ Sonne	5,4%		Sonne	☍ Mars	5,2%

888   Da die in der vorhergehenden Tabelle hervortretende Streuung sich bei einem größeren Material wahrscheinlich ausgleichen würde, so habe ich eine größere Anzahl von Ehehoroskopen zusammengestellt, im ganzen 400 (das heißt 800 Einzelhoroskope), um der astrologischen Behauptung Genüge zu tun. Es hat ja keinen Zweck, eine Ansicht, die beinahe so alt ist wie die menschliche Kultur, aus vorgefaßten Meinungen und ohne gründliche Prüfung zu verwerfen, und zwar hauptsächlich darum, weil man sich den kausalen respektive gesetzmäßigen Zusammenhang nicht vorzustellen vermag. Ich stelle in Tabelle IV die hauptsächlichen Ergebnisse des zusätzlichen Materials, verglichen mit den vorher besprochenen 180 Fällen dar, wobei ich mich auf die Maximalzahlen, die das W. M. deutlich überschreiten, beschränke. Ich gebe die Zahlen in Prozenten wieder.

889   Die 180 Ehepaare der ersten Kolonne stellen das Resultat der ersten Zusammenstellung dar, während die 220 der zweiten Kolonne später während mehr als eines Jahres gesammelt wurden. Das erste· Paket zeigt das für die astrologische Behauptung günstigste Ergebnis, während die zweite Kolonne nicht nur in den Aspekten von der ersten variiert, sondern auch ein deutliches Absinken der Häufigkeitswerte erkennen läßt. Eine Ausnahme bildet bloß die erste Zahl, welche die klassische $\mathbb{C}\,\mathbf{\text{♂}}\,\mathbb{C}$ betrifft. Sie tritt an die Stelle der ebenso klassischen $\mathbb{C}\,\text{♂}\,\odot$ in der ersten Kolonne. Von den 14 Aspekten der ersten Kolonne kehren nur vier in der zweiten wieder, darunter sind aber nicht weniger als drei Mondaspekte, was zugunsten der astrologischen Erwartung spricht. Die mangelnde Entsprechung zwischen den Aspekten der ersten und zweiten Kolonne weist auf eine große Ungleichheit des Materials, das heißt auf eine bedeutende Streuung hin, welche sich hinsichtlich des Ergebnisses bei noch größeren Zahlen für die astrologische Erwartung recht ungünstig auswirken dürfte. Man sieht dies schon bei den Gesamtzahlen der 400 Ehepaare: sämtliche Zahlen zeigen infolge der Ausgleichung der Streuung wiederum eine deutliche Abnahme. In der folgenden Tabelle V treten diese Verhältnisse noch deutlicher zutage.

TABELLE V

Häufigkeit in %	☾☌☉	☾☌☾	☾☍☉	Durch-schnitt
180 Ehepaare	10,0	7,2	7,2	8,1
220 Ehepaare	4,5	10,9	6,8	7,4
180 + 220 = 400 Ehepaare	7,0	9,2	7,0	7,7
Später hinzugekommene 83 Ehepaare	7,2	4,8	4,8	5,6
83 + 400 = 483 Ehepaare	7,2	8,4	6,6	7,4

Die Tabelle zeigt die Häufigkeitszahlen von drei Konstellationen, welche [890] am meisten vorkommen, zwei Mondkonjunktionen und einer Mondopposition. Die zuerst gesammelten 180 Ehepaare weisen als größte durchschnittliche Häufigkeit 8,1% auf. Bei den später gesammelten und bearbeiteten 220 Ehepaaren geht das durchschnittliche Maximum schon auf 7,4% zurück. Bei den noch später hinzugekommenen 83 Ehepaaren beträgt der Durchschnitt nur noch 5,6%. Während bei den Anfangsgruppen (180 und 220) die Maxima noch bei den gleichen Aspekten liegen, zeigt es sich bei den später hinzugekommenen 83 Ehepaaren, daß deren Maxima sogar bei anderen Aspekten liegen, nämlich Asz. ☌ ☾, ☉ ☌ ♀, ☉ ☌ ☌ und Asz. ☌ Asz. Das durchschnittliche Maximum dieser vier Aspekte beträgt 8,7%. Dieser hohe Betrag überschreitet sogar unsere «beste» Durchschnittszahl 8,1% bei den ersten 180 Paaren, womit ohne weiteres ersichtlich wird, wie zufällig unsere «günstigen» Anfangsresultate sind. Immerhin darf man hervorheben, daß sozusagen scherzhafterweise das Maximum von 9,6% bei Asz. ☌ ☾ liegt, also wiederum bei einem Mondaspekt, der für die Ehe als besonders charakteristisch gilt – ein lusus naturae fürwahr, aber ein hintergründiger, in dem der Ascendens oder Horoscopus zusammen mit Sonne und Mond nach alter Tradition die für das Schicksal beziehungsweise die Charakterbestimmung grundlegende Dreiheit bildet. Wenn man dieses statistische Ergebnis hätte zurechtfälschen wollen, um es in Einklang mit der Tradition zu bringen, so hätte man nicht besser verfahren können.

TABELLE VI

Maximale Häufigkeit in % bei:

1. zufällig kombinierten 300 Paaren	7,3
2. ausgelosten 325 Paaren	6,5
3. ausgelosten 400 Paaren	6,2
4. 32 220 Paaren	5,3

891   Hier sind die maximalen Häufigkeiten bei unverheirateten Paaren angegeben. Die Rubrik 1. wurde dadurch hergestellt, daß meine Mitarbeiterin, Frau Dr. L. Frey-Rohn, die männlichen Horoskope auf die eine Seite legte, die weiblichen auf die andere und die jeweils zufällig obenaufliegenden miteinander zu einem Paar kombinierte. Dabei wurde natürlich darauf geachtet, daß nicht zufälligerweise ein wirkliches Ehepaar kombiniert wurde. Die resultierende Häufigkeit von 7,3 liegt noch recht hoch im Vergleich zu der sehr viel wahrscheinlicheren Maximalzahl bei den 32 200 unverheirateten Paaren, die nur 5,3 beträgt. Ersteres Ergebnis schien mir etwas verdächtig[61]. Ich schlug daher meiner Mitarbeiterin vor, die Kombination der Paare nicht selber vor-

---

[61] Wie subtil diese Dinge sein können, zeigt folgender Fall: Meiner Mitarbeiterin fiel kürzlich die Aufgabe zu, für das gemeinsame Nachtessen einer größeren Gesellschaft die Tischordnung zu erstellen. Sie tat dies mit Sorgfalt und Umsicht. Im letzten Moment aber erschien ein unerwarteter, geschätzter Gast, den man unbedingt passend placieren mußte. Dadurch wurde die ganze Tischordnung über den Haufen geworfen, und es mußte in aller Eile ein neues Arrangement aufgestellt werden. Zu langem Nachdenken bestand keine Zeit. Als wir zu Tische saßen, ergab sich in der unmittelbaren Umgebung des Gastes folgendes astrologisches Bild:

Dame	Dame	Gast	Dame
☾ in ♌	☉ in ♓	☉ in ♉	☉ in ♓

Dame	Dame	Herr	Dame
☉ in ♌	☾ in ♓	☾ in ♉	☾ in ♓

Es waren vier ☉-☾-Ehen entstanden. Dazu muß nun allerdings bemerkt werden, daß meine Mitarbeiterin es lange genug mit astrologischen Eheaspekten zu tun hatte, um diese gründlich zu kennen; auch war sie über die Horoskope der in Frage kommenden Personen unterrichtet. In der Eile, in der die Tischordnung erstellt werden mußte, hatte sie aber keine Gelegenheit zu langen Überlegungen, so daß das Unbewußte freie Hand hatte, die «Ehen» im geheimen zu arrangieren.

zunehmen, sondern folgendermaßen vorzugehen: 325 männliche Horoskope wurden numeriert; die Nummern wurden auf besondere Zettel geschrieben, diese in einen Topf geworfen und gemischt. Sodann wurde eine Person, die nichts von Astrologie und Psychologie und erst recht nichts von diesen Untersuchungen wußte, eingeladen, einen Zettel nach dem anderen, ohne hinzusehen, aus dem Topf herauszuholen. Die herausgeholten Nummern wurden jeweils mit dem nächsten weiblichen Horoskop gepaart, das zuoberst auf den aufgeschichteten weiblichen Horoskopen lag, wobei wiederum darauf geachtet wurde, daß nicht zufälligerweise Ehepaare zusammenkamen. Auf diese Weise wurden 325 künstliche Paare erzeugt. Das Ergebnis 6,5 nähert sich schon mehr der Wahrscheinlichkeit an. Noch wahrscheinlicher ist das Resultat bei den 400 unverheirateten Paaren. Immerhin liegt auch diese Zahl (6,2) noch zu hoch.

Das etwas merkwürdige Verhalten unserer Zahlen hat zu einem Experi-   892
ment geführt, dessen Resultat ich mit allen nötigen Vorbehalten doch erwähnen möchte, weil es allem Anschein nach geeignet sein könnte, auf die statistischen Variationen ein gewisses Licht zu werfen. Der Versuch wurde mit drei Personen, deren psychologischer Status genau bekannt war, durchgeführt. Das Experiment bestand darin, daß zuerst von 200 beliebigen Ehehoroskopen 200 mit Nummern versehen wurden. Sodann wurden davon 20 Ehehoroskope von der V. P. ausgelost. Darauf wurden diese 20 Ehepaare statistisch auf unsere 50 Ehemerkmale untersucht. Die erste V. P. war eine Patientin, die sich zur Zeit des Experimentes in einem Zustand triebmäßig gesteigerter Aktivität befand. Es ergab sich, daß von 20 Marsaspekten nicht weniger als zehn, und zwar mit der Häufigkeit von 15,0, von den Mondaspekten neun mit einer Häufigkeit von 10,0 und von den Sonnenaspekten neun mit einer Häufigkeit von 14,0 betont waren. Die klassische Bedeutung des Mars ist dessen Triebhaftigkeit, in diesem Fall unterstützt von der männlichen Sonne. Im Vergleich zu unseren allgemeinen Resultaten ergibt sich hier ein Vorherrschen der Marsaspekte, was mit dem psychischen Zustand der V. P. übereinstimmt.

Die zweite V. P. war eine Patientin, deren Hauptproblem die Bewußtwer-   893
dung und Durchsetzung der eigenen Persönlichkeit gegenüber Selbstunterdrückungstendenzen bildete. In diesem Fall traten die sogenannten Achsenaspekte (Asz. Desz.), welche gerade für die Persönlichkeit charakteristisch sein sollen, zwölfmal auf mit einer Häufigkeit von 20,0 und die Mondaspekte mit einer Häufigkeit von 18,0. Dieses Resultat ist, astrologisch bewertet, in völliger Übereinstimmung mit der gegenwärtigen Problematik der V. P.

894   Die dritte V. P. ist eine Frau mit starken inneren Gegensätzen, deren Vereinigung und Aussöhnung ihr gegenwärtiges Hauptproblem bildet. Die Mondaspekte kommen vierzehnmal vor mit einer Häufigkeit von 20,0, die Sonnenaspekte zwölfmal mit einer Häufigkeit von 15,0 und die Achsenaspekte neunmal mit einer Häufigkeit von 14,0. Die klassische coniunctio Solis et Lunae als das Symbol der Gegensatzvereinigung tritt in diesem Fall stark in den Vordergrund.

895   In allen diesen Fällen erweist sich die erloste Auswahl von Ehehoroskopen als beeinflußt, der Erfahrung entsprechend, die man mit dem *I Ging* und anderen mantischen Methoden macht. Obschon sich alle diese Zahlen weit innerhalb der Wahrscheinlichkeitsgrenzen befinden und deshalb nicht anders denn als zufällig aufgefaßt werden können, so gibt doch ihre Variation, die dem jeweiligen psychischen Zustand der V. P. überraschend entspricht, zu denken. Der in Frage kommende jeweilige psychische Zustand ist charakterisiert als eine Situation, in welcher Einsicht und Willensentschluß an die unüberwindliche Schranke eines widerstrebenden und entgegengesetzten Unbewußten stoßen. Diese relative Niederlage der Bewußtseinskräfte konstelliert in der Regel den moderierenden Archetypus. Letzterer erscheint im ersten Fall als Mars, der triebhafte Maleficus, im zweiten als ausgleichendes und persönlichkeitsfestigendes Achsensystem und im dritten als Hierosgamos der supremen Gegensätze. Das psychische und physische Geschehen (nämlich die Problematik und das Auslosen der Horoskope) entspricht, wie es den Anschein hat, der Natur des hintergründlichen Archetypus und könnte daher ein Synchronizitätsphänomen darstellen.

896   Wie mir Herr Prof. M. Fierz in Basel, der sich liebenswürdigerweise der Mühe unterzogen hat, die Wahrscheinlichkeit meiner Maximalzahlen zu berechnen, mitteilt, beträgt diese um 1 : 10 000. Daraus erhellt, daß unsere besten Resultate, nämlich ☾ ☌ ☉ und ☾ ☌ ☾, praktisch zwar ziemlich unwahrscheinlich sind, *aber theoretisch dennoch so wahrscheinlich, daß wenig Berechtigung besteht, die unmittelbaren Ergebnisse unserer Statistik anders denn als zufällig aufzufassen.* Unsere Untersuchung zeigt, daß nicht nur mit der größten Anzahl von Ehepaaren die Häufigkeitswerte sich dem Durchschnitt annähern, sondern auch, daß irgendwelche zufälligen Paarungen ähnliche statistische Verhältnisse zeitigen. Vom wissenschaftlichen Standpunkt aus gesehen, ist das Ergebnis unserer Untersuchung für die Astrologie in einer gewissen Hinsicht nicht ermutigend, denn es weist alles darauf hin, daß bei großen Zahlen sich die Unterschiede zwischen den Häufigkeitswerten der Eheaspekte Ver-

heirateter und Unverheirateter überhaupt verwischen. Somit besteht vom wissenschaftlichen Standpunkt aus gesehen geringe Hoffnung, die astrologische Entsprechung als eine Gesetzmäßigkeit zu erweisen.

So ist denn das Wesentliche, was von unserer astrologischen Statistik üb- [897] rigbleibt, die Tatsache, daß die erste Gruppe von 180 Ehehoroskopen bei ☾ ☌ ☉, und die zweite, später gesammelte Gruppe von 220 ein deutliches Maximum bei ☾ ☌ ☾ aufweist. Diese beiden Aspekte sind schon in der alten Literatur als für die Ehe charakteristisch erwähnt und stellen daher älteste Tradition dar. Die dritte Gruppe von 83 Ehepaaren ergibt, wie erwähnt, ein Maximum bei ☾ ☌ Asz., das, wie mir Herr Prof. M. Fierz freundlichst mitteilt, eine Wahrscheinlichkeit von etwa 1:3000 besitzt. Ich möchte den Fall, der sich hier ereignet hat, durch ein Beispiel verdeutlichen: Man nimmt drei Schachteln, verbirgt in die zwei ersten je 10 000, in die dritte 3000 schwarze Ameisen, worunter jeweils eine weiße, verschließt die Schachteln und bohrt in jede ein Loch, klein genug, um aufs Mal nur eine Ameise durchschlüpfen zu lassen. Die erste Ameise, die aus den drei Schachteln herauskommt, ist jeweils die weiße. Dieser Zufall stellt eine höchst unwahrscheinliche Tatsache dar. . Die Wahrscheinlichkeit in den beiden ersten Fällen beträgt bereits 1:10 000², das heißt man kann dieses Zusammentreffen nur einmal in etwa 100 Millionen Fällen erwarten. Es ist daher unwahrscheinlich, daß es in der Erfahrung überhaupt jemals vorkommt. Rechnet man ☾ ☌ Asz. der dritten Gruppe hiezu, so ergibt sich hiefür noch eine viel höhere Unwahrscheinlichkeit, nämlich 1:300 000 000 000. Es hat sich also in meiner statistischen Untersuchung der Fall ergeben, daß ausgerechnet die von der astrologischen Tradition hervorgehobenen Konjunktionen in höchst unwahrscheinlicher Weise zusammengekommen sind.

Wenn man nun die Resultate der RHINEschen Experimente und nament- [898] lich den besonderen Umstand in Betracht zieht, daß dieselben in hohem Maße vom lebendigen Interesse der V. P. abhängen [62], so läßt sich unser Fall als ein Synchronizitätszusammenhang auffassen: es ereignet sich im statistischen Material eine nicht nur praktisch, sondern sogar auch *theoretisch unwahrscheinliche Zufallskombination, welche mit der traditionell-astrologischen Erwartung in*

---

[62] Vgl. dazu SCHMIEDLER, *Personality Correlates of ESP as Shown by Rorschach Studies,* p. 23 ff. Die Autorin weist nach, daß diejenigen, welche die Möglichkeit von ESP annehmen, über der Erwartung liegende ESP-Resultate aufweisen, während jene, die ESP verwerfen, Minusresultate produzieren.

auffallender Weise koinzidiert. Daß ein derartiges Zusammentreffen überhaupt stattfindet, ist so unwahrscheinlich und deshalb so unglaubwürdig, daß niemand es wagen könnte, etwas Ähnliches vorauszusagen. Es sieht in der Tat so aus, als ob das statistische Material manipuliert und arrangiert worden wäre, um ein positives Resultat vorzutäuschen. Die emotionalen (beziehungsweise archetypischen) Vorbedingungen eines synchronistischen Phänomens sind durchaus gegeben, indem es offenkundig zutage liegt, daß sowohl meine Mitarbeiterin bei dieser Untersuchung wie ich selber lebhaft am Ergebnis interessiert waren und überdies die Frage der Synchronizität mich seit vielen Jahren zutiefst beschäftigt hat. Der Fall scheint tatsächlich so zu liegen – und scheint es schon immer getan zu haben, wenn wir die lange astrologische Tradition in Betracht ziehen –, daß sich zufällig wieder dasjenige Resultat herausstellt, das vermutlich schon öfters in der Geschichte vorgekommen ist. Hätten die Astrologen (von wenigen Ausnahmen abgesehen) sich mehr mit der Statistik abgegeben und die Berechtigung der astrologischen Deutung wissenschaftlich untersucht, so hätten sie schon lange entdeckt, daß ihre Aussagen auf einer schwankenden Grundlage ruhen. Es dürfte ihnen aber wohl so gegangen sein wie mir, daß nämlich eine heimliche gegenseitige Konnivenz (conniventia = Nachsicht, Duldung) zwischen dem Material und dem psychischen Zustand des Astrologen besteht. Diese Entsprechung ist einfach vorhanden wie irgendein anderer freundlicher oder ärgerlicher Zufall, und es kann, wie es scheint, in wissenschaftlicher Weise nicht bewiesen werden, daß sie mehr ist als ein solcher[63]. Man mag durch die Koinzidenz genarrt sein, aber es braucht schon eine gewisse Dickhäutigkeit, um von der Tatsache nicht beeindruckt zu sein, daß zweimal oder dreimal aus je 50 Möglichkeiten sich gerade diejenige, welche von der Tradition als typisch angesehen wird, herausstellt.

899   Um mich von der (zwar zugegebenermaßen unwahrscheinlichen) Zufälligkeit unseres Resultates zu vergewissern, habe ich ein weiteres statistisches Experiment gemacht. Ich habe die ursprüngliche und zufällig chronologische Anordnung sowie die ebenso zufällige Einteilung in drei Pakete aufgehoben, indem ich die ersten 150 mit den letzten 150 Ehen (letztere in umgekehrter

---

[63] Wie meine Statistik zeigt, verwischt sich das Resultat bei größeren Zahlen. Es ist darum höchst wahrscheinlich, daß bei einer Sammlung weiteren Materials kein ähnliches Ergebnis mehr zustande gekommen wäre. Man muß sich also mit diesem anscheinend einmaligen «lusus naturae» begnügen, was der Tatsächlichkeit desselben keinen Abbruch tut.

Reihenfolge) mischte, das heißt ich legte zur ersten Ehe die letzte, zur zweiten die zweitletzte und so fort. Dann teilte ich die 300 Ehen in Pakete von je 100 ein. Es ergab sich folgendes Resultat:

	1. Paket	2. Paket	3. Paket
Maximum:	Keine Aspekte 11%	$\odot$ ♂ ♂ 11% $\mathbb{C}$ ♂ $\mathbb{C}$ 11%	$\mathbb{C}$ ♂ Asz. 12%

Das Resultat des ersten Paketes ist amüsant insofern, als sich erstens unter   900
den 300 Ehen nur 15 finden, die keinen der von uns erwählten 50 Aspekte gemeinsam haben, und zweitens insofern, als diese Aspekte in Hinsicht auf das erwartete Vorhandensein von Gemeinsamkeiten gewählt wurden. Das zweite Paket ergibt zwei Maxima, von denen das zweite wieder eine klassische Konjunktion darstellt. Das dritte Paket endlich ergibt ein Maximum bei der uns bereits bekannten $\mathbb{C}$ ♂ Asz., der dritten «klassischen» Konjunktion. Das Gesamtresultat läßt erkennen, daß eine zufällig andere Anordnung der Ehen einerseits leicht ein vom früheren Total abweichendes Resultat ergeben kann, andererseits aber doch ein Hervortreten der klassischen Konjunktionen nicht ganz verhindert. Letzteres Ergebnis dürfte vielleicht dafür sprechen, daß die für $\odot$ ♂ $\mathbb{C}$ und $\mathbb{C}$ ♂ $\mathbb{C}$ errechnete Wahrscheinlichkeit von rund 1:10 000 eine einigermaßen beachtliche Größe darstellt, die auf einer gewissen Gesetzmäßigkeit beruhen könnte. Soweit sich das feststellen läßt, scheint es sich um eine schwach ausgedrückte Regelmäßigkeit zu handeln, die aber viel zu gering ist, als daß sie für die seltsame Koinzidenz der drei klassischen Mondkonjunktionen eine kausale Grundlage wahrscheinlich machen würde.

Die Untersuchung der von uns gewählten 50 Eheaspekte hat kein eindeuti-   901
ges Resultat gezeigt. Was die von der Astrologie erwartete Häufigkeit oder Regelmäßigkeit von Aspektbeziehungen anbetrifft, so liegen ihre Zahlen noch im Bereich der Zufallswahrscheinlichkeit, obschon letztere als praktisch gering erscheint. Was aber das in puncto astrologischer Erwartung erstaunlich positive Resultat unserer ersten Statistik betrifft, so ist es dermaßen unwahrscheinlich, daß man dafür ein «Arrangement» wohl annehmen muß. Letzteres hat wiederum mit der Astrologie insofern nichts zu tun, als das vorliegende Material das sofortige Hervortreten der drei klassischen Mondkonjunktionen nicht erklärt. Das Ergebnis unseres ersten Experimentes ent-

spricht den Erfahrungen, die man mit den oben erwähnten mantischen Prozeduren macht. Man hat den Eindruck, als ob diese und ähnliche Methoden eine günstige Vorbedingung für das Zustandekommen sinngemäßer Koinzidenzen schüfen. Es ist ja richtig, daß die genaue Feststellung des synchronistischen Phänomens eine mißliche beziehungsweise unmögliche Aufgabe darstellt. Man muß daher RHINES Verdienst, anhand eines einwandfreien Materials die Koinzidenz des psychischen Zustandes mit entsprechendem objektivem Vorgang nachgewiesen zu haben, um so höher veranschlagen. Obschon die statistische Methode im allgemeinen höchst ungeeignet ist, um seltenen Vorkommnissen gerecht zu werden, haben die RHINEschen Experimente dem ruinösen Einfluß der Statistik doch standgehalten. Man muß daher ihre Ergebnisse bei der Beurteilung der Synchronizitätsphänomene in Betracht ziehen.

902   Angesichts des verwischenden Einflusses der statistischen Methode auf die zahlenmäßige Feststellung der Synchronizität muß die Frage beantwortet werden, wie es RHINE gelungen ist, trotzdem zu positiven Ergebnissen zu gelangen. *Ich wage die Behauptung, daß er seine Resultate nie erreicht hätte, wenn er seine Versuche mit einer einzigen* [64] *oder nur wenigen V. P. durchgeführt hätte.* Er brauchte ein immer wieder *erneutes Interesse,* das heißt eine Emotion mit ihrem charakteristischen abaissement mental, welche dem Unbewußten ein gewisses Übergewicht verleiht. Einzig dadurch nämlich können Raum und Zeit in einem gewissen Grade relativiert werden, womit zugleich auch die Möglichkeit eines kausalen Vorganges vermindert ist. Was dann entsteht, ist eine Art von creatio ex nihilo, ein kausal nicht mehr erklärbarer *Schöpfungsakt.* Die mantischen Methoden verdanken ihre Wirksamkeit wesentlich demselben Zusammenhang mit der Emotionalität: sie erregen durch die Berührung einer unbewußten Bereitschaft Interesse, Neugier, Erwartung, Hoffnung und Befürchtung und damit das entsprechende Übergewicht des Unbewußten. Die wirksamen (numinosen) Potenzen des Unbewußten sind die *Archetypen.* Weitaus die meisten spontanen Synchronizitätsphänomene, die ich zu beobachten und zu analysieren Gelegenheit hatte, ließen unschwer ihre direkte Beziehung auf einen Archetypus erkennen. Er stellt an sich einen unanschaulichen, *psychoiden* Faktor [65] des kollektiven Unbewußten dar. Letzteres kann insofern nicht lokalisiert werden, als es entweder in jedem Individuum im Prin-

---

[64] Womit eine beliebige und nicht etwa eine spezifisch begabte V. P. gemeint ist.
[65] Siehe *Der Geist der Psychologie* [Abhandlung VIII dieses Bandes].

zip vollständig oder als ein und dasselbe überall anzutreffen ist. Von dem, was im kollektiven Unbewußten eines einzelnen Individuums vorzugehen scheint, ist nie mit Sicherheit anzugeben, ob es sich nicht auch in anderen Individuen oder Lebewesen oder Dingen oder Situationen ereignet. Als zum Beispiel in SWEDENBORGS Bewußtsein die Vision von einem Brand in Stockholm entstand, da wütete dort auch ein entsprechendes Feuer[66], ohne daß das eine mit dem anderen in einem irgendwie nachweisbaren oder auch nur denkbaren Zusammenhang gestanden hätte. Ich möchte mich allerdings nicht anheischig machen, die archetypische Beziehung in diesem Fall aufzuzeigen. Ich weise aber auf die Tatsache hin, daß die Biographie SWEDENBORGS gewisse Ereignisse berichtet, welche ein merkwürdiges Licht auf seinen psychischen Zustand werfen. Man muß annehmen, daß bei ihm eine Herabsetzung der Bewußtseinsschwelle bestand, welche das «absolute Wissen» zugänglich machte. Der Stockholmer Brand fand gewissermaßen auch in ihm statt. Für die unbewußte Psyche scheinen Raum und Zeit relativ zu sein, das heißt, das Wissen befindet sich in einem raumzeitlichen Kontinuum, in welchem Raum nicht mehr Raum und Zeit nicht mehr Zeit ist. Wenn daher das Unbewußte ein gewisses Potential zum Bewußtsein hin entwickelt oder erhält, dann entsteht die Möglichkeit, daß Parallelereignisse wahrgenommen beziehungsweise «gewußt» werden können.

Gegenüber RHINE besteht der große Nachteil meiner astrologischen Statistik darin, daß sozusagen das ganze Experiment nur an einer V.P., nämlich mir selber, ausgeführt wird. Ich experimentiere nicht mit vielen V.P., sondern ein mannigfaltiges Material fordert *mein* Interesse heraus. Ich bin daher in der Lage der V.P., die zuerst enthusiastisch ist, sich aber nachträglich durch die Gewöhnung wie im ESP-Experiment abkühlt. Die Resultate verschlechtern sich darum mit der zunehmenden Anzahl der Experimente, welche der paketweisen Exposition des Materials entsprechen, das heißt, die Anhäufung größerer Zahlen verwischt das «günstige» Anfangsresultat. Ebenso zeigt mein späteres Experiment, daß die Aufhebung der ursprünglichen Anordnung und die arbiträre Paketeinteilung der Horoskope, wie zu erwarten, ein anderes Bild, das allerdings nicht ganz eindeutig ist, ergeben.

Die RHINEsche Regel dürfte sich daher überall empfehlen (zum Beispiel in der Medizin), wo es sich nicht um sehr große Zahlen handelt. Das Interesse und die Erwartung des Forschers könnte nämlich anfangs von überraschend

---

[66] Dieser Fall ist wohlbeglaubigt. Siehe den Bericht bei KANT, *Träume eines Geistersehers.*

günstigen Resultaten, trotz aller Vorsichtsmaßnahmen, synchronistisch begleitet sein. Um «Wunder» handelt es sich nur für den, der den statistischen Charakter des Naturgesetzes nicht in Betracht zieht.

905   Wenn, wie es allen Anschein hat, die sinngemäße Koinzidenz oder «Querverbindung» von Ereignissen kausal nicht erklärt werden kann, so liegt das Verbindende in der *Gleichsinnigkeit* der Parallelereignisse, das heißt, ihr tertium comparationis ist der *Sinn*. Wir sind gewohnt, unter «Sinn» einen psychischen Vorgang oder Inhalt zu verstehen, von dem wir nicht ohne weiteres annehmen, daß er auch außerhalb unserer Psyche existieren könnte. Wir glauben wenigstens soviel von der Psyche zu wissen, daß wir ihr keine Zaubermacht zutrauen dürfen, und noch viel weniger dem Bewußtsein. Wenn wir also die Annahme in Betracht ziehen, daß *ein und derselbe (transzendentale) Sinn sich in der menschlichen Psyche und zugleich in der Anordnung eines gleichzeitigen äußeren und unabhängigen Ereignisses offenbaren* könne, so geraten wir mit unseren hergebrachten naturwissenschaftlichen und erkenntnistheoretischen Ansichten in Widerstreit. Man muß sich schon immer wieder an die bloß statistische Gültigkeit der Naturgesetze und an die Wirkung der statistischen Methode, welche alle seltenen Ereignisse ausmerzt, erinnern, um unserer Hypothese ein Ohr leihen zu können. Die große Schwierigkeit liegt darin, daß uns alle wissenschaftlichen Mittel fehlen, einen *objektiven* Sinn, der kein bloß psychisches Produkt ist, festzustellen. Wir sind aber zu einer derartigen Annahme gedrängt, sofern wir es nicht vorziehen, auf eine *magische Kausalität* zu regredieren und der Psyche eine deren empirischen Bereich weit überschreitende Macht zu vindizieren. In diesem Fall müßte man, um die Kausalität nicht fahren zu lassen, annehmen, daß das Unbewußte SWEDENBORGS den Brand Stockholms inszeniert, oder umgekehrt, daß das objektive Ereignis (in allerdings unvorstellbarer Weise) die entsprechenden Bilder in SWEDENBORGS Gehirn angeregt hätte. In beiden Fällen aber stoßen wir, wie oben auseinandergesetzt, an die unbeantwortbare Frage der Übermittlung. Es bleibt natürlich dem subjektiven Ermessen vorbehalten, welche Hypothese als sinnreicher empfunden wird. Bei der Wahl zwischen transzendentalem Sinn und magischer Kausalität hilft uns auch die Tradition nicht viel, indem einerseits der Primitive bis zur Gegenwart Synchronizität als magische Kausalität erklärt, andererseits der philosophische Geist seit alters eine geheimnisvolle correspondentia der Naturereignisse, also sinngemäße Verbindung derselben, bis ins 18. Jahrhundert angenommen hat. Ich ziehe letztere Hypothese vor, weil

sie nicht, wie erstere, mit dem empirischen Kausalitätsbegriff in Konflikt gerät, sondern als ein Prinzip sui generis gelten kann. Das nötigt uns allerdings zwar nicht zu einer Korrektur der bisherigen Prinzipien der Naturerklärung, wohl aber zu einer Vermehrung der Anzahl derselben, eine Operation, die nur durch schwerwiegende Gründe zu rechtfertigen ist. Ich glaube aber, daß die im Vorangegangenen gegebenen Hinweise ein Argument, das gründlich überlegt sein will, bedeuten. Die Psychologie vor allem kann es sich auf die Dauer nicht leisten, die vorhandenen Erfahrungen zu übersehen. Für das Verständnis des Unbewußten sind diese Dinge denn doch zu wichtig, ganz abgesehen von den weltanschaulichen Konsequenzen.

C. DIE VORLÄUFER DER SYNCHRONIZITÄTSIDEE

Das Kausalprinzip sagt aus, daß die Verbindung von causa und effectus eine 906 notwendige sei. Das Synchronizitätsprinzip sagt aus, daß die Glieder einer sinngemäßen Koinzidenz durch *Gleichzeitigkeit* und durch den *Sinn* verbunden seien. Wenn wir also annehmen, daß die ESP-Experimente sowie die vielen Einzelbeobachtungen Tatsachen feststellen, so ergibt sich daraus der Schluß, daß, neben dem Zusammenhang von Ursache und Wirkung, es in der Natur noch einen anderen, in der Anordnung von Ereignissen sich ausdrückenden Faktor gibt, welcher uns als Sinn erscheint. Sinn ist eine zugegebenermaßen anthropomorphe Deutung, bildet aber das unerläßliche Kriterium des Synchronizitätsphänomens. Worin jener Faktor, der uns als «Sinn» erscheint, an sich besteht, entzieht sich der Erkenntnismöglichkeit. Als Hypothese aber stellt er doch keine solche Unmöglichkeit dar, wie es einen auf den ersten Blick dünken möchte. Man muß nämlich in Betracht ziehen, daß unsere okzidentale Verstandeseinstellung nicht die einzig mögliche oder die allumfassende ist, sondern sie stellt in gewisser Hinsicht eine Voreingenommenheit und eine Einseitigkeit dar, welche möglicherweise zu korrigieren wären. Das sehr viel ältere Kulturvolk der Chinesen hat von jeher in einer gewissen Hinsicht anders gedacht als wir, und wir müssen schon bis auf HERAKLIT zurückgehen, wenn wir in unserem Kulturkreis – wenigstens was die Philosophie betrifft – Ähnliches feststellen wollen. Nur auf dem Niveau der Astrologie, der Alchemie und der mantischen Prozeduren gibt es zwischen unserer und der chinesischen Einstellung keine prinzipiellen Unterschiede. Deshalb verlief auch die Entwicklung der Alchemie im Westen wie im Osten auf parallelen Bahnen und zu demselben Ziel mit zum Teil identischen Begriffsbildungen [67].

907   In der chinesischen Philosophie gibt es seit alters einen zentralen Begriff, dessen Bezeichnung als *Tao* die Jesuiten mit «Gott» übersetzt haben. Dies ist aber nur im okzidentalen Sinn richtig. Andere Übersetzungen, wie Providenz und ähnliches, sind bloße Notbehelfe. R. WILHELM hat in genialer Weise Tao als *Sinn* gedeutet [68]. Der Begriff des Tao beherrscht das ganze weltanschauliche Denken Chinas. Diese Bedeutung hat bei uns die Kausalität, aber sie hat sie erst im Laufe der letzten zwei Jahrhunderte erreicht, dank dem nivellierenden Einfluß der statistischen Methode einerseits und dem beispiellosen Erfolg der Naturwissenschaften andererseits, wobei das metaphysisch begründete Weltbild allerdings in Verlust geraten ist.

908   Vom Tao gibt LAO-TSE im berühmten *Tao Te King* folgende Beschreibung:

> Es gibt etwas, das ist unterschiedslos vollendet,
> Es geht der Entstehung von Himmel und Erde voran.
>   Wie still! wie leer!
> Selbständig und unverändert,
> Im Kreise wandelnd ungehindert.
> Man kann es für die Mutter der Welt halten.
> Ich weiß nicht seinen Namen.
> Ich bezeichne es als Tao ⟨ WILHELM: «Sinn»⟩
> Notdürftig nenn ich es: das Große.

909   Das Tao «kleidet und nährt alle Wesen und spielt nicht ihren Herrn». LAO-TSE bezeichnet es als *Nichts* [69], womit er, wie WILHELM sagt, nur dessen «Gegensatz zur Welt der Wirklichkeit» zum Ausdruck bringt. LAO-TSE schildert dessen Wesen folgendermaßen:

---

[67] Vgl. hiezu *Psychologie und Alchemie* [Paragr. 453] und *Der Geist Mercurius* [Paragr. 273]; ferner die Lehre vom chên-jên bei WEI PO-YANG in: LU-CH'IANG WU, *An ancient Chinese treatise on alchemy*, pp. 241 und 251, und bei CH'UANG-TSE [DSCHUANG-DSI].

[68] Siehe WILHELM und JUNG, *Das Geheimnis der Goldenen Blüte*, p. 90 f. [Ges. Werke XIII], und WILHELM, *Chinesische Lebensweisheit* [Zitate Kp. 25 und 11, p. 15].

[69] Tao ist das Kontingente, von dem A. SPEISER sagt, es sei ein «reines Nichts» (*Über die Freiheit*, p. 4).

Dreißig Speichen umgeben eine Nabe:
Auf dem Nichts daran beruht des Wagens Wirkung
(wörtlich: Brauchbarkeit).
Man macht Schüsseln und Töpfe zu Gefäßen:
Auf dem Nichts darin beruht des Gefäßes Wirkung.
Man höhlt Türen und Fenster aus an Zimmern,
Auf dem Nichts darin beruht des Zimmers Wirkung.
Darum: das Etwas schafft Wirklichkeit,
Das Nichts schafft Wirkung.

Das «Nichts» ist offenbar der «Sinn» oder «Zweck» und darum Nichts 910
genannt, weil es an und für sich in der Sinnenwelt nicht erscheint, sondern nur
deren Anordner ist [70]. So sagt LAO-TSE:

Man schaut nach ihm und sieht es nicht,
    das heißt mit Namen: das Luftige.
Man horcht nach ihm und hört es nicht,
    das heißt mit Namen: das Dünne.
Man greift nach ihm und faßt es nicht,
    das heißt mit Namen: das Unkörperliche.

– – –

Das heißt die gestaltlose Gestalt,
Das dinglose Bild,
Das heißt das Neblig-Verschwommene.
Ihm entgegentretend sieht man nicht sein Antlitz,
ihm folgend sieht man nicht seinen Rücken.

«Es handelt sich also», so schreibt WILHELM, «um eine Konzeption, die auf 911
der Grenze der Welt der Erscheinungen liegt.» Die Gegensätze sind in ihr «in
der Ununterschiedenheit aufgehoben», aber potentiell bereits vorhanden.
«Diese Keime nun», fährt er fort, «deuten auf etwas, das erstens irgendwie der
Sichtbarkeit entspricht, etwas *Bildartiges...*, zweitens irgendwie der Hörbar-
keit entspricht, etwas *Wortartiges...*, drittens irgendwie der *Ausgedehntheit*
entspricht, etwas *Gestaltartiges.* Aber dieses Dreifache ist nicht deutlich ge-

---

[70] WILHELM, *Chinesische Lebensweisheit,* p. 15: «Man kann das Verhältnis von Sinn ⟨Tao⟩
und Wirklichkeit auch nicht unter der Kategorie von Ursache und Wirkung erfassen...»
[Zitate Kp. 14 und 21, pp. 16, 17 und 18. Hervorhebungen von JUNG.]

schieden und definierbar, sondern ist eine *unräumliche* (kein oben und unten) und *unzeitliche* Einheit (kein vorn und hinten).» So sagt der *Tao Te King*:

> Der Sinn ⟨Tao⟩ bewirkt die Dinge
> Ganz neblig, ganz verschwommen.
> So verschwommen, so neblig
> Sind in ihm Bilder,
> So neblig, so verschwommen
> Sind in ihm Dinge!

912   Die Wirklichkeit, meint WILHELM, sei begrifflich erkennbar, weil nach chinesischer Auffassung in den Dingen selber etwas irgendwie «Rationales» stecke[71]. Dies ist der Grundgedanke der sinngemäßen Koinzidenz; sie ist möglich, weil beiden Seiten derselbe Sinn eignet. Wo der Sinn prävaliert, da ergibt sich Ordnung:

> Der Sinn ⟨Tao⟩ als höchster ist namenlose Einfalt.
>
> – – –
>
> Wenn Fürsten und Könige ihn so wahren könnten,
> So würden alle Dinge sich als Gäste einstellen.
> Das Volk würde ohne Befehle von selbst ins
>   Gleichgewicht kommen.
>
> – – –
>
> Er wirkt nicht,
> Und doch kommt alles von selbst.
>   Er ist gelassen
> Und weiß doch zu planen.
> Das Netz des Himmels ist so groß, so groß,
> Weitmaschig und verliert doch nichts.

913   CH'UANG-TSE (ein Zeitgenosse des PLATON) sagt über die psychologische Voraussetzung des Tao: «Der Zustand, wo Ich und Nicht-Ich keinen Gegensatz mehr bilden, heißt der Angelpunkt des Sinns ⟨Tao⟩»[72]. Es klingt wie eine Kritik unserer naturwissenschaftlichen Weltanschauung, wenn er sagt:

---

[71] WILHELM, l. c., p. 19 [Verse pp. 22 und 25, Kp. 73].
[72] DSCHUANG DSI, *Das wahre Buch vom südlichen Blütenland.* Buch II, p. 14.

«Der Sinn ⟨Tao⟩ wird verdunkelt, wenn man nur kleine fertige Ausschnitte des Daseins ins Auge faßt[73]», oder: «Die Begrenzungen sind nicht ursprünglich im Sinn des Daseins begründet. Die festgelegten Bedeutungen sind nicht ursprünglich den Worten eigentümlich. Die Unterscheidungen entstammen erst der subjektiven Betrachtungsweise[74].» Die Meister des Altertums, sagt CH'UANG-TSE an anderer Stelle, nahmen als Ausgangspunkt «einen Zustand an, da die Existenz der Dinge noch nicht begonnen hatte. Damit ist in der Tat der äußerste Punkt erreicht, über den man nicht hinausgehen kann. Die nächste Annahme war, daß es zwar Dinge gab, aber ihre Getrenntheit noch nicht begonnen hatte. Die nächste Annahme war, daß es zwar in gewissem Sinn Getrenntheiten gab, aber Bejahung und Verneinung noch nicht begonnen hatten. Durch die Entfaltung von Bejahung und Verneinung verblaßte der Sinn ⟨Tao⟩. Durch die Verblassung des Sinns verwirklichte sich einseitige Zuneigung[75].» «Das äußere Hören darf nicht weiter eindringen als bis zum Ohr; der Verstand darf kein Sonderdasein führen wollen, so wird die Seele leer und vermag die Welt in sich aufzunehmen. Und der Sinn ⟨Tao⟩ ist's, der diese Leere füllt.» Wer Einsicht hat, sagt CH'UANG-TSE, der «gebraucht sein inneres Auge, sein inneres Ohr, um die Dinge zu durchdringen und bedarf nicht verstandesmäßigen Erkennens[76]». Damit wird offenbar auf das absolute Wissen des Unbewußten hingewiesen, das heißt auf das mikrokosmische Vorhandensein makrokosmischer Ereignisse.

Diese taoistische Anschauung ist typisch für chinesisches Denken überhaupt. Es ist, wenn irgend möglich, *ganzheitlich,* wie auch der hervorragende Kenner der chinesischen Psychologie, GRANET, hervorhebt[77]. Man kann diese Eigentümlichkeit auch im gewöhnlichen Gespräch mit Chinesen beobachten: eine uns einfach erscheinende, präzise Frage nach einer Einzelheit veranlaßt den chinesischen Denker zu einer unerwartet umfänglichen Antwort, gerade so, wie wenn man von ihm einen Grashalm verlangt hätte und er als Antwort eine ganze Wiese brächte. Für uns zählen Einzelheiten an und für sich; dem östlichen Geist ergänzen sie stets ein Gesamtbild. In diese Ganzheit sind nun, wie schon in der primitiven oder in unserer (zum Teil noch vorhan-

914

---

[73] Buch II, p. 13.
[74] Buch II, p. 17.
[75] Buch II, p. 15 f.
[76] Buch IV, p. 29.
[77] *La Pensée chinoise.* Ebenso ABEGG, *Ostasien denkt anders.* Letzteres Werk gibt eine vorzügliche Darstellung der synchronistischen Mentalität Chinas.

denen) mittelalterlichen, vorwissenschaftlichen Psychologie, Dinge einbe-
griffen, deren Verbindung mit den anderen nur noch als «zufällig», das heißt
als Koinzidenz, deren Sinngemäßheit als arbiträr erscheint, aufgefaßt werden
kann. Dazu gehört die mittelalterliche naturphilosophische Lehre der correspondentia [78], insbesondere die schon antike Anschauung der *Sympathie aller
Dinge* (συμπάθεια τῶν ὅλων). HIPPOKRATES sagt: σύρροια μία, σύμπνοια
μία, πάντα συμπαθέα κατὰ μὲν οὐλομελίην πάντα κατὰ μέρος δὲ τὰ ἐν
ἑκάστῳ μέρει μέρεα πρὸς τὸ ἔργον ... ἀρχὴ μεγάλη ἐς ἔσχατον μέρος
ἀφικνέεται, ἐξ ἐσχάτου μέρεος εἰς ἀρχὴν μεγάλην ἀφικνέεται, μία
φύσις εἶναι καὶ μὴ εἶναι [79]. Das universale Prinzip findet sich aber auch im
kleinsten Teil, welcher daher mit dem Ganzen übereinstimmt.

915　　Ein für unsere Überlegungen interessanter Gedanke findet sich bei PHILO
(geboren um 25 a. Chr. und gestorben nach 42 p. Chr. n.): «Indem Gott Anfang und Ende des Gewordenen unter sich wollte ⟨so⟩ zusammenstimmen
lassen, daß die Dinge durch Notwendigkeit und Freundschaft verbunden sei-
en, hat er als Anfang den Himmel, als Ende aber den Menschen gemacht; ersteren ⟨schuf er⟩ als das vollkommenste der unvergänglichen wahrnehmbaren Dinge, letzteren als bestes der erdgeborenen vergänglichen Wesen, als
einen kleinen Himmel – wenn man die Wahrheit sagen soll – welcher in sich
die Abbilder der vielen, den Sternen ähnlichen Naturen trägt... Da nun das
Vergängliche und das Unvergängliche entgegengesetzt ist, so hat er beiden,
dem Anfang und dem Ende, die schönste Gestalt gegeben, dem Anfang, wie
gesagt, die des Himmels, dem Ende die des Menschen [80].»

916　　Hier ist das große Prinzip (ἀρχὴ μεγάλη) oder Anfang der Himmel, das
heißt das Firmament, dem Menschen als dem Mikrokosmos eingegeben, indem dieser die Abbilder der Sternnaturen, also als kleinster Teil und Ende des
Schöpfungswerkes wiederum das Ganze enthält.

---

[78] Herr Professor W. Pauli macht mich freundlichst auf die Tatsache aufmerksam, daß
NIELS BOHR zur Bezeichnung jener Verallgemeinerung, welche zwischen der Vorstellung des
Diskontinuums (Teilchen) und des Kontinuums (Welle) vermittelt, sich des Ausdrucks
«Korrespondenz» bedient, ursprünglich (1913–1918) als «Korrespondenzprinzip» und später
(1927) als «Korrespondenzargument» formuliert.

[79] «*Ein* Zusammenfließen, *ein* Zusammenhauchen (conflatio), alles zusammen empfin-
dend. Alles hinsichtlich der Ganzheit, hinsichtlich des Teiles aber die in jedem Teil (vorhandenen) Teile mit Absicht auf die Wirkung. Das große Prinzip reicht bis in den äußersten Teil,
aus dem äußersten Teil gelangt es in das große Prinzip: *eine* Natur, das Sein und das Nichtsein.» (*De alimento*. Ein dem HIPPOKRATES zugeschriebener Traktat, p. 79 ff.)

[80] PHILO ALEXANDRINUS, l. c., 82, I, p. 28.

Nach THEOPHRAST (371–288 a. Chr. n.) ist das Übersinnliche und das Sinn- 917
liche durch ein Band der Gemeinschaft verbunden. Dieses Band kann nicht
die Mathematik, sondern vermutlich nur die Gottheit sein[81]. Ebenso sind die
aus der *einen* Weltseele stammenden Einzelseelen bei PLOTIN sympathisch
oder antipathisch in wechselseitiger Beziehung, wobei die Entfernung keine
Rolle spielt[82]. Ähnliche Anschauungen kehren bei PICO DELLA MIRANDOLA
wieder: «Est enim primum ea in rebus unitas, qua unumquodque sibi est unum sibique constat atque cohaeret. Est ea secundo, per quam altera alteri creatura unitur, et per quam demum omnes mundi partes unus sunt mundus. Ter-
tia atque omnium principalissima est, qua totum universum cum suo opifice
quasi exercitus cum suo duce est unum[83].» PICO meint mit der dreifachen Einheit eine einfache, die entsprechend der Trinität einen dreifachen Aspekt hat
(«unitas est ita ternario distincta, ut ab unitatis simplicitate non discedat»).
Die Welt ist sozusagen für ihn *ein* Wesen, ein sichtbarer Gott, in welchem
natürlich alles von Anbeginn so zusammengeordnet ist, wie es den Teilen
eines lebendigen Organismus entspricht. Die Welt erscheint als das corpus
mysticum Gottes, wie die Kirche dasjenige Christi ist oder wie ein wohldiszi-
pliniertes Heer ein Schwert in der Hand des Heerführers genannt werden
kann. Die Anordnung aller Dinge auf den Willen Gottes hin ist eine Anschauung, welche der Kausalität nur einen bescheidenen Raum gönnt. Wie in
einem lebenden Körper verschiedene Teile gleichzeitig sinngemäß aufeinander Abgestimmtes tun, so stehen auch die Ereignisse der Welt in sinngemäßer
wechselseitiger Beziehung, die man nicht aus immanenter Kausalität ableiten
kann. Der Grund hiefür ist, daß im einen wie im anderen Fall das Verhalten
der Teile von einer ihnen übergeordneten zentralen Leitung abhängt.

In seinem Traktat «*De hominis dignitate*» sagt PICO: «Nascenti homini om- 918
nifaria semina, et omnigenae vitae germina indidit pater...[84]» Wie Gott quasi

---

[81] ZELLER, *Die Philosophie der Griechen* II, 2. Teil, p. 654.

[82] *Enneaden,* IV 3, 8; IV 4, 32, zitiert in: DREWS, *Plotin,* p. 179.

[83] «In erster Linie ist in den Dingen *die* Einheit, durch welche jedes mit sich selber eins ist,
aus sich selber besteht und mit sich selber zusammenhängt. Zweitens ist (es) die (Einheit),
durch welche eine Kreatur mit der anderen geeint wird und durch welche schließlich alle Teile
der Welt *eine* Welt ausmachen. Die dritte und hauptsächlichste ist die, durch welche das ganze
Weltall mit seinem Schöpfer wie ein Heer mit seinem Führer eins ist.» (*Heptaplus,* lib. VI,
p. 40 f. [eine Einheit, in der Weise dreifach gegliedert, daß sie von der Einfachheit der Einheit
nicht abweicht]).

[84] *Opera omnia,* p. 315. «Bei der Geburt hat der Vater allenthalben Samen und Keime viel-
gestaltigen Lebens dem Menschen eingesenkt.»

die copula der Welt darstellt, so auch der Mensch innerhalb der Schöpfung. «Faciamus», sagt PICO, «hominem ad imaginem nostram, qui non tam quartus est mundus, quasi nova aliqua creatura, quam trium ⟨mundus supercoelestis, coelestis, sublunaris⟩ quos diximus complexus et colligatio[85]». Der Mensch ist in Körper und Geist «der kleine Gott der Welt», der Mikrokosmos («Deus... hominem in medio ⟨mundi⟩ statuit ad imaginem suam et similitudinem formarum»). So wie Gott ist daher auch der Mensch ein Zentrum des Geschehens, und alle Dinge sind auch auf ihn ausgerichtet[86]. Dieser der modernen Auffassung so fremdartige Gedanke beherrschte das Weltbild bis in unsere Zeit, nämlich bis die Naturwissenschaft die Unterlegenheit des Menschen unter die Natur und seine äußerste Abhängigkeit von Ursachen dartat. Damit wurde die Idee einer Zuordnung und einer Ausrichtung des Geschehens auf den Sinn (der nur mehr als menschlich gelten konnte) in eine dermaßen entfernte und verdunkelte Region verbannt, daß sie sich der Vernunft als unauffindbar erwies. SCHOPENHAUER hat sich sozusagen nachträglich ihrer erinnert, nachdem sie bei LEIBNIZ noch ein Hauptstück der Welterklärung gebildet hatte.

919   Vermöge seiner mikrokosmischen Natur ist der Mensch ein Sohn des Himmels respektive des Makrokosmos. «Ich bin ein Stern, der mit euch seine Wandelbahn geht», lautet ein Bekenntnis der Mithrasliturgie[87]. Der Mikrokosmos ist in der Alchemie gleichbedeutend mit dem «rotundum», ein seit ZOSIMOS VON PANOPOLIS (3. Jahrhundert) beliebtes Symbol, welches auch als Monas bezeichnet wurde.

920   Die Idee, daß der innere und der äußere Mensch zusammen das Ganze, die Hippokratische οὐλομελίη, nämlich einen Mikrokosmos, also jenen kleinsten Teil, in welchem der «große Anfang» (ἀρχὴ μεγάλη) ungeteilt anwesend ist, darstelle, dieser Gedanke kennzeichnet auch die Geistesart des AGRIPPA VON NETTESHEIM. Er sagt: «Est Platonicarum omnium unanimis

---

[85] *Heptaplus,* lib. V, cp. VI, p. 38. «Laßt uns den Menschen zu unserem Bilde machen, der zwar keine vierte Welt, ⟨also⟩ gleichsam irgendeine neue Kreatur ist, sondern vielmehr die Umfassung und Verbindung dreier ⟨Welten, d. h. der überhimmlischen, der himmlischen und der sublunaren⟩ ist.» [Gott... hat den Menschen in die Mitte ⟨der Welt⟩ gestellt nach seinem Bilde und der Gleichheit der Formen.]

[86] PICOS Lehre ist ein charakteristisches Beispiel für die mittelalterliche Korrespondenzanschauung. Eine gute Darstellung der kosmologischen und astrologischen Entsprechung findet sich bei ALFONS ROSENBERG, *Zeichen am Himmel. Das Weltbild der Astrologie.*

[87] DIETERICH, *Eine Mithrasliturgie,* p. 9.

sententia, quemadmodum in archetypo mundo omnia sunt in omnibus, ita etiam in hoc corporeo mundo, omnia in omnibus esse, modis tamen diversis, pro natura videlicet suscipientium: sic et elementa non solum non sunt in istis inferioribus, sed et in coelis, in stellis, in daemonibus, in angelis, in ipso denique omnium opifice et archetypo[88].» Die Alten hätten gesagt: «Omnia plena diis esse» (Alles sei von Göttern erfüllt). Diese Götter seien «virtutes divinae in rebus diffusae» (göttliche Kräfte in den Dingen verteilt). Zoroaster habe sie als «divinae illices» (göttliche Lockungen) und Synesius als «symbolicae illecebrae» (symbolische Köder) bezeichnet[89]. Letztere Interpretation kommt dem Begriff der *archetypischen Projektionen* in der modernen Psychologie schon recht nahe, obschon von den Tagen des SYNESIUS bis herauf in die neuere Zeit es keine Erkenntniskritik gab, geschweige denn deren neueste Form, nämlich die psychologische. AGRIPPA teilt mit den Platonikern die Ansicht, daß den Dingen der unteren Welt eine gewisse Kraft (vis) innewohne, vermöge welcher sie zu einem großen Teil mit denen der oberen Welt übereinstimmten, und daß daher die Tiere mit den «göttlichen Körpern» (das heißt den Himmelskörpern) zusammenhingen und mit ihren Kräften diese affizierten[90]. Er zitiert dazu den VERGILschen Vers:

> Haud equidem credo, quia sit divinitus illis
> Ingenium, aut rerum fato prudentia maior[91].

Damit deutet AGRIPPA auf ein den lebenden Wesen angeborenes «Wissen» oder «Vorstellen» hin, zu dem in unserer Zeit auch DRIESCH[92] rekurriert. 921

[88] *De occulta philosophia libri tres,* lib. I, cp. VIII, p. XII: «Es ist die einmütige Auffassung aller Platoniker, daß, wie in der archetypischen Welt, Alles in Allem ist, so auch in dieser Körperwelt Alles in Allem sei, zwar in verschiedener Weise, je nach der Natur der aufnehmenden (Wesen oder Dinge). So sind auch die Elemente nicht allein in dieser unteren Welt, sondern auch im Himmel, in den Sternen, in den Dämonen, in den Engeln und schließlich ⟨auch⟩ im Schöpfer und Archetypus des All.»
[89] AGRIPPA (l. c., lib. I, cp. XIV, p. XIX) stützt sich hier auf die Übersetzung von MARSILIUS FICINUS (*Auctores Platonici,* II, V.). Bei SYNESIUS (*Opuscula,* Περὶ ἐνυπνίων, III B) heißt es τὸ θελγόμενον von θέλγειν = reizen, entzücken, bezaubern.
[90] l. c., lib. I, cp. LV, p. LXIII [*Vergil's Gedichte, Georgica* I, 415 f., p. 72]. Ähnliches bei PARACELSUS.
[91] «Ich wenigstens glaube nicht, daß sie mit einem göttlichen Geiste oder mit einer Voraussicht der Dinge, größer als das Orakel, begabt seien.»
[92] Die «Seele» als elementarer Naturfaktor, pp. 80 und 82.

Man gerät in der Tat nolens volens in diese Verlegenheit, sobald man ernstlich über die zielgerichteten Vorgänge in der Biologie nachdenkt oder die kompensierende Funktion des Unbewußten genauer untersucht oder gar das Synchronizitätsphänomen erklären will. Die sogenannten finalen Ursachen setzen – man kann es drehen, wie man will – ein *Vorauswissen irgendwelcher Art.* Es ist sicherlich keine Kenntnis, die mit dem Ich verbunden wäre, also kein bewußtes, wie wir es kennen, sondern vielmehr ein an sich bestehendes oder vorhandenes «unbewußtes» Wissen, das ich als *absolutes Wissen* bezeichnen möchte. Es ist darunter keine Erkenntnis zu verstehen, sondern, wie LEIBNIZ treffend formuliert, ein *Vorstellen,* das aus subjektlosen «simularca», aus Bildern besteht, oder – vorsichtiger ausgedrückt – zu bestehen scheint. Diese postulierten Bilder sind vermutlich dasselbe wie die von mir angenommenen *Archetypen,* die sich als formale Faktoren bei spontanen Phantasiebildungen nachweisen lassen. In moderner Sprache ausgedrückt, würde die Idee des Mikrokosmos, der «die Bilder aller Kreatur» enthält, das *kollektive Unbewußte* darstellen[93]. Mit dem «spiritus mundi», dem «ligamentum animae et corporis», der «essentia quinta[94]», die AGRIPPA mit den Alchemisten gemeinsam hat, ist wohl das Unbewußte gemeint. Dieser Geist, der «alles durchdringt», das heißt alles abbildet, ist nach ihm die Weltseele: «Est itaque anima mundi, vita quaedam unica omnia replens, omnia perfundens, omnia colligans et connectens, ut unam reddat totius mundi machinam...[95]» Die Dinge, in denen dieser Geist besonders mächtig ist, haben daher eine Tendenz, «sich ⟨selber⟩ Ähnliches zu erzeugen[96]», das heißt Korrespondenzen respektive *sinngemäße Koinzidenzen* hervorzubringen[97]. Von diesen gibt AGRIPPA lange Listen, ba-

---

[93] Vgl. meine Darstellung in: *Der Geist der Psychologie* [Abhandlung VIII dieses Bandes].

[94] Darüber sagt AGRIPPA (lib. I, cp. XIIII, p. XIX): «Quoddam quintum super illa ⟨elementa⟩ aut praeter illa subsistens.»

[95] Lib. II, cp. LVII, p. CCIII: «So ist die Weltseele ein gewisses einziges Leben, das alles erfüllt, alles durchströmt, alles zusammenbindet und in Zusammenhang bringt, damit sie Eines mache aus der Maschine der ganzen Welt...»

[96] l. c.: «...potentius perfectiusque agunt, tum etiam promptius generant sibi simile.»

[97] Der Zoologe A. C. HARDY macht ähnliche Überlegungen: «Perhaps our ideas on evolution may be altered if *something akin to telepathy* – unconscious no doubt – were found to be a factor in *moulding the patterns of behaviour* among members of a species. If there was such a nonconscious group-behaviour plan, distributed between, and linking, the individuals of the race, we might find ourselves coming back to something like those ideas of subconscious racial memory of Samuel Butler, but on a group rather than an individual basis.» [Von JUNG hervorgehoben. Übersetzung: Vielleicht würden sich unsere Vorstellungen von der Evolution verän-

siert auf den Zahlen von Eins bis Zwölf[98]. Eine ähnliche, mehr alchemistisch orientierte Korrespondenztabelle findet sich in einem Traktat des AEGIDIUS DE VADIS[99]. Von diesen möchte ich nur die «scala unitatis» hervorheben, weil sie symbolgeschichtlich von besonderem Interesse ist: «Jod ⟨der Anfangsbuchstabe des Tetragrammaton, des Gottesnamens⟩ – anima mundi – sol – lapis philosophorum – cor – Lucifer[100]». Ich muß mich mit der Andeutung begnügen, daß es sich hier um einen Versuch zur Archetypenordnung handelt. Es bestehen in dieser Hinsicht empirisch nachweisbare Tendenzen des Unbewußten[101].

AGRIPPA war ein älterer Zeitgenosse des THEOPHRASTUS PARACELSUS und   922
hat auf letzteren nachweislichen Einfluß ausgeübt[102]. Es ist daher nicht erstaunlich, wenn sich das Paracelsische Denken als von der Korrespondenzidee in jeglicher Hinsicht durchdrungen erweist. So sagt PARACELSUS: «Einer der da will ein Philosophus sein / und darinn kein falsch legen / der muß den grund der Philosophey dermaßen setzen / das er Himmel unnd Erden in einen Microcosmum mache / unnd nicht umb ein härlen fehlschieß. Also auch einer der da wil auß dem grund der Artzney schreiben / der muß auch nicht umb ein härlen fehlen / anderst dann das er auß dem Microcosmo den Lauff der Himmel und der Erden mach: Also das der Philosophus anderst nichts find im Himmel und in der Erden / anderst dann dz er im Menschen auch findt. Unnd das der Artzt nichts findt im Menschen / dann was Himmel und Erden auch haben: Und das diese zwey nichts anders scheiden von einander / dann die gestalt der Form / und dz doch die form zu beiden seiten in eim ding

dern, wenn sich etwas der Telepathie Verwandtes – zweifellos Unbewußtes – als Gestaltungsfaktor für die Verhaltensmuster unter den Individuen einer Spezies entdecken ließe. Wenn es einen solchen nicht bewußten Plan für das Gruppenverhalten gäbe, zwischen den einzelnen Gliedern einer Rasse wirksam und sie untereinander verbindend, so ließe sich feststellen, daß wir zu etwas wie den Vorstellungen von einem unbewußten Rassegedächtnis im Sinne Samuel Butlers – aber eher auf Gruppen- als auf individueller Basis – zurückkehren würden.] (*The Scientific Evidence for Extra-Sensory Perception,* p. 328)

[98] Lib. II, cp. IV–cp. XIV.

[99] *Theatrum chemicum* (1602) II: *Dialogus inter Naturam et filium Philosophiae,* p. 123.

[100] AGRIPPA, l. c., II, cp. IV, p. CIIII.

[101] Vgl. dazu die Untersuchung der Symbolik des «Goldnen Topfes» von E. T. A. HOFFMANN bei ANIELA JAFFÉ, *Bilder und Symbole aus E. T. A. Hoffmanns Märchen «Der Goldne Topf»* in: [JUNG] *Gestaltungen des Unbewußten* und JUNG, *Aion,* Beitrag II [M.-L. VON FRANZ, *Die Passio Perpetuae*].

[102] Vgl. *Paracelsus als geistige Erscheinung* [Paragr. 148].

verstanden wurde / usw.[103]» Psychologisch auf den Arzt zugespitzt, heißt es im «*Paragranum*»[104]: «Darumb nit vier / sondern ein Arcanum, aber vierecket gsetzt / wie ein Thurn auff die vier Wind: Und als wenig ein Thurn einen Eck mangeln mag / also wenig mag ein Artzt deren theilen eins gerathen... Und zu gleicher 〈Zeit〉 weiß 〈er〉 wie (durch) ein Ey in einer Eyerschalen / die Welt Figuriert wirdt / und ein Hünlin mit allen seinen Fettigen darinn verborgen ligt: Also sollen die ding alle / was die Welt und d' Mensch begreiffen / im Artzt verborgen ligen. Und wie die Hennen die figurierte Welt in d' Shalen durch ihr brüten verwandlet in ein Hünlin: Also durch die Alchimey werden gezeitigt die Arcana / so Philosophisch im Artzt ligend... Hierinn ligt die irrung / daß der Artzt nicht recht fürgenommen ist worden[105].» Was gerade diese Äußerung für die Alchemie bedeutet, habe ich an anderen Beispielen in meiner «*Psychologie und Alchemie*» ausführlich gezeigt.

923   In ähnlicher Weise dachte auch JOHANN KEPLER. So sagt er in seinem «*Tertius interveniens*»[106]: Die niedere Welt ist an den Himmel gebunden und ihre Kräfte werden von oben regiert «nach Aristotelis Lehre: Nemlich daß in dieser niedern Welt oder Erdenkugel stecket ein Geistische Natur, der Geometria fähig, welche sich ab den Geometrischen und Harmonischen Verbindungen der himmlischen Liechtstraalen ex instinctu creatoris, sine ratiocinatione erquicket, und zum Gebrauch jhrer Kräfften selbst auffmundert und antreibt.» «Ob alle Kräutter und Thier diese Facultet so wol als die Erdtkugel in jhnen haben, kan ich nicht sagen. Kein ungläublich ding ist es nicht... es ist überall der instinctus divinus, rationis particeps, und gar nicht deß Menschens eygne Witz.» «Daß aber auch der Mensch mit seiner Seel und deroselben nideren Kräfften eine solche Verwandtnuß mit dem Himmel habe wie der Erdtboden, mag in viel wege probiert und erwiesen werden[107]...»

924   Über den astrologischen «Charakter», das heißt die astrologische Synchronizität, sagt er folgendes: «Dieser Character wirdt empfangen nicht in den Leib, dann dieser ist viel zu ungeschickt hierzu, sondern in die Natur der See-

---

[103] *Das Buch Paragranum*, STRUNZ, p. 35f. Ähnliches in: *Labyrinthus medicorum*, SUDHOFF XI, p. 204 ff.
[104] l. c., p. 34.
[105] Ähnliche Vorstellungen finden sich auch bei JACOB BÖHME, *De signatura rerum*, I, 7: «Der Mensch hat zwar alle Gestaltnüsse aller drey Welten in ihme liegen / dann er ist ein Bild Gottes oder des Wesens aller Wesen...» (p. 6).
[106] 1610. *Opera omnia* I.
[107] l. c., p. 605 ff., Thesis 64.

len selbsten, die sich verhält wie ein Punct, darumb sie auch in den Puncten deß confluxus radiorum mag transformiert werden, und die da nicht nur deren Vernunfft theilhafftig ist, von deren wir Menschen vor andern lebenden Creaturen vernünfftig genennet werden, sondern sie hat auch ein andere eyngepflantzte Vernunft, die Geometriam so wol in den radiis als in den vocibus, oder in der Musica, ohn langes erlernen, im ersten Augenblick zu begreiffen[108].» «Fürs dritte ist diß auch ein wunderlich Ding, daß die Natur, welche diesen Characterem empfähet, auch jhre angehörige zu etwas Gleichheiten in constellationibus coelestibus befürdert. Wann die Mutter großes Leibs und an der natürlichen Zeit ist, so sucht dann die Natur einen Tag und Stund zur Geburt, der sich mit der Mutter jhres Vattern oder Brudern Geburt Himmels halben (non qualitative, sed astronomice et quantitative) vergleichet…[109]» «Zum vierdten, so weiß ein jede Natur nicht allein jhren characterem coelestem, sondern auch jedes Tags himmlische configurationes und Läuffe so wol, daß so offt ihr ein Planet de praesenti in jhres characteris ascendentem oder loca praecipua kömpt, sonderlich in die Natalitia sie sich dessen annimbt und dadurch unterschiedlich affectionirt und ermundert wird[110].»

KEPLER vermutet, daß das Geheimnis der wundersamen Entsprechung in der *Erde* begründet sei, denn diese sei durch eine anima telluris beseelt, für deren Existenz er eine Reihe von Beweisen anführt, unter anderem die beständige unterirdische Wärme, die der Erdseele eigentümliche Erzeugung der Metalle, Mineralien und Fossilien, die facultas formatrix, die derjenigen des Mutterleibes ähnlich sei und Gestalten hervorbringen könne im Inneren der Erde, die sonst nur außen vorkämen, nämlich von Schiffen, Fischen, Königen, Päpsten, Mönchen, Soldaten usw.[111], ferner die Ausübung der Geometrie, denn sie bringe die fünf Körper und die sechseckigen Figuren in Kristallen hervor. Die anima telluris habe dies alles durch einen urtümlichen Antrieb, und nicht durch Überlegung und Schlußfolgerung des Menschen[112].

Der Sitz der astrologischen Synchronizität sei nicht in den Planeten, son- 926

---

[108] l. c., Thesis 65.
[109] l. c., Thesis 67.
[110] l. c., Thesis 68.
[111] Siehe dazu die unter Paragr. 935 berichteten Träume.
[112] «… formatrix facultas est in visceribus Terrae, quae feminae praegnantis more occursantes foris res humanas, veluti eas videret, in fissilibus lapidibus exprimit, ut militum, monarchorum, pontificum, regum et quicquid in ore hominum est…» (KEPLER, *Opera omnia* V, p. 254; ähnlich II, p. 270 f., ebenso VI, p. 178 f.)

dern vielmehr in der Erde[113], aber nicht in der Materie, sondern eben in der anima telluris. Jede Art von natürlichen oder lebendigen Kräften in den Körpern habe daher eine gewisse Gottähnlichkeit[114].

927   Aus diesem geistigen Hintergrund trat GOTTFRIED WILHELM LEIBNIZ (1646–1716) mit der Idee der «prästabilierten Harmonie», nämlich eines absoluten *Synchronismus* der psychischen und der physischen Ereignisse hervor. Diese Lehre hat im Begriff des «psychophysischen Parallelismus» ihren Ausklang gefunden. Auch die prästabilierte Harmonie und die oben erörterte Idee SCHOPENHAUERS von der durch die Einheit der prima causa bewirkten Gleichzeitigkeit und Verwandtschaft kausal nicht unmittelbar verbundener Ereignisse bedeuten im Grund nichts anderes als eine Wiederholung der peripatetischen Anschauung, allerdings mit einer modernen deterministischen Begründung im Falle SCHOPPENHAUERS und einer teilweisen Ersetzung der Kausalität durch eine präzedierende Zusammenordnung im Falle von LEIBNIZ. Für ihn ist Gott der Urheber der Anordnung. So vergleicht er Seele und Körper mit zwei *synchronisierten Uhren*[115] und drückt mit demselben Gleichnis auch

[113] «... quod scl. principatus causae in terra sedeat, non in planetis ipsis...» (l. c. II, p. 642).

[114] «... ut omne genus naturalium vel animalium facultatum in corporibus Dei quandam gerat similitudinem» (l. c. II, p. 643). Ich verdanke den Hinweis auf KEPLER der freundlichen Kooperation von Frau Dr. L. Frey-Rohn und Frl. Dr. M.-L. v. Franz.

[115] LEIBNIZ, *Kleinere philosophische Schriften,* VI: *Zweite Erläuterung des Systems über den Verkehr zwischen den Substanzen,* p. 68. Auf der gleichen Seite sagt LEIBNIZ: «Gott hat gleich bei Anbeginn jede von diesen beiden Substanzen ⟨scl. Seele und Körper⟩ so geschaffen, daß sie, indem sie nur ihren eigenen Gesetzen folgt, die sie gleichzeitig mit ihrem Dasein empfangen hat, dennoch mit der andern zusammenstimmt, ganz als ob eine wechselseitige Einwirkung zwischen ihnen bestände oder als ob Gott neben seiner allgemeinen Mitwirkung auch immer noch im besondern Hand dabei anlegte.» Hier ist auch anzumerken, worauf mich Herr Prof. Pauli dankenswerterweise aufmerksam macht, daß LEIBNIZ seine Idee der sychronisierten Uhren möglicherweise von dem flämischen Philosophen ARNOLD GEULINCX (1625–1699) bezogen hat. In der *Metaphysica vera,* III, findet sich zur octava scientia (*Arnoldi Geulincx Antverpiensis opera philosophica,* II, p. 194 f.) eine Annotation (p. 296), welche besagt: «... quod non amplius *horologium* voluntatis nostrae quadret cum *horologio* motus in corpore» [daß die Uhr unseres Willens mit der Uhr der Bewegungen innerhalb unseres Körpers nicht weitgehender übereinstimme]. Eine weitere Annotation (p. 297) präzisiert: «Voluntas nostra nùllum habet influxum, causalitatem, determinationem, aut efficaciam quamcunque in motum ... cum cogitationes nostras bene excutimus, nullam apud nos invenimus ideam seu notionem determinationis... Restat igitur Deus solus primus motor et solus motor, qui et ita motum ordinat atque disponit et ita simul voluntati nostrae licet libere moderatur, ut eodem temporis momento conspiret et voluntas nostra ad projiciendum v. g. pedes inter ambulan-

die Beziehung der Monaden oder Entelechien unter sich aus. Obschon die Monaden nicht gegenseitig aufeinander einwirken können (relative Aufhebung der Kausalität!), da sie «keine Fenster» haben [116], so sind sie doch so beschaffen, daß sie immer übereinstimmen, ohne voneinander Kunde zu haben. Er faßt jede Monade als «kleine Welt» oder als «tätigen unteilbaren Spiegel» auf [117]. Der Mensch ist also nicht nur ein das Ganze in sich schließender Mikrokosmos, sondern überhaupt jede Entelechie beziehungsweise Monade ist annähernd ein solcher. Jede «einfache Substanz» hat Beziehungen, «die alle übrigen ausdrücken». Sie ist daher «ein beständiger, lebender Spiegel des Universums [118].» Er nennt die Monaden lebender Körper «Seelen»: «Die Seele folgt ihren eigenen Gesetzen und ebenso der Körper den seinen, sie begegnen sich aber vermöge der zwischen allen Substanzen vorherbestimmten Harmonie, da sie sämmtlich Darstellungen des nämlichen Universums sind [119].» Damit ist der Gedanke, daß der Mensch einen Mikrokosmos darstellt, deutlich ausgesprochen. Die Seelen sind, wie LEIBNIZ sagt, «im allgemeinen lebende

dum, et simul ipsa illa pedum projectio seu ambulatio.» [Unser Wille ist von keinerlei Einfluß, Verursachung, Bestimmung oder Auswirkung in bezug auf die Bewegung ... wenn wir unsere Gedanken genau untersuchen, so finden wir in uns selbst keinerlei Vorstellung oder Begriff von Bestimmung ... Gott allein bleibt daher der erste Beweger und einzige Beweger, da er auf diese Weise auch die Bewegung festsetzt und ordnet und so mit unserem Willen frei zur Übereinstimmung bringt, daß zum gleichen Zeitpunkt sowohl unser Wille, beispielsweise die Füße zum Gehen vorwärtsbewegt als auch gleichzeitig die Vorwärtsbewegung der Füße beziehungsweise das Gehen wünscht.]

Annot. zur nona scientia (p. 298) bemerkt: «Mens nostra ... penitus independens est ab illo ⟨scl. corpore⟩ ... omniaque quae de corpore scimus jam praevie quasi et ante nostram cognitionem esse in corpore. Ut illa quodammodo nos in corpore legamus, non vero inscribamus, quod Deo proprium est.» [Unser Geist ist von jenem ⟨Körper⟩ innerlich unabhängig, und alles, was wir vom Körper wissen, ist schon im voraus und vor unserer Erkenntnis im Körper. So daß wir uns damit gleichsam von unserem Körper ablesen können, jedoch nicht darein einschreiben, denn das steht Gott allein zu.] Diese Anschauung antizipiert in gewissem Sinne das Uhrengleichnis von LEIBNIZ. [Hervorhebungen von JUNG.]

[116] l. c., XV: *Die Monadologie,* § 7, p. 151: «Die Monaden haben keine Fenster, durch welche etwas ein- oder austreten könnte ... Daher kann weder eine Substanz noch ein Accidenz von außen in die Seele eintreten.»

[117] l. c., XI: Entgegnung auf die Bemerkungen im *Bayleschen Wörterbuch,* p. 105.

[118] *Monadologie,* § 56, p. 163: «Diese *Verknüpfung* oder Anpassung aller erschaffenen Dinge an jedes einzelne und jedes einzelnen an alle übrigen hat nun aber zur Folge, daß jede einfache Substanz Beziehungen hat, die alle übrigen ausdrücken, und daß sie folglich ein beständiger lebendiger Spiegel des Universums ist.»

[119] *Monadologie,* § 78, p. 169.

Spiegel oder Bilder des Universums der geschaffenen Dinge…» Er unterscheidet sie einerseits von den Geistern, welche «Bilder der Gottheit» und «fähig sind, das System des Universums zu erkennen und einen Theil davon durch aufbauende Proben nachzuahmen, da jeder Geist in seinem Bereiche gleichsam eine kleine Gottheit ist[120]»; andererseits von den Körpern, welch letztere «nach den Gesetzen der bewirkenden Ursachen oder der Bewegungen», während die Seelen «nach den Gesetzen der Zweckursachen durch Begehrungstriebe, Zwecke und Mittel» handeln[121]. In der Monade beziehungsweise der Seele finden Veränderungen statt, deren Ursache der «Begehrungstrieb» ist[122]. «Der dem Wechsel unterworfene Zustand, der eine Menge in der Einheit oder einfachen Substanz umschließt und vorstellt, ist nichts anderes als was ich *Vorstellung* nenne», sagt LEIBNIZ[123]. Die «Vorstellung» ist «der innere, die Außendinge darstellende Zustand der Monade», welcher von der bewußten Anschauung zu unterscheiden ist. Die Vorstellung nämlich ist *unbewußt*[124]. Hierin hätten die Cartesianer gefehlt, meint er, daß sie die Vorstellungen, die man nicht wahrnimmt, für nichts rechneten[125]. Das Vorstellen der Monade entspricht dem *Wissen,* und ihr Begehrungstrieb dem *Willen* in Gott[126].

928   Aus diesen Ausführungen wird ersichtlich, daß LEIBNIZ neben der kausalen Verknüpfung einen durchgehenden prästabilierten Parallelismus der Ereignisse innerhalb und außerhalb der Monade annimmt. Das Synchronizitätsprinzip wird damit zur absoluten Regel in allen Fällen, wo es sich um ein gleichzeitiges äußeres und inneres Geschehen handelt. Demgegenüber müssen wir aber in Berücksichtigung ziehen, daß die empirisch feststellbaren synchronistischen Phänomene, weit entfernt davon, eine Regel zu bilden, relativ so seltene Ausnahmen darstellen, daß ihr Vorkommen meistens bezweifelt wird. Sie sind allerdings in Wirklichkeit wohl viel häufiger, als man denkt und nachweisen kann, aber es ist noch unbekannt, ob und in welchem Erfah-

---

[120] *Monadologie,* § 83, p. 170, und *Theodicee,* B, § 147.

[121] *Monadologie,* § 79, p. 169.

[122] *Monadologie,* § 15, p. 153.

[123] *Monadologie,* § 14, p. 152.

[124] l. c., XIV: *Die in der Vernunft begründeten Principien der Natur und der Gnade,* § 4, p. 140 f.

[125] *Monadologie,* § 14, p. 152. Vgl. dazu die Abhandlung von M.-L. v. FRANZ über.den *Traum des Descartes.*

[126] *Monadologie,* § 48, p. 161, und *Theodicee,* B, § 149.

rungsgebiet sie eine derartige Häufigkeit oder Regelmäßigkeit bilden, daß man von einem gesetzmäßigen Vorkommen reden könnte[127]. Wir wissen bis heute nur soviel, daß es ein allen derartigen (verwandten) Erscheinungen zugrunde liegendes Prinzip geben muß, aus welchem sie möglicherweise erklärt werden könnten.

Die primitive Auffassung sowohl wie die antike und mittelalterliche Naturanschauung setzen das Vorhandensein eines derartigen Prinzips neben der Kausalität voraus. Noch bei LEIBNIZ ist letztere weder einzig noch auch nur vorherrschend. Im Laufe des 18. Jahrhunderts ist sie dann zum ausschließlichen Prinzip der Naturwissenschaft geworden. Mit dem Aufstieg der Naturwissenschaften im 19. Jahrhundert ist die correspondentia dann allerdings von der Bildfläche verschwunden, und damit schien die magische Welt früherer Zeiten endgültig untergegangen zu sein, bis dann gegen das Ende des Jahrhunderts die Gründer der Society for Psychical Research die Frage indirekt durch die Erforschung des sogenannten telepathischen Phänomens aufs neue aufrollten. 929

Die oben geschilderte mittelalterliche Denkweise liegt allen den magischen und mantischen Prozeduren zugrunde, welche seit jeher eine große Rolle gespielt haben. Einem mittelalterlichen Geiste käme die RHINEsche Experimentanordnung als magische Handlung vor, deren Effekt aus diesem Grunde auch nicht erstaunlich wäre. Er wurde als «Übertragung» gedeutet, was übrigens auch heute noch allgemein der Fall ist, obschon es, wie gesagt, keinerlei Möglichkeiten gibt, sich eine empirisch begründbare Vorstellung von dem übertragenden Medium zu machen. 930

Ich brauche wohl nicht hervorzuheben, daß für den primitiven Geist die Synchronizität eine selbstverständliche Voraussetzung bedeutet, weshalb es auf seiner Stufe auch keine Zufälle gibt. Es gibt sozusagen keinen Unfall, keine Krankheit, keinen Todesfall, der zufällig wäre und auf «natürlichen» Ursachen beruhen würde. Alles gründet sich irgendwie auf eine magische Bewirkung. Das Krokodil, das einen Mann beim Baden erwischt, ist von einem Zauberer ausgesandt; die Krankheit ist durch den Geist eines Soundso verursacht; die Schlange, die am Grabe der verstorbenen Mutter erscheint, ist natür- 931

---

[127] Ich muß hier allerdings nochmals die Möglichkeit hervorheben, daß das Verhältnis von Körper und Seele als eine Synchronizitätsbeziehung verstanden werden könnte. Sollte sich diese bloße Vermutung einmal bestätigen, so müßte meine heutige Ansicht, daß Synchronizität ein relativ seltenes Phänomen sei, korrigiert werden. Siehe hiezu die Ausführungen von C. A. MEIER in: *Zeitgemäße Probleme der Traumforschung,* p. 22.

lich deren Seele usw. Selbstverständlich erscheint auf primitiver Stufe die Synchronizität nicht als ein Begriff ihrer selbst, sondern als «magische» Kausalität. Letztere stellt die Frühform unseres klassischen Kausalitätsbegriffes dar,
während die Entwicklung der chinesischen Philosophie aus der Konnotation
des Magischen den «Begriff» des Tao, der sinngemäßen Koinzidenz, hervorgebracht hat, nicht aber eine auf Kausalität beruhende Naturwissenschaft.

932   Die Synchronizität setzt einen in bezug auf das menschliche Bewußtsein
apriorischen Sinn voraus, der außerhalb des Menschen vorhanden zu sein
scheint[128]. Eine derartige Annahme erscheint vor allem in der Philosophie
PLATONS, welche die Existenz transzendentaler Bilder oder Modelle der empirischen Dinge, die sogenannten εἴδη (Gestalten, species), deren Abbilder
(εἴδωλα) die Dinge sind, annimmt. Diese Annahme hat früheren Jahrhunderten nicht nur keine Schwierigkeit bedeutet, sondern war vielmehr sozusagen eine Selbstverständlichkeit. Die Idee eines a priori vorhandenen Sinnes
dürfte auch in der Vorstellung der älteren Mathematik liegen, wie des Mathe-
matikers JACOBI Paraphrase des SCHILLERschen Gedichtes «*Archimedes und der
Jüngling*» zeigt. Er preist die Berechnung der Uranusbahn und schließt mit
dem Vers:

> Was du im Kosmos erblickst, ist nur der Göttlichen Abglanz,
> In der Olympier Schaar thronet die ewige Zahl.

933   Dem großen Mathematiker GAUSS wird das Wort zugeschrieben: ὁ θεὸς
ἀριθμητίζει (Gott treibt Arithmetik)[129].

934   Die Annahme einer Synchronizität und eines an sich bestehenden Sinnes,
welche die Grundlage des klassischen chinesischen Denkens und die naive
Voraussetzung des Mittelalters bildet, erscheint uns heute als ein Archaismus,
der tunlichst zu vermeiden ist. Der Westen hat zwar diese altertümliche Vor-

---

[128] In Anbetracht der Möglichkeit, daß die Synchronizität nicht nur eine psychophysische
Erscheinung ist, sondern sich auch ohne Beteiligung der menschlichen Psyche ereignen könnte, möchte ich hier schon erwähnen, daß in diesem gedachten Fall nicht mehr von Sinn, sondern vielmehr von *Gleichartigkeit* oder Konformität gesprochen werden müßte.

[129] In einem Briefe aus dem Jahre 1830 schreibt dann GAUSS allerdings: «Wir müssen in
Demuth zugeben daß, wenn die Zahl *bloß* unsers Geistes Product ist, der Raum auch *außer*
unserm Geiste eine Realität hat.» (LEOPOLD KRONECKER, *Über den Zahlbegriff*, p. 252) Ebenso faßt HERMANN WEYL die Zahl als Verstandesprodukt auf. (*Wissenschaft als symbolische Konstruktion des Menschen*, p. 375 ff.) MARKUS FIERZ dagegen (*Zur physikalischen Erkenntnis*,
p. 434 ff.) neigt mehr der Platonischen Idee zu.

aussetzung soviel wie möglich abgestreift, allerdings nicht ganz. Gewisse mantische Prozeduren scheinen zwar ausgestorben zu sein; die Astrologie aber, welche in unserer Zeit eine nie zuvor erreichte Höhe erklommen hat, ist geblieben. Auch der Determinismus des naturwissenschaftlichen Zeitalters hat es nicht vermocht, die Überzeugungskraft des Synchronizitätsprinzips gänzlich auszulöschen. Es handelt sich dabei eben letzten Endes nicht um einen Aberglauben, sondern um eine gewisse Wahrheit, die nur darum so lange nicht gesehen worden ist, weil sie weniger mit dem materiellen Aspekt der Ereignisse als vielmehr mit deren psychischem zu tun hat. Es sind die moderne Psychologie und Parapsychologie, welche dartun, daß die Kausalität eine gewisse Anordnung der Ereignisse nicht erklärt und daß als Erklärungsprinzip in diesem Fall ein *formaler Faktor,* nämlich die Synchronizität, in Frage kommt.

Für psychologisch Interessierte möchte ich hier erwähnen, daß die eigenartige Vorstellung eines an sich bestehenden Sinnfaktors in Träumen angedeutet wird. Als einmal in meinem Kreise dieser Begriff diskutiert wurde, fiel die Bemerkung: «Das geometrische Quadrat kommt in der Natur nicht vor, ausgenommen in Kristallflächen.» Eine bei diesem Gespräch anwesende Dame träumte in der folgenden Nacht: *Im Garten ist eine große Sandgrube, in welcher Ablagerungsschichten zutage treten. Dort entdeckt sie, in einer Schicht liegend, dünne, schiefrige Platten aus grünem Serpentin. Auf einer derselben sieht sie schwarze, konzentrisch angeordnete Quadrate. Die schwarze Farbe ist nicht aufgemalt, sondern eine im Stein befindliche Verfärbung, ähnlich wie die Zeichnung eines Achats. Ähnliche Zeichnungen finden sich auf zwei bis drei anderen Platten, die ein* (der Träumerin oberflächlich bekannter) *Herr A. an sich nimmt* [130]. Ein anderes Traummotiv derselben Art ist das folgende: *Der Träumer entdeckt in einer wilden felsigen Gegend anstehende Schichten eines schiefrigen Triasgesteins. Er löst die Platten auseinander und entdeckt zu seinem maßlosen Erstaunen lebensgroße menschliche Köpfe in Flachrelief auf den freigelegten Platten.* Dieser Traum hat sich in längeren Abständen mehrfach wiederholt [131]. In einem anderen Fall findet der Träumer «*auf einer Fahrt durch die sibirische Tundra ein längst gesuchtes Lebewesen: es ist ein mehr als lebensgroßer Hahn, der aus etwas wie dünnem, farb-*

935

---

[130] Nach den Regeln der Traumdeutung entspricht dieser Herr A. dem Animus, welcher als Personifikation des Unbewußten die Zeichnungen als lusus naturae wieder an sich nimmt, d. h. das Bewußtsein hat dafür keine Verwendung bzw. kein Verständnis.

[131] In der Wiederholung drückt sich eine gewisse Insistenz des Unbewußten aus, den Trauminhalt schließlich dem Bewußtsein zuzuführen.

losem Glas besteht. Er ist aber lebendig und eben gerade zufällig aus einem mikrosko-
pischen einzelligen Wesen entstanden, welches die Fähigkeit besitzt, plötzlich irgend-
welche Tiere (die in der Tundra gar nicht vorkommen) oder sogar menschliche Ge-
brauchsgegenstände von irgendwelcher Größe darzustellen. Im nächsten Augenblick
ist die Zufallsform jeweils spurlos verschwunden.» Ein weiterer Traum dieser Art
ist der folgende: *Der Träumer spaziert in einer waldigen Gebirgsgegend. Er stößt*
auf eine aus dem steilen Abhang hervortretende Rippe von löcheriger Nagelfluh und
findet dort einen kleinen braunen Mann, der die Farbe des von Eisenoxyd gebräunten
Gesteines besitzt [132]. *Dieser ist damit beschäftigt, im Fels eine kleine Höhle auszuhau-*
en, in deren Hintergrund im gewachsenen Gestein ein Pfeilerbündel erscheint. Auf
jedem Pfeiler sitzt oben je ein dunkelbrauner Menschenkopf mit großen Augen, der
äußerst sorgfältig aus einem lignitähnlichen, sehr harten Stein geschnitten ist. Der
kleine Mann befreit dieses Gebilde von dem anliegenden amorphen Konglomerat. Der
Träumer traut zuerst seinen Augen nicht, muß dann aber konstatieren, daß sich
dieses Gebilde tatsächlich in den gewachsenen Fels fortsetzt und daher darin ohne
Zutun des Menschen entstanden sein muß. Der Träumer macht die Überlegung, daß
diese Nagelfluh mindestens fünfhunderttausend Jahre alt sei und das Artefakt da-
her unmöglich von Menschenhänden gemacht sein könne [133].

936   Diese Träume scheinen das Vorkommen eines formalen Faktors in der Natur zu schildern. Es handelt sich nicht bloß um einen lusus naturae, sondern
um die sinngemäße Koinzidenz eines absoluten Naturproduktes mit einer
(davon unabhängigen) menschlichen Vorstellung. Dies ist, was die Träume
offenkundigerweise aussagen [134] und durch Wiederholung dem Bewußtsein
näherbringen wollen.

---

[132] Es handelt sich um ein Anthroparion, ein «Erzmännchen».

[133] Vgl. dazu die oben erwähnten KEPLERschen Ideen.

[134] Wem diese Aussage unbegreiflich erscheinen sollte, der wird unter Umständen geneigt
sein, auf Grund vorgefaßter Meinungen einen ganz anderen verborgenen Sinn darin zu wittern. Man kann über alles, so auch über Träume, phantasieren. Ich ziehe es vor, möglichst nahe
bei der Traumaussage zu bleiben und zu versuchen, diese ihrem offenbaren Sinn entsprechend
zu formulieren. Wenn es sich als unmöglich erweisen sollte, diesen Sinn mit der Bewußtseinslage des Träumers in Verbindung zu bringen, so bekenne ich, daß ich den Traum nicht verstehe, hüte mich aber, diesen mit allerhand arbiträren Kunstgriffen zu manipulieren und mit
einer vorgefaßten theoretischen Meinung in Einklang zu bringen.

D. ZUSAMMENFASSUNG

Ich betrachte diese meine Ausführungen keineswegs als endgültigen Beweis 937
meiner Ansicht, sondern bloß als eine Schlußfolgerung aus empirischen Prämissen, welche ich hiemit der Überlegung meiner Leser unterbreiten möchte.
Ich vermochte aus dem mir vorliegenden Tatsachenmaterial keine andere Hypothese abzuleiten, die zu dessen Erklärung (inklusive der ESP-Experimente)
genügen würde. Ich bin mir dabei hinlänglich bewußt, daß die Synchronizität
eine höchst abstrakte und unanschauliche Größe darstellt. Sie schreibt dem
bewegten Körper eine gewisse psychoide Eigenschaft zu, welche, wie Raum,
Zeit und Kausalität, ein Kriterium seines Verhaltens bedeutet. Wir müssen
dabei auf die Vorstellung einer mit einem lebenden Gehirn verbundenen Psyche völlig verzichten und uns vielmehr des «sinngemäßen» beziehungsweise
«intelligenten» Verhaltens der niederen Lebewesen, die kein Gehirn besitzen,
erinnern. Wir befinden uns dort schon in größerer Nähe des formalen Faktors, der, wie gesagt, mit einer Gehirntätigkeit nichts zu tun hat.

Man müßte sich hier, wie es scheint, die Frage vorlegen, ob nicht das Ver- 938
hältnis der Seele zum Leibe unter diesem Gesichtswinkel zu betrachten, beziehungsweise ob nicht die Koordination der psychischen und der physischen
Vorgänge im Lebewesen als ein synchronistisches Phänomen statt einer kausalen Relation zu verstehen wäre. Geulincx sowohl wie Leibniz betrachten die
Koordination des Psychischen und des Physischen als einen Akt Gottes, also
eines außerhalb der empirischen Natur stehenden Prinzips. Die Annahme
einer Kausalrelation zwischen Psyche und Körper führt andererseits zu
Schlüssen, die sich schlecht mit der Erfahrung vertragen: entweder sind es
physische Vorgänge, welche Psychisches bewirken, oder es ist eine präexisten-
te Psyche, welche den Stoff anordnet. In ersterem Fall ist nicht abzusehen, wie
chemische jemals psychische Vorgänge zu erzeugen und wie in letzterem Falle
eine immaterielle Psyche jemals den Stoff in Bewegung zu setzen vermöchte.
Es ist nicht nötig, an eine Leibnizsche «harmonia praestabilita» zu denken,
die nämlich absolut wäre und sich in einer allgemeinen correspondentia und
sympathia kundgeben müßte, etwa ähnlich wie die Schopenhauersche sinngemäße Koinzidenz der auf dem gleichen Breitengrad liegenden Zeitpunkte.
Die Synchronizität besitzt Eigenschaften, welche für die Erklärung des Leib-
Seele-Problems möglicherweise in Betracht kommen. Vor allem ist es die Tatsache der ursachelosen Anordnung oder, besser, des sinnvollen Angeordnet-

seins, welche auf den psychophysischen Parallelismus ein Licht werfen könnte. Die Tatsache des «absoluten Wissens», das heißt der durch keine Sinnesorgane vermittelten Kenntnis, welche das synchronistische Phänomen kennzeichnet, unterstützt die Annahme beziehungsweise drückt die Existenz eines an sich bestehenden Sinnes aus. Letztere Seinsform kann nur eine *transzendentale* sein, da sie sich, wie die Kenntnis zukünftiger oder räumlich distanter Ereignisse beweist, in einem psychisch relativen Raum und einer entsprechenden Zeit, das heißt in einem unanschaulichen Raum-Zeit-Kontinuum befindet.

939   Es dürfte sich vielleicht lohnen, von diesem Gesichtspunkt aus jene Erfahrungen, welche das Vorhandensein psychischer Vorgänge in einem nach allem Dafürhalten unbewußten Zustand wahrscheinlich machen, in nähere Betrachtung zu ziehen. Ich denke hier zunächst an die merkwürdigen Beobachtungen, die bei tiefen Synkopen nach akuten Gehirnverletzungen gemacht wurden. Entgegen aller Erwartung hat eine schwere Kopfverletzung nicht immer eine entsprechende Bewußtlosigkeit zur Folge. Dem von außen Beobachtenden erscheint der Verwundete allerdings als teilnahmslos, gelähmt, «entrückt» und bewußtlos. Subjektiv aber ist das Bewußtsein keineswegs erloschen. Die Sinneskommunikation mit der Außenwelt ist zwar in hohem Maße eingeschränkt, aber nicht immer völlig aufgehoben, obschon zum Beispiel der Gefechtslärm plötzlich einer «feierlichen» Stille Platz macht. In diesem Zustand tritt nun eine sehr deutliche und eindrucksvolle Levitationsempfindung und -halluzination auf, indem der Verwundete in derjenigen Stellung, in der er sich im Momente der Verwundung befand, sich in die Luft zu erheben vermeint. Ein Stehender erhebt sich stehend, ein Liegender liegend und ein Sitzender sitzend. Gelegentlich scheint sich auch die Umgebung mit zu erheben, zum Beispiel der ganze Bunker, in welchem sich der Verletzte befindet. Die Höhe der Erhebung beträgt zwischen einem halben und vielen Metern. Die Schwereempfindung ist aufgehoben. In wenigen Fällen glauben die Verwundeten mit den Armen Schwimmbewegungen auszuführen. Wenn Wahrnehmung einer Umgebung vorhanden ist, so scheint sie meist imaginiert zu sein, das heißt, aus Erinnerungsbildern zu bestehen. Die Stimmung während der Levitation ist überwiegend euphorisch. «Gehoben, feierlich, schön, selig, aufgelockert, glücklich, erwartungsfroh, gespannt» sind die zur Kennzeichnung verwandten Ausdrücke. Es sind eine Art «Himmelfahrtserlebnisse»[135]. JANTZ UND BERINGER heben mit Recht hervor, daß

---

[135] JANTZ UND BERINGER, *Das Syndrom des Schwebeerlebnisses unmittelbar nach Kopfverletzungen*, p. 202.

die Verwundeten sich von auffallend leichten Reizen, wie Anruf bei Namen,
Berührung usw. aus der Synkope aufwecken lassen, während der heftigste Gefechtslärm keine Wirkung hat.

Ähnliches kann bei tiefen Ohnmachten, die auf anderen Ursachen beruhen,   940
beobachtet werden. Ich möchte ein Beispiel aus meiner eigenen ärztlichen
Erfahrung erwähnen: Eine Patientin, an deren Zuverlässigkeit und Wahr-
heitsliebe ich keinen Grund zu zweifeln habe, erzählte mir, daß ihre erste Geburt sehr schwierig war. Nach dreißigstündiger erfolgloser Wehentätigkeit
hielt es der Arzt für angezeigt, eine Zangengeburt einzuleiten. Diese wurde in
leichter Narkose durchgeführt. Sie war von einem ausgiebigen Dammriß und
großem Blutverlust gefolgt. Als der Arzt, ihre Mutter und ihr Gatte fortge-
gangen waren und alles aufgeräumt war, wollte die Pflegerin essen gehen, und
die Patientin sah sie noch unter der Türe, von wo sie fragte: «Wünschen Sie
noch etwas, bevor ich zum Nachtessen gehe?» Die Patientin wollte antworten, konnte aber nicht mehr. Sie hatte die Empfindung, als ob sie durch das
Bett hindurch in eine bodenlose Leere sänke. Sie bemerkte noch, wie die Pflegerin zu ihrem Bette eilte und ihre Hand ergriff, um den Puls zu fühlen. Aus
der Art, wie sie dabei die Finger hin und her bewegte, schloß die Patientin,
daß offenbar der Puls unmerkbar geworden war. Da sie sich selber sehr wohl-
fühlte, amüsierte sie der Schrecken der Pflegerin. Sie selber war nicht im geringsten erschrocken. Das war das letzte, woran sie sich für unbestimmt lange
Zeit entsinnen konnte. Das nächste, was ihr nunmehr zum Bewußtsein kam,
war, daß sie, ohne ein Gefühl ihres Körpers und dessen Lage zu haben, von
einem Punkte unmittelbar an der Zimmerdecke *herunterblickte* und alles
wahrnahm, was unter ihr im Zimmer vorging: sie sah sich selber totenblaß
mit geschlossenen Augen im Bett liegen. Neben ihr stand die Pflegerin. Im
Zimmer ging der Arzt aufgeregt hin und her, und es schien ihr, als hätte er den
Kopf verloren und wisse nicht recht, was tun. Ihre Angehörigen kamen an die
Türe. Ihre Mutter und ihr Gatte kamen herein und schauten sie erschreckt an.
Die Patientin dachte, es sei doch zu dumm, daß sie meinten, sie sterbe. Sie
würde ja wieder zu sich kommen. Dabei wußte sie, daß sich hinter ihr eine
prachtvolle, in den lebhaftesten Farben leuchtende, parkähnliche Landschaft
befand, und insbesondere eine smaragdgrüne Wiese mit kurzem Gras, welche
sich an einem Hang hinaufzog und zu der im Vordergrund ein Gattertor,
durch das man in den Park eintreten konnte, führte. Es war Frühling, und kleine bunte Blumen, wie sie solche zuvor nie gesehen hatte, waren im Grase eingebettet. Die Gegend lag in strahlendem Sonnenschein, und alle Farben wa-

ren von unbeschreiblichem Glanz. Der Abhang war auf beiden Seiten flankiert von dunkelgrünen Bäumen. Die Wiese machte ihr den Eindruck einer Lichtung im Urwald, von keines Menschen Fuß je betreten. «Ich wußte, daß hier der Eingang zu einer anderen Welt war, und daß, wenn ich mich umdrehen sollte, um das Bild direkt anzuschauen, ich mich versucht fühlen würde, durch das Tor hinein- und damit aus dem Leben hinauszugehen.» Sie sah diese Landschaft nicht wirklich, da sie ihr den Rücken kehrte, aber sie *wußte* um sie. Sie fühlte, daß nichts sie hindern würde, durch das Tor hineinzugehen. Sie wußte nur, daß sie wieder zu ihrem Körper zurückkehren und nicht sterben werde. Deshalb fand sie die Aufregung des Arztes und die Besorgnis ihrer Angehörigen dumm und überflüssig.

941   Das nächste, was nun geschah, war, daß sie im Bette aus ihrer Ohnmacht erwachte und ihre Pflegerin, die sich über sie beugte, erblickte. Sie erfuhr jetzt, daß sie ungefähr eine halbe Stunde lang bewußtlos gewesen sei. Anderntags, etwa fünfzehn Stunden später, als sie sich kräftiger fühlte, machte sie zur Pflegerin eine kritische Bemerkung über das ihr als inkompetent und «hysterisch» erscheinende Benehmen des Arztes während ihrer Ohnmacht. Die Pflegerin aber wies diese Kritik energisch zurück in der begründeten Überzeugung, daß die Patientin ja völlig bewußtlos gewesen sei und darum nichts von der Szene wahrgenommen haben könne. Erst als diese ihr die Vorgänge, die sich während der Ohnmacht abgespielt hatten, mit allen Einzelheiten beschrieb, mußte sie zugeben, daß die Patientin die Ereignisse so wahrgenommen hatte, wie sie in Wirklichkeit stattgefunden hatten.

942   Man könnte in diesem Fall vermuten, daß es sich um einen psychogenen Dämmerzustand, in welchem noch eine abgespaltene Bewußtseinshälfte bestand, gehandelt habe. Die Patientin war aber nie hysterisch, sondern hatte einen genuinen Herzkollaps mit einer auf Gehirnanämie beruhenden Synkope erlitten, wofür alle äußeren und offenbar alarmierenden Anzeichen sprachen. Sie war wirklich ohnmächtig und hätte dementsprechend psychisch völlig ausgelöscht und keineswegs klarer Beobachtung und zugleich eines Urteils fähig sein sollen. Merkwürdigerweise war es auch nicht ein unmittelbares Innewerden der Situation durch indirekte, das heißt unbewußte Beobachtung, sondern sie sah die Gesamtsituation von *oben,* wie wenn ihre «Augen an der Zimmerdecke gewesen wären», wie sie bezeichnenderweise sagte.

943   Es ist in der Tat nicht leicht zu erklären, wieso in einem Zustand schweren Kollapses erinnerungsfähige, ungemein intensive psychische Vorgänge stattfinden, und wieso bei geschlossenen Augen wirkliche Vorgänge mit konkre-

ten Einzelheiten beobachtet werden können. Man sollte doch nach aller Voraussetzung erwarten, daß eine so deutliche Gehirnanämie gerade das Zustandekommen hochkomplexer psychischer Vorgänge erheblich beeinträchtigen, beziehungsweise verhindern würde.

Einen sehr ähnlichen Fall, in welchem aber die ESP sehr viel weiter ging, 944 präsentierte Sir AUCKLAND GEDDES der Royal Medical Society (27. Februar 1927). Dieser Patient beobachtete während eines Kollapszustandes die Abspaltung eines integralen Bewußtseins von einem körperlichen Bewußtsein, welches sich allmählich in seine (Organ-)Komponenten auflöste. Ersteres hatte verifizierbare ESP [136].

Solche Erfahrungen scheinen darauf hinzuweisen, daß in Ohnmachtszu- 945 ständen, wo nach allem menschlichen Dafürhalten jede Garantie dafür besteht, daß die Bewußtseinstätigkeit und vor allem die Sinneswahrnehmungen aufgehoben sind, gegen alle Erwartung dennoch Bewußtsein, reproduzierbare Vorstellungen, Urteilsakte und Wahrnehmungen bestehen können. Das dabei vorhandene Levitationsgefühl, beziehungsweise die Veränderung des Beobachtungswinkels, und die Auslöschung des Gehörs und der koenästhetischen Wahrnehmungen weist in die Richtung einer Veränderung der Bewußtseinslokalisation, einer Art von Abtrennung vom Körper, beziehungsweise von der Hirnrinde oder vom Zerebrum, wo man den Sitz des Bewußtseinsphänomens vermutet. Wenn diese Überlegung zu Recht besteht, so muß man sich fragen, ob in uns noch ein anderes nervöses Substrat als das Zerebrum denken und wahrnehmen kann, oder ob es sich bei diesen während der Bewußtlosigkeit stattfindenden psychischen Vorgängen um synchronistische Phänomene, das heißt um Ereignisse handelt, welche in keiner kausalen Verbindung mit organischen Prozessen stehen. Letztere Möglichkeit ist darum nicht ohne weiteres von der Hand zu weisen, als es ESP, das heißt von Zeit und Raum unabhängige Wahrnehmungen gibt, welche nicht durch biologische Substratvorgänge erklärt werden können. Wo Sinneswahrnehmungen an sich unmöglich sind, kann es sich um gar nichts anderes handeln als um Synchronizität. Wo aber räumliche und zeitliche Bedingungen, welche an sich Perzeption und Apperzeption ermöglichen würden, vorhanden sind und nur die Bewußtseinstätigkeit, also vermutlich nur die Rindenfunktion, ausgelöscht ist, und wo, wie dies bei unserem Beispiel der Fall ist, trotzdem ein Be-

---

[136] Vgl. den Bericht bei TYRRELL, *The Personality of Man,* p. 197 f. Auf p. 199 f. befindet sich ein weiterer Fall dieser Art.

wußtseinsphänomen, das heißt Wahrnehmung und Urteil, stattfindet, da könnte möglicherweise dafür ein nervöses Substrat in Frage kommen. Es ist allerdings beinahe axiomatisch, daß Bewußtseinsvorgänge an das Großhirn gebunden seien, und daß alle niederen Zentren nur Reflexverbindungen, die an sich unbewußt sind, beherbergen. Vollends gilt dieses Axiom für den Bereich des Sympathikus. Man hält daher die Insekten, die überhaupt kein zerebrospinales Nervensystem, sondern nur das Strickleitersystem besitzen, für Reflexautomaten.

946   Diese Ansicht ist nun allerdings durch die Bienenforschungen, die KARL VON FRISCH in Graz unternommen hat, einigermaßen ins Wanken geraten. Es hat sich nämlich herausgestellt, daß die Bienen ihren Stammgenossen durch einen eigenartigen Tanz nicht nur mitteilen, daß sie eine Futterstelle gefunden haben, sondern auch, in welcher Richtung und Distanz. Durch diese Mitteilung werden die Neulinge in den Stand gesetzt, die Futterstelle direkt anzufliegen [137]. Diese Mitteilung läßt sich im Prinzip von einer Information unter Menschen nicht unterscheiden. Wir würden letzteren Fall zweifellos als ein bewußtes und intendiertes Handeln auffassen und könnten uns kaum vorstellen, wie zum Beispiel ein Angeklagter oder dessen Verteidiger einem Gerichtshof beweisen könnte, daß eine derartige Handlung unbewußt erfolgt sei. Man könnte zur Not, unter Berufung auf psychiatrische Erfahrungen, noch zugeben, daß die Mitteilung einer sachlichen Information auch ausnahmsweise einmal in einem Dämmerzustand erfolgt, würde es aber ausdrücklich ablehnen, Mitteilungen dieser Art für normalerweise unbewußt zu halten. Trotzdem wäre die Annahme möglich, daß der geschilderte Vorgang bei den Bienen unbewußt sei. Damit ist aber für die Lösung der Frage nichts gewonnen, denn nach wie vor sind wir mit der Tatsache konfrontiert, daß das Strickleitersystem im Prinzip anscheinend dasselbe leistet wie unsere Großhirnrinde. Man kann übrigens auch nicht beweisen, daß die Bienen unbewußt sind.

947   Damit ist man zum Schlusse gedrängt, daß ein vom Zerebrospinalsystem in puncto Herkunft und Funktion so verschiedenes nervöses Substrat wie der Sympathikus offenbar ebensogut Gedanken und Wahrnehmungen erzeugen kann wie ersteres. Was soll man nun vom Sympathikus bei Vertebraten halten? Kann auch er spezifisch psychische Vorgänge erzeugen oder vermitteln? Die Beobachtungen VON FRISCHS beweisen das Vorhandensein transzerebra-

---

[137] *Aus dem Leben der Bienen*, p. 111 ff.

len Denkens und Wahrnehmens. Man muß diese Möglichkeit wohl im Auge behalten, wenn man die Existenz einer Bewußtheit innerhalb der Bewußtlosigkeit einer Ohnmacht erklären will. Der Sympathikus ist nämlich während einer Ohnmacht nicht gelähmt und könnte daher möglicherweise als Träger psychischer Funktionen in Betracht kommen. Sollte dem so sein, so müßte man wohl auch die Frage aufwerfen, ob die normale Bewußtlosigkeit des Schlafes, welche bewußtseinsfähige Träume enthält, nicht in ähnlicher Weise betrachtet werden könnte? Das heißt, ob nicht, mit anderen Worten, Träume weniger aus der schlafenden Rindentätigkeit als vielmehr aus dem vom Schlaf nicht betroffenen Sympathikus hervorgehen, mithin also transzerebraler Natur wären?

Außerhalb des noch völlig undurchsichtigen psychophysischen Parallelis- 948 mus stellt das synchronistische Phänomen keine durchgängige und leicht zu beweisende Regelmäßigkeit dar. Man empfindet darum ebensosehr die Disharmonie der Dinge, wie man von deren gelegentlicher Harmonie überrascht ist. Im Gegensatz zur Idee einer prästabilierten Harmonie beansprucht der synchronistische Faktor bloß die Existenz eines für die erkennende Tätigkeit unseres Verstandes notwendigen Prinzips, das sich der anerkannten Triade Raum, Zeit und Kausalität als Viertes anschließen würde. Wie erstere zwar notwendig, aber durchaus nicht absolut sind – unräumlich sind die meisten psychischen Inhalte; Zeit und Kausalität sind psychisch relativ –, so erweist sich auch der synchronistische Faktor als nur bedingt gültig. Ungleich aber der Kausalität, welche das Bild der makrophysischen Welt sozusagen unumschränkt beherrscht und ihre universale Herrschaft erst bei gewissen niederen Größenordnungen erschüttert findet, erweist sich die Synchronizität als ein Phänomen, welches hauptsächlich mit psychischen Bedingungen, nämlich mit Vorgängen im Unbewußten, zusammenzuhängen scheint. Mit relativer Regelmäßigkeit und Häufigkeit ergeben sich – experimentell – synchronistische Phänomene bei den intuitiven, «magischen» Prozeduren, wo sie zwar subjektiv überzeugend, aber objektiv kaum oder recht schwer zu beweisen und statistisch nicht erfaßbar sind (wenigstens vorderhand nicht).

Auf organischer Stufe könnte vielleicht die biologische Morphogenese 949 unter dem Gesichtswinkel des synchronistischen Faktors betrachtet werden. Prof. A.-M. DALCQ (Brüssel) faßt die Form trotz ihrer Bindung an die Materie als eine der lebenden Materie «übergeordnete Kontinuität» auf[138]. Zu den

---

[138] *La Morphogénèse dans le cadre de la biologie générale.* Vgl. dazu die oben erwähnte ähnliche Überlegung des Zoologen A. C. HARDY.

ursachenlosen Ereignissen, zu denen, wie wir sahen, auch die synchronistischen gehören, rechnet Sir JAMES JEANS auch den Radiumzerfall. Er sagt: «Radioaktiver Zerfall stellte sich als eine *Wirkung ohne Ursache* dar und legte den Gedanken nahe, daß die letzten Gesetze der Natur nicht einmal kausal seien [139].» Diese höchst paradoxe Formulierung, welche der Feder eines Physikers entstammt, ist charakteristisch für die Verlegenheit, welche der Radiumzerfall dem Verständnis bedeutet. Letzterer, beziehungsweise das Phänomen der Halbwertszeit, erscheint in der Tat als ein ursacheloses Angeordnetsein, unter welchen Begriff auch die Synchronizität fällt, worauf ich unten noch zurückkommen werde.

950   Es handelt sich bei der Synchronizität nicht um eine philosophische Ansicht, sondern um einen empirischen Begriff, der ein der Erkenntnis notwendiges Prinzip postuliert. Das ist weder Materialismus noch Metaphysik. Kein ernsthafter Naturforscher wird behaupten, daß das Wesen des durch Beobachtung feststellbaren Seienden oder die Natur des Beobachtenden, nämlich der Psyche, ein Bekanntes und Erkanntes wären. Wenn die neuesten Schlußfolgerungen der Naturwissenschaft sich einem einheitlichen Begriffe des Seins, dem die Aspekte von Raum und Zeit einerseits und von Kausalität und Synchronizität andererseits eignen, nähern, so hat das mit Materialismus gar nichts zu tun. Vielmehr scheint sich hier die Möglichkeit zu zeigen, die Inkommensurabilität zwischen Beobachtetem und Beobachtendem zu eliminieren. Sollte dies der Fall sein, so würde sich daraus eine Einheit des Seins ergeben, die durch eine neue Begriffssprache ausgedrückt werden müßte, nämlich durch eine «neutrale Sprache», wie dies WOLFGANG PAULI einmal trefflich formulierte.

951   Raum, Zeit und Kausalität, diese Triade des klassischen physikalischen Weltbildes, würden durch den Synchronizitätsfaktor zu einer Tetras ergänzt, nämlich zu einem ein Ganzheitsurteil ermöglichenden Quaternio:

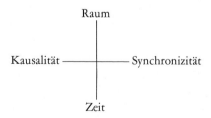

[139] *Physik und Philosophie,* pp. 188 und 220 [von JUNG hervorgehoben].

Hiebei verhält sich die Synchronizität zu den drei anderen Prinzipien wie   952
die Eindimensionalität[140] der Zeit zur Dreidimensionalität des Raumes oder
wie das widerstrebende Vierte im «*Timaios*», das sich der Mischung der drei
nur «mit Gewalt», wie PLATON sagt[141], beifügen läßt. Wie die Einführung der
Zeit als vierte Dimension in der modernen Physik das Postulat eines unanschaulichen Raum-Zeit-Kontinuums bedingt, so erzeugt die Synchronizität
mit der ihr anhaftenden charakteristischen Sinnqualität ein Weltbild von
einer zunächst beinahe verwirrenden Unanschaulichkeit[142]. Der Vorteil dieser
Ergänzung aber ist die Ermöglichung einer Auffassung, welche den psychoiden Faktor, nämlich einen apriorischen Sinn (beziehungsweise eine «Gleichartigkeit») mit in die Beschreibung und Erkenntnis der Natur einbezieht.
Damit wiederholt und löst sich zugleich ein Problem, das seit anderthalb Jahrtausenden die Spekulationen der alchemistischen Naturphilosophie wie ein
roter Faden durchzieht, nämlich das sogenannte *Axiom der Maria,* der Jüdin
(oder Koptin): ἐκ τοῦ τρίτου τὸ ἓ τέταρτον (aus dem Dritten folgt das
Eine ⟨als⟩ Viertes)[143]. Auch diese obskure Observation bestätigt, was ich
oben sagte, daß man nämlich prinzipiell neue Gesichtspunkte in der Regel
nicht in schon bekanntem Gebiet, sondern an abgelegenen, vermiedenen oder
sogar verrufenen Orten entdeckt. Der alte Traum der Alchemisten, die Transmutation der chemischen Elemente, diese vielverlachte Idee, hat sich in unserer Zeit verwirklicht, und ihre Symbolik, die nicht minder ein Gegenstand des
Spottes war, ist zu einer wahren Fundgrube für die Psychologie des Unbewußten geworden. Ihr Dilemma zwischen Drei und Vier, das schon mit der Rah-
menerzählung des «*Timaios*» anhebt und bis zur Kabirenszene in «*Faust*»,
Zweiter Teil, reicht, ist von einem Alchemisten des 16. Jahrhunderts, GE-
RARDUS DORNEUS, als die Entscheidung zwischen der christlichen Trinität
und dem «serpens quadricornutus» (der vierhörnigen Schlange), das heißt
dem Teufel, erkannt worden. Wie in Vorahnung kommender Dinge ver-
wahrt er sich gegen die heidnische Quaternität, die doch sonst den Alchemi-

---

[140] Ich sehe von der DIRACschen Mehrdimensionalität der Zeit ab.

[141] Vgl. dazu meinen Aufsatz *Versuch einer psychologischen Deutung des Trinitätsdogmas.*

[142] Sir JAMES JEANS (*Physik und Philosophie,* p. 313) meint, es könnte sein, «daß die Ursprünge der Ereignisse in dieser Unterschicht ⟨d. h. im Jenseits von Raum und Zeit⟩ *auch*
unsere eigene Geistestätigkeit umfassen, so daß der künftige Ablauf der Ereignisse zu einem Teil
von dieser Geistestätigkeit abhinge». Der Kausalismus in dieser Überlegung scheint mir allerdings nicht haltbar zu sein. [Von JUNG hervorgehoben.]

[143] Vgl. dazu *Psychologie und Alchemie.*

sten so sehr am Herzen liegt, denn sie ist aus dem binarius (der Zweizahl), also aus dem Stofflichen, Weiblichen und Teuflischen, entstanden[144]. MARIE-LOUISE VON FRANZ hat dieses Hervortreten des trinitarischen Gedankens in der Parabel des BERNARDUS TREVISANUS, sodann in KHUNRATHS «*Amphitheatrum*», bei MICHAEL MAIER und dem ANONYMUS des «*Aquarium Sapientum*» nachgewiesen[145]. WOLFGANG PAULI weist auf die Polemik zwischen JOHANNES KEPLER und ROBERT FLUDD hin, in welcher die Korrespondenzlehre des letzteren zu Fall kam und der Dreiprinzipienlehre des ersteren das Feld räumen mußte[146]. Der Entscheidung zugunsten der Dreiheit, die in gewissem Widerspruch zur alchemistischen Tradition steht, folgte ein naturwissenschaftliches Zeitalter, welches die correspondentia nicht mehr kannte, sondern mit Ausschließlichkeit einem triadischen Weltbild, welches den Typus der Trinität fortsetzte, anhing, nämlich der Welt, die mittels Raum, Zeit und Kausalität beschrieben und erklärt wurde.

953   Die durch die Entdeckung der Radioaktivität veranlaßte Revolution der Physik hat die klassischen Anschauungen erheblich modifiziert. Die Veränderung ist dermaßen beträchtlich, daß wir das klassische Schema, auf das ich mich oben berufen habe, einer Revision unterziehen müssen. Da ich dank dem liebenswürdigen Interesse, das Herr Prof. W. PAULI meiner Untersuchung entgegengebracht hat, in der vorteilhaften Lage war, mit einem berufenen Physiker, der zugleich auch meine psychologischen Argumente zu würdigen verstand, diese Prinzipienfrage diskutieren zu können, bin ich in den Stand gesetzt, einen die moderne Physik mit einbeziehenden Vorschlag zu machen. PAULI regte an, die Gegenüberstellung von Zeit und Raum im klassischen Schema durch Energie(erhaltung) – Raum-Zeit-Kontinuum zu ersetzen. Dieser Vorschlag hat mich veranlaßt, das Paar Kausalität–Synchronizität näher zu umschreiben, um eine gewisse Verbindung zwischen den beiden heterogenen Begriffen herzustellen. Wir haben uns dementsprechend auf folgenden Quaternio geeinigt:

---

[144] *Theatrum chemicum* (1602) I: *De tenebris contra naturam,* p. 518 ff.

[145] M.-L. v. FRANZ, *Die Parabel von der Fontina des Grafen von Tarvis.* Vorderhand noch ungedrucktes Manuskript.

[146] Siehe zweiten Beitrag des Bandes *Naturerklärung und Psyche.*

Unzerstörbare Energie

Konstanter Zusammenhang durch Wirkung (Kausalität)	Inkonstanter Zusammenhang durch Kontingenz bzw. Gleichartigkeit oder «Sinn» (Synchronizität)

Raum-Zeit-Kontinuum

Dieses Schema befriedigt einerseits die Postulate der modernen Physik, [954] andererseits die der Psychologie. Der psychologische Gesichtspunkt ist erklärungsbedürftig. Eine kausalistische Erklärung der Synchronizität erscheint als ausgeschlossen, wie oben erläutert. Sie besteht wesentlich aus «zufälligen» Gleichartigkeiten. Ihr tertium comparationis beruht auf psychoiden Gegebenheiten, die ich als Archetypen bezeichne. Letztere sind *undeutlich,* das heißt nur annähernd erkenn- und bestimmbar. Sie sind zwar den kausalen Vorgängen beigesellt, beziehungsweise von diesen «getragen», begehen aber eine Art von Rahmenüberschreitungen, die ich als *Transgressivität* bezeichnen möchte, *indem sie nicht eindeutig und ausschließlich nur im psychischen Bereich festgestellt werden, sondern ebensosehr auch in nicht psychischen Umständen erscheinen können.* (Gleichartigkeit eines äußeren physischen Vorganges mit einem psychischen.) Die archetypischen Gleichartigkeiten verhalten sich zur kausalen Determination *kontingent,* das heißt, es bestehen zwischen ihnen und den Kausalvorgängen keine gesetzmäßigen Beziehungen. Sie scheinen also demnach einen Sonderfall jener Gesetzlosigkeit und Zufälligkeit oder jenes «gesetzlosen Zustandes», der «völlig gesetzmäßig durch die Zeit hindurchgetragen wird», wie ANDREAS SPEISER sagt [147], darzustellen. Es handelt sich dabei um jenen Anfangszustand, der «durch das mechanische Gesetz nicht bestimmt» ist. Er ist die zufällige Voraussetzung oder das Substrat, auf das sich das Gesetz bezieht. Rechnen wir die Synchronizität, beziehungsweise die Archetypen, zu dem Kontingenten, so gewinnt letzteres den spezifischen Aspekt eines *Modus,* der funktionell die Bedeutung eines weltgestaltenden Faktors hat. Der Archetypus stellt die *psychische Wahrscheinlichkeit* dar, indem er durchschnittliches, instinktmäßiges Geschehen in einer Art von *Typen* abbildet. Er ist der psychische Sonderfall der allgemeinen Wahrscheinlichkeit, die «aus Gesetzen des Zufalls besteht und Regeln für die Natur genau wie die Me-

---

[147] l. c., p. 4 f.

chanik bildet» [148]. Man muß zwar SPEISER zugeben, daß, im Reiche des reinen
Intellektes wenigstens, das Kontingente «ein formloser Stoff» sei, für die psychische Introspektion aber enthüllt es sich, soweit es sich durch innere Wahrnehmung erfassen läßt, als Bild oder besser Typus, welcher nicht nur den psychischen, sondern merkwürdigerweise auch den psychophysischen Gleichartigkeiten zugrunde liegt.

955   Es ist schwer, sich der kausalistischen Färbung der Begriffssprache zu entle-
digen. So entspricht das «Zugrundeliegen» trotz seiner kausalistischen Wort-
hülle keinem ursächlichen Tatbestand, sondern *einem bloßen Vorhanden- oder
Sosein,* das heißt einer nicht weiter reduzierbaren Kontingenz. Die sinngemäße Koinzidenz oder die Gleichartigkeit eines psychischen und eines physischen Zustandes, die in keinem gegenseitigen Kausalverhältnis zueinander
stehen, bedeutet, allgemein gefaßt, eine akausale Modalität, ein ursacheloses
Angeordnetsein. Die Frage erhebt sich nun, ob unsere Definition der Synchronizität, welche sich auf die Gleichartigkeit psychischer und physischer
Vorgänge bezieht, nicht einer *Erweiterung* fähig wäre, beziehungsweise eine
solche erfordern würde. Diese Forderung scheint sich aufzudrängen, wenn
wir unsere obige allgemeinere Fassung der Synchronizität als ein «ursacheloses Angeordnetsein» in Betracht ziehen. Unter diesen Begriff fallen nämlich
schlechthin alle «Schöpfungsakte», respektive Apriori-Gegebenheiten, wie
zum Beispiel die Eigenschaften ganzer Zahlen, die Diskontinuitäten der modernen Physik usw. Damit würden wir nun allerdings konstante und experimentell jederzeit reproduzierbare Phänomene in den Umkreis unseres erweiterten Begriffs einbeziehen, was der Natur der unter dem engeren Begriff von
Synchronizität verstandenen Phänomene nicht zu entsprechen scheint. Letztere sind ja meist Einzelfälle, welche experimentelle Reproduzierbarkeit vermissen lassen. Allerdings gilt dies nicht durchwegs, wie die RHINEschen Experimente und die vielfachen Erfahrungen mit hellseherisch begabten Individuen zeigen. Diese Tatsachen beweisen, daß in dem Gebiete inkommensurabler Einzelfälle, vulgo curiosa, es doch auch gewisse Regelmäßigkeiten gibt
und damit konstante Faktoren, woraus man schließen muß, daß unser engerer
Synchronizitätsbegriff wahrscheinlich wirklich zu eng ist und deshalb der
Erweiterung bedarf. Ich neige in der Tat der Annahme zu, daß *die Synchronizität im engeren Sinne nur ein besonderer Fall des allgemeinen ursachelosen Angeordnetseins* ist, und zwar derjenige der Gleichartigkeit psychischer und physischer

---

[148] SPEISER, l. c., p. 5 f.

Vorgänge, wobei der Beobachter in der vorteilhaften Lage ist, das tertium comparationis erkennen zu können. Mit der Wahrnehmung der archetypischen Grundlage gerät er aber auch in die Versuchung, die Assimilation gegenseitig unabhängiger psychischer und physischer Vorgänge auf eine (kausale) Wirkung des Archetypus zurückzuführen und damit deren bloße Kontingenz zu übersehen. Diese Gefahr wird vermieden, wenn man die Synchronizität als einen Sonderfall des allgemeinen Angeordnetseins betrachtet. Damit wird auch eine unzulässige Vermehrung der Erklärungsprinzipien vermieden: *der Archetypus ist die durch Introspektion erkennbare Form des apriorischen psychischen Angeordnetseins.* Gesellt sich dazu ein äußerer synchronistischer Vorgang, so folgt er derselben Grundzeichnung, das heißt er ist in derselben Weise angeordnet. Diese Form des Angeordnetseins unterscheidet sich dadurch vom Angeordnetsein der Eigenschaften ganzer Zahlen oder der Diskontinuitäten der Physik, daß letztere von jeher und regelmäßig vorgefunden sind, während erstere *Schöpfungsakte in der Zeit* darstellen. Hierin liegt, beiläufig gesagt, der tiefere Grund, warum ich gerade das Moment der Zeit als für diese Phänomene charakteristisch hervorgehoben und sie als *synchronistische* bezeichnet habe.

Die moderne Entdeckung der Diskontinuität (das heißt des Angeordnetseins zum Beispiel des Energiequants, des Radiumzerfalls usw.) hat der Alleinherrschaft der Kausalität und damit der Trias der Prinzipien ein Ende bereitet. Das Terrain, das letztere verloren, gehörte früher zum Bereiche der correspondentia und sympathia, welche Begriffe in der prästabilierten Harmonie von LEIBNIZ ihre größte Entfaltung erreichten. SCHOPENHAUER kannte die empirischen Grundlagen der Korrespondenzidee viel zuwenig, um die Aussichtslosigkeit seines kausalistischen Erklärungsversuches zu erkennen. Heutzutage sind wir in der vorteilhaften Lage, dank den ESP-Experimenten über ein beträchtliches Erfahrungsmaterial zu verfügen. Von der Zuverlässigkeit dieser Tatsachen kann man sich ein Bild machen, wenn man erfährt, daß zum Beispiel die Resultate der ESP-Experimente von S. G. SOAL und K. M. GOLDENEY, wie G. E. HUTCHINSON [149] hervorhebt, eine Wahrscheinlichkeit von $1:10^{31}$ besitzen. $1:10^{31}$ entspricht der Summe der Moleküle in 250000 Tonnen Wasser. Es gibt nur relativ wenige experimentelle Arbeiten im Gebiete der Naturwissenschaften, deren Resultate einen auch nur annähernd so hohen Sicherheitsgrad erreichen. Die übertriebene Skepsis in bezug auf ESP hat

[149] SOAL, *Science and Telepathy*, p. 5.

wirklich keine genügenden Gründe für sich anzuführen. Ihren wesentlichen Daseinsgrund bildet heutzutage nur noch die Unwissenheit, welche leider als eine beinahe unvermeidliche Folge das Spezialistentum begleitet und den notwendigerweise an sich schon verengerten Horizont des Spezialstudiums in unwillkommener und schädlicher Weise gegen höhere und weitere Gesichtspunkte abschirmt. Man hat es ja schon vielfach erlebt, daß sogenannte abergläubische Meinungen einen Kern von wissenswerter Wahrheit enthalten. So konnte es wohl sein, daß die ursprünglich magische Bedeutung des Wortes «wünschen», die noch in der «Wünschelrute» erhalten ist und nicht nur bloßes Wünschen im Sinne eines Verlangens, sondern auch zugleich ein (magisches) Bewirken ausdrückt[150], sowie der althergebrachte Glaube an die Wirksamkeit des Gebetes auf der Erfahrung von synchronistischen Begleiterscheinungen beruhen.

957   Die Synchronizität ist nicht rätselhafter oder geheimnisvoller als die Diskontinuitäten der Physik. Es ist nur die eingefleischte Überzeugung von der Allmacht der Kausalität, welche dem Verständnis Schwierigkeiten bereitet und es als undenkbar erscheinen läßt, daß ursachelose Ereignisse vorkommen oder vorhanden sein könnten. Gibt es sie aber, so müssen wir sie als *Schöpfungsakte* ansprechen im Sinne einer creatio continua[151], einesteils von jeher, teils

---

[150] GRIMM, *Deutsche Mythologie* I, p. 347. Wünscheldinge sind von Zwergen geschmiedete Zaubergeräte, wie Odins Speer Gûngnir, Thors Hammer Miölnir und Freyrs Schwert (II, p. 725). Wunsch ist «gotes kraft». «Got hât an sie den wunsch geleit und der wünschelruoten hort». «Beschoenen mit Wunsches gewalte» (III, pp. 51 und 53). Wunsch heißt skr. manoratha = wörtl. Wagen des Verstandes oder der Psyche, d. h. Wunsch, Begehren, Phantasie (MACDONELL, *A Practical Sanskrit Dictionary*, s. v.).

[151] Unter dem Begriff der creatio continua ist nicht nur eine Reihe sukzessiver Schöpfungsakte, sondern auch die ewige Gegenwart des einen Schöpfungsaktes zu denken, im Sinne des «semper patrem fuisse, et genuisse verbum» [immer sei der Vater gewesen und habe das Wort gezeugt] (ORIGENES, *De principiis*, lib. I, cp. II, 3), oder des «aeternus creator mentium» [ewiger Schöpfer der Geister] (AUGUSTINUS, *Confessiones*, lib. XI, cp. XXXI [col. 352]). Gott ist in seiner Schöpfung enthalten: «Nec indiget operibus suis, tanquam in eis collocetur, ut maneat; sed in sua aeternitate persistit, in qua manens omnia quaecumque voluit fecit in coelis et in terra» [und er bedarf nicht seiner eigenen Werke, als wäre er in ihnen aufgehoben, um Bestand zu haben; sondern er verharrt in seiner Ewigkeit, wo er weilt und alles schafft, was er will, im Himmel und auf Erden] (AUGUSTINUS, *Enarratio in Ps. CXIII* [col. 1796]). Was in der Zeit sukzessive geschieht, ist im göttlichen Geiste gleichzeitig: «Mutabilium dispositionem immutabilis ratio continet, ubi sine tempore simul sunt, quae in temporibus non simul sunt.» [Eine unwandelbare Ordnung hält die wandelbaren Dinge in Beziehung zueinander, und in dieser ist alles zeitlos gleichzeitig, was *in* der Zeit nicht gleichzeitig ist.] (PROSPERUS AQUITANUS,

sporadisch sich wiederholenden Angeordnetseins, das aus keinerlei feststellbaren Antezedentien abgeleitet werden kann. Man muß sich selbstverständlich davor hüten, jedes Geschehen, dessen Ursache unbekannt ist, als ursachelos aufzufassen. Letzteres ist nur, wie ich hervorgehoben habe, in jenen Fällen statthaft, wo eine Ursache nicht einmal denkbar ist. Die Denkbarkeit ist allerdings ein Begriff, der höchste Kritik erfordert. Wenn zum Beispiel das Atom seinem ursprünglichen philosophischen Begriff entspräche, so wäre dessen Teilbarkeit undenkbar. Wenn es sich aber als eine meßbare Größe erweist, dann ist seine Unteilbarkeit undenkbar. Sinngemäße Koinzidenzen sind als reine Zufälle denkbar. Je mehr sie sich aber häufen und je größer und genauer die Entsprechung ist, desto mehr sinkt ihre Wahrscheinlichkeit, und desto höher steigt ihre Undenkbarkeit, das heißt, sie können nicht mehr als bloße Zufälle gelten, sondern müssen mangels kausaler Erklärbarkeit als Anordnungen aufgefaßt werden. Dabei besteht, wie schon betont, der «Mangel an Erklärbarkeit» nicht etwa nur aus der Tatsache, daß die Ursache unbekannt ist, sondern daraus, daß eine solche mit unseren Verstandesmitteln auch nicht denkbar ist. Dieser Fall tritt notwendigerweise dann ein, wenn Raum und Zeit ihren Sinn verlieren, beziehungsweise relativ geworden sind, denn unter diesen Umständen kann eine Kausalität, die Raum und Zeit zu ihrem Bestehen voraussetzt, nicht mehr festgestellt, ja überhaupt nicht mehr gedacht werden.

Aus diesen Gründen scheint es mir notwendig, daß neben Raum, Zeit und Kausalität eine Kategorie eingeführt wird, welche nicht nur die Charakterisierung der Synchronizitätsphänomene als eine besondere Klasse von Naturereignissen ermöglicht, sondern auch das Kontingente als ein einerseits Allgemeines, seit jeher Vorhandenes, andererseits als die Summe vieler, sich in der Zeit ereignender individueller Schöpfungsakte begreift.

Sententiae ex Augustino delibatae, XLI) «Ordo temporum in aeterna Dei sapientia sine tempore est.» [Zeitliche Abfolge ist ohne Zeit in der ewigen Weisheit Gottes.] (l. c., LVII) Vor der Schöpfung war überhaupt keine Zeit, welche erst mit den bewegten Dingen begonnen hat: «Potius ergo tempus a creatura, quam creatura coepit a tempore.» [Eher nahm daher die Zeit vom Geschaffenen ihren Anfang als das Geschaffene von der Zeit.] (l. c., CCLXXX) «Non enim erat tempus ante tempus, tempus autem cum mundo concreatum est.» [Es gibt nämlich keine Zeit vor der Zeit, sondern die Zeit wurde mit der Welt zusammen geschaffen.] (ANONYMUS, *De triplici habitaculo*, cp. V).

ÜBER SYNCHRONIZITÄT[1]

Meine Damen und Herren!

Es wäre vielleicht angebracht, meiner Darstellung eine Definition des Begrif- 959
fes, um den es sich hier handelt, voranzuschicken. Ich möchte aber lieber den
umgekehrten Weg gehen und Ihnen zuerst jene Tatsachen skizzieren, welche
unter dem Begriff der Synchronizität zusammengefaßt werden sollen. Dieser
Terminus hat, wie sein Wortlaut zeigt, etwas mit Zeit beziehungsweise mit
einer Art von *Gleichzeitigkeit* zu tun. Statt letzteren Ausdruckes können wir
uns auch des Begriffes der *sinngemäßen Koinzidenz* zweier oder mehrerer Ereignisse bedienen, wobei es sich um etwas anderes als Zufallswahrscheinlichkeit
handelt. Zufällig ist ein statistisches, das heißt wahrscheinliches Zusammentreffen von Ereignissen, wie zum Beispiel die in Spitälern bekannte «Duplizität der Fälle». Derartige Gruppierungen können auch mehrere bis viele Glieder aufweisen, ohne deshalb aus dem Rahmen des Wahrscheinlichen und rational Möglichen herauszufallen. So kann es sich zum Beispiel ereignen, daß
jemand zufälligerweise auf die Nummer seines Trambahnbillets aufmerksam
wird. Zu Hause angelangt, erhält er einen Telephonanruf, bei welchem die
gleiche Nummer angegeben wird. Abends kauft er sich ein Theaterbillet, das
wiederum die gleiche Nummer trägt. Die drei Ereignisse bilden eine Zufallsgruppe, die zwar nicht oft zustande kommen wird, jedoch wegen der
Häufigkeit jedes ihrer Glieder durchaus innerhalb des Rahmens der Wahrscheinlichkeit liegt. Aus meiner persönlichen Erfahrung möchte ich Ihnen
folgende Zufallsgruppe berichten, die nicht weniger als sechs Glieder aufweist:

Am 1. April 1949 habe ich mir am Vormittag eine Inschrift notiert, in wel- 960
cher es sich um eine Figur handelt, die oben Mensch, unten Fisch ist. Beim
Mittagessen gab es Fisch. Jemand erwähnte den Brauch des «Aprilfisches».

---

[1] [Vortrag, gehalten an der Eranos-Tagung in Ascona und erschienen im *Eranos-Jahrbuch*
1951. Rhein-Verlag, Zürich 1952.]

Am Nachmittag zeigte mir eine frühere Patientin, die ich seit Monaten nicht mehr gesehen hatte, einige eindrucksvolle Fischbilder. Am Abend zeigte mir jemand eine Stickerei, die Meerungeheuer und Fische darstellt. Früh am nächsten Morgen sah ich eine frühere Patientin, die mir nach zehn Jahren zum erstenmal wieder begegnete. Sie hatte in der Nacht vorher von einem großen Fisch geträumt. Als ich einige Monate später diese Serie in einer größeren Arbeit verwendete und eben die Niederschrift beendet hatte, begab ich mich vors Haus an den See an eine Stelle, wo ich am selben Morgen schon mehrere Male gewesen war. Diesmal lag nun ein fußlanger Fisch auf der Seemauer. Da niemand dort gewesen sein konnte, weiß ich nicht, wie der Fisch dorthin gelangt ist.

961   Wenn sich Koinzidenzen derart häufen, so kann man wohl nicht anders, als davon beeindruckt sein. Denn je mehr Glieder eine derartige Serie hat oder je ungewöhnlicher deren Charakter ist, desto mehr sinkt ihre Wahrscheinlichkeit. Aus gewissen Gründen, die ich anderenorts erwähnt habe, hier aber nicht des näheren erörtern möchte, nehme ich an, daß es sich auch hier um eine Zufallsgruppierung handelt. Es muß aber zugegeben werden, daß sie unwahrscheinlicher ist als etwa eine bloße Duplizität.

962   Beim oben erwähnten Fall mit dem Trambillett sagte ich, daß der Beobachter «zufälligerweise» die praktisch sonst nie beachtete Nummer wahrgenommen und im Gedächtnis behalten hatte, was die Bedingung für die Feststellung der Zufallsserie bildete. Was ihn zur Beachtung der Nummer veranlaßt hat, ist mir unbekannt. Es scheint mir aber hier ein Unsicherheitsfaktor in die Beurteilung der Zufallsserie hereinzukommen, welcher eine gewisse Aufmerksamkeit erheischt. Ich habe in anderen Fällen Ähnliches gesehen, ohne jedoch imstande gewesen zu sein, irgendwelche verläßlichen Schlüsse daraus abzuleiten. Man kann sich aber gelegentlich schwer des Eindruckes erwehren, daß eine Art von Vorwissen um die kommende Ereignisserie besteht. Dieses Gefühl wird unabweisbar in jenen relativ häufigen Fällen, wo man meint, auf der Straße einem alten Freund zu begegnen, und dann enttäuscht feststellen muß, daß es ein Fremder ist. Man geht dann um die nächste Ecke und trifft den Angekündigten leibhaftig an. Derartige Fälle ereignen sich in allen möglichen Formen, und nicht allzu selten, werden jedoch nach einer momentanen Verwunderung in der Regel rasch wieder vergessen.

963   Je mehr sich nun die vorausgesehenen Einzelheiten eines Ereignisses häufen, desto bestimmter ist der Eindruck eines bestehenden Vorauswissens und desto unwahrscheinlicher der Zufall. Ich erinnere mich der Geschichte eines

Studienfreundes, dem sein Vater eine Reise nach Spanien versprochen hatte, wenn er sein Schlußexamen gut bestünde. Mein Freund träumte nun, *er gehe durch eine spanische Stadt. Die Straße führte auf eine Plaza, wo eine gotische Kathedrale stand. Er ging, dort angelangt, nach rechts um die Ecke in eine andere Straße. Dort begegnete ihm eine elegante Kalesche, die mit zwei Falben bespannt war.* Dann erwachte er. Er erzählte uns den Traum am Biertisch. Nach bald darauf glücklich bestandenem Examen begab er sich nach Spanien und erkannte dort in einer Straße die Stadt seines Traumes. Er fand die Plaza und die Kirche, die genau dem Traumbild entsprachen. Zuerst wollte er direkt zur Kirche gehen, dann erinnerte er sich aber, daß er im Traum an der Ecke nach rechts in eine andere Straße eingebogen war. Er war nun neugierig, ob sich sein Traum weiter bestätigen würde. Kaum war er um die Ecke gelangt, so sah er auch die Kalesche mit den zwei Falben in Wirklichkeit.

Das sentiment du déjà-vu beruht, wie ich in mehreren Fällen konstatieren 964 konnte, auf einem Vorauswissen in Träumen, das aber, wie wir sahen, auch im Wachen vorkommt. In solchen Fällen wird der bloße Zufall äußerst unwahrscheinlich, indem die Koinzidenz vorausgewußt ist. Dadurch verliert sie ihren Zufallscharakter einerseits psychologisch und subjektiv, andererseits aber auch objektiv, indem die Häufung von Einzelheiten, die zusammentreffen, die Unwahrscheinlichkeit des Zufalls ins Unermeßliche steigern. (Für bestimmt vorausgesehene Todesfälle sind von DARIEX und FLAMMARION Wahrscheinlichkeiten von 1:4 Millionen bis 1:800 Millionen berechnet worden.) In solchen Fällen wäre es daher unangebracht, von «Zufällen» zu reden. Es handelt sich vielmehr um sinngemäße Koinzidenzen. Gewöhnlich erklärt man derartige Fälle durch Präkognition, das heißt Vorwissen. Man spricht auch von Hellsehen, Telepathie usw., allerdings ohne angeben zu können, worin diese Fähigkeiten bestehen, beziehungsweise welcher Übertragungsmittel sie sich bedienen, um räumlich oder zeitlich distante Ereignisse der Wahrnehmung zugänglich zu machen. Es handelt sich bei diesen Vorstellungen um bloße nomina, aber nicht um wissenschaftliche Begriffe, von denen man voraussetzt, daß sie etwas Prinzipielles aussagen. Es ist bis jetzt nämlich nicht gelungen, eine kausale Brücke zwischen den Gliedern einer sinngemäßen Koinzidenz zu schlagen.

Auf dem weitgespannten Gebiete derartiger Phänomene kommt J. B. 965 RHINE das große Verdienst zu, durch seine ESP (extra-sensory perception)-Experimente verläßliche Grundlagen geschaffen zu haben. Er bediente sich eines Satzes von 25 Karten, von denen je fünf dasselbe Zeichen tragen (Stern,

Rechteck, Kreis, Kreuz, zwei Wellenlinien). Die Versuchsordnung war folgende: Der Kartensatz wird bei jeder Versuchsserie 800mal herausgelegt, und zwar so, daß die Versuchsperson die herausgelegten Karten nicht sehen kann. Es wird ihr die Aufgabe gestellt, die herausgelegten Karten zu erraten. Die Wahrscheinlichkeit eines Treffers ist 1:5. Das Resultat, das aus sehr großen Zahlen hervorgeht, besteht aus einem Durchschnitt von 6,5 Treffern. Die Wahrscheinlichkeit einer Zufallsdeviation von 1,5 beträgt nur 1:250000. Einzelne Individuen erzielten das Doppelte und mehr an Treffern. Einmal wurden sogar alle 25 Karten korrekt gelesen, was einer Wahrscheinlichkeit von 1:289023223876953125 entspricht. Die räumliche Distanz zwischen Experimentator und Versuchsperson wurde ohne Beeinträchtigung des Resultates von wenigen Metern bis zu etwa 4000 Meilen ausgedehnt.

966   Eine zweite Versuchsanordnung bestand darin, daß der V. P. die Aufgabe gestellt wurde, eine in der näheren oder ferneren Zukunft noch herauszulegende Kartenserie zu erraten. Die zeitliche Distanz wurde von wenigen Minuten bis auf zwei Wochen erstreckt. Das Resultat dieser Versuche ergab eine Wahrscheinlichkeit von 1:400000.

967   Eine dritte Versuchsanordnung bestand darin, daß die V. P. versuchen mußte, durch Wünschen einer bestimmten Zahl das durch einen Apparat besorgte Würfeln zu beeinflussen. Dieses sogenannte *psychokinetische* Experiment (PK) fiel um so positiver aus, je mehr Würfel aufs Mal benützt wurden.

968   Das Resultat des Raumversuches beweist mit hinlänglicher Sicherheit, daß die Psyche den Raumfaktor in einem gewissen Maße ausschalten kann. Der Zeitversuch beweist, daß der Zeitfaktor (wenigstens in der Dimension der Zukunft) psychisch relativiert werden kann. Der Würfelversuch beweist, daß auch bewegte Körper psychisch beeinflußt werden; ein Ergebnis, das man aus der psychischen Relativität von Raum und Zeit voraussagen kann.

969   Der Energiesatz erweist sich beim RHINEschen Experiment als unanwendbar. Damit fallen alle Vorstellungen einer Kraftübertragung weg. Ebenso wird das Kausalgesetz ungültig; ein Umstand, den ich schon vor dreißig Jahren angedeutet habe. Man kann sich nämlich nicht vorstellen, wie ein zukünftiges Ereignis ein solches in der Gegenwart zu bewirken vermöchte. Da vorderhand keinerlei Möglichkeiten einer Kausalerklärung vorliegen, so müssen wir provisorisch annehmen, daß unwahrscheinliche Zufälle beziehungsweise *sinngemäße Koinzidenzen* akausaler Natur eingetreten seien.

970   Als Bedingung dieser bemerkenswerten Resultate kommt die von Rhine

entdeckte Tatsache in Betracht, daß die jeweilig ersten Versuchsserien bessere Resultate aufweisen als die späteren. Das Absinken der Trefferzahl hängt mit der Stimmung der V. P. zusammen. Eine gläubige und optimistische Anfangsstimmung bedingt gute Resultate. Skeptizismus und Widerstand bewirken das Gegenteil, das heißt sie schaffen eine ungünstige Disposition. Da die energetische und damit auch die kausale Betrachtungsweise in diesen Experimenten sich als unanwendbar erweist, so kann dem *affektiven* Faktor vorerst nur die Bedeutung einer *Bedingung,* unter der sich das Phänomen ereignen *kann,* aber nicht *muß,* zukommen. Nach den RHINEschen Resultaten dürfen wir immerhin 6,5 Treffer statt bloß 5 erwarten. Wann der Treffer eintritt, läßt sich allerdings nicht voraussagen. Könnte man es, so würde es sich um ein Gesetz handeln, was der Natur des Phänomens allerdings in jeder Hinsicht widerspräche. Es hat den Charakter eines *unwahrscheinlichen Zufalls,* dessen Eintreten mit einer mehr als bloß wahrscheinlichen Häufigkeit erfolgt und in der Regel von einem gewissen affektiven Zustand abhängt.

Diese Beobachtung, die sich durchgehend bestätigt hat, weist darauf hin, 971 daß der psychische Faktor, der die Prinzipien des physikalischen Weltbildes modifiziert beziehungsweise eliminiert, mit der Affektivität der V. P. zusammenhängt. Obschon die Phänomenologie des ESP- und PK-Experimentes durch weitere Versuche der oben skizzierten Art noch erheblich bereichert werden kann, so wird sich eine tiefere Erforschung der Grundlagen notwendigerweise mit dem Wesen der Affektivität zu befassen haben. Ich habe darum meine Aufmerksamkeit auf gewisse Beobachtungen und Erfahrungen gerichtet, die sich mir im Laufe meiner langen ärztlichen Tätigkeit – ich kann wohl sagen – des öfteren aufgedrängt haben. Sie betreffen spontane sinngemäße Koinzidenzen von hoher Unwahrscheinlichkeit, welche dementsprechend unglaubwürdig erscheinen. Ich will Ihnen darum nur einen Fall dieser Art schildern, und zwar nur, um ein Beispiel zu geben, das eine ganze Kategorie von Phänomenen charakterisiert. Es tut nichts zur Sache, ob Sie dem einzelnen Fall den Glauben verweigern oder ihn mit einer Erklärung ad hoc abtun. Ich könnte Ihnen noch eine Reihe solcher Geschichten erzählen, die im Prinzip nicht wunderlicher oder unglaubwürdiger sind als die nicht zu widerlegenden RHINEschen Resultate, und Sie würden dann bald sehen, daß fast jeder Fall eine eigene Erklärung erfordert. Die einzige, naturwissenschaftlich mögliche Kausalerklärung versagt aber infolge der psychischen Relativierung von Raum und Zeit, welche unabdingbare Voraussetzungen für den Ursache-Wirkungs-Zusammenhang bilden.

972   Mein Beispiel betrifft eine junge Patientin, die sich trotz beidseitiger Bemühung als psychologisch unzugänglich erwies. Die Schwierigkeit bestand
darin, daß sie alles besser wußte. Ihre treffliche Erziehung hatte ihr zu diesem
Zwecke eine geeignete Waffe in die Hand gegeben, nämlich einen scharfge-
schliffenen cartesianischen Rationalismus mit einem geometrisch einwandfreien Wirklichkeitsbegriff. Nach einigen fruchtlosen Versuchen, ihren Rationalismus durch eine etwas humanere Vernunft zu mildern, mußte ich mich
auf die Hoffnung beschränken, daß ihr etwas Unerwartetes und Irrationales
zustoßen möge, etwas, das die intellektuelle Retorte, in die sie sich eingesperrt
hatte, zu zerbrechen vermöchte. So saß ich ihr eines Tages gegenüber, den
Rücken zum Fenster gekehrt, um ihrer Beredsamkeit zu lauschen. Sie hatte
die Nacht vorher einen eindrucksvollen Traum gehabt, *in welchem ihr jemand einen goldenen Skarabäus (ein kostbares Schmuckstück) schenkte*. Während sie mir noch diesen Traum erzählte, hörte ich, wie etwas hinter mir
leise an das Fenster klopfte. Ich drehte mich um und sah, daß es ein ziemlich
großes fliegendes Insekt war, das von außen an die Scheiben stieß mit dem
offenkundigen Bemühen, in den dunkeln Raum zu gelangen. Das erschien
mir sonderbar. Ich öffnete sogleich das Fenster und fing das hereinfliegende
Insekt in der Luft. Es war ein *Scarabaeide,* Cetonia aurata, der gemeine Rosenkäfer, dessen grüngoldene Farbe ihn an einen goldenen Skarabäus am ehesten
annähert. Ich überreichte den Käfer meiner Patientin mit den Worten: «Hier
ist Ihr Skarabäus». Dieses Ereignis schlug das gewünschte Loch in ihren Rationalismus, und damit war das Eis ihres intellektuellen Widerstandes gebrochen. Die Behandlung konnte nun mit Erfolg weitergeführt werden.

973   Diese Geschichte soll nur als Paradigma gelten für die zahllosen Fälle von
sinngemäßer Koinzidenz, welche nicht nur ich, sondern viele andere auch
beobachtet und zum Teil in großen Sammlungen niedergelegt haben. Hieher
gehört alles, was unter den Namen von Hellsehen, Telepathie usw. geht, von
der wohlbeglaubigten Vision SWEDENBORGS vom großen Brande in Stockholm bis zum jüngsten Berichte des Luftmarschalls Sir VICTOR GODDARD
vom Traume eines ihm unbekannten Offiziers, der die nachmalige Katastrophe von GODDARDS Aeroplan vorausgesehen hatte.

974   Alle die angedeuteten Phänomene lassen sich in drei Kategorien ordnen:
1. Koinzidenz eines psychischen Zustandes des Beobachters mit einem
gleichzeitigen, objektiven, äußeren Ereignis, welches dem psychischen Zustand oder Inhalt entspricht (wie zum Beispiel der Skarabäus), wobei zwischen psychischem Zustand und äußerem Ereignis kein Kausalzusammen-

hang ersichtlich und, unter Berücksichtigung der oben festgestellten psychischen Relativierung von Raum und Zeit, auch nicht einmal denkbar ist.

2. Koinzidenz eines psychischen Zustandes mit einem entsprechenden (mehr oder weniger gleichzeitigen) äußeren Ereignis, welches aber außerhalb des Wahrnehmungsbereiches des Beobachters, also räumlich distant, stattfindet und erst nachträglich verifiziert werden kann (wie zum Beispiel der Brand von Stockholm).

3. Koinzidenz eines psychischen Zustandes mit einem entsprechenden, noch nicht vorhandenen, zukünftigen, also zeitlich distanten Ereignis, das ebenfalls erst nachträglich verifiziert werden kann.

In den Fällen zwei und drei sind die koinzidierenden Ereignisse im Wahr- 975 nehmungsbereich des Beobachters noch nicht vorhanden, sondern sie sind insofern zeitlich vorausgenommen, als sie erst nachträglich verifiziert werden können. Aus diesem Grunde bezeichne ich derartige Ereignisse als *synchronistisch,* was nicht mit *synchron* zu verwechseln ist.

Unsere Überschau über dieses weite Erfahrungsgebiet wäre unvollständig, 976 wenn wir nicht auch die sogenannten *mantischen Methoden* in unsere Betrachtung einbezögen. Die Mantik erhebt ja den Anspruch, synchronistische Ereignisse wenn nicht geradezu zu erzeugen, so doch ihren Zwecken dienstbar zu machen. Ein illustratives Beispiel hiefür bietet die Orakelmethode des *I Ging,* über welche Herr DR. HELMUT WILHELM an dieser Tagung ausführlich berichtet. Voraussetzung des *I Ging* ist, daß eine synchronistische Entsprechung zwischen dem psychischen Zustand des Fragenden und dem antwortenden Hexagramm besteht. Letzteres verdankt seine Entstehung entweder der rein zufälligen Teilung der 49 Schafgarbenstengel oder dem ebenso zufälligen Wurf der drei Münzen. Das Resultat dieser Methode ist unbestreitbar sehr interessant, bietet jedoch, soweit ich sehen kann, keinerlei Handhabe zu einer objektiven Tatsachenfestellung, das heißt zu einer statistischen Erfassung, indem der in Frage kommende psychische Zustand viel zu unbestimmt und unbestimmbar ist. Das gleiche gilt vom *geomantischen* Experiment, das auf ähnlichen Prinzipien beruht.

In einer etwas günstigeren Lage befinden wir uns bei der *astrologischen* Me- 977 thode, welche eine «sinngemäße Koinzidenz» von planetaren Aspekten und Positionen mit dem Charakter oder jeweiligen psychischen Zustand des Fragestellers voraussetzt. Im Lichte neuester astrophysikalischer Forschung betrachtet, handelt es sich bei der astrologischen Entsprechung wahrscheinlich nicht um Synchronizität, sondern zum größeren Teil um eine Kausalbezie-

hung. Wie Herr Professor KNOLL an dieser Tagung ausführt, wird die solare
Protonenstrahlung von planetaren Konjunktionen, Oppositionen und quadratischen Aspekten derart beeinflußt, daß sich das Auftreten magnetischer
Stürme mit nicht geringer Wahrscheinlichkeit voraussagen läßt. Zwischen
der Kurve der erdmagnetischen Störungen und der Mortalität lassen sich Beziehungen feststellen, welche den ungünstigen Einfluß von ♂, ☍ und □ und
den günstigen Einfluß von trigonalen und sextilen Aspekten erhärten. Hier
kommt also wahrscheinlicherweise eine kausale Beziehung, das heißt ein Na-
turgesetz in Frage, welches Synchronizität ausschließt beziehungsweise beschränkt. Daneben aber bildet die zodiakale Qualifikation der Häuser, die im
Horoskop eine beträchtliche Rolle spielt, insofern eine Komplikation, als der
astrologische Zodiakus zwar mit dem kalendermäßigen übereinstimmt, nicht
aber mit den wirklichen Tierkreiskonstellationen, die sich infolge der Präzes-
sion der Äquinoktien seit der Zeit von 0° ♈ (um die Wende unserer Zeit-
rechnung) beträchtlich verschoben haben, nämlich beinahe um einen ganzen
Platonischen Monat. Wer also heutigentags im Widder geboren ist laut Ka-
lender, der ist in Wirklichkeit in den Fischen geboren. Seine Geburt hat nur
zu einer Zeit stattgefunden, die heute (seit zirka 2000 Jahren) «Widder» genannt wird. Die Astrologie setzt voraus, daß dieser Zeit eine bestimmende
Qualität zukomme. Diese Eigenschaft kann möglicherweise, wie die erdmagnetischen Störungen, mit den beträchtlichen saisonmäßigen Schwankungen, denen die solare Protonenstrahlung unterliegt, zusammenhängen. Es ist
daher nicht ausgeschlossen, daß auch die zodiakalen Positionen einen kausal
bedingten Faktor darstellen.

978   Obschon die psychologische Deutung des Horoskops noch eine sehr unsichere Sache ist, so hat man doch heutzutage einige Aussicht auf eine mögliche
kausale Erklärung und damit auf eine natürliche Gesetzmäßigkeit. Infolgedessen besteht keine Berechtigung mehr, die Astrologie als eine mantische
Methode zu bezeichnen. Sie steht im Begriffe, zu einer Wissenschaft zu werden. Da aber der Unsicherheiten noch sehr viele sind, so habe ich mich vor
geraumer Zeit entschlossen, wenigstens eine Stichprobe zu machen und festzustellen, wie sich eine anerkannte astrologische Tradition der statistischen
Fragestellung gegenüber verhält. Zu diesem Zwecke mußte ein bestimmter
und unzweifelhafter Tatbestand gewählt werden. Meine Wahl fiel auf die
Ehe. In dieser Hinsicht besteht seit dem Altertum die Tradition, daß sie durch
eine Konjunktion von Sonne und Mond im Horoskop der Ehegatten, das
heißt ☉ mit einem Orbis von 8° bei dem einen, in ♂ mit ☾ beim anderen

Partner begünstigt wird. Eine zweite, ebenfalls alte Tradition nimmt ☾ ☌ ☾ als ebenso charakteristisch an. Ebenso wichtig sind die Aszendentkonjunktionen mit den großen Luminarien.

Ich habe nun mit meiner Mitarbeiterin, Frau Dr. phil. LILIANE FREY-ROHN 979
zunächst 180 Ehen, d. h. 360 Horoskope gesammelt[2] und darin die 50 hauptsächlichsten Aspekte, die für eine Ehe möglicherweise charakteristisch sein können (☉ ☾ ♂ ♀ Asz.-Desz. ☌ und ☍), verglichen. Es stellte sich ein Maximum von 10% bei ☉ ☌ ☾ heraus. Wie Herr Prof. MARKUS FIERZ in Basel, der sich freundlicherweise der Mühe unterzogen hat, die Wahrscheinlichkeit meines Resultates zu berechnen, mitteilt, hat meine Zahl die Wahrscheinlichkeit von rund 1:10 000. Die Ansichten über die Bedeutung dieser Zahl, welche ich bei verschiedenen mathematischen Physikern erfragt habe, sind geteilt: die einen halten sie für beachtlich, die anderen für fragwürdig. Unsere Zahl ist insofern unsicher, als die Zahl von 360 Horoskopen hinsichtlich einer Statistik in der Tat viel zu klein ist.

Während die Aspekte der 180 Ehen statistisch bearbeitet wurden, wurde 980
unsere Sammlung fortgesetzt, und als wir 220 weitere Ehen beisammen hatten, wurde auch dieses «Paket» einer gesonderten Bearbeitung unterzogen. Wie das erste Mal, so wurde ebenso beim zweiten Mal das Material, wie es gerade hereinkam, verwertet. Es war nach keinerlei Gesichtspunkten ausgewählt und wurde aus den verschiedensten Quellen bezogen. Bei der Bearbeitung des zweiten Paketes ergab sich als Hauptresultat ☾ ☌ ☾ 10,9%. Die Wahrscheinlichkeit dieser Zahl beträgt ebenfalls rund 1:10 000.

Schließlich kamen noch 83 Ehen nachträglich dazu, die wiederum geson- 981
dert untersucht wurden. Hier ergab sich als Maximum ☾ ☌ Asz. 9,6%. Die Wahrscheinlichkeit dieser Zahl ist annähernd 1:3000.

Es fällt unmittelbar auf, daß es sich, der astrologischen Erwartung entspre- 982
chend, um *Mondkonjunktionen* handelt. Aber das Seltsame ist, daß hier die drei Grundpositionen des Horoskops in Erscheinung treten, nämlich ☉ ☾ und Aszendent. Die Wahrscheinlichkeit für ein Zusammentreffen von ☉ ☌ ☾ mit ☾ ☌ ☾ beträgt 1:100 Millionen. Das Zusammentreffen der drei Mondkonjunktionen mit ☉ ☾ Asz. hat eine Wahrscheinlichkeit von $1{:}3 \times 10^{11}$; mit anderen Worten, die Unwahrscheinlichkeit eines bloßen Zufalls ist der-

[2] Dieses Material stammt aus verschiedenen Quellen. Es sind einfach Horoskope von Verheirateten. Es fand hierbei keinerlei Auswahl statt. Wir nahmen wahllos alle Ehehoroskope, auf die wir die Hand legen konnten.

maßen groß, daß man die Existenz eines hiefür verantwortlichen Faktors in Betracht ziehen muß. Bei der Kleinheit der drei Pakete kommt den einzelnen Wahrscheinlichkeiten von 1:10 000 und 1:3000 wohl keine theoretische Bedeutung zu. Ihr Zusammentreffen aber ist dermaßen unwahrscheinlich, daß man nicht umhin kann, eine Notwendigkeit anzunehmen, welche dieses Resultat hervorgebracht hat.

983 Der möglicherweise naturgesetzliche Zusammenhang der astrologischen Daten mit der Protonenstrahlung ist hiefür nicht verantwortlich zu machen, denn die Wahrscheinlichkeiten von 1:10 000 und 1:3000 sind denn doch zu groß, als daß man unser Resultat mit einiger Sicherheit für mehr als bloß zufällig ansehen könnte. Überdies verwischen sich die Maxima, sobald man die Anzahl der Ehen durch Summierung der Pakete vermehrt. Um eine vielleicht doch mögliche statistische Regelmäßigkeit solcher Ergebnisse, das heißt von Sonne-, Mond- und Aszendent-Konjunktionen festzustellen, würde es Hunderttausende von Ehehoroskopen brauchen, und selbst dann wäre ein Erfolg zweifelhaft. Daß sich aber ein dermaßen unwahrscheinliches Zusammentreffen der drei klassischen Mondkonjunktionen ergibt, kann man entweder nur durch einen absichtlichen oder unabsichtlichen Betrug oder eben durch eine sinngemäße Koinzidenz beziehungsweise durch Synchronizität erklären.

984 Wenn ich oben den mantischen Charakter der Astrologie in Abrede stellen mußte, so muß ich angesichts dieses Resultates meinem astrologischen Experiment den mantischen Charakter wieder zuerkennen. Das zufällige Arrangement der Ehehoroskope, die einfach so aneinandergereiht wurden, wie sie aus den verschiedensten Quellen hereinkamen, und die ebenso zufällige Einteilung in drei ungleiche Pakete paßten sich der hoffnungsvollen Erwartung der Untersucher an und erzeugten ein Gesamtbild, das man sich, vom Standpunkt der astrologischen Voraussetzung betrachtet, kaum schöner wünschen könnte. Der Erfolg des Experimentes liegt ganz auf der Linie der RHINEschen ESP-Resultate, die ja auch von Erwartung, Hoffnung und Glauben begünstigt werden. Eine bestimmte Erwartung lag allerdings nicht vor. Das zeigt schon die Auswahl unserer 50 Aspekte. Nach dem Resultat des ersten Paketes bestand eine gewisse Erwartung, daß die $\odot$ σ $\mathbb{C}$ sich bestätigen würde. Diese Erwartung aber wurde enttäuscht. Wir formierten das zweite Mal ein größeres Paket aus den neu hinzugekommenen Horoskopen, um mehr Sicherheit zu gewinnen. Das Resultat war aber die $\mathbb{C}$ σ $\mathbb{C}$. Für das dritte Paket bestand nur die leise Erwartung, daß $\mathbb{C}$ σ $\mathbb{C}$ sich bestätigen würde, was wiederum nicht der Fall war.

Was sich hier ereignet hat, ist zugegebenermaßen eine Kuriosität, eine an- 985
scheinend einmalige sinngemäße Koinzidenz. Wenn man davon beeindruckt
ist, so kann man sie ein kleines Wunder nennen. Diesen Begriff müssen wir
allerdings heutzutage mit etwas anderen Augen betrachten, als man es bisher
getan hat. Die RHINEschen Experimente haben nämlich inzwischen bewiesen, daß Raum und Zeit und damit auch die Kausalität eliminierbare Faktoren sind, und daß mithin akausale Phänomene, das heißt sogenannte Wunder, als möglich erscheinen. Alle natürlichen Erscheinungen dieser Art sind
einmalige höchst kuriose Zufallskombinationen, die unmißverständlich
durch den gemeinsamen Sinn ihrer Teile als Ganzes zusammengehalten sind.
Obschon sinngemäße Koinzidenzen in ihrer Phänomenologie unendlich verschieden sind, so bilden sie als akausale Ereignisse doch ein Element, das in das
naturwissenschaftliche Weltbild gehört. Kausalität ist die Art, wie wir uns
die Brücke zwischen zwei aufeinanderfolgenden Ereignissen vorstellen. Synchronizität aber bezeichnet den zeitlichen und sinngemäßen Parallelismus
von psychischen und psychophysischen Ereignissen, welche unsere bisherige
Erkenntnis nicht auf ein gemeinsames Prinzip reduzieren konnte. Der Begriff
erklärt nichts, sondern formuliert bloß das Vorkommen von sinngemäßen
Koinzidenzen, die zwar an sich Zufälle sind, aber eine derartige Unwahrscheinlichkeit besitzen, daß man annehmen muß, sie beruhten auf einem
Prinzip, beziehungsweise auf einer Eigenschaft des empirischen Objektes. Die
Parallelereignisse lassen nämlich im Prinzip keinen gegenseitigen Kausalzu-
sammenhang erkennen, weshalb sie eben einen Zufallscharakter tragen. Die
einzige erkenn- und feststellbare Brücke zwischen ihnen ist *der gemeinsame
Sinn* (oder eine Gleichartigkeit). Auf der Erfahrung solcher Zusammenhänge
beruhte die alte Korrespondenzlehre, welche in der Idee der prästabilierten
Harmonie von LEIBNIZ ihren Gipfel und zugleich ihr vorläufiges Ende erreichte und dann durch den Kausalismus ersetzt wurde. Synchronizität bedeutet die moderne Differenzierung des obsoleten Begriffes der Korrespondenz,
Sympathie und Harmonie. Sie gründet sich nicht auf philosophische Voraussetzung, sondern auf Erfahrbarkeit und Experiment.

Die synchronistischen Phänomene beweisen das simultane Vorhandensein 986
von sinngemäßer Gleichartigkeit in heterogenen, kausal nicht verbundenen
Vorgängen, oder mit anderen Worten die Tatsache, daß ein vom Beobachter
wahrgenommener Inhalt *ohne kausale Verbindung* zugleich auch durch ein
äußeres Ereignis dargestellt sein kann. Daraus ergibt sich der Schluß, daß entweder die Psyche räumlich nicht lokalisierbar oder daß der Raum psychisch

relativ ist. Dasselbe gilt auch für die zeitliche Bestimmung der Psyche oder für die Zeit. Daß eine Feststellung dieser Art weitreichende Konsequenzen mit sich bringt, braucht nicht mehr weiter hervorgehoben zu werden.

987   Meine Damen und Herren! Im Zeitraum eines Vortrages ist es mir leider nicht möglich, das umfängliche Problem der Synchronizität mehr als bloß kursorisch zu behandeln. Für diejenigen unter Ihnen, die sich über diese Frage gründlicher unterrichten möchten, erwähne ich, daß demnächst eine ausführliche Arbeit von mir erscheinen wird mit dem Titel *«Synchronizität als ein Prinzip akausaler Zusammenhänge»*. Die Publikation erfolgt zusammen mit einer Arbeit von Prof. WOLFGANG PAULI in einem Buche *«Naturerklärung und Psyche»*.

[Die englische Übersetzung hat die vorliegenden Arbeiten über Synchronizität (Abhandlung XVIII dieses Bandes) anders unterteilt. Von Paragraph 871 an stimmt die Numerierung der beiden Ausgaben nicht mehr überein. – Wir machen den Leser darauf aufmerksam, daß das Thema Synchronizität auch im Band III der *Briefe* C. G. JUNGS (Walter, Olten 1973) ausgiebig behandelt wird. Vgl. Index, s. v.]

ANHANG

BIBLIOGRAPHIE

ABEGG, Lily: Ostasien denkt anders. Versuch einer Analyse des west-östlichen Gegensatzes. Atlantis, Zürich 1949.

AEGIDIUS DE VADIS: Siehe Theatrum chemicum.

AGRIPPA VON NETTESHEIM, Heinrich Cornelius: De occulta philosophia libri tres. Köln 1533.

ALBERTUS MAGNUS: De mirabilibus mundi. Inkunabel der Zentralbibliothek Zürich [o. J.]; ferner: Kölner Druck 1485.

ALVERDES, Friedrich: Die Wirksamkeit von Archetypen in den Instinkthandlungen der Tiere. In: Zoologischer Anzeiger CXIX 9/10 (Leipzig 1937), pp. 225–236.

ANONYMUS: De triplici habitaculo liber unus. Incerti auctoris. Mauriner Augustinus-Ausgabe VI col. 1448; Migne, P. L. XL col. 991–998.

Artis auriferae quam chemiam vocant... 2 Bde. Basel [1593]. I/1 Aurora consurgens quae dicitur aurea hora. pp. 185–246. II/2 MORIENUS ROMANUS: Sermo de transmutatione metallica [Liber de compositione alchemiae] pp. 7–54.

AUGUSTINUS (S. Aurelius Augustinus): Opera omnia. Opera et studio monachorum ordinis S. Benedicti e congregatione S. Mauri. 11 Bde. Paris 1836–1838.

– Confessionum libri tredecim. Tom. I col. 133–410.

– Enarratio in psalmum CXIII, 14. Tom. IV col. 1776 B.

Aurora consurgens: Siehe Artis auriferae.

BASTIAN, Adolf: Ethnische Elementargedanken in der Lehre vom Menschen. 2 Teile. Berlin 1895.

– Der Mensch in der Geschichte. Zur Begründung einer psychologischen Weltanschauung. 3 Bde. Leipzig 1860.

BERGER, Hans: Über die körperlichen Äußerungen psychischer Zustände. Jena 1904.

BINSWANGER, Ludwig: Über das Verhalten des psychogalvanischen Phänomens beim Assoziationsexperiment. In: Diagnostische Assoziationsstudien II, pp. 446–530. Siehe dort.

BLEULER, Eugen: Naturgeschichte der Seele und ihres Bewußtwerdens. Eine Elementarpsychologie. Berlin 1921.

– Die Psychoide als Prinzip der organischen Entwicklung. Berlin 1925.

BÖHME, Jacob: De signatura rerum. Das ist: Von der Gebuhrt und Bezeichnung aller Wesen. Amsterdam 1682.

BOLTZMANN, Ludwig: Populäre Schriften. Leipzig 1905.

BROWN, G. Spencer: De la Recherche psychique considérée comme un test de la théorie des probabilités. In: Revue métapsychique 29/30 (Paris 1954), pp. 87–96.

BUSEMANN, Adolf: Die Einheit der Psychologie und das Problem des Mikropsychischen. Klett, Stuttgart 1948.

BUSSE, Ludwig: Geist und Körper, Seele und Leib. Leipzig 1903.

CARDANUS, Hieronymus: Commentaria in Ptolemaeum De astrorum iudiciis. In: Opera omnia V. Lyon 1663.

CARPENTER, William B.: Principles of Mental Physiology. London 1874.

CHAMBERLAIN, Houston Stewart: Goethe. München 1912.

CH'UANG-TSE: Siehe DSCHUANG DSI.

CODRINGTON, Robert Henry: The Melanesians. Oxford 1891.

CONDILLAC, Etienne Bonnot de: Traité des sensations. London und Paris 1754.

– Traité des sistêmes, où l'on en demêle les inconvéniens et les avantages. Den Haag 1749.

Corpus Hermeticum: Siehe Hermes Trismegistus.

CRAWLEY, Alfred Ernest: The Idea of the Soul. London 1909.

CUMONT, Franz: Textes et monuments figurés relatifs aux mystères de Mithra. 2 Bde. Brüssel 1899.

DAHNS, Fritz: Das Schwärmen des Palolo. In: *Der Naturforscher* VIII/11 (Lichterfelde 1932).

DALCQ, Albert-M.: La Morphogénèse dans le cadre de la biologie générale. In: *Verhandlungen der Schweiz. Naturforschenden Gesellschaft,* 129. Jahresversammlung (Aarau 1949), pp. 37–72.

DARIEX, Xavier: Le Hasard et la télépathie. In: *Annales des sciences psychiques* I (Paris 1891), pp. 295–304.

DELATTE, Louis: Textes latins et vieux français relatifs aux Cyranides. Bibliothèque de la Faculté de Philosophie et Lettres de l'Université de Liège CXIII, Lüttich 1942.

DESSOIR, Max: Geschichte der neueren deutschen Psychologie. 2 Bde. 2. Aufl. Berlin 1902.

Diagnostische Assoziationsstudien: Beiträge zur experimentellen Psychopathologie. Hg. von C. G. Jung. 2 Bde. J. A. Barth, Leipzig 1906/10. Neuauflagen 1911 und 1915.

DIETERICH, Albrecht: Eine Mithrasliturgie. 2. Aufl. Leipzig und Berlin 1910.

DILTHEY, Wilhelm: Gesammelte Schriften. 12 Bde. Leipzig 1923–1936.

DORN, Gerhard (Gerardus Dorneus): Siehe Theatrum chemicum.

DREWS, Arthur: Plotin und der Untergang der antiken Weltanschauung. Jena 1907.

DRIESCH, Hans: Die «Seele» als elementarer Naturfaktor. Studien über die Bewegungen der Organismen. Leipzig 1903.

– Philosophie des Organischen. 2. Aufl., Leipzig 1921.

DSCHUANG DSI: Das wahre Buch vom südlichen Blütenland. Aus dem Chinesischen verdeutscht und erläutert von Richard Wilhelm. Jena 1920.

DUNNE, John William: An Experiment with Time. London 1927.

ECKERMANN, Johann Peter: Gespräche mit Goethe in den letzten Jahren seines Lebens. Reclam, Leipzig 1884.

EISLER, Robert: Weltenmantel und Himmelszelt. Religionsgeschichtliche Untersuchungen zur Urgeschichte des antiken Weltbildes. 2 Bde. Münschen 1910.

ERMAN, Adolf: Ägypten und ägyptisches Leben im Altertum. Tübingen 1885.

FECHNER, Gustav Theodor: Elemente der Psychophysik. 2 Bde. 2. Aufl. Leipzig 1889.

FICINUS, Marsilius: Auctores Platonici. Venedig 1497.

FIERZ, Markus: Zur physikalischen Erkenntnis: In: *Eranos-Jahrbuch* XVI (1948) Rhein-Verlag. Zürich 1949, pp. 433–460.

FLAMBART, Paul: Preuves et bases de l'astrologie scientifique. Paris 1921.

FLAMMARION, Camille: L'Inconnu et les problèmes psychiques. Paris 1900.

FLOURNOY, Théodore: Automatisme téléologique antisuicide. Un cas de suicide empêché par une hallucination. In: *Archives de psychologie* VII (Genf 1908), pp. 113–137.

– Des Indes à la planète Mars. Etude sur un cas de somnambulisme avec glossolalie. 3., unveränderte Aufl. Paris und Genf 1900.

– Nouvelles observations sur un cas de somnambulisme avec glossolalie. In: *Archives de psychologie* I (Genf 1902), pp. 101–255.

FLUDD, Robert: Animae intellectualis scientia seu De geomantia. In: Fasciculus geomanticus, in quo varia variorum opera geomantica. Verona 1687.

FRANZ, Marie-Louise von: Die Parabel von der Fontina des Grafen von Tarvis. Manuskript.

– Die Passio Perpetuae. In: JUNG, Aion. Rascher, Zürich 1951.

– Der Traum des Descartes. In: Zeitlose Dokumente der Seele. (Studien aus dem C. G. Jung-Institut III) Rascher, Zürich 1952.

FREUD, Sigmund: Zur Psychopathologie des Alltagslebens. Berlin 1901.

– Sammlung kleiner Schriften zur Neurosenlehre. 2 Bde. Wien 1908/09.

– Die Traumdeutung. Wien 1900.

FRISCH, Karl von: Aus dem Leben der Bienen. 4. Aufl. Julius Springer, Berlin 1948.

FROBENIUS, Leo: Das Zeitalter des Sonnengottes. Berlin 1904.

FUNK, Philipp: Ignatius von Loyola (Die Klassiker der Religion VI) Berlin 1913.

FÜRST, Emma: Statistische Untersuchungen über Wortassoziationen und über familiäre Übereinstimmung im Reaktionstypus bei Ungebildeten. In: Diagnostische Assoziationsstudien [II]. Siehe dort.

GATSCHET, Albert Samuel: The Klamath Language. Zitiert in: LÉVY-BRUHL. Siehe dort.

GEULINCX, Arnold: Opera philosophica. 3 Bde. Den Haag 1891–1899.

GOBLET D'ALVIELLA, Count [Eugène]: The Migration of Symbols. Westminster 1894.

GOETHE, Johann Wolfgang von: Faust. Gesamtausgabe Insel, Leipzig 1942.

– Siehe ECKERMANN.

GONZALEZ, Luis: Siehe FUNK.

GRANET, Marcel: La Pensée chinoise. Paris 1934.

GRIMM, Jacob: Deutsche Mythologie. 3 Bde. 4. Ausg. Gütersloh 1876–1877.

GROT, Nicolas von: Die Begriffe der Seele und der psychischen Energie in der Psychologie. In: *Archiv für systematische Philosophie* IV/3 (Berlin 1898), pp. 257–335.

GURNEY, Edmund, Frederic W. H. MYERS and Frank PODMORE: Phantasms of the Living. 2 Bde. London 1886.

HARDY, A. C.: The Scientific Evidence for Extra-Sensory Perception. In: *Discovery* X (London 1949), p. 328.

HARTMANN, Eduard von: Philosophie des Unbewußten. Leipzig 1869.

– Die Weltanschauung der modernen Physik. 2. Aufl. Bad Sachsa 1909.

HERBERT OF CHERBURY, Baron: De veritate. Erstmals erschienen 1624. Übersetzung. Bristol 1937.

HERMES TRISMEGISTUS: Corpus Hermeticum. Basel 1532.

HETHERWICK, Alexander: Some Animistic Beliefs among the Yaos of Central Africa. In: *Journal of the Royal Anthropological Institute* XXXII (London 1902), pp. 89–95.

HILLEBRANDT: Siehe Lieder des Rgveda.

HIPPOKRATES: De alimento. Corpus Medicorum Graecorum I/1, hg. von Heiberg. Leipzig 1927.

HIPPOLYTUS: Elenchos [= Refutatio omnium haeresium], hg. von Paul Wendland. (Die griechischen Schriftsteller der ersten drei Jahrhunderte) Leipzig 1916.

HONORIUS VON AUTUN: Speculum Ecclesiae. Migne, P. L. CLXXII col. 807 ff.

HORAPOLLON: Hieroglyphica. Basel 1518.

HUBERT, Henri, et Marcel MAUSS: Mélanges d'histoire des religions. Paris 1909.

I Ging. Das Buch der Wandlungen, hg. von Richard Wilhelm. Jena 1924. [Taschenausgabe Düsseldorf-Köln 1960]

IGNATIUS (von Antiochien): I' of Antioch, Saint: Epistle to the Ephaesians. In: The Apostolic Fathers. (Loeb Classical Library) 2 Bde. London und New York 1914. [Bd. I pp. 173-197]

IRENAEUS: Contra haereses. Migne, P. G. VII col. 433 ff.

ISIDOR VON SEVILLA: Liber etymologiarum. Basel 1489 [?].

JAFFÉ, Aniela: Bilder und Symbole aus E. T. A. Hoffmanns Märchen «Der Goldne Topf». In: JUNG, Gestaltungen des Unbewußten. Siehe dort.

JAMES, William: Frederic Myers' Service to Psychology. In: *Proceedings of the Society for Psychical Research* XVII (London 1901), pp. 13–23.

– The Principles of Psychology. 2 Bde. London 1891.

– The Varieties of Religious Experience. A Study in Human Nature. London 1919.

JANET, Pierre: L'Automatisme psychologique. Paris 1889.

– Les Névroses. Paris 1909.

JANTZ, Hubert, und K. BERINGER: Das Syndrom des Schwebeerlebnisses unmittelbar nach Kopfverletzungen. In: *Der Nervenarzt* XVII (Berlin 1944), pp. 197–206.

JEANS, James: Physik und Philosophie. Übersetzung. Rascher, Zürich 1944.

JERUSALEM, Wilhelm: Lehrbuch der Psychologie. 3. Aufl. Wien und Leipzig 1902.

JORDAN, Pascual: Positivistische Bemerkungen über die parapsychischen Erscheinungen. In: *Zentralblatt für Psychotherapie* IX (Leipzig 1936) pp. 3–17.

– Verdrängung und Komplementarität. Hamburg 1947.

JUNG, Carl Gustav: Der Begriff des kollektiven Unbewußten. Übersetzung aus dem Englischen. [Ges. Werke IX/1 (1976)]

– Die Beziehungen zwischen dem Ich und dem Unbewußten. Reichl, Darmstadt 1928. Neuauflagen Rascher, Zürich 1933, 1935, 1939, 1945, 1950, 1960 und Pb Rascher 1966. StA Walter, Olten 1972. [Ges. Werke VII (1964)]

– Bruder Klaus. In: *Neue Schweizer Rundschau* I/4 (Zürich 1933) pp. 223–229. [Ges. Werke XI (1963 und 1973)]

– Collected Papers on Analytical Psychology. Hg. von Constance E. Long. Baillière, Tindall & Cox, London 1916. Neuauflage 1917. [Ges. Werke I (1966), II, III (1968), IV (1969), VI (1960, 1967 und 1971)]

– Der Geist Mercurius. In: *Eranos-Jahrbuch* 1942. Rhein-Verlag, Zürich 1943. Erweiterte Neuausgabe in: Symbolik des Geistes. Siehe dort. [Ges. Werke XIII]
– Der Geist der Psychologie. In: *Eranos-Jahrbuch* 1946. Rhein-Verlag, Zürich 1947. Spätere Fassung: Theoretische Überlegungen zum Wesen des Psychischen. [Abhandlung VIII dieses Bandes]
– Gestaltungen des Unbewußten. (Psychologische Abhandlungen VII) Rascher, Zürich 1950. [JUNGS Beiträge Ges. Werke IX/1 (1976) und XV (1971)]
– Paracelsica. Zwei Vorlesungen über den Arzt und Philosophen Theophrastus. Rascher, Zürich 1942. [«Paracelsus als geistige Erscheinung» Ges. Werke XIII; «Paracelsus als Arzt» Ges. Werke XV (1971)]
– Der philosophische Baum. In: Von den Wurzeln des Bewußtseins. Siehe dort. [Ges. Werke XIII]
– Die praktische Verwendbarkeit der Traumanalyse. In: Wirklichkeit der Seele. Anwendungen und Fortschritte der neueren Psychologie. (Psychologische Abhandlungen IV) Rascher, Zürich 1934. Neuauflagen 1939 und 1947. [Ges. Werke XVI (1958 und 1976)]
– Psychologie und Alchemie. (Psychologische Abhandlungen V) Rascher, Zürich 1944. Revidierte Neuauflage 1952. [Ges. Werke XII (1972); StA Walter, Olten 1975]
– Die Psychologie der Übertragung. Erläutert an Hand einer alchemistischen Bilderserie, für Ärzte und praktische Psychologen. Rascher, Zürich 1946. [Ges. Werke XVI (1958 und 1976)]
– Psychologische Typen. Rascher, Zürich 1921. Neuauflagen 1925, 1930, 1937, 1940, 1942, 1947 und 1950. [Ges. Werke VI (1960, 1967 und 1976]
– Symbole der Wandlung. Analyse des Vorspiels zu einer Schizophrenie. Rascher, Zürich 1952. 4., umgearbeitete Auflage von: Wandlungen und Symbole der Libido (1912). [Ges. Werke V (1973)]
– Symbolik des Geistes. Studien über psychische Phänomenologie, mit einem Beitrag von Dr. Riwkah Schärf. (Psychologische Abhandlungen VI) Rascher, Zürich 1953. [JUNGS Beiträge Ges. Werke IX/1 (1976), XI (1963 und 1973) und XIII]
– Über Mandalasymbolik. In: Gestaltungen des Unbewußten. Siehe dort. [Ges. Werke IX/1 (1976)]
– Über die Psychologie der Dementia praecox: Ein Versuch. Carl Marhold, Halle a. S. 1907. [Ges. Werke III (1968)]
– Über die Psychologie des Unbewußten. Rascher, Zürich 1943. Neuauflagen 1948, 1960 und Pb 1966. [Ges. Werke VII (1964)]
– Versuch einer Darstellung der psychoanalytischen Theorie. Deuticke, Leipzig und Wien 1913. Neuausgabe Rascher, Zürich 1955. [Ges. Werke IV (1969)]
– Versuch einer psychologischen Deutung des Trinitätsdogmas. In: Symbolik des Geistes. Siehe dort. [Ges. Werke XI (1963 und 1973)]
– Von den Wurzeln des Bewußtseins. Studien über den Archetypus. (Psychologische Abhandlungen IX) Rascher, Zürich 1954. [Ges. Werke IX/1 (1976), XI (1963 und 1973) und XIII]
– Ziele der Psychotherapie. In: Seelenprobleme der Gegenwart. (Psychologische Abhandlungen III) Rascher, Zürich 1931. Neuauflagen 1933, 1939, 1946, 1950 und Pb 1969. [Ges. Werke XVI (1958 und 1976)]

- Zum Gedächtnis Richard Wilhelms. Rede, gehalten am 10. Mai 1930 in München. Erstmals veröffentlicht als «Nachruf für Richard Wilhelm» in der *Neuen Zürcher Zeitung* (6. März 1930); dann in: *Chinesisch-deutscher Almanach* (Frankfurt a. M. 1931); schließlich in der 2. Aufl. von: Das Geheimnis der Goldenen Blüte. Siehe JUNG und WILHELM. [Ges. Werke XV (1971)]
- Zur Empirie des Individuationsprozesses. In: Gestaltungen des Unbewußten. Siehe dort. [Ges. Werke IX/1 (1976)]
- Zur Phänomenologie des Geistes im Märchen. In: Symbolik des Geistes. Siehe dort. [Ges. Werke IX/1 (1976)]
- Zur Psychologie östlicher Meditation. In: *Mitteilungen der Schweizerischen Gesellschaft der Freunde ostasiatischer Kultur* V (Bern 1943) pp. 33–53. Später in: Symbolik des Geistes. Siehe dort. [Ges. Werke XI (1963 und 1973)]
- und Karl KERÉNYI: Einführung in das Wesen der Mythologie. Das göttliche Kind / Das göttliche Mädchen. Rhein-Verlag, Zürich 1951. [JUNGS Beiträge Ges. Werke IX/1 (1976)]
- und Wolfgang PAULI: Naturerklärung und Psyche. (Studien aus dem C. G. Jung-Institut IV) Rascher, Zürich 1952. [Enthält: PAULI, Der Einfluß archetypischer Vorstellungen auf die Bildung naturwissenschaftlicher Theorien bei Kepler; JUNGS Beitrag Abhandlung XVIII dieses Bandes.]
- und Richard WILHELM: Das Geheimnis der Goldenen Blüte. Ein chinesisches Lebensbuch. Mit einem europäischen Kommentar von C. G. JUNG. Dorn Verlag. München 1929. Neuausgabe Rascher Zürich 1938. Neuauflagen 1939, 1944, 1948, 1957. Walter, Olten 1977 [JUNGS Beiträge Ges. Werke XIII und XV (1971)]
- Siehe Diagnostische Assoziationsstudien.
- Siehe PETERSON.
- Siehe RICKSHER.

KAMMERER, Paul: Das Gesetz der Serie. Stuttgart und Berlin 1919.
KANT, Immanuel: Die Logik. Werke VIII, hg. von Ernst Cassirer. Berlin 1922.
- Träume eines Geistersehers, erläutert durch Träume der Metaphysik. Werke II, hg. von Ernst Cassirer. Berlin 1912.
KEPLER, Johann: Tertius interveniens. Opera omnia I [ferner zitiert: II, V und VI], hg. von Ch. Frisch. 8 Bde. Frankfurt und Erlangen 1858–1871.
KERÉNYI, Karl: Siehe JUNG.
KERNER VON MARILAUN, Anton: Pflanzenleben II: Geschichte der Pflanzen. 2 Bde. Leipzig und Wien 1891.
KHUNRATH, Heinrich: Amphitheatrum sapientiae aeternae solius verae. Hanau 1604.
- Von hylealischen... Chaos. Magdeburg 1597.
KLÖCKLER, H. von: Astrologie als Erfahrungswissenschaft. Leipzig 1927.
KNOLL, Max: Wandlungen der Wissenschaft in unserer Zeit: In: *Eranos-Jahrbuch* XX (1951), Rhein-Verlag, Zürich 1952.
KOCH-GRÜNBERG, Theodor: Südamerikanische Felszeichnungen. Berlin 1907.
KRAFFT, K.-E.: Traité d'astro-biologie. Selbstverlag, Paris-Lausanne-Brüssel 1939.
KRÄMER, Augustin Friedrich: Über den Bau der Korallenriffe. Kiel und Leipzig 1897.
KRONECKER, Leopold: Über den Zahlbegriff. Werke III/1. Leipzig 1899.

KÜLPE, Oswald: Grundriß der Psychologie, auf experimenteller Grundlage dargestellt. Leipzig 1893.

LASSWITZ, Kurt: Atomistik und Kriticismus. Braunschweig 1878.

LEHMANN, Alfred: Die körperlichen Äußerungen psychischer Zustände. Übersetzung. 3 Teile. Leipzig 1899.

LEHMANN, Friedrich Rudolf: Mana, der Begriff des «außerordentlich Wirkungsvollen» bei Südseevölkern. Leipzig 1922.

– Das Wesen des Mana. In: *Anthropos* XIV/XV (Salzburg 1919/1920).

LEIBNIZ, Gottfried Wilhelm: Kleinere philosophische Schriften. Reclam, Leipzig 1883.

– Die Theodicee. Übersetzung. 2 Bde. Reclam, Leipzig 1884.

LÉVY-BRUHL, Lucien: Les Fonctions mentales dans les sociétés inférieures. 2. Aufl. Paris 1912.

LEWES, George Henry: Problems of Life and Mind. London 1874.

– The Physical Basis of Mind. London 1877.

Liber de compositione Alchemiae. Siehe Artis auriferae II.

Lieder des Ṛgveda. Übersetzt und hg. von Alfred Hillebrandt. Göttingen 1913.

LIPPS, Theodor: Der Begriff des Unbewußten. In: [Bericht über den] *III. Internat. Kongreß für Psychologie* in München, 4. bis 7. August 1896. München 1897.

– Grundtatsachen des Seelenlebens. Neudruck. Bonn 1912.

– Leitfaden der Psychologie. 2., völlig umgearbeitete Aufl. Leipzig 1906.

LOVEJOY, Arthur O.: The Fundamental Concept of the Primitive Philosophy. In: *The Monist* XVI (Chicago 1906) pp. 357–382.

LOYOLA, Ignatius von: Siehe FUNK.

LUMHOLTZ, Carl: Unknown Mexico. London 1903.

MACDONELL, A. A.: A Practical Sanskrit Dictionary. London 1924.

McCONNELL, Robert A.: E. S. P. – Fact or Fancy? In: *The Scientific Monthly* LXIX (Lancaster, Pennsylvania, 1949).

McGEE, W. J.: The Siouan Indians – A Preliminary Sketch. In: *Fifteenth Report of the U. S. Bureau of Ethnology for 1893–94*. Washington 1897.

MAEDER, Alphonse: Heilung und Entwicklung im Seelenleben. Die Psychoanalyse, ihre Bedeutung für das moderne Leben. Zürich 1918.

– Régulation psychique et guérison. Dédié à C. G. Jung pour son 50ᵐᵉ anniversaire. In: *Archives suisses de neurologie et de psychiatrie* XVI (Zürich 1925), pp. 198–224.

– Sur le mouvement psychoanalytique. In: *L'Année psychologique* XVIII (Paris 1912), pp. 389–418.

– Über die Funktion des Traumes (mit Berücksichtigung der Tagesträume, des Spieles usw.). In: *Jahrbuch für psychoanalytische und psychopathologische Forschungen* IV (Leipzig und Wien 1912), pp. 692–707.

– Über das Traumproblem. In: *Jahrbuch für psychoanalytische und psychopathologische Forschungen* V (Leipzig und Wien 1913), pp. 647–686.

MANGET, Joannes Jacobus: Bibliotheca chemica curiosa. 2 Bde. Genf 1702.

MANNHARDT, Wilhelm: Wald- und Feldkulte. 2 Bde. 2. Aufl. Berlin 1904.

MARAIS, Eugène N.: The Soul of the White Ant. Übersetzung. London 1937.

MARSILIUS FICINUS: Siehe FICINUS.

MEIER, Carl Alfred: Antike Inkubation und moderne Psychotherapie. Rascher, Zürich 1949.

– Moderne Physik – moderne Psychologie. In: Die kulturelle Bedeutung der komplexen Psychologie, Festschrift zum 60. Geburtstag von C. G. Jung. Springer, Berlin 1935.

– Spontanmanifestationen des kollektiven Unbewußten. In: *Zentralblatt für Psychotherapie* XI (Leipzig 1939), pp. 284–303.

– Zeitgemäße Probleme der Traumforschung. ETH: Kultur- und Staatswissenschaftliche Schriften Nr. 75. Polygraphischer Verlag, Zürich 1950.

MERINGER, Rudolf: Wörter und Sachen. In: *Indogermanische Forschungen* XVI (Straßburg 1904).

MIGNE, Jacques Paul [Hg.]: Patrologiae cursus completus: Patrologia Latina [P. L.]. 221 Bde. Paris 1844–1864. Patrologia Graeca [P. G.]. 166 Bde. Paris 1857–1866.

MORGAN, Conway Lloyd: Instinkt und Gewohnheit. Übersetzung. 1909.

MORIENUS ROMANUS: Siehe Artis auriferae II.

MYERS, Frederic W. H.: The Subliminal Consciousness. In: *Proceedings of the Society for Psychical Research* VII (London 1892), pp. 298–355.

– Siehe GURNEY, MYERS and PODMORE.

MYLIUS, Johann Daniel: Philosophia reformata continens libros binos. Frankfurt 1622.

NELKEN, Jan: Analytische Beobachtungen über Phantasien eines Schizophrenen. In: *Jahrbuch für psychoanalytische und psychopathologische Forschungen* IV (Leipzig und Wien 1912), pp. 504–562.

NIETZSCHE, Friedrich: Also sprach Zarathustra. Ein Buch für Alle und Keinen. Werke VI. Leipzig 1901.

NUNBERG, H.: Über körperliche Begleiterscheinungen assoziativer Vorgänge. In: Diagnostische Assoziationsstudien II. Siehe dort.

ORANDUS, Eirenaeus: Nicholas Flammel: His Exposition of the Hieroglyphicall Figures etc. London 1624.

ORIGENES: In Jeremiam homilia. Migne, P. G. XIII col. 255 ff.

– De principiis. Migne, P. G. XIII col. 255–544.

OSTWALD, Wilhelm: Die Philosophie der Werte. Leipzig 1913.

PARACELSUS [Theophrastus Bombastus von Hohenheim]: Das Buch Paragranum. Hg. von Franz Strunz. Leipzig 1903.

– De vita longa. Hg. von Adam von Bodenstein. Basel 1562.

– Sämtliche Werke. Hg. von Karl Sudhoff und Wilhelm Matthiesen. 15 Bde. Oldenburg Verlag, München und Berlin 1922–1935.

– Erster [– Zehender] Theil der Bücher und Schrifften ... Hg. von Johannes Huser. 10 Bde. Basel 1589–1591.

PAULI, Wolfgang: Siehe JUNG.

PAULUS, Jean: Le Problème de l'hallucination et l'évolution de la psychologie d'Esquirol à Pierre Janet. (Bibliothèque de la Faculté de Philosophie et de Lettres de l'Université de Liège XCI) Lüttich und Paris 1941.

PECHUËL-LOESCHE, Eduard: Volkskunde von Loango. Stuttgart 1907.

PETERSON, Frederick, and C. G. JUNG: Psychophysical Investigations with the Galvanometer and Pneumograph in Normal and Insane Individuals. In: *Brain* XXX (London 1907).

PHILO IUDAEUS (Alexandrinus): De opificio mundi. Opera I, hg. von Leopold Cohn. Berlin 1896.

PICAVET, François: Essais sur l'histoire générale et comparée des théologies et des philosophies médiévales. Paris 1913.

PICO DELLA MIRANDOLA, Giovanni: Heptaplus. Opera omnia. Basel 1557.

PITRA, Jean-Baptiste François: Siehe EISLER.

PLOTINUS: Siehe DREWS.

PODMORE: Siehe GURNEY, MYERS and PODMORE.

PRAT, J. G., J. B. RHINE, B. M. SMITH, CH. E. STUART and J. A. GREENWOOD: Extra-Sensory Perception after Sixty Years. New York 1940.

PREUSS, K. Th.: Der Ursprung der Religion und Kunst. In: *Globus* LXXXVI (Braunschweig 1904), pp. 321–327, 355–363, 375–379, 388–392 und LXXXVII (Braunschweig 1905), pp. 333–337, 347–350, 380–384, 394–400 und 413–419.

PROSPERUS AQUITANUS: Sententiae ex Augustino delibatae. Mauriner Augustinus-Ausgabe X col. 2566; Migne, P. G. LI, col. 435 und 468.

Psychologies of 1930. Hg. von C. Murchison. (International University Series in Psychology) Worcester, Mass. 1930.

PTOLEMAEUS: Siehe CARDANUS.

REID, Thomas: Essays on the Active Powers of Man. Edinburgh 1788.

Rgveda: Siehe Lieder des.

RHINE, J. B.: An Introduction to the Work of Extra-Sensory Perception. In: *Transactions of the New York Academy of Sciences,* series II, XII (New York 1950), pp. 164–168.

– Extra-Sensory Perception. Boston 1934.

– New Frontiers of the Mind. [Deutsch: Neuland der Seele. Stuttgart 1938.]

– The Reach of the Mind. Faber & Faber, London 1948.

– und Betty M. HUMPHREY: A Transoceanic ESP Experiment. In: *Journal of Parapsychology* VI (Durham, North Carolina 1942), pp. 52–74.

– Siehe PRAT.

RICHET, Charles: Relations de diverses expériences sur transmission mentale, la lucidité, et autres phénomènes non explicables par les données scientifiques actuelles. In: *Proceedings of the Society for Psychical Research* V (London 1888), pp. 18–168.

RICKSHER, C., and C. G. JUNG: Further Investigations on the Galvanic Phenomenon. In: *Journal of Abnormal and Social Psychology* II (Albany, N. Y., 1907), pp. 189–217.

RIPLEY, George: Opera omnia chemica. Kassel 1649.

RIVERS, W. H. R.: Instinct and the Unconscious. In: *British Journal of Psychology* X (Cambridge 1919/1920), pp. 1–7.

RÖHR, J., Das Wesen des Mana. In: *Anthropos* XIV/XV (Salzburg 1919/1920), pp. 97–124.

ROSENBERG, Alfons: Zeichen am Himmel. Das Weltbild der Astrologie. Metz Verlag, Zürich 1949.

ROSENCREUTZ, Christian: Chymische Hochzeit. Straßburg 1616. Originalgetreu neugedruckt und hg. von Ferdinand Maack. Berlin 1913.

Saint-Graal, Le, ou le Joseph d'Arimathie. Première branche des romans de la table ronde. Hg. von Eugène Hucher. 3 Bde. Le Mans 1875–1878.

SCHILLER, Friedrich: Über die ästhetische Erziehung des Menschen (1795). Sämtliche Werke XVIII. Stuttgart und Tübingen 1826.

SCHMIEDLER, G. R.: Personality Correlates of ESP as Shown by Rorschach Studies. In: *Journal of Parapsychology* XIII (Durham, North Carolina 1949), pp. 23–31.

SCHOLZ, Wilhelm von: Der Zufall: eine Vorform des Schicksals. Stuttgart 1924.

SCHOPENHAUER, Arthur: Parerga und Paralipomena. Kleine philosophische Schriften. Hg. von R. von Koeber. 2 Bde. Berlin 1891.

SCHULTZE, Fritz: Psychologie der Naturvölker. Entwicklungspsychologische Charakteristik des Naturmenschen in intellektueller, ästhetischer, ethischer und religiöser Beziehung. Leipzig 1900.

SELIGMANN, C. G.: The Melanesians of British New Guinea. Cambridge 1910.

SIEBECK, Hermann: Geschichte der Psychologie. 2 Teile. Gotha 1880/1884.

SILBERER Herbert: Probleme der Mystik und ihrer Symbolik. 1914. Neuaufl. 1961.

– Über die Symbolbildung. In: *Jahrbuch für psychoanalytische und psychopathologische Forschungen* III (Leipzig und Wien), pp. 661–723 und IV (1912), pp. 607–683.

– Der Zufall und die Koboldstreiche des Unbewußten. (Schriften zur Seelenkunde und Erziehungskunst III) Bern und Leipzig 1921.

SOAL, S. G.: Science and Telepathy. In: *Enquiry* I/2 (London 1948), pp. 5–7.

– The Scientific Evidence für Extra-Sensory Perception. In: *Discovery* X (London 1949), pp. 373–377.

– und F. BATEMAN: Modern Experiments in Telepathy. London 1954.

SÖDERBLOM, Nathan: Das Werden des Gottesglaubens. Untersuchungen über die Anfänge der Religion. Übersetzung. Leipzig 1916.

SPEISER, Andreas: Über die Freiheit. (Basler Universitätsreden XXVIII) Helbing & Lichtenhahn, Basel 1950.

SPENCER, Baldwin, and F. J. GILLEN: The Northern Tribes of Central Australia. London 1904.

SPIELREIN, S.: Über den psychologischen Inhalt eines Falles von Schizophrenie. In: *Jahrbuch für psychoanalytische und psychopathologische Forschungen* III (Leipzig und Wien 1911), pp. 329–400.

SPINOZA, Benedictus de: Die Ethik, 2. Teil: Über die Natur und den Ursprung des Geistes, Definitionen. Übersetzung. Hg. von J. Stern. Leipzig 1887.

STEKEL, Wilhelm: Die Verpflichtung des Namens. In: *Mollsche Zeitschrift für Psychotherapie und medizinische Psychologie* III (Stuttgart 1911), p. 110 ff.

STERN, L. William: Über Psychologie der individuellen Differenzen. Ideen zu einer «Differentiellen Psychologie». Leipzig 1900.

SYNESIUS CYRENENSIS: Opuscula. Hg. von Nicolaus Terzaghi. Rom 1944.

SZONDI, Lipot: Experimentelle Triebdiagnostik. 2 Bde. Bonn 1947/1949.

– Triebpathologie. Bern 1952.

Tao de King (Tao tê Ching). A New Translation by Ch'u Ta-Kao. London 1937.

– Siehe auch WILHELM.

Theatrum chemicum. 6 Bde. Ursel und Straßburg 1602–1661. In diesem Band zitiert: I DORN,

Gerhard: Speculativa philosophia, pp. 255–310. Philosophia meditativa, pp. 450–472. De tenebris contra naturam et vita brevi, pp. 518–535. II AEGIDIUS DE VADIS: Dialogus inter naturam et filium philosophiae, pp. 95–123.

De triplici habitaculo. Siehe ANONYMUS.

THORNDIKE, Lynn: A History of Magic and Experimental Science. During the First Thirteen Centuries of our Era. 6 Bde. New York 1929–1941.

TYLOR, Edward B.: Die Anfänge der Cultur. Untersuchungen über die Entwicklung der Mythologie, Philosophie, Religion, Kunst und Sitte. Übersetzung. 2 Bde. Leipzig 1873.

TYRRELL, G. N. M.: The Personality of Man. Penguin Books A 165. Harmondsworth und New York 1946.

VERAGUTH, Otto: Das psychogalvanische Reflexphänomen. Berlin 1909.

[VERGIL (P. Vergilius Maro):] Vergil's Gedichte. Erstes Bändchen: Bucolica und Georgica. Erklärt von Th. Ladewig. 2. Aufl. Berlin 1855.

VILLA, Guido: Einleitung in die Psychologie der Gegenwart. Übersetzung. Leipzig 1902.

VISCHER, Friedrich Theodor: Auch Einer. 2 Bde. Stuttgart und Leipzig 1884.

WARNECK, J.: Die Religion der Batak. Leipzig 1909.

WEI PO-YANG: Siehe WU and DAVIS.

WEYL, Hermann: Wissenschaft als symbolische Konstruktion des Menschen. In: *Eranos-Jahrbuch* XVI (1948). Rhein-Verlag, Zürich 1949.

WHITE, Stewart E.: The Road I Know. New York 1942; London 1951.

– The Unobstructed Universe. New York 1940; London 1949.

WILHELM, Richard: Chinesische Lebensweisheit. Darmstadt 1922.

– Siehe DSCHUANG DSI.

– Siehe I GING.

– Siehe JUNG und WILHELM.

– Siehe JUNG, Zum Gedächtnis R. W's.

WOLFF, Christian August: Psychologia empirica methodo scientifica pertractata. Frankfurt und Leipzig 1732.

– Vernünfftige Gedancken von Gott, der Welt und der Seele des Menschen. 3. Aufl. Halle 1725.

WU, L.-C., and T. L. DAVIS: An Ancient Chinese Treatise on Alchemy entitled Ts'an T'ung Ch'i. In: *Isis* XVIII (Brügge 1932), pp. 210–289.

WUNDT, Wilhelm: Grundzüge der physiologischen Psychologie. 3 Bde. 5., völlig umgearbeitete Aufl. Leipzig 1903.

– Grundriß der Psychologie. 5., verbesserte Aufl. Leipzig 1902.

– Völkerpsychologie. Eine Untersuchung der Entwicklungsgesetze von Sprache, Mythus und Sitte. 10 Bde. Leipzig 1910–1923.

ZELLER, Eduard: Die Philosophie der Griechen in ihrer geschichtlichen Entwicklung. 6 Bde. 2. Aufl. Tübingen 1859.

Bei neueren Werken (von 1945 an) ist nach Möglichkeit auch der Verlag angegeben.

SACHREGISTER